Peter Merseburger

Kurt Schumacher

Patriot, Volkstribun, Sozialdemokrat
Biographie

Pantheon

Der vorliegende Band ist eine aktualisierte Neuausgabe von:
Peter Merseburger, »Der schwierige Deutsche: Kurt Schumacher«,
erschienen 1995 bei der Deutschen Verlags-Anstalt.

Der Verlag weist ausdrücklich darauf hin, dass im Text enthaltene externe Links vom Verlag nur bis zum Zeitpunkt der Buchveröffentlichung eingesehen werden konnten. Auf spätere Veränderungen hat der Verlag keinerlei Einfluss. Eine Haftung des Verlags ist daher ausgeschlossen.

MIX
Papier aus verantwortungsvollen Quellen
FSC® C014496
FSC www.fsc.org

Klimaneutral*
Druckprodukt
ClimatePartner.com/14044-1912-1001

Penguin Random House Verlagsgruppe FSC® N001967

3. Auflage

Umschlaggestaltung: Jorge Schmidt, München
Umschlagabbildung: © dpa
Druck und Bindung: GGP Media GmbH, Pößneck
Printed in Germany
ISBN 978-3-570-55139-4

www.pantheon-verlag.de

Inhalt

Vorwort

Aus der frühen Nachkriegsgeschichte ist Kurt Schumacher nicht wegzudenken. Ohne seine Absage an den Kommunismus und die Einheitspartei hätte Nachkriegsdeutschland anders ausgesehen, ohne seinen Kampf um das Grundgesetz Adenauer nicht so regieren können, wie er es dann tat. In der Reihe sozialdemokratischer Parteiführer steht er neben Ferdinand Lassalle und August Bebel, die wiederbegründete Sozialdemokratie war »seine« Partei, wie die Vorkriegs-SPD die von Bebel gewesen ist.

Er war, was wir in der Politik heute oft schmerzlich vermissen: ein Unbestechlicher, ein großer Moralist, ein Mann von Prinzipien, ein geschworener Feind aller Totalitären. Die Weimarer Republik hat er bis zum bitteren Ende leidenschaftlich gegen ihre Feinde von rechts und links verteidigt. Aus den Konzentrationslagern der Nazis kommend, zählte er 1945 zu den ganz Wenigen, die über eine absolut glaubwürdige demokratische Biographie verfügten. Gerade dies ließ den Deutschen mit dem aufrechten Gang zum Schwierigen werden. Der Hitler-Gegner fühlte sich nicht als Besiegter, sondern Befreiter. Nicht Unterwürfigkeit wollte er, sondern Selbstreinigung; Demokratie hatte das Ergebnis von Selbstläuterung zu sein, nicht das eines alliierten Befehls. Ausgemergelt, abgezehrt, mit nur einem Arm und doch voll feuriger Leidenschaft – so prägt sich seine Gestalt als Symbol des geschundenen Deutschland und deutschen Selbstbehauptungswillens ein. Die Sieger mahnt er an die humanen Kriegsziele, die sie im Kampf gegen Hitler beschworen hatten, und wird damit zum unbequemen Kritiker ihrer Besatzungspolitik.

Wäre er der ideale Mann der Stunde Null gewesen, hätte es sie wirklich je gegeben? Wenn Markus Wolf, einer der Redner der großen Kundgebung auf dem Alexanderplatz am 4. November 1989, davon träumte, endlich die Begriffe Demokratie und Sozialismus miteinander zu versöhnen, hätte er dies früher haben können: 1945, als Schumacher einen konsequenten antikapitalistischen, aber demokratischen Neubau Deutschlands wollte. Für ihn waren Sozialismus und Freiheit untrennbar miteinander verbunden, und es ist nicht unwahrscheinlich, daß er in den allerersten Nachkriegsjahren in ganz Deutschland eine Mehrheit für sein Konzept gefunden hätte. Sozialismus als konkrete Wirtschaftsform ist obsolet geworden; was von ihm bleibt, sagt André Gorz, ist ein Sinnhorizont, der für lebensweltliche Bedürfnisse, für demokratisch gestaltete Entwicklung und Kampf gegen antihumane Macht steht. Am Ende des sozialdemokratischen Jahrhunderts verpaßten Chancen nachzuweinen, wirkt aus dem Mund von gewendeten Altkommunisten heuchlerisch. Wer die Versöhnung von Sozialismus und Demokratie anstrebte, von der sie plötzlich träumen, wurde von ihnen und den Mächtigen, denen sie aus Überzeugung dienten, vertrieben, eingesperrt oder stumm gemacht.

Den Begriff der Nation wirft er 1945 nicht auf den Kehrichthaufen der Geschichte, doch versteht er ihn nicht ethnisch und reaktionär, er sieht vor allem das Staatsvolk darin. Nach seinem Verständnis ergänzen Demokratie und nationale Selbstbestimmung einander. Nur in einem freien Staat kann der Bürger wirklich frei sein. Deshalb sind auch die Begriffe »national« und »international« für ihn kein Widerspruch: Internationalität beruht auf der Bejahung der Nation, die ihrerseits die Aufgabe hat, das Volk zur internationalen Zusammenarbeit fähig und geeignet zu machen. Ist er ein sozialdemokratischer de Gaulle? Es gibt keine Äußerung von ihm, nach der Europa nicht als föderalistisch verfaßter Bundesstaat, sondern ausschließlich als Bund der Staaten und Nationen denkbar sei, wie de Gaulle dies anstrebt. Aber das Vaterland Europa, zu dem Schumacher sich ausdrücklich bekennt, die Vereinigten Staaten von Europa, die er als Zukunft beschwört, eine wahre Gemeinschaft der Völker – sie sind für ihn nur unter Freien und Gleichen vorstellbar.

Frei und gleich aber kann Deutschland nur sein, wenn es seine Einheit und Selbstbestimmung zurückgewinnt. So wird die Forderung nach Einheit in Freiheit zum Primat seiner Außenpolitik. Gleichwohl sieht er die Einheit der Nation, die für ihn unverzichtbar bleibt, fest eingebettet in die internationale und europäische Politik, will »diese Idee nicht als nationalistisches Deutschland«, sondern als »ein gleichberechtigtes Volk im Rahmen der europäischen Notwendigkeiten« verwirklicht wissen.

Gleichberechtigung heißt sein Schlüsselwort, es steht für eine selbstverständliche sozialdemokratische Tradition, der er treu bleibt und die aus der Zeit der Jahrhundertwende stammt. Die Begriffe »Demokratie« und »Nation« suchte er miteinander zu versöhnen, wie dies in westlichen Demokratien seit langem selbstverständlich ist, die Arbeiterschaft mit dem demokratischen Staat. Jene Linken, die heute die Nation am liebsten verleugnen wollen, die 68er-Generation, die ihn deshalb als Nationalisten sieht, verkennen seinen demokratisch-antiautoritären Ansatz und verleugnen die Traditionen der eigenen Partei. In einer europäischen Union, die sich, entgegen deutschen Hoffnungen, so schnell nicht zum föderalistischen Überstaat entwickeln wird, sondern irgendwo zwischen einem Bund von Nationalstaaten und der gemeinsamen wirtschaftlichen Organisation des Ganzen angesiedelt bleibt, ist nicht das Leugnen der Nation, sondern die Aussöhnung mit dem Begriff angebracht – allerdings in einem modernen, westlichen Sinn. Nicht die Idee der homogenen, sondern jene der heterogenen Nation sollte der Maßstab sein. Für die Verweigerungshaltung jener gefühligen Linken, die Deutschland aus historisch-moralischen Gründen daran gehindert sieht, internationale Verantwortung zu übernehmen, wie die Verbündeten, die Länder Osteuropas, die Vereinten Nationen und die Dritte Welt dies erwarten, hätte er wenig Verständnis. Jene Rechten aber, die sich heute fälschlich auf ihn berufen, vergessen, daß er die eigene Nation nie über andere gestellt, sie freilich auch nicht anderen untergeordnet wissen wollte. National und nationalistisch waren für ihn unüberbrückbare Gegensätze, im Nationalismus sah er geradezu die Entartung der nationalen Idee. Demokrat bis auf die Knochen, hätte er sich den Ehrentitel »Republikaner« von den Schwarzweißroten nie stehlen lassen, als Reichbannerführer war er ja bekennender, schwarzrotgoldener Republikaner und kämpfte um die Rettung der ersten Republik. Überzeugter als die Konservativen verfocht er 1945 den Gedanken der parlamentarischen Demokratie und das westliche Wertesystem und wollte doch nicht bloßer Vasall westlicher Mächte werden. Schlechte Deutsche, sagte er einmal, müssen nicht gute Europäer sein. Lebte er heute, würde er wohl hinzufügen: Gute Deutsche müssen keine schlechten Europäer sein.

In seiner Biographie spiegelt sich ein halbes Jahrhundert deutscher Geschichte. Schumacher verstehen heißt seine Prägung durch Weimar erkennen, deren Sozialdemokratie wiederum nicht zu trennen ist von

Traditionen und Auseinandersetzungen der Vorkriegszeit. In seinem Kampf um einen demokratischen Neubau 1945 erinnert er an Generäle, die mit ihren Aufmarschplänen stets den letzten Krieg gewinnen wollen. Er hat Weimar immer als Chance begriffen, denkt in Weimarer Parallelen und knüpft mit seinem Kampf 1945 beinahe nahtlos da an, wo er ihn als »militanter Sozialist« 1933 beenden mußte. Vielleicht liegt hier einer der Gründe, die ihn schließlich scheitern ließen. Doch der Missionar der Demokratie bleibt einer der Großen des deutschen Neubeginns, den er, auf seine Weise, entscheidend mitprägen half.

Vorwort zur Neuauflage

Diese Biographie wurde Anfang der neunziger Jahre geschrieben, weil die jüngere Generation in der SPD in den Jahren 1989/90 gegen die deutsche Einheit und für den Fortbestand der Zweistaatlichkeit eintrat. Auch votierte sie – geschichtsvergessen, wie Willy Brandt zurecht beklagte – gegen Berlin als deutsche Hauptstadt und gegen den Umzug der Regierung von Bonn nach Berlin. War es da nicht an der Zeit, daran zu erinnern, daß ihre Partei nach dem Krieg als Anwalt und Vorkämpfer der deutschen Einheit groß geworden ist – und dies nicht nur unter Kurt Schumacher, sondern vor allem auch unter Willy Brandt? Die Debatten jener Jahre verstauben längst in historischen Archiven. Aber die Krise, welche die SPD seit ihrem Absturz auf die 23 Prozent im Jahr 2009 erlebt, sollte Grund zum Blick auf die eigene Geschichte sein. Selbst im Jahr des politischen Neuanfangs, bei den ersten Bundestagswahlen 1949, erzielte Kurt Schumacher immerhin 29,2 Prozent der Stimmen, und Konrad Adenauer lag mit 31 Prozent für die CDU nur knapp vor ihm. Wer bedenkt, daß in Westdeutschland das katholische Wählermilieu damals noch intakt und der SPD so gut wie verschlossen war; wer weiter in Rechnung stellt, daß die klassischen Bastionen der Sozialdemokratie in Sachsen und Thüringen für Schumacher unerreichbar blieben, weil sie in der sowjetischen Zone lagen, wo sich die Sozialdemokraten unter dem Druck der Besatzungsmacht der Zwangsvereinigung mit der KPD hatten unterwerfen müssen, der wird dieses Ergebnis nicht gering schätzen.

Heuss, Adenauer und Schumacher waren die großen Drei, die nach Diktatur, Krieg und Zusammenbruch den Deutschen in ihrer Trümmerwüste wieder demokratische Orientierung boten. Alle drei ragten aus Weimar herüber, alle drei waren vom Aufstieg und Scheitern der ersten deutschen Republik geprägt. Schumachers Charisma, seine brillante Rhetorik und seine Kämpfernatur ließen ihn zum großen Volkstribun der ersten Stunde werden; seine Absage an die Vereinigung mit einer Moskau-hörigen KP legte einen wichtigen Grundstein für die spätere Bundesrepublik und schuf die Basis für den antitotalitären Konsens, der in den ersten Jahrzehnten für ihr politisches Binnenklima bestimmend war. Aber die Konsequenz, die er aus Weimar zog, war ein betont nationaler Kurs, den seine SPD seit 1945 steuerte: Nie wieder sollten die Sozialdemokraten, die – wenn auch innerlich widerstrebend – zu den Versailler Bedingungen 1919 hatten Frieden schließen müssen, sich eine nationale Blöße geben, nie wieder durften sie als vaterlandslose Gesellen beschimpft werden. So übernimmt er, der zehn Jahre in den Konzentrationslagern der Nazis leiden mußte und sich deshalb 1945 als wahrhaft Befreiter fühlen konnte, nach dem Krieg die Rolle eines Anwalts der geschlagenen Nation. Als Kämpfer gegen Hitler tritt er den siegreichen Alliierten quasi von gleich zu gleich gegenüber, und in der Auseinandersetzung mit Adenauer verkehren sich schließlich die klassischen Weimarer Rollen von rechts und links. War es in der ersten deutschen Republik die Linke, die von rechts der Erfüllungspolitik bezichtigt wurde, ist es in der jungen Bundesrepublik der eher rechte Adenauer, der von dem Linken Schumacher als »Kanzler der Alliierten« angeprangert wird.

Heute gilt der Wiederbegründer der SPD Historikern, aber auch vielen Sozialdemokraten als der Mann, der seine Partei mit der vehementen Ablehnung des Schuman-Plans und seinem Kampf gegen die Westintegration auf einen lang währenden Irrweg schickte, den sie erst mit Herbert Wehners historischer Rede vom Juni 1960 im Bundestag offiziell korrigierte. In dieser Rede bekannte sich Wehner für seine Partei demonstrativ zur Westintegration und zur NATO und sagte, das geteilte Land könne unheilbar miteinander verfeindete Christliche Demokraten und Sozialdemokraten nicht ertragen. Helmut Schmidt, der Schumacher wegen der schrecklichen Leiden, die er in der Nazi-Zeit und im Ersten Weltkrieg erdulden mußte, hoch achtet und ihn als »eine wunderbar begabte, charakterlich tadellose« Person beschreibt, nennt es geradezu tragisch, daß der erste SPD-Parteichef nach dem Krieg die falsche Lehre aus der Geschichte der Weimarer Republik gezogen habe. Aber war Schumachers Hoffnung, die Sieger würden sich schließlich doch über Deutschland einig werden, wenn die Deutschen nur überzeugend genug das Ziel der Einheit allen anderen Überlegungen voranstellten, in den ersten zwei Jahren seiner Auseinandersetzung mit Adenauer wirklich völlig illusorisch? Er starb nach halbjähriger Krankheit bereits im Sommer 1952. Hätte ein Mann seines durchdringenden Verstandes aus dem triumphalen Wahlsieg Adenauers 1953 nicht Konsequenzen für seine politische Konzeption gezogen und seinen Kurs korrigiert? Mag dies auch Spekulation sein, bleibt doch die Tatsache, daß er für den nach seinem Tod von seinem Nachfolger Ollenhauer konsequent weiter beschrittenen außenpolitischen Irrweg der Partei kaum verantwortlich zu machen ist. Ollenhauer, der so ganz von Weimar geprägte Typ des biederen, braven Parteifunktionärs, der dem Exil-Vorstand der Partei in London angehört hatte, war offenbar überfordert, die nötigen Schlüsse aus seiner Wahlniederlage von 1953 zu ziehen und verlor – nicht zuletzt deshalb – auch die Wahlen von 1957. Die wichtigsten Impulse für eine veränderte Konzeption sozialdemokratischer Außenpolitik gingen mit Ernst Reuter und Willy Brandt von Berlin aus, das schon seiner Lage wegen eine enge Bindung an die Schutzmacht Amerika suchte und die westliche Allianz befürwortete. Zwar gab der Regierende Bürgermeister Brandt, und auch dies entsprach dem Interesse und der besonderen Lage der Stadt, die deutsche Einheit als vorrangiges Ziel nie auf, aber er wendete sich nicht gegen die europäische Integration – im Gegenteil. Von der westlichen Verflechtung versprach er sich eher einen potentiellen Verhandlungstrumpf für Viererkonferenzen zur deutschen Frage, die er bis zum Bau der Mauer immer wieder forderte.

Erste Schritte der SPD in Richtung Volkspartei waren schon unter Kurt Schumacher erfolgt. Trotz seines Festhaltens an klassischen sozialistischen Positionen, etwa der Verstaatlichung der Grundindustrie, war der erste SPD-Chef nach dem Krieg alles andere als ein doktrinärer Marxist. Er suchte die klassische Arbeiterpartei für Angestellte und Beamte zu öffnen, bezeichnete die Gewinnung des Mittelstands als die historische Aufgabe der neu gegründeten Partei, und es gelang ihm, bürgerliche Intellektuelle und Akademiker, etwa Carlo Schmid oder Karl Schiller, an die SPD zu binden. Doch der große und entscheidende Durchbruch zur Modernisierung der alten Tante SPD sollte erst im November 1959 mit dem Godesberger Programm gelingen, mit dem sich die einstige sozialistische Arbeiterpartei endgültig in eine Volkspartei verwandelte. Alte, dogmatische Vorstellungen aus der Schreckenskammer überlieferter sozialistischer Wirtschaftsvorstellungen wurden fallen gelassen. Die runderneuerte Partei bekannte sich zur Landesverteidigung, entkrampfte das Verhältnis zu den Kirchen, und mit Karl Schillers Formel »Wettbewerb so weit wie möglich, Planung so weit wie nötig« stellte sie sich endlich auf den Boden der Marktwirtschaft. Das neue Programm enthielt die Zukunftsvision nicht nur einer freieren, gerechteren Gesellschaft, es setzte auch unverhüllt auf den technischen Fortschritt – etwa die Atomkraft – und ließ die SPD in den Augen vieler bis dahin ferngebliebener kultureller und sozialer Schichten als die weitaus zeitgemäßere, modernere und bald auch als die jugendlichere Partei erscheinen als die regierende CDU. So wurde »Godesberg« nicht nur zu einer internationalen Chiffre für die Modernisierung einer alten Partei, es stand zudem für Aufbruch und praktischen Erfolg in der Politik. Und der stellte sich ein, sobald die Partei nicht mehr den als Wahlkämpfer wenig attraktiven Parteivorsitzenden Ollenhauer, sondern den populären und – gemessen am Patriarchen Adenauer – jugendfrisch wirkenden Regierenden Bürgermeister Willy Brandt als Kanzlerkandidaten für die Wahl 1961 nominierte. Zwar schaffte dieser nicht im ersten Anlauf den Sprung in die Regierungsverantwortung, aber er gewann so erheblich Stimmen dazu, daß der SPD mit Brandt der Ausbruch aus dem Turm der 30 Prozent gelang, in den sie sich seit 1949 eingemauert sah.

Brandts Kanzlerschaft 1969 markiert den Beginn der großen Jahre der deutschen Sozialdemokratie, und einige Historiker werten die Abwahl der CDU, die sich als einzig legitime Staatspartei der Bundesrepublik verstand, gar als eine Umgründung der Republik. Mit seiner Devise »Mehr Demokratie wagen« eröffnet Brandt eine Ära der inneren Reformen, und außenpolitisch gelingt ihm nach Osten, was Adenauer nach Westen erreichte: wenn nicht Freundschaft, so immerhin Ausgleich und Versöhnung. Seine Ostpolitik vergrößert den außenpolitischen Spielraum der Bundesrepublik beträchtlich und läßt sie, die einmal als Mündel der Westmächte begann, durch ihre Wirtschaftskraft zum *international player* werden. Was die heutigen Sozialdemokraten allerdings nicht vergessen sollten, wenn sie auf die glorreichen Jahre der Regierungen Brandt/Schmidt zurückblicken: Es waren nie Jahre einer rein sozialdemokratischen, es war stets eine sozialliberale Ära. Die Ehe mit den Liberalen hat den Sozialdemokraten schon deshalb gut getan, weil die Parteilinke, die nach dem großen Wahlsieg Brandts 1972 erstarkte und alte linke Konzepte neu entdeckte, durch das Bündnis mit den Liberalen leichter in Schach zu halten, der Platz der SPD als linke Mitte also besser zu behaupten war.

Diese sozialliberale Ära begann, als die Wirtschaft noch nicht so global verflochten war wie heute, als es noch eine wirkliche *National*ökonomie gab, eine D-Mark etwa, die Karl Schiller, der modernere Ludwig Erhard, floaten lassen konnte und eine Konjunktur, die sich noch weitgehend national steuern ließ. Es ist diese Zeit der Schillerschen Wirtschaftspolitik, an welche die Linke mit Lafontaine sehnsüchtig zurückdenkt und die ihm heute noch Modell steht für eine – freilich nun antiquierte – linke Wirtschaftspolitik. Aber diese Jahre waren noch vom großen Aufschwung getragen, der nach dem Zweiten Weltkrieg begonnen hatte und mit stetig steigender Produktivität und hohem wirtschaftlichem Wachstum auch Steigerungen der Masseneinkommen möglich machte. Doch aus dem »kurzen Traum der immerwährenden Prosperität« (Burkhard Lutz), den damals viele träumten, gab es Mitte der siebziger Jahre ein jähes Erwachen. Hatten die Sozialdemokraten in der sozialliberalen Ära viele sozialpolitische Initiativen durchgesetzt, mußte schon der späte Kanzler Helmut Schmidt erkennen, daß die Belastbarkeit der Volkswirtschaft für weitere sozialpolitische Wohltaten überschritten war. Mit Schmidts Sturz durch das konstruktive Mißtrauensvotum 1982, vor allem aber mit Brandts Rücktritt vom Parteivorsitz 1987 beginnt der unaufhaltsame Abstieg der Partei, nur vermeintlich gebremst durch die Regierungszeit Gerhard Schröders. Der schnelle Wechsel an der Spitze liest sich wie eine Fieberkurve des Patienten SPD: Brandt war immerhin 24 Jahre Vorsitzender, er hatte sich damit länger im Amt gehalten als all seine Vorgänger, ausgenommen August Bebel. Doch zwischen dem Rückzug Brandts und dem jetzigen Vorsitzenden Gabriel zählt die SPD nicht weniger als neun Parteichefs, was einer Amtszeit von lediglich zweieinhalb Jahren pro Vorsitzenden entspricht. Zwei der »Enkel« Brandts, Björn Engholm und Rudolf Scharping, erreichen nicht einmal diesen Durchschnittswert. Der Wechsel beschleunigt sich zudem seit 2004, denn da folgen in nur sechs Jahren gleich sechs Vorsitzende aufeinander: Als Franz Müntefering hinwirft, kommt Matthias Platzeck; als dieser zurücktritt, rückt Kurt Beck nach; auf ihn folgt noch einmal Müntefering; bis schließlich Sigmar Gabriel nach dem Wahldesaster 2009 den – soll man sagen: Feuerstuhl? – des Vorsitzenden übernimmt.

Die heutige Partei-Misere hat viel mit Gerhard Schröder zu tun, über dessen Regierungszeit man geteilter Meinung sein mag. Doch weder Hartz IV, noch die Rente mit 67 oder die übrigen Arbeitsmarkt-Reformen der Agenda 2010 sind das eigentliche Problem. Es ehrt den dritten SPD-Kanzler der Bundesrepublik eher, daß er, auch auf die Gefahr des Scheiterns hin, sein politisches Schicksal an die – freilich spät gewonnene – Überzeugung knüpfte und Reformen durchsetzte, um die Finanzierbarkeit des Wohlfahrtsstaates unter den veränderten Bedingungen des neuen Jahrhunderts zu sichern. Es geht nicht um das, was er durchsetzte, sondern um die Frage, *wie* er es tat. Schröder war angetreten mit dem populistischen Versprechen, die wenigen Reformen, zu denen sich die schwarzgelbe Vorgängerregierung gegen Ende ihrer Amtszeit schließlich hatte durchringen können, umgehend rückgängig zu machen, nach dem Motto: Wir garantieren soziale Gerechtigkeit und korrigieren Kohls Fehler – darunter auch die Einführung des demographischen Faktors in der Rentenversicherung. Zwar war nicht Gerhard Schröder, sondern der damalige Parteichef Oskar Lafontaine für die Wahlkampagne von 1998 und damit für diese Versprechen zuständig – jeder Wähler erhielt sogar eine Garantiekarte, um die Einlösung der neun wichtigsten Wahlversprechen zu überwachen. Aber es war der Kanzler Schröder, der sie umgehend in die Tat umsetzte. Ganze fünf Jahre ließ er verstreichen, bis er schließlich eingestand, daß diese Fehlerkorrektur angesichts einer rapide alternden Bevölkerung selbst ein entscheidender Fehler gewesen sei und er nun – im Rahmen seiner Agenda 2010 – das Rentenalter Schritt für Schritt auf 67 Jahre angehoben wissen wolle. Kaum ein Sachverständiger bezweifelt heute, daß mit der Schröderschen Reform-Agenda Schritte in die richtige Richtung unternommen wurden, und Erfolg ist ihr mit dem Abbau der Arbeitslosigkeit ja auch beschieden worden. Daß dem Kanzler Schröder dennoch wichtige Teile seiner Partei die Gefolgschaft versagten, hat schlicht damit zu tun, daß der Parteivorsitzende Schröder seine Partei nicht mehr verstand und die inneren Gesetze mißachtete, die sie seit mehr als einem Jahrhundert zusammenhielten.

Weil die SPD stets eine klassische Diskussions- und Diskurspartei war und bis heute ist, werden Versuche, ihr mit der Autorität eines Regierungschefs Reformen von oben einfach überzustülpen, immer auf Widerstand stoßen. Der leider viel zu früh verstorbene Peter Glotz, Vor- und Querdenker der SPD und langjähriger Bundesgeschäftsführer des Vorsitzenden Willy Brandt, kritisierte des Basta-Kanzlers Drohung, »entweder ihr billigt meine Agenda oder ihr müsst euch einen anderen suchen«, als total verfehlte »imperiale Dramaturgie«. Schröders Taktik verglich er mit einem Sturzflugmanöver, das auf dem »liebenswürdigengen Flugplatz der SPD« lebensgefährlich sei. In der Tat hätte ein Blick auf die Entstehung des Godesberger Programms die Architekten der Agenda 2010 eines Besseren belehren können. Damals reisten die für die Ausarbeitung des Programms Zuständigen – es waren der Leonhard-Nelson-Schüler Willi Eichler und der Wirtschaftspolitiker Heinrich Deist – nahezu anderthalb Jahre von Ortsverein zu Ortsverein, stellten sich der Diskussion mit den einfachen Genossen und den einflußreichen Funktionären des Mittelbaus, überzeugten die meisten und sicherten dem programmatischen Kurswechsel damit eine satte Mehrheit. Nichts dergleichen geschah mit der geplanten Reform des Sozialsystems und des Arbeitsmarkts, obschon es reichlich Zeit für eine Werbe- und Überzeugungskampagne an der Parteibasis gegeben hätte. Denn Ansätze zu dem, was Schröder den überraschten Genossen 2003 als Bundeskanzler verkündete, waren bereits im Schröder-Blair-Papier aus dem Jahr 1999 enthalten, das die Flexibilisierung des Arbeitsmarkts und den Umbau der Sozialsysteme anvisierte, um den Faktor Arbeit von den Sozialkosten zu entlasten. Von dem inzwischen zurückgetretenen Oskar Lafontaine und der Parteilinken mit dem neuen Kampfbegriff eines »neoliberalen« Sozialabbau vehement befehdet, verschwindet das Papier nach Verlusten bei den Europa- und bei Landtagswahlen aus der öffentlichen Diskussion. Aber seither geht ein Riß durch die Partei: Auf der einen Seite die Linken, die in Wahrheit Sozialstaatskonservative und Traditionalisten sind, welche den Wohlfahrtsstaat der Industriegesellschaft der siebziger und achtziger Jahre des letzten Jahrhunderts mit Zähnen und Klauen verteidigen oder wieder herbeiführen wollen; auf der anderen Seite die vermeintlich neoliberalen Rechten, die in Wahrheit Reformer sind, den Sozialstaat nicht abschaffen, aber ihn zu seiner Rettung modernisieren und den Bedingungen der modernen Wissensgesellschaft anpassen wollen. Der Aufstand der Linken gegen die Agenda 2010 zwingt Schröder schließlich zu vorzeitigen Neuwahlen und kostet ihn und die SPD die Kanzlerschaft. Seither verabschiedet sich die SPD Stück für Stück von der Agenda 2010 und distanziert sich damit von einem der wenigen veritablen Erfolge, die sie seit der Ära Brandt/Schmidt vorzeigen kann. Ironischerweise ist es ausgerechnet ein »Enkel« Willy Brandts und alter SPD-Parteichef, der an dieser Entwicklung entscheidenden Anteil hat: Oskar Lafontaine, der 2005 aus der SPD austritt, einer der beiden Parteichefs der neuen Linkspartei wird und 2005 wieder in den Bundestag einzieht. Begabter Populist und Demagoge von Format, betreibt er von Linksaußen, was er beinahe zynisch als Resozialdemokratisierung der SPD bezeichnet. Als Konkurrent von links wirkt er vor allem auf die Linke in seiner alten Partei, und der Prozeß, den er in Gang gesetzt hat, wirkt auch nach seinem Rückzug ins Saarland fort. Die SPD-Linke verschiebt die innere Balance ihrer Partei immer weiter nach links und fordert die Rückkehr zu alten sozialpolitischen Konzepten. Steht am Ende dieser Entwicklung nicht nur ein enges Bündnis zwischen SPD und Linkspartei, sondern als Endziel womöglich die Vereinigung beider Parteien?

Mit Blick auf ihre eigene Geschichte sollten die Sozialdemokraten gewarnt sein. Auch in den frühen Weimarer Jahren hatte es – neben der Moskau-hörigen KPD – mit der USPD eine linke Abspaltung gegeben. Als es zur Vereinigung der SPD mit jener USPD-Minorität kam, die sich nicht der KPD anschließen wollte, musste die SPD, die immerhin 1,7 Millionen Mitglieder zählte, den 200 000 zu ihr stoßenden Linksabweichlern einen hohen Preis entrichten. In Görlitz hatten sich die Sozialdemokraten 1921 ein Programm gegeben, das den seit Bebels Zeiten unheilvollen Gegensatz zwischen radikaler Theorie und reformistischer Praxis beseitigte und die Republik als die »unwiderruflich gegebene Staatsform« bezeichnete. Es war ein Programm ganz nach Schumachers Geschmack – zeitgemäß für eine Partei, die zusammen mit dem Zentrum und den Demokraten der DDP die Weimarer Republik in der Nationalversammlung 1919 aus der Taufe gehoben hatte. Doch nach der Vereinigung mit der USPD, als in Heidelberg 1925 ein neues Programm beschlossen wird, gilt diese Republik plötzlich nur noch als »günstigster Boden für den Befreiungskampf der Arbeiterklasse« und wird damit auf ein historisches Durchgangsstadium reduziert. Wer in Rechnung stellt, daß sich die Sozialdemokratie in Weimar zur eigentlichen Staatspartei der demokratischen Republik entwickelt und sie an ihrem bitteren Ende praktisch allein verteidigt hat, für den liest sich das einigermaßen grotesk. Doch Tatsache ist, daß sie seit der Vereinigung mit der USPD eine Fundamental- und Systemopposition in ihren Reihen birgt, deren Motto lautet: Republik, das ist nicht viel, Sozialismus ist das Ziel. In den Augen so eingefleischter bürgerlicher Demokraten wie Konrad Adenauer galt die SPD deshalb in Weimar nie als hundertprozentig zuverlässiger Anwalt der parlamentarischen Demokratie. Ohne Zweifel würde auch heute eine engere Bindung an die Linkspartei – oder gar eine Vereinigung – die Sozialdemokratie noch weiter nach links rücken lassen und die Gefahr beinhalten, daß sie zur Klientelpartei des unteren Drittels der Gesellschaft degenerierte. Sie verlöre den Anschluß an die Mitte und jenen Teil der Gesellschaft, der die Mittel für die Transfermilliarden, die an das untere Drittel gehen, überhaupt erst erwirtschaftet.

Nun stimmt, daß der beste Freund geschlagener Parteien schon immer der Verschleiß und die Fehler gewesen sind, den die Wahlsieger beim Regieren begehen. Die Wahlen vom Mai 2010 in Nordrhein-Westfalen bestätigen zwar diese alte politische Faustregel, denn nur neun Monate nach dem Absturz auf die 23 Prozent bei den letzten Bundestagswahlen scheint die SPD wieder »da« zu sein. Doch um das Ergebnis in einen Triumph umzudeuten, gibt es keinen Anlaß. Auch die SPD zählt, gemessen an den Landtagswahlen von 2005, zu den Wahlverlierern. Sie steht in NRW jetzt ungefähr da, wo sie in der ersten Hälfte der fünfziger Jahre einmal sehr bescheiden begonnen hat. Jede Spekulation darauf, der politische Gegner im Bund werde – selbst bei begrenzter Lernfähigkeit und dem durch die Wirtschaftskrise beengten politischen Spielraum – den Sozialdemokraten erneut ein Wahl-Geschenk wie den chaotischen Regierungsanfang von Schwarz-Gelb im Bund bescheren, wäre gefährlich, denn sie förderte Zurücklehnen, Abwarten und populistisches Taktieren. Um in den nächsten Jahrzehnten zu bestehen, braucht die Sozialdemokratie ein zweites Bad Godesberg, das sie wieder zur führenden Kraft der Erneuerung werden läßt. Das neue Programm hätte nicht nur die wirtschafts- und sozialpolitischen Leitlinien für eine Politik im Zeitalter der Globalisierung zu formulieren, es hätte auch einen glaubwürdigen Politikentwurf für Zeiten des absterbenden Nationalstaates zu bieten. Wenn immer mehr Bürger den Wahlurnen fern bleiben, hat das auch mit der Erkenntnis zu tun, daß nationale Politik gegenüber den großen, globalen wirtschaftlichen Prozessen weitgehend machtlos geworden ist, daß die Regierenden diese Prozesse nicht steuern, sondern von ihnen getrieben werden und ihre Folgen bestenfalls sozial abpuffern können – und auch das nur in begrenztem Maße, weil es oft an den nötigen Mitteln fehlt. Da ein umfassendes, krisensicheres Regelwerk für ein globales Finanzsystem enge internationale und weltweite Kooperation voraussetzt, zu der es wegen unterschiedlicher Interessen der großen Wirtschaftsblöcke und -nationen so schnell nicht kommen wird, müsste es gelingen, wenigstens für Europa gemeinsame Lösungen zu finden. Doch heute sitzen die deutschen und die Bürger der anderen Nationen im riesigen Wartesaal des politisch unvollendeten europäischen Kontinents: Man weiß, woher man kommt, alle spüren schmerzhaft, daß der traditionelle Nationalstaat nicht mehr die Kraft hat, die drängenden Probleme allein zu lösen; aber der Ausgang aus dem Saal führt zur Zeit nicht in eine helle, klare Zukunft. Denn die europäische Ordnung, welche die aufgerissene Lücke füllen könnte, gibt es bis heute nur unvollkommen. Das gilt auch für die Bildung europäischer Parteien oder Fraktionen im Europa-Parlament, wo beispielsweise die progressive Allianz der Sozialisten und Demokraten, der die deutschen Sozialdemokraten angehören, außerordentlich heterogene Kräfte in sich vereinigt.

Ein neues Godesberg, das die Schwäche und Unvollkommenheiten nationalstaatlicher Konzepte am Anfang des 21. Jahrhunderts eingesteht, das auf europäische Lösungen drängt und einen europäischen Entwurf anböte, schriebe nur die internationale Tradition der Sozialdemokraten fort. Schon in ihrem Heidelberger Programm hatte sie sich 1925 zu den Vereinigten Staaten von Europa bekannt und sah sich wegen dieser programmatischen Zukunftsvision immer wieder von rechts angegriffen. Auch Kurt Schumacher war ja kein Gegner von Europa – ganz im Gegenteil. Wenn er gegen Adenauers Politik Front machte und die Christdemokraten verächtlich »Neoeuropäer« nannte, dann nur, weil für ihn ein europäischer Staatenbund nur unter gleichberechtigten, voll souveränen Partnern und bei gleicher Aufgabe von Souveränitätsrechten aller Beteiligten denkbar war. Solange die Alliierten sich die Kontrolle über Deutschland vorbehielten, solange vor allem die französische Politik das Saarland als reparationspolitisches Faustpfand betrachtete und seinem Saar-Protektorat auch noch Sitz und Stimme in Europa geben wollte, sah er diese Voraussetzungen nicht gegeben. Inzwischen sind alle seine Bedingungen seit Jahrzehnten erfüllt, zumal nach der Vereinigung von 1990 das ganze Deutschland Teil der Europäischen Union geworden ist. Aber die wichtigste Aufgabe, eine für alle Mitglieder verbindliche gemeinsame Wirtschafts- und Finanzpolitik – ist bis heute ungelöst. Die gegenwärtige Eurokrise zeigt, daß zumindest die Länder der Euro-Zone so etwas wie eine gemeinsame Wirtschafts- und Finanzregierung brauchen – wie immer man sie dann auch nennen mag. Doch wird, damit es sie geben kann, für alle Mitglieder erneut Verzicht auf tradierte nationale Verhaltensweisen nötig: Die einen müssen sich an eine straffere Haushaltsdisziplin gewöhnen, die Deutschen an die Tatsache, daß sie ihr bisher erfolgreiches Modell des Wirtschaftens allen anderen wohl kaum aufzwingen können und sie deshalb Abstriche machen müssen. Für die wichtigsten innenpolitischen Sektoren – Renten-, Steuer-, Gesundheits- und Finanzpolitik – wird diese Entwicklung nicht ohne ernste Konsequenzen bleiben. Ein neues Bad Godesberg müßte deshalb Leitlinien entwerfen, die diesen Prozeß transparent machen und aufzeigen, wie Politik ihn steuern kann.

Eine Modernisierung durch ein zweites Godesberg sollte auch die Öffnung der Partei für Sympathisanten bringen, um sie aus dem Griff der Betonköpfe und Ochsentour-Funktionäre zu befreien. Modell könnten die Wählerinitiativen aus der Zeit der kampfumtosten Ostverträge stehen, nur methodisch ausgebaut: Warum sollten die künftigen Wähler bei der Aufstellung von Kandidaten etwa nicht mitreden dürfen und somit helfen, auch Quereinsteigern den Weg zu ebnen? Auch der immer wieder strapazierte Begriff der sozialen Gerechtigkeit bedürfte einer neuen

Justierung, damit klar und einsehbar wird, was soziale Gerechtigkeit unter den veränderten Bedingungen von Wirtschaft und Gesellschaft vor allem für die Generationen heute bedeutet. Wenn stimmt, daß Vollbeschäftigung ein Traum von gestern ist und die neue Wissensgesellschaft den Ausschluß vieler aus der modernen Arbeitswelt bedeutet, dann werden wir »auf Dauer mit einer neu zusammengesetzten Unterklasse« leben müssen, die »wissensintensive Jobs entweder nicht bekommt oder, wegen der stark verdichteten Arbeit, nicht will« (Peter Glotz). Gerade deshalb aber müßte die SPD auf eine Politik eingeschworen werden, welche die Leistungsfähigkeit der Unternehmen stärkt – etwa durch niedrige Unternehmenssteuern und durch Senkung der Lohnnebenkosten. Globalisierung bedeutet immer schärferen, ja gnadenlosen Wettbewerb, und nur, wenn die deutschen Unternehmen sich darin behaupten können, wird der Staat auch über die Mittel verfügen, welche für den Sozialtransfer zum unteren Drittel der Gesellschaft notwendig sind, dem sich die SPD aus Tradition solidarisch verbunden weiß. Gerade deshalb darf sie die Leistungsträger, vor allem jene »Wissensarbeiter« nicht verschrekken, die unsere Gesellschaft braucht, wenn sie die Folgen der Überalterung durch Innovationen und Erhöhung der Produktivität überwinden will. Daß Partner für einen solchen Kurs einer erneuerten Volkspartei SPD nie die Linkspartei, wohl aber die Grünen und die Liberalen sein könnten, steht außer Frage. Wenn die SPD nicht zur linken Klientelpartei verkommen will, muß sie wohl oder übel an ihre besten Zeiten der Ära Brandt/Schmidt anknüpfen – und diese wären ohne die Bündnisfähigkeit der SPD mit liberalen Kräften undenkbar gewesen.

Berlin, im Juni 2010

Zwischen Kloster und Kaserne: Jugend im westpreußischen Grenzland 1895–1915

Noch heute ist viel von dem Charme zu spüren, den sein »liebes altes Nest«, die preußische Kleinstadt am großen Weichselknie, um die Jahrhundertwende einmal gehabt haben muß. Von den Kriegen verschont, bietet Culm mit Backsteinkirchen und gotischen Klöstern, spitzen Giebeln und alten Türmen viele mittelalterliche Reize. Die langen Wehrmauern und das Brama Grudziadska, einst Graudenzer Tor genannt, haben noch ihre ursprüngliche gotische Gestalt, und der quadratische Marktplatz erinnert an die Zeit, als Hermann von Salza mit päpstlichem Segen und im Auftrag des polnischen Herzogs von Masowien die heidnischen Pruzzen mit dem Schwert zum Christentum bekehrte. Den Anfang dazu machte er im Culmer Land, weshalb Culm, genau besehen, als die Keimzelle Preußens gelten kann, das ja aus dem Staat der Ordensritter hervorging und lange Zeit ebenso germanisch wie slawisch geprägt war. Selbst das deutsche Wort Culm kommt aus dem Altslawischen, wo es soviel wie Hügel oder Kuppe bedeutet – und eben auf einer Anhöhe auf dem rechten Weichselufer errichtet der Orden 1231 als seine erste befestigte Siedlung Culm, die lange Zeit als Oberhof für Teile der westpreußischen Städte dient.

Wer in Kurt Schumacher also vor allem den protestantischen Preußen sieht, der das große Duell um die Führung der zweiten deutschen Republik mit dem katholischen Rheinländer Konrad Adenauer ausfechten wird, mag sich durch die Geschichte bestätigt fühlen. Grenzländer sind beide, doch in der Heimat des einen blickt man eher zu den westlichen Nachbarn hin, nach Frankreich, dem Entstehungsland von Bourgeoisie und Demokratie; Preußen wird eher als heidnisch-protestantische Macht empfunden, welche sich die blühenden Lande am Rhein 1815 unterwarf. In der Heimat des anderen gilt der Staat der Hohenzollern vor allem als Garant gegen östliche Despotie, die wenige Kilometer von Culm entfernt im Zarenreich herrscht. Am

Rhein betont man Preußens negative und militaristische Seiten, an der Weichsel, wo man sich russischer Rückständigkeit gegenübersieht, eher die positiven – jene aufgeklärten und toleranten Züge also, über die es zweifellos auch verfügt und von denen manche bis auf die preußischen Wurzeln im mittelalterlichen Kolonialstaat der Ritter zurückgehen.

Gaben sich die Baumeister des Ordens im dreizehnten Jahrhundert nicht avantgardistisch-rational, als sie planvoll zu Werke gingen und die Gassen und Plätze Culms schachbrettförmig anlegten? Über Jahrhunderte standen die Städte an den großen Strömen im Osten im Brennpunkt dynastischer Kämpfe und Volkstums-Auseinandersetzungen zwischen Slawen und Germanen. Man sagt den Nachfahren der deutschen Ost-Kolonisatoren nach, dies habe ihren Charakter geprägt – sie seien selbstbewußt und unbeugsam, aufrichtig und hartnäckig. Es sind Eigenschaften, die sich alle bei Kurt Schumacher finden.

Deutsch wie polnisch ist sein Geburtsort geprägt – eben Grenzlandstadt, die mehrfach die Herren wechselt, einmal Culm und dann wieder Chelmno heißt. Mit dem Verfall des Ordensstaates kommt sie 1446 an Polen, mit der ersten polnischen Teilung wird sie 1772 preußisch, der Vertrag von Versailles schlägt sie mitsamt dem größten Teil Westpreußens wieder dem neugegründeten Polen zu. Den evangelischen Friedhof, auf dem die Gräber von Schumachers Vorfahren lagen, haben die Polen eingeebnet; aber im Stadtbild finden sich viele Spuren aus der jüngsten deutschen Zeit.

Wo heute der polnische Bürgermeister amtiert, residierte einst der königlich-preußische Landrat – in einem Gebäude unverkennbar wilhelminischen Einheitsstils, wie er bei Behördenbauten der Jahrhundertwende vom Rhein bis an die Weichsel immer wieder zu finden ist. Unverwechselbar preußisch auch die Kasernen, die heute von der polnischen Armee genutzt werden. Vor dem Ersten Weltkrieg lagen dort ein Jägerbataillon und eine Maschinengewehr-Abteilung. Und noch früher gab es auch eine Kadettenanstalt, in der Graf Albrecht von Roon, der spätere preußische Kriegsminister und Mitstreiter Bismarcks, seinen ersten Schliff erhielt. In der Garnisonkirche aus Backstein werden inzwischen zwar prunkvolle römisch-katholische Messen zelebriert, aber der schmucklos-spartanische Bau im Stil des 19. Jahrhunderts ist der Inbegriff preußisch-protestantischer Nüchternheit.

Kurt Schumachers Geburtsort Culm an der Jahrhundertwende: Die westpreußische Grenzlandstadt an der Weichsel wechselte mehrfach die Herren. Im Rathaus von Chelmno (oben), wo heute der polnische Bürgermeister amtiert, residierte einst der königlich-preußische Landrat.

Eine Tafel der Friedrich-Ebert-Stiftung erinnert heute daran, daß in der damaligen Heiliggeiststraße 12 dem Kaufmann Carl Schumacher am 13. Oktober 1895 ein Sohn geboren wurde, der nach 1945 dann die traditionsreiche Sozialdemokratische Partei Deutschlands von Hannover aus wieder aufbauen sollte. Er erhält die Namen Curt, Ernst und Carl; damit bei Abkürzungen eine Verwechslung mit dem Vater ausgeschlossen bleibt, ersetzt Curt später das C in seinem Rufnamen durch ein K und wird damit zu Kurt. Die Welt von gestern, in die der junge Bürger des beschaulichen Culm hineingeboren wird, soll nach dem großen Krieg einmal das goldene Zeitalter der Sicherheit heißen, und in der Tat scheint sie auf den ersten Blick fest gefügt.

Als Kurt Schumacher das Licht der Welt erblickt, ist Deutschland die mächtigste Militärmacht auf dem europäischen Kontinent, und die Erinnerung an den deutsch-französischen Krieg, der ein knappes Vierteljahrhundert zurückliegt, scheint noch überall präsent. Die *Culmer Zeitung*, ein Kreisblatt mit sechstausend Abonnenten, das im Titel den preußischen Adler mit dem deutschen Stadtwappen – einem Ordensritter mit Wimpel zu Pferde – zeigt, meldet an diesem Sonntag, dem Geburtstag Schumachers, daß die Vereidigung der Rekruten des Gardekorps in Gegenwart des Kaisers noch im Oktober stattfinden solle. Es kämen dafür der Gedenktag der Übergabe von Metz am 27. Oktober 1870 oder aber der 30. Oktober desselben Jahres in Frage – ein Tag, an dem die 2. Gardedivision sich bei der Erstürmung von Le Bourget besonders ausgezeichnet habe.

Das Geburtsjahr 1895 ist voller Widersprüche. Da werden wichtige Schritte zur Moderne getan – so in Würzburg, wo Konrad Röntgen die nach ihm benannten Strahlen entdeckt; in Wien, wo Sigmund Freud erste psychoanalytische Schriften veröffentlicht; oder gar in den USA, wo Frederick Taylor seine Arbeitslehre vorlegt, welche die Planung der Produktion von ihrer Ausführung trennt und die richtungweisend werden soll für die Fabrikarbeit in aller Welt.

Und doch sitzen die europäischen Monarchen vermeintlich unerschütterlich auf ihren Thronen. Seit 1837 regiert in England jene Queen Victoria, die einem ganzen Zeitalter ihren Namen gibt – dem der industriellen Revolution, auf der unser moderner Lebensstandard gründet, wie dem des Kolonialismus und Imperialismus, der in die modernen Kriege der Massenvernichtung münden wird. Victorias Flotte beherrscht die Meere; in ihrem Reich, das ein Viertel der Erdoberfläche umfaßt, geht die Sonne nicht unter. In Afrika führt Italien Krieg gegen Kaiser Menelik und sucht Abessinien zu unterwerfen. In Fernost kämpft Japan mit China um Korea. In der Karibik versuchen spanische Militärs vergeblich, kubanische Aufständische niederzuwerfen, die schon bald die USA zu Bündnispartnern haben werden.

Noch liegt Europa in Frieden, doch schon deuten sich künftige Konflikte an. Victorias unberechenbarer, sporenklirrender und großmäuliger Enkel Wilhelm II., halber Engländer durch Geburt, wünscht nichts sehnlicher, als es an Weltgeltung den britischen Verwandten gleichzutun. Er eröffnet den nach ihm benannten Nord-Ostsee-Kanal, der unerläßlich ist für die unselige deutsche Flottenrüstung. Sie treibt die Briten nicht ganz zwei Jahrzehnte später in einen Krieg, in dem das wilhelminische Reich untergehen wird. Bismarck, der Gründer dieses Reichs, feiert im Sachsenwald bei Hamburg seinen 80. Geburtstag – fünf Jahre nach der Nichterneuerung seines Rückversicherungsvertrags mit Rußland, durch den er, der stets von der *cauchemar des coalitions,* vom Alptraum der Bündnisse Geplagte, Deutschland einen Zweifrontenkrieg ersparen wollte.

In Petersburg regiert Nikolaus II. ganz in der Tradition russischer Autokratie und lehnt jede Forderung nach einer Verfassung ab. Der junge Wladimir Iljitsch Uljanow, genannt Lenin, der mit Július Martow die erste russische sozialdemokratische Organisation gegründet hat, wird verhaftet und nach Sibirien verbannt. Frankreich stützt Rußland, wo es nur kann; seit drei Jahren ist die zunächst als Defensivbündnis gegen Deutschland und Österreich gedachte französisch-russische Militärkonvention in Kraft. Um die französisch-russische Koalition zu festigen, wird jetzt französisches Kapital für den Bau der sibirischen Eisenbahn bereitgestellt.

Schon 47 Jahre währt das Regiment Franz Josephs I. in Wien. Der greise Kaiser verweigert jeden Kontakt zu moderner Technik. Es gibt kein Telefon in seinem Arbeitszimmer, und Auto fährt er nie. Bei Hofe gilt noch immer die archaisch-steife spanische Etikette, nach der niemand vorgelassen wird, der nicht über mindestens sechzehn adlige Ahnen verfügt. Der heitere Glanz der Belle Epoque und des Fin de siècle gaukeln vor, Österreich sei noch Großmacht; dabei kann es längst nicht mehr mit dem eigenen, sondern nur noch mit dem deutschen Säbel rasseln. Doch die Deutschen werden sie, bei Strafe ihres eigenen Untergangs, auch noch dazu ermuntern.

In Schumachers Geburtsjahr beginnt Käthe Kollwitz ihren Weberzyklus, sie gibt damit sozialen Konflikten Ausdruck, die sich aufstauen und bald zu revolutionärer Entladung drängen. Die Vorlage, Gerhart Hauptmanns Drama »Die Weber«, ist zwei Jahre zuvor vom Berliner Polizeipräsidenten mit dem Bemerken verboten worden: »Die janze Richtung paßt uns nich.« Friedrich Engels, einer der Propheten der proletarischen Revolution, wird in England zu Grabe getragen. Im 9. Deutschen Reichstag sitzen bereits 44 Sozialdemokraten, die bei den Wahlen 1893 ein knappes Viertel aller Stimmen erobert haben. Wilhelm II. nennt sie eine »Rotte von Menschen, nicht wert, den Namen Deutsche zu tragen«. Sie werden geführt vom »Arbeiterkaiser« August Bebel, der nicht müde wird, den großen Kladderadatsch, den unvermeidlichen, mit absoluter Sicherheit bevorstehenden Zusammenbruch der kapitalistischen Gesellschaft, zu verkünden.

Die Stadt Culm, die weitgehend vom Handel mit der bäuerlichen Umgebung lebt, zählt damals 11000 Einwohner, von denen etwas mehr als die Hälfte Polnisch, 4300 Deutsch als Muttersprache angeben; die Religionsstatistik weist 238 Juden aus. Wie viele bedeutende sozialistische Führer, stammt auch Kurt Schumacher aus alles anderen denn proletarischen Verhältnissen. Die Familie ist protestantisch, wie fast alle Deutschen in Culm. Großvater Carl, der Sohn eines Grenzgendarmen, kam aus Ihlewitz bei Eisleben, der Geburtsstadt Luthers, als »Glazermeister« an die Weichsel. 1848 wird er in Culm vereidigt, erhält nach Zahlung von einigen Talern Stimm- und Bürgerrechte und heiratet die Culmer Bürgerstochter Katharina Witt.

Beider Sohn, Kurts Vater Carl Schumacher, ist ursprünglich Versicherungsbeamter, macht sich dann als Kaufmann selbständig und handelt mit Getreide und Agrarbedarf. Er zählt zu jenen 73 wohlhabenden Bürgern der Stadt, die auf der Liste der stimmfähigen Bürger des Jahres 1911 in der ersten Abteilung geführt werden und den höchsten Steuersatz entrichten müssen. Sein Name steht hier neben denen von Apothekern und Drogisten, Rechtsanwälten und Fabrikanten sowie mittelständischen Kleinunternehmern wie Maurer- und Zimmermeistern. Vater Carl ist also einer der Honoratioren der Stadt – viele Jahre Stadtverordnetenvorsteher, Mitglied des Sparkassenkuratoriums , der Schuldeputation und auch der Ökonomie-Deputation. 1911 vertritt er Culm zusammen mit dem Bürgermeister auf dem westpreußischen Städtetag in Danzig.

Auch Kurts Mutter Gertrud, geborene Meseck, kommt aus dem Bürgertum. Sie ist die Tochter eines Zimmermeisters, der aus der Danziger Gegend nach Culm gezogen ist und der es versteht, seine Werkstatt im Laufe der Jahre in ein erfolgreiches Kleinunternehmen zu verwandeln.

Im Hause der Schumachers gibt es eine polnische Amme, zwei Dienstboten, ein Hausmädchen und eine Köchin. Die Familie wohnt in einer geräumigen Etagenwohnung mit sechs Zimmern und besitzt sehr früh schon ein Telefon mit der Rufnummer 12. Im Sommer packt man die Koffer und fährt nach Zoppot, einem eleganten Seebad an der Ostsee, wo ein Haus gemietet wird. Man lebt nicht luxuriös, aber doch in behäbigem, selbstverständlichem Wohlstand.

Gewiß, Kurt wächst nicht mit dem sprichwörtlichen Silberlöffel im Mund auf, aber Vater Carl hatte aus Freude über die Geburt des sehnlichst erwarteten, einzigen Sohnes doch Goldmünzen und Glücksbringer in die Wiege werfen können. Sein Sohn verbringt eine sorglose, behütete Jugend im gutbürgerlichen Milieu seiner Zeit – 1896 wird er getauft, 1911 konfirmiert, 1913 nimmt er den damals obligaten Tanzstundenunterricht im Culmer Hof, einem heute abgebrannten Hotel am Markt. Die proletarische Not der Mietskasernen, der Hinterhöfe und der Außentoiletten, die unbeschreibliche Armut in den Katen der Landarbeiter auf den großen ostelbischen Gütern bleiben ihm erspart.

Er wächst in einer feminin bestimmten Atmosphäre auf. Der Vater, von dem er den hochaufgeschossenen, schlanken Wuchs erbt, ist viel außer Haus. Drei Schwestern, alle älter als er – Hedwig neun, Lotte sieben und Elisabeth vier Jahre –, verwöhnen das Nesthäkchen. Mutter Gertrud, eine schöne, intelligente und sehr spontane Frau, nimmt den einzigen Sohn gegen die fordernde Strenge, die Carl Schumacher bei der Erziehung walten läßt, stets in Schutz. Weil das zaristische Rußland im Grenzland zum Osten der Inbegriff autoritärer Herrschaft ist, nennt Kurt den Vater spöttisch »die russische Regierung«.

Zuverlässigkeit, Pünktlichkeit, aber auch Höflichkeit werden ihm eingetrimmt, bis sie ihm in Fleisch und Blut übergehen. Sein Leben lang hält er Termine auf die Minute ein. Eine Episode, die er Annemarie Renger, der Lebensgefährtin seiner späten Jahre, erzählt hat, bezeugt den pädagogischen Stil daheim. Die Schumachers hatten Pferd und Wagen und einen Kutscher, den der Junge nicht grüßen wollte, weil er meinte, zuvor sei es an diesem, dem Herrensohn den Gruß zu entbieten. Vom Vater erhielt er daraufhin eine Predigt, die für das ganze Leben reichte. Sohn Kurt wird so zu jenem ungeheuer höflichen Menschen, der Wert auf gute Umgangsformen legt – ein

Der Schüler Kurt Schumacher wächst mit den Eltern (unten) und den drei älteren Schwestern in einer intakten Familie auf. Seine Mutter Gertrud nimmt ihn gegen die fordernde Strenge seines Vaters Carl (»die russische Regierung«) stets in Schutz.

Herr und nicht ein Kumpel selbst in der Partei der kleinen Leute, die er einmal führen wird.

1993, bei einem Besuch in Chelmno, fand sich noch eine Culmerin, die einmal bei den Schumachers war und dabei ein wenig von der preußisch-nüchternen Strenge spürte, die im Hause herrschte: Bronislawa Zawitowska, Jahrgang 1902. Die Schumachers sind längst von der Heiliggeist- in die Franziskanerstraße umgezogen, und die Schülerin Zawitowska kommt, um sich bei ihrer Lehrerin, Kurts ältester Schwester Hedwig, zu entschuldigen, weil sie ihre Hausaufgaben nicht erledigt hat. Sie macht einen artigen Knicks, leistet Abbitte, und die Lehrerin ermahnt sie, künftig fleißiger zu sein.

Hedwig Schumacher unterrichtet am städtischen Lyzeum in Culm Englisch und Deutsch und hat, so ihre damalige Schülerin, in beiden Fächern »sehr viel verlangt«. Ein Lehrer verdient damals nicht viel: Ihr Jahresgehalt beträgt 1600 Mark zuzüglich 390 Mark Wohnungsgeld. Sie wird bis zum Frühjahr 1920 am Lyzeum unterrichten und dann gekündigt werden. Denn Culm wird mit dem Friedensvertrag von Versailles wieder Chelmno. Hedwig unterrichtet später im pommerschen Swinemünde und erhält, wie Carola Stern schreibt, wegen ihres Bruders nach 1933 berufliche Schwierigkeiten: Weil Kurt Schumacher als gefährlicher Regimefeind gilt, darf sie nicht mehr am Lyzeum, sondern nur noch an Volksschulen tätig sein. Die Älteste eine Lehrerin, die beiden anderen Schwestern mit Pädagogen verheiratet, Kurt selbst ein Akademiker – bei den Schumachers, die sich aus dem Handwerkerstand ins gehobene Bürgertum vorgearbeitet haben, schreibt man Bildung groß.

Später wird sich zeigen, daß sie eine beneidenswert intakte Familie sind. Solidarität ist selbstverständliche Tugend, selbstlos hilft einer dem anderen in schwerer Zeit. Für die mittlere Schwester Lotte spielt er als Schüler den *postillon d'amour* zu ihrem späteren Ehemann Leo Trinkwalter, einem seiner Lehrer auf dem Gymnasium. Trinkwalter ist gebürtiger Franke und unterrichtet Physik und Chemie. Im Herbst 1914 – die Trinkwalters sind inzwischen nach Bromberg gezogen – umsorgt Lotte den schwerverwundeten Bruder, als dieser nach der Amputation des Arms in ein Lazarett nach Bromberg kommt. Dreißig Jahre später nimmt sie Kurt, der als physisches Wrack aus dem KZ Dachau nach Hannover entlassen wird, in ihrer Wohnung in der Memelstraße in Hannover auf, obschon Leo Trinkwalter inzwischen Mitglied der NSDAP geworden ist und zu den politischen Gegnern des Bruders zählt. Schwester Elisabeth spart sich für den magenkranken Kurt Milchmarken vom Munde ab und schickt Lebensmittelpakete aus Göttingen nach Hannover.

Zur Mutter, die er »liebe alte Dame« oder »meine Trude« nennt, hat er zeit seines Lebens ein besonders enges, herzliches Verhältnis. Selbst im Konzentrationslager gilt ihr seine Sorge: Weil er ihr kein selbstverdientes Geld mehr zukommen lassen kann, veranlaßt er, daß sie seine Invaliditätsrente erhält, die ihm in Dachau ohnehin nie ausgezahlt würde. Bis Frühjahr 1933 hat Kurt von seinem kargen Redakteursgehalt in Stuttgart, später von seinen Reichstagsdiäten und Honoraren erst beide Eltern, nach dem Tod des Vaters 1928 dann die Mutter unterstützt. Und Frau Gertrud Schumacher ist ebenso unermüdlich wie vergebens bemüht, ihn durch Eingaben bei nationalsozialistischen Dienststellen frei zu bekommen.

Culm um die Jahrhundertwende: Man geht sonntags am Ufer der Weichsel spazieren oder fährt in eine der Forstwirtschaften in den Wäldern der Umgebung, die sich in der *Culmer Zeitung* empfiehlt. Ein Blick in den Anzeigenteil spiegelt den Alltag von damals wider: Das Culmer Theater wirbt für Gastaufführungen, meist Operetten oder Volksstücke wie »Das Jägerliebchen«. Hausmittel werden angepriesen: gegen Husten, Heiserkeit und Asthma Honig-Rettich-Drops, Spitzwegerich-Drops und Zwiebel-Drops; als Wohltat bei nassem Wetter Wagners Einlegesohlen aus Badeschwamm. Gegen rheumatische Zahnschmerzen sollen nasse Strümpfe helfen – aber Achtung: beide Füße müssen eingepackt sein, denn »höchst schädlich ist es, bei einseitigem Zahnschmerz nur einen nassen Strumpf anzuwenden«.

Eine perfekte Köchin sucht ein Engagement und bevorzugt gebildete Herrschaften – wahrscheinlich, weil nur Bildung die Wertschätzung einer wirklich guten Küche erlaubt. Schwanengänsefedern, bestens gereinigt, sehr zart, nur kleine Federn, das Pfund für 2 Mark, hat stets abzugeben der Lehrer Kron aus Alt-Reetz im Oderbruch. Der Zahntechniker Niekilewski aus der Graudenzer Straße 31 arbeitet schlechtsitzende Gebisse um und bietet Plomben in Gold, Silber und Emaille an.

Und immer wieder jene Vaterlandsbegeisterung, die direkt hineinführen wird in den großen Krieg. Der Vorstand des Deutschen Patrioten-Bundes zur Errichtung des Völkerschlachtdenkmals bei Leipzig bittet um Spenden mit dem Aufruf: »Deutsches Volk, Du glücklicher Erbe aller der gewaltigen Errungenschaften aus den Ehrenzeiten von 1813 und 1870, den Zeiten der Befreiung und Einigung des heißgeliebten Vaterlandes, komm und hilf in Deiner jubelnden Freude über die neuerstandene Reichsherrlichkeit auch diesen Kranz zu winden! Leipzig und Sedan – ein Gedanke!«

Vaterländische Gesinnung ist im wilhelminischen Deutschland ein vorrangiges Erziehungsziel. Das Gymnasium, das Kurt besucht, 1865 auf dem Gelände des früheren Franziskanerklosters errichtet, feiert Kaisers Geburtstag als größten Schulfesttag des Jahres. Da wird »Antigone« von Sophokles in deutscher Sprache mit Musik von Mendelssohn Bartholdy aufgeführt; es gibt patriotische Festspiele – etwa Felix Dahns »Die Schlacht von Sedan«; im Schützenhaus bringt man 1912 gar »Kolberg« von Paul Heyse auf die Bühne, und die Bläserkapelle, Gymnasiasten in roten Mützen, spielt dazu auf. An Sedantagen veranstaltet die Schule »Turnmärsche« in die Culmer Umgebung – eine Vorstufe der späteren Wehrertüchtigung. An der Enthüllung des Kriegerdenkmals auf dem Marktplatz oder der Einweihung des Bismarckturms 1909 nehmen die Schüler geschlossen teil; aller Unterricht fällt aus.

In welchem Geist damals an preußischen Schulen erzogen wird, zeigt der 57. Jahresbericht des königlichen Gymnasiums zu Culm über das Schuljahr von Ostern 1914 bis Ostern 1915. Direktor Dr. Hugo Jüttner schreibt über eine Klassenreise entlang der Weichsel: »So sahen alle die Felder und Fluren, Wiesen und Wälder unseres schönen Westpreußens im Sommersonnenschein.« »Sie sahen Stadt und Land in der heiligen, durch Recht und Gesetz wie durch stetes pflichtgetreuestes Wirken unserer Herrscher und ihrer Beamten geschaffenen und bedingten Ordnung friedlichen höchsten Glückes und höchster Blüte. Sie sahen die ganze Schönheit der Heimat. Und so sieht es im ganzen Preußen, so im ganzen Deutschland aus. Darum wissen wir, was wir im jetzigen Weltkrieg verteidigen, wofür wir Gut und Blut hingeben im Kampfe gegen beutelustige Barbaren, im Kampfe gegen Unordnung und Tyrannei.«

Kurt ist ein äußerst begabter Schüler, aber Primus wird er nie – er nutzt seine intellektuellen Fähigkeiten vor allem dazu, die Schulzeit mit dem denkbar geringsten Kraftaufwand hinter sich zu bringen. Fleiß investiert er lediglich in Fächer, die ihn selber interessieren. So bekommt er in Geschichte, Deutsch und Erdkunde die Noten »gut« oder »sehr gut«, seine Bemühungen in Latein und Griechisch, Englisch und Französisch entsprechen dem Durchschnitt mit »genügend«.

Mathematik wird im Schuljahr 1913/14 gar als mangelhaft bewertet – wie übrigens auch das Turnen. Einmal wird er nicht versetzt, und ein Sportler wird er nie – nur das Schwimmen in der Weichsel macht ihm einen Riesenspaß. Das Benehmen ist gut bis auf einen Fall, denn im Zeugnis von 1910 wird ihm ein grober Täuschungsversuch angekreidet. Die Aufmerksamkeit läßt meistens zu wünschen übrig – die Lehrer weisen ihn öfter wegen Schwatzhaftigkeit zurecht; mangelnder Fleiß in Latein und Mathematik wird mehrfach gerügt.

In dem Sechzehn- und Siebzehnjährigen wächst bald das Interesse an Gegenwartsfragen, die nicht in der Schule behandelt werden. Die Atmosphäre im Elternhaus trägt viel dazu bei. Vater Carl denkt zwar national, ist aber betont liberal gesinnt. Und die Liberalen sind scharfe Kritiker des »blauschwarzen« Blocks der Regierungsmehrheit von Konservativen und Zentrum, die seit 1879 den Reichstag beherrscht. Carl Schumacher liest täglich das liberale *Berliner Tageblatt,* das mit wilhelminischer Großspurigkeit hart ins Gericht geht. Es erreicht Culm bequem noch am Erscheinungstag, denn Thorn ist täglich durch drei Schnellzüge und einen Eilzug mit Berlin verbunden. Und von Thorn nach Culm ist es mit der Weichselstädtebahn dann nur ein Katzensprung.

Wie stellt sich das Weltgeschehen dem Obersekundaner und Unterprimaner dar? In das Provinznest nahe der russischen Grenze dringen im Jahre 1912 beunruhigende Nachrichten. Das Pulverfaß Europas ist explodiert, und der erste Balkankrieg tobt, ein Wetterleuchten, von dem man erst später wissen wird, daß es die große Katastrophe von 1914 ankündigt. Serben und Bulgaren, Griechen und Montenegriner kämpfen gegen den »kranken Mann am Bosporus« und werden dazu heftig von Rußland animiert, das den Balkan für den Panslawismus gewinnen und zu seiner Einflußsphäre machen will. Um die Beute, die von den Türken befreiten Gebiete, werden sich ein Jahr später dann Serben und Griechen mit den Bulgaren schlagen. Die Spannung zwischen den europäischen Großmächten nähert sich dem Siedepunkt. Österreich, wo im 64. Jahr seiner Herrschaft noch immer Franz Joseph I. bestimmt, ordnet eine Teilmobilmachung seiner Streitkräfte an. Zwar läßt sich dieses Mal der Krieg begrenzen, noch gehen in Europa die Lichter nicht aus, aber die großen Mächte stellen die Weichen, über die in zwei Jahren die Züge dann unaufhaltsam der großen Katastrophe entgegenrollen.

Frankreichs Außenminister Raymond Poincaré, vom Revanchegedanken besessen, fährt 1912 zum Staatsbesuch nach Petersburg und schmiedet das Bündnis mit den Russen gegen Deutschland. Seine Reise gilt der Unterzeichnung der russisch-französischen Marinekonvention, einer Ergänzung der bald zwanzig Jahre alten russisch-französischen Militärkonvention. In Deutschland rüstet Großadmiral Tirpitz für eine deutsch-britische Entscheidungsschlacht bei Helgoland: Seine neue Flottenvorlage enthält ein Bauprogramm, das bis 1920 reicht und den Stapellauf von vier Großkampfschiffen pro Jahr vorsieht. Zwar kommt Lord Haldane, der Kriegsminister des liberalen englischen Kabinetts Asquith, nach Berlin und bietet einen Handel an: Die Deutschen sollen auf ihre Flottenvorlage verzichten, dafür will Großbritannien in einem großen Kontinentalkrieg neutral bleiben – immer vorausgesetzt, die Deutschen sind nicht selbst die Angreifer und respektieren die Neutralität Belgiens, welche London als Garantiemacht zu schützen versprach. Doch der Kaiser, der Deutschlands Zukunft bekanntlich auf dem Wasser sieht, betrachtet jeden Verzicht auf die Flottenrüstung als Akt nationaler Selbstverstümmelung. So mehren sich die Schatten des drohenden großen Krieges. Seit 41 Jahren lebt Deutschland in Frieden. Durch eigenes Verschulden wird dieser Friede jetzt zur unmittelbaren Vorkriegszeit.

Schumacher kommt in die Obersekunda, da sind die künftigen Kontrahenten in der Zeit nach dem Zweiten Weltkrieg bereits alle politisch engagiert. Konrad Adenauer, mit dem Schumacher um die Führung der Bundesrepublik kämpfen wird, ist mit 36 Jahren als Assessor und Mitglied des Zentrums erster Beigeordneter im preußischen Köln und bezieht jährlich 15000 Reichsmark Gehalt, was für die damalige Zeit ein stattlicher Betrag ist. Die Position des ersten Beigeordneten gilt als Sprungbrett; er wird es zielstrebig nutzen und gelangt schon 1917, als jüngster Oberbürgermeister Preußens, an die Spitze der größten Stadt im Rheinland. Übrigens stammt Konrad Adenauer, der Inbegriff des zivilen Bürgers, von einem Berufsmilitär ab – sein Vater, Kanzleichef einer Kölner Rechtsanwaltpraxis, schlug sich in seiner ersten Karriere als preußischer Berufs-Sergeant und »Zwölfender« gegen die Österreicher bei Königgrätz. Sein ungedienter Sohn Konrad aber wird zum Landsturm 1. Klasse überwiesen, nie Militärdienst leisten und bleibt somit persönlich vom großen Krieg verschont.

Das gilt auch für den Liberalen Theodor Heuss, gegen den Schumacher 1949 vergeblich als Bundespräsident kandidieren wird. Heuss, der Nationalökonomie studierte und 1905 promovierte, hat im Jahre 1912 schon viele Länder bereist und wird Chefredakteur der *Neckarzeitung* in Heilbronn. Bereits als Schüler ist er Anhänger des Nationalsozialen Friedrich Naumann. Als Mitglied der Freisinnigen Vereinigung (seit 1910 Fortschrittliche Volkspartei) bewirbt er sich erfolglos um ein Mandat im Württembergischen Landtag. Ein Jahr später, 1913, übernimmt er auch die Redaktion der Zeitschrift *März*.

Otto Grotewohl, mit dem Schumacher 1945/46 die Auseinandersetzung um die Einheitspartei, den großen Kampf um Demokratie im Sozialismus, um die Freiheit der Meinung, der Rede und des Erkennens führen wird, ist 1912 schon zwei Jahre Mitglied der Sozialistischen Arbeiterjugend, beendet seine Buchdruckerlehre in Braunschweig und tritt 1912 in die SPD ein.

Walter Ulbricht schließlich, der nach dem Krieg die Fäden für die Unterwerfung der Ostzonen-SPD und den Aufbau einer zweiten Diktatur auf deutschem Boden ziehen soll, hat 1912 seine Tischlerlehre beendet und stößt zur Sozialdemokratie. Er ist zwei Jahre älter als Schumacher, dient als Soldat und wird 1917 Mitglied des Spartakusbunds; als überzeugter Marxist-Leninist zählt er 1919 zu den Mitbegründern der Leipziger KPD. Schumacher wird ihn 1932 in Stuttgart als einen stalinistischen Apparatschik kennenlernen, der die örtlichen KP-Führer im Auftrag der Berliner KPD-Zentrale ihrer Funktionen enthebt, weil sie mit Sozialdemokraten gegen Nationalsozialisten gemeinsame Sache machten. Denn der Hauptfeind, so Ulbricht ein Jahr vor dem Ende der Weimarer Republik, sei und bleibe die Sozialdemokratie.

Noch engagiert sich Kurt Schumacher nicht politisch, aber 1912 markiert doch das Jahr, in dem die Prägung seines politischen Bewußtseins beginnt. Es wird durch die wachsenden Spannungen zwischen Deutschen und Polen in den preußischen Ostprovinzen geschärft. Auch im Gymnasium ist dieser Konflikt zu spüren, denn die meisten Klassenkameraden sind Polen, aber die alleinige Unterrichtssprache ist seit 1872 Deutsch. Nicht einmal als Fremdsprache wird Polnisch an Schumachers Schule gelehrt. 1876 wird das Deutsche in den Rang der einzig zugelassenen Sprache in allen Amtsstuben, Gerichtssälen und selbst am Fahrkartenschalter der Eisenbahn erhoben. Dabei war Preußen ursprünglich als feudaler, toleranter Vielvölkerstaat konzipiert. Als Friedrich der Große 1772 mit der ersten polnischen Teilung Westpreußen und damit die Landverbindung nach Ostpreußen gewann, machte er den neuen polnischen Untertanen zwar umgehend die preußische Handwerksordnung zur Pflicht, aber er ließ sie zweisprachig veröffentlichen – auf Polnisch und auf Deutsch.

Erst mit der Gründung des Reiches beginnt der Prozeß der Germanisierung in den preußischen Ostprovinzen. Bismarcks Kulturkampf hat vor allem das Ziel, die polnischen Kinder in Preußen Deutsch zu unterrichten, weil er glaubt, nur so könnten aus ihnen loyale Staatsbürger des neuen Reichs werden. Der Eiserne Kanzler ist von dem Gedanken besessen, daß die katholischen Mächte, gegen die das protestantische Preußen 1866 und 1870 Krieg geführt hat – Österreich und Frankreich –, Revanche nehmen und sich dabei auf eine innerdeutsche fünfte Kolonne stützen könnten: auf die deutschen Katholiken, die ja traditionell großdeutsch-habsburgisch orientiert und damit erklärte Gegner des von ihm geschaffenen protestantisch-preußisch dominierten Kleindeutschland sind – und auf die polnischen dazu. So rücken Katholiken für ihn in den Rang von potentiellen Reichsfeinden auf, wie später die angeblich so vaterlandslosen Gesellen von der Sozialdemokratie.

Aus dem Kulturkampf erwächst im Osten schließlich ein Volkstumskampf, den Kurt Schumacher im Culm jener Tage selbst erlebt. Über die Frontstellung damals kann kein Zweifel bestehen: Die meisten Polen sind Katholiken, die katholische Geistlichkeit gibt sich polnisch-nationalistisch und oft genug antisemitisch dazu; die meisten Deutschen sind Protestanten, ihre Pastoren verfechten mit der Ehe von Thron und Altar die deutsche Politik. So bleiben als ein prägender Jugendeindruck die Parteinahme der Konfessionen und der Mißbrauch der Kanzel für die Politik. Dies mag Schumachers wütende und wahltaktisch äußerst unkluge Angriffe gegen den politischen Katholizismus nach 1945 erklären. Journalistische Beobachter wie Fritz René Allemann fühlten sich bei seinen Ausfällen gegen die katholische Kirche stets an Bismarcks maßlose Polemik gegen die Katholiken im Kulturkampf erinnert.

Im altkonservativen, keineswegs eindeutig national-deutsch bestimmten Preußen hatten die Polen und mit ihnen die katholische Kirche in den Gebieten an der Ostgrenze einen relativ großen Freiheitsspielraum genossen. Zwar träumten sie von einem unabhängigen Polen, aber die Realisierung dieses Traums schien in unerreichbarer Ferne zu liegen. In ihrer Mehrheit verstanden sie sich deshalb als preußische Staatsbürger polnischer Sprache und Kultur; im neuen Reich dagegen, das sich als deutscher Nationalstaat begreift und nun die Politik der Eindeutschung beginnt, müssen sich viele katholische Polen plötzlich als Fremdkörper fühlen. Bismarck sah ihre Lage, empfand sogar Verständnis für sie und hielt den Konflikt dennoch für naturgegeben. Schon 1861 – er war preußischer Botschafter in Petersburg – schrieb er an seine Schwester Malwine: »Haut doch die Polen, daß sie am Leben verzagen. Ich habe alles Mitgefühl für ihre Lage. Aber wir können, wenn wir bestehen wollen, nichts anderes thun als sie ausrotten; der Wolf kann auch nicht dafür, daß er von Gott geschaffen ist, wie er ist, und man schießt ihn doch dafür todt, wenn man kann.« Natürlich dachte er als Reichskanzler nicht in den Kategorien der physischen Ausrottung wie ein halbes Jahrhundert nach ihm Hitler. Vielmehr wollte er durch gezielte Sprach-, Schul- und Ansiedlungspolitik einen Prozeß fördern, wie er in Ostpreußen und auch in Oberschlesien natürlich verlaufen war. Dort nämlich wurden »Masuren, Litauer, Kaschuben, Wenden und Oberschlesier . . . über die Staatszugehörigkeit und über den landschaftlichen Zusammenhang, z.T. auch über die Konfession hinweg Preußen und Deutsche«, wie Hans Rothfels schreibt.

Im Osten des neuen deutschen Nationalstaats konstituiert sich die Nation also nicht so sehr auf ethnischer Grundlage, sondern voluntaristisch, als Bekenntnis zum gemeinsamen Staatsverband. So wie viele Elsässer für die französische Kultur optieren, weil sie diese der deutschen überlegen glauben und sich von ihr angezogen fühlen, entscheiden sich Masuren und Kaschuben in Ostpreußen für den deutschen Kulturkreis; sie unterziehen sich, wie der polnische Historiker Buzek sagt, einer »freiwilligen Germanisierung«. Die Nation entsteht in Teilen der preußischen Ostprovinzen beinahe im Sinne Ernest Renans als tägliches Plebiszit – ein Prozeß, der beeindruckend deutlich wird, als nach dem Vertrag von Versailles Volksabstimmungen in Teilen Ostpreußens und in Oberschlesien ein überwältigendes, von den Alliierten als Beobachtern nicht erwartetes Bekenntnis zum Reich ergeben.

Im Hause Schumacher habe man ein wenig Polnisch gesprochen, weiß Fried Wesemann zu berichten, der 1952 die erste und einzige von Schumacher autorisierte Biographie geschrieben hat. Kurt Schumacher spielt mit seinen polnischen Schulkameraden Fußball, geht mit ihnen in der Weichsel schwimmen, weder er noch sein Vater kennen Animositäten gegenüber den Polen. Aber die Kontakte der Erwachsenen bleiben doch meist auf das Geschäftliche beschränkt. Zwar erhält Carl Schumacher, wie sich sein Sohn Kurt später erinnert, bei der Wahl zum Stadtverordnetenvorsteher auch viele polnische Stimmen. Doch es ist damals nicht so sehr die Allianz zwischen Deutschen und Polen, es ist vielmehr das Bündnis zwischen Deutschen und Juden in Culm, welches dafür sorgt, daß auf der Liste der Magistratsherren von 1908 viele deutsche, einige jüdische und wenige polnische Namen zu entdecken sind. Auf das Zensus-Wahlrecht gestützt, das – im Gegensatz zum allgemeinen, gleichen Wahlrecht für den Reichstag – in allen preußischen Gemeinden und für das preußische Herrenhaus gilt, halten die wirtschaftlich tonangebenden Deutschen die politische Führung in der Stadt. Weil sie mehr Steuern zahlen, verfügen die Deutschen – im Bunde mit den Juden – in der Stadtverordnetenversammlung über mehr Stimmen als die Polen, obschon diese in der Stadt Culm zahlenmäßig einen klaren Vorsprung halten.

»Die Juden in meiner Heimat, die waren deutsch und nicht polnisch«, sagt Kurt Schumacher später auf dem Godesberger Venusberg dem Journalisten Kaufmann in dem einzig dokumentierten Interview, das auf Fragen zur Situation im Culm seiner Jugendzeit Antwort gibt. »Unsere jüdischen Mitbürger waren alle aus guten Verhältnissen und am kulturellen Leben der Deutschen sehr positiv interessiert.« In der Tat sind es Deutsche und Juden, die den Bau des Bismarckturms auf einer Anhöhe nahe der Stadt finanzieren. (Daß die Polen keinen Pfennig für ein Denkmal zu Ehren jenes Kanzlers spenden, unter dessen Regiment die Germanisierung begann, versteht sich von selbst.) Die jüdischen Gemeindemitglieder in Culm, häufig Inhaber von Porzellan- und Bekleidungsgeschäften, sprechen Deutsch, lesen Deutsch und fühlen sich als Angehörige des deutschen Kulturkreises. Als Preußen mosaischen Glaubens wollen sie Teil des kulturell tonangebenden deutschen Bürgertums sein und lehnen die Polen ab – eine Haltung, die auf Gegenseitigkeit beruht.

Antisemitische Äußerungen sind damals häufig in klerikalen, nationalistischen polnischsprachigen Zeitungen zu finden. »Die deutschen Einwohner Culms, ebenso wie die anderer westpreußischer Städte, kannten keinen Antisemitismus«, schreibt Lewis J. Edinger, ein betont kritischer amerikanischer Biograph des Gründers der westdeutschen Nachkriegs-SPD. Als 1909 Hetzer aus Berlin versuchten, in Konitz nahe bei Culm eine antijüdische Bewegung durch einen Ritualmordprozeß ins Leben zu rufen, hätten die deutschen Liberalen und besonders die Bürger Culms entschieden protestiert.

Schumacher erinnert sich später, daß nichtjüdische Klassenkameraden, die als Studenten Mitglieder in den meist antisemitisch orientierten schlagenden Verbindungen und Corps geworden waren, in den Universitätsferien mit ihren früheren jüdischen Mitschülern genauso freundschaftlich Umgang pflegten wie zu jenen Zeiten, als sie noch zusammen auf der Schulbank saßen. »Viele Gegensätze« seien »durch Ironie und guten Witz ausgeglichen« worden. Kurt Schumacher, ein Liebhaber jüdischer Witze, wird später enge Freundschaft mit Juden halten. In seiner ersten Rede als Oppositionsführer im Bundestag mahnt er die Wiedergutmachung des an Juden begangenen Unrechts an, über das die Regierung kaum ein Wort verloren habe. Weil viele Mitglieder der Koalitionsparteien Adenauer in dieser Frage die Gefolgschaft versagen, kann das von der Regierung später vorgelegte Wiedergutmachungs-Gesetz im Bundestag nur mit Hilfe der Stimmen der SPD-Opposition verabschiedet werden.

Unter dem Vermerk »geheim« berichtet der königliche Landrat des Kreises Culm am 24. November 1905 an den Regierungpräsidenten in Marienwerder, daß in seiner 17jährigen Amtstätigkeit nur eines der größeren Güter des Kreises an einen Polen verkauft worden und die Transaktion ohne Mitwirkung polnischer Banken erfolgt sei. Sein Bericht belegt, daß die Regierung in Berlin alle Grundstücksgeschäfte in den Grenzprovinzen mit Argusaugen verfolgt. Denn der Volkstumskampf zwischen Deutschen und Polen ist besonders heftig entbrannt, seit die preußische Regierung 1886 die Ansiedlungskommission gegründet hat, welche deutsche Bauern anlocken soll, in Westpreußen und Posen Güter zu erwerben.

Auch dieser politische Schritt Bismarcks zielte klar darauf, den Prozeß der völligen Eindeutschung in den Grenzprovinzen voranzutreiben; doch erreicht der eiserne Kanzler, wie beim Kulturkampf, das genaue Gegenteil. Hat der Zugriff auf den polnischen Unterricht an den Schulen das polnische Nationalgefühl wachgerüttelt, zur Gründung polnischer Sprachvereine geführt und die Allianz zwischen katholischer Kirche und nationalbewußten Polen erst richtig zusammengeschweißt, organisieren die Polen nun Selbsthilfe und Abwehr gegen die gezielte Ansiedlung deutscher Bauern. Wer an Deutsche verkauft, verfällt der polnischen Feme. Schließlich gehen Polen gar zum Gegenangriff über, gründen polnische Banken zum Grunderwerb und kaufen ihrerseits deutsche Güter auf.

Dabei kommt ihnen die Tatsache zugute, daß die schnell wachsenden Industrien im Westen des Reichs eine enorme Sogwirkung entwickeln. Sicher strömen damals auch hunderttausende preußische Polen ins Ruhrgebiet – aber es sind bis zu drei Millionen Deutsche, die von den östlichen Grenzprovinzen in den wirtschaftlich aufstrebenden Westen ziehen. Die preußische Ansiedlungpolitik will diesem Prozeß der Entleerung der Ostprovinzen von Deutschen durch ihre Westwanderung entgegenwirken, aber die Statistik erweist, daß sie grandios fehlgeschlagen ist. Allein in Westpreußen ging der deutschsprachige Bevölkerungsanteil von 69 Prozent im Jahre 1858 auf 65 Prozent im Jahre 1910 zurück. Seit der Jahrhundertwende stagnieren die Einwohnerzahlen in Culm und sind vor dem Ersten Weltkrieg sogar leicht rückläufig.

Aus alledem zu schließen, daß in den Straßen Culms nach der Jahrhundertwende erbitterte Volkstums-Schlachten getobt hätten, wäre freilich falsch. Ohnehin sind die Verhältnisse im Culmer Land, in dem die Polen eine leichte Mehrheit halten, nicht repräsentativ für Westpreußen, das mehrheitlich deutsch geprägt ist. So beteiligen sich trotz des Boykottaufrufs des polnischen Obersten Volksrats in Posen im Januar 1919 immerhin noch 58,4 Prozent aller wahlberechtigten Westpreußen an den Wahlen zur Nationalversammlung und bekunden damit ihren Willen, Deutsche und beim Reich zu bleiben.

Sehr viel heftiger entlädt sich der polnisch-deutsche Gegensatz vor dem Krieg in der Provinz Posen, in der das polnische Element sehr viel stärker vertreten ist. In Posen kommt es 1906 auch zu einem polnischen Schulstreik, als die Regierung verfügt, daß selbst der Religionsunterricht in deutscher Sprache zu erfolgen habe. Dagegen sei die Atmosphäre zwischen Deutschen und Polen in Culm vor dem Ersten Weltkrieg im großen und ganzen gut gewesen, meint Bronislawa Zawitowska im November 1992. Nicht einmal bei der preußischen Polizei habe immer eine eindeutig antipolnische Haltung vorgeherrscht.

In der Pfarrkirche und in der Klosterkirche werden die Messen lateinisch gelesen, aber die Lieder polnisch gesungen. Die Priester predigen auf Polnisch und nehmen auch die Beichte in polnischer Sprache ab. Eine Ausnahme macht die sonntägliche 8-Uhr-Messe, die den wenigen deutschen Katholiken Culms vorbehalten bleibt. Und bei der Fronleichnamsprozession dominiert selbstverständlich die polnische Sprache in einer Stadt, die von Amts wegen nur das Deutsche kennen darf.

Der deutsch-polnische Gegensatz wird auch gedämpft durch die Grenzlandlage. Gemessen an der Situation der Polen im autokratisch regierten Imperium des Zaren wissen die polnischsprachigen Preußen die im Reich verfassungsmäßig gewährten Freiheiten von Rede, Meinung und Versammlung zu schätzen. Das deutsche Erziehungssystem ist dem russischen haushoch überlegen. Wenn die Lehrer in der Schule auch deutsch sprechen müssen, werden die polnischen Kinder doch wenigstens gründlich unterrichtet. Am allgemeinen wirtschaftlichen Aufschwung des Reichs haben auch die Polen Anteil; der preußische Staat sorgt für eine tüchtig funktionierende Verwaltung und – mit Post, Bahn, Telephon und gut ausgebauten Straßen – für eine effiziente, moderne Infrastruktur. Ohne jedes Zögern stimmt die polnische Fraktion im Reichstag 1914 für die Kriegskredite. Kurt Schumacher zieht mit polnischen Kameraden an seiner Seite ins Feld, die sich gegen die Russen ebenso tapfer schlagen wie er.

Als Obersekundaner beginnt sich Schumacher damals für linksliberale und sozialdemokratische Politik zu interessieren. Und es sind Sozialdemokraten – allen voran ihr Sprecher in Sachen Nationalitätenpolitik, Georg Ledebour –, die im Reichstag mit Verve die Germanisierungspolitik in den preußischen Ostprovinzen kritisieren, für Toleranz eintreten und das Recht von Minderheiten auf ihre eigene Sprache fordern. Als »kulturmörderisch« und »barbarisch« bezeichnet Ledebour das Vorgehen der Mehrheit, einer anderssprachigen Minorität die deutsche Sprache aufzuzwingen.

Noch heute mutet avantgardistisch an, was die Sozialdemokraten 1912 in der Diskussion über das Staatsbürgerrecht verlangt haben: daß nämlich jedermann, der seinen wirtschaftlichen Mittelpunkt seit fünf Jahren in Deutschland habe, das Recht auf Einbürgerung zu gewähren sei. Damit sind selbstverständlich auch die aus dem Osten eingewanderten Polen und Juden gemeint.

1908 stellt Ledebour im Reichstag fest, daß der Begriff »Deutscher« sich nach der Verfassung mit dem Wort »Reichsangehöriger« decke und deshalb unabhängig von Abstammung, Sprache und Glauben sei. Der landläufige Begriff »Pole«, den die Verwaltung in den preußischen Ostprovinzen gebrauche, sei danach juristisch nicht existent, weil durch die Reichsverfassung nicht gedeckt. Schon 1903 hatte er vorgeschlagen, dem Erfurter Programm der Sozialdemokratie von 1891 den Zusatz einzufügen, daß jede Minorität das Recht auf Unterricht in ihrer Volkssprache habe. Wenn Schumacher später von Nation spricht, hat er das Staatsvolk als Schicksalsgemeinschaft im Sinn, nicht die ethnisch homogene Nation der Völkischen, sondern die heterogene Nation, welche die Rechte ihrer konfessionellen und ethnischen Minderheiten schützt. In seiner Dissertation definiert er sie einmal als »gefühlte Kulturgemeinschaft«, aber wichtiger als der Begriff der Nation sind ihm das Staatsvolk und der Staat, der sozialen Zwecken dienstbar gemacht werden muß.

Die betont nationale Erziehung im Gymnasium wird durch Lektüre, die mit demokratischen und revolutionären Gedanken bekannt macht, früh in Frage gestellt. Besonders wichtig für die sich herausbildende Weltsicht des jungen Kurt Schumacher sind der *März* und die *Sozialistischen Monatshefte,* die er von seinem Taschengeld abonniert. Der *März,* eine intellektuell anspruchsvolle Wochenzeitschrift, die wir heute linksliberal nennen würden, informiert über Literatur und Wissenschaft, Kunst und Politik. Sie wird von Hermann Hesse und Ludwig Thoma herausgegeben und seit 1913 von Theodor Heuss in Heilbronn redigiert.

Zu den Autoren zählt, was Anfang des Jahrhunderts modern und literarisch führend ist: Franz Werfel und René Schickele, Ferdinand Hodler und Wilhelm Worringer, Anatole France und Bruno Frank. Thomas Mann schreibt »Der Künstler und der Literat«; Hermann Hesse rühmt die lapidare Zeichenkunst, den Witz und Humor des Karikaturisten Olaf Gulbransson, der vor allem für den *Simplizissimus* arbeitet; Hans Dominik preist die »wunderbare Heilkraft« von Radium-Emanationen. Und auch der junge Kurt Tucholsky meldet sich zu Wort: Es sei eine Unsitte der Boulevard-Kultur in Berlin, klagt er nostalgisch unter dem Pseudonym Ignaz Wrobel, alle Lokale als Cafés einzurichten, denn so verschwänden jene gemütlichen, plüschenen Konditoreien mit ihren »roten Samtmöbeln, in denen sich Liebespaare trafen, küßten und einen Apfelkuchen verzehrten«. Heuss selbst greift vielfach zur Feder. Die sanfte Ironie, die den späteren Bundespräsidenten auszeichnet, ist in seinen Beiträgen schon deutlich zu erkennen.

Wer heute in den Jahrgängen des *März* blättert, welche der Gymnasiast Kurt Schumacher in Culm verschlang, wird mit Nachdruck auf das Grunddilemma des Kaiserreichs am Anfang dieses Jahrhunderts gestoßen. Wie ein Stück grauer Vorzeit ragen die Vorrechte der Krone – die Führung des Militärs und die Berufung eines Reichskanzlers, der dem Parlament nicht verantwortlich ist – in eine Gesellschaft hinein, deren blühende Kultur und Wirtschaft das Bürgertum bestimmt. Deutschland ist zur modernsten europäischen Industrienation aufgestiegen, es führt auf vielen Gebieten der Wissenschaft und hat Großbritannien längst in der Produktion von Kohle und Stahl überholt, doch seine politische Verfassung steht zu alledem im Widerspruch. Es sind die liberalen Bürger, die sie zum Zeitgemäßen, zum Demokratischen hin ändern wollen, und der *März* artikuliert viele ihrer Träume und Hoffnungen.

Politisch nimmt die Zeitschrift eindeutig gegen die Alldeutschen, die Konservativen und das »klerikale« Zentrum Stellung und votiert für eine linksliberale Allianz, die sich schon bei den Wahlen zum Reichstag 1912 bewährt hat. Das Wahlrecht zum kaiserlichen Reichstag kennt die Ballotage und entspricht damit dem heutigen französischen Wahlsystem. Sozialdemokraten und Fortschrittler haben deshalb ein Wahlbündnis geschlossen, das für die Stichwahlen die Unterstützung des jeweils im Wahlkreis stärksten Kandidaten vorsieht; die Sozialdemokraten ziehen daraufhin mit 110 Mandaten als stärkste Fraktion in den Reichstag ein, die Fortschrittliche Volkspartei erhält 42 Mandate. Mit insgesamt 47,1 Prozent sind beide Parteien nicht weit von der absoluten Mehrheit der Stimmen entfernt. Ihre Mandatszahl würde indes noch erheblich höher liegen, rechnete der *März* vor, hätte man die Wahlkreise entsprechend der Bevölkerungszahl endlich korrekt zugeschnitten.

Da Teile der Nationalliberalen in das Bündnis mit einbezogen sind, erleidet der »schwarzblaue Block« von Konservativen und Zentrum eine deutliche Niederlage. »Der Druck, der seit dem erneuten klerikal-konservativen Bündnis vom Sommer 1909 auf unserem politischen Leben lastete«, kommentiert Otto Harnack das Ergebnis der Wahlen im *März* vom 3. Februar 1912, »ist abgeworfen. Der Deutsche Reichstag kann jetzt die Bedeutung und den Erfolg gewinnen, die in modernen Kulturstaaten dem Parlament zukommen.« Und in Heft 15 des *März* heißt es: »Soll sich endlich in Deutschland die Demokratie entwickeln und zur herrschenden Macht werden, so kann das, wie sich bei uns die Parteiverhältnisse entwickelt haben, zunächst nur durch die gemeinsame Aktion des sozialistischen Proletariats und des wahrhaft liberalen Bürgertums erreicht werden.« So zu lesen in einem mit drei Sternen gezeichneten Beitrag über »Ein Militärprogramm der Linken«, in dem bereits manches anklingt, was Schumacher später auf dem Wehr-Parteitag in Magdeburg 1929 und dann beim Aufbau der Bundeswehr verfechten wird: die Demokratisierung des Heeres, die

Beseitigung des Offiziersmonopols und das Aufrücken fähiger Unteroffiziere in den Offiziersrang.

Einen kleinen Schönheitsfehler allerdings haben die von der Hoffnung auf die volle Parlamentarisierung und Demokratisierung des Reichs getragenen Artikel des *März,* die der Obersekundaner liest: Der für eine solche Entwicklung unerläßliche Bündnispartner, die Sozialdemokraten, wollen keine Zusammenarbeit mit bürgerlichen Parteien. Dabei ist ihre Haltung durchaus ambivalent, denn als Ziel des Wahlgangs von 1912 hat die SPD in ihrem Wahlaufruf die »Durchführung des parlamentarischen Regierungssystems« gefordert. Zugleich aber setzt ihre Führung weiter auf August Bebels »großen Kladderadatsch«, auf seine Untergangsvision, das heißt auf den Zusammenbruch des ganzen kapitalistischen Systems, an dessen Wurzeln die Axt zu legen sei. Es ist diese widersprüchliche Haltung der Sozialdemokratie der Kaiserzeit, ihre Fundamentalopposition zum ganzen System, welche manche Liberalen daran zweifeln läßt, ob es mit dieser Umsturzpartei je eine politische Allianz geben kann. Der Studiosus Kurt Schumacher wird deshalb in seiner Doktorarbeit 1920 darlegen, daß die sozialdemokratischen Führer der Vorkriegszeit anders geredet als gehandelt haben und es an der Zeit sei, endlich Theorie und Praxis in Einklang zu bringen.

Freilich gibt es auch im Jahre 1912 Sozialdemokraten, die entschieden gegen den Attentismus und die prinzipielle Neinsagerei der Führung Front machen. Den *Sozialistischen Monatsheften,* der Plattform der Revisionisten um Eduard Bernstein, entnimmt der Obersekundaner, daß dieser Parteiflügel für eine parlamentarische Bündnis-Strategie eintritt, wie sie der *März* verficht. Bernstein begreift den Sozialismus ja nicht länger als eine historische Notwendigkeit, die sich eines Tages mit der Gewalt eines Naturgesetzes von selbst einstellen werde, sondern weiß, daß man ihn Schritt für Schritt vorbereiten und erkämpfen muß. Deshalb wollen die Revisionisten die Mitarbeit im Staat zugunsten von Reformen und plädieren für einen friedlichen, geordneten und organischen Übergang zum Neuen Zion, das da Sozialismus heißt. Denn im Ziel bleiben sich die Revisionisten mit der Parteimehrheit durchaus einig, auch wenn diese weiter auf die Philosophie August Bebels schwört, der, Volkstribun und Zuchtmeister in einem, seine Partei im Griff hat wie nach ihm nur Kurt Schumacher in den sieben Jahren, die ihm nach dem Wiederaufbau der Sozialdemokratie 1945 beschieden sind. »Sein Wille geschieht«, schreibt

Maximilian Harden in der *Zukunft* über Bebel, den Sohn eines preußischen Unteroffiziers, der den Aufstieg vom Drechslermeister zum erfolgreichen Fabrikanten schaffte. »Er ist Zensor, Richter, Oberfeldherr, König und Gott.«

Zwischen den Flügeln der SPD entbrennt der Streit vor allem um das Abstimmungsverhalten der eigenen Parlamentarier, wenn das Budget in den Landtagen oder im Reichstag zur Bewilligung ansteht. Revisionisten wie Ludwig Frank, der übrigens regelmäßig für den *März* von Theodor Heuss schreibt, stimmen im badischen Landtag für das Budget, weil sie zusammen mit den Liberalen und dem Freisinn eine reaktionäre Kammermehrheit verhindern wollen, zu der im Badischen auch das katholische Zentrum zählt. Sie werden dafür von der Parteimehrheit gerügt, weil, so Bebel 1908 auf dem SPD-Parteitag in Nürnberg, die Bewilligung des Haushalts nicht nur »Anerkennung, sondern auch Unterstützung und Aufrechterhaltung des Systems« bedeutet, »dem wir laut Programm entgegenzutreten haben«.

Als Streikbrecher, Hofgänger und Byzantiner verunglimpft die orthodoxe Mehrheit die badischen, bayerischen und württembergischen SPD-Landtagsabgeordneten, weil sie für die Haushalte stimmten; die *Leipziger Volkszeitung* nennt sie gar verächtlich Kretins. Doch vehement verteidigt sich Ludwig Frank, der jüdische Rechtsanwalt aus dem Alemannischen. Er ist ein glänzender Redner, viele, darunter Theodor Heuss, sehen in ihm die größte Begabung unter den jüngeren Sozialdemokraten, vielleicht gar den kommenden Führer der Nach-Bebel-Zeit. Ablehnung des Budgets, so der politische Praktiker Ludwig Frank, komme der selbstgewählten politischen Isolierung gleich. Es gehe nicht an, immerzu nur von einem Zukunftsland zu träumen, Politik müsse für die Gegenwart gemacht werden. Durch seine Propaganda der Tat will er die Sozialdemokratie, die schon ein Drittel der Wähler hinter sich weiß, wachrütteln und endlich zur »Anwendung ihrer untätigen Riesenkräfte« bringen. Auch Eduard Bernstein, der Theoretiker, sieht die Bewilligung nicht als eine Prinzipienfrage, sondern möchte von Fall zu Fall pragmatisch entscheiden.

Im Reichstag wird dieser latent schwelende Prinzipienstreit akut, als nach dem Wahlsieg der Sozialdemokraten 1912 Philipp Scheidemann zum Vizepräsidenten gewählt wird. Es war damals üblich, daß der Kaiser den Reichstag mit einer Rede im Weißen Saal des Berliner Schlosses eröffnete. Zuvor empfing er jeweils das neu gewählte Präsidium. Wie, so fragen sich die Sozialdemokraten, soll sich ihr Philipp nun verhalten? Soll er gar das offizielle Hoch auf den Kaiser ausbringen, das ihm nicht erspart geblieben wäre und das die Sozialdemokraten im Reichstag verweigert hatten?

Die Vorstellung, daß ein aufrechter Genosse in der vorgeschriebenen Hoftracht, mit Kniehosen, Strümpfen und Schnallenschuhen angetan, ins Schloß pilgerte, hatte Bebel schon 1903 angewidert zurückgewiesen. Der Vorschlag, als zweitstärkste Partei einen Vizepräsidenten zu stellen, war damals von Bernstein gekommen. Auch neun Jahre später, 1912, endet der Vizepräsidentenspuk mit dem Sieg der Bebel-Anhänger: Scheidemann erklärt sich außerstande, das Hoch auf den Kaiser auszubringen. So wird das Präsidium neu gewählt, und dieses Mal ist kein Mitglied der stärksten Fraktion in seinen Reihen.

Natürlich bleibt diese Haltung für die Revisionisten völlig unverständlich. In der fünften Ausgabe der *Sozialistischen Monatshefte* schreibt Ludwig Quessel – der Gymnasiast Schumacher zählt damals zu seinen Lesern –, daß ein »unversöhnlicher Gegensatz zwischen monarchistischer und republikanischer Verfassung überhaupt gar nicht besteht«. Er erinnert daran, daß der Belgierkönig Leopold II. gegenüber dem *Berliner Tageblatt* erklärte, man könne ihn auf Grund der belgischen Verfassung »mit derselben Berechtigung als den Präsidenten einer republikanischen Monarchie wie auch als den König einer monarchischen Republik bezeichnen«. Da von einem Umsturz (1912!) nur Narren träumen könnten, bliebe den Deutschen nur übrig, einen Weg einzuschlagen, wie ihn die staatliche Entwicklung Englands weise. »Will die Sozialdemokratie Deutschland demokratisieren, so muß sie sich frei machen von der abergläubischen Vorstellung, daß der Gang zum kaiserlichen Schloß prinzipiell etwas anderes bedeute als der Gang zum Palais eines Präsidenten.« Das demokratische Interesse weise gebieterisch den »Weg des Parlamentarismus, der auch ins Kaiserschloß führt«.

Volle Parlamentarisierung im Rahmen der Monarchie ist also vor dem Ersten Weltkrieg bei den Revisionisten eine durchaus anzustrebende Möglichkeit, um die weitere demokratische Entwicklung Deutschlands voranzubringen. Wer verstehen will, warum der Volksbeauftragte Friedrich Ebert zunächst erzürnt war, als er von der Ausrufung der Republik durch Scheidemann am 9. November 1918 erfuhr, mag hier eine Erklärung finden. Zwar war Ebert wie nahezu jeder Sozialdemokrat Republikaner aus tiefster Überzeugung. Und doch schlug er mit der Faust auf den Tisch, erinnert sich Scheidemann später, und schrie ihn an: »Du hast kein Recht, die Republik auszurufen! ... Was aus Deutschland wird, ob Republik oder was sonst, das entscheidet eine Konstituante.«

Solche Debatten werden in den linken und liberalen Blättern vor dem Ersten Weltkrieg geführt, aus denen sich der Heranwachsende informiert. Der Vater bestärkt Kurt Schumacher darin, einen unabhängigen, eigenen Weg zu gehen, denn seine Erziehung zielt beim Sohn auch auf Entscheidungsfreudigkeit und die Schärfung des Bewußtseins, über die Freiheit der Wahl zu verfügen. »Er hat nie den geringsten Versuch gemacht, mich für einen Beruf oder eine Meinung zu beeinflussen«, erzählt Schumacher später, »er hat immer gesagt: das ist dein Leben, du mußt selbst entscheiden«. Die jungen Menschen aus der Stadt, mit denen er damals verkehrte, seien alle keine Freunde des Großgrundbesitzes gewesen. »Und der soziale Habitus der deutschen Herrenschicht war der von Großgrundbesitzern und des aus ihm hervorgegangenen Militäradels.« Später meint er eher sarkastisch, das Haus der Schumachers habe zwischen Kloster und Kaserne gelegen.

In einem Milieu aufgewachsen, das weitgehend vom Katholizismus und vom preußischen Militär bestimmt wird – hätte er da nicht zwangsläufig den Weg zur Sozialdemokratie finden müssen? Doch Kontakt zur SPD oder ihrer Jugendorganisation knüpft er vor dem Krieg in Culm nicht; später kann er sich nicht einmal daran erinnern, ob sie als Organisation dort überhaupt vertreten war. Die Wahlstatistik erweist, daß die Sozialdemokraten sich an den Reichstagswahlen 1912 in Culm zwar beteiligt, aber nur magere 3,6 Prozent der Stimmen errungen haben.

Seine Lehrer hätten allerdings gewußt, daß er »absolut sozialdemokratisch dachte« – er lobt später ihre Toleranz, denn sie hätten ihm deshalb nie Schwierigkeiten gemacht. Nur als er, ungehörig und aufsässig im Benehmen, im Gespräch mit dem Direktor die Hand in der Hosentasche behielt, habe dieser gesagt: »Das können Sie machen, wenn Sie im Reichstag über Brauerei-Aktien reden – hier bleibt dies untersagt.« Der Direktor wußte also von dem brennenden politischen Interesse des Pennälers, und er spielte auf Gustav Stresemann an, den Sohn eines Gastwirts, der seine Dissertation über den Flaschenbierhandel geschrieben hat. Im Reichstag gilt er damals als junge Hoffnung der Nationalliberalen.

Die früheste politische Sozialisation Kurt Schumachers fällt in eine Zeit, die nach dem Urteil des *Tagesspiegel*-Verlegers Erik Reger in der kurzen politischen Geschichte der Deutschen Hoffnung für alle freiheitlich Gesinnten verkörpert. Als die Sozialdemokraten ein Bebel führte, die Freisinnigen ein Eugen Richter, das Zentrum ein Windthorst, die Konservativen ein von Kardorff, sei der Reichstag vorübergehend zur Schule des Parlamentarismus geworden. »Die Krüger-Depesche, das Daily-Telegraph-Interview, der Fall Zabern waren für die in den Parteien verkörperte Macht der Volksmeinung ebenso viele Anlässe, sich mitreißend und mitgerissen zu entzünden, waren ebenso viele Momente der Hoffnung auf Demokratisierung und revolutionären Fortschritt in Deutschland.«

Sicher, formell hätte es für eine volle Parlamentarisierung einer verfassungsändernden Zweidrittelmehrheit im Reichstag bedurft, und die lag in weiter Ferne. Aber war es völlig auszuschließen, daß der wachsende Druck einer sozialliberalen Allianz zusammen mit der rasant zunehmenden Industrialisierung die Vorrechte der Krone auch ohne diese formellen Voraussetzungen beseitigt und zur vollen Demokratisierung der Reichsverfassung geführt hätten? »Wäre nicht der Krieg gekommen«, so jedenfalls Erik Reger, »hätte die deutsche innere Geschichte vielleicht eine glückliche Wendung genommen.«

Aber der Krieg kommt, und die Sozialdemokratie stimmt ihm zu, weil sie fest daran glaubt, daß es sich um einen Akt der Verteidigung und der Notwehr handelt. Schon 1907 hatte sich Gustav Noske auf der Rednertribüne des Reichstags zu einer »bewaffneten Nation« bekannt und erklärt, die Sozialdemokratie werde niemals dulden, daß das deutsche Volk von irgendeinem anderen an die Wand gedrückt werde. Allerdings hatte er Bedingungen an die Bereitschaft zur Verteidigung geknüpft: Um die Wehrhaftigkeit des ganzen Volkes zu erreichen, müsse die Regierung sich zusammen mit den Sozialdemokraten bemühen, Deutschland so »wohnlich, so freiheitlich und so kulturell hochstehend zu gestalten«, wie dies nur einigermaßen denkbar sei. Wehrhaftigkeit des Volkes, wie sie Noske und die Sozialdemokraten verstanden, ging vom Gedanken der allgemeinen Volksbewaffnung, der Volksmiliz aus, was gleichbedeutend war mit dem Abbau der Privilegien von Militäradel und preußischer Offizierskaste.

In einem Kommentar unter der Überschrift »Die Sozialdemokratie und der Patriotismus« besorgte Eduard Bernstein den »vaterlandslosen Gesellen« das theoretische Fundament, auf dem die Rettung des Vaterlands mit dem Sozialismus durchaus in Einklang zu bringen war. Der Auffassung von Bernstein zufolge setzt Sozialismus nämlich nationale Unabhängigkeit voraus. Kein Land könne sich normal entwickeln – und aus der Sicht des geistigen Haupts des Revisionismus hieß »normal« soviel wie, sich zum Sozialismus hin zu bewegen –, »wenn es von außen durch irgendwelche Fremdherrschaft, durch rohe und auf niederer Kulturstufe stehende Eroberer bedrängt und bedrückt wird«. Widerstand gegen solche Fremdherrschaft sei »Patriotismus, der sich mit der Internationalität der Gesinnung sehr wohl vereinen läßt«. Wahrer Internationalismus setzt danach den Patriotismus zwischen Gleichberechtigten voraus – dieser Gedanke bestimmt weitgehend sozialdemokratische Politik; wie ein roter Faden wird er sich durch die Reden Kurt Schumachers nach 1945 ziehen und ihm den in der Sache unberechtigten Vorwurf des Nationalismus einhandeln.

Wenn Bernstein von rohen, auf niederer Kulturstufe stehenden Eroberern spricht, ist die Anspielung überdeutlich: Gemeint ist das zaristische Rußland, das Friedrich Stampfer, der langjährige Chefredakteur des sozialdemokratischen *Vorwärts*, nicht zur europäischen Kulturgemeinschaft zählt. Er drückt damit nur eine Überzeugung aus, die Allgemeingut der deutschen Sozialdemokraten ist. Zwar habe Deutschland lange gemeinsame Grenzen mit Rußland – »aber hinter ihnen«, schreibt Stampfer, »war das Grauen«. Rußland – das ist für die deutsche Sozialdemokratie der Inbegriff von Despotie und Reaktion, der Hort von Grausamkeit und Barbarei. Es hat die Revolution von 1848 niederwerfen helfen, und der brave Revolutionär Bebel fürchtet es wie der Teufel das Weihwasser: »Dort steht unser wahrer Feind.«

Das abstoßende Bild von Rußland wird auch durch den dort virulenten Antisemitismus bestimmt, der sich immer wieder in blutigen Pogromen entlädt – für Bebel »bestialische Vorkommnisse«, die sich auf die »niedrigsten Triebe und Instinkte einer rückständigen Gesellschaftsschicht« stützen und deren »moralische Versumpfung« erweisen. Daß fünfunddreißig oder vierzig Jahre später eine deutsche Regierung selbst staatliche Pogrome als Auftakt zur industriellen Massenvernichtung der europäischen Juden inszenieren wird, scheint Anfang des Jahrhunderts außerhalb jeder Vorstellung. Bebel jedenfalls findet es damals ausgesprochen tröstlich, daß der Antisemitismus in Deutschland »nie Aussicht hat, irgendeinen maßgeblichen Einfluß auf das staatliche und soziale Leben auszuüben«.

Wichtig für das Verständnis der Motive, die zur sozialdemokratischen Kriegsbereitschaft führen, ist nach Meinung des Historikers Jürgen Zaruski auch das Geschick, mit dem Reichskanzler Bethmann Hollweg das antirussische Trauma der Sozialdemokratie in sein Krisenmanagement einbezieht. Denn Bethmann ist überzeugt, daß die Zeit der Kabinettskriege vorbei ist und der nächste Krieg ein Zusammenstoß der Völker wird, den nur jene Nationen erfolgreich bestehen können, die über innere Geschlossenheit verfügen. Er weiß, daß er gegen eine SPD, die über ein Drittel der Wähler gebietet, undenkbar ist, und er kann sich dabei sogar auf Bebel berufen, der schon 1904 im Reichstag an die Adresse der Regierung ausgerufen hat: »Wenn Sie siegen, siegen Sie mit uns und nicht gegen uns. Ohne unsere Hilfe können Sie nicht mehr auskommen.«

Folglich ist für die Sozialdemokraten, so das Kalkül Bethmanns, der kommende Krieg nur als Kampf gegen die Despotie des Zaren, als Verteidigung gegen den drohenden Einfall der Armeen des Herrschers aller Reußen zu legitimieren. Obschon der deutsche Generalstab auf eine schnelle Genralmobilmachung drängt, besteht der Kanzler darauf, den Russen den Vortritt zu lassen – und erweckt damit den Eindruck, als wollten Kaiser und Reichsregierung das Risiko einer bewaffneten Auseinandersetzung vermeiden. Noch am 28. Juli 1914 organisieren die Sozialdemokraten in den Städten des Reichs Massendemonstrationen gegen den drohenden Krieg und für die internationale Verständigung. Erst als am Abend des 30. Juli die Nachricht von der russischen Generalmobilmachung kommt, schlägt die Stimmung bei ihnen um. Jetzt wird ihre latente Furcht vor Rußland aktiviert und damit jene nationale Einheit hergestellt, ohne die nach Bethmann ein moderner Volkskrieg nicht mehr möglich ist.

Nicht minder wichtig für die Beurteilung der Sozialdemokratie von 1914 ist ihr Selbstverständnis als Avantgarde des Sozialismus; auch sehen sie das Deutsche Reich nicht durchweg als rückständig an – im Gegenteil. Am Vorabend des Weltkriegs besitzt Deutschland mit der obligatorischen Kranken-, Unfall- und Rentenversicherung für Arbeitnehmer ein für damalige Verhältnisse vorbildlich eng geknüpftes soziales Netz. Frankreich dagegen kennt noch keine staatliche Versicherung gegen Krankheitskosten, und erst 1946 führt es die obligatorische Unfallversicherung ein. Die Sozialversicherung gehört in den Augen des französischen Deutschlandkenners Henri Lichtenberger zu jenen Leistungen des Reiches, für die es »wohl am meisten Bewunderung verdiente«. Der gewaltige Aufschwung, den die sozialen Versicherungseinrichtungen genommen haben, schreibt er 1908, »zeigt uns einen dauernden Fortschritt der Solidaritätsidee ... Und so haben die Deutschen das Recht, auf den zurückgelegten Weg mit Stolz zurückzublicken und der Zukunft mit einigem Optimismus entgegenzusehen.«

Wissen sich die deutschen Arbeiter also auf diesem Gebiet vor allem gegenüber Frankreich vorn, brauchen sie sich beim Wahlrecht ausgerechnet gegenüber dem demokratischen Großbritannien keineswegs zu verstecken. Zwar gibt es in Preußen und Sachsen ein Dreiklassen- bzw. Zensuswahlrecht, doch schon bei den Wahlen zum Reichstag des Norddeutschen Bundes 1867 gilt für die erwachsene männliche Bevölkerung das Prinzip *one man one vote.* England hält gegenüber Deutschland zwar einen unermeßlichen Vorsprung an politisch-demokratischer Kultur, aber trotz einer Wahlrechtsreform von 1884 beschränkt Westminster, die Mutter der Parlamente, die demokratische Teilhabe noch immer auf die besser Betuchten. Im Jahr 1911, bei den letzten Unterhauswahlen vor dem Krieg, sind nur 60 Prozent aller männlichen Briten wahlberechtigt, und eine halbe Million Reiche verfügen über zwei oder mehr Stimmen. Erst 1918 wird in Großbritannien durch eine Wahlrechtsreform das allgemeine Wahlrecht für alle Männer über 21 eingeführt. Fehlt es also nur an der vollen Parlamentisierung, und das Reich ist die beste, modernste der Welten?

In den Augen vieler Sozialdemokraten, die in diesen Krieg ziehen, muß an seinem Ende deshalb die konsequente Demokratisierung des Reiches stehen. Ludwig Frank, der süddeutsche Revisionist, Freund von Jean Jaurès und Verfechter der deutsch-französischen Aussöhnung, meldet sich mit seinen vierzig Jahren als kriegsfreiwilliger Landsturmmann ins Feld – und erhofft sich vor allem die Abschaffung des preußischen Dreiklassenwahlrechts. Gegenüber einem Freund begründet er seinen Entschluß: Er halte es für nötig, durch die Tat zu zeigen, daß die sozialdemokratische Zustimmung am 4. August nicht durch den Druck äußerer Umstände zustande gekommen, sondern innerlich begründet sei. Er fällt am 25. September bei einem deutschen Angriff auf Noissoncourt, einer von insgesamt zwei Reichstagsabgeordneten, die im Felde bleiben. »Konnte der daheimgebliebene Kriegsgewinnler«, fragt Friedrich Stampfer, der die Stimmung jener ersten Tage im August beschreibt, »Wähler erster Klasse sein, der aus dem Feld heimkehrende Soldat aber in die dritte verwiesen werden?« Die Hoffnung, welche die Haltung vieler Sozialdemokraten beflügelte, findet sich in einer Reichstagsrede Philipp Scheidemanns: »Wir verteidigen das Vaterland, um es zu erobern.«

Es fällt heute schwer, die Stimmung des nationalen Massenrauschs zu verstehen, der im August 1914 nicht nur die Deutschen überkommt. Stefan Zweig notiert einen Augenblick »strömenden Gefühls der Brüderlichkeit«, das alle »Unterschiede der Stände, der Sprachen, der Klassen und der Religionen überflutet« . Jeder einzelne erlebte eine Steigerung seines Ich: »Er war nicht mehr der isolierte Mensch von früher, er war eingetan in eine Masse, er war Volk, und seine Person, seine sonst unbeachtete Person hatte Sinn bekommen.« Um so größer die Ernüchterung, weil Wilhelm II. als König von Preußen die Abschaffung des preußischen Dreiklassenwahlrechts erst in einer Osterbotschaft 1917 in Aussicht stellt, als es schlecht um die Sache des Reiches steht und Kriegsmüdigkeit um sich gegriffen hat.

Auch der achtzehnjährige Kurt Schumacher zieht begeistert ins Feld, um das Reich gegen die Feinde der Zivilisation im Osten zu verteidigen. Freiwillig meldet er sich zum Militär und macht sein Notabitur. Im Gegensatz zur mündlichen und schriftlichen Prüfung waren die Klassenleistungen bei Mathematik »nicht befriedigend«, wie das Zeugnis vermerkt. Doch da er die Schule verläßt, »um ins Heer zu treten«, erhält er die Matura, wird mit besten Segenswünschen entlassen und beginnt seinen Dienst als Fahnenjunker beim Feldartillerie-Regiment 81 in Thorn. Ehe das Laub fällt, ist man wieder zuhause – so die allgemeine Überzeugung in jenen Tagen. Ein deutscher Offizier, der an die Westfront fährt, glaubt, Anfang September auf einem Pariser Boulevard frühstücken zu können. In Petersburg galt jeder, der eine längere Kriegsdauer als zwei Monate voraussah, als Miesmacher und Defätist.

Weil auch Kurt Schumacher an ein schnelles Ende des Krieges glaubt und befürchtet, die langwierige Artillerie-Ausbildung lasse einen Feldeinsatz nicht mehr zu, meldet er sich ohne Wissen der Eltern als gemeiner Kriegsfreiwilliger beim Ersatzbataillon des Infanterie-Regiments 21. Bewußt verzichtet er damit auf die Möglichkeit, zum Reserveoffizier aufzusteigen – später wird er sagen, er habe sich »nicht mit zwei Gesichtern durchs Leben schlenkern« wollen, »um beim Militär voranzukommen, aktiver (Fahnen-)Junker sein, und nachher doch Zivilist«. Nach nur fünfwöchiger Ausbildung wird sein Bataillon an die Front geworfen und nimmt an den Abwehrkämpfen gegen die vordringenden Russen bei Plozk und Bielwazk teil. Am

2. Dezember 1914 – Karl Liebknecht lehnt erstmals die Kriegskredite im Reichstag ab (bei der ersten Abstimmung hatte er sozialdemokratische Fraktionsdisziplin gewahrt und dafür gestimmt) – wird Kurt Schumacher in der Gegend von Lodz schwer verwundet. Maschinengewehrkugeln zerfetzen den rechten Arm, bei späterem Artilleriefeuer treffen Schrapnellsplitter auch noch seinen rechten Oberschenkel. Der Angriff erfolgte gegen einen Waldrand »über ein großes freies Feld ohne genügende Artillerievorbereitungen ... Da haben uns die Sibirier ganz schön auf den Hintern gelegt«, erzählt Schumacher Jahrzehnte später dem Interviewer Kaufmann. »Ich bin liegengeblieben, beim Zurückgehen haben mich ein paar mitgenommen... Es waren zwei Querschläger durch den Oberarm und zwei Schüsse durch die Hand. Und die Oberarmschläger, die haben den Knochen so zerschlagen gehabt, daß die Blutungen zu kolossal waren und die Wunden sich nicht schließen konnten. Ich bin dann bis zum Kugelgelenk in der Nacht amputiert worden.«

Schumacher habe sich eine Zigarette angezündet, als er nachts verwundet auf dem Schlachtfeld lag, berichtet Fried Wesemann – »in der Einbildung aller Raucher, damit den Schmerz bekämpfen zu können«. Wahrscheinlich stammt aus dieser Erfahrung sein Hang zum Kettenrauchen, der ihn bis an sein Lebensende nicht loslassen wird. Die Russen schossen noch von den Bäumen auf ihn, als Sanitäter ihn in einer Zeltbahn nach hinten brachten.

Aus dem militärärztlichen Entlassungszeugnis vom September 1915 geht hervor, daß zwischen der ersten Verwundung am rechten Arm und der zweiten Verwundung durch Schrapnellsplitter volle 26 Stunden gelegen haben. Über die Schmerzen, die er einen ganzen Tag und eine Nacht, einsam auf dem Schlachtfeld liegend, erlitten haben muß, auch über die qualvolle Ungewißheit, ob die Kameraden auf ihn, den schwer Blutenden, noch rechtzeitig aufmerksam werden, um ihn zu retten, findet sich keine Äußerung von ihm.

Wegen der »ausgedehnten Zerstörung« des ganzen Oberarms, wie die Militärärzte urteilen, muß er, kaum geborgen, im Feldlazarett Hrosniewizi umgehend amputiert werden. Danach kommt er ins Lazarett nach Bromberg, wo Schwester Lotte wohnt. Die Eltern erwirken mit Hilfe ihres Hausarztes, daß Kurt Schumacher möglichst lange in diesem Lazarett bleiben kann, damit die Familie die Möglichkeit hat, sich um ihn zu kümmern. Er erkrankt obendrein an Ruhr und magert von 154 auf 86 Pfund ab. Da vom rechten Arm nur ein Stummel von 4 Zentimetern Länge bleibt, ist es schwierig, eine Prothese zu tragen. Kurt Schumacher wird auf sie bald ganz verzichten. Nach Lewis Edinger ist er bis zu seinem Tode von schmerzhaften Kontraktionen des »Phantomglieds« geplagt. Granatsplitter, die man nicht hatte entfernen können, machen ihm noch jahrelang zu schaffen.

Es ist auch nicht leicht für den Kriegsversehrten, links schreiben zu lernen. Seine Handschrift bleibt bis zu seinem Tode unstet und krakelig. Am 18. April 1915 schickt er eine erste Feldpostkarte an seine Mutter, die sich um diese Zeit in einem Sanatorium im Riesengebirge aufhält – sie rührt noch heute an. Die Anschrift verrät die zarte Hand einer Krankenschwester, die ihm geholfen hat; auf der Bildseite ein Foto von ihm mit verwundeten Kameraden, Krankenschwestern und Pflegern. »Liebe Mutter«, so steht es auf der Rückseite, lakonisch und in schwer zu entzifferndem Sütterlin, »als ersten Schreibversuch sendet Dir diesen Gruß Dein Sohn Kurt.« So bitter endet für ihn die Kriegsbegeisterung, die im August 1914 Millionen Deutscher und Russen, Franzosen und Briten erfaßt.

Die Erfahrung macht ihn nicht zum bedingungslosen Pazifisten, aber mit eiserner Konsequenz bemüht er sich fortan um eine Politik, die den Frieden zum Ziele hat. Zur Genesung ins Reservelazarett Offenbach verlegt, wird er im September 1915 als dienstuntauglich entlassen. Gegner wie Bewunderer behaupten später häufig, sein Benehmen trage unverkennbar die Züge eines preußischen Offiziers, und viele dichten ihm den Rang eines Leutnants oder gar Hauptmanns an. Richtig ist, daß er als gemeiner Soldat, ausgezeichnet mit dem Eisernen Kreuz zweiter Klasse, im September 1915 aus der königlich-preußischen Armee ausscheidet.

Lassalle statt Marx: Der Student bekennt sich zum demokratischen Staat 1915–1920

Fünf Jahre liegen zwischen Kurt Schumachers schwerer Verwundung in den Kämpfen um Lodz und dem Beginn seiner politischen Karriere als Redakteur der sozialdemokratischen Schwäbischen Tagwacht in Stuttgart. Es sind Jahre politischer Umwälzungen: Das Zarenreich zerbricht, Amerika tritt in den Krieg ein, der interfraktionelle Ausschuß der Mitte-Links-Mehrheit im Reichstag fordert einen Frieden ohne Annexionen und Kontributionen; die Kriegsmüdigkeit in Deutschland wächst, und die Heimat hungert, es kommt zu ersten Massenstreiks und schließlich zur Novemberrevolution. Es sind Jahre, die ihn formen und die entscheidend werden für seine Sicht der Welt und ihrer politischen Ordnung, wie er sie für nötig hält, und doch ist über ihn persönlich aus dieser Zeit fast nichts bekannt.

Man weiß, daß sich der invalide Kriegsteilnehmer im Herbst 1915 in Halle immatrikuliert, daß er im Frühjahr 1916 nach Leipzig wechselt, ein Jahr später nach Berlin geht und das Studium der Rechtswissenschaften und Nationalökonomie an der Friedrich-Wilhelm-Universität beendet. Auch zu seiner späteren Gefährtin Annemarie Renger hat er über diese Jahre kaum gesprochen; sie meint dazu lediglich, daß er an jeder Universitätsstadt eine oder mehrere Freundinnen hatte, ein Asket sei er nie gewesen. Die wenigen Fotos aus seiner Studentenzeit zeigen einen jungen Mann mit Oberlippenbart, der zwar ernst, aber keinesfalls traurig dreinblickt. Er lernt, mit nur einem Arm zu leben, aber er besteht diese Prüfung mit der für ihn charakteristischen Tapferkeit. Daß er durch seine Verwundung für immer das Trauma davongetragen habe, nie mehr ein »vollwertiger Mensch« zu sein, wie Lewis Edinger in seiner psychologischen Studie über Schumacher behauptet, dafür findet sich weder in den Fotos aus dieser Zeit noch sonst eine überzeugende Spur. Der Schwerverwundete habe das Gefühl der Minderwertigkeit und Schwäche kompensiert und ein

Gebiet gefunden, so Edinger, »auf dem er sich und anderen beweisen konnte, daß ein einarmiger, kränkelnder Krüppel nicht nur ein Mann, sondern vielleicht sogar ein besserer Mann sein kann als andere. Die Politik schien dieses Gebiet zu sein.« Damit will er nicht nur die Ehe mit der Politik erklären, die Schumacher in diesen Jahren schließt, sondern auch dessen von den einen als aggressiv-arrogant, von den anderen als charismatisch-militant empfundenen Stil. Doch er räumt selbst ein, dies sei Spekulation. Seine These wird durch alle Berichte aus Schumachers unbeschwerten Jahren in Stuttgart 1920 bis 1933 widerlegt und auch dadurch nicht glaubhafter, daß Edinger sich auf eine von Schumachers hübschen Kusinen beruft. Danach hat sich Kurt, der ihr damals offenbar durch zarte Bande verbunden war, am 2. Dezember 1915, dem zweiten Jahrestag seiner Verwundung, in sein Zimmer eingeschlossen und niemanden sehen wollen. Hat Edinger sich in der Wahl der Worte vergriffen? Ein Kriegskrüppel ist gemeinhin ein Mann, der einem Beruf nicht mehr nachgehen kann. Insgesamt 1,8 Millionen Gefallene und 4 247 000 Verwundete hatte Deutschland im Ersten Weltkrieg zu beklagen. Fast alle seine Klassenkameraden aus dem Culmer Gymnasium seien im Krieg geblieben, sagt Kurt Schumacher 1952 im Interview. Er selbst gehört zu denen, die noch einmal davongekommen sind. Wiegt für ihn, der seine körperliche und vor allem seine geistige Beweglichkeit nicht eingebüßt hat, der Verlust eines Arms da nicht, jedenfalls relativ gesehen, gering?

Der Student Schumacher schließt sich zunächst keiner sozialistischen Studentengruppe an und hält Kontakt zu Andersdenkenden; einer seiner besten Freunde, der ebenfalls Jura studiert und wie er kriegsbeschädigt ist, denkt erklärtermaßen liberal und arbeitet nach dem Krieg als politischer Redakteur für Stresemanns Deutsche Volkspartei. Leipzig und Halle sind Zentren der Unabhängigen, die sich als Gegner der Fortführung des Krieges erst von der SPD abspalten und im April 1917 schließlich als eigene Partei konstituieren. Diese Spaltung macht die Sache für den zur Sozialdemokratie neigenden Schumacher nicht leicht, er schließt sich zunächst weder der einen noch der anderen Richtung an. Doch zeigt er wenig Verständnis für eine Politik, die darauf zielt, durch außerparlamentarische Initiativen, etwa Massenstreiks, den Krieg revolutionär zu beenden. Er habe deutliche Kritik an den Annexionsbestrebungen der herrschenden Kreise geübt, zitiert Edinger seine Kusine, die ihn damals häufig sah, aber nie habe sie von ihm eine pazifistische oder unpatriotische Äußerung gehört.

Nach seiner schweren Verwundung immatrikuliert sich der invalide Kriegsteilnehmer im Herbst 1915 in Halle, wechselt im Frühjahr 1916 an die Universität Leipzig (unten, mit der Paulinerkirche) und beendet das Studium der Rechtswissenschaften und Nationalökonomie in Berlin.

Das Liebäugeln vieler Unabhängiger mit den Bolschewiki erleichtert ihm schließlich die Wahl. Im Februar 1918, einen Monat nach dem großen Munitionsarbeiterstreik, bekennt er sich eindeutig zur »sozialpatriotischen« Richtung, wie die Unabhängigen die Mehrheitssozialdemokraten um Ebert und Scheidemann verächtlich zu nennen pflegen – Kurt Schumacher wird Mitglied der Mehrheitssozialdemokratie. Noch als Student vertritt er dann während der Novemberrevolution den Reichsbund der Kriegsbeschädigten als Delegierter im Großberliner Arbeiter- und Soldatenrat. So nimmt er auch an jener Versammlung im Circus Busch teil, in der die Spartakisten und Unabhängigen am 10. November 1918 ihre erste Niederlage einstecken müssen. Die Mehrheit der Soldatenräte legitimiert nämlich einen Rat der Volksbeauftragten, der paritätisch von MSPD und USPD besetzt wird und in dem die Gemäßigten Ebert, Scheidemann und Otto Landsberg vertreten sind. In der Augen der Radikalen ist die Beteiligung von Führern der Mehrheitssozialisten jedoch untragbar, Karl Liebknecht hatte die Parole ausgegeben: »Keine Gemeinschaft mit denen, die Euch vier Jahr lang verraten haben!«

Mit dem Sieg der Mehrheitssozialdemokraten über Liebknecht und seine Anhänger fällt damals im Circus Busch eine wichtige Vorentscheidung auf dem Weg zur ersten deutschen Republik. Aus seiner Grundüberzeugung, an der er unbeirrt auch in den dunkelsten Jahren festhalten wird, macht Schumacher dabei kein Hehl. »Leidenschaftlich«, berichtet Waldemar Ritter in seiner Untersuchung der politischen Konzeption Kurt Schumachers, »sprach er sich in mehreren Versammlungen dafür aus, daß so bald wie möglich eine verfassunggebende Nationalversammlung gewählt und in Deutschland demokratisch regiert werde. Daß er dabei genauso wie die Mehrheit der Räte die kraft Revolution gewonnene Macht aufs Spiel setzte, lag in seiner absoluten Gegnerschaft gegen jede Diktatur, auch der des Proletariats, begründet.« Daß er auch dem ersten nationalen Deutschen Rätekongreß angehört, der zum 16. Dezember nach Berlin einberufen wird, ist eher unwahrscheinlich, aber wie er votiert hätte, scheint gewiß. Denn schärfer noch als im Großberliner Soldatenrat sind hier die Fronten gezogen: Die Linken fordern ein Deutschland nach sowjetischem Muster und werden dazu von den Bolschewiki ermuntert, die ihrer Isolierung im rückständigen Rußland entrinnen wollen und sich von der deutschen Revolution den entscheidenden Schritt zur Weltrevolution versprechen. Es gelte, so der bolschewistische Appell an die Spartakisten, mit der Waffe in der Hand die Macht zu übernehmen, um eine Arbeiter-, Soldaten- und Matrosenregierung mit Liebknecht an der Spitze zu bilden. »Laßt Euch keine Nationalversammlung aufschwatzen: Ihr wißt, wohin Euch der Reichstag gebracht hat.«

Die Gegenthese der Mehrheitssozialisten hat Otto Braun, der spätere preußische Ministerpräsident, im *Vorwärts* formuliert: »Der Sozialismus kann nicht auf Bajonetten und Maschinengewehren aufgerichtet werden. Soll er Dauer und Bestand haben, muß er auf demokratischem Wege verwirklicht werden. Dazu ist freilich die Vorbedingung, daß die wirtschaftlichen und sozialen Verhältnisse für die Sozialisierung der Gesellschaft reif sind. Wäre das in Rußland der Fall, würden sich die Bolschewiki zweifellos auf eine Mehrheit im Volk stützen können. Da dem nicht so ist, haben sie eine Säbelherrschaft etabliert, wie sie brutaler und rücksichtsloser unter dem Schandregiment des Zaren nicht bestand... Deshalb müssen wir zwischen den Bolschewiki und uns einen dicken Trennungsstrich ziehen.« Weitere revolutionäre Unruhen, fürchten Ebert und Scheidemann, würden zu Chaos führen, die Ernährung des Volkes und die Friedensverhandlungen gefährden. Sie wollen Deutschland nicht nur die Schrecken eines Bürgerkriegs wie in Rußland ersparen, sondern auch die Besetzung durch die Alliierten. Ein Rätesystem in Deutschland, argwöhnen sie, würde von diesen als Bündnis von Deutschen und Russen gewertet und damit nur als Alibi für einen Einmarsch dienen.

Da sich schließlich der Deutsche Rätekongreß am 19. Dezember 1918 mit überwältigender Mehrheit für die Einberufung einer Nationalversammlung entscheidet, proben die Kommunisten am 6. Januar 1919 den Aufstand im Zeitungsviertel von Berlin. Im Kampf Rot gegen Schwarz-Rot-Gold, der nun entbrennt, muß sich der Volksbeauftragte Gustav Noske auf Freikorps konservativer Deperados stützen, die weder der Sache der Demokratie noch der Republik ergeben sind – eine Tatsache, die sich bald bitter rächen wird. Blieb ihm keine andere Wahl? »Die große Masse der zur Sozialdemokratischen Partei stehenden Arbeiter«, schreibt Julius Leber, damals Leutnant im Baltikum, später Reichstagsabgeordneter der SPD, der als Verschwörer gegen Hitler nach dem 20. Juli hingerichtet wird, »kam gar nicht auf den Gedanken, der jungen Revolutionsrepublik Blut und Leben zur Verfügung zu stellen.« Diese große Masse sieht in den Aufständischen vor allem die Genossen von einst, mit denen sie in der großen, ambivalenten Sozialdemokratie der Vorkriegszeit vereint gewesen war und denen man sich in der fernen Zielsetzung noch immer verbunden weiß. Politisch mag man sich mit ihnen auseinandersetzen und über den richtigen Weg dahin streiten – aber mit der Waffe in der Hand, geht das nicht zu weit? So rücken am 11. Januar die Freikorps unter Noskes Kommando ein und schlagen den Aufstand nieder. Wer Schumachers Dissertation liest, die er später in Münster einreichen wird, für den kann an seiner Haltung in jenen dramatischen Tagen in Berlin nicht der geringste Zweifel bestehen. Er bezichtigt die Unabhängigen der »Freiheitsschwärmerei« einer Rätediktatur, die für ihn mit freiheitllichem Sozialismus unvereinbar ist. Konsequent vertritt er den Kurs der Parlamentarisierung des Reichs, der mit dem interfraktionellen Ausschuß im Krieg begonnen hat und den die MSPD-Führung unter Ebert unbeirrt durch die Revolution bis zur Nationalversammlung in Weimar steuert.

Im Februar 1919, nach sieben Semestern Studium, legt Schumacher in Berlin sein erstes juristisches Staatsexamen ab und geht für kurze Zeit zur Referendarausbildung nach Culm, wo seine Familie noch immer lebt. In den Semesterferien ist er regelmäßig nach Hause gefahren, als wahlberechtigter Bürger von Culm gibt er seine Stimme bei den Wahlen zur Nationalversammlung ab – einem Urnengang, an dem sich die Polen nicht beteiligen, denn ihre Vertreter drängen in Versailles auf die Abtretung der preußischen Ostprovinzen an das nunmehr souveräne Polen. Das Ergebnis enthält keine Überraschungen: Im Landkreis Culm, der die Stadt einschließt, beteiligen sich 46 Prozent an der Wahl, was genau der Zahl derer entspricht, die bei der Volkszählung 1910 Deutsch als Muttersprache angegeben haben. Günstiger als in Culm sehen die Ergebnisse für die Deutschen in der ganzen Provinz Westpreußen aus. Von insgesamt 948 962 Wahlberechtigten geben 552 431 ihre Stimmen ab, nur 396 531 bleiben den Urnen fern und geben damit kund, daß sie die preußische Provinz lieber bei Polen sähen. Obwohl die Mehrheit also für Deutschland votiert, werden Preußens »beste Sehnen«, wie Bismarck Westpreußen einmal nannte, bis auf einige wenige Gebiete, in denen Volksabstimmungen stattfinden, in Versailles einfach zum polnischen Staat geschlagen. Wenn die demokratischen Parteien der Weimarer Republik nur die neuen Reichsgrenzen zum Westen mit dem Locarno-Pakt definitiv akzeptieren, im Osten aber die Möglichkeit für eine friedliche Rückgewinnung Westpreußens und damit die Beseitigung des sogenannten Korridors offenhalten wollen, findet sich in diesen Wahlergebnissen die Erklärung dafür.

Kurt Schumachers Eltern verlassen 1920 Culm; Besitz und Vermögen bleiben in der abgetretenen Ostprovinz zurück. Zwar zählt Carl Schumacher nicht zu jenen, die von den neuen polnischen Herren als preußische Staatsdiener des Landes verwiesen werden. Er hätte für Polen optieren und seine Firma weiter betreiben können, doch ist er inzwischen 64 Jahre alt und will den Kontakt zu seinen Kindern nicht abreißen lassen. Die Töchter aber, selbst im Lehrberuf oder mit Beamten verheiratet, gehen ins Reich, auch der Sohn sieht seine Zukunft in der neuen deutschen Republik. Möglich scheint immerhin, daß Carl Schumachers jahrelange ehrenamtliche Tätigkeit als deutscher Stadtverordnetenvorsteher in einer mehrheitlich polnischen Gemeinde ihn in polnischen Augen belastet hat. Selbst wenn er gute Beziehungen zu den Polen in Culm unterhielt, was schon das Geschäftsinteresse gebot, war er als Liberaler doch auch ein erklärter Feind des katholisch-polnischen Nationalismus. Von der Option, polnische Staatsbürger zu werden, macht die Mehrheit der deutschen Familien auch deshalb nicht Gebrauch, weil ihre Söhne nun zur polnischen Armee eingezogen werden sollen, die mit den Heeren des revolutionären Rußland kämpft. So sinkt der Anteil der Deutschen auch im Culmer Lyzeum rapide. Von den verbleibenden 120 Schülern seien höchstens ein Drittel deutscher Nationalität, heißt es in dem Kündigungsschreiben an Hedwig Schumacher, das sich im Archiv in Thorn befindet; in der bisherigen Form könne die Anstalt nicht weiterbestehen, zumal durch die bevorstehende Ausweisung deutscher Beamter die Zahl der deutschen Schüler weiter sinken dürfte. Im Januar 1920 wird die Stadt offiziell polnisch (Chelmno). Drei Tage, erinnert sich ein Deutscher aus Culm, dauern die Jubelfeiern der Polen; die Straßen sind festlich mit Girlanden geschmückt, die Fenster der Deutschen bleiben verhängt. Der Versuchung, den Spieß nun einfach umzudrehen und an Kurt Schumachers Gymnasium, wo früher nur auf Deutsch unterrichtet werden durfte, jetzt nur noch die polnische Sprache zuzulassen, widerstehen die Polen nicht: »Im Februar«, schreibt der damalige Gymnasiast Dr. Hempel, »wurden wir wieder zur Schule gerufen. Artig saßen wir vor einer etwas älteren Dame, die uns sofort und ohne Vorrede auf Polnisch unterrichtete. Davon verstanden wir fast nichts. Wir . . . warteten die Pause ab und liefen heim.« Bald darauf gibt es in Chelmno nur noch eine einklassige Volksschule, in der bis August 1939 auf Deutsch unterrichtet wird. Es ist die persönliche Erfahrung, als Folge des Krieges die Heimat zu verlieren, die den geborenen Westpreußen Kurt Schumacher nach dem Zweiten Weltkrieg zu einem leidenschaftlichen Verfechter eines echten Lastenausgleichs für die Flüchtlinge und Vertriebenen werden läßt. Was 1919 seine Eltern erlebten, bestärkt 1945 seinen Zorn auf jene Westdeutschen, die er den »Block der Besitzbürger« nennt, und die, folgt man ihm, nur das Interesse an der eigenen Brieftasche kennen.

Hat Kurt Schumacher eigentlich Talent für den Juristenberuf? Wenn nein – was will er werden? Zunächst setzt er die Referendar-Ausbildung in Berlin am Landgericht I fort, aber seine Zweifel, ob er für diese Laufbahn geeignet ist, wachsen. Die alte Ordnung ist zusammengebrochen, es sind aufregende Zeiten für einen durch und durch politisch denkenden jungen Mann. Das Referendardasein bei Gericht empfindet er nicht nur als gähnend langweilig, sondern, wie Günther Scholz berichtet, bald auch als »unsäglich widerliche und peinliche Tortur«, die ihm jede Neigung, je Beamter, Richter oder Anwalt zu werden, austreiben muß. Es zieht ihn mit aller Macht in die Politik. An der großen Auseinandersetzung um die künftige Gestalt Deutschlands will er teilnehmen und mitbestimmen, welche neue Ordnung es erhalten soll. So bricht Schumacher die Ausbildung im April 1920 ab und wird, um Geld zu verdienen, erst einmal wissenschaftlicher Hilfsreferent im Arbeitsministerium. Nicht mehr mit einem zweiten Staatsexamen als Assessor, sondern mit der Promotion trachtet er nun sein Studium abzuschließen, und er schreibt dafür eine Arbeit mit dem Titel »Der Kampf um den Staatsgedanken in der deutschen Sozialdemokratie«. Es ist ein Thema mit höchst aktuellen politischen Bezügen, geht es doch in der Auseinandersetzung, die damals zwischen den Radikalen und den Gemäßigten, zwischen Kommunisten, Unabhängigen und Mehrheits-Sozialdemokraten ausgetragen wird, um die Stellung zum Staat, konkret: zur neuen deutschen Republik. Aber Staatsrechtslehrer sind von Hause aus eher konservativ, deshalb fällt es schwer, in Berlin einen Professor für diese Arbeit zu erwärmen. Ein Freund und Kommilitone Schumachers, der früher an der Wilhelms-Universität in Münster studiert hat, schlägt deshalb den dortigen Nationalökonom und Soziologen Johann Plenge als Doktorvater vor. Plenge lehnt zwar Reisedoktoren grundsätzlich ab, doch als der ihm befreundete sozialdemokratische preußische Kultusminister Konrad Haenisch sich für Kurt Schumacher verwendet, nimmt er diesen als Doktoranden an. Der schreibt sich eher der Form halber, ohne je richtig bei Plenge zu hören, als Student in Münster ein und legt seine Arbeit vor. Nur wenige Monate später, am 2. Juli 1920, bescheinigt sein Doktorvater ihm dann »umfangreiche Belesenheit und die Fähigkeit zu abwägender Übersicht«; was Schumacher geschrieben habe, stehe »erheblich über dem Durchschnitt der Doktorarbeiten«, deshalb beantrage er als Prädikat »voll magna cum laude«. Schumacher erhält lediglich die Auflage, das zweite Kapitel umzuarbeiten und das letzte Kapitel zu ergänzen; bis zu dieser Nachlieferung bleibt die Druckerlaubnis für die Dissertation ausgesetzt. Die mündliche Prüfung besteht er am 26. Juli 1920. Die von Plenge und seinem Koreferenten, dem Völkerrechtler Josef Lukas, ihm auferlegten Ergänzungen wird er erst einmal als lästige Formalien betrachten und sich fast fünf Jahre nicht um sie kümmern, bis ihn die Fakultät mahnt und vor die schmerzliche Alternative stellt: entweder Ablieferung der überarbeiteten Dissertation oder Ungültigkeitserklärung der Doktorprüfung.

Es sind also politische Verbindungen im Spiel, wenn das hochaktuelle Thema des jungen Sozialdemokraten in Münster als Promotionsarbeit angenommen wird. Doch geht es dabei weniger um Beziehungen unter Genossen – Plenge ist kein Mitglied der Sozialdemokratischen Partei – als um den Zusammenhalt einer Denkschule, die im Krieg entstanden ist und Einfluß auf den rechten Flügel der Sozialdemokratie gewonnen hat. Viele, die ihr angehören – etwa Konrad Haenisch, Paul Lensch und Heinrich Cunow –, hatten vor dem Krieg nicht selten auf dem ganz linken Flügel der Sozialdemokratie gestanden und zu den sogenannten Rosenrittern, den Verehrern von Rosa Luxemburg, gezählt. Nach dem August 1914 werden sie vom nationalen Massenrausch erfaßt, gehen plötzlich nach ganz rechts und versuchen, weil ideologischer Erklärungsbedarf für die Bewilligung der Kriegskredite besteht, das praktische Verhalten der Partei auf eine theoretische Basis zu stellen – ein Unternehmen, das vor allem wegen der pazifistischen Wendung Bernsteins, des Chefdenkers der Revisionisten, dringend nötig scheint. Auf eine geradezu krude Weise mischt sich in ihren Beiträgen dabei der Kriegsrechtfertigungs-Eifer mit präzisen analytischen Einsichten. Heinrich Cunow wendet sich gegen die Alleinherrschaft des Klassenkampf-Begriffs und weist darauf hin, daß der Arbeiter ja nicht nur in eine Klasse, sondern auch in eine Nation, einen Staat, eine Gesellschaft eingebunden sei – eine Gedankenführung, die später bei Kurt Schumacher mehrfach wiederkehrt. Eine Niederlage Deutschlands, schreibt Konrad Haenisch, werde seinen Aufstieg zum Sozialismus auf das Furchtbarste hemmen. Das in aller Welt als reaktionär verschriene Deutschland vertrete die Sache des Fortschritts, weil es das Land eines höher entwickelten, moderner organisierten Kapitalismus sei, England dagegen stehe für eine zurückgebliebenen Form des kapitalistischen Wirtschaftsbetriebes. Und sein Mitstreiter Paul Lensch meint gar, mit Deutschland würde jener Staat den Sieg erringen, der unter allen am Kriege Beteiligten am weitesten auf dem Weg zur sozialisierten Gesellschaft fortgeschritten sei. In dem politisch rückständigen Kaiserreich sei eine Art sozialer Organisation entstanden, die gegenüber den entwickelten Formen des Liberalismus das höhere Prinzip verkörpere. Haenisch wie Lensch sehen Deutschland als die Hochburg des Sozialismus, einen deutschen Sieg über den Zarismus auch als Behauptung der deutschen Arbeiterorganisationen, die schließlich gestärkt aus dem Krieg hervorgehen werden.

Schon Engels hatte in einem Briefwechsel mit Bebel das Schicksal Deutschlands in einem Krieg, den es mit Rußland und Frankreich führen müsse, dem Schicksal des Sozialismus in Europa gleichgesetzt. Haenisch und Lensch spinnen diesen Gedanken fort, vergröbern und verkürzen ihn aber ideologisch-propagandistisch für den Kriegsgebrauch: Deutschland steht jetzt schlicht für Fortschritt, die Mächte der Entente für die Reaktion. Wenn Konrad Haenisch schwärmend die »unendlich erweiterte praktische Mitarbeit auf allen Gebieten des staatlichen Lebens« beschreibt, die der »Sozialdemokratie nach dem Kriege« harren werde, klingen Vorstellungen an, für die der Reichstagsabgeordnete Ludwig Frank in den Krieg gezogen ist. Die merkwürdigsten Purzelbäume können diese neuen Ideologen schlagen: Der deutsche Sonderweg, den die deutschen Professoren im Ersten Weltkrieg lobten, den Thomas Mann in seinen »Betrachtungen eines Unpolitischen« verklärte und den eine jüngere Generation deutscher Professoren nach dem Zweiten Weltkrieg dann als Ab- und Irrweg, als Ursache der deutschen Katastrophe ausmacht – jene besondere Mittelformation zwischen westlicher Demokratie und östlichem Autokratismus also –, diesen deutschen Sonderweg betrachtet die Gruppe um Haenisch, Lensch und Cunow als ideales Sprungbrett in den Sozialismus. Sie versuchen, so Dieter Groh und Peter Brandt in ihrer Studie »Vaterlandslose Gesellen – Sozialdemokratie und Nation«, eine Brücke von der Kriegsbejahung der SPD und den in der bürgerlichen Öffentlichkeit verbreiteten »Ideen von 1914« zur revolutionär-marxistischen Tradition zu schlagen. Polemisch bezeichnet die Linke sie deshalb als Sozial-Imperialisten; Rosa Luxemburg erspart ihrem einstigen Freund und Verehrer Konrad Haenisch nicht einmal das bittere Wort vom »deutschnationalen Chauvinisten«, zu dem er degeneriert sei. Doch trotzig wenden diese »Sozial-Imperialisten« ein anderes Etikett, ihnen von liberaler Seite angeheftet, um sie der Lächerlichkeit preiszugeben, zum Positiven: Voller Stolz heißen sie sich selbst nun »Neumarxisten«.

Nicht nur aus heutiger Sicht ist es ein seltsamer Dunstkreis, in den der Doktorand Kurt Schumacher da gerät, denn das Organ dieser Neumarxisten, denen er in seiner Dissertation ein Kapitel widmet und das er auf Wunsch von Johann Plenge sogar ausbauen muß, ist die sozialistische Halbmonatsschrift *Die Glocke*. Gegründet hat dieses Kampforgan linker Durchhalter eine der schillerndsten Figuren des internationalen Sozialismus: Dr. Alexander Helphand, Sohn eines jüdischen Handwerkers in Weißrußland, der während des Studiums in Basel zum Marxisten und Revolutionär wird, aber später zum erfolgreichen Geschäftsmann aufsteigt und es während des Balkankriegs durch den Handel mit Eisen und Getreide, Maschinen und Waffen bis zum mehrfachen Millionär bringt – ein sozialistischer Sir Basil Zacharoff also. Haenisch schildert ihn einmal als den Typ des »sinnenfrohen Renaissancemenschen«, der als Mitglied eines evangelischen Jungfrauenvereins »nicht gerade sehr stilvoll wirken« würde. Ein alter Freund Leo Trotzkis übrigens, der in ihm, bis sich beider Wege trennen, eine hervorragende Gestalt unter den Marxisten sieht. Der Schöpfer der Roten Armee rühmt Helphands Kühnheit des Denkens und seinen männlichen, muskulösen Stil. Fast ausnahmslos entlehnt er, wie Winfried Scharlau in seiner Helphand-Biographie »Freibeuter der Revolution« betont, die Bausteine zu seiner Theorie der permanenten Revolution von seinem damaligen Freund Helphand. Doch anders als Trotzki, entwickelt sich Helphand vom Revolutionär zum Gemäßigten und veröffentlicht, unter seinem Nom de guerre »Parvus«, revisionistische Artikel in der *Neuen Zeit*. Ein geschworener Feind des Zarismus, dem er die staatlich geduldeten und geförderten Pogrome nicht vergißt, schlägt er der Reichsregierung im Kriege vor, die deutsche Sache durch die pazifistische Zersetzung Rußlands zu fördern, und schmuggelt, reichlich versehen mit Goldrubeln aus der Reichskasse, Propagandamaterial nach Rußland ein. Er gilt als wichtigster Berater Eberts und Scheidemanns in russischen Fragen, aber er wertet, so Scharlau, den deutschen Generalstab »im Kampf gegen den Zarismus zum Geschäftsführer proletarischer Interessen« auf. Parvus ist es, der jene Kontakte zwischen den Bolschewiki im Schweizer Exil und dem Generalquartiermeister Ludendorff herstellt, die schließlich zur Durchreise Lenins im geschlossenen Waggon nach Finnland führen. Als er während des Krieges die *Glocke* gründen will, bestehen beim Innenministerium Bedenken, weil es, um die innere Sicherheit besorgt, für eine zusätzliche sozialistische Zeitschrift weder einen Bedarf noch ein Reichsinteresse sieht. Was Wunder, daß Generalstab und Außenministerium die Einwände der Beamten des Inneren ausräumen helfen. Politischer Kopf durch und durch, diagnostiziert Parvus bei Kriegsende zwei Gefahren, die er auf die deutschen Demokraten deutlich zukommen sieht und vor denen er mit Nachdruck warnt: Erstens darf das neue Deutschland nicht nur das Produkt der Niederlage sein, also der Staatsraison des letzten kaiserlichen Reichskanzlers Prinz Max von Baden, der für die volle Parlamentarisierung des Reichs von den Ententemächten beim Friedensschluß Entgegenkommen erwartet. Weil Parvus glaubt, eine Neuordnung Deutschlands aus dieser Gesinnung heraus könne keinen Bestand haben, ruft er alle Demokraten und Republikaner auf, einer »Demokratie aus innerer Überzeugung« zum Durchbruch zu verhelfen. Zweitens bezieht er gegen Noske Stellung, weil er sich eine Reichswehr wünscht, die mehr ist als ein ungefährlicher Feind – eine »durch und durch republikanische Armee« sei nötig, nur als »tatkräftigen Freund« will Parvus die Armee »in unserem Hause haben«. Beides sind Positionen, die Kurt Schumacher als Redakteur und Abgeordneter vehement in den 14 Jahren der ersten deutschen Republik vertreten wird. Ist es übrigens nur Zufall, daß der SPD-Parteichef nach dem Zweiten Weltkrieg mit Arno Scholz, dem Herausgeber des Berliner *Telegraf*, besonders eng befreundet ist? Scholz erlernte das journalistische Handwerk bei der *Glocke* und ist Sekretär von Parvus-Helphand, als dieser, von Korruptionsskandalen umwittert, auf der Insel Schwanenwerder bei Berlin die demokratische Prominenz der neuen Republik zu stattlichen Diners empfängt. Daß der sozialdemokratische Millionär einen ausgeprägten Sinn für Zynismus hatte, sei am Rande vermerkt. »Wer in der kapitalistischen Gesellschaft seine geistige Unabhängigkeit bewahren will«, so der Zeitschriftengründer und Herausgeber Alexander Parvus-Helphand, »muß sich mit Kapital versehen.«

Johann Plenge nun, Schumachers Doktorvater, schreibt für Parvus-Helphands *Glocke*, die wiederum von Konrad Haenisch redigiert wird. Plenge ist nicht nur ein sturer Querkopf, sondern auch ein Querdenker, wie wir heute sagen würden – ein Mann, der so recht in kein Schema paßt: Er kommt von Hegel, zeigt sich von den sozialistischen Ansätzen Fichtes in dessen »Geschlossenem Handelsstaat« beeindruckt und versteht, obwohl eher spekulativ-theoretisch und philosophisch interessiert, mehr von Wirtschaft, als bei deutschen Professoren damals zu vermuten steht. Während eines 18monatigen Forschungsaufenthalts in den USA gewinnt er die Überzeugung, daß die Zukunft der modernen Technik gehört, allerdings gepaart mit einer »genau rechnenden, organisatorisch weit ausgreifenden Wirtschaftsführung«. Max Weber fördert ihn, Franz Mehring nennt ihn einen »stilistisch begabten Marxtöter« – wofür der Nationalökonom und streitbare Soziologe wirklich steht, ist heute nicht einfach nachzuvollziehen. »Nicht eine Liberalisierung der Sozialdemokratie, sondern die Disziplinierung der Arbeiterschaft mittels der Hegelschen Staatsphilosophie stand für ihn auf der Tagesordnung«, urteilt Axel Schildt in den *Vierteljahrsheften für Zeitgeschichte;* er charakterisiert ihn als einen »konservativen Propheten moderner nationaler Integration«, der eine »universale Organisations- und Propagandalehre als Grundlage straffer Formierung von Staat und Gesellschaft« ausarbeiten wollte. Einige haben deshalb Mitte der 60er Jahre den kühnen Vergleich zu Ludwig Erhards »formierter Gesellschaft« gewagt – und in der Tat: verlor die sich etwa nicht im Nebel wie Plenges Ideen? Den Weltkrieg nutzt der sehr von sich eingenommene und streitbare Soziologe, sein gesellschaftliches Modell eines »organisatorischen Sozialismus« anzupreisen, der freilich weder Staatssozialismus sein will, welcher die Verfügungsgewalt des Eigentums beschränkt, noch borussisch-starrer Sozialismus im Sinne Oswald Spenglers, den Plenge ohnehin nicht mag. Er hält Spengler für maßlos überschätzt und verargt ihm den Geschichtspessimismus, den er im »Untergang des Abendlandes« verbreitet. In seinem eigenen Sozialismus sieht er eine »Vereinigung sehr konservativer und sehr fortschrittlicher geistiger Elemente«; er trägt betont antiliberale, auch antiparlamentarische Züge, und er ist keinesfalls antikapitalistisch gedacht, sondern soll den Kapitalismus zähmen und bündeln, damit er endlich zu höchster Kraftenfaltung befähigt wird. Als der Krieg kommt, wittert Plenge Konjunktur für sein Modell, denn die »höchstbewußte innere Einordnung des Menschen in die Organisation«, die er fordert, sieht er ansatzweise vorbildhaft in der »kriegsmäßig ausgerichteten Industrie« und im Heer verwirklicht.

Wohl kaum einer erinnert sich Plenges heute wegen dieser Lehren, wohl aber als des Urhebers jenes Schlagwortes, das für die ganze schauderhafte Weltkrieg-I-Ideologie der Deutschen steht: der »Ideen von 1914«. In seinem Buch »Der Krieg und die Volkswirtschaft« schreibt er: »Wenn wir einmal diesen Krieg in einem Erinnerungsfeste feiern werden, so wird es das Fest der Mobilmachung sein: das Fest des 2. August! Das Fest des inneren Sieges! – Da ist unser neuer Geist geboren: Der Geist der stärksten Zusammenfassung aller wirtschaftlichen und staatlichen Kräfte zu einem neuen Ganzen, in dem alle mit gleichem Anteil leben. Der neue deutsche Staat! Die Ideen von 1914.« Das Wort ist griffig und schnell in aller Munde; es dient als Titel einer populären Flugschrift und muß bald für Ideen herhalten, mit denen Plenge nicht viel gemein hat. Zwar versteht er, so Kurt Schumacher in seiner Dissertation über das Konzept des Doktorvaters, seine »Ideen von 1914« als eine »Erhebung des Organisationsgedankens zum Ideal des freiheitlichen Aufgehens der Individualität in einer Kollektivperson« und trifft damit den Geist der Zeit, denn die Einordnung des Einzelnen in die Organisation von Heer und Kriegswirtschaft ist nach Kriegsausbruch oberstes Gebot. Aber anders als viele deutschtümelnde Professoren versteht er seine Ideen von 1914 nicht streng deutschnational, nicht als Steigerung der deutschen Erweckungsbewegung von 1813, sondern als Menschheitsfrage. Er träumt von einer »organisatorischen Zusammenfassung« der Kräfte der ganzen Menschheit zu »genossenschaftlichem Leben«. Aber mit dem Hochmut Fichtes, der die Deutschen dafür bestimmt glaubt, den Fortschritt in der Geschichte zu repräsentieren, weist er Deutschland die Rolle zu, als der »Träger sozialistischer Träume« und der »kraftvollste Erbauer der höchst organisierten Volkswirtschaft« auf dem Weg zum Menschheits-Ziel voranzugehen. Freilich zählt Plenge damit keineswegs zu den allerschlimmsten Professoren, die vom nationalen Wahn im August 1914 verblendet werden. Etliche von ihnen, darunter selbst Nobelpreisträger wie Emil von Behring und Philipp Lenard, geben alle englischen Auszeichnungen zurück, weil das »stammesverwandte England« sich angeblich nur aus schnödem Neid auf Deutschlands wirtschaftliche Erfolge mit Rußland und Frankreich verbündet hat. Plenge dagegen meint, an seinen Ideen von 1914 könnten auch andere Nationen genesen, und zählt England ausdrücklich dazu – insofern denkt er ebenso national wie kosmopolitisch. Auch reicht sein geistiger Horizont weit über Deutschland und Europa hinaus, wenn er an der Vorstellungswelt von *Glocke*-Autor Lensch kritisiert, daß sie zu deutsch und europäisch zentriert sei, denn Amerika und Japan würden sich zu Angelpunkten der künftigen Weltorganisation entwickeln. Zwar enthält Plenges Kritik an Karl Marx deutlich antisemitische Töne; er attestiert dem Autor des »Kapital« die Unfähigkeit zu konstruktivem Denken und führt sie auf dessen jüdische Abkunft zurück. Dennoch scheint es nicht ganz gerecht, daß er nach dem Zweiten Weltkrieg gelegentlich zu den Vorläufern oder geistigen Wegbereitern des Nationalsozialismus gezählt wird.

Plenge strebt nach der Synthese von Arbeiterklasse und Staat, ohne die seine seltsamen Vorstellungen von Sozialismus nicht Gestalt annehmen können. Schumacher vermißt bei den Sozialdemokraten eine Staatstheorie – das und nicht viel mehr verbindet den Professor mit dem Doktoranden, denn beider Verständnis vom Sozialismus geht erheblich auseinander. In seiner Arbeit reibt sich Schumacher vor allem am Vulgärmarxismus der SPD, wie ihn Tucholsky in seiner Glosse über einen älteren, leicht besoffenen Herrn karikiert: »Es ist so ein beruhjendes Jefieehl. Man tut wat for de Revolutzjon, aber man weeß janz jenau: mit diese Pachtei kommt se nich.« Im Munde führt diesen Vulgärmarxismus das Zentrum der SPD, welches die beiden streitenden Flügel – die orthodoxen Marxisten und die tagesorientierten, pragmatischen Revisionisten – miteinander versöhnen will. Vulgärmarxismus ist also eine Art Kitt, der die Partei notdürftig zusammenhält, aber der, so Schumacher in seiner Dissertation, zugleich die Entwicklung einer wirklich realitätsbezogenen Strategie verhindert, also mehr Schaden als Gutes stiftet. Rein äußerlich steht er dem Linkradikalismus »in nichts in Schärfe des Tons« nach, in der Tat aber »unvergleichlich viel weiter rechts«, denn er weiß sich »trotz gelegentlicher Verkündung der Revolution« sehr gut mit der parlamentarischen Praxis abzufinden. »Die allerversöhnlichste Reformpolitik« kommt deshalb »im allerradikalsten Gewande« daher, und es ist dieser Zwiespalt zwischen Reden und Handeln, den Schumacher zum Ausgangspunkt seiner Dissertation über den Kampf um den Staatsgedanken in der Sozialdemokratie nimmt.

Folgt man seiner Gedankenführung, dann hat sich diese Kluft nach dem August 1914, als die Hochstimmung der ersten Kriegsbejahung verflogen war, spürbar vergrößert. Denn mit der Bewilligung der Kriegskredite haben sich zwar die Revisionisten durchgesetzt und steuern mit ihrer Politik der Verteidigung des Vaterlands eine staatsbejahende Politik; aber weil sie nicht über ein staatsbejahendes Programm verfügen, muß die Politik der Mehrheit, kaum ist die erste Kriegsbegeisterung verflogen, zur »mehr oder minder wehrlosen Zielscheibe des Radikalismus« werden, also des orthodoxen Marxismus wie des Vulgärmarxismus, die als geschlossene Weltanschauung die Partei beherrschen.

Die Diagnose des angehenden Doktors Schumacher lautet also auf Schizophrenie seiner Partei, als Therapie empfiehlt er ihr die Ausarbeitung einer sozialistischen Staatstheorie, und den Entstehungsherd der schweren Geisteskrankheit lokalisiert er in Erfurt, wo sich die Sozialdemokratische Partei 1891 ein Programm mit ausgesprochen marxistischen Zügen gegeben hat. So sei im theoretischen Teil des Erfurter Programms, den er dem Kommunistischen Manifest vergleicht, ausschließlich von Gesellschaft die Rede, das Wort »Staat« komme darin nicht ein einziges Mal vor. Den praktischen zweiten Teil rückt Schumacher in die Nähe des Lassalleschen Arbeiterprogramms und nennt ihn staatsbejahend: »Es gab da nicht einen Punkt, wo der Staat nicht der ausschlaggebende Faktor gewesen wäre. Es waren Richtlinien für den Kampf um den Staat und in dem Staat, aber nicht gegen den Staat.« Theorie steht also gegen Praxis – und doch obsiegt, wenn es darum geht, wie die Partei sich artikulieren soll, stets die im theoretischen Programm angelegte Staatsverneinung. Die Sozialdemokraten sehen sich als staats- und systemfeindliche Fundamentalopposition, und dieses Selbstverständnis wird durch den wilhelminischen Obrigkeitsstaat, der sie als »vaterlandslose Gesellen« an den nationalen Pranger stellt und mit Sozialistengesetzen verfolgt, nur bestärkt und verfestigt.

Doch gerade in jener Zeit, in der die theoretische Frontstellung der Sozialdemokraten gegen alles Staatliche sich weiter verhärtet, erzielt die Arbeiterbewegung beachtliche praktische soziale und politische Erfolge, die sich besonders deutlich in ihrem Aufstieg zur stärksten Fraktion des Reichstags widerspiegeln. Die Kluft, die sich in Erfurt aufgetan hat, wächst. Durch eine unsichtbare Barriere getrennt, stehen sich nach Schumacher »in kaum verhüllter Feindschaft« jene

Grundtypen gegenüber, welche die sozialistische Politik bestimmen – auf der einen Seite die staatsbejahenden Pragmatiker, zu denen vor allem die Gewerkschafter zählen, auf der anderen die staatsverneinenden Ideologen. Nur daß seit Erfurt, so der Doktorand, die Ideen von Marx so vollständig über die von Lassalle gesiegt und die Ausdrucksweise der Partei geprägt haben, daß selbst die Pragmatiker sich des Vokabulars der Ideologen bedienen müssen. Es ist eine Abrechnung mit dem Verbalradikalismus: In der SPD – und er meint damit unzweifelhaft die Partei der frühen 20er Jahre – sei es Regel, daß »Führer, die lassalleanisch handeln, marxistisch reden und schreiben«.

Hie Karl Marx, der den Staat zertrümmern will und die Befreiung des Menschen in einer utopischen Assoziation erhofft, in der »die freie Entwicklung eines jeden die Bedingung für die freie Entwicklung aller ist«; er kennt, schreibt Schumacher, »nur den vergesellschafteten Menschen, das Individuum, das durch die Kollektivität glücklich wird«. Dort Ferdinand Lassalle, der im Staat vor allem ein Vehikel sieht, welches die einzelnen Menschen in den Stand versetzt, »eine Stufe des Daseins zu erreichen, … eine Summe von Bildung, Macht und Freiheit zu erlangen, die ihnen als einzelnen schlechthin unerreichbar wäre«. Da gibt es für Schumacher kein Wanken und kein Zagen – er bekennt sich eindeutig zu Lassalle, dem von Hegel und vor allem von Fichte Geprägten, der in der Verneinung des Staates ein bourgeoises, liberales Element erblickt und meint, der Staat habe die Entwicklung des Menschengeschlechts zur Freiheit zu vollbringen.

Ihn in den Dienst der Ideen des »Arbeiterstands« zu stellen, bedarf es nach Lassalle nur des allgemeinen und gleichen Wahlrechts, das der Mehrheit der Unterschichten mit Sicherheit zum Sieg gegen die »eine reaktionäre Masse« von Bourgeoisie und Adel verhelfen werde. Lassalle vertraut also auf den demokratischen Prozeß, der schließlich zum Sozialismus führen muß – eine Überzeugung, die sich bei Schumacher immer wieder findet, so 1945, als er – der Krieg ist noch nicht zu Ende – im besetzten Hannover am 6. Mai in seiner ersten Rede vor sozialdemokratischen Funktionären erklärt: »Die politische Idee der Arbeiterklasse ist die reine Demokratie, die Geltendmachung der Zahl.« Die politische Idee des Bürgertums dagegen bezeichnet er als eine »Verteilung der Rechte nach dem Geldsack«; und wo sich diese Idee nicht mehr durchführen lasse, hätten die politischen Parteien des Bürgertums den Versuch unternommen, »die Demokratie umzubiegen und zu verfälschen«. Er sagt dies 1945 natürlich mit Blick auf das

Ermächtigungsgesetz, das mit den Stimmen der Bürgerlichen 1933 verabschiedet wurde, dem Gewaltregime als Feigenblatt diente und der Hitler-Barbarei Tür und Tor öffnete.

In diesem Glauben an die »Geltendmachung der Zahl« schwingt Kurt Schumachers Fortschrittshoffnung mit, ein unbeirrbarer Vernunftglaube, der ihn selbst in seiner schlimmsten Zeit, in der Hölle von Dachau, nicht verlassen wird. Stets geht er davon aus, daß es durch Überzeugungsarbeit gelingen kann, die große Majorität ihrer Interessen bewußtzumachen, sie politisch zu organisieren und in den Kampf um den Staat zu führen, über dessen Charakter diese Bewegung der großen Zahl schließlich bestimmen wird. Es ist dies geradezu die Grundannahme, auf der seine Ablehnung jeder Diktatur und sein flammendes Bekenntnis zur parlamentarischen Republik beruhen, und mehr als einmal klingt sie bereits in seiner Dissertation an. Da zitiert er nämlich den belgischen Soziologen und Sozialisten Hendrik de Man, der die wirtschaftlich herrschenden Klassen, also das Bürgertum, bezichtigt, daß sie die parlamentarische Regierung untergraben und einen Staat im Staate aufrichten, wenn sie nur die Gefahr wittern, ihren ausschließlichen Einfluß auf den Staat einzubüßen. Die Arbeiterschaft dagegen sei »verpflichtet, ihre ganze Kraft daranzusetzen, daß der Staat nicht zur leeren Schale wird«.

Ausschlaggebend für dieses aktive Engagement zugunsten des Staates sind nach de Man die stattlichen politischen Erfolge, welche die Arbeiter in den letzten drei Jahrzehnten erzielt haben – Erfolge, welche den Staat seines ursprünglich feudalen oder rein bourgeoisen Charakters entkleidet haben. Sind nämlich erst einmal das gleiche Wahlrecht erobert, die Schulpflicht durchgesetzt, Arbeitsschutz- und Versicherungsgesetze zustande gebracht, haben die Arbeiter nach de Man manches zu verlieren, das für sie ein Stück Vaterland bedeutet. »Vor allem«, so führt Schumacher den Belgier zustimmend an, »haben sie sich im Staate durchgesetzt, weil hier – kraft der Bedeutung, die unter demokratischen Verfassungen der großen Zahl zukommt – die Linie des geringsten Widerstandes lag. Die Festigung ihres Einflusses im Staat aber wird für sie mehr und mehr gleichbedeutend mit der Festigung des Staates überhaupt.« Man sieht: Von hier zur Vorstellung von der demokratischen Arbeiterbewegung als der modernen Staatspartei ist es nur ein kleiner Schritt.

Tatsächlich, so lautet eine These in Schumachers Dissertation, sind die wirtschaftlichen Voraussetzungen dafür, daß »die Sozialdemokratie Staatspartei, die Staatspartei schlechthin werden mußte«, schon in der Vorkriegszeit gegeben. Um diese ziemlich gewagte Argumentation zu stützen, führt er ins Feld, daß der Staat schon vor 1914 viel von seinem Klassencharakter eingebüßt habe, weil er – etwa durch Einführung der Arbeitsschutzgesetzgebung – kapitalistische Bestrebungen beschnitt und in »Kampfstellung gegen die bisher in ihm herrschenden Klassen« ging.

Durch den Krieg und die Entwicklung der Kriegswirtschaft sieht er diesen Prozeß bestärkt und beschleunigt. Weil der Staat als Hauptträger der von ihm eingeführten Planwirtschaft nun bestimmt, was zu produzieren ist und wie Rohstoffe und Lebensmittel zu verteilen sind, wird die »Durchstaatlichung der Ökonomie« vorangetrieben – ein Begriff, der von Karl Renner stammt, welchen Schumacher in den Kreis der Neumarxisten einbezieht und auf den er sich wiederholt beruft. Natürlich ist dieses Bewirtschaftungssystem aus der Not geboren – die Linke nennt es deshalb eine »Kriegsmaßregel des Militarismus« –, aber trotz aller Mängel sieht die Parteimehrheit in dieser Regierungspolitik den Weg zu neuen Wirtschaftsformen. Paul Lensch, der Neumarxist, spricht gar von »Kriegssozialismus«, und ein Teil der Partei- und Gewerkschaftspresse greift das Schlagwort begierig auf und schreibt optimistisch-schönfärberisch von »Sozialismus, wohin wir blicken«.

Heute würden wir diesen »Kriegssozialismus« als Bewirtschaftung des Mangels, als zentralgelenkte Verwaltungs- und Kriegsbedarfswirtschaft bezeichnen, aber damals wird unter Sozialisten ernsthaft um die Frage gestritten, ob er gar als Vorform dessen anzusehen sei, was die Sozialdemokraten nach dem Kriege anstreben sollten. Kurt Schumacher erblickt in ihm, ganz im Sinne Lenschs, Haenischs und Plenges, zumindest einen positiven Ansatz: »Daß die Maßregeln der Gewalthaber auch gegen ihren Willen den Grundstein zu etwas Neuem zu legen vermochten, kam den Radikalen nie in den Sinn.« Am Rande sei vermerkt, daß dieses von den deutschen Parteilinken als Karikatur des Sozialismus abgelehnte System der deutschen Kriegswirtschaft ausgerechnet bei den allerradikalsten Sozialisten, den russischen Bolschewiki, Anerkennung fand. Kein Geringerer als Lenin – Motto: »Jawohl, lerne beim Deutschen!« – empfahl als Vorbild für seinen bürokratischen, zentralgelenkten Staatssozialismus das Wumba, das Waffen- und Munitionsbeschaffungsamt des Deutschen Reichs am Kurfürstendamm in Berlin.

Hat sich Schumacher mit dieser Dissertation eindeutig zu den Neumarxisten bekannt, wie die Biographen Günther Scholz und Willy Albrecht schreiben? Daß er ohne Vorbehalte auf der Seite der kriegs- und staatsbejahenden Mehrheitssozialdemokratie stand, ist unstrittig; doch ob er alle die ideologischen Klimmzüge von Cunow, Lensch und Haenisch für vernünftig gehalten und sie gebilligt hat, scheint zumindest zweifelhaft. Die Originalfassung seiner Schrift, die er Plenge im Frühjahr 1920 vorlegte, ist nicht bekannt, aber der Doktorvater wünschte ganz spezielle Ergänzungen, die fast ausnahmslos den Kreis der *Glocke*-Autoren betreffen: »Lensch ist gründlicher zu analysieren«, heißt es da wörtlich, » Haenisch nicht ganz zu übersehen«, auch die »Nichtreaktion der Partei auf den Neumarxismus« müsse behandelt werden.

Daraus läßt sich schließen, daß die ausführliche und weitgehend unkritische Darstellung des Neumarxismus, zu dessen Ideengebern sich Plenge ja zählte, großenteils auf dessen besonderen Wunsch von Schumacher nachträglich eingearbeitet wurde – und zwar in eine Dissertation, die anfänglich ganz um die sozialdemokratische Auseinandersetzung um Staat und Staatstheorie zentriert war. Mußte also der Student einem Professor entgegenkommen, der als Außenstehender im Krieg großen Einfluß auf eine rechtssozialdemokratische Gruppierung gewonnen hatte und seine Wirkung in einer wissenschaftlichen Schrift gern nachlesen und bestätigt sehen wollte? Bei Doktorvätern sollen solche Neigungen öfters anzutreffen sein.

Nach dem Zweiten Weltkrieg, als Kurt Schumachers Name in aller Munde ist, führt Plenge dessen Dissertation als klassisches Zeugnis dafür an, daß es wesentlich seine, Plenges, Kriegsschriften und die des inzwischen zum österreichischen Staatspräsidenten aufgestiegenen Karl Renner gewesen seien, die im Ersten Weltkrieg wissenschaftlich und theoretisch die geistigen Waffen »gegen die den Staat negierenden Elemente in der Sozialdemokratie« geliefert hätten. Schumachers Doktorarbeit habe von der historischen Chance für eine »Synthese zwischen Staat und Klasse« gehandelt, die freilich weder von der Sozialdemokratie noch von der deutschen Wissenschaft genutzt worden sei. Dadurch sei eine Lücke entstanden, in die sich »das Nazitum mit demagogischem Geschick einnisten konnte«.

Aber Schumacher, von Plenge nach dem Krieg mehrfach angeschrieben, nimmt den Kontakt zu dem Doktorvater in Münster nicht wieder auf, ja er stellt sich bewußt taub. Das mag zum Teil mit der

Tatsache zu erklären sein, daß er die Nähe eines Wissenschaftlers scheut, der nach 1920, von den Sozialdemokraten enttäuscht, sich erst für das Zentrum engagiert und sich nach 1933 dann bei den Nationalsozialisten anbiedert.

»Durch Zitatsammlungen aus seinen Kriegsschriften, versehen mit zeitgemäßen Überschriften ...«, schreibt Axel Schildt, »suchte Plenge zu belegen, daß seine ›Ideen von 1914‹ eine ›unzweideutig klare Vorwegnahme der nationalsozialistischen Idee mit allen ihren Grundforderungen‹ gewesen sei.« Besonders berief er sich in diesem Zusammenhang auf seine 1922 erschienene Schrift »Deutsche Propaganda«, in der er die Agitation als wichtiges Mittel für die Formierung von Wirtschaft und Gesellschaft darstellte und erstmals die Verwendung kommerzieller Werbeelemente in der Politik anriet. In den Nationalsozialisten, meint Schildt, sah er ein Jahrzehnt später die wahren »Erben seiner Lehre«. Plenge selbst schilderte ein kurzes Zusammentreffen mit Goebbels: »Es kam ein junger Doktor zu mir, der nach München in die nationale Bewegung wollte, und fragte mich um Rat... Mein Rat und die Lehren meines Propagandabuches haben eingeschlagen.« Doch selbst in diesen, übrigens vergeblichen, Annäherungsversuchen an die Nationalsozialisten blieb der Münsteraner Soziologe der Querkopf, der sich nicht einpassen kann: Den Naziideologen Alfred Rosenberg bezichtigte er der »Selbstvergottung des Deutschtums« und – verurteilte diese in einem Brief als »Typ der inneren Judaisierung«.

Entscheidend für Schumachers Zurückhaltung, vor allem für seine Weigerung, seine Dissertation nach dem Krieg in Druck zu geben, wie Plenge dies vorgeschlagen hatte, waren wohl die antiliberalen, antiwestlichen Züge im Denken der Neumarxisten. Ihre ideologischen Verrenkungen zur Legitimierung der Kriegsanstrengungen, ihre positive Grundeinstellung zu den »Ideen von 1914«, nicht zuletzt ihr unkritisches Verhältnis zum Staat, das aus der Warte der Nachkriegszeit von 1945 jener Staatsvergötzung, die für den Weg in die deutsche Katastrophe ja mitverantwortlich war, gefährlich nahekam – all dies ließ es nicht opportun erscheinen, den Führer der westdeutschen Nachkriegs-SPD wieder in ihren Dunstkreis zu rücken. Hier sind die Gründe für die Zurückhaltung zu suchen, nicht in der Annahme Plenges, Schumacher habe mehr Kritisches über den Marxismus geschrieben, als der Partei lieb sein konnte.

Erst 1974, also 22 Jahre nach Schumachers Tod, erscheint die

Schrift im Deutschen Taschenbuch-Verlag, versehen mit einem Vorwort Herbert Wehners, der darin besonders jenen Satz unterstreicht, mit dem Schumacher eine praktisch-pragmatische Politik empfiehlt: »Denn vor dem Leben hat der Sozialismus nur recht, wenn er den Menschen in ihren täglichen Nöten und Leiden etwas Gegenwartsglück bringt. Diese theoretisch noch nicht genügend untermauerte Erkenntnis, daß man den Staat zu solchen Zwecken nicht missen kann, daß aber ein bloßes Nehmenwollen vom Staat nicht mehr ausreicht, ist die stärkste Wurzel der Staatsgesinnung, zu deren Bildung noch eine Reihe anderer Momente, vor allem nationaler und kultureller Art, beitragen.« Wer will, mag hier eine frühe Ablehnung des bloßen Versorgungsstaats entdecken, auch die Forderung, sich aktiv für den demokratischen Staat zu engagieren, um ihn im eigenen Sinn zu gestalten.

Die Schlußfassung der Arbeit geht erst 1926 nach Münster ab, so daß keineswegs auszuschließen ist, daß Sätze wie der eben zitierte bereits die Meinungen des politischen Redakteurs in Stuttgart widerspiegeln, der in der schwäbischen Landespartei seit fünf Jahren politische Erfahrungen sammeln konnte und bereits ein Jahr ein Landtagsmandat ausübt. Gleichwohl: Die Dissertation enthält Passagen, die für das politische Profil des jungen Schumacher charakteristisch sind, Grundüberzeugungen, denen er ein Leben lang treu bleiben wird und die in vielen seiner späteren Reden immer wieder auftauchen werden.

Da ist zunächst die positive Bewertung der Rolle, die Preußen im Prozeß der deutschen Einheit des 19. Jahrhunderts gespielt hat. Wenn Schumacher schreibt, die »straff und autoritär organisierten Lassalleaner« hätten einen »unverkennbar preußischen Zug«, dann meint er dies durchaus anerkennend. Der Gründer der ersten deutschen Arbeiterpartei, Ferdinand Lassalle, und sein Bewunderer Kurt Schumacher haben ja schon nach der persönlichen Herkunft viel gemein: Beide kommen aus gutbürgerlichem Milieu, beide sind sie Kaufmannssöhne und Akademiker, beide stammen aus dem preußischen Osten – Lassalle ist an der Oder, Schumacher an der Weichsel geboren; beide knüpfen an die tolerante und aufklärerische Tradition Preußens an, beide wollen nationale und soziale Ideale miteinander verbinden, und bei beiden wird ein antikatholischer Grundzug deutlich – Lassalle betrachtet den Papst als Hemmnis auf dem Wege zur deutschen Nation, Schumacher hegt seit der Jugendzeit in Culm ein tiefes Mißtrauen gegenüber dem politischen Katholizismus, das später auch in seine Ablehnung der Westeuropa-Politik Adenauers, Schumans und de Gasperis einfließen wird.

Ausdrücklich hebt er den Realitätssinn der Lassalleaner und besonders ihres Parteiführers Johann Baptist von Schweitzer hervor, die früh verstanden hätten, daß der Norddeutsche Bund die Vorstufe zur deutschen Einheit bedeutete. Weil schon diese kleinstdeutsche Schöpfung Bismarcks das allgemeine und gleiche Wahlrecht für Männer eingeführt habe, sei die Arbeiterklasse »auf das stärkste mit Preußen-Deutschland verbunden«; mit dem Versuch, »sofort durch praktische Mitarbeit sich Macht im Staat« zu erringen, hätten die Lassalleaner folglich konsequent gehandelt. Die Eisenacher hingegen »gefielen sich in staatsfeindlicher Opposition«, standen ganz in der großdeutsch-liberalen Tradition und bekämpften den Norddeutschen Bund als Produkt Bismarckscher Machtpolitik. Wie sagte doch der bayerische Reformist Georg von Vollmar schon Juli 1891 im Münchner »Eldorado«? Der sozialistische Vaterlandsbegriff sei immer auf 1848 bezogen und deshalb großdeutsch-liberal. Vollmar bemängelte die »unfruchtbare Erörterung des Vergangenen« und verlangte, sich endlich »auf den Boden des Tatsächlichen« zu stellen. In der Praxis lief das auf die Aussöhnung mit Bismarck und Preußens Rolle bei der Herstellung der deutschen Einheit hinaus, wie der preußische Reformist Schumacher sie wünschte.

Da ist zweitens Schumachers konsequente Ablehnung von Kommunisten und Unabhängigen Sozialdemokraten. Er kritisiert Lenin, weil Demokratie für diesen ein Deckwort für jede Form diktatorischer Herrschaft darstelle; die leninistischen Theorien, die als Begründung dafür herhalten müssen, stehen nach seinem Urteil dem französischen Syndikalismus sehr viel näher als Karl Marx. Denn der Autor des »Kapital« habe den diktatorischen Proletarierstaat auf kurze Dauer angelegt, schließlich sei er als Staat nach Marx ebenfalls ein Organ der Unterdrückung und gehöre schleunigst abgeschafft. Lenin aber sehe die Diktatur des Proletariats nicht als vorübergehende Erscheinung, sondern in seinen eigenen Worten als »die Staatsform während der ganzen Epoche«.

Den Unabhängigen wirft Schumacher vor, daß sie unter dem Einfluß der »prinzipiell staatsfeindlichen Sowjetideologie« im Parlament nur den Ausdruck des Machtwillens der Bourgeoisie erblicken, dem sie deshalb in ihrem Leipziger Aktionsprogramm eine »proletarische

Herrschaftsorganisation auf der Grundlage des politischen Rätesystems« entgegensetzen. Er hält die USPD für völlig inkonsequent, denn einerseits betrachte sie den Weimarer Staat als eine »rein bourgeoise Republik«, andererseits verlange sie von ihr im gleichen Atemzug, daß sie die Voraussetzungen zur Verwirklichung des Sozialismus schaffe. Er bezichtigt sie des Schwarzweißdenkens und der prinzipiellen Ablehnung jeglicher Koalitionspolitik – eine Haltung, die für Schumacher mit Realpolitik nicht zu vereinbaren ist: »Sie (die USPD) konnte sich nur eine Alleinherrschaft der Bourgeoisie oder eine Alleinherrschaft des Proletariats denken. Eine Teilung der tatsächlichen Macht im Staate zwischen Bourgeoisie und Proletariat war ihr konsequenterweise unvorstellbar . . .« So schreibt ein überzeugter Anhänger des Parlamentarismus, ein Pragmatiker, der inzwischen im Landtag sitzt und Bündnisse bejaht, wenn sie nur die eigenen politischen Vorstellungen schrittweise verwirklichen helfen.

Wichtig für seine Denkweise scheint sein Hinweis, daß die »Theoretiker des extremen Marxismus«, auch wenn sie in der deutschen Partei tätig sind, niemals Deutsche, sondern fast immer Osteuropäer sind. Er nennt sie nicht mit Namen, aber es kann wohl kein Zweifel daran bestehen, daß er Rosa Luxemburg ebenso meint wie Karl Radek. In der Grundeinstellung zum Osten bleibt er sich also treu von Jugend an: Er sieht östlich der Weichsel die beinahe natürliche Heimat von Diktatur und Despotie, sei es der weißen oder der roten Zaren, und so wird er 1945 sagen: »Wir lassen Rußland auf russisch selig werden – aber Deutschland gehört zu Europa und zum Westen, denn bei uns gibt es keinen Sozialismus ohne Demokratie.« Er ist überzeugt, russische Herrschaft, in dieser oder jener Form, sei zutiefst asiatisch und habe nichts mit einem Europa zu tun, »wie wir es verstehen«.

Da ist drittens sein Bekenntnis zur demokratischen Republik. Für ihn ist sie die Plattform für eine schrittweise Umformung der kapitalistischen Wirtschaft zum demokratischen Sozialismus hin – ein Bekenntnis, das auch eine prinzipielle Absage an die »Tyrannei des Endziels« und die Revolution beinhaltet. Darin stimmt er mit den Mehrheitssozialisten überein, aber auch mit Eduard Bernstein, der praktisch die Theorie für deren Verhalten 1918 geliefert hat. Bei Strafe schwerster Schädigung der deutschen Lebensmöglichkeiten, sagt Bernstein, bleibe eine Revolution in Deutschland verboten, denn das Land sei für eine radikale Umwälzung »mit Anwendung von Gewaltmitteln« im Stil der Bolschewiki bereits zu vielseitig entwickelt und zu hoch industrialisiert, es könnte auf den Schock einer Revolution nur mit dem völligen Zusammenbruch der Wirtschaft reagieren.

Die klassischen Revolutionen des Westens, die englische, die amerikanische und die französische, haben ja, wie Heinrich August Winkler in seiner »Geschichte der ersten deutschen Republik« betont, vor dem Durchbruch zur industriellen Produktionsweise stattgefunden, also in vorwiegend agrarischen Gesellschaften, und dasselbe gilt für die großen Revolutionen des Ostens, die russische und chinesische. Auch als Staat, sagt Bernstein, stehe Deutschland bereits auf einer Stufe der Entwicklung, die keiner Revolution mehr bedürfe, weil »schon die einfache Demokratisierung der vorhandenen Einrichtungen einen großen Schritt zum Sozialismus hin bedeutete«.

In der Tat: Kann in einem Land, in dem es das allgemeine gleiche Männerwahlrecht und Organisations- wie Meinungsfreiheit gibt, die Diktatur des Proletariats überhaupt einen Fortschritt bringen? Der Ruf nach Diktatur mochte im Zarenreich auf fruchtbaren Boden fallen, meint Winkler, »in einem Land, das seit einem halben Jahrhundert einen aus allgemeinen, gleichen Wahlen hervorgegangenen Reichstag kannte, ließe sich allenfalls eine Minderheit der Arbeiterschaft für die Parole gewinnen«.

Kurt Schumacher betont deshalb in seiner Dissertation, daß nach dem Görlitzer Programm, das sich die Mehrheitsozialdemokraten 1921 gegeben haben, die demokratische Republik die »durch die geschichtliche Entwicklung unwiderruflich gegebene Staatsform« darstellt und die Sozialdemokratie jeden Angriff auf sie »als ein Attentat auf die Lebensrechte des Volkes« betrachtet. Zustimmend zitiert er Friedrich Stampfer, der meint, die Sozialdemokratie sei als sozialistische Partei die eigentliche Staatspartei der Republik geworden. Und selbst als nach der Vereinigung mit den USPD-Resten die Gesamtpartei wieder nach links rückt und das Heidelberger Programm mehr verbal-radikale Töne enthält, als ihm lieb sein kann, zeigt sich Schumacher noch halbwegs zufrieden. Was er darüber schreibt, hat gedämpfter Trommeln Klang. Zwar stellt er vorwurfsvoll fest, daß viel von der Diktion des alten Erfurter Programms eingeflossen sei, aber es stehe wenigstens »keiner noch so positiven Einstellung vom Staat« entgegen.

Schumacher, kein Zweifel, will die Arbeiter mit dem Staat aussöhnen und für die demokratische Republik gewinnen, in der sie, Schritt für Schritt und von Wahl zu Wahl kämpfend, ihre Vorstellungen von sozialer Gerechtigkeit und demokratischem Sozialismus durchsetzen sollen. Er wird zum kämpferischen Republikaner, der als Stuttgarter Chef des Reichsbanners Schwarz-Rot-Gold die staatserhaltenden Kräfte sammelt und zur Verteidigung der parlamentarischen, rechtsstaatlichen, pluralistischen Demokratie aufruft. »Die schwarz-rot-goldenen Fahnenbänder an den Parteifahnen«, schreibt er gegen Schluß seiner Arbeit, »sind nicht mehr fortzubringen. Selbst gegenüber der Reichsregierung wacht die Arbeiterschaft eifersüchtig über die staatlichen Willensäußerungen, auf daß diese ja nicht zu einer Schädigung des republikanischen Staatsgedankens ausarten können.« Es sind Sätze, die zeigen, daß der Redakteur und Abgeordnete sich in der politischen Praxis vom antiliberalen Staatssozialismus Plenges und der Neumarxisten gelöst hat und, so Groh und Brandt, »sein Verständnis von Staat und Nation zunehmend westlichen Einflüssen öffnet«.

Als Schumacher diese Sätze zu Papier bringt und damit den Mahnungen des Dekans nachkommt, nun endlich die Arbeit mit den längst überfälligen Ergänzungen abzuliefern, zeichnet er schon jahrelang als Dr. Kurt Schumacher, heißt bei Parteifreunden »unser Doktor« und wird mit dem akademischen Titel im Protokoll des Landtags verzeichnet. Hat er nach Erteilung des Prädikats *magna cum laude* die noch anstehende Überarbeitung als lästige Formalie einfach verdrängt? Oder gewann er in der politischen Praxis immer größeren Abstand zu den Theorien der Neumarxisten, stimmt er mit manchem, was sie dachten und was er über sie geschrieben hat, nicht mehr überein? Solange er die im Sommer 1920 ihm erteilten Auflagen nicht erfülle und die Pflichtexemplare der Dissertation nicht nach Münster schicke, führe er den Titel zu Unrecht, läßt die Universität ihn am 3. Februar 1926 wissen.

Am 24. April entschuldigt er sich beim Dekan: Die Umstellung auf das Berufsleben habe unter der Überwindung der Schwierigkeiten gelitten, »die aus meinen Kriegsverletzungen (u.a. Verlust des rechten Arms) für mich recht erhebliche waren«. Er führt mißliche Geldverhältnisse an, die ihn in der Inflationszeit von der Einholung der Druckerlaubnis für die Promotionsarbeit abgehalten hätten. In der ersten Periode der Stabilisierung habe er dann zum Unterhalt seiner Eltern beitragen müssen, die im Krieg ihr ganzes Vermögen verloren hätten. Er bittet um eine angemessene Frist für die Nachbesserung und schreibt zum Schluß: »Gleichzeitig gestatte ich mir zu bemerken, daß ein Bekanntwerden der Vernachlässigung meiner Promotionspflichten und die sich daraus ergebenden Folgen für mich unbedingt ruinös wirken müßten. Bei der Eigenart meiner Stellung und der Schwere meiner Kriegsbeschädigung wäre ich nicht in der Lage, mir eine neue Existenz zu schaffen.« Er weiß also genau, daß er den Titel eines Doktors fünf Jahre formell zu Unrecht geführt hat.

Der Brief aus der Sennefelder Straße 27c in Stuttgart stimmt den Dekan in Münster versöhnlich, und so verläuft die peinliche Angelegenheit äußerst glimpflich: Die Fakultät habe keinerlei Absicht, ihm Schwierigkeiten zu bereiten, müsse aber darauf dringen, daß er nunmehr seine Verpflichtungen nachträglich erfülle, und setzt ihm eine Frist bis zum 15. Juni 1926. Er reicht die umgearbeitete Dissertation schließlich zum 20. Juli ein und bittet darum, vom Druck abzusehen: Mit der Ablieferung von vier Vollexemplaren und einem Druckauszug solle es »sein Bewenden haben«. Seiner Bitte wird entsprochen, und der »Doktor« trägt den Titel nun Rechtens. Die akademischen Lehrjahre, die schon vor fünf Jahren zu Ende gingen, haben ihren bürgerlich-korrekten Abschluß erhalten. Endlich kann er seine volle Kraft in den politischen Tageskampf werfen, in dem er seit fünf Jahren in Stuttgart steht.

Mit Temperament und Kampfeslust: Aufstieg im liberalen Musterländle 1920–1928

Dreizehn unbeschwerte Jahre verbringt Kurt Schumacher in Stuttgart. Für ihn, den das Schicksal für die Begeisterung, mit der er in den Krieg gezogen war, früh mit dem Verlust des rechten Arms strafte, für den es mit der Hölle der Konzentrationslager und der Amputation eines Beines weitere schwere Prüfungen bereithält, ist es sicher seine beste Zeit. Er findet privates Glück und hat Erfolg im Beruf. Als junge Begabung wird der 25jährige Hilfsreferent im Reichsarbeitsministerium in Berlin von Erich Roßmann, dem Vorsitzenden des Reichsbunds der Kriegsbeschädigten, und vom Reichstagsabgeordneten Otto Landsberg an dessen Fraktionskollegen, den Chefredakteur der *Schwäbischen Tagwacht,* Wilhelm Keil, empfohlen. Nach einem Vorstellungsgespräch in Berlin siedelt Schumacher im Dezember 1920 nach Stuttgart über. Aber was heißt schon umziehen bei einem Menschen, der noch 50jährig als möblierter Herr wohnen und kein Möbelstück sein eigen nennen wird? Kurt Schumacher packt halt seine ganze Habe, Anzüge, Wäsche und dazu Bücher, setzt sich in den Zug und fährt nach Stuttgart, um dort umgehend seine Stelle bei einer der größten sozialdemokratischen Zeitungen im Reich anzutreten. Und das Erstaunliche geschieht: Der junge Akademiker mit der spitzen Zunge, der preußischen Direktheit und dem ausgeprägten Hang zu Ironie und Sarkasmus, dieser »Reingeschmeckte« von der Weichsel, wird von den soviel bedächtigeren Schwaben angenommen, er setzt sich durch.

Journalist und Redakteur einer Parteizeitung zu werden, das hat in der Sozialdemokratie bis in die jüngste Zeit den Einstieg in eine politische Karriere bedeutet – noch Willy Brandt und Herbert Wehner gaben im Bundestagshandbuch als erlernten Beruf den des Journalisten an. Geschickt und zielstrebig nutzt Kurt Schumacher diese erste Sprosse auf der politischen Karriereleiter – er wird erst Reichsbannerführer, 1924 Landtagsabgeordneter, 1930 Stuttgarter Ortsvereinsvorsitzender und im selben Jahr Reichstagsabgeordneter für den Wahlkreis 31 (Württemberg). Als ihn die Gestapo im Juli 1933 verhaftet, ist der 37jährige Mitglied im Vorstand der Reichstagsfraktion. In einer Partei, die unter ihrer überalterten, immobilen Führung ächzt, gilt er neben Julius Leber, Carlo Mierendorff und Theodor Haubach als einer der führenden Nachwuchspolitiker. Und in Stuttgart, wo er als mitreißender Versammlungsredner seine Basis hat, stellt er als charismatischer Führer der Arbeiterjugend eine Art Hoffnungsträger für junge Sozialdemokraten dar.

Einem Klimasturz kommt der Umzug von der Spree an den Neckar gleich, denn die Uhren im liberalen Musterländle gehen anders als in Berlin; das Leben verläuft gemächlicher, die Landespolitik ist, im Gegensatz zu Preußen, wo die Sozialdemokraten regieren, ganz bürgerlich-agrarisch bestimmt. Im Südwesten liegt die Sozialdemokratie bei Wahlen erheblich unter dem durchschnittlichen Stimmenanteil im Reich. Weil in der Industrie der Typ des Klein- und Mittelbetriebs vorherrscht, zeigt sich das Land selbst in der Zeit der großen Depression wirtschaftlich relativ krisenfest und hat eine niedrigere Arbeitslosenquote. Auch sind die Arbeiter in Württemberg nicht völlig entwurzelte Proletarier, sondern oft Pendler, Landwirte im Nebenberuf. In einem Artikel über die wirtschaftliche und politische Struktur des Landes, der in der Jubiläumsnummer zum 50. Jahrestag des Bestehens der *Schwäbischen Tagwacht* im Oktober 1930 erscheint, nennt Kurt Schumacher diese württembergischen SPD-Wähler »im ländlichen Eigentum verwurzelte Knorren«, die sich ihr Lebensbild nach dem »Eigentumstitel an ihrem Stückchen Land« bildeten; schwer organisierbar, müßten sie einzeln behandelt und gepflegt werden. Die Proletariermassen der Industriegebiete nördlich des Mains vergleicht er dagegen mit riesigen Sandhaufen, die von konjunkturellen und politischen Stürmen aufgeweht und geformt würden.

Die politische Kultur des Landes ist höher entwickelt als die Preußens; selbst zu Zeiten der schlimmsten Sozialistenverfolgung hat der Polizeiwind in Württemberg nie so scharf wie im Norden geblasen. Im Kaiserreich bekam die Mainlinie ja eine besondere politische Bedeutung, weil die Demokratisierung des jeweiligen Länderwahlrechts in Bayern, Baden und – durch die Verfassungsreform von 1905/06, an der die Sozialdemokraten mitgearbeitet hatten – schließlich auch in Württemberg gelungen war. Demokratischem Fortschritt im Süden entsprach also Stagnation nördlich des Mains. In Berlin kam

Wechsel von Berlin nach Stuttgart: Im liberalen Musterländle ist die Politik, anders als in Preußen, bürgerlich-agrarisch bestimmt. Das Bild oben zeigt einen Markttag vor dem Rathaus; unten der Bahnhofsplatz um 1930.

nicht etwa der Kaiser zu den Parlamentariern, wenn der Reichstag eröffnet wurde, die Abgeordneten mußten zu Hofe gehen, um die Thronrede Ihrer Majestät anzuhören. In Stuttgart dagegen fuhr der König in seiner Staatskarosse, begleitet von einer Stadtgarde aus Stuttgarter Handwerksmeistern, vor die Ständeversammlung, wie damals die Volksvertretung hieß, und eröffnete sie am üblichen Tagungsort, dem Halbmondsaal.

Im liberalen Württemberg war möglich, was sich im schneidig-konservativen Preußen beinahe von selbst verbot: Als im Herbst 1898 die Delegierten zum Sozialdemokratischen Parteitag in Stuttgart anreisten, wurden sie vom Empfangskomitee im Wartesaal 1. Klasse des alten Bahnhofs begrüßt, der sonst nur dem Hofe zur Verfügung stand. In anderen Städten des Reichs hätte man die Delegierten in eine Kneipe lotsen müssen, um ihnen die Quartiernachweise auszuhändigen. Zur Begrüßung der Delegierten des internationalen Sozialistenkongresses auf dem Stuttgarter Bahnhof wehten 1907 sogar rote Fahnen. Zwar schäumten die bürgerlichen Parteien Württembergs vor Wut, aber ihre Empörung hatte diese großzügige Geste der königlichen Regierung nicht verhindern können. Es war der erste internationale Kongreß auf deutschem Boden überhaupt, und ihn nach Berlin einzuberufen hatten die deutschen Sozialdemokraten nicht gewagt, obwohl sie dort im Reichstag inzwischen mit 43 Abgeordneten vertreten waren.

Im Gegensatz zum Reichstag stand die vergleichsweise kleine 15-Mann-Fraktion der SPD im Stuttgarter Landtag allerdings nicht in Fundamental-Opposition zum bürgerlichen System und seinen Parteien; im Frühjahr 1907 hatte sie sogar dem Budget zugestimmt – mit dem Hintergedanken vielleicht, durch solche Geschmeidigkeit das Treffen der Avantgarde der »Weltarmee des Proletariats« zu sichern. Jedenfalls kam es während des Treffens der Arbeiterparteien aus aller Welt in Stuttgart nicht zu Zwischenfällen. Für die Eröffnung auf dem Cannstatter Wasen waren gleich sechs Bühnen aufgebaut; Clara Zetkin präsidierte beim Massenmeeting, Rosa Luxemburg übersetzte die Rede des belgischen Sozialistenführers Emile Vandervelde, und August Bebel stritt mit dem französischen Sozialisten Roger Vailland um den Massenstreik als Mittel zur Kriegsverhinderung. »Schmucke Jungfrauen« mit revolutionärer Kopfbedeckung, »der eleganten phrygischen Mütze«, luden im Heslacher Schützenhaus zu einem Imbiß bei einem Glase Wein. Es gab sogar ein Feuerwerk, dessen Kanonenschläge, einem etwas verkrampft heiter geschriebenen Feuilleton der *Schwäbischen Tagwacht* zufolge, von den Teilnehmern unterschiedlich gedeutet wurden – die einen verstanden sie als die »feierliche Eröffnung des antimilitaristischen Krieges«, die anderen als »Einleitung der sozialen Revolution«.

Und doch war der Ortsverein, dem Schumacher dann Ende 1920 angehört, in dieser Vorkriegszeit alles andere denn ein Hort sozialistischer Beschaulichkeit. Härter und erbitterter tobte hier der Kampf zwischen Orthodoxen und Reformisten, früher als anderswo im Reich zeichnete sich das Ausscheren des linken Flügels ab und damit die Spaltung der Partei. Und im Zentrum der Auseinandersetzung zwischen der reformistischen Mehrheit und den Linken stand zu Kriegsbeginn jene *Schwäbische Tagwacht,* bei der Schumacher sechs Jahre später als Chef vom Dienst anheuern wird.

Clara Zetkin, die seit 1891 in Stuttgart wohnt und zum geistigen Haupt einer innerparteilichen Opposition von Redakteuren und Bildungsreferenten geworden ist, macht schon um die Jahrhundertwende Front gegen »zahme soziale Reformelei«. Sie fordert die Verschärfung des Klassenkampfs. Da sie Leiterin der örtlichen »Preßkommission« ist, gelingt es ihr durch geschickte Personalpolitik, die Parteizeitung unter ihren Einfluß zu bringen. So verweigert Artur Crispien, später einer der Führer der Unabhängigen, als leitender politischer Redakteur den Abdruck eines Artikels, in dem Friedrich Stampfer die Haltung der Reichstagsfraktion am 4. August 1914 begründen will.

Als das Blatt unter Crispiens Leitung immer wieder gegen den Kurs der Parteimehrheit anschreibt und es als Verrat am Sozialismus bezeichnet, daß sich eine Arbeiterpartei zusammen mit der Bourgeoisie gegen den äußeren Feind zur Wehr setzt, eskaliert der Konflikt: Ist die *Schwäbische Tagwacht* das Privatorgan der Redakteure oder das Organ der Parteiorganisation des ganzen Landes? Der gemäßigte Vorstand der Landesorganisation fühlt sich als rechtsmäßiger Besitzer, wünscht seine politische Linie künftig im Blatt vertreten zu sehen und bestellt Wilhelm Keil zum Chefredakteur. Noch am Tage seines Amtsantritts ordnet Keil an, daß nur mehr solche Manuskripte in die Setzerei gelangen, die vorher über seinen Tisch gegangen sind. Bald steht es in der Redaktion Spitz auf Knopf.

Friedrich Ebert und Otto Braun wollen einer Spaltung vorbeugen, reisen nach Stuttgart und suchen zu vermitteln. Braun hat damals die Funktion des Kassierers inne, die man heute vornehm mit dem Titel eines Schatzmeisters umschreibt. Wie Keil in seinen Memoiren beklagt, kommen die Abgesandten der Parteizentrale den Linken zu weit entgegen, weil sie das »radikale Geschrei« auf dem nächsten Parteitag fürchten. Die Mehrheit der Sozialdemokraten im Ländle bleibt jedoch bei ihrer Haltung, sie entscheidet entschlossener und »rechter« als der Berliner Parteivorstand, der es mit den Radikalen noch immer nicht verderben will. Sie nehmen damit nur Positionen vorweg, die ihre konfliktscheueren Genossen Otto Braun und Friedrich Ebert wenig später doch beziehen müssen.

Die linken Redakteure der *Schwäbischen Tagwacht*, welche die Partei nach Meinung des ihnen von der Parteimehrheit aufgezwungenen neuen Chefredakteurs seit Jahren »von der Bahn der nüchternen Vernunft in die Richtung überspannter Theorien« gedrängt haben, empfinden das Vorgehen der Mehrheit als Gewaltstreich. Sie gründen ein oppositionelles Blatt und schließlich ihre eigene, unabhängige Organisation. Früher als im Reich ist damit im liberalen Württemberg die Spaltung vollzogen. Bis tief in die zwanziger Jahre wird Stuttgart als Hochburg der Unabhängigen gelten.

Wenn Kurt Schumacher also ausgerechnet an Wilhelm Keil empfohlen wird, dem in diesem Stuttgarter Partei- und Scheidungsdrama die Schlüsselrolle zufiel, kann an seiner »rechten«, mehrheitssozialdemokratischen Gesinnung wirklich kein Zweifel bestanden haben. Dennoch kommt es zwischen dem Chefredakteur und seinem jungen Redaktionsmitglied bald zu Spannungen. Denn Keil, als Landtags- und Reichstagsabgeordneter der ungekrönte König der württembergischen SPD, sieht in dem reingeschmeckten Akademiker aus Westpreußen einen idealen Chef vom Dienst. Aber für diese klassische Redakteursrolle bei Tageszeitungen ist der 25jährige Schumacher nicht nur zu ehrgeizig, zu unabhängig und viel zu dynamisch; er ist gewohnt, seinen scharfen analytischen Verstand zu gebrauchen, und taugt schon deshalb nicht zur beweihräuchernden Interpretation einer Linie, die von anderen vorgegeben wird.

Keil hat einen Redakteur gesucht, der das einlaufende Material sichten und redigieren sowie für den Umbruch des Blattes verantwortlich sein sollte. Er bekommt statt dessen einen jungen Mann mit hochfliegenden Ideen, dessen »Temperament und Kampfeslust« sich mit den ihm zugedachten Aufgaben nicht begnügten. »Das Material, das sich auf dem Schreibtisch aufhäufte, interessierte ihn weniger«, erinnert sich Schumachers Chefredakteur 1954 an dessen Tätigkeit als Journalist. »Wohl griff er gern eine Nachricht von besonderer

Wichtigkeit heraus und schrieb darüber einen größeren Aufsatz. Die Zeitungsausschnitte, Briefe, Manuskripte, Depeschen dagegen sammelten sich wochenlang an, bis sie eines Tages beim Abräumen im Papierkorb verschwanden.« Der neue Kollege liest lieber die *Weltbühne* als langweilige Parteiblätter wie den *Vorwärts,* und er hält stets Gedichte, Aphorismen und Epigramme von Heinrich Heine und Georg Christoph Lichtenberg bereit, von denen er sich gern inspririeren läßt. Das »Eingespanntsein in einen gleichmäßigen Stundenbetrieb« ist dem jungen Schumacher zuwider, er schätzt die »freie Verfügung über die Arbeitszeit« und diskutiert im Kaffeehaus gern mit Freunden über die neuesten Bücher und Zeitschriften.

Formulierungsschwierigkeiten hat er nicht, er schreibt beinahe mühelos und ist »nie verlegen in der Erfindung wirksamer Schlagzeilen«. Weniger auf den Stil als auf die Sache kommt es ihm an, die er, bei allem Verzicht auf Eleganz und Geschliffenheit, stets packend und zugespitzt darzustellen weiß. Seine Polemik ist herb, scharf und kantig, die Beweisführung apodiktisch. Wenn es ans Kürzen geht, zeigt er sich schnell entschlossen und bleibt frei von Autoreneitelkeit. Der Einarmige schreibt oft mit der Hand, Keil empfindet es als »von achtunggebietendem Reiz«, ihm bei der Arbeit zuzusehen: »War der Briefbeschwerer gerade wieder vergraben, so hielt er mit dem auf die Tischplatte heruntergedrückten Kinn das Druckstück fest, schnitt linkshändig mit verblüffender Gewandtheit heraus, was er brauchte, klebte es aneinander und hielt den Pinsel und den Federhalter abwechselnd mit den Zähnen fest. Pedanterie war ihm fremd, und die Minute des Redaktionsschlusses brachte ihn nicht in Erregung. Auch in der Hitze des Gefechts mit einer letzten Nachricht, mit dem Telefon, mit dem Setzer, dem Korrektor, dem Metteur bewahrte er die eisige Kälte und die geistige Konzentration.«

Nach einigen Monaten, so eine Übereinkunft beider, wird Schumacher von der täglichen Fron des Nachrichtenredakteurs entlastet. Nur die Auslandsnachrichten muß er noch sichten und redigieren. Er führt die »Außenpolitische Umschau« ein, in der die wichtigsten Ereignisse knapp, aber kommentierend dargestellt werden; im übrigen ist er freigestellt, um für die verschiedenen Ressorts Artikel beizusteuern. Dennoch staut sich zwischen dem Chefredakteur und dem Nachwuchskollegen über die Jahre Störpotential auf, das sich in der Panzerkreuzeraffäre 1928 schließlich eruptiv entladen wird. Bestimmt ist das Verhältnis zwischen Schumacher und Keil nicht nur durch den Gegensatz zwischen dem Intellektuellen und dem Autodidakten, dem Akademiker und dem gelernten Handwerker, auch der Konflikt der Generationen spielt eine wichtige Rolle.

Wilhelm Keil, Jahrgang 1870, Sohn eines kurhessischen Schneiders und Kohlefuhrmanns, ist ein geradezu klassischer Sozialdemokrat der Weimarer Führergeneration seiner Partei, die ihre prägenden Eindrücke im Kaiserreich empfing. Gelernter Drechsler wie Bebel, zu dem er stets »mit höchster Verehrung und unbegrenztem Vertrauen« aufschaut, wie er in seinen »Erinnerungen« schreibt, geht er in seiner Jugend auf Wanderschaft wie auch der Schlosser Carl Severing und der Sattler Friedrich Ebert. Er findet bald zur Partei, wird Agitator und malt, voll naiven Fortschrittsglaubens, die Zukunft in den hellsten Farben: »Was gab es einfacheres, als dem Arbeiter immer wieder zu sagen, daß er nur aus seinem Schlaf erwachen und für seine Bürger- und Menschenrechte zu kämpfen brauche, um bald ein viel schöneres Leben führen zu können. Nur das Klassenbewußtsein, das heißt, das Bewußtwerden seiner eigenen Lage und das Verständnis von der Macht der Arbeiter als Klasse, mußte geweckt werden.« Wenn dies gelinge, zitiert er den damals von Sozialisten vielgelesenen amerikanischen Autor Edward Bellamy, werde der lange, traurige Winter der Menschheit mit Gewißheit einem strahlenden Frühling und einem herrlichen Sommer weichen. Wie die meisten Sozialdemokraten vertraut er auf die schiere Zahl und auf den unausweichlichen Zusammenbruch des Systems: Die Soldaten und Polizeimannschaften, die in ihrer großen Mehrheit aus der Arbeiterschaft stammen, werden im entscheidenden Moment, und der kommt gewiß und naturgesetzlich, schon auf der Seite des Sozialismus stehen.

Gern bewegt er sich im Milieughetto der sozialistischen Subkultur, die zu Zeiten der Sozialistengesetze entsteht, als die Parteiwirtschaften aus dem Boden sprießen, weil man sein Bier nur unter guten, zuverlässigen Genossen trinkt. Allerdings hat er auch den Aufstieg der verfolgten Sozialdemokraten zu Ansehen, Macht und Ämtern erlebt, die er unter keinen Umständen mehr riskieren will. Um die einmal erreichte Position zu behaupten, ist Keil, inzwischen der einflußreichste und mächtigste Mann der württembergischen SPD, zu Kompromissen auch da bereit, wo sie nach Meinung der Jüngeren nicht mehr zu billigen sind. Vorübergehend hat er in einer der württembergischen Nachkriegsregierungen das Amt eines Ministers bekleidet und führt seither voller Stolz den Titel Staatsminister a. D.

Typisch für sein behäbiges, ausgleichendes Temperament ist seine Eloge auf König Wilhelm II. von Württemberg anläßlich des 25jährigen Thronjubiläums 1916: »Nehmen wir alles in allem«, schrieb Keil damals in der *Schwäbischen Tagwacht,* »so will uns scheinen, daß unter den gegebenen Verhältnissen nichts geändert würde, wenn morgen in Württemberg an die Stelle der Monarchie die Republik treten würde; kein zweiter würde, wenn alle Bürgerinnen und Bürger zu entscheiden hätten, mehr Aussicht haben, an die Spitze des Staates gestellt zu werden, als der jetzige König.« Und als dieser im November 1918 schließlich abdankt, nennt er den süddeutschen König einen »ehrenhaften alten Herrn«, dem die Wertschätzung, die man »jedem anderen rechtlich denkenden Bürger zuteil werden läßt«, nicht deshalb zu versagen sei, »weil er ohne sein Verschulden einmal König gewesen ist«.

Daß deutsche Revolutionäre erst eine Bahnsteigkarte kaufen, ehe sie einen Bahnhof stürmen, darüber hat sich bekanntlich Lenin mokiert – doch unstreitig stellt das Verhalten der königlich-württembergischen Sozialdemokraten im Jahre 1918 den Gipfel revolutionärer deutscher Sanftmut dar. So sagt die provisorische Württembergische Revolutionsregierung von USPD und MSPD, in die – eine württembergische Spezialität! – nur zwei Tage nach dem Umsturz schon bürgerliche Minister aufgenommen werden, dem König betulich und respektvoll Dank für seinen Thronverzicht. Alle seine Handlungen seien von »Liebe zur Heimat und zum Volk getragen« gewesen. Auch vergesse das Württembergische Volk nicht, »daß der König und seine Gemahlin in Werken der Nächstenliebe stets edel und hilfreich« gehandelt hätten.

Solche Sätze sind nicht nach dem Geschmack des jungen preußischen Redakteurs. Schon in einem seiner ersten Beiträge im Dezember 1920 schlägt er einen Ton an, der die Leser der *Schwäbischen Tagwacht* aufhorchen läßt. Da meldet sich ein zupackendes, kämpferisches und leidenschaftliches Temperament zu Wort, das den Politiker Kurt Schumacher bei allem analytischen Scharfsinn immer auszeichnen wird. Unnachsichtig und voller Sarkasmus kritisiert er in einem Leitartikel die Schwächen des Völkerbunds. Er sei vom Geist von Versailles geprägt und ein Instrument der Verewigung französischen Hasses gegen Deutschland – harte Tatsachen, mit denen jeder rechnen müsse, aber für Schumacher noch lange kein Grund, sie auf ewig als gegeben hinzunehmen, im Gegenteil: Nicht Lamentieren, sondern Kampf und äußerste Anstrengung sind angesagt. Es gilt, diesen Völkerbund für die eigene Sache zu erobern. »Unermüdlich muß der Kampf weitergehen, mit dem Ziele, ihn zu gewinnen« –, um ihn, ist man einmal Mitglied, zielstrebig zu verändern, ihn aus einer Versammlung verlogener, gieriger, egoistischer, auf ihre Souveränität pochender Mächte in einen wahrhaft überstaatlichen Bund zu verwandeln.

Die Schumacher nach dem Zweiten Weltkrieg einen Nationalisten nennen, sehen in ihm wegen seines Kampfes gegen die westeuropäische Integration oft fälschlich einen prinzipiellen Feind übernationaler Zusammenschlüsse. Doch das Gegenteil ist wahr: Bereits im Dezember 1920 betont er den Wert der »überstaatlichen Organisation«; sie sei schon heute nötig und werde in allernächster Zeit Lebensnotwendigkeit, denn »ohne sie werden wir mit den wirtschaftlichen und politischen Problemen nicht fertig, sondern stürzen rettungslos in den Abgrund«. Allerdings sieht er in den bürgerlich regierten Staaten vornehmlich die Kräfte nationaler Egoismen und kapitalistischer Einzelinteressen am Werk, weshalb keines der Völkerbund-Mitglieder derzeit »an aufrichtige gegenseitige Bindung und Hintansetzung der eigenen Interessen zugunsten der Gesamtheit« denke. So ist es für Schumacher die Sache der Arbeiter in allen Ländern, jede Gelegenheit zur Beeinflussung der Staatsmacht zu ergreifen und eine außenpolitische Kurskorrektur durchzusetzen, um endlich »der übergeordneten freiwillig geschaffenen Organisation die notwendige Macht in die Hand zu geben«. Erst dann könne dieser entartete Völkerbund zu dem werden, was er von Anfang an hätte sein sollen – ein Instrument der internationalen Versöhnung.

Schumacher zeigt sich als der geschworene Feind alles Totalitären, gnadenlos rechnet er in seinen Artikeln ab mit den Feinden von links und rechts, welche die junge deutsche Republik zerstören wollen. Als die Kommunisten nach der Bolschewisierung ihrer Partei auf Anraten der Komintern im März 1921 den mitteldeutschen Aufstand beginnen, um die bürgerliche Reichsregierung Fehrenbach zu stürzen, geißelt die *Schwäbische Tagwacht* das Unternehmen in mehreren Artikeln als Desperado- und Wahnsinnspolitik. Kurt Schumachers Diktion ist unverkennbar. Nicht im eigenen, sondern im Interesse Moskaus würden deutsche Arbeiter in ein Abenteuer hineingehetzt, das für sie nur mit der sicheren Niederlage enden könne. Von jeher sei die Arbeiterschaft des Mansfeldischen Kupferbergbaus »eine der politisch rückständigsten gewesen«; von »bolschewistischem Terror« ist die Rede, das mitteldeutsche Revier wird als »eine der zuverlässigsten Stützen der deutschen Befehlsstelle Moskaus« bezeichnet, und der Leser vermag diesen Kommandostand ohne Mühe als die Berliner Parteizentrale der KPD auszumachen.

Nach dem Mord an Erzberger, der den Waffenstillstand unterzeichnet hatte und bei einem Ausflug auf den Kniebis im Schwarzwald im August 1921 einem Attentat zum Opfer fiel, schreibt Schumacher, dieser Zentrumspolitiker habe mehr politisches Augenmaß besessen als sämtliche Politiker der Rechten zusammengenommen. Als Erzberger die Unmöglichkeit des Siegfriedens erkannt und zum Verständigungsfrieden aufgerufen habe, sei er zur Zielscheibe Nr. 1 für die »Presse der Annexionspolitiker und Kriegsverlängerer« geworden. Als besonders perfide empfindet es Schumacher, wenn die Rechte unterschlage, daß ausgerechnet der General Ludendorff die Aufnahme der Waffenstillstandsverhandlungen erzwungen habe, die Erzberger dann im Auftrag der Reichsregierung führen mußte. Der feige Meuchelmord sei das Werk der »nationalistischen Mafia« sowie der rechtsextremen und deutschnationalen Presse, die »durch ihre beispiellos gehässige, geradezu zügellose Agitation gegen den politischen Gegner die Giftsaat gesät haben, die in den politischen Mordanschlägen und Morden der letzten Jahre so üppig aufgegangen ist«.

Kurt Schumacher bringt das infame Zusammenspiel von rechtsextremen Pressekampagnen und Fememorden auf den Punkt, wenn er fragt: Mußte die Beseitigung eines Mannes, den die deutschnationale Presse täglich als Vaterlandsverräter, Reichsverderber, als Typus eines korrupten Berufspolitikers, ja als von der Entente gekauftes Subjekt beschimpfte, nicht geradezu als vaterländische Pflicht erscheinen?

Mit Feuereifer stürzt sich der junge »Doktor« in die Versammlungsarbeit und hält Vorträge. So referiert er über das Thema »Vom Kaiserreich zur Republik« und fordert vom Arbeiter Republikbewußtsein, »weil die Wirtschaft immer ausschließlicher den Interessen der Bourgeoisie« dienstbar sei, der demokratische Staat aber zur Durchsetzung der Interessen der Arbeiter gewonnen werden könne. »Unsere Parole«, so Schumacher im Festsaal des Gewerkschaftshauses, »muß sein: Die Arbeiter und die Republik.« Für Parteimitglieder gibt er Kurse über historischen Materialismus – »klare, geistvolle Ausführungen, unterstützt durch reiches Wissen«, urteilt ein Rezensent in der *Schwäbischen Tagwacht* über den Auftritt des Kollegen.

Sein Engagement in theoretischen Fragen beeindruckt die Stuttgarter Genossen so sehr, daß sie ihn, kaum daß er acht Monate am Neckar lebt, als Delegierten zum Parteitag nach Görlitz schicken, wo die Mehrheitssozialdemokratie im September 1921 förmlich Abschied vom Erfurter Programm nimmt, das sie längst durch ihre reformistische Praxis hinter sich gelassen hat. Als Delegierter vermißt er das völlige Fehlen des Begriffs »Klassenkampf« im neuen Programm. Zwar sei zu begrüßen, wenn die grobschlächtige Klassenkampftheorie, die nichts anderes kenne als den Klassenkampf, endlich überwunden sei. »Wir erkennen«, so der Referent nach dem Artikel der *Schwäbischen Tagwacht,* »die anderen sozialen Bindungen in Staat, Nation usw. genauso an. Darum dürfen aber die soziale Bindung der Klasse und der Klassenkampf nicht beiseite geschoben werden. Sie seien vorhanden und darum in Theorie und Praxis nicht zu vernachlässigen.« Hier klingt deutlich Doktorvater Johannes Plenges' Forderung nach der Synthese von Staat und Klasse durch.

Wichtiger aber ist, daß sich Schumacher, bei vielen damals wie später als »Rechter« abgestempelt, mit dieser Kritik eher als ein Zentrist zu erkennen gibt, der er in Wahrheit in wirtschaftlichen und sozialen Fragen immer ist. Bei aller Forderung nach Modernität will er auf gewisse Traditionslinien der Partei nicht ganz verzichten, und sei es nur, daß taktische Rücksichten auf die Konkurrenzsituation zur KPD und vor allem zur Stuttgarter USPD dies gebieten.

Wenn er am Klassenkampfbegriff festhalten will, befindet er sich in Übereinstimmung mit der Mehrheit der Delegierten. Sie setzen durch, daß er in der Endfassung des Görlitzer Programms schließlich doch enthalten ist, aber man hat ihn, so der Historiker Heinrich August Winkler, »an das Ende des zweiten Absatzes und in einen Zusammenhang gerückt ..., der sich eher als eine historische Rechtfertigung las denn als soziale Kriegserklärung«. Nicht im Programm findet sich dagegen das Wort »Sozialisierung«. Statt dessen wird gefordert, Grund und Boden sowie natürliche Kraftquellen zur Energieerzeugung der »kapitalistischen Ausbeutung zu entziehen und in den Dienst der Volksgemeinschaft zu überführen«. Doch das ist eine Umschreibung, mit der Schumacher durchaus leben kann, zumal hier der Begriff »Gemeinwirtschaft« anklingt, den er später oft gebrauchen wird.

So gehört er zu der großen Mehrheit, die schließlich für die Schlußfassung eines Programms stimmt, das unter dem Einfluß Bernsteins die Wende von der proletarischen Klassen- zur linken Volkspartei versucht und den Durchbruch zu den städtischen und ländlichen Mittelschichten anstrebt. Nicht als Kampfpartei des Proletariats, sondern als »Partei des arbeitenden Volks in Stadt und Land« bezeichnet sich jetzt die SPD. Sie will alle »körperlich und geistig Schaffenden, die auf den Ertrag eigener Arbeit angewiesen sind, zu gemeinsamen Erkenntnissen und Zielen, zur Kampfgemeinschaft für Demokratie und Sozialismus« zusammenführen. Entscheidend für Schumacher, den Lassalleaner und Staatsbejahenden, ist das eindeutige Bekenntnis zur demokratischen Republik, welche die Sozialdemokratische Partei »vor den Anschlägen ihrer Feinde« zu schützen verspricht.

Trotz Erzberger-Mord und Kommunistenputsch zieht Schumacher Silvester 1921 in der *Schwäbischen Tagwacht* eine insgesamt positive Bilanz des Jahres. Von ihrer Psychose der Radikalität sieht er weite Kreise der Arbeiterschaft geheilt, denn »der Maschinengewehrfetischismus, die Bolschewikenverehrung, alles Äußerungen seelischer Kriegskrankheiten, sind auf ein Minimum zusammengeschrumpft. Wenn auch die kommunistische Presse manchmal ein Kommandogeheul wie ›Sturmriemen unters Kinn‹ von sich gibt, wenn auch die KP-Zentrale renitente Genossen ›zur Disposition‹ stellt, so ist dies nur mehr das Satyrspiel bei der Tragödie.« Er hat diesen Leitartikel »Vormarsch oder Rückzug?« überschrieben; er füllt fast die gesamte Titelseite.

Deutlich klingen hier Themen an, die ihn in seiner Dissertation beschäftigen. Ausdrücklich begrüßt er, daß es um die Räteidee, die er als atomisierend, föderalistisch und staatsfeindlich charakterisiert, still geworden ist. Den in der Weimarer Verfassung vorgesehenen, freilich nie wirksam gewordenen Reichswirtschaftsrat im Sinn, schreibt er, der Rätegedanke könne nur bei der Neuorganisation der Wirtschaft noch eine Rolle spielen. Er wendet sich gegen die »Nichts-als-Klassenkampfideologie« und vermerkt mit besonderer Befriedigung, daß die Arbeiter den Wert des demokratischen Staats erkannt haben und das Schlagwort von der bloß »formalen Demokratie« verschwunden ist: »Dem Durchhalten an der verfassungsmäßig ›formalen‹ Demokratie hat die deutsche Arbeiterschaft alles zu verdanken, was sie erreichen kann. Den einzig möglichen Weg vom Wort zur Tat.«

Nach seinem Urteil haben die Krisen von 1921 eine ernüchternde Wirkung gezeitigt: »Die Arbeiter beginnen, auf die Phrase zu verzichten«, notiert er zustimmend, »sie drängen zur praktischen

Machtausübung, sie wollen durch Steuer-, Bildungs- und Sozialpolitik die Gleichstellung mit den bisher allein herrschenden Klassen und kämpfen deshalb für die demokratische Republik.« Der Wert des Jahres 1921 liege für die Sozialdemokraten im »Fortschreiten auf dem Wege der Selbstreinigung und Selbsterkenntnis«, in diesem Sinne habe es bedeutsame Fortschritte gebracht.

Kein Zweifel, Kurt Schumacher ist ein Mann des Görlitzer Programms, aber was 1921 beschlossen wird, hat kaum ein Jahr Bestand, wird für die Praxis nie relevant und 1925 durch das Heidelberger Programm abgelöst, dessen lange Einleitung sich in Anlehnung an das von Erfurt wieder orthodox-marxistisch gibt.

Zwischen Görlitz und Heidelberg liegt 1922 die Vereinigung der Mehrheitssozialdemokraten mit den Resten der Unabhängigen, die nicht zur KPD abgewandert sind. Als hätte es in der Vorkriegszeit nicht heftige Richtungskämpfe und Streit zwischen den Flügeln gegeben, sehnt die sozialdemokratische Basis diesen Zusammenschluß herbei; denn die einheitliche große Partei Bebels ist als Mythos lebendig geblieben, ja vielen erscheint sie als Zaubermittel gegen sozialdemokratische Machtlosigkeit in einer bürgerlich bestimmten Republik. So wird die Verschmelzung zum vorrangigen Ziel, doch Schumacher steht ihr betont skeptisch gegenüber, weil er bei den Resten der Unabhängigen zu Recht die Tendenz zu einer Fundamentalopposition vermutet und weil er den Weg der SPD zurück zur Verweigerungshaltung der Bebel-Zeit für gefährlich hält. Den letzten Anstoß zum Zusammenschluß gibt der Mord an Walther Rathenau am 24. Juni 1922, der in den Spitzen beider Parteien den Wunsch nach einer gemeinsamen Front zur Verteidigung der Republik lebendig werden läßt.

Aber Schumacher wird mit seiner Skepsis recht behalten. Jene rechten Unabhängigen, die nicht zur KPD abgewandert sind, bringen nur 200 000, die Mehrheitssozialdemokraten immerhin 1,7 Millionen Genossen in die neue gemeinsame Partei ein. Dafür bricht in der vereinigten SPD der in Görlitz glücklich beseitigte Gegensatz zwischen radikaler Theorie und reformistischer Praxis wieder auf, wie er für die Sozialdemokratie des Kaiserreichs so typisch war. Mit den Unabhängigen kommen die alten, durch die historische Entwicklung längst widerlegten Illusionen zurück, vor denen der frühere *Glocke*-Autor Heinrich Cunow eindringlich warnte, weil er sowohl die Anziehungskraft beim Wähler wie die Koalitions- und Regierungsfähigkeit der SPD dadurch gefährdet sah.

In der Tat ist eine unmittelbare Folge des Vereinigungsparteitags in Nürnberg der Austritt der SPD aus dem Kabinett des Reichskanzlers Joseph Wirth (Zentrum) – und damit die Flucht aus der Verantwortung. »Zug um Zug«, meint Friedrich Stampfer, erkannte man »in der Vereinigten Sozialdemokratie von 1922 die alte Sozialdemokratie von 1912 wieder«. Der Görlitzer Traum von der Volkspartei ist ausgeträumt, »man war eine Arbeiterpartei und konnte aus seiner proletarischen Haut ebensowenig heraus wie das Zentrum aus seiner katholischen«.

Im Görlitzer Programm 1921 wurde die demokratische Republik als »unwiderruflich gegebene Staatsform bezeichnet«; in dem von Heidelberg 1925 bleibt sie als der »günstigste Boden für den Befreiungskampf der Arbeiterklasse« auf ein historisches Durchgangsstadium zum Sozialismus reduziert, auch wenn ihre Erhaltung und ihr Ausbau für diesen Befreiungskampf als eine »unerläßliche Notwendigkeit« gelten. Zwar entwickelt sich die Sozialdemokratie im Laufe der zwanziger Jahre zur eigentlichen Staatspartei der demokratischen Republik, zur einzigen Kraft, welche sie bis zum bitteren Ende mit Zähnen und Klauen verteidigen wird – aber sie beherbergt nach dem Vereinigungsparteitag von Nürnberg eine Systemopposition in ihren Reihen, welche sie in den Augen so eingefleischter Bürgerlicher wie Konrad Adenauer als Anwalt der parlamentarischen Demokratie nie hundertprozentig zuverlässig erscheinen läßt. Und der kometenhafte Aufstieg Kurt Schumachers in der Stuttgarter Partei wird, dies scheint kein Zufall, mit der Vereinigung erst einmal gestoppt. Als Delegierter vertritt er Stuttgart nicht 1925 beim Programmparteitag in Heidelberg, sondern erst wieder 1929 in Magdeburg, wo es vorrangig um Wehrfragen geht.

»Schreck und Enthusiasmus sind hier gleich überflüssig«, schreibt er am 19. April 1922 zum Vertrag von Rapallo, der nicht nur deshalb von Interesse ist, weil das Gespenst von Rapallo noch heute, vor allem in Polen, umgeht. Was Schumacher damals formuliert, enthält bereits einige Grundgedanken zur deutschen Außenpolitik, die nach 1945 in seinen Reden wiederkehren werden. In Rapallo hatten das Reich und die Sowjetunion die Aufnahme diplomatischer Beziehungen, den Verzicht auf gegenseitige Forderungen aus der Kriegszeit, Gleichberechtigung und die handelspolitische Meistbegünstigung vereinbart.

Reichskanzler Joseph Wirth und Außenminister Walther Rathenau schlossen damit mögliche Reparationsforderungen Rußlands aus und unterliefen die Strategie der Westmächte, die eben darüber ohne Anwesenheit der Deutschen auf der Konferenz von Genua mit den Sowjets verhandeln wollten.

Frankreich zeigte sich empört, weil es im Rapallovertrag den Auftakt zu einem deutsch-russischen Bündnis sah – eine Deutung, welche durch die betont zur Schau getragene Freude in der deutschen kommunistischen Presse scheinbar bestätigt wurde. Dabei enthielt der Vertrag, so Schumacher, überhaupt nichts Sensationelles: »Die Färbung der betrachtenden Brille bringt erst die Aufregung hinein ... Wir leben im Zeitalter der Handelsverträge und der Separatabkommen. Kein Land kann ohne solche auskommen. *Bündnisverträge* wären unser Tod.« Mit Nachdruck plädiert er also für die militärische Neutralität des Reichs. Er macht Front gegen »Fanatiker der altpreußischen Tradition, die sich mit den Russen gegen den Westen verbinden wollen, Kommunisten mit den gleichen Neigungen«, aber auch gegen Anhänger eines Bundes mit Frankreich wie gegen »die große Partei der Biederleute von Stresemann bis in die Reihen der Sozialisten, die in England das Heil der Welt erblicken«. Zugleich sieht er keine Alternative zur Politik der demokratischen Parteien von Weimar, welche die den Deutschen in Versailles auferlegten Verpflichtungen loyal erfüllen wollen.

In einem weiteren Artikel zu Rapallo – und er liegt damit ganz auf der Linie seiner betont antibolschewistisch eingestellten Partei – bezeichnet er eine russische Orientierung als »Schwindelunternehmen«, auf das sich kein ernsthafter Mensch in Deutschland einlassen würde. »Ein bewußter Verzicht auf die Zusammenarbeit mit den Westmächten bedeutete Selbstmord. Das wissen die Russen selbst am besten. Tatsächlich wird durch dies Gefasel die Position der Franzosen unendlich gestärkt.« Seine Furcht ist begründet, denn durch Rapallo sehen sich die Nationalisten in Frankreich bestätigt. Poincaré droht erstmals die Möglichkeit einer französischen Intervention an, und Anfang 1923 wird das Ruhrgebiet als Faustpfand für ausstehende Reparationsleistungen von französischen Truppen besetzt.

Früher als andere nimmt Kurt Schumacher die Nationalsozialisten ins Visier. Hitler und Ludendorff haben den Aufstand vor der Feldherrnhalle noch nicht geprobt, da spricht Schumacher am 6. August 1923 auf einer öffentlichen Versammlung zum Thema »Der Rechtsputsch – Deutschlands Tod«.

1923 ist das Jahr der großen Krisen, in dem die Entscheidung fällt, ob die junge Republik überhaupt noch eine Zukunft hat. An der Ruhr wird nach dem französisch-belgischen Einmarsch der passive Widerstand praktiziert, aber er lähmt vor allem die deutsche Wirtschaft und muß gegen Jahresende aufgegeben werden. Die Inflation strebt ihrem Höhepunkt zu, der Eintritt für Schumachers Versammlung in Franks Saal beträgt 2000 Mark, Parteigenossen zahlen gegen Vorzeigen des Mitgliedsbuches nur die Hälfte. Für ein Pfund Zucker werden inzwischen 11 000, für ein Pfund Weizenmehl 35 000 Mark verlangt. Die Kommunisten rufen im August zum Generalstreik und zum Sturz der Reichsregierung auf. Als die Aktion, die eine »Vollversammlung der revolutionären Betriebsräte Großberlins« angestoßen hatte, kläglich zusammenbricht, schreibt Schumacher unter der Überschrift »Generalunsinn und Generalverbrechen« am 18. August: »Die K.P.D. handelte wie ein General, der seine Truppen mit Maschinengewehrfeuer von hinten an den Feind treiben läßt ... Nicht einmal die sonst leicht der Putschtaktik anheimfallende Arbeiterschaft des Geiseltals bei Halle hatte die K.P.D. fest in der Hand. Überall Gewaltanwendung, vom Herausreißen der Kesselfeuer über die Zertrümmerung von Maschinenteilen bis zur Niederschlagung von Personen als Schreckmittel gegen Arbeitswillige. Unverhüllter Terror. Terror als System.«

Als der Hitler-Putsch schließlich kommt, hebt Schumacher in seinem Leitartikel »Zwischen den Fronten – Deutschland nach dem Münchner Putsch« vom 12. November 1923 zwar »das Weltgelächter« über diese »Fastnachtsposse« hervor, aber er spricht zugleich von Trauer und Scham. Trauer sei am Platze, weil verblendete Volksgenossen in den Münchner Akteuren ihre berufenen Führer erblicken konnten; Scham, weil die Reichsgewalt versagt und die Regierung das groteske Schauspiel zugelassen habe.

Lesern der *Schwäbischen Tagwacht* fällt bald die Fülle des dokumentarischen Materials auf, mit dem die von rechts drohenden Gefahren belegt werden. Es stammt von der Organisation »Schwabenland«, einer paramilitärischen Abwehrorganisation, die 1922 in Württemberg auf Schumachers Anregung hin entsteht. Vertrauensleute von »Schwabenland« geben Hinweise auf geplante Aktionen und auf Waffenlager. Schumachers Temperament drängt es nach Taten, er will den Kampf gegen die Feinde der Republik nicht auf Polemik in Zeitungskommentaren oder Versammlungsreden beschränkt sehen, sondern die militanten Kräfte der republiktreuen Arbeiterschaft bündeln, damit sie im Notfall mit Hilfe der Polizei Aufstände und Putschversuche abwehren können.

»Schwabenland« sammelt systematisch Nachrichten über den Gegner; im Krisenjahr 1923 beschafft die Organisation Handfeuerwaffen und übt Schießen im Kleinkaliberverein. Um den 9. November, als sich die Gerüchte über einen Rechtsputsch verdichten, sind die Angehörigen der Organisation, so berichtet Erwin Schoettle, ein Freund aus Schumachers Stuttgarter Jahren, »nächtelang auf der Straße, um zu beobachten, zu überwachen und etwaige Zusammenziehungen von Nationalsozialisten zu stören oder zu verhindern«. Der Zulauf hält sich freilich in Grenzen, weil viele Sozialdemokraten diese »Entartung ins Halbmilitärische« verurteilen. Sie sind zwar keine Pazifisten, aber auch keine Militärbefürworter. »Wir haben Nachtmärsche gemacht, uns körperlich mobil gehalten und uns so die innere Befriedigung verschafft, wenn's mal drauf ankommt, können wir auch. Aber das war ja alles Illusion«, meint Helmut Mielke, Mitglied der Sozialistischen Arbeiterjugend (SAJ) und dann des Jungbanners, der Jugendorganisation des 1924 gegründeten Reichsbanners, in das Schumacher sein »Schwabenland« einbringt. Die paramilitärische Organisation, welche der Stuttgarter Innenminister unter Verweis auf das Gewaltmonopol der Polizei Anfang 1924 verboten hatte, wird damit wieder legal. Kurt Schumacher ist nun einer der wichtigsten Reichsbannerführer in Württemberg.

Seine unbändige Energie, sein Tatendrang, sein Hang zu außerparlamentarischer Arbeit, mit einem Schuß Abenteuerlust vermengt, all das fasziniert vor allem die Jungen in der Partei. »Wenn der Keil aufs Podium kam, haben wir alle das Kreuz gemacht, denn er sprach umständlich und stockend, die Reden dauerten 2 Stunden und waren ermüdend«, erinnert sich Mielke. »Schumacher dagegen sprach flüssig und erfrischend, er konnte mitreißen und brachte Schwung in jede Versammlung.« Er nimmt die Jugend ernst, er sieht in ihr die Partei von morgen. Um die Angehörigen der SAJ mit der Denk- und Argumentationsweise anderer Parteien vertraut zu machen, übt er mit ihnen Rollenspiele, etwa Reichstagssitzungen. Helmut Mielke übernimmt da immer den Part der Nazis, weil er hellblond ist und so gut schreien kann: »Deutsche Männer, deutsche Frauen!« Er kann sich entsinnen, daß Schumacher eine junge Genossin, die das Zentrum spielt und dessen in Sachfragen verschwommenen politischen Kurs darstellen soll, besonders lobt. »Typisch Zentrum, typisch Zentrum, hat er gesagt, da weiß man nie, so oder so, aber mindestens sowohl als auch ...«

Schumacher wird bald zum intellektuellen Kopf des Stuttgarter SPD-Ortsvereins. Sein Sekretär Karl Oster, der Generation Wilhelm Keils zugehörig, aber kein bequemer Parteigänger des Landesvorstands, schließt enge Freundschaft mit dem angriffslustigen Preußen. Weil es der Mehrheitspartei an theoretisch beschlagenen Mitgliedern ermangelt, betrachtet er den redegewandten jungen Akademiker als wichtigen Verbündeten in der Auseinandersetzung mit den Linken, die in Stuttgart heftig tobt.

Die »Spätzle-Metropole« ist Sitz des Deutschen Metallarbeiter-Verbandes, des Weimarer Vorläufers der mächtigen IG Metall, dessen Linie weitgehend von den Unabhängigen bestimmt wird. Bei den Wahlen von 1920 liegt die USPD fünf Prozentpunkte vor der SPD, nach der Spaltung der USPD und ihrer Auflösung können dann die Kommunisten im Mai 1924 die SPD in Stuttgart sogar überflügeln. Nach der Schilderung Erwin Schoettles, damals Leiter der SAJ, sitzen in der ersten Hälfte der zwanziger Jahre Kommunisten in Ortsverwaltungen wie Großbetrieben und beherrschen wichtige Teile der Arbeitersport- und -kulturbewegung. Erst nach 1924 gelingt es, ihnen eine Position um die andere zu entreißen, bis die Sozialdemokratie ihre alte Vormachtstellung in der Landeshauptstadt Stuttgart wiedererobert hat.

In den harten Auseinandersetzungen, die dem vorausgehen, spielt der »temperamentvolle junge Draufgänger Schumacher« eine zentrale Rolle. Er ist ein Kämpfertyp, der aus der politischen Konfrontation Lustgewinn zieht. Zielstrebig hält er Versammlungen in den Hochburgen der Kommunisten ab, und wenn der Gegner, wie einmal in Nürtingen am Fuße der Schwäbischen Alb geschehen, angekündigt hat, er werde keine sozialdemokratische Kundgebung dulden, sagt Schumacher: »Ich mache dort eine Versammlung, mag's biegen, mag's brechen.« Begleitet von einem Reichsbannerzug kräftiger Bierbrauer aus dem Stuttgarter Vorort Heslach, wagt er sich in die Höhle des Löwen. Es ist die Zeit der Saalschlachten, und es kommt, wie es kommen mußte: »Als die Störungen unerträglich wurden, gab Kurt das Zeichen zur Saalräumung«, schreibt Schoettle. »Der Rest vollzog sich mit Blitzesschnelle. Die Störer flogen durch Türen und Fenster. Abgebrochene Stuhlbeine und zerbrochene Biergläser ergaben für den Parteikassierer eine nette Rechnung. Kurt Schumacher hatte sich während der ganzen Episode nicht vom Rednerpult entfernt.«

Als persönliche Leibgarde stehen für Schumacher stets die Söhne von Karl Oster bereit – Alfred der Gipser, Otto der Polsterer und Fritz der Optiker. »Die haben alle mächtige Fäuste gehabt und zuschlagen können«, erinnert sich Helmut Mielke, der mit Otto zusammen in die Lehre ging. »Als in einer Versammlung Schumachers, die zu einem Drittel von Kommunisten besetzt war, ein kommunistischer Diskussionsredner, der 10 Minuten Redezeit hatte, aus provokatorischen Gründen nicht aufhören wollte, ging Alfred der Gipser hin und trug ihn fort, ohne ein Wort zu sagen«, berichtet Wesemann. »Der Diskussionsredner sagte auch nichts mehr.«

Im Niveau weiß sich der Redner Schumacher seinem Publikum anzupassen – in Nürtingen, wo Arbeiter und Handwerker den Saal füllen, arbeitet er mit einfachen, klaren, scharfgestochenen Sätzen und gibt sich polemisch, manchmal auch derb; vor Studenten greift er höher, zitiert Lassalle oder Bernstein und scheut den Ausflug in die Welt der Theorien nicht. Wie er damals als Redner wirkt? Carlo Schmid schildert eine Versammlung der Sozialistischen Studentenschaft an einem Sommerabend Mitte der zwanziger Jahre in Tübingen: »Ich sehe ihn noch, wie er uns musterte, als wir ihn an der Türe empfingen, und dann, ohne ein Wort zu verlieren, die armlose Schulter vorschiebend, in den Saal hineinschritt und auf einem Stuhl neben dem Rednerpult Platz nahm.«

Schumacher sei anders gewesen als die Redner, die sonst zu den Studenten kamen. »Sein Blick ging langsam von links nach rechts, von einer Grenze des Raumes zur andern, und ich war plötzlich ganz sicher, daß er jedes einzelne Gesicht in seiner Besonderheit gesehen hatte; das war kein witterndes Abtasten einer namenlosen Masse, das war eine ›Besichtigung‹ ... Der Saal war recht unruhig, und es lag etwas Provokatorisches in der Luft; einigen der unerfahrenen Studenten am Vorstandstisch war nicht recht wohl. Kurt Schumacher trat an das Pult. Spärlicher Beifall begrüßte ihn, kaum stark genug, das aggressive Gemurmel derer zu übertönen, die nicht klatschten. Er stand da, schweigend, mit der Linken den aufgebördelten Rand des Pultes umfassend. Plötzlich schnellte diese Hand vor, als zuckte eine Degenklinge nach einem Herzen. Ich sehe sie noch vor mir, diese Hand, deren schmale Finger so dicht aneinanderlagen, daß man an eine geschmiedete Waffe denken mochte; diese Hand, in der mit einem Male die ganze Herzkraft eines Mannes verdichtet schien, der bereit ist, je und je auf Tod und Leben zu fechten. Und mit dem Vorschnellen dieser Hand kam der erste Satz – mir ist, als klinge er mir noch in den Ohren –, der Satz: ›Die Möglichkeiten der Demokratie in einem Volke sind proportional zu dem Maße der Selbstachtung, die dieses Volk für sich aufbringt und zu verteidigen bereit ist.‹ Im Saale war es still geworden und blieb still bis zum Ende.«

Versuchen des »scharf artikulierenden Preußen«, der schwäbischen Mundart Konzessionen zu machen, sind nach dem Urteil Keils kein Erfolg beschieden, aber sein persönliches Engagement und die Leidenschaft, mit der er die sozialistische Sache vertritt, wirken überzeugend. Schon 1924, knapp vier Jahre nach seiner Übersiedlung, hat er in der SPD so festen Fuß gefaßt, daß ihn die Stuttgarter in den Landtag schicken. Der 29jährige ist dort bald Fraktionsexperte für Justiz, Sozialpolitik und Budgetfragen. Aber bei den Details der Landespolitik hält er sich nie lange auf, wird schnell grundsätzlich und spricht zu Themen, die über Württemberg hinaus Bedeutung haben: Als überzeugter Republikaner und Anhänger eines zentralistischen Einheitsstaats macht er Front gegen den süddeutschen Föderalismus; als Hüter der Reichseinheit attackiert er Bayern wegen seines Konkordats mit Rom, in dem er einen Verstoß gegen die Reichsverfassung erblickt; überhaupt verdächtigt er die Bayern mangelnder Reichstreue, was in ihrem Bestreben nach einer grundlegenden Revision der Weimarer Verfassung deutlich werde. Schon in den frühen Stuttgarter Jahren ist ein antibayerischer Akzent erkennbar, der schließlich, härter und polemischer in der Artikulation, nach 1945 manche Schumacher-Rede prägen wird.

Immer wieder plädiert er für Kriegsopfer und Rentner, Arbeitslose und Fürsorgeempfänger und gibt sich auch dabei betont national: Sozialpolitik in einer Situation, in der die soziale Not die Grundlagen des ganzen staatlichen wie wirtschaftlichen Lebens erschüttert, betrachtet er als »die nationalste Tat, wie sie überhaupt nur getan werden kann«. Schon in seiner zweiten Rede, im Dezember 1924, will er das »nationalsozialistische Krebsgeschwür aus unserem Volkskörper herausbrennen«. Die »Herren von der KPD« klagt er im Februar 1925 an, sie arbeiteten »nach dem Rezept Lenins mit Lüge, List und illegalen Methoden«; weil sie auf den totalen Zusammenbruch der kapitalistischen Wirtschaft setzten, verhinderten sie notwendige soziale Reformen. Dabei sei ihre »Zusammenbruchstheorie« längst selbst zusammengebrochen und durch die Stabilisierung der kapitalistischen Wirtschaft widerlegt.

Politische Karriere: Der Redakteur der »Schwäbischen Tagwacht« wird 1924 Landtagsabgeordneter, 1930 Stuttgarter Ortsvereinsvorsitzender und Reichstagsabgeordneter. Das Foto unten zeigt den Halbmondsaal des Württembergischen Landtages.

Als Justizsprecher seiner Fraktion kritisiert er die Rechtsprechung, weil sie rechten und linken Hochverrat mit zweierlei Maß messe. Monarchisten würden nachsichtig behandelt, weil sie nur die Staatsform, nicht aber die bürgerliche Gesellschaft verändern, die Kommunisten dagegen streng bestraft, weil sie den ganzen bürgerlichen Staat umstürzen wollten. »Hochverrat bleibt Hochverrat!« sagt Schumacher. »Woher nimmt jemand das Recht, einen Hochverrat, der aus sozialen Motiven heraus begangen wird, zu erniedrigen gegenüber einem Hochverrat, der aus ›nationalen‹ Motiven heraus getan wird?«

Seine Auftritte im Halbmondsaal geraten zu Höhepunkten im landespolitischen Einerlei, die viele Besucher auf die Zuschauerränge ziehen. Jahrzehnte später wird der Bundestagsabgeordnete Helmut Schmidt in Bonn wegen seiner kantigen und angriffslustigen Reden »Schmidt-Schnauze« heißen – Kurt Schumacher, der im Stuttgarter Landtag oft messerscharf argumentiert und dem der Präsident die meisten Ordnungsrufe erteilt, erhält damals den Spitznamen »preußische Revolverschnauze«. Er spricht frei und schneller als die gemächlichen Württemberger – »wie ein Maschinengewehr«, so beklagt sich ein rechter Abgeordneter. Wie später im Bundestag ist er groß im Zwischenrufen und noch größer im Abkanzeln von Zwischenrufern – so, als er einen Einwurf des NSDAP-Abgeordneten Mergenthaler mit dem Satz pariert: »Ein Mensch von beschränkten geistigen Gaben sollte das Zwischenreden unterlassen. Es wird die Erörterung einer ernsten Sache nicht fördern.«

Sein Haupt- und Lieblingsgegner, an dem er sich wieder und wieder reibt, heißt Wilhelm Bazille, ist Chef der Deutschnationalen Bürgerpartei, Mitglied des Reichstags seit 1920 und regiert von 1924 bis 1928 als Staatspräsident an der Spitze einer blauschwarzen Koalition mit Bauern- und Weingärtnerbund und Zentrum. Der Sohn eines französischen Kriegsgefangenen aus Savoyen, der 1871 in Deutschland blieb, eine Schwäbin heiratete und Werkmeister in Esslingen wurde, glänzt als Redner, neigt freilich zu überschwenglichem Pathos und zur Überschätzung der eigenen Person. Als ob er sie selbst als heimlichen Makel betrachte, sucht er seine halbfranzösische Abkunft durch nationalistischen Bombast zu überspielen. Er hat Anwandlungen von düsterem Pessimismus und sieht Deutschland »im Rachen des Weltkommunismus« verschwinden. Theodor Heuss nannte ihn einen pompösen Interpreten des aggressiven deutschen Nationalismus, und der Zentrumsmann Eugen Bolz, der acht Jahre mit ihm in Württemberg zusammen in der Regierung und ebenfalls im Reichstag saß, schrieb über eine Rede Bazilles in Berlin am 20. Juni 1921 an seine Frau: »Du kennst ja seine aufgeblasene Manier, wenn er mit leicht gehobenem Kopf und halb geschlossenen Augen, eine Hand wie zum Segen ausgestreckt, seine furchtbaren Worte sät. Erfolg: Ununterbrochene Heiterkeit.«

Geradezu unausweichlich wird dieser Mann zur bevorzugten Zielscheibe des Spottes für den jungen Landtagsabgeordneten, der sich von ihm schon als Redakteur eine Klage wegen Beleidigung einhandelte. Die *Schwäbische Tagwacht* attackierte nämlich im Juni 1923 unter den Überschriften »Der Fall Bazille«, »Wer Herr Bazille eigentlich ist« und »Der Mann mit dem doppelten Gehalt« den Reichstags- und Landtagsabgeordneten in einer Artikelserie unter anderem wegen eines Gedichts, in dem dieser, durch und durch Monarchist, eine Satire unter dem Titel »Faust, die Tragikomödie des deutschen Volkes« reichlich stoppelig gereimt hatte:

»Im tiefen Rhein liegt jetzt die Kaiserkrone, / Zerbrochen ist das nie besiegte Heer, / Ministersessel habet ihr zum Lohne, / Was wollt ihr, edle Herren, denn noch mehr? / Fritz Ebert thronet jetzt in Badehosen, / Ein fetter Held, ein Kaiser jeder Zoll!

Erscheinet nun, ihr Männer reich an Dünkel! / Ihr Männer mit dem großen Mund, erscheint! / Ich grüße Euch, ihr Helden aus Krähwinkel! / Ihr seid hier wunderbar vereint.

Im Dienst des Staats wart ihr die größten Pfuscher, / das große Reich habt ihr zugrund' regiert. / Bleibt künftig brav bei eurem Kinderlutscher! / Das deutsche Volk war mit euch angeschmiert.«

Vom Schöffengericht Stuttgart I wird nicht etwa Bazille wegen Verächtlichmachung des Reichspräsidenten, es wird Kurt Schumacher als verantwortlicher Redakteur wegen des fortgesetzten Vergehens der »öffentlichen Beleidigung« am 5. Mai 1925 zu einer Gefängnisstrafe von drei Monaten und zur Übernahme sämtlicher Verfahrenskosten, auch der des Nebenklägers Bazille, verurteilt. In der Begründung heißt es, in den *Tagwacht*-Artikeln, die Schumacher verantworte und die er wahrscheinlich selbst geschrieben habe, sei u.a. der inzwischen zum Staatspräsidenten avancierte Gegner der Serie fälschlich des Betrugs – des Beziehens zweier Beamtengehälter, eines württembergischen und eines Reichsentgelts für seine Tätigkeit bei der deutschen Zivilverwaltung im besetzten Belgien – bezichtigt worden. Das Urteil wird zwar nie rechtskräftig, aber der Prozeß zeigt, mit welch harten Bandagen beide Seiten aufeinander einhauen. Im übrigen ist der Redakteur Schumacher in Stuttgart mehrfach in Presseprozesse verwickelt: Als die Staatsanwaltschaft ihn 1928 wegen der Verweigerung einer Berichtigung belangen will, fügt sie ihrer Anklageschrift ein Register mit drei Geldstrafen über je 600, 10 000 und 100 Mark bei.

Den Sarkasmus des Gegners, der sich so zäh und unerbittlich an seine Fersen heftet, beantwortet der Staatspräsident mit Ironie – etwa, wenn er Schumacher, der landespolitische Probleme gern zur großen Reichspolitik weitet, als »Goliath des Landtages« lächerlich zu machen sucht, dem er sich als Gegenüber wie ein »unbedeutender kleiner Minister« vorkomme: »Denn es gibt kein Gebiet der Politik, das der Herr Abg. Dr. Schumacher nicht souverän beherrscht, keine Frage, über die nicht der Herr Abg. Dr. Schumacher imstande ist, ein vernichtendes Urteil abzugeben, so daß ich im stillen oft bedauere, daß er mir nicht als Staatsrat im Staatsministerium beratend zur Seite steht.« Schumacher wiederum hält dem belesenen, beleibten Bazille entgegen: »Manche Leute, die viel gelesen haben, halten sich für geistig stark, meist sind sie aber nur geistig korpulent.«

Doch Schumachers Hauptgegner aus den Stuttgarter Jahren, der nach den Wahlen von 1928 als Kultusminister unter dem Staatspräsidenten Eugen Bolz vom Zentrum weiter amtiert, ist der schlimmste Deutschnationale nicht. Zwar will Bazille die monarchische Restauration und bekennt sich als Gegner der Republik, als Sprecher der DNVP-Fraktion im Reichstag begründet er die Ablehnung des Republikschutzgesetzes; er neigt zu antisemitischen Witzeleien und verdammt die Novemberrevolution als Staatspräsident im württembergischen Staatsanzeiger 1924 als »Fluch«. Doch als der deutsche Staat mit dem kommunistischen Generalstreik in Nord- und Mitteldeutschland, mit der Ruhrbesetzung und dem Putsch Hitlers und Ludendorffs 1923 in eine existentielle Krise gerät, schwenkt er auf einen realistischen Kurs ein und verhilft, als Sprecher einer starken deutschnationalen Minderheit, dem Dawesplan und der Regelung der Reparationsfrage zur Annahme durch den Reichstag. Schließlich überwirft er sich mit Alfred Hugenberg, weil dieser mit seinem Generalangriff auf die Politik Brünings auch den von ihm als Ersatzmonarchen verehrten Hindenburg, den »allein möglichen nationalen Führer«, im Stich gelassen habe, und schließt sich der neugegründeten »Konservativen Volkspartei« an.

»Reformen mit Hindenburg oder Krieg« lautet der Schlachtruf, mit dem er an der Spitze einer »Nationalen Volksgemeinschaft« 1930 in den Reichstagswahlkampf zieht – allerdings ohne Erfolg. Eine »Stimme aus dem Grab« nennt der schwäbische Deutschnationale sein politisches Testament, das unter dem Titel »Die deutsche und europäische Tragödie« als unveröffentlichtes Manuskript im Württembergischen Hauptstaatsarchiv liegt. Darin wirft er Hugenberg vor, dieser habe mit seiner »Alles-oder-Nichts-Politik« die besonnenen konservativen Elemente aus der DNVP entfernt und als »Führer des deutschnationalen Heerbanns in das Horn des Aufruhrs gestoßen«, als er bei den Reichspräsidentenwahlen mit Hitler gegen Hindenburg paktierte. Vom Dritten Reich erwartet Bazille den Einbruch chaotischer Verhältnisse: »Die Wirklichkeit wird ähnlich aussehen wie die ›Verwirklichung des Reichs der Vernunft‹ in der französischen oder russischen Revolution: ›Die Bestialität wird sich gar herrlich offenbaren‹.« Stets von Depressionen geplagt, setzt er 1934 seinem Leben ein Ende. Sein Sohn Helmut, Kriegsopfer des Zweiten Weltkriegs wie Kurt Schumacher eines des Ersten, wird nach 1945 Mitbegründer und Geschäftsführer des Verbands der Kriegsbeschädigten in Württemberg und Abgeordneter im ersten Bundestag – in den Reihen des Oppositionsführers, der ein Gegner seines Vaters war.

Als der Zentrumspolitiker Eugen Bolz 1928 ein konservatives Kabinett des Sachverstandes bildet und der parteipolitischen Auseinandersetzung ausweichen will, spricht Schumacher von einer politischen Erbsünde: Ganz »ungestört von jeder politischen Kritik« wolle der Staatspräsident regieren und sein Kabinett am liebsten als »eine Art Verwaltunggemeinschaft auftun«, wirft er ihm am 6. März 1930 im Landtag vor. Dieser gouvernementale Regierungsstil schade dem parlamentarischen System mehr als alle Kritik von rechts oder links, denn er mache das Parlament »ohnmächtig gegenüber der Regierung« und setze es in der Öffentlichkeit herab. So formuliert nicht nur ein leidenschaftlicher Anhänger des Parlamentarismus, der im Parlament und nicht in der Regierung den zentralen Ort für demokratische Entscheidungen sieht; auch der Frust wird deutlich, den er verspürt, weil die SPD trotz ihrer Wahlerfolge von der Verantwortung ausgeschlossen bleibt.

Da der Name »Schumacher« sich später als ein Synonym für engagierte, kämpferische Opposition ins deutsche politische Bewußtsein einprägen wird, stellt sich die Frage: Ist er wirklich der geborene Oppositionelle, den viele in ihm sehen, oder blieb ihm nur verwehrt, rechtzeitig Regierungserfahrung zu sammeln? Hätte er, der nach dem Krieg die SPD schon im Wirtschaftsrat auf die Rolle der Opposition einschwört, sich gegenüber einer Koalition mit der CDU aufgeschlossener gezeigt, wäre er Ende der zwanziger Jahre als Justiz- oder Finanzminister in einem Kabinett Bolz vertreten gewesen? Doch Eugen Bolz, von Hause aus Jurist wie Wilhelm Bazille, zählt zum rechten Flügel seiner Partei; ein Regierungsbündnis mit den Deutschnationalen liegt ihm mehr als eine Koalition des Weimarer Musters mit der DDP und der SPD.

Aber auch dieser neue Staatspräsident und Gegenspieler, mit dem sich der junge Abgeordnete Schumacher in so manchen Debatten im Stuttgarter Halbmondsaal mißt, ist kein Freund der Nationalsozialisten. »Wir fürchten den Geist von Potsdam«, erklärt Bolz nach dem Machtantritt Hitlers vor dem Parteitag des württembergischen Zentrums, »er war im Sieg unser Unglück und scheint auch im Frieden unser Unglück zu werden. Und wir wehren uns gegen einen anderen Geist, den Geist Hugenbergs, der siegesfroh verkündet, daß es gelungen sei, das Zentrum auszuschalten. Das ist der preußisch-protestantisch-ostelbische Geist.« Unter den späteren Verschwörern um Carl Goerdeler ist Eugen Bolz der prominenteste Politiker der Weimarer Zeit. Im Januar 1945 wird er im Zuchthaus Berlin-Plötzensee hingerichtet.

Schumacher hat oft starke Schmerzen; seit der Verwundung sind Schrapnellsplitter im Körper geblieben, so daß er sich in den ersten Jahren ständig in ärztlicher Behandlung befindet. Und doch sind die Stuttgarter Jahre seine glücklichsten. Zwar lebt er von der Hand in den Mund, wohnt als möblierter Herr und unterstützt von seinem kärglichen Redakteursgehalt die Eltern in Hannover. Sein Budenleben stößt manch ehrenwerten, spießigen Parteifunktionär vor den Kopf, er steht in dem Ruf eines Bonvivants, der Wein, Weib und Gesang liebe. Doch dazu fehlt es ihm an Mitteln. Zum Geld, meint Fried Wesemann, hatte er stets das »kühle Verhältnis« derjenigen, die ihr Leben erst gar nicht in der Hoffnung beginnen, daß sie jemals genug davon besitzen könnten.

Aber als Asketen schildert auch er ihn nicht. Im Herbst beim Volksfest auf dem Cannstatter Wasen steht er am Biertisch unter den Genossen seinen Mann. Er hat viele Freunde und liebt einen guten Tropfen. Der spätere General Hans Speidel, der damals in Stuttgart in Garnison lag, erinnert sich an »fröhliche und geistvolle Abende« in der »Elsässer Taverne«, wo er in einer »kultivierten Zechrunde« mit Kurt Schumacher zusammenkommt. Am Künstlerstammtisch treffen sich Sänger und Sängerinnen, Ringelnatz spricht lallend seine Verse, der Wirt Willy Widmann tritt als Zauberkünstler auf. Zentrale Gestalt dieses Boheme-Zirkels ist der württembergische Generalmusikdirektor Kurt Busch.

Vielleicht, weil er selbst ganz mit der Politik »verheiratet« ist, befreundet sich Schumacher mit einer Stuttgarter Künstlerin, Marie Fiechtl, die zur Politik keinerlei Beziehung hat. Beide kommen aus getrennten Welten: sie katholisch, Tirolerin und musisch orientiert, er zwar protestantisch getauft, aber Agnostiker, Westpreuße und fast ausschließlich an Politik und Theorie interessiert. Die einzige authentische Schilderung über seine gemeinsame Zeit mit ihr in Stuttgart ist in einem Brief enthalten, den Marie Fiechtl Ende März 1953 an Fried Wesemann schrieb, als dieser ihr seine Schumacher-Biographie nach Chicago geschickt hatte:

»Als wir uns in Stuttgart durch eine gemeinsame Freundin kennen lernten, kannten wir uns bereits vom Sehen, ohne je zusammen gesprochen zu haben. Später sagte er mir einmal, er hätte mich gerne mal angesprochen, wenn er mich sah, wollte sich aber keine Abfuhr holen. Wie Sie sehen, Kurt war auch sehr stolz im Großen wie im Kleinen. Wir sahen uns fast täglich; meistens trafen wir uns morgens gegen 9 Uhr, wenn er sein Frühstück im Kaffee Rosenstöckle oder Scheible oder Königsbau einnahm (er ging nämlich immer sehr frühzeitig zur Redaktion ohne vorher gefrühstückt zu haben) dann hatten wir ein Stündchen zusammen zum Plaudern. Um 10 Uhr mußte er wieder bei seiner Arbeit sein und auch ich ging meinem Beruf nach (ich war Sängerin und hatte damals viel zu tun beim Stuttgarter Rundfunk, Konzerten und Kammeroper). Oft sahen wir uns auch am Spätnachmittag im Schloßgartenkaffee, wo er gern im Freien saß oder wir trafen uns zum Abendbrot in der Elsässer Taverne. Besonders schön waren die Sonntag-Abende, die wir zusammen mit Freunden, Rechtsanwalt Paul von Bagnato und seiner Gattin verbrachten. Da waren wir recht vergnügt und auch er konnte herzlich lachen und in angeregter Unterhaltung verging der Abend. Kurt Schumacher war auch ein guter Schwimmer trotz seines einen Armes. Wir waren einmal im Sommer eine Woche bei unseren Freunden am Bodensee eingeladen, da schwamm er jeden Tag und zwar ziemlich weit in den See hinaus; ich machte mir da immer Sorgen, es könnte ihm etwas passieren, aber er

Die Gefährtin der Stuttgarter Jahre, Maria Fiechtl, eine katholische Tirolerin, ist Sängerin und Mitglied der Kammeroper des Süddeutschen Rundfunks.

lachte nur und sagte, er sei ein guter Schwimmer, als Junge schwamm er immer in der Weichsel, überhaupt sagt er: ich glaube, wenn ich nicht so schwer verwundet worden wäre und meine andere Flosse (so hieß er seinen im Krieg verlorenen Arm) behalten hätte, hätte ich Bäume ausgerissen.«

Marie Fiechtl schrieb dies aus den USA, wohin sie auf Anraten Kurt Schumachers 1934 zu ihren Verwandten gegangen war. »Zur Entspannung (im Brief heißt es: Abspannung) oder als Reiselektüre las er gern Detectivgeschichten, was auch ich gern tat. Er hatte auch großes Interesse für Kunst und Musik; wenn er es machen konnte, gingen wir zusammen in die Oper oder (ins) Schauspiel oder sahen eine gute movie. Mariae Wiegenlied von Reger hörte er besonders gern, das mußte ich manchmal singen.« Der von Marie Fiechtl als Freund genannte Rechtsanwalt von Bagnato verteidigte übrigens Schumacher in dem Beleidigungsprozeß, den Wilhelm Bazille 1923 gegen den Redakteur der *Tagwacht* angestrengt hatte.

Daß Schumacher diese private Beziehung sorgfältig vor der Öffentlichkeit verbirgt, wie Günther Scholz andeutet, ist nach dieser Schilderung kaum zu halten; wohl aber weiß er sie säuberlich von politisch-geselligen Zusammentreffen zu trennen, zu denen er mit Freunden und Genossen nach Partei-Veranstaltungen im Schloßgartencafé zusammentrifft. »Das waren immer zwanzig bis dreißig Leute«, erinnert sich Mielke, »und wenn wir nach den Versammlungen im Schloßgarten aufgetaucht sind, saß da die bürgerliche Gesellschaft und hat mit dem Finger gezeigt: Da kommt der Schumacher und seine Garde. Er war praktisch eine Institution für die Bürgerlichen.« Politik ist zwar Schumachers ganzes Leben, aber er geht er nicht völlig in der sozialistischen Bewegung auf. Auch unter Genossen bleibt er distanziert, er duzt sich nicht mit jedem, und die meisten Parteifreunde nehmen dies hin, weil sie in ihm den geistig Überlegenen respektieren. Schumacher unternimmt nichts, um die Freundin an die eigene Partei heranzuführen – ganz im Gegenteil, er will, daß sie bleibt, wie sie ist und die Anziehungskraft einer ihm völlig fremden Welt behält.

Fotos aus dieser Zeit zeigen Marie Fiechtl als empfindsamen, dunklen, attraktiven Typ. Sie hat am Stuttgarter Konservatorium für Musik studiert, dann ihre Ausbildung als Musikdarstellerin an der Münchner Akademie der Tonkunst vervollständigt. Zunächst als Schauspielerin an das Oldenburger Landestheater verpflichtet, wird sie Mitglied der Kammeroper des Stuttgarter Senders. »Eine glückliche Verbindung gediegener Ausbildung der technischen Mittel mit innerer Wärme des Vortrags, der von tiefer Bedeutung durchdrungen ist, macht es aus, daß man vom Reiz einer nach keinen äußeren Effekten haschenden Persönlichkeit angezogen wird, die das Beste, was sie zu geben hat, in der Fülle ihrer jugendlichen Kraft verschenkt.« So zu lesen in einem Künstlerporträt, das die Programmzeitung des Süddeutschen Rundfunks veröffentlichte.

Wenn Schumacher zu Versammlungen eilt, begleitet sie ihn nicht; Politik sei keine Beschäftigung für Gentlemen, soll er zu ihr einmal gesagt haben. Edinger, der sie in Amerika aufgesucht hat, bezeichnet sie als mütterlich – »bei ihr, ebenso wie bei seiner Mutter, konnte er jungenhaft und lustig – nicht sarkastisch – sein, er war Junge und Mann, Sohn und Geliebter und trotzdem frei, seine wichtigsten Ziele zu verfolgen«.

Der schwarzrotgoldene Republikaner: Rebellion gegen das Parteiestablishment 1928–1932

Weil das Scheitern der Weimarer Republik den Weg in die große Katastrophe Europas ebnete, neigen wir dazu, ihre Geschichte nur vom negativen Ende her zu betrachten. Aber damit überschätzen wir die immanenten Zerstörungsmechanismen und veranschlagen die Lebenschancen der ersten deutschen Republik von vornherein zu gering. In diesen 14 Jahren erlebte das Land ja nicht nur eine Zeit unerhörter künstlerischer, intellektueller und wissenschaftlicher Blüte, undenkbar ohne ihren demokratischen Mutterboden; bis in die letzten Monate gibt es auch die Hoffnung auf Sicherung, Festigung, ja Ausbau der Demokratie. Einer ihrer Verteidiger – und bald der wichtigste im sozialdemokratischen Lager Württembergs – ist Kurt Schumacher, der als aufrüttelnder Redner unermüdlich durch Städte und Dörfer zieht und sich als militanter Republikaner bekennt.

Sein Durchbruch zum unangefochtenen Parteiführer in Stuttgart ist eng mit dem Streit um den Panzerkreuzer A verknüpft, einem Debakel, das dem großen Wahlsieg der Sozialdemokraten 1928 auf dem Fuße folgt. Es geht um einen politischen Umfall, der seinesgleichen sucht. Unter der Losung »Kinderspeisung statt Panzerkreuzer – fort mit dem Panzerschiff« ist die SPD im ganzen Reich in die Wahlschlacht vom Mai 1928 gezogen und hat ihren Stimmenanteil von 26 auf knapp 30 Prozent steigern können. Sie stellt jetzt fast ein Drittel der Reichstagsabgeordneten und, als führende Kraft einer Großen Koalition, erstmals seit 1920 wieder den Regierungschef. Historiker betrachten den Ausgang dieser Wahlen zu Recht als Höhepunkt der Stabilisierungsphase der Weimarer Republik.

Einmal an der Macht, handeln die SPD-Minister indes, als ob es das große Wahlversprechen nie gegeben hätte. Reichskanzler Hermann Müller, ein Mann des Parteiapparats und stets auf Ausgleich zwischen den streitenden Flügeln bedacht, ist kein zur Führung entschlossener

Regierungschef. Er beugt sich dem Druck der bürgerlichen Koalitionsmehrheit und bewilligt die erste Rate, um das Schiff auf Kiel zu legen. Zwar gebietet die Gerechtigkeit den Hinweis, daß er eine politische Erblast übernahm, weil die vorherige bürgerliche Regierung den Bau im Prinzip bereits beschlossen hatte. Auch geht es aus heutiger Sicht um relativ geringe Beträge, denn die Kosten für den umstrittenen Kreuzer, den Hindenburg 1931 auf den Namen »Deutschland« tauft, werden auf 80 Millionen Mark geschätzt.

Doch für die sozialdemokratische Basis stehen nicht nur die Glaubwürdigkeit vor dem Wähler und die umstrittenen Etatmillionen auf dem Spiel, für sie ist der Panzerkreuzer das Symbol einer sinnlosen Flottenrüstung, welche schon Bebel am Ende des letzten Jahrhunderts als Instrument einer imperialistischen Politik und »Ausgeburt des Wahnsinns« verworfen hat. Die Zustimmung der Minister kommt also dem Verrat an geheiligten Parteiprinzipien gleich. »Hier geht es noch um etwas anderes als um den gewöhnlichen Ausgabenluxus der Reichswehr«, schreibt Kurt Schumacher am 16. August 1928 in seinem Leitartikel, »... der Panzerkreuzer ist uns und den anderen mehr. Er ist die sozialdemokratische Fahne in einem siegreichen Wahlkampf. Er ist das Zeichen, in dem die anderen besiegt worden sind. Er war auch mehr als der bloße Knalleffekt des parteiamtlichen Wahlmaterials. Ihm haftet sogar etwas Symbolisches an. Er ist so oder so ein Anfang. Er ist der stärkste Exponent des imperialen Nationalismus, den die anderen wollen, den wir bekämpfen.«

Nicht nur in Stuttgart zählt Kurt Schumacher zu den einflußreichsten Gegnern der SPD-Minister in Berlin, im ganzen Land mobilisiert er als Versammlungsredner die Mitglieder gegen den Opportunismus seiner regierenden Genossen Hermann Müller und Carl Severing, Rudolf Wissel und Rudolf Hilferding. Immer wieder bezeichnet er den Kampf gegen den Panzerkreuzer als Herzenssache des Volkes und seinen Bau als militärisch sinnlos, denn der Gegner sei nicht vorhanden, gegen den er von Nutzen sein könne. Auf der Nordsee, dem Tummelplatz der großen Seemächte, wäre das Schiff nicht mehr als eine Farce: »Die amüsieren sich höchstens über diese 10000-Tonnen-Kähne, deren einziger Wert in der Agitationskraft für ihren eigenen Militarismus und Marinismus liegt.«

Das Debakel erreicht seinen Höhepunkt, als Fraktionschef Otto Wels namens der SPD im Reichstag den Antrag stellt, auf den Bau des Panzerkreuzers zu verzichten. Unter dem Druck der Parteibasis zwingt er die Minister, nun gegen ihren eigenen Entschluß zu stimmen. Selbst der Kanzler beugt sich der Fraktionsdisziplin und spricht sich selbst das Mißtrauen aus. Demütigender geht es wahrlich nicht.

Die Heftigkeit von Schumachers Kritik mag sich auch damit erklären, daß er am 10. August 1928, dem Tag, an dem das Kabinett Müller die erste Rate bewilligt, als Delegierter des Kongresses der Sozialistischen Arbeiter-Internationale in Brüssel weilt. Dort schlägt die Nachricht aus Berlin wie eine Bombe ein, denn die Konferenz tagt ausgerechnet über Fragen der weltweiten Abrüstung. Zu den Sünden wider den politischen Instinkt, deren die SPD-Minister sich schuldig gemacht hätten, zählt Schumacher deshalb auch die mangelnde Rücksichtnahme auf internationale Termine. So stehen auf der Tagung des Völkerbunds in Genf, an der Hermann Müller teilnehmen will, Verhandlungen über die Abrüstung und über den Kellogg-Pakt an, mit dem der Krieg geächtet werden soll.

Bei aller Schärfe gleicht seine Kritik an den Ministern und der Führung der Partei jedoch einem Balance-Akt. Aggressiv im Stil, hat Schumacher Schadensbegrenzung im Visier und will die Regierung retten. Sorgfältig zieht er den Trennungsstrich zur Parteilinken, welche den sofortigen Austritt aus der Koalition verlangt: Es sei politisch nicht möglich, schon beim ersten Interessenkonflikt mit den bürgerlichen Partnern »eine so großangelegte Stellung zu räumen«, wie dies etwa die *Leipziger Volkszeitung* gefordert hat. Eine solche Haltung würde »der Sozialdemokratie als Mangel an Ernst in ihrer Regierungspolitik bis tief in die proletarischen Massen« angekreidet werden. Entgegen den Radikalen, die schon die Bildung der Koalition bekämpft hatten, tritt er also für ihre Fortführung ein und beschränkt sich auf eine Rüge der sozialdemokratischen Minister: Statt selbst für die erste Rate zu stimmen, hätten sie sich besser von den bürgerlichen Ministern im Kabinett majorisieren lassen.

Aber er will, daß man Lehren aus der Krise zieht, und fordert für die Zukunft, woran es den Sozialdemokraten bisher gefehlt hat – eine härtere Gangart im Regierungsbündnis. »Die Anwendung robuster Methoden in der Koalitionspolitik«, postuliert Schmacher, »ist kein Privileg bürgerlicher Parteien. Denen muß klargemacht werden, daß man so unter keinen Umständen mit der Sozialdemokratie umspringen darf.« Die SPD wisse, daß sie Opfer bringen müsse, um in einem Regierungsbündnis Erfolge für ihre Wähler nach Hause zu bringen, aber sie dürfe nicht eine Gefangene der Koalition werden. »Sie wird aber Gefangene, wenn sie ein größeres Interesse an der Koalition beweist als die anderen. Nicht ›Entschuldige, daß ich da bin‹, sondern ›Sei dankbar, daß ich da bin‹ kann allein die Grundlage erfolgreicher Koalitionspolitik mit bürgerlichen Parteien sein.«

Der Chefredakteur befindet sich in Urlaub, Schumacher bestimmt die Linie des Blattes. Wilhelm Keil, der die Minister verteidigt, kommt in der eigenen Zeitung nur als Gast zu Wort. Daß der junge Redakteur die Gelegenheit nutzt, für die eigene, der politischen Auffassung seines Chefs entgegengesetzte Meinung zu agitieren, führt zu einer bleibenden Verstimmung, die fast schon einem Zerwürfnis gleicht. Für Wilhelm Keil ist Kurt Schumacher fortan »der Einarmige mit den tausend Ellenbogen«. Aber der Preuße aus Culm schwimmt auf einer Woge des Erfolgs, die Schwaben im Ländle folgen ihm und nicht Keil. Im Jahr nach dem Panzerkreuzerstreit delegieren sie Schumacher zum Parteitag nach Magdeburg, am 3. Juli 1930 wählen sie ihn mit großer Mehrheit zum Vorsitzenden des Ortsvereins Stuttgart, wenig später nominiert ihn der Landesverband als Reichstagskandidat und reserviert ihm einen sicheren Platz auf der Landesliste. Am 14. September schafft der 35jährige Kurt Schumacher den Sprung von der Landes- auf die Reichsebene. Er ist jetzt Mitglied des Reichstags und wird ihm bis zum Verbot der Sozialdemokratischen Partei durch die Regierung Hitler/Hugenberg im Juni 1933 angehören.

Doch die Schlacht um den Panzerkreuzer, die ihn nach oben katapultiert, bleibt ein republikanisches Trauerspiel, das der Glaubwürdigkeit der Demokratie und der Sozialdemokraten schwersten Schaden zufügt. »Hätte Hermann Müller Politik gemacht, eine republikanisch-parlamentarische Reformzeit herbeigeführt, wie so viele im Lande hofften, wäre er zu einer politischen Führergestalt emporgewachsen«, schrieb Julius Leber 1933 in der Gefängniszelle, nach der Machtbestallung Hitlers, in seinen »Todesursachen der deutschen Sozialdemokratie«. »Die neue Regierung aber ... versagte am verhängnisvollsten in dem wichtigsten Punkt jeder Staatsführung, bei der verantwortungsfreudigen Formung und Durchsetzung des eigenen Willens.«

Noch ehe der letzte Akt des Dramas im Reichstag spielt, kämpft Kurt Schumacher in der *Schwäbischen Tagwacht* längst an einer anderen Front. Um die Verwirrung in den Reihen der Sozialdemokraten zu nutzen, verlangen die Kommunisten einen Volksentscheid gegen den Panzerkreuzer und schlagen für die Abstimmung einen Text vor, der lediglich aus einem Satz besteht: »Der Bau von Panzerschiffen und Kreuzern jeder Art ist verboten.« Kommunistische Plakate in Stuttgart appellieren gezielt an die Mitglieder und Wähler der SPD und fordern: »Wendet Euch ab von den Panzerkreuzer-Sozialisten! Kämpft gegen die Panzerkreuzer-Regierung! Tretet ein in die KPD!«

An prominenter Stelle veröffentlicht die *Schwäbische Tagwacht* daraufhin Bilder von Matrosen und Panzerkreuzern der Roten Flotte, im Text bezichtigt sie die Kommunisten der Doppelmoral. Das kommunistische Feldgeschrei laute »Nieder mit dem Panzerkreuzer! Hoch die Sowjetflotte!« und gebe sich durch Unlogik selbst der Lächerlichkeit preis. Wenn Deutschland einmal im Bunde mit der Sowjetunion stünde, so Schumacher bissig, könnten »unseren wackeren Landsleuten von Sichel und Hammer« die Panzerkreuzer gar nicht zahlreich genug sein. Die Kommunisten ihrerseits revanchieren sich in der *Süddeutschen Arbeiterzeitung* und nennen Schumacher einen »Phrasendoktor« und »Komödianten«, der im Lande herumreise, »um die Proleten mit ›radikalen‹ Schaustücken gegen den Panzerkreuzer für die Panzerkreuzerpolitik der SPD einzuseifen«.

Obschon viele namhafte Künstler und Intellektuelle, darunter Käthe Kollwitz und Albert Einstein, die Initiative für das Plebiszit unterstützen, bleiben die Kommunisten schon im ersten Anlauf liegen: Der von ihnen geforderte Volksentscheid kommt nie zustande, weil nicht einmal ihr Antrag, das Volksbegehren für die Abhaltung eines Volksentscheids, die nötige Stimmenzahl erhält.

Unvermeidlich wird mit der Auseinandersetzung um den Panzerkreuzer ein Konflikt aufs neue entfacht, der seit den Kämpfen gegen Spartakus Anfang 1919 in der SPD unter der Decke schwelt. Es geht um die Haltung der Partei zur bewaffneten Macht im Staat und damit um die Überlebensfrage der Weimarer Demokratie: Wie läßt sich die Reichswehr zähmen und der Sache der demokratischen Republik verpflichten? Diese Frage wird zum zentralen Thema des Magdeburger Parteitags 1929, welcher der SPD endlich ein verbindliches Wehrprogramm geben soll, um ihren Ministern in einer Regierungskoalition rationale wehrpolitische Entscheidungen zu ermöglichen und mit dem Gefühls-Antimilitarismus aufzuräumen, der bei den Mitgliedern vorherrschend ist.

Delegierte wie Julius Leber erblicken in der Spannung zwischen Arbeiterklasse und Wehrmacht »einen gewaltigen Passivposten der Republik«, aber auch einen »Passivsaldo der deutschen Sozialdemokratischen Partei«, weil sie durch deren gestörtes Verhältnis zur Armee ihre Regierungsfähigkeit für beeinträchtigt halten. Wie soll sich, so fragt der Chefredakteur Leber vor dem Parteitag in seinem *Lübecker Volksboten,* die SPD nun zum kommenden Bauprogamm der Marine stellen – etwa wieder eine Krise herbeiführen, um dann bei erfolgter Mehrheitsbildung gegen sie die eigenen Minister sitzen zu lassen? Weil man um die Bewilligung solcher Vorlagen als Regierungspartei in einer Koalition einfach nicht herumkommen werde, erhofft sich Leber eine »grundlegende Änderung der Einstellung der Massen durch den Parteitag«.

Ganz anders als Julius Leber argumentiert Kurt Schumacher, der auf diesem Parteitag die SPD-Mitgliedschaft der Industriestädte Göppingen und Geislingen vertritt. Der einarmige Kriegsfreiwillige von 1914 lehnt das Wehrprogramm ab, zeigt sich aber dabei keineswegs als Pazifist; er betont vielmehr, daß die Sozialdemokratie den Wehrgedanken stets bejaht habe. Nicht das Heer als solches müsse bekämpft werden, sagt er in seinem kurzen Diskussionsbeitrag, sondern das Heer in seiner heutigen Form. Es geht ihm also nicht um die prinzipielle Ablehnung der Reichswehr, vielmehr streitet er, mit dem ganzen Elan und all der Überzeugungskraft, deren er fähig ist, für ihre Demokratisierung und weiß sich damit in einer langen und stolzen sozialdemokratischen Tradition.

Schon der SPD-Parteitag von Görlitz 1921 hatte die Schaffung einer »wahrhaft republikanischen Wehrmacht« und die »Ausmerzung« monarchistischer Offiziere gefordert – und doch nicht erreicht, daß die Armee nicht länger Staat im Staate bleibe. Wie sollte die SPD als Opposition auch durchsetzen, was sie als führende Regierungspartei bis zum 6. Juni 1920 versäumt hatte, als die Weimarer Koalition für immer die Mehrheit in der jungen Republik verlor? Acht Jahre nach Görlitz stellt Kurt Schumacher in Magdeburg fest, das Offizierskorps der Reichswehr lebe noch immer außerhalb von Staat und Verfassung und bleibe den jahrhundertealten Traditionen der preußischen Armee verhaftet. Seit ihr ehedem oberster Kriegsherr, der Monarch, nicht mehr vorhanden sei, hätten sich die Offiziere »auf sich selbst konzentriert mit dem Gefühl, zu schade zu sein, um sich in das parlamentarische System einzugliedern«; sie schöpften »die Grundsätze ihres Handelns aus sich und nicht aus der Verfassung«.

In der Tat stammt das Führungskorps des 100 000-Mann-Heers überwiegend aus Familien, aus denen schon die preußischen Könige ihre Offiziere rekrutierten. »Die Reichswehr«, erläutert Schumacher seine Position nach dem Parteitag dann noch einmal ausführlich in der Zeitschrift *Das Reichsbanner,* »verläßt sich auf ihren eigenen Kopf und seine Ansichten, und die sind politisch rechts... Man hat sich in der Reichswehr eingerichtet, wie es ihrem Offizierskorps am besten gepaßt hat, das heißt man lebt im großen und ganzen in ähnlichen gesellschaftlichen Anschauungen wie in der Vorkriegszeit, und man hat nicht ein Offizierskorps der Republik aufgebaut, sondern weitgehend ein Offizierskorps des Kaiserreichs restauriert, ohne einen Kaiser zu haben.« Die Ausnahmestellung der Reichswehr, fordert er, müsse gebrochen, die Generalität »in jeder Hinsicht der Verfassung ein- und untergeordnet werden«.

Mit seiner Kritik an dem Zustand, in dem sich die Reichswehr im Jahr des Parteitags präsentiert, steht er nicht allein, ganz im Gegenteil: Sie wird von der übergroßen Mehrheit der Delegierten geteilt. Doch jedes Wehrprogramm, das auf die Demokratisierung der Armee zielt, führt die Sozialdemokraten in ein klassisches Dilemma, weil ein Miliz- oder Volksheer, das allein den demokratischen Charakter der Reichswehr verbürgen könnte, durch den Vertrag von Versailles untersagt ist. Als auf dem SPD-Parteitag 1919 die Bildung einer Volkswehr gefordert wurde, wischte Gustav Noske dies mit dem Hinweis auf die Sieger vom Tisch, die der ersten deutschen Demokratie ein stehendes Söldner-Heer auferlegten, welches gerade die Sozialdemokraten immer gefürchtet und bekämpft hatten. Wenn die Ententemächte in Versailles zudem diktierten, die Berufszeit für Offiziere müsse mindestens 25, die für Mannschaften 12 Jahre betragen, haben sie damit das genaue Gegenteil einer Demokratisierung bewirkt – sie förderte die Abkapselung der neuen Reichswehr von der Gesellschaft und die Verfestigung ihrer kastenähnlichen Sonderstellung.

Im Jahre 1929 in Magdeburg – also zehn Jahre später und im Zeichen der Panzerkreuzerkrise – den Reformhebel anzusetzen, wie die Mehrheit der SPD dies zweifellos wünscht, setzt nicht nur die nötige politische Machtfülle voraus, an der es in einer Koalition mit bürgerlichen Parteien fehlt. Es erfordert auch viel Geduld und Zielstrebigkeit, weil jedes Reformprogramm, ist es endlich in die Wege geleitet, nur über Jahrzehnte wirksam werden kann. Schumacher hat es stets für einen entscheidenden Fehler gehalten, daß die SPD nach dem Rücktritt Noskes im März 1920 das Wehrministerium in allen Koalitionen stets bürgerlichen Partnern überließ und damit auf die Kontrolle über das wichtigste Machtinstrument der jungen Republik verzichtete.

Zu den verhängnisvollen miltärpolitischen Irrtümern der Sozialdemokraten zählt wahrscheinlich auch ihr naiver ideologischer Glaube, daß der Aufstieg vom Unteroffizier zum Offizier ein Mittel zur inneren Demokratisierung der Armee darstelle. So wurde schon unter Noske bewährten Unteroffizieren und Mannschaften die Offizierslaufbahn eröffnet. In den konkreten zehn Punkten des Magdeburger Programms findet sich dieser Gedanke wieder, wenn ein Mindestkontingent für Unteroffiziere verlangt wird, die sich zu Offizieren weiterbilden wollen.

Aber ist eine regelmäßige Förderung von Unteroffizieren wirklich ein Mittel zur Demokratisierung der Armee? Sind vom Land oder aus dem Handwerk rekrutierte Feldwebel weniger reaktionär eingestellt als ihre Vorgesetzten, von denen sie geistig geprägt sind, zumal diese Offiziere über den Mannschaftsersatz frei bestimmen konnten und nur diejenigen Bewerber wählten, die ihnen für den Dienst in der Armee passend erschienen? Wichtiger als die Aufstiegsoption für Unteroffiziere und Mannschaften ist deshalb die Forderung nach gesetzlichen Bestimmungen zur »Sicherung einer unparteilichen Rekrutierung«, auf die sich die Delegierten in Magdeburg einigen. Sie soll die zivile Kontrolle von Ersatzeinstellungen und deshalb ein wichtiges Stück parlamentarischer Aufsicht über die Reichswehr bringen.

Als Reformhebel bezeichnet der Delegierte Schumacher in Magdeburg vor allem die staatsbürgerlichen Rechte, welche den Soldaten nach der geltenden Heeresverfassung vorenthalten werden und die er ihnen verliehen wissen will. Nicht ein »Palavergeschnatter sämtlicher Reichswehrangehöriger« stellt er sich unter dem Begriff der Demokratisierung vor – kein vernünftiger Anhänger der demokratischen Republik tue das. Aber auf dem Weg über das Koalitions- und Wahlrecht der Soldaten, sagt er laut Parteitagsprotokoll, lasse sich ein Stück praktischer Macht für die Demokratie im Heer durchsetzen. Jahrzehnte später werden diese Vorstellungen auf sozialdemokratische Initiative hin berücksichtigt, wenn es um die Aufstellung der Bundeswehr geht.

Schumachers Haltung in Magdeburg unterscheidet sich prinzipiell nicht von der Position, die er als Delegierter acht Jahre zuvor auf dem Parteitag in Görlitz bezogen hatte. Dort schon warnte er, mit dem Geld der Republik werde eine Prätorianergarde gezüchtet, in der der Soldat nur der »ausführende Schießautomat in der Hand seiner Vorgesetzten« sei. Er verlangte »ein Heer, das schwarz-rot-gold ist«. Dem Soldaten, so Schumacher nach dem Görlitzer Parteitagsprotokoll, müsse gezeigt werden, daß er im Gegensatz zu früher »heute als Mensch, Staatsbürger und Soldat geachtet ist«. Deshalb setzte er sich für den »Reichswirtschaftsverband deutscher derzeitiger und ehemaliger Berufssoldaten« ein, der sich während des Kapp-Putschs republiktreu verhalten hatte. Die von dem Zentrumskanzler Joseph Wirth geführte Regierung der Großen Koalition sieht in einer solchen sozialen und wirschaftlichen Interessenvertretung freilich eine für Berufssoldaten unzulässige politische Betätigung, und viele Sozialdemokraten pflichteten Wirth in seinem Urteil bei.

Wenn Schumacher jetzt in Magdeburg sehr viel energischer und fundierter für das Koalitionsrecht der Soldaten ficht, verrät dies den großen Einfluß, den Julius Deutsch, der Vorsitzende des Republikanischen Schutzbunds – des österreichischen Gegenstücks zum Reichsbanner –, inzwischen auf ihn gewonnen hat. Deutsch nämlich erachtet den inneren Aufbau eines Heeres für wichtiger als Fragen des Wehrsystems. Folgt man seiner Argumentation, dann werden die Völker weder durch eine Milizarmee noch gar durch ein Söldnerheer vor dem Aufbrechen kriegerischer Instinkte geschützt, sehr wohl aber durch den Charakter ihrer Führung: Autokratisch strukturierte Heere, gleich ob aus Berufs- oder Wehrpflichtsoldaten rekrutiert, verfallen dem Kriegsrausch leichter, demokratisch verfaßte erweisen sich gegen ihn eher immun; es ist vor allem der entrechtete Soldat, der als Waffenträger »zu jedem politischen Mißbrauch« benutzbar ist; die Verleihung der politischen Rechte beugt seinem parteipolitischen Mißbrauch jedoch vor.

Ziel einer sozialistischen Wehrpolitik, schreibt Deutsch drei Jahre vor dem Magdeburger Parteitag in den *Sozialistischen Monatsheften,* müsse es sein, eine Heeresverfassung zu schaffen, die bewirke, daß das Heer nicht zu einer Gewalttat gegen die Arbeiterklasse benützt werden könne, und dazu bedürfe es vor allem starker Sicherungen der Demokratie im Heere selbst. Er verweist dabei auf das Beispiel Österreich, wo das Söldnerheer demokratisch aufgebaut und zu einem Schutz der demokratischen Verfassung geworden sei. »Man nehme den deutschen Offizieren ihre Sonderstellung, beschneide ihre Macht in den Kasernen, gebe den Soldaten mehr Rechte sowie eine vernünftige Erziehung – und die Reaktion in der deutschen Reichswehr wird gewesen sein. Je mehr Demokratie im Heere, desto sicherer ist die demokratische Verfassung im Land.« Im Sinne dieser Überlegungen erklärt Schumacher auf dem Parteitag, nur eine solche Armee sei vom sozialistischen Standpunkt aus zu akzeptieren, die »ihrem Geist, ihrer Verfassung, ihrem Umfang und ihrem Zuschnitt nach kein kriegsförderndes Moment enthält«.

Es gibt jedoch viele führende Sozialdemokraten, welche Schumachers Forderung nach Demokratisierung der Reichswehr in Magdeburg skeptisch gegenüberstehen. Zu ihnen zählt Innenminister Carl Severing, der sich mit der Republikanisierung der Reichswehr begnügen will, weil er zwar eine der Republik ergebene, aber auch eine schlagkräftige Armee wünscht und ihre militärische Tüchtigkeit durch zuviel Demokratie in der Truppe gefährdet glaubt. Nach dem Parteitag setzt sich Schumacher mit diesen Kritikern im *Reichsbanner* ausführlich auseinander: »Es gibt keine demokratische Republik«, schreibt er am 15. Juni 1929, »ohne die Reichswehr ... Die Ausnahmestellung der Reichswehr muß gebrochen, die Generalität in jeder Hinsicht der Verfassung ein- und untergeordnet werden. Zur Erreichung dieses Zieles müssen die Machtmittel der Demokratisierung auch angesetzt werden. Da müssen nicht nur republikanische Mannschaften eingestellt, sondern sie müssen in ihren Rechten erhalten und gefördert werden, da muß man den Mut haben, an das Offizierskorps selbst heranzugehen. Keine noch so herbe Kritik und kein noch so weitgehender Schritt können soviel Unheil anrichten als die Strategie des Wartens auf die Wunder der Entwicklung.«

Sei es nicht die Führung der Partei mit Carl Severing, die auf solche Wunder warteten? Nicht spezielle Wehrprogramme für morgen brauche die Partei, sondern entschlossenes Handeln hier und heute, und dazu reicht nach seiner Auffassung das derzeit gültige Heidelberger Programm völlig aus. So gehört er zu jener Minderheit von 147 Delegierten, die das Wehrprogramm ablehnen. Aber ausdrücklich begrüßt er zehn konkrete Forderungen, welche die Partei unabhängig davon als eine Art Sofortprogramm verabschiedet. Sie sehen die parlamentarische Kontrolle der Reichswehr, die Einführung von Personalvertretungen für Soldaten, die Demokratisierung des Militärstrafrechts und die Gewährung der staatsbürgerlichen Rechte vor – wichtige Punkte, die seinen Vorstellungen von der inneren Demokratisierung der Armee entsprechen.

Bedeutsam für das Verständnis des späteren Oppositionsführers in der Bundesrepublik ist vor allem die Haltung zur Bündnis- und Neutralitätspolitik, die der junge Schumacher in dieser Debatte um Wehrmacht, SPD und Republik einnimmt. Er warnt vor jeder deutschen Aufrüstung, weil sie das Reich entweder an die Seite der Westmächte oder an die der Sowjetunion zwinge. »Gehen wir über den Rahmen des uns im Versailler Vertrag Gestatteten, gegen die Entente, hinaus, dann werden wir an die Seite der Sowjetunion gedrängt«, erklärt er in Magdeburg und zitiert damit beinahe wörtlich aus seinem Leitartikel »Parteitag und Wehrmacht« vom September 1928. »Gestattet umgekehrt die Entente, unsere militärischen Hilfsmittel zahlenmäßig und qualitativ zu verstärken, dann geht das nur unter der Bedingung unserer Gefolgschaft gegenüber den Westmächten gegen Sowjetrußland ... Mit der Einbeziehung Deutschlands in irgendwelches Bündnissystem aber fördern wir nicht nur einen gewissen Rückschritt in den internationalen Beziehungen, sondern spielen unseren einzigen außenpolitischen Trumpf der Bündnis- und Verpflichtungslosigkeit aus, ohne daß er richtig zum Stechen kommt.«

Immer wieder erweist sich die Forderung nach militärischer Neutralität für das Reich als eine Konstante seines Denkens. Schon in einem Beitrag zum Vertrag von Rapallo hatte er in der *Schwäbischen Tagwacht* 1922 den deutschen Hang beklagt, sich nach der einen oder anderen Seite hin zu orientieren, und kategorisch festgestellt: »Bündnisverträge wären unser Tod.«

Das politische Verhalten Kurt Schumachers in seiner Stuttgarter Zeit, meint Lewis Edinger, habe damals einiges Rätselraten über seine politische Orientierung verursacht. Alte, reformistische Parteiführer hätten seine Ansichten oft für radikal gehalten, die Extremisten der Linken innerhalb und außerhalb der SPD ihn hingegen als einen Ultrarechten eingeschätzt. Gewiß trägt zu solcher Unsicherheit des Urteils bei, daß der begabte Redner mit der Lust an polemischer Zuspitzung sich gern des marxistischen Vokabulars bedient. Er weiß, daß er sich damit dem traditionellen sozialdemokratischen Wählerstamm leichter verständlich machen kann; bewußt nutzt er es als Mittel, seine reformistischen Positionen innerhalb der Partei gegen Kritik von links, außerhalb ihrer gegen die kommunistische Konkurrenz abzuschirmen. »Einige behaupteten«, so Edinger, »er sei Marxist gewesen ..., wieder andere, er sei alles andere als ein Marxist gewesen.«

Julius Leber jedenfalls zählt zu ersteren, nimmt Schumachers sprachliche Anleihen beim überlieferten Parteichinesisch für bare

Münze und nennt ihn deshalb einen »verbissenen doktrinären Kaffeehausmarxisten«. Dabei hatte Schumacher sich schon während des Studiums von Marx distanziert, Leber aber erst 1924 von dem dogmatischen Gedanken des »unversöhnlichen Klassenkampfes zwischen Bourgeoisie und Proletariat« Abschied genommen!

Das Los, in den Augen der Zeitgenossen als vielfältig schillernd zu erscheinen, trifft gleich eine ganze Gruppe junger Sozialdemokraten, die gegen Ende der Weimarer Jahre den Immobilismus und Routinetrott der alten Herren an der Spitze der Partei leid sind und eine straffe, dynamische Führung fordern. Schon die verschiedenen Namen, die man ihnen in Biographien und historischen Darstellungen gegeben hat, zeigt die Mühen der richtigen Zuordnung in das damalige Links-Rechts-Spektrum ihrer Partei. Da werden sie einmal den jungen Rechten zugezählt, welche die Sozialdemokratie wieder kampffähig machen wollen und deren Auftreten gegenüber der NSDAP an Schärfe nicht zu überbieten ist; da heißen sie Jungtürken oder junge Reformsozialisten, dann wieder ist von patriotischen Radikalsozialisten die Rede, und Fried Wesemann spricht in Anlehnung an Alexander Schifrin von einer »fiktiven Gruppe«, die sich »marxistisches Zentrum« genannt habe. In einer Geschichte der Stuttgarter Sozialdemokratie wird Schumacher unvermittelt als Vertreter des linken Flügels bezeichnet, und der »Rechte« Carlo Mierendorff setzt der begrifflichen Verwirrung selbst die Krone auf, als er – freilich nach der Abspaltung eines Teils der Linken als SAP (Sozialistische Arbeiter-Partei) im Herbst 1931 – die Formierung einer neuen Linken in der SPD fordert, die mit einem Programm der »Revision des Reformismus« die Partei erneuern solle. Lewis Edinger spricht von »sozialistischen Kämpfern«.

Schließlich einigt man sich in der Literatur auf den vagen Begriff »militante Sozialisten«. Sie bilden keine eigene Fraktion und geben sich keine Organisation, sie suchen nicht, »gemeinsam planend und agierend, ihre Zielvorstellungen zu verwirklichen«, und haben doch, so Dorothea Beck in einer Untersuchung über ihr Selbstverständnis, eine »erstaunliche Gemeinsamkeit im Denken und Verhalten«. In einer Partei, die sich nach der Vereinigung von SPD und USPD mit dem Heidelberger Programm wieder stärker klassenkämpferisch orientierte, hätten sie »mit ihrer dezidiert nichtmarxistischen Einstellung« nicht zu denjenigen gehört, die mit dem Strome schwammen.

Es handelt sich beim Kern dieser »Militanten« um vier junge Reichstagsabgeordnete, die alle als Freiwillige in den Krieg gezogen, betont national orientiert, Akademiker und Journalisten sind: Theodor Haubach, zunächst Redakteur am *Hamburger Echo,* wird Pressechef erst des Reichsinnenministers Carl Severing, dann des Berliner Polizeipräsidenten Grzesinski und veröffentlicht Beiträge in der *Neuen Gesellschaft;* Carlo Mierendorff arbeitet als Redakteur beim *Hessischen Volksfreund,* wird Sekretär der Reichstagsfraktion, später Pressechef des hessischen Innenministers und Gewerkschaftsführers Wilhelm Leuschner und publiziert in vielen Zeitschriften, darunter den *Neuen Blättern für den Sozialismus,* einer Monatszeitschrift junger rechter Sozialdemokraten; Julius Leber, welcher der Gruppierung eher in lockerer Distanz zuzuzählen ist, schreibt wie Schumacher für den Tag – der eine im *Lübecker Volksboten,* der andere in seinem Stuttgarter Blatt. Alle vier engagieren sich aktiv für die Verteidigung der Republik im »Reichsbanner« oder der »Eisernen Front«, alle vier weigern sich, in die Emigration zu gehen, leisten Widerstand oder sitzen in Hitlers Konzentrationslagern und Zuchthäusern ein. Drei zählen zu den Verschwörern des 20. Juli, zwei werden hingerichtet. Einige zählen auch Alexander Schifrin zu diesem Kreis, einen russischen Menschewisten und Emigranten, der als Redakteur für das Parteiblatt *Vorwärts* schreibt und schließlich nach New York geht.

Der führende Kopf unter ihnen ist zweifellos Carlo Mierendorff, zu dem der zwei Jahre ältere Kurt Schumacher im Laufe der Zeit ein immer engeres Verhältnis entwickelt. Man zögert bei Schumacher, der sich mit seiner ganzen Person der Politik verschrieben hat, von wahrer Freundschaft zu sprechen, die stets ein Element der Bedingungslosigkeit enthält, wo doch der Politiker in den Bedingungen von Strategie und Taktik gefangen bleibt. Selbst bei engsten Kampfgefährten führt die unterschiedliche Einschätzung von Situationen und der notwendigen Reaktion auf Züge des gemeinsamen Gegners oft dazu, daß man nach Jahren oder Jahrzehnten Gemeinsamkeit wieder getrennte Wege geht.

Kurt Schumacher macht seine Loyalität immer an der Sache fest, für die er steht, weniger an Personen. In den sozialdemokratischen Führern seiner Zeit, den Wels oder Bauer, Severing oder Braun, Hilferding oder Breitscheid, sieht er brave Männer, aber keine überragenden Persönlichkeiten, vielmehr Funktionäre ohne Charisma. »Die Große Garnitur August Bebel war hinweggestorben«, sagt er dem Reporter Kaufmann später im Interview, »mich hat der Ideengehalt mehr interessiert ... ich habe mich nicht an Menschen geklammert.«

Eine »erstaunliche Gemeinsamkeit im Denken und Verhalten« offenbart eine Gruppe junger Sozialdemokraten, die den Routinetrott der alten Herren an der Parteispitze leid sind. Neben Schumacher und Theodor Haubach sind dies Julius Leber (unten) und der führende Kopf der Gruppe, Carlo Mierendorff, beide Mitglieder des Widerstands im Dritten Reich.

Doch wenn es so etwas wie Freundschaft zwischen Politikern überhaupt gibt, dann trifft dieses sicherlich auf Mierendorff und Schumacher zu, auch oder gerade weil die Zeit, die ihnen für diese enge Gemeinsamkeit bleibt, kurz bemessen ist.

Beide verbindet sehr viel mehr als nur eine politische Grundüberzeugung und die Front-Erfahrung ihrer Generation, die Mierendorff einmal als »Verzückung des großen romantischen Abenteuers« beschreibt, aus der »grausame Ernüchterung« geworden sei. Beide stammen aus gutbürgerlichen Familien und sind Kaufmannssöhne, beide promovieren über ein politisches Thema – Mierendorff über »Die Wirtschaftspolitik der Kommunistischen Partei Deutschlands«; beide sind, im Gegensatz zu dem Elsässer Bauernbuben Julius Leber, ausgesprochene Intellektuelle; beide ziehen erstmals im September 1930 in den Reichstag ein; beide haben einen Hang zur Boheme; beide sind mit Künstlerinnen befreundet – Mierendorff mit der Schauspielerin Franziska Kinz; und beide ziehen im Streit um den Panzerkreuzer an einem Strang. Keineswegs zufällig taucht deshalb der Name Mierendorff am 5. September 1928 in der *Schwäbischen Tagwacht* auf. In einem Leitartikel rechnet er den Anhängern des kommunistischen Volksbegehrens vor, ihre Sache sei zur Aussichtslosigkeit verurteilt, und verteidigt den Vorrang der parlamentarischen Aktion gegenüber dem Plebiszit.

Anders als der nüchterne Schumacher hat Mierendorff eine literarische und künstlerische Ader, die er systematisch unterdrückt, um politisch Karriere zu machen. Aber ein Hang zur Romantik bleibt auch bei dem Politiker Mierendorff immer deutlich erkennbar. Schon als Schüler in Darmstadt übt er sich in expressionistischer Prosa und schreibt für die Darmstätdter *Dachstube*. Zu seinen besten Freunden zählen Carl Zuckmayer und Kasimir Edschmid. Mit Zuckmayer und Theodor Haubach, den er schon aus seiner Schulzeit kennt, studiert er in Heidelberg und hört bei Max und Alfred Weber.

Beeindruckt zeigt sich Mierendorff von Hendrik de Man, der einen ethischen und kulturellen Sozialismus verfocht und in seinem Buch »Zur Psychologie des Sozialismus« geschrieben hatte, der Marximus reiche nicht aus, »die gegenwärtigen Probleme der menschlichen Gesellschaft im Geiste des Sozialismus zu lösen«. Auch Schumacher hatte de Man im Schlußteil seiner Dissertation zustimmend zitiert – unter anderem mit dem Satz: »Je mehr der Sozialismus zum Träger der Staatsidee wird, desto mehr wird er auch zum Träger der Nationalidee, die sich im Staat verkörpert.« Als erster Sozialdemokrat versucht Mierendorff im Juni 1930 eine umfassende Analyse der Hitler-Partei, die inzwischen zur Massenbewegung angewachsen ist. In seinem Aufsatz »Gesicht und Charakter der nationalsozialistischen Bewegung« führt er ihren Erfolg vor allem auf »Geschlossenheit und Schlagfertigkeit« zurück, auf die Emotionalität ihrer Propaganda und auf die Betonung von Führung und Offensivwillen, die auf Nichtwähler, vor allem auf schwankende Kleinbürger, Frauen und Beamte, große Wirkung zeitigten.

Über die enge Freundschaft zu Theo Haubach ergeben sich gedankliche Querverbindungen zu dem Hofgeismarer Kreis der Jungsozialisten, der unter dem Einfluß der bürgerlichen Jugendbewegung steht und Sozialismus, Staat und Nation miteinander versöhnen will. Sowohl Haubach, einer der führenden Hofgeismarer, als auch Mierendorff sprechen häufig vor regionalen politischen Arbeitsgemeinschaften dieser betont patriotisch gesinnten Jungsozialisten. Für Schumachers prosaischen Geschmack dürfte sich Haubach oft gar zu begeistert jugendbewegt und national geäußert haben – etwa, wenn er einen »Nationalismus gedämpften Grades« fordert, der sein Korrektiv in der Idee des Sozialismus finde.

Anders ist dies schon mit den Thesen über Staat und Sozialismus, welche der Chefdenker und Ideologe der Hofgeismarer, der Leipziger Staatsrechtslehrer Hermann Heller, formuliert. Ausdrücklich bekennt Heller sich zur Tradition Lassalles, beklagt das Staatsunverständnis von Marx und Engels und meint, Sozialisten, die eine Planwirtschaft wollten, könnten den Staat als Leitbild nicht entbehren, denn: »Sozialismus ist nicht Aufhebung, sondern Veredelung des Staates.« Kurt Schumacher, kein Hofgeismarer, hätte diesen Einsichten kein Jota hinzuzufügen. Sie sind nahezu deckungsgleich mit dem, was er in seiner Dissertationsschrift entwickelt hat.

Als Neulinge stoßen Schumacher, Mierendorff und Haubach 1930 zu den Abgeordneten der SPD-Reichstagsfraktion. Die alten Herren haben die Fraktion fest im Griff, als Redner dürfen Schumacher und Mierendorff die Reichstagstribüne nur je einmal erklimmen – beide antworten sie Joseph Goebbels und weisen seinen Vorwurf, die SPD sei national unzuverlässig, entschieden zurück. Beide treten dabei aus der Defensive heraus und zeigen Angriffsgeist, beide gehen die Gegner mit aller Schärfe an, Schumacher freilich ungleich heftiger und wuchtiger als Mierendorff.

Am 6. Februar 1931, Goebbels hatte das Weimarer System wieder einmal als »korrupt« bezeichnet, spricht der junge Abgeordnete des Wahlkreises 33 (Hessen-Darmstadt), Carlo Mierendorff, und dreht den Spieß einfach um: »Nicht wir, Herr Dr. Goebbels und die Nationalsozialistische Partei gehören auf die Anklagebank!« Als Goebbels den Saal verlassen will, ruft er ihm zu: »Haben Sie den Mut und bleiben Sie einmal hier, Herr Dr. Goebbels, und stehen Sie Rede und Antwort, wenn ein Kriegsteilnehmer zu Ihnen spricht, damit wir sehen, ob Sie es wagen können, einem Kriegsteilnehmer ins Auge zu schauen.«

Carlo Mierendorff, der es im Krieg bis zum Vizewachtmeister gebracht hat, versteht sich auf Theatralik. Auf dem Höhepunkt seiner Rede, als ihn die NSDAP-Abgeordneten mit dem Ruf »Landesverräter« niederschreien wollen, zieht er das Eiserne Kreuz Erster Klasse aus der Hosentasche, das ihm Kaiser Wilhelm II. 1918 wegen besonderer Tapferkeit an der Westfront persönlich an den feldgrauen Rock geheftet hat. Provozierend hält er es den Nazis entgegen und fordert, Goebbels, der nie an der Front gewesen ist, möge ihm doch *sein* EK I zeigen. Übrigens schickt Fraktionschef Hermann Wels in der Spätphase der Weimarer Republik, als die Nazis bereits zur Massenbewegung aufgestiegen sind, gern junge Frontkämpfer aus den eigenen Reihen vor, um die SPD demonstrativ vom Vorwurf des Verrats zu entlasten. Ein Jahr nach Carlo Mierendorff kommt am 22. Februar 1932 auch der Abgeordnete Kurt Schumacher vom Wahlkreis 31 (Württemberg) im Plenum des Reichstags zu Wort.

Es geht stürmisch zu im deutschen Parlament, vor allem in der Endzeit der ersten Republik. Geradezu genüßlich bohrt Goebbels in der politischen Wunde der Sozialdemokraten, die 1932 für die Wiederwahl Hindenburgs eintreten, um das größere Übel Hitler zu verhindern. Unter dem Ansturm der radikalen Rechten und Linken ist die demokratische Mitte inzwischen so geschwächt, daß sie meint, nur mit Hindenburg ließen sich Recht, Verfassung und Republik behaupten. Was für eine Drehung der Fronten! amüsiert sich Joseph Goebbels. Haben nicht die Sozialdemokraten 1925 gegen Hindenburg gestimmt, und fordern dessen angestammte Freunde, die Deutschnationalen, heute nicht die Wahl Hitlers? Der Feldmarschall des großen Krieges plötzlich »gelobt von der Berliner Asphalt-Presse, gelobt von der Partei der Deserteure«? So spottet der Berliner Gauleiter der NSDAP, und ein unglaublicher Tumult bricht los. Zwischenrufe von links ertönen: »Wer hat desertiert?« »Sie waren keinen Tag an der Front!« ruft der Kriegsinvalide Schumacher voller Empörung dem Nationalsozialisten zu. Reichstagspräsident Löbe fordert Goebbels auf, das Wort von der »Partei der Deserteure« zurückzunehmen. Doch dieser weigert sich, wird vom Ältestenrat für die weitere Sitzung ausgeschlossen und verläßt unter Heilrufen seiner Fraktionskollegen das Plenum.

Kurt Schumacher meldet sich mit einer Stegreifrede zu Wort, die ihm die Nazis nie vergessen werden. Goebbels habe sich im Reichstag als »großer Leitartikel gebärdet und sei doch nur ein mißratenes kleines Feuilleton«, sagt der Abgeordnete aus Württemberg mit schneidender Stimme. Er wendet sich dagegen, »auf diesem Niveau moralischer und intellektueller Verlumpung und Verlausung zu kämpfen«, und er prophezeit, was sich nach nur zwölf Jahren nationalsozialistischer Herrschaft als bitterste Wahrheit erweisen soll: »Das deutsche Volk wird Jahrzehnte brauchen, um wieder moralisch und intellektuell von den Wunden zu gesunden, die ihm diese Art Agitation geschlagen hat.« Als Vertreter der marxistischen Arbeiterbewegung betone er mit Stolz, daß System und Politik des Marxismus derartige persönliche Schmutzigkeiten immer ausgeschlossen hätten. »Eine Auseinandersetzung ist schon darum nicht möglich, weil wir in dem Nationalsozialisten nicht das gleiche Niveau achten können. Wir sehen keinen Gegner, mit dem wir die Klinge kreuzen könnten. Außerdem lehnen wir es gerade bei dieser Frage grundsätzlich ab, die sozialdemokratische, durch Opfer an Gut und Blut erhärtete Politik in nationalen Fragen vor solcher Art von Kritikern zu rechtfertigen. Den Herren fehlen die politischen Kenntnisse, denn die meisten von ihnen beschäftigen sich erst zwei oder drei Jahre mit Politik, so daß ihnen das alles fernliegen muß.

Die Herren bringen auch keinerlei Voraussetzungen mit, um ein kritisches Urteil über uns abgeben zu können. Die ganze nationalsozialistische Agitation ist ein dauernder Appell an den inneren Schweinehund im Menschen.«

Das Protokoll verzeichnet an dieser Stelle Zustimmung bei den Sozialdemokraten, große Erregung bei den Nationalsozialisten und die Bemerkung des Präsidenten: »Herr Abg. Dr. Schumacher, ich bitte Sie, solche Wendungen nicht zu gebrauchen. Im übrigen bitte ich Sie, mit diesen Dingen zum Schluß zu kommen.«

Einmal am Zuge, ist Schumacher so schnell nicht aufzuhalten:

»Wenn wir irgendetwas beim Nationalsozialismus anerkennen, dann ist es die Tatsache, daß ihm zum erstenmal in der deutschen Politik die restlose Mobilisierung der menschlichen Dummheit gelungen ist.« Als »kleines persönliches Beispiel« führt er an, daß von der Führung der nationalsozialistischen Partei in Württemberg systematisch die Meldung verbreitet werde, er habe seinen Arm nicht durch feindlichen Beschuß im Kriege, sondern durch Selbstverstümmelung verloren. Drei der Verleumder, zwei SA-Männer und ein Sturmführer, seien bereits verurteilt. »Aber diese Untermenschen sind heute noch Kameraden von diesen Leuten ... Ich meine, die Selbstverstümmelung überlassen wir den Nationalsozialisten à la Buttler ... und die aktive Freundschaft mit den Gegnern deutscher Außenpolitik überlassen wir den Nationalsozialisten à la Feldmann-Hessen, der vom Reichsgericht zu fünf Jahren wegen Spionage im Dienste Frankreichs verurteilt ist.« Er stelle hiermit fest: Von der sozialdemokratischen Reichstagsfraktion hätten im Krieg 73 Prozent aktiv gedient. »Abschließend«, so beendet er seinen kurzen Beitrag, »sage ich den Herren Nationalsozialisten: Sie können tun und lassen, was Sie wollen; an den Grad unserer Verachtung werden Sie niemals heranreichen.«

Was Schumacher vorbringt, mag rhetorisch keine Glanzleistung des Weimarer Parlamentarismus sein. Doch Friedrich Stampfer, als Mitglied des Reichstags Augen- und Ohrenzeuge, nennt die kurze Intervention »mitreißend« und »das Stärkste«, was im Reichstag je über die nationalsozialistische Agitation gesagt worden sei. Er hat die Unbedingtheit und die moralische Kraft im Sinn, die aus jedem dieser Worte sprechen.

Sehr früh sieht Schumacher im Nationalsozialismus mehr als einen natürlichen Gegner im politischen Kampf, er durchschaut die Masken der nationalen Biedermänner, ihre geistige und moralische Unredlichkeit, er erkennt die Macht des abgrundtief Bösen, die sich dahinter verbirgt. Daß er die ganze innere Verderbtheit der Hitler-Bewegung benennt und an den Pranger stellt, macht das Explosive dieser kurzen Rede aus und trägt ihm die Todfeindschaft der Nationalsozialisten ein. Seine Freunde und Genossen im Reichstag aber sind aufmerksam geworden auf das junge politische Talent und wählen ihn im August 1932 in den Vorstand der Reichstagsfraktion.

Die militanten jungen Redner der Reichstagsfraktion organisieren auch den Abwehrkampf der Republikaner in Sälen und auf Straßen. Als Reichbannerführer suchen sie der Wirksamkeit der nationalsozialistischen und der kommunistischen Agitation durch die Entwicklung von Symbolen zu begegnen, welche die Masse für die demokratische Sache begeistern und aufrütteln können. Vor allem in seiner Spätphase ist Weimar ja der Staat der marschierenden paramilitärischen Verbände jedweder Couleur. Da ziehen graue, braune und rote Kolonnen durch Dörfer und Städte, um den Machtanspruch der jeweiligen Partei oder Ideologie zu demonstrieren – je schwächer das Parlament und die Regierung, desto offener und brutaler paradieren ihre geschworenen Gegner.

Entscheidend für den steilen Aufstieg dieser Parteimilizen ist die zentrale Rolle, welche das Fronterlebnis im Selbstverständnis des einfachen Mannes spielt. Fast zwei Millionen Deutsche sind auf den Schlachtfeldern des Ersten Weltkriegs gefallen; für viele Überlebende aber, welche die Niederlage im Feld nicht verwinden, bleibt die Erfahrung des Schützengrabens bestimmend für ihr Verhalten in den Nachkriegsjahren. Sie liefert den Humus, auf dem kurz nach Kriegsende der »Stahlhelm« gedeiht, jene Organisation, mit dem die Militarisierung der Politik in der Weimarer Republik ihren traurigen Anfang nimmt. Zwar finden sich die Stahlhelmer zunächst als unpolitischer Traditionsverband zusammen, um die alten Symbole gemeinsamen Kampfes, die kaiserlichen Fahnen, zu pflegen und Begriffe wie Frontgeist und Schützengraben-Gemeinschaft zu beschwören. Aber nach der Unterzeichnung des Vertrags von Versailles ergreifen sie eindeutig Partei im politischen Tageskampf, machen Front gegen die »Republik der Erfüllungspolitiker« und entwickeln sich zur paramilitärischen Organisation der Deutschnationalen Volkspartei, welche die Wiederherstellung der Monarchie und einen autoritären Staat erstrebt. In der Erinnerung an den großen Krieg steht der Geist der Front nun für eine einige, nicht in Klassen und Parteien zerfallene und gespaltene Nation.

Am lautesten und konsequentesten rufen die Sturmabteilungen (SA) Hitlers nach der nationalen Revolution. In dieser Schläger- und Bürgerkriegstruppe gegen das verhaßte System von Weimar finden Landsknechtsnaturen aus den aufgelösten Freikorps, aber auch viele Ganoven und entwurzelte Proletarier ihre Heimat. Sie wird zum Hauptträger des Straßenterrors und versteht sich als Avantgarde eines blindwütigen, mörderischen Antisemitismus. Eines ihrer Lieder in Berlin lautet: »Im Arbeitsschweiß die Stirne, / den Magen hungerleer / die Hand voll Ruß und Schwielen / umspannet das Gewehr. / So stehn die Sturmkolonnen / zum Rassenkampf bereit. / Erst wenn die Juden bluten / erst dann sind wir befreit.«

Natürlich haben auch die erbitterten Feinde der Republik von links, die Kommunisten, ihre Parteiarmee. Ein Mitglied des Roten Frontkämpferbundes (RFB) grüßt mit erhobener geballter Faust und dem Ruf »Rotfront«, singt revolutionäre Texte nach Melodien bekannter Soldatenlieder und trägt die feldgrüne Russenbluse mit Ledergürtel, Leninmütze und Breecheshose. Sein Koppelschloß und die Armbinde sind von Hammer und Sichel geziert, Militärfeldflasche und Militärbrotbeutel ergänzen die Ausrüstung. Offen bekennt sich der Rote Frontkämpferbund als fünfte Kolonne der Sowjetunion und betont seine enge Bindung an das »erste siegreiche proletarische Heer der Welt«, die Rote Armee. Nicht die Verteidigung der Republik, sondern ihre Zerstörung ist das Ziel, um auf den Trümmern dann einen deutschen Sowjetstaat aufzubauen. So gelobt der Rotfrontkämpfer auf dem Reichstreffen im Juni 1929 in Lichtenberg:

> »niemals zu vergessen, daß das Schicksal der Arbeiterklasse der ganzen Welt unlöslich verbunden ist mit der Sowjetunion;
> stets und immer Soldat der Revolution zu bleiben;
> stets und immer in allen Massenorganisationen, in Gewerkschaft und Betrieb ein Pionier des unversöhnlichen Klassenkampfs zu sein;
> den revolutionären Kampf für den revolutionären Sturz der Klassenherrschaft der deutschen Bourgeoisie zu führen;
> stets und immer für die Sowjetunion und die siegreiche Weltrevolution zu kämpfen«.

Gegen die Lieder und Schwüre der Rechten und Linken nimmt sich heute jenes Kommando fast rührend aus, das da lautete »Für die Republik – im Gleichschritt marsch!« und die grauen Kolonnen des Reichsbanners in Bewegung setzte. Im Februar 1924 aus verschiedenen, in den ersten Krisenjahren der Republik entstandenen linken Selbstschutz- und Notwehrorganisationen hervorgegangen, versteht sich das »Reichsbanner Schwarz-Rot-Gold, Bund Deutscher Kriegsteilnehmer und Republikaner« nicht als die Parteimiliz der Sozialdemokratie, sondern als überparteilich-republikanische Organisation, die Veranstaltungen demokratischer Parteien schützen und den Behauptungswillen aller republikanisch Gesinnten durch Aufmärsche und machtvolle Kundgebungen demonstrieren soll. Seine Mitglieder sind zwar »Soldaten der Republik«, aber sie stehen im Dienst ihrer zivilen, demokratisch-parlamentarischen Ordnung; im Gegensatz zum »Stahlhelm« gibt es deshalb keinen Parademarsch, Orden werden nicht getragen. Männer der Deutschen Demokratischen Partei (DDP) und des linken Zentrumsflügels wie Ernst Lemmer und Heinrich Krone, beide später Minister des Bundeskanzlers Konrad Adenauer, gehören ihm an; auch Hubertus Prinz zu Löwenstein und der Chefredakteur des liberalen *Berliner Tageblatts*, Theodor Wolff, finden sich in seinen Reihen.

Bewußt macht das Reichsbanner den Rechten Begriffe wie »Vaterland« und »Nation« streitig und spricht selbst von der »wahren Volksgemeinschaft«, die es allerdings nur in einer sozial gerechten Demokratie verwirklicht sieht. Worum es dabei vornehmlich geht, formuliert Theodor Haubach, eines der Gründungsmitglieder, am 1. Mai 1926 in der Zeitung des Reichsbanners: »Der links eingestellte Deutsche mit seiner nur negativen Einstellung zum reaktionären Geschichtsbild, mit seiner ganzen unhistorisch eingerichteten Auffassung, zeigt uns, wie ohnmächtig er auf Dauer gegenüber einem Gegner ist, dessen Willensbildung auf der großen Macht der Vergangenheit beruht.« Indem die Reichsbanner-Ideologen bei der großdeutsch-demokratischen Tradition von 1848 anknüpfen, sich auf die preußischen Reformer und den Geist der Befreiungskriege berufen, wollen sie der Agitation des Schwarz-Weiß-Rot-Nationalismus einen republikanischen Schwarz-Rot-Gold-Patriotismus entgegensetzen. Man lernt beim Gegner, um ihn desto wirksamer zu bekämpfen, übernimmt Wehrsport, führt Kleinkaliberschießen ein und ist nach »Gauen« organisiert, so daß der »Stahlhelm« schließlich behauptet, die Linke hätte ihm die Form gestohlen.

Zwar ist der republikanische Kampfbund sozialdemokratisch geführt und dominiert, aber in der Sozialdemokratie bleibt er, teils wegen seiner paramilitärischen Organisationsform, teils wegen seines Bekenntnisses zur bürgerlichen Republik, bis an sein Ende heftig umstritten. Die Miliz der Republik stellt ja nicht nur einen Wehrverband nach dem Modell der Weimarer Koalition dar, ihre Kerntruppe ist auch als eine Art nach rechts verschobener SPD zu verstehen, welche die Linke um Paul Levi erbittert als die »fleischgewordene Idee der Großen Koalition« bekämpft. Levi behauptet, das Reichsbanner ordne Klasseninteressen der Zusammenarbeit mit den bürgerlichen

Parteien unter und marschiere unter der Fahne Schwarz-Rot-Gold zur Verteidigung des demokratischen Staats, wo es doch Pflicht eines echten Proletariers sei, ausschließlich für den Klassenkampf und nur unter dem roten Banner anzutreten. Die SAJ wiederum beklagt den militärischen Drill, den Uniformkult und das »innere autokratische Regime« des Reichsbanners, das sich in der Tat nach einem Wort Theodor Haubachs nicht als »Vereinsdemokratie« versteht und so auch nicht verstehen darf, wenn es rechten und linken Parteiarmeen Paroli bieten will.

Schumacher sieht im Reichsbanner mehr als nur ein Instrument zur «Abwehr putschistischer Angriffe«. Hinter seinem »defensiven Zwecke«, schreibt er im Juni 1929, stecke ein starker politischer Offensivwille, darauf gerichtet, »den Republikanern die Macht in der Republik zu geben«.

Wird dabei des Guten zuviel getan? In den letzten Jahren der Republik – das Parlament hat längst abgedankt, Heinrich Brüning stützt sich mit seinen Präsidialkabinetten auf die Notverordnungen Hindenburgs – ertönt der Ruf nach stärkerer »Führung« auch im republikanischen Wehrverband. Der »Vorsitzende« wird nun durch den »Führer« ersetzt. Die Tendenz, daß die Linke die Herausforderungen der Rechten zunehmend durch den Rückgriff auf deren Instrumentarium parieren will, bricht sich vollends Bahn, als die Sozialdemokratie im Dezember 1931 die »Eiserne Front« bildet. Zwar ist dieser Zusammenschluß von Arbeitersportvereinen und Gewerkschaften, Reichsbanner und SPD als Antwort auf die Herausforderung der paramilitärischen Organisationen von Nationalsozialisten und Deutschnationalen gedacht, die, zum Todesstoß gegen die Republik angesetzt, sich in der »Harzburger Front« verbündet haben. Die Neuformierung aller demokratischen linken Kräfte soll signalisieren, daß die Front der Republikaner »eisern« hält, denn es gilt jetzt, bei den eigenen Anhängern einer defätistischen Stimmung vorzubeugen, die sich nach dem großen Wahlerfolg der Nationalsozialisten im Herbst 1930 ausgebreitet hat. Um ihnen das Gefühl zu geben, nicht länger in einer lähmenden, endlosen Defensive zu verharren, um ihren Offensivwillen wachzurütteln, ihnen Mut zu machen und das Gefühl von Stärke und Entschlossenheit zu vermitteln, werden jetzt bewußt Emotionen geweckt.

Zusammen mit dem Exilrussen Sergej Tschachotin erarbeitet Carlo Mierendorff das neue Propagandakonzept der »Drei Pfeile«. Tschachotin, ehemals Assistent des berühmten Physiologen Pawlow und von Hause aus Psychologe, geht von der Überlegung aus, daß die Masse politische Entscheidungen weitgehend gefühlsmäßig trifft und Propaganda, wenn sie massenwirksam sein soll, nicht nur an Logik und Vernunft, sondern gezielt an Spontaneität, Impulse und Stimmungen appellieren muß. Bei Mierendorff, der schon Hendrik De Mans These vom viel zu blassen Rationalismus der marxistischen Agitation begeistert zugestimmt hatte, rennt er damit offene Türen ein. Ganz einfache Formeln sollen jetzt plötzlich helfen, das Hinübergleiten der Massen zu den Nationalsozialisten zu vermeiden, ganz einfache Symbole ihnen zur Selbstverständigung und Selbstbestätigung dienen und die Gewißheit geben, daß die Gegner von rechts wie links besiegbar seien. In Anlehnung an die russischen Konstruktivisten und El Lissitzkys »Schlagt die Weißen mit dem roten Keil« gehen auf den Plakaten und Flugblättern der »Eisernen Front« jetzt je ein Pfeil auf das Hakenkreuz, auf die Krone und auf Hammer und Sichel nieder – die Symbole der Republik schlagen die Nationalsozialisten, die monarchistisch orientierten Deutschnationalen und die Kommunisten in die Flucht.

Aber hält die neue Propagandamethode auch, was sie verspricht, haben die neuen Symbolwaffen Erfolg? Zwar bucht Mierendorff das günstige Abschneiden der Sozialdemokraten und die Verluste der Nationalsozialisten bei den hessischen Landtagswahlen in Darmstadt im Juni 1932 auf das Konto der von Tschachotin entwickelten Politwerbung. Doch ist ihm, wie Richard Albrecht in seiner Mierendorff-Biographie betont, eine beinahe generalstabsmäßige Umsetzung seiner Wahlkampfvorstellungen letztlich nur in seiner Heimatstadt Darmstadt möglich. Reichsweit treten SPD und Eiserne Front im Zeichen der drei Pfeile nur im Präsidentschaftswahlkampf an, als es gilt, Hindenburg gegen Hitler durchzusetzen; nach der Niederlage in den Preußenwahlen hielten sich SPD-Führung und Reichsbanner bei der Verwendung der neuen Symbole eher bedeckt. Bei Fritz Heine, der damals als junger Mann in der zentralen SPD-Werbeabteilung tätig ist, erscheinen Mierendorff und Schumacher gemeinsam als Fürsprecher für die neuen Methoden der Agitation und der Massenaufmärsche – Mierendorff »eindeutig in der Rolle des Führenden«.

Im Württembergischen hält Schumacher zahllose Versammlungen des Reichsbanners unter dem Symbol der eisernen drei Pfeile ab, die für Aktivität, Disziplin und Einigkeit stehen. Oft trägt er graue Windjacke und blaue Skimütze, die Uniform der republikanischen Miliz. Gezielt nutzt er als SPD-Vorsitzender von Stuttgart im Reichstagswahlkampf des Sommers 1932 die neuen Propagandawaffen, um Stammwähler zu mobilisieren und Sympathisanten aufzurütteln, doch verzichtet er auf den Überschwang Mierendorffs, der im Juni 1932 eine Freiheitsgöttin in antikem Gewand mit ausgestrecktem Schwert unter einer roten Fahne mit den drei Pfeilen durch Darmstadt paradieren läßt. Schumacher konzentriert sich ganz darauf, Entschlossenheit zu demonstrieren. Wie er das macht, läßt sich einem Bericht der *Schwäbischen Tagwacht* über den Wahlkampf-Auftakt der SPD entnehmen: »Im Zeichen der Eisernen Front und ihrem Symbol, den eisernen drei Pfeilen, die das Hakenkreuz zerschlagen, versammelten sich in der Stuttgarter Liederhalle weit über 3000 Wähler und Mitkämpfer der Sozialdemokratie... Große Begeisterung entfachte der Einmarsch der Arbeiterjugend, die ein Banner mit den drei Pfeilen und ihre roten Fahnen voraustrug. Der Jugend folgte das Reichsbanner mit den Fahnen der Republik, gleichfalls von den Versammelten mit starkem Beifall begrüßt. Jugend und Reichsbanner nahmen auf dem Podium hinter der Tribüne Aufstellung. Der schneidig gespielte Reichsbannermarsch des Spielmannskorps leitete die Versammlung ein. Die Arbeiterjugend überraschte mit einem packenden Sprechchor: ›Die Eiserne Front marschiert!‹.«

Daß diese Wahlschlacht Kampfbereitschaft und Kampfeswille erfordert, wird dem Leser durch die systematische Wiederholung des Wortes »Kampf« geradezu eingehämmert: Im Namen der »Kampfleitung« der Eisernen Front eröffnet Erwin Schoettle die Versammlung; er versichert, daß der »Kampf« nicht nur mit Entschlossenheit, sondern auch »der notwendigen Rücksichtslosigkeit« geführt werde; Beifallsstürme branden auf, als der militante Sozialdemokrat und Reichstagsabgeordnete Schumacher als Hauptredner die Tribüne betritt, um mit dem »Monokelkabinett« von Papen abzurechnen, das nicht den Mut gehabt habe, sein Programm im Reichstag »kämpferisch« durchzusetzen. Die Sozialdemokraten dagegen, so die Botschaft Schumachers, verstehen jetzt zu kämpfen. Sie müssen nur an sich selbst glauben, dann werden sie jeder Situation gewachsen sein.

Seinen Vorsatz, mit solchen Massenveranstaltungen vor allem die Jugend zu gewinnen, belegt eine Rede, die er Ende März 1930 auf der Gaukonferenz des Reichsbanners in Esslingen hält. Da beklagt er, daß der Republik die »Ruten und Beile« fehlten und, vom Kapp-Putsch angefangen, eine Reihe schwerer Verfassungsbrüche ungesühnt geblieben seien. Hier taucht erstmals das Wort von den Kommunisten als den »rotlackierten Doppelausgaben der Nationalsozialisten« auf, welches in der Auseinandersetzung mit Pieck, Ulbricht und Grotewohl 1945/ 46 dann eine so zentrale Rolle spielen wird. Beiden, Nazis wie Kommunisten, sei nicht nur der Haß auf die Demokratie und die »Vorliebe für Gewalt« gemeinsam, beide hätten es auch verstanden, den Aktivismus der Jugend für sich einzuspannen. »Das republikanische Parteiwesen«, sagt er nach dem Bericht der *Schwäbischen Tagwacht* vom 1. April 1930, »hat zuwenig Platz für die Betätigung des jugendlichen Elans.« Ohne Zweifel hat er die eigene Partei im Visier, wenn er erklärt: »Die Generation, die 1918 auf den Höhepunkt ihres politischen Schaffens gelangte, hat sich allzu häuslich eingerichtet. Viele der besten Jungen in Deutschland sind heute politisch heimatlos.«

Durch Massenaufgebote soll sich die Arbeiterschaft selbst beweisen, was sie wert ist. Um sich selbst Mut zu machen und dem Gegner einschüchternde Stärke zu demonstrieren, bietet die SPD dreißigtausend Arbeiter zu einer Gegenkundgebung auf dem Karlsplatz auf, als Hitler sein Erscheinen für den 7. Dezember 1930 in Stuttgart angekündigt hat. Dem Aufmarsch geht ein großer Umzug voran, angeführt von einer Abteilung des Reichsbanners mit dem Spielmannskorps der Sozialistischen Arbeiterjugend und einem Wald von roten Fahnen, hinter denen Arbeitersänger, Arbeitersamariter, Arbeitersportler und Mitglieder der einzelnen Parteibezirke marschieren, dazwischen an die zwanzig Musikkapellen.

Was Schumacher mit solchen Inszenierungen bezweckt? Er wolle mit Hitler die Klinge kreuzen, sagt er, ihm beweisen, wo das Volk wirklich stehe. Übrigens kontert er auf dieser Kundgebung die These der rechtsextremen Gegner von der nationalen Unzuverlässigkeit der SPD mit dem Hinweis auf die Haltung der NSDAP in bezug auf die Südtirol-Frage. Weil Hitler Verständnis für den faschistischen Diktator Mussolini und dessen Festhalten an der Brennergrenze zeigt, erklärt er die NSDAP zu einer »antinationalen, pro-italienischen Unternehmerknechtspartei«.

Sarkastisch ist Schumacher, oft bis zur Derbheit polemisch, sein Umgang mit den Nazis ist alles andere denn zimperlich. Zwar seien die Sozialdemokraten »für eine Politik und einen Kampf des Geistes begeistert, aber dem rohen Pack gehört die rohe Faust«, schreibt er im Juni 1932. »Dem Pack die Zähne zeigen«, lautet seine Parole.

Wenn der Ansturm der Nazis erst einmal abgeschlagen sei, droht er dem Hauptgegner an, »dann werden wir niemanden aufhängen, aber wir werden die ganze Naziführerbande in die Irrenhäuser einsperren. In der Gummizelle und nicht auf dem Schafott wird diese Bewegung liquidiert werden.« Gemessen an dem faschistischen Diktator Mussolini, behauptet er, sei Hitler, dem zu einem Marsch auf Berlin der Mut gefehlt habe, bestenfalls ein Dekorateur.

Es ist dies der Paradefall einer Fehleinschätzung, denn falls die Wortwahl überhaupt zutrifft, wird die Geschichte eher dem Italiener die Rolle des Dekorateurs, dem Deutschen aber die des blutigen Diktators zuweisen.

»Mobilisierung der menschlichen Dummheit«: Der Marsch in die Diktatur 1932/33

Anfang der 30er Jahre hat sich Schumacher nicht nur in Stuttgart, sondern im ganzen Land durchgesetzt, weil er, im Gegensatz zu den braven Parteiroutiniers, den Arbeitern Glauben an die eigene Kraft einflößt. »Schumacher ist jetzt *der* Mann«, schreibt Anfang Oktober 1930 die *Arbeitertribüne* der Kommunistischen Partei/Opposition (KP/O), »um ihn gruppieren sich alle unzufriedenen Stimmungen der sozialdemokratischen Arbeiter. Sie sehen in ihm den Wortführer einer entschiedenen Opposition und einer Erneuerung und Neuorientierung der Sozialdemokratischen Partei. Ergo wird er jetzt überall als Referent angefordert.« Ihm, Schumacher, konnte gelingen, was die traditionellen sozialdemokratischen Politiker »mit ihrem herkömmlichen Agitationsstil, in langen, mit Zahlen gespickten Vorträgen zu meist eng definierten sozial- oder steuerpolitischen Themen nicht mehr vermochten«. Indem er sich radikal gab und sozialdemokratische Maximalforderungen vertrat, heißt es in der von Thomas Kurz 1994 vorgelegten Dissertationsschrift »Feindliche Brüder im deutschen Südwesten«, vermittelte er seinen Zuhörern Mut und Selbstvertrauen. Nur Schumacher habe 1932 in Südwestdeutschland noch über die Kraft verfügt, »prinzipielle programmatische Aussagen« zu machen und dabei »wirksam zu formulieren«; im Landtagswahlkampf 1932 habe es »kaum noch jemanden in der Partei gegeben, der etwas zu sagen hatte«.

Er ist der Mann nach dem Geschmack und dem Herzen der Basis im Land. Auf sie gestützt, nimmt er Frühjahr die letzte Hürde, die seinem politischen Aufstieg noch im Wege steht – er wird in den Landesvorstand gewählt, der bis dahin die Domäne betulicher Kompromißler ist. Unter massivem Druck der Ortsvereine verzichtet Wilhelm Keil, damals 62jährig, im Herbst 1932 auf eine erneute Reichstagskandidatur, und die Landesversammlung setzt Kurt Schumacher, der diesmal das Hauptreferat gehalten hat, auf Platz zwei der Landesliste. Wie tief die Verärgerung Keils über den undankbaren jungen Akademiker und Parteirebellen sitzt, den er selbst von Berlin nach Stuttgart lotste, läßt sich in der unveröffentlichten Originalfassung seiner Memoiren im Hauptstaatsarchiv in Stuttgart nachlesen. Darin ist von den »Großtaten in der Fraktionsleitung« die Rede, mit denen Schumacher vor dem Landesvorstand geprahlt habe, seine Freunde werden von Keil als »junge Adjutanten« und Einpeitscher seines militanten und verbalradikalen Kurses geschildert – Wertungen, die mit Rücksicht auf den Neubegründer und Vorsitzenden der westdeutschen Sozialdemokratie bei der Drucklegung dann der Glättung und Schönung zum Opfer fallen.

Seinen Erfolg verdankt Kurt Schumacher vor allem der scharf artikulierten Opposition gegen die Auswüchse der sogenannten Tolerierungspolitik, welche die Parteiführung ihren Mitgliedern nur schwer verständlich machen kann. Seit den Septemberwahlen 1930, bei denen die Nationalsozialisten erdrutschartige Gewinne erzielten und nach der SPD zur zweitstärksten Fraktion geworden sind, sieht sich Reichskanzler Brüning auf die Duldung der Sozialdemokraten angewiesen. Die nächstliegende und sauberste Lösung, die Bildung einer Koalition, in der die SPD direkten Einfluß auf die Regierungspolitik hätte nehmen können, entspricht weder den Wünschen des Reichspräsidenten noch den Vorstellungen der SPD-Spitze und der -Reichstagsfraktion. Um jedoch Versuche Brünings zu verhindern, sein Kabinett durch Einbeziehung der Nationalsozialisten nach rechts zu erweitern, entschließen sich die Sozialdemokraten, den Minderheitenkanzler parlamentarisch zu stützen. Sie betrachten die Erhaltung der Demokratie, den Schutz des Parlamentarismus und ein »streng verfassungsmäßiges Regieren« als vorrangige Ziele, aber ihre im Ansatz besonnene, vernünftige Politik des »kleineren Übels« legt der Parteiführung schwere Lasten auf – sie strapazierte die Geduld ihrer Anhänger, meint Heinrich August Winkler, und biete ihren Gegnern damit willkommene Angriffsflächen. Die Verteidigung der unpopulären Politik Brünings verbessert Hitlers Chancen, »seine Partei als die große Oppositionsbewegung rechts von den Kommunisten und zugleich als volkstümliche Alternative zu beiden Spielarten des ›Marxismus‹, der radikalen und der gemäßigten, zu präsentieren«.

Im Jargon heutiger Politiker gesprochen, sind im Zuge dieser Tolerierungspolitik sehr viele »Kröten« zu schlucken, und eine davon ist

Zentrumpartei
30.3.30 – 30.5.32 Reichskanzler
Jurastudium, Nationalökonomie
Aufenthalt in GB, Promotion

besonders fett und groß geraten. Weil es darauf ankommt, nach dem Auszug der Rechten die Regierung vor einem kommunistischen Mißtrauensvotum und Brüning vor dem Sturz zu bewahren, enthält sich die SPD-Fraktion bei der Bewilligung der ersten Rate für den Panzerkreuzer B am 20. März 1931 der Stimme und ermöglicht damit, daß der Bau beginnen kann. Dabei liegt der Aufstand der Parteibasis gegen das Ja der sozialdemokratischen Minister des Kabinetts Müller zur ersten Rate für den Panzerkreuzer A erst zweieinhalb Jahre zurück! Der dramatische Kurswechsel der Fraktion, die 1929 ein Nein gegen ihren eigenen Kanzler durchsetzte, läßt nicht nur erkennen, wie groß inzwischen die Bedrohung der parlamentarischen Demokratie geworden ist, er zeigt auch die ganze Problematik der Tolerierungspraxis und die Zerrissenheit der Partei.

Zwischen der Führung auf der einen, Mitgliedern und Wählern auf der anderen Seite tut sich eine neue Glaubwürdigkeitslücke auf. Neun Reichstagsabgeordnete verweigern der Fraktionsführung die Gefolgschaft und stimmen mit den Kommunisten für die Ablehnung des Panzerschiffs, 29 Sozialdemokraten äußern ihren Protest, indem sie der Abstimmung fernbleiben – unter ihnen befindet sich auch Kurt Schumacher. Zwar ist er ein überzeugter Gegner des Kreuzerbaus, aber mit den Kommunisten gegen Demokraten stimmen, das ist seine Sache nicht. Im nachhinein mag er seine Haltung in den Wehrdiskussionen von 1929 bestätigt finden, hatte er doch in Magdeburg von der Befürchtung gesprochen, die vom Parteivorstand vorgelegten Richtlinien würden eine »papierene Möglichkeit« zur Weiterführung der von ihm nicht gebilligten Panzerkreuzer-Politik schaffen. Und hat der Stimmenthaltungsbeschluß zum Panzerkreuzer B nicht auf verhängnisvolle Weise demonstriert, was er damals so scharf rügte – daß »in der sozialdemokratischen Politik alle Prinzipien in Taktik aufgelöst werden«?

Schumacher gehört auch zu den frühen Kritikern der Brüningschen Deflationspolitik, welche die Binnennachfrage durch Lohn- und Gehaltskürzungen senkt, das Anspringen der Konjunktur verhindert und zum dramatischen Ansteigen der Arbeitslosigkeit führt – ein Kurs, der aus Inflationsangst von der sozialdemokratischen Führung zunächst mitgetragen wird. Im Gegensatz zu den Grundmaximen des *deficit spending* von John Maynard Keynes, die damals allerdings in Deutschland weitgehend unbekannt sind, hält der Zentrumskanzler an einer »soliden Haushaltspolitik« fest und verweigert – auch mit

Blick auf die Reparationszahlungen – das Schuldenmachen; ein, wie wir heute wissen, wahrlich fataler Entschluß, für den Wirtschaftshistoriker das Wort vom »Kaputtsparen« prägen werden.

Als die Zweite Notverordnung vom 5. Juni 1931 die Renten von Invaliden und Kriegsversehrten sowie die Leistungen der Arbeitslosenversicherung drastisch kürzt, fordert Schumacher auf einer Vertrauensmännerversammlung in Stuttgart das Ende der Tolerierungspolitik. Sie habe ihren Sinn verloren, »seit die Taten Brünings, anstatt die ökonomischen Ursachen des Rechts- und Linksradikalismus auszureißen, künstlich Faschisten erzeugten«. Damit nimmt er eine Position vorweg, die Monate später auch der Allgemeine Deutsche Gewerkschaftsbund (ADGB) vertreten wird: Er verlangt ein Programm zur Ankurbelung der Konjunktur! Die Arbeitslosenziffer bewegt sich in diesem Krisensommer von 5 auf 6 Millionen zu, da verteidigen Wilhelm Keil und Erich Roßmann die erneute Rücksichtnahme auf den Kaputtsparkanzler Brüning mit dem Hinweis, nur so lasse sich der drohende Verlust der Demokratie verhindern. Schumacher hält ihnen entgegen, daß der Wirtschaftsaufschwung, welcher allein die weitere soziale Verelendung der Massen verhindern könne, durch die Minderung der Kaufkraft bewußt verzögert werde und die Radikalisierung weiterer Wählerschichten damit unvermeidlich sei.

Beide, Mehrheit wie Minderheit, haben Argumente für ihre Haltung ins Feld zu führen; es war, wie Rudolf Hilferding schrieb, eine tragische Situation: »Die Demokratie zu behaupten gegen eine Mehrheit, die die Demokratie verwirft, und das mit den Mitteln einer demokratischen Verfassung, die das Funktionieren des Parlamentarismus voraussetzt, es ist fast die Lösung der Quadratur des Kreises, die da der Sozialdemokratie als Aufgabe gestellt wird – eine wirklich noch nicht dagewesene Situation.«

Natürlich ist die sozialdemokratische Tolerierungspolitik keine Liebeserklärung an Brüning, sondern das Ergebnis einer komplizierten Kosten-Nutzen-Kalkulation, bei der Preußen im Mittelpunkt aller politischen Überlegungen steht. Das Preußen der Weimarer Republik ist ja kein Hort des Militarismus, sondern »eine stolze Feste im Lager der Republik«, wie Hilferding auf dem Kieler Parteitag 1927 sagt. Es gilt als Bürge des Bestandes der Republik und befindet sich fest in der Hand der Sozialdemokratie. Der machtbewußte Otto Braun, ein Tatmensch und Pragmatiker, wegen seiner autoritären Ausstrahlung auch der rote Zar von Preußen genannt, und sein Innenminister Carl Severing sind für die Gegner der Republik die prominentesten Symbolfiguren des verhaßten »Systems«. Severing hat den Staatsdienst reformiert, monarchistische und deutschnationale Regierungspräsidenten und Landräte zwangspensioniert und greift hart gegen den Straßenterror von Nationalsozialisten wie Kommunisten durch. Er vermag sich dabei auf eine Polizei zu stützen, die von zuverlässigen Republikanern geführt wird und nach der Reichswehr als schlagkräftigste Truppe im Weimarer Staate gilt.

Otto Brauns demokratische Bastion umfaßt 5/8 der Bevölkerung und 3/5 der Fläche des Reichs. Wer Preußen hat, hat das Reich – mit dieser Überlegung trösten sich die Sozialdemokraten, die in Weimar ja nur drei Jahre den Reichskanzler stellen, und genau an dieser Stelle setzt Heinrich Brüning an, um den Sozialdemokraten die Tolerierung abzupressen. Da Braun an der Spitze einer Weimarer Koalition mit dem Zentrum und der Demokratischen Partei regiert, droht Brüning mit dem Bruch des Preußenbündnisses, falls die Sozialdemokraten im Reichstag gegen seine Notverordnungen stimmen. So sind beide Regierungschefs von der Unterstützung der jeweils anderen Partei abhängig – der preußische Ministerpräsident von der Koalitionstreue des Zentrums, der Reichskanzler von der Duldung der Sozialdemokraten, die vorrangig den Machterhalt in Preußen im Auge haben. Der prekäre Balanceakt findet ein jähes Ende, als die Parteien der Weimarer Koalition bei den Landtagswahlen im April 1932 dramatische Einbußen hinnehmen müssen. Die Regierung Otto Braun verliert ihre Mehrheit im Parlament, weiß sich aber, auf die Geschäftsordnung gestützt, im Amt zu behaupten, weil die negative Mehrheit von Nationalsozialisten und Kommunisten unmöglich gemeinsam eine neue Regierung bilden kann.

Franz von Papen, der Nachfolger des am 30. Mai 1932 gestürzten Brüning, führt am 20. Juli seinen »Preußenschlag«: Gestützt auf eine Notverordnung des Reichspräsidenten, macht er sich selbst zum Reichskommissar für Preußen, enthebt die preußischen Minister ihrer Ämter und ernennt einen Mann seines Vertrauens, den Essener Oberbürgermeister Bracht, zum Nachfolger Severings und Herrn über die preußische Polizei. Nicht nur aus der Sicht des SPD-Fraktionsvorsitzenden Otto Wels stellt dieser Akt der Reichsregierung einen »offenen Staatsstreich« dar. Zur Sicherung der öffentlichen Ordnung den militärischen Belagerungszustand zu verhängen, die preußische Exekutivgewalt zu übernehmen und sich die Polizei zu unterstellen, ist zwar nach einem späteren Urteil des Staatsgerichtshofs beim Reichsgericht mit der Verfassung vereinbar, die Absetzung einer legalen Regierung zu verfügen und damit einem Land seine verfassungsmäßige Vertretung im Reichsrat zu nehmen, dagegen nicht. Wäre also gewaltsamer Widerstand legitim?

Daß er ausbleibt, daß die demokratische Bastion Preußen kampflos fällt und die – abgesetzte – Regierung Braun sich damit begnügt, ein Verfahren beim Reichsgericht anzustrengen, ist der Auftakt zum tragischen Ende der Weimarer Demokratie. Nach einem ersten Schock des Entsetzens löst er bei allen republikanisch Gesinnten tiefste Resignation und Niedergeschlagenheit aus, zumal der Abgang Carl Severings alles andere denn ruhmvoll ist. Er weiche nur brachialer Gewalt, hat der starke Mann Preußens nach der Ankündigung des Reichskanzlers dräuend erklärt – um dann anstandslos seinen Schreibtisch zu räumen, kaum daß der zum kommissarischen Innenminister bestellte Franz Bracht in Begleitung nur zweier Polizeioffiziere erscheint und ihn aus seinem Dienstzimmer weist. In seinen Memoiren liest sich dies so: »Nachdem ich die Exekutoren aufgefordert hatte, sich für die Ausführung ihres Auftrages auszuweisen, und diese Ausweise beigebracht waren, habe ich das Amtszimmer verlassen.«

Haben die Sozialdemokraten mit dieser schmählichen Kapitulation vor Papen die letzte Chance zur Rettung der Republik versäumt? Viele Mitglieder des Reichsbanners, die auf zahllosen Kundgebungen der Eisernen Front ihre Kampfbereitschaft für die Demokratie demonstriert haben, warten an diesem Tag vergeblich auf ihren Einsatzbefehl; als er nicht kommt, zerreißen sie enttäuscht ihre Mitgliedsbücher. Typisch für die jüngeren Sozialdemokraten in diesem letzten Jahr der Republik ist die Reaktion Heinz Kühns, des späteren Ministerpräsidenten von Nordrhein-Westfalen, der den 20. Juli 1932 als Jungbannerführer in Köln erlebt. Reichsbanner, Eiserne Front, Hammerschaften – sie alle, schreibt er in seinen Memoiren, hätten ungeduldig darauf gewartet, in den Kampf zu ziehen. »Die Hundertschaften waren in Bereitschaft gerufen, wir hofften auf das Losungswort – bis abends der Telefonanruf aus Berlin kam: Wir haben das Reichsgericht angerufen! Ich konnte meine Enttäuschung erst nach Jahren überwinden, obwohl ich die Entwicklung vorausgeahnt hatte. Noch in der Nacht vergrub ich meine Parabellum-Pistole im elterlichen Schrebergarten. Nun war alles aus!«

Zu denen, die damals die preußische Regierung mit Waffengewalt

Die Absetzung der preußischen Regierung (»Preußenschlag«) durch Reichskanzler Brüning am 20. Juli 1932 ist Auftakt zum Ende der Weimarer Demokratie. Innenminister Severings Abgang ist alles andere denn ruhmvoll. Der sozialdemokratische Kommandeur der Berliner Schutzpolizei, Oberst Heimannsberg, verläßt nach seiner Verhaftung das Polizeipräsidium am Alexanderplatz (unten).

verteidigen wollen, auch wenn dies Bürgerkrieg bedeuten sollte, zählt der Reichsbannerführer Kurt Schumacher in Stuttgart, wie sein damaliger Reichstagskollege Heinrich Ritzel bezeugt. In seiner Bildmonographie über Schumacher erinnert er sich, daß in den Sommertagen des Jahres 1932 im Kreise junger Sozialisten immer wieder Überlegungen darüber angestellt wurden, ob es nicht zweckmäßig sei, zur Gewalt zu greifen: »Auch ich neigte dieser Auffassung zu, obwohl ich mir bewußt war, welch ungeheures Risiko in einer solchen Aktion liegen könnte. Kurt Schumachers militante Gesinnung stellte Bedenken dieser Art zurück. Er glaubte an das ›Reichsbanner‹ und – trotz der großen Arbeitslosigkeit – an die Macht der Gewerkschaften und an die republikanische Zuverlässigkeit der Polizei in Preußen und in Hessen.«

Josef Felder, Redakteur der SPD-Zeitung in Augsburg, bestätigt diesen Eindruck: »Schumacher war der Meinung, am 20. Juli hätte auf jedes Risiko hin der Versuch der Auflehnung gemacht werden müssen.« Felder hat engen Kontakt zu Schumacher, seit er im November 1932 erstmals in den Reichstag gewählt wird. Mit dem Hamburger Gustav Dahrendorf und dem Mannheimer Ernst Roth ist der 32jährige Augsburger einer der jüngsten Neuzugänge. Schumacher, der die Fraktion für viel zu überaltert und zu statisch hält, bemüht sich um die drei, er wünscht, daß sie schnell Fuß fassen und mit dazu beitragen, die Debatten lebhafter zu gestalten. Damals, so Felder, wurde noch einmal über die Frage diskutiert, warum am 20. Juli nicht gekämpft worden sei. »Das war eine lebhafte, mich eigentlich fast erschütternde Debatte ... Otto Braun, der ja noch Mitglied der Reichstagsfraktion gewesen ist, hat dargelegt, wie die Lage bei der Enthebung aus dem Amte war, Severing erklärte, daß er keine Möglichkeit mehr hatte, etwas zu tun, und Schumacher hat immer wieder mit dem Kopf geschüttelt.«

Erinnerungen, die ganz dem Bild des sozialistischen Kämpfers entsprechen, der mit seiner Mobilisierungskampagne in Württemberg das sozialdemokratische Milieu stabilisieren und die Partei schlagkräftig halten will – aber sind sie vielleicht von nachträglichem Wissen geschönt? Auch die Parteiführung will mit ihrer Entscheidung ja Hitler den Weg zur Macht nicht ebnen, ganz im Gegenteil. Die klassische Waffe der Linken, der Generalstreik, hat beim Kapp-Putsch gewirkt, auf dem Höhepunkt der Massenarbeitslosigkeit scheint sie stumpf geworden. In zehn Tagen, am 31. Juli 1932, wird ein neuer

Reichstag gewählt. »Käme es jetzt zu Kämpfen«, so schätzt Otto Wels die damalige Lage ein, »so würden die Wahlen nicht stattfinden. Jetzt nicht und für lange Zeit nicht. Sollten wir unbekümmert um die Folgen den ungleichen Kampf aufnehmen und der Reaktion den Vorwand liefern, wir selbst hätten die Wahl unmöglich gemacht, oder sollten wir sagen: vor allem Sicherung der Reichstagswahl am 31. Juli?«

Und die zuverlässige Truppe der Republik, die preußische Polizei? Sie zählt 85 000 Mann, nach den Bestimmungen von Versailles verfügt sie für je tausend Mann über nur zwei Maschinengewehre; für einen bewaffneten Einsatz wären ohnehin nur 30 000 kasernierte Bereitschaftspolizisten in Frage gekommen, und auch sie hätten gegen die schwerbewaffnete Reichswehr, so Carl Severing, nie eine Chance gehabt – falls sie überhaupt gegen sie angetreten wären. Das Gros ihrer Einheiten nämlich, urteilt Otto Braun in seinen Memoiren, hätte sich »nicht gegen den vom verfassungsmäßig gewählten Reichspräsidenten betrauten militärischen Befehlshaber aufgelehnt«, sondern wäre dessen Kommando sogar gefolgt.

Das Reichsbanner, mit rund einer Million aktiver Mitglieder nominell der stärkste paramilitärische Verband der Republik, hatte theoretisch zwar 250 000 Mann seiner Eliteformation, der »Schufos«, aufzubieten, aber sie waren kläglich gerüstet und konnten, wie Heinrich August Winkler in seiner »Geschichte der ersten deutschen Demokratie« meint, »allenfalls den zahlenmäßig fast doppelt so starken und sehr viel besser bewaffneten paramilitärischen Verbänden der Rechten, SA, SS und ›Stahlhelm‹, eine Zeitlang widerstehen, die sich mit Sicherheit an einem Kampf zur Niederwerfung der ›Marxisten‹ aktiv beteiligt hätten«. Der Führer des Frankfurter Reichsbanners, schreibt Severing, habe sich unmittelbar nach dem 20. Juli außerstande gesehen, eine Aktion zu organisieren, »da der Mangel an Fahrzeugen nicht einmal eine Mobilisation zu bestimmten Terminen gestatte«. Unter solchen Umständen die Verteidiger der Weimarer Republik, die zu allem noch die über die Absetzung von Braun/Severing jubelnden Kommunisten im Rücken hatten, zum Kampfe mit den Waffen zu rufen, wäre in den Augen Otto Brauns »verbrecherischer Wahnwitz« gewesen. »Freilich, die Welt liebt bei solchen Anlässen dramatische Szenen und pathetische Posen«, stellt er resignierend fest, »aber mir sachlichem Wirklichkeitsmenschen lag nichts ferner als das.«

Anders urteilt Willy Brandt, 1932 junges SAP-Mitglied, in einem Interview, das er wenige Monate vor seinem Tod gegeben hat: Wenn man einmal in diese aussichtslos erscheinende Lage geraten war, blieb nur zu entscheiden, ob die eigene Reaktion dazu beitragen könnte, daß sich eine neue Diktatur festsetze, oder ob in ihr die »Elemente der Überwindung dessen, was da kommt, schon mit angelegt« waren. Der Widerstand der österreichischen Sozialdemokraten im Februar 1934 habe bewirkt, »daß nicht das Ausmaß an Demoralisierung eintrat, das mit einer kampflosen Niederlage verbunden ist«. Er spielt auf den Aufstand einiger tausend Mitglieder des sozialistischen Republikanischen Schutzbunds an, mit dem dieser auf das Verbot durch den austrofaschistischen Kanzler Engelbert Dollfuß reagierte. Aber das Signal der militanten österreichischen Sozialisten zündete damals nicht, die Masse der Arbeiter blieb unbeteiligt, und gegen das Bundesheer hatten sie keine Chance. Die Sache der Demokratie retteten die Aufständischen nicht – aber vielleicht die Ehre ihrer Bewegung.

Man mag über die deutsche Sozialdemokratie spotten, daß sie sich am 20. Juli 1932 einmal mehr für die Aufrechterhaltung von Ruhe und Ordnung und nicht für Kampf bis zum sicheren, freilich ehrenvollen Untergang entscheidet – aber entspricht es nicht der nüchternen Einsicht in die wahren Kräfteverhältnisse, wenn die Parteiführung ihre Wähler auffordert, Disziplin zu wahren und Papen die nötige Antwort am Wahltag des 31. Juli zu geben?

Übrigens belegen die wenigen erhaltenen Zeitungsberichte über Kurt Schumachers Stellung zum Preußenschlag nicht eindeutig seine von Ritzel und Felder geschilderte Kampfentschlossenheit. Nach den Untersuchungen von Thomas Kurz hat sich in den badischen und württembergischen Parteiorganisationen »kein erkennbarer Widerstand gegen die zurückhaltende Linie der Parteiführung« geregt. Unter dem Datum vom 22. Juli berichtet die *Schwäbische Tagwacht* über eine Stuttgarter Vertrauensmänner-Versammlung, auf der Schumacher referierte. Danach wurde das Vorgehen Papens empört verurteilt, doch die Anwesenden billigten »einmütig die Stellung der Parteiinstanzen und lehnten sinnlose Sonderaktionen ab, waren sich aber ebenso einig in der Überzeugung, daß die Partei äußerste Mittel anwenden müsse, um das Recht des Volks auf den Staat zu verteidigen«.

Wenn Kurt Schumacher also hat kämpfen wollen, was nach seinem Temperament und seiner Überzeugung durchaus wahrscheinlich ist, gibt er sich nach der gegenteiligen Entscheidung der Parteiführung doch als loyaler Interpret ihrer Linie und wahrt, zumal im Wahlkampf, Parteidisziplin. Seine Haltung ist jedenfalls nicht so prinzipiell und kompromißlos, wie Ritzel und Felder behaupten, vielmehr wird in ihr die ganze Ratlosigkeit der Demokraten deutlich, wie sich die immer höher anbrandenden rechten Wogen brechen lassen, ohne auf die Spielregeln der Demokratie zu verzichten, die man ja behaupten möchte.

Soll der anschwellende Strom der Nationalsozialisten kanalisiert, die Hitler-Partei »gezähmt« werden, indem man sie in die Regierungsverantwortung einbindet in der Hoffnung, daß sie sich darin natürlich verschleißt wie vor ihr die demokratischen Parteien? Schon Brüning hatte dies überlegt, war aber stets davon ausgegangen, daß in einer solchen Koalition den Nationalsozialisten die Schlüsselministerien für die Anwendung des staatlichen Gewaltmonopols und damit der Zugriff auf Wehrmacht und Polizei vorenthalten werden müßten.

Nach den Reichstagswahlen vom Juli – die Nationalsozialisten sind inzwischen zur stärksten Fraktion aufgerückt und stellen 230 von insgesamt 608 Mandaten – werden die Möglichkeiten einer schwarzbraunen Reichsregierung erneut diskutiert, und selbst Kurt Schumacher zeigt sich einer solchen Lösung gegenüber aufgeschlossen. Er sieht in ihr jetzt die einzig mögliche Mehrheitsbildung, macht sich und den Demokraten Mut angesichts eines so waghalsigen Manövers und hofft, das Zentrum werde die Hitler-Partei schließlich doch zügeln und ein Regieren entsprechend den Regeln der Verfassung garantieren können. Sicher, den Nationalsozialisten sei bei Absprachen nie zu trauen, aber die Gefahren eines solchen Pakts stünden ihren demokratischen Partnern stets deutlich vor Augen; zudem verfügten sie über »Reserven in Gestalt der Verfassungstreue des Reichspräsidenten und des antifaschistischen Kampfeswillens der Arbeiterschaft«.

Hindenburg als Hüter und Garant der Verfassung – das wird sich nur zu bald als schlimme Fehlkalkulation erweisen. Ist Schumacher, der sich für die Wiederwahl des Reichspräsidenten eingesetzt hat, hier ein Opfer seiner eigenen Wahlagitation, nach der jede Stimme, die Thälmann entrissen und Hindenburg zugeführt wurde, eine Stimme gegen Hitler war? Ähnlich ambivalent – Hans-Peter Schwarz hat es in seiner Adenauer-Biographie herausgearbeitet – denkt um jene Zeit auch Konrad Adenauer: Einerseits ist der Präsident des Preußischen Staatsrats und Kölner Oberbürgermeister gegen die kampflose Selbstaufgabe der Weimarer Demokraten und sagt vor Zentrumsführern im

Frühjahr 1932, Hitler verstehe nur die Sprache von Pulver und Blei; andererseits glaubt er nach der Hinnahme des Preußenschlags durch die Sozialdemokraten und Gewerkschaften, »daß an einer Einbeziehung der Nationalsozialisten in die preußische Regierung kein Weg mehr vorbei führt«.

Im Herbst, die Parteien im Reich rüsten inzwischen zu den zweiten, den Novemberwahlen des Jahres 1932, greift Schumacher eine These Mierendorffs auf, der in den *Sozialistischen Monatsheften* geschrieben hatte, die »republikanische Macht in Preußen« sei faktisch bereits am 24. April verloren gegangen und seitdem der Herrschaftswechsel »auch, und gerade verfassungsmäßig«, nur eine Frage der Zeit gewesen. Die tatsächlichen Vorgänge des 20. Juli, erklärt Schumacher, »sind ja nur ein Ergebnis unserer Wahlniederlage vom 24. April. Man kann nicht den Faschismus abwehren, wenn das Volk die demokratischen Grundlagen dazu entzieht«.

Argumentiert ähnlich nicht auch Otto Braun später vor der neugewählten Reichstagsfraktion, als er darauf verweist, daß die Stellung der geschäftsführenden Regierung Braun/Severing sich nur auf einen Geschäftsordnungsparagraphen hätte stützen können, den die demokratische Mehrheit im preußischen Landtag für den Fall einer Wahlniederlage – und die stand nach den Ergebnissen der letzten Reichstagswahlen mit Sicherheit zu erwarten – obendrein erst kurz vor den Wahlen änderte? Sagt Braun da nicht, auf diese unzureichende Legitimation gestützt lasse sich eben nicht gegen eine zwar demokratisch gewählte, aber undemokratische Mehrheit im Landtag regieren? Und hatte Kurt Schumacher in der Erinnerung Josef Felders dazu nicht immer wieder mit dem Kopf geschüttelt? Er verhält sich damals so, wie er es Anfang der fünfziger Jahre als Parteiführer von Kritikern seiner Europapolitik erwarten wird: Im Rahmen der demokratischen innerparteilichen Diskussion für eine Überzeugung zu streiten, scheint ihm die selbstverständlichste Sache von der Welt; aber ist ein Beschluß einmal gefaßt, haben ihn alle Genossen mitzutragen – auch jene, die ihn in den vorausgegangenen Auseinandersetzungen um den richtigen Kurs bekämpft haben.

So verteidigt er also die Haltung der Parteiführung, zumal er deren skeptische Beurteilung der Kräfteverhältnisse nachvollziehen kann, aber anders als sie möchte er aus der bitteren Lageanalyse weiterreichende Konsequenzen gezogen wissen. Den Tatsachen will er ins Gesicht sehen, mit Lassalle »Sagen, was ist«: Die »gegenrevolutionären Kräfte in Deutschland« haben mit Gewalt jeden politischen Berührungspunkt mit der Arbeiterklasse zerstört, die »Gleichgewichtslage der Klassen ist von der anderen Seite her umgekippt worden«, die »Periode der Versuche des Hereinwachsens in den Staat« ist erledigt. Zwar hat dieser historische Abschnitt seine gewaltigen Leistungen für die Arbeiterschaft erbracht, aber jetzt, aus der Verantwortung entlassen und aus dem Staat herausgedrängt, »gibt es gar keine andere Möglichkeit, als rein von der Klasse her politisch zu operieren«.

Klassenkämpferische Töne klingen an, er fordert die Sozialisierung der Großindustrie: Mit dem Wiedererringen der alten Positionen, welche die Reaktion den Sozialdemokraten genommen hat, darf man sich jetzt nicht mehr begnügen, man muß weiter greifen, die »Kommandohöhen der Wirtschaft besetzen«, um der Gegenrevolution ihre wirtschaftlichen und gesellschaftlichen Machtpositionen zu entreißen. »Die Dynamik der Ereignisse hat das Schicksal von Sozialismus und Demokratie untrennbar verbunden«, erklärt er auf der Landesversammlung in Stuttgart. »Wenn die deutsche Arbeiterklasse für die Demokratie kämpft, so weiß sie, daß die bisherige Art der Demokratie in Deutschland nicht wiederkommen kann. Demokratie in Deutschland ist nur möglich, wenn die gesellschaftlichen und ökonomischen Kräftequellen des Faschismus zerstört werden.«

Wer dies heute in der Esslinger *Volkszeitung* vom 10. Oktober 1932 nachliest, glaubt, den Schumacher von 1945/46 zu hören, so treu wird er diesen Forderungen über die lange Zeit der Nacht, über Diktatur, Konzentrationslager, Zusammenbruch und Befreiung hinweg bleiben, oft wortgleich bis hin zu dem Satz: »Es gibt keine Demokratie ohne Sozialismus, und es gibt keinen Sozialismus im Obrigkeitsstaat.« Darin steckt die ganze Essenz seiner Weimarer Erfahrung, und sie wird sein Handeln nach dem Krieg bestimmen.

Mit wachsendem Zorn blickt er auf die Kommunisten, deren Haltung über den Niedergang der Republik entscheiden wird. Theoretisch nämlich hätte man aus den Mandatsziffern im neuen preußischen Landtag auch eine Mehrheit für einen konsequenten republikanischen Kurs herauslesen können, meinte Severing, wenn man den Kommunisten unterstellt hätte, die Politik der Weimarer Koalition zu unterstützen und die Demokratie gegen den Ansturm ihrer rechten Feinde zu verteidigen. Aber dazu sind sie natürlich nicht bereit, und es ist diese zerstörerische Grundtendenz, wie sie in der kommunistischen Preußenpolitik überdeutlich wird, die ihnen Schumacher nie vergibt.

Gemeinhin gilt ja der Streik vom November 1932 bei den Berliner Verkehrsbetrieben als Paradebeispiel für die offene Zusammenarbeit von Kommunisten und Nationalsozialisten in der Spätphase der Weimarer Republik, doch das Bündnis der beiden Extreme gegen die schrumpfende demokratische Mitte reicht viel weiter zurück. Es beginnt mit dem Volksbegehren zur Auflösung des preußischen Landtages, das Franz Seldte nach dem rechten Sieg in den Septemberwahlen zum Reichstag auf dem Stahlhelmtag im Oktober 1930 in Koblenz initiiert und dem sich die Kommunisten anschließen, obschon sie ursprünglich energisch dagegen angegangen sind. »Wir Kommunisten lehnen es ab, diesen Volksbetrug mitzumachen«, hatte ja der kommunistische Vizepräsident Schwenk am 15. Oktober im preußischen Landtag verkündet – um im Juli 1931 das genaue Gegenteil zu propagieren und diesen »Volksbetrug«, das Volksbegehren der nationalen Opposition von Stahlhelm, Deutschnationalen und Nationalsozialisten, zu unterstützen, auch wenn er ihn jetzt einen »Roten Volksentscheid« nennt.

Die Motive für diesen abrupten Kurswechsel bestätigen Schumachers Einschätzung der KPD als eines stehenden Heeres der Sowjetunion auf deutschem Boden, denn die deutschen Kommunisten handeln auf direkte Anweisung der Moskauer Komintern-Zentrale. Den verblüfften Anhängern wird die neue Linie mit der Behauptung schmackhaft gemacht, unter dem Regime Braun/Severing würden die Arbeiter mehr unterdrückt als selbst unter den Hohenzollern-Kaisern. In Wahrheit benutzt Stalin die deutschen Kommunisten gezielt als Instrument der sowjetischen Außenpolitik, um eine deutsch-französische Annäherung zu verhindern und zum Sturz Brünings beizutragen, der sich in Paris um eine Lösung der Reparationsfrage bemüht. Da die SPD als einzige Partei außenpolitisch einer konsequenten Westorientierung huldigt, sieht er in den Sozialdemokraten den deutschen Hauptfeind sowjetischer Machtinteressen.

Wie eng die Rechte und die Linke bei der Zerstörung des demokratischen Systems in Preußen auch nach dem Scheitern des Volksbegehrens zusammenarbeiten, erweist die Landtagssitzung vom 2. Juni 1932. Da sagt der Chef der NSDAP-Fraktion, Wilhelm Kube, zu den Kommunisten gewandt: »Solange die kommunistische Partei den Kampf gegen das Kabinett Braun führen will, meine Herren Kommunisten, wenn es Ihnen mit diesem Kampf gegen das sogenannte System ernst ist, dann müssen Sie die hier vorhandenen Machtmittel anwenden, die Ihnen der Staat und die Ihnen Ihre Stärke in diesem Parlament bietet ... Stellen Sie den Antrag, und wir stimmen sofort zu!« Otto Braun schildert, wie turbulent es nach dieser Aufforderung im Plenum des Landtags hergegangen ist: »Getreu ihrer bisherigen selbstmörderischen Taktik beantragten die Kommunisten mit einer langatmigen und widerspruchsvollen Begründung: ›Der Landtag spricht dem Geschäftsministerium Braun-Severing das schärfste Mißtrauen aus‹ ... Ihre Partner von rechts beantragten die Erhebung der Anklage gegen sämtliche preußischen Staatsminister vor dem Staatsgerichtshof. In der Debatte fielen diese beiden Mehrheitsparteien über das bereits zurückgetretene Kabinett her, wobei sie bemüht waren, sich gegenseitig in Unverschämtheiten zu überbieten.«

Einen Mann wie Schumacher, der stets die offensive Auseinandersetzung mit den Kommunisten gesucht hat, kann dieses Zusammenwirken der »Putschisten von rechts und links« kaum überraschen, aber der Ton der Auseinandersetzung zwischen ihm und den Kommunisten wird schärfer. Josef Schlaffer, der populäre Führer der württembergischen Kommunisten, erblickt in ihm seit langem seinen wichtigsten Gegenspieler. Aus seiner Sicht ist die Mobilisierungskampagne des »derzeitigen Theoretikers« der SPD im Land weniger gegen den Faschismus als gegen die Kommunisten gerichtet, denn sie verfolge lediglich den Zweck, die Abwanderung sozialdemokratischer Arbeiter nach links zu verhindern. Kaum gibt die Komintern im Sommer 1928 die Parole aus, die deutsche Sozialdemokratie sei das bedeutendste Hindernis auf dem Weg zu einer revolutionären Entwicklung, wird Schumacher von Schlaffer als »Sozialfaschist« bezeichnet. »Wie die Faschisten mit Mordwerkzeugen ausgerüstet«, sieht der KPD-Funktionär das Reichsbanner von Ort zu Ort ziehen und Schumacher schützen, damit dieser ungehindert seine »Demokratie« predigen könne, in der er, Schlaffer, nur eine demokratische Kulisse für die Herrschaft des Kapitals zu sehen vermag.

Immer heftiger werden die Angriffe auf den meistgehaßten Sozialdemokraten, doch hindert dies Schumacher nicht, sich für Schlaffer einzusetzen und scharf die Stuttgarter Polizei und die Justiz zu kritisieren, als Schlaffer im November 1931 verhaftet und vom Schnellrichter zu einer Mindeststrafe von drei Monaten Gefängnis verurteilt wird. Der Kommunist und Reichstagsabgeordnete hatte auf einer Feier zum Jahrestag der Oktoberrevolution gesprochen – entgegen der Auflage der Polizei, welche die Veranstaltung nur unter der Voraussetzung genehmigt hatte, daß sie auf künstlerische und sportliche Darbietungen sowie das Singen von Liedern beschränkt bliebe. Daß Schlaffer wegen seiner Immunität als Parlamentarier seine Strafe gar nicht absitzen müsse, begrüßt Schumacher ausdrücklich, weil ihn die Maßregelung überzogen und nicht gerechtfertigt dünkt. Wichtig an diesem *Tagwacht*-Artikel ist vor allem die Begründung: Er, der die »Ruten und Beile« der Demokratie in gleicher Weise gegen linke wie rechte Extremisten genutzt wissen will, bezichtigt den Stuttgarter Polizeipräsidenten der Einseitigkeit, denn er unternehme nichts gegen Ausschreitungen der Nationalsozialisten; der Justiz wirft er »bewußte« bürgerliche Orientierung und Parteilichkeit vor.

Freilich wird der württembergische KP-Chef nicht von Justiz und Polizei, sondern von den eigenen Genossen erledigt. Als Politkommissar reist Walter Ulbricht im Auftrag Thälmanns und der Berliner KPD-Zentrale Mitte Januar 1932 nach Stuttgart, veranlaßt die erweiterte Bezirksleitung zu »bolschewistischer Selbstkritik« und erzwingt die »einstimmige« Absetzung Schlaffers, des Organisationsleiters Schneck sowie des Stuttgarter Parteisekretärs und Agitpropleiters Bellemann.

Darf Schumacher diese Säuberungsaktion indirekt auf sein Konto buchen, weil er mit seiner Mobilisierungskampagne gezielt kommunistische Arbeiter ansprechen und ihnen klarmachen wollte, daß der gegenwärtige Hauptfeind der Nationalsozialismus sei? »Der Kampf gegen die sozialdemokratische Gegenüberstellung von bürgerlicher Demokratie und Faschismus und gegen die Darstellung, als sei nur die NSDAP der Faschismus«, so die kommunistische *Süddeutsche Arbeiterzeitung* in ihrem Bericht über die KP-Tagung, sei Voraussetzung für die »Loslösung der Arbeiter von der SPD« und damit ein wichtiger Schritt zur Bekämpfung Hitlers. Um diese krude Argumentation zu verstehen, muß man sich in Erinnerung rufen, daß es nach der kommunistischen Generallinie damals verschiedene Formen des Faschismus gibt – Hitler ist nur eine davon, Brüning mit seinen Präsidialkabinetten eine andere. Weil die SPD Brünings Politik der Notverordnungen duldet und dessen »faschistische Diktatur« damit stützt, gilt die »Liquidierung des Masseneinflusses der SPD« als die vorrangige Aufgabe aller Kommunisten.

Doch bei den Gemeindewahlen Ende 1931 hatten örtliche Funktionäre, statt die SPD zu bekämpfen, das Bündnis mit ihr zum gemeinsamen Kampf gegen die Kandidaten der NSDAP gesucht. Wenn die KPD verschiedentlich Listenverbindungen mit der SPD eingegangen und es in einer Ortsgruppe sogar zur Bildung einer »Vereinigten Arbeiterpartei« gekommen war, entsprach dies durchaus der Stimmung der Basis, denn viele Mitglieder der KPD hatten für die Agitation ihrer Partei gegen die »Sozialfaschisten« wenig Verständnis. Hier zeigt sich, daß Schumachers Mobilisierungskampagne nicht ins Leere zielt.

Um so gnadenloser brandmarkt Walter Ulbricht das Verhalten der örtlichen KP-Funktionäre als opportunistische Abweichung. Weil die württembergische Parteiorganisation »das strategische Hauptfeuer gegen den Nazi-Hitler-Faschismus statt gegen die SPD und ihre linken Filialen, die SAP und die Renegaten« gerichtet hat, werden die Verantwortlichen für diesen »Hauptfehler« in die Wüste geschickt – ein Beispiel für die »bodenlose Verlumpung der kommunistischen Führung«, wie die *Schwäbische Tagwacht* in der Diktion Schumachers kommentiert. Auf Befehl eines »Mufti« wechsle die Partei von einem Tag auf den anderen die Haltung. Um die tiefe Verachtung zu verstehen, die Schumacher in der Weimarer Spätphase, als die Republik um ihr Leben kämpft, gegenüber den Kommunisten empfindet, sei zum Abschluß der Schlaffer-Episode noch einmal aus der Begründung zitiert, welche das württembergischen KP-Organ für die Abberufung der kommunistischen Führung in Württemberg gibt: »Gegenwärtig ist die Brüning-Groener-Regierung im Reich die Regierung der Durchführung der faschistischen Diktatur. Diese Aufgabe erfüllt in Preußen die Braun-Severing- und in Württemberg die Bolz-Beyerle-Regierung. Die entscheidende Stütze der Durchführung dieser kapitalistischen Diktatur ist die Sozialdemokratie – auch in Württemberg. Deshalb muß der Hauptschlag gegen sie geführt werden.«

Ist es da nicht verständlich, wenn seine Kommentare immer bitterer werden? Vergeben wird er den Kommunisten nie, daß sie 1925 durch ihr Festhalten an der Kandidatur Thälmanns das Scheitern des gemeinsamen Kandidaten der republikanischen Mitte, Wilhelm Marx, verursacht, die Wahl des Feldmarschalls Hindenburgs ermöglicht und damit zur »konservativen Umgründung« (H.A.Winkler) der Republik von 1919 beigetragen haben. Jetzt spricht er von »Klassenverrat« und »Klassensabotage« der Kommunisten, auch von ihrem »Irrwahn«, der auf ihre Abhängigkeit von Sowjetrußland zurückzuführen sei. Daß die KP am selben Abend, an dem er auf einer Kundgebung gegen den Faschismus spricht, gegen die Sozialdemokraten demonstriert, mutet ihn »kläglich« an, kommunistisch wählen heißt für Schumacher »seine Stimme wegwerfen und die Kraft der Arbeiterklassse schwächen«. Er bezichtigt sie des »historischen Verbrechens«, durch ihre undemokratische Haltung 1918/19, in der Geburtsstunde der Revolution, die Gegenrevolution gefördert zu haben. Und er erklärt im Oktober 1932 vor der Landesversammlung, ohne die Kommunisten hätte der Faschismus Deutschland nie zu zerstören gedroht. Jedenfalls sieht er deutlich, daß die linken und rechten Totalitären einander in die Hände spielen und ein Erfolg der Linken der Rechten Auftrieb gibt, welche dann die wachsende Angst der Bürger vor der Revolution auf die Mühlen ihrer Propaganda lenken kann.

Die Erfahrungen der Gemeindewahlen, bei denen die kommunistische Basis die Neigung zum Zusammengehen mit dem »Hauptgegner«, den »Sozialfaschisten«, deutlich zu erkennen gab, bestärken Schumacher nach dem Machtantritt Hitlers, die Kommunisten noch einmal zur gemeinsamen Abwehr aufzurufen. Haben selbst die verbittertsten Anhänger der KPD nicht endlich begreifen müssen, »daß die sonst so bespöttelte politische Freiheit, daß die Demokratie und die sozialen Errungenschaften« verteidigt werden müßten? Daß die Arbeiter nicht »als einige Klasse den ungeheuren klassenkämpferischen Wert der Demokratie erkannt und realisiert« haben, nennt er eine »historische Schuld«. Als Voraussetzung, ja realpolitische Notwendigkeit für das Zusammengehen zwischen beiden Parteien verlangt er jedoch, wie die SPD-Führung in Berlin, einen »proletarischen Nichtangriffspakt«, ein Stillhalteabkommen, welches sicherstelle, daß die Beschlüsse der Parteizentralen respektiert werden.

Wenn er auf einer Allianz der Parteien besteht, von ihren Führungen ausgehandelt und besiegelt, will er der kommunistischen Strategie entgegenwirken, die zwar unermüdlich die Einheitsfront von unten propagiert, darunter aber vorrangig die Trennung der sozialdemokratischen Arbeiter von ihrer Führung versteht. Daß die Kommunisten das Angebot ablehnen, überrascht ihn nicht; ein entsprechender Vorschlag, den der *Vorwärts* in Berlin veröffentlicht, wird vom Parteiblatt der Kommunisten, der *Roten Fahne,* als »infame Verhöhnung« des antifaschistischen Kampfes der Kommunisten zurückgewiesen. Moskau läßt sich – Friedrich Stampfer erfährt es in der sowjetischen Botschaft in Berlin – von der Überzeugung leiten,

Deutschland müsse erst die Hitlerphase durchlaufen, damit es den nötigen Reifegrad für die darauffolgende kommunistische Revolution erlange.

Schumachers letzte Auftritte in Stuttgart sollen den Anhängern Mut machen. In beinahe verzweifelter Lage sucht er Partei und Gewerkschaften intakt zu halten, die Schlagkraft von »Reichsbanner« und »Eiserner Front« zu bewahren. Die sozialdemokratische Strategie dieser Wochen geht ja davon aus, daß Hitler sich zunächst bemühen wird, im Rahmen der Verfassung zu regieren, außerparlamentarische Kampfmaßnahmen werden deshalb als *ultima ratio* bis zum Tag des offenen Verfassungsbruchs aufgespart. »Diese Abwehr kommt in dem Augenblick«, hämmert er Stuttgarter Vertrauensleuten ein, »wo die andern den Boden des Rechts und der Verfassung verlassen und mit dem Staatsstreich den Raub letzter Rechte vornehmen und ein ganzes Volk dagegen aufsteht.«

Soweit ist es aber noch lange nicht. Letzte Mittel wie der Generalstreik, so rechtfertigt er die offizielle Linie des Abwartens, »müssen von Erfolg geleitet sein, wenn sie nicht die Arbeiterklasse zerstören sollen«. Den Genossen und Mitgliedern der »Eisernen Front« versichert er, Hitler sei bloßes »Dekorationsstück«, eingebunden in eine Regierung, die sich fest in den Händen der klassischen Rechten befinde: »Sieben Barone und Industrielle stehen im Kabinett gegen drei braune Dilettanten. Die Reichswehr kommandiert ein Vertrauensgeneral Hindenburgs, die preußische Polizei hat von Papen, die Jugend und den Arbeitsdienst der Stahlhelmer Seldte.«

Ob Schumacher womöglich selbst glaubt, was er sagt? Die SPD wird Opfer ihres strikten Bekenntnisses zur Legalität. Welcher Revolutionär in diesem Hitler steckt, der jede Regel entschlossen brechen wird, erkennt man erst, als die ersten Genossen und Gewerkschafter verhaftet sind. Wunschdenken regiert. Mit der Mär vom »eingerahmten«, gebändigten »Führer« und einem Reichspräsidenten, der sich die wahren Machtmittel vorbehält, machen sich die Hitlergegner Mut. Natürlich sind seine Sätze bereits Teil der Wahlkampagne, denn sie fallen am Tag der Auflösung des Reichstags. Setzt er darauf, daß sich der Trend der Wahlen vom November 1932 fortsetzt, bei denen die NSDAP zwei Millionen Stimmen verlor? Indem er den Führer der NSDAP als bloße Dekoration von Großindustrie und Junkern karikiert, will er Arbeiter, die womöglich an die sozialistischen Elemente im NSDAP-Programm glauben, überzeugen, daß eine Stimme für Hitler im entscheidenden Wahlgang vom 5. März 1933 einer Stimme für die Reaktion gleichkommt. Hofft er, Hitler werde bei den Wahlen geschlagen? Es erinnert schon an die Methode Coué (»Es geht mir täglich besser«), wenn er beschwörend ausruft: »Nach Hitler kommen wir! Wir, die deutsche Arbeiterklassse, unter sozialdemokratischer Führung, die machtpolitisch zu kämpfen weiß. Das neue Deutschland trägt die rote Fahne mit den drei Pfeilen: Friede, Freiheit, Sozialismus!«

Kaum einer vermag sich vorzustellen, daß es schlimmer kommen wird als unter Bismarck, auch Kurt Schumacher nicht. Hatten damals nicht die Sozialdemokraten, trotz Sozialistengesetz, Versammlungs- und Parteiverbot, zum Reichstag kandidieren, von Wahl zu Wahl stattlichere Erfolge erzielen und schließlich zur stärksten Fraktion anwachsen können? Enttäuscht werden solche Hoffnungen schon Ende Februar, als Hindenburg nach dem Reichstagsbrand mit seiner »Verordnung zum Schutz von Volk und Staat« wichtige Grundrechte außer Kraft setzt und die Nationalsozialisten beginnen, kommunistische Funktionäre zu verhaften, linke Zeitungen zu unterdrücken und die ersten Konzentrationslager einzurichten.

In Stuttgart verbietet die Polizei Aufmärsche von Reichsbanner, Arbeiterjugend und Arbeitersportlern, welche die SPD für ihre Abschlußkundgebung zum Wahlkampf am 4. März geplant hat. Er werde mit 50 Schutzpolizisten erscheinen und die Versammlung sofort auflösen, sollte der Redner, Dr. Kurt Schumacher, in irgendeiner Weise den Reichskanzler Adolf Hitler oder die Reichsregierung angreifen, kündigt Polizeipräsident Zindel dem Parteisekretär Erwin Schoettle an. Und schiebt die Drohung nach, Schoettle, den Versammlungsleiter, und Schumacher, den Redner, umgehend in Haft zu nehmen, sollte es den Sozialdemokraten gar einfallen, sich der Auflösung zu widersetzen, sei es gewaltsam oder nur verbal. Dennoch gerät die Veranstaltung, wenn auch nach dem Urteil der parteiischen *Schwäbischen Tagwacht,* zur »wuchtigsten« Kundgebung, die überhaupt während dieses Wahlkampfes in Stuttgart zustande kommt: »... und immer wieder reckten sich unter frohen Freiheitsrufen die Fäuste kampfbereiter Proletarier in die Luft.«

Erwin Schoettle schildert, wie es ihm und Schumacher gelang, den Polizeipräsidenten in eine peinliche Zwangslage zu versetzen und die Auflösung zu verhindern: »Der 50. Todestag von Karl Marx (14. März) stand vor der Tür, und so hatten wir die Wand der Stadt-

* Wahl zum 8. Reichstag, um Regierung Hitler eine parlamentarische Mehrheit zu geben

halle hinter der Rednertribüne mit einem riesigen Karl-Marx-Porträt geschmückt. Mir blieb als Versammlungsleiter die Aufgabe, eine kurze Gedenkrede zu halten. Ich fing aber nicht mit Marx an, sondern sprach von den Opfern der Freiheitskämpfe aller Zeiten, von den Opfern der Kriege überhaupt, um auf diesem Umweg schließlich auf den Todestag von Karl Marx zu kommen. Bei Beginn meiner feierlich vorgetragenen Rede erhoben sich die 14 000 Versammlungsteilnehmer wie ein Mann, und was blieb dem Polizeichef anderes übrig, als den Tschako abzunehmen und ebenfalls aufzustehen. Seine 50 Schutzleute standen ebenfalls wie eine Mauer und blieben in dieser ehrfurchtsvollen Haltung stehen, selbst als ich die geschichtliche Rolle von Karl Marx und seine Bedeutung für die sozialistische Arbeiterbewegung feierte. Es ist mir nachher erzählt worden, daß der Polizeipräsident mir nicht gerade freundliche Blicke zugeworfen habe. Aber nach dieser Einleitung war ein psychologisches Hindernis für ein allzu schroffes Vorgehen der Polizei aufgerichtet, und Kurt Schumacher konnte loslegen. Es war ein wahrer Seiltanz.«

Als er spricht – die Stuttgarter SPD erklärt es in einem Wahlflugblatt, auf dem die drei Pfeile prangen und ein Hakenkreuz zerschlagen –, sind die Presse- und Meinungsfreiheit bereits erheblich eingeschränkt, über 40 sozialdemokratische Zeitungen, vor allem die in Preußen, dürfen nicht mehr erscheinen. »Die Nationalsozialisten und die Deutschnationalen, die selbst mit unglaublichster Frechheit die sinnlosesten und gehässigsten Beschimpfungen gegen frühere Regierungen ausstießen, schreien jetzt Zeter und Mordio bei der leisesten Kritik. Hitler, Frick, Göring, Hugenberg und Papen, sie alle reden, aber sie reden allein, und wehe dem, der eine Antwort auf die gröbsten Beschimpfungen wagt. Der Rundfunk ist ein reaktionäres Parteiinstrument. Wie Minister Göring den leitenden Männern der preußischen Verwaltung erklärte, soll in Zukunft jede Kritik an den Maßnahmen der Regierung verboten werden!«

Die große Wahlkundgebung am 4. März 1933 bleibt Schumachers letztes öffentliches Auftreten in Stuttgart. Weil die SA droht, seine Rede mit Gewalt zu stören, sagt er eine Versammlung ab, auf der er über die Ergebnisse der Reichstagswahl sprechen will. Er hat die Genugtuung, daß in Stuttgart selbst die SPD alle Stimmen zurückholt, die im November 1932 verlorengegangen sind, und sogar noch 1,1 Prozentpunkte hinzugewinnt. Seine Mobilisierungskampagne war also nicht umsonst. Doch als die Ergebnisse aus dem Reich einlaufen und das ganze Ausmaß der Niederlage erkennbar wird, welche die demokratischen Parteien hinnehmen müssen, wissen Erich Schoettle und er, daß politische Auseinandersetzung mit demokratischen Mitteln künftig nicht mehr möglich ist und der Kampf auf einer anderen Ebene geführt werden muß.

»Die Nacht vom 5. zum 6. März 1933 war der Beginn der Illegalität für Kurt Schumacher wie für mich«, schreibt Schoettle. »Wir kamen ... kaum zum Schlafen. Das Reichsbanner und die Eiserne Front wurden mobilisiert. Kuriere gingen von unserem geheimen Quartier hinaus in die Bezirke. Alles klappte hervorragend. Nur wir Eingeweihten wußten, daß der Ernstfall sehr schnell die Schwäche unserer militärischen Position zeigen würde. Aber dazu kam es dann nicht mehr. Der 6. März bewies uns, daß der Wahlausgang alle Dämme gebrochen hatte. Es begann das, was die Nazigeschichtsschreibung später als Machtergreifung gefeiert hat, der Sturm auf die Rathäuser und Ministerien, die Gleichschaltung aller parlamentarischen Körperschaften. Der Marsch in die Diktatur war in vollem Gange.«

Am 7. März alarmiert der Stuttgarter Reichsbannerführer Karl Molt zum letzten Mal seine Kampfformationen. Nachts liegen zweitausend leichtbewaffnete Schufo-Mitglieder, zum Losschlagen bereit, in den Wäldern rings um Stuttgart, aber der Einsatzbefehl bleibt aus, weil isoliertes Handeln nur in einem sinnlosen Blutbad enden würde. Was da in Stuttgart geschieht, entspricht der Frustration und einer dumpfen Wut, die in jenen Tagen viele Sozialdemokraten empfinden; nicht nur im Württembergischen, sondern überall im Reich dürstet es die Mitglieder des Reichsbanners nach Taten, aber die zentrale Führung hält eine bewaffnete Auflehnung nach der verlorenen Wahlschlacht für völlig aussichtslos – und hat wahrscheinlich recht damit.

Um einer drohenden Verhaftung zu entgehen, wechselt Schumacher täglich die Wohnung. Er pendelt zunächst zwischen Berlin und Stuttgart hin und her und beginnt umgehend, die illegale Arbeit zu organisieren. Was er und viele andere junge Sozialdemokraten da beginnen, ist der Parteizentrale gar nicht recht, es scheint ihr zumindest arg verfrüht. Noch existiert die Partei ja legal, der Aufbau einer Untergrundorganisation, sagen die Verantwortlichen in Berlin, könnte deshalb den Machthabern nur den gewünschten Vorwand zu einem Verbot liefern.

Völlig abwegig ist diese Überlegung gewißlich nicht. Aber da die neue Regierung die Ausmerzung des Marxismus angekündigt hat und ein Verbot mit Sicherheit im Schilde führt, stellt sich die Frage, wann Vorbereitungen für den Tag der Unterdrückung eigentlich zu treffen seien, wenn nicht sofort. Jetzt nichts zu tun, liefe darauf hinaus, sich selbst die Hände zu binden und jede spätere, illegale Aktion zu erschweren, was Schumacher und Schoettle meiden wollen wie die Pest. Zu viele Rückzüge haben sie erlebt, zu oft mitansehen müssen, wie die Partei sich beugte, den Weg des kleineren Übels ging, den bequemen des geringsten Widerstands. Nun auch das noch? Angesichts der wachsenden Verhaftungswelle werden die Stuttgarter Vorstandssitzungen nach Pforzheim oder Karlsruhe verlegt; Kurt Schumacher, der bald den für ihn zu heiß gewordenen Stuttgarter Boden meiden muß, stößt, von Berlin kommend, dazu. Pfingsten 1933 trifft er zum letztenmal mit einigen hundert Stuttgarter Genossen zusammen; als fröhliche Feiertags- und Familien-Ausflügler getarnt, sind sie in Bussen in den Schwarzwald nach Hirsau gefahren.

Mit ohnmächtiger Wut muß er mit ansehen, wie erst die Gewerkschaften vor Hitler kapitulieren, dann etliche Sozialdemokraten, darunter altgediente Genossen von Rang und Namen in Württemberg, ihren faulen Frieden suchen mit dem neuen Regime. Mit ihren vier Millionen Mitgliedern stellen die Gewerkschaften, in der Theorie zumindest, einen wichtigen innenpolitischen Faktor dar und verfügen über das größte Widerstandspotential – doch hat je eine Organisation versucht, schneller auf den Boden der neuen Tatsachen zu fliehen als die Gewerkschaften 1933? Gewiß, ihre Kampfkraft ist durch die Massenarbeitslosigkeit beschränkt, nur jedes zweite Mitglied steht noch in Lohn und Brot. Doch ihre Absetzbewegung von den Sozialdemokraten beginnt schon im Sommer 1932, als unter dem Eindruck der Juliwahlen die Führung darüber nachsinnt, ob es nicht besser sei, die »sozialdemokratischen Fesseln« zu sprengen, und damit auch das Bündnis der »Eisernen Front« in Frage stellt, die nun gar nicht mehr so ehern scheint.

Für die letzten halbwegs freien Wahlen – Hitler ist kaum einen Monat an der Macht – haben sie auf die sonst übliche Wahlempfehlung zugunsten der SPD verzichtet, nach dem Wahltag scheuen sie nicht den formellen Unterwerfungsakt: Um seine Organisation in die neue Zeit zu retten, ersucht ADGB-Chef Theodor Leipart, Sozialdemokrat, Holzarbeiter und Württemberger, die Regierung um die Bestellung eines Reichskommissars für die Gewerkschaften und den Reichskanzler Adolf Hitler um eine persönliche Unterredung. In

45 Städten ist die SA bereits gegen die Gewerkschaften vorgegangen, hat ihre Häuser gestürmt, durchsucht oder beschlagnahmt, da versichert Leipart den nun Regierenden, daß die Bewegungsfreiheit seiner Organisation selbstverständlich ihre Grenzen finde im höheren Recht des Staates als des Repräsentanten der gesamten Volksgemeinschaft. Er hofft, die Organisation zu retten, und bittet um Anerkennung als zwar politisch neutrale, aber doch auf dem Boden des neuen Staates stehende Interessengemeinschaft, die ihre Aufgabe zu erfüllen habe, gleichviel, welcher Art das Staatsregime sei.

Sauve qui peut? Keiner glaubt damals, daß Hitler lange regieren wird. Der Bundesausschuß des mächtigen ADGB denkt, er betreibe Realpolitik und gewinne die Gunst der neuen Herrschaft, als er die Erhebung des 1. Mai zum Feiertag der nationalen Arbeit begrüßt und seine Anhänger auffordert, »im vollen Bewußtsein ihrer Pionierdienste für den Maigedanken ... sich allerorten an der von der Regierung veranlaßten Feier festlich zu beteiligen«. An diesem, dem traditionellen Tag der roten Fahnen wird auf Gewerkschaftshäusern die schwarzweißrote Flagge gesetzt – ein Akt der Selbstgleichschaltung? Keineswegs widerwillig oder gezwungen sieht Friedrich Stampfer am 1. Mai 1933 in Berlin Gewerkschafter und Nationalsozialisten gemeinsam unter dem Hakenkreuzbanner marschieren: »Seht das Proletariat von Berlin! Wie viele sind es? Mehr als nach Rathenaus Ermordung. Mehr als bei Eberts Begräbnis. Damals waren es endlose Ströme. Das ist ein brausendes Meer. Aber alles wogt in derselben Richtung zum Tempelhofer Feld, wo der große Freund der Arbeiter die Maifestrede halten wird.«

Daß hier nicht nur der Terror wirkt, sondern vor allem die propagandistisch raffiniert verpackte neue Parole vom »Deutschen Sozialismus«, hat Wochen zuvor ein anderer junger Reichstagsabgeordneter der SPD, der Bayer Wilhelm Hoegner, nach einem Spaziergang am 21. März, dem Tag von Potsdam, durch Berliner Arbeiterviertel notiert: »Jetzt sahen wir alle Häuser mit Hakenkreuzfahnen beflaggt. Wir hörten auf den Straßen Arbeiterfrauen, die sich laut und anerkennend über den Führer unterhielten. Da sahen wir uns verwundert an. So unaufhaltsam hatten wir uns den Abmarsch der Masse zu Hitler doch nicht vorgestellt.«

Reicht man dem Teufel den kleinen Finger, nimmt er bekanntlich die ganze Hand – hat die Unterwürfigkeit der Gewerkschaften Hitler erst Mut gemacht, sie zu verbieten? Die Nationalsozialisten, die in den ersten Wochen nach ihrem Machtantritt die Kampfbereitschaft der Linken sehr wohl fürchteten, wie wir heute wissen, haben sie längst zu verachten gelernt. Am 2. Mai besetzt die SA sämtliche Gewerkschaftszentralen und nimmt Theodor Leipart, den Strategen der charakterlosen Anpassung, in »Schutzhaft«. Vier Tage später schafft die Regierung der konservativen Revolution die »nationale Einheitsgewerkschaft« des Dritten Reiches, die Deutsche Arbeitsfront.

Eine aufrüttelnde, mutige Tat gibt es in diesen düsteren Wochen. Mit ihr retten die Sozialdemokraten die Ehre ihrer Bewegung und beweisen der Welt, daß da in Deutschland noch Demokraten sind mit dem Willen, Hitler nicht nach dem Munde zu reden, Demokraten, welche die Prinzipien der Verfassung verteidigen und den Mut und die Kraft haben, dem Diktator zu widerstehen. Als einzige Fraktion stimmen sie am 23. März gegen das Ermächtigungsgesetz, mit dem der Reichstag sich selbst entmachtet, denn er beschließt, daß nun auch die Regierung, ohne ihn überhaupt zu fragen, Gesetze erlassen kann; die NSDAP holt sich damit den parlamentarischen Segen für ihr Regiment außerhalb der Verfassung, die Legitimation für Diktatur und blutige Unterdrückung.

Schon der Gang zur Kroll-Oper, die seit dem Reichtagsbrand für Parlamentssitzungen hergerichtet ist, gleicht für die bekannteren Sozialdemokraten einem Spießrutenlauf. Indem er bewaffnete SA und SS aufmarschieren läßt, die in Sprechchören nach der Bewilligung des Gesetzes schreien und Mord und Totschlag ankündigen, falls es nicht die parlamentarischen Hürden nehmen sollte, hat Goebbels vor dem Gebäude eine Drohkulisse geschaffen, die optisch in das Plenum verlängert ist, denn die nationalsozialistischen Abgeordneten sind sämtlich in Uniformen von SA, SS oder Partei erschienen. Kaum erfahren sie, daß die Sozialdemokraten eine ablehnende Stellungnahme vorbereiten, da bestellt Reichtagspräsident Göring seinen Vertreter Paul Löbe zu sich, verweist auf die »Stimme des Volkes da draußen« vor der Kroll-Oper und warnt eindringlich davor, seinem »Führer« zu widersprechen. Einige der 120 sozialdemokratischen Abgeordneten, Julius Leber etwa, sind bereits verhaftet, jüdische Parlamentarier haben sich, wie Hilferding, dieser Gefahr durch Flucht ins Ausland entzogen – doch alle anwesenden 93 Sozialdemokraten stehen hinter dem Fraktionsvorsitzenden, der in ihrem Auftrag die Ablehnung begründet.

»Langsamen, schweren Schrittes«, notiert ein Beobachter jener Sitzung, »ging Otto Wels, als er das Wort erhielt, zum Podium. Aller Augen sahen auf ihn. Sie wußten ja nicht, ob er diese Stunde lebend überstehen würde. Seine Stimme festigte sich schon nach den ersten Worten, und Satz für Satz offenbarten zunächst, welcher Terror gegen die SPD schon eingesetzt hatte.« Illusionslos nüchtern, aber von unerhörter moralischer Kraft ist seine Rede, mit der er Hitler in schon aussichtslos gewordener Lage die Stirn bietet. Bloße Rechtsverwahrung, weiß er, richtet gegen machtpolitische Tatsachen wenig aus; aber es gilt, in dieser letzten Stunde des freien Worts im Parlament, Unrecht zu benennen, welches bereits geschieht und das sich durch das gewünschte Gesetz verewigen soll; unmißverständlich und unüberhörbar muß es vor aller Welt angeprangert werden. Wenn die längst verbotene eigene Presse darüber nicht mehr berichten kann, wird es die des Auslands tun.

»Freiheit und Leben kann man uns nehmen, die Ehre nicht. Nach den Verfolgungen, die die Sozialdemokratische Partei in der letzten Zeit erfahren hat, wird billigerweise niemand von ihr verlangen oder erwarten können, daß sie für das hier eingebrachte Ermächtigungsgesetz stimmt. Die Wahlen vom 5. März haben den Regierungsparteien die Möglichkeit gegeben, streng nach dem Wortlaut und Sinn der Verfassung zu regieren. Wo diese Möglichkeit besteht, besteht auch die Pflicht. Kritik ist heilsam und notwendig. Noch niemals, seit es einen Deutschen Reichstag gibt, ist die Kontrolle der öffentlichen Angelegenheiten durch die gewählten Vertreter des Volkes in solchem Maße ausgeschaltet worden, wie es jetzt geschieht und wie es durch das neue Ermächtigungsgesetz noch mehr geschehen soll. Eine solche Allmacht der Regierung muß sich um so schwerer auswirken, als auch die Presse jeder Bewegungsfreiheit entbehrt.«

Auch wenn sie keine sozialistische sei, hätten die Sozialdemokraten treu zur Weimarer Verfassung und den Grundsätzen des Rechtsstaates, der Gleichberechtigung und des sozialen Rechtes gestanden. »Wir deutschen Sozialdemokraten bekennen uns in dieser geschichtlichen Stunde feierlich zu den Grundsätzen der Menschlichkeit und der Gerechtigkeit, der Freiheit und des Sozialismus. Kein Ermächtigungsgesetz gibt Ihnen die Macht, Ideen, die ewig und unzerstörbar sind, zu vernichten ... Das Sozialistengesetz hat die Sozialdemokratie nicht vernichtet. Auch aus neuen Verfolgungen kann die deutsche Sozialdemokratie neue Kraft schöpfen. Wir grüßen die Verfolgten und Bedrängten. Wir grüßen unsere Freunde im Reich. Ihre

Standhaftigkeit und Treue verdienen Bewunderung. Ihr Bekennermut, ihre ungebrochene Zuversicht verbürgen eine hellere Zukunft.«

Um diese Worte zu begreifen, so Heinrich Ritzel, damals Mitglied des Reichstags, später des Bundestags, »muß man wissen, daß die frei gewählten Abgeordneten des deutschen Volkes gehetzt und gejagt wurden und daß sie nur unter Einsatz von Freiheit und Leben an dieser Sitzung in der Kroll-Oper teilnehmen konnten; muß man wissen, daß Zehntausende von Sozialdemokraten im Reich verhaftet wurden, in der schlimmsten Weise mißhandelt, zum Teil totgeschlagen oder in Säcke gesteckt und dann totgeschlagen und ins Wasser geworfen wurden – muß man wissen, daß jedes Recht und jede Freiheit vorbei waren.« Geradezu satanisch klingt deshalb, was Hitler in Erwiderung der Wels-Rede den Sozialdemokraten zuruft: »Sie sind wehleidig, meine Herren, und nicht für die heutige Zeit bestimmt, wenn Sie jetzt schon von Verfolgungen sprechen. Was ist Ihnen geschehen? Sie sitzen hier, und geduldig hört man Ihren Redner an ... und ich kann Ihnen nur sagen: ich will auch gar nicht, daß Sie dafür stimmen! Deutschland soll frei werden, aber nicht durch Sie!«

Mit der Ausarbeitung der Wels-Rede hatte die Fraktion eine kleine Kommission betraut, der neben Otto Wels die Abgeordneten Friedrich Stampfer und Ernst Heilmann angehörten. Auch Kurt Schumacher wurde in diesen Kreis gewählt, denn er hatte in der vorausgegangenen Diskussion, wie es seine Art war, für eine klare, unmißverständliche und scharfe Sprache plädiert. Im Entwurf war ein Satz über die verfassungswidrige Behandlung der kommunistischen Reichstagsabgeordneten enthalten, die festgenommen worden waren und sämtlich an der Sitzung nicht teilnehmen konnten. Doch die Mehrheit der Fraktion war für die Streichung. Der Hinweis auf die Kommunisten, die ohnehin die bürgerliche Republik und ihre Verfassung nie verteidigen wollten, hätte als Provokation wirken müssen. Die Gefahr aber, daß die ganze Wels-Rede im Tumult unterginge, wollten die Sozialdemokraten nicht riskieren. Daß er auf sie maßgeblichen Einfluß genommen hätte, ist freilich ebenso Legende wie die Behauptung, er habe geweint, als sein Anerbieten, die Erklärung selbst abzugeben, abgewiesen worden sei. In der Hauptsache, so jedenfalls Ritzel, stammt der Redeentwurf von Friedrich Stampfer. Zwar stimmt, daß Schumacher darauf gebrannt hat, selbst zu sprechen, doch konnte er damit kaum auf das Verständnis des bulligen Otto Wels rechnen. Obschon erkrankt, behielt dieser sich den Vortrag im Plenum mit den Worten vor: »Ich habe die Fraktion geführt in guten Tagen, ich werde sie auch in schlechten Tagen führen.«

Ist diese aufrechte, trotzige Haltung ganz nach Schumachers Geschmack, so wirkt auf ihn geradezu niederschmetternd, was ihm, ebenso wütend wie empört, seine Stuttgarter Genossen über das Verhalten führender Sozialdemokraten in Württemberg zu berichten haben. Auf ein oder zwei illegalen Besprechungen in Karlsruhe und auf der Hirsauer »Konferenz« erfährt er von einem Beschluß des Landesvorstands, allen Mandatsträgern der SPD in den Kommunen und im Land, aber auch sozialdemokratischen Lehrern und Beamten den Parteiaustritt zu empfehlen und sie aufzufordern, »ihre Tätigkeit in einem Sinne auszuüben, der weder einen Zweifel an ihrer nationalen Gesinnung noch an dem guten Willen zuläßt, die politische Neubildung Deutschlands nach den Plänen der nationalen Revolution zu unterstützen«. Nach dieser Empfehlung, vom Rumpfvorstand mit fünf Stimmen gegen die des Landtagsmitglieds Otto Steinmayer gefaßt, legen die Beschließenden selbst ihre Vorstandsämter nieder.

Natürlich sind es Wilhelm Keil und Erich Roßmann – in Schumachers Augen schon immer die ewig bequemen Anpasser und Männer, denen Ruhe und Ordnung über alles geht –, welche diesen Kurs bestimmen. Nicht etwa der Gesinnungslumperei habe er damit Vorschub leisten wollen, wird Keil dann nach dem Krieg schreiben, ganz und gar nicht, denn: »... ich sagte ihnen, daß sie ihrer Überzeugung treu bleiben sollten, aber ich suchte zu verhüten, daß nutzlos Existenzen geopfert wurden. Für unser persönliches Verhalten im nationalsozialistischen Staat stellte ich folgende Formel auf: Wir haben eine von drei Möglichkeiten zu wählen: 1. Selbstmord, 2. Emigration, 3. im neuen Staat leben. Wer eins und zwei ablehnt, dem bleibt nur drei übrig. Ich für meinen Teil hielt es so. In dem Lande, in dem ich geboren bin, blieb ich und ordnete mich dem Zwang der Tatsachen unter, ohne meine Gesinnung preiszugeben. Illegale politische Tätigkeit hielt ich für sinn- und nutzlos. Diesen Standpunkt vertrat ich bei allen Zusammenkünften, vor allem im Landesvorstand, dessen noch aktionsfähige Mitglieder in einer Sitzung vom 10. Mai die Niederlage ihrer Ämter beschlossen.« Was den nationalsozialistischen Machthabern wie Musik in den Ohren geklungen haben muß – den politischen Umbau des Landes nach den Plänen der »nationalen Revolution« gutzuheißen –, relativiert er mit dem Hinweis, damit seien lediglich die Schritte der neuen Regierung zur Schaffung des zentralen Einheitsstaates gemeint gewesen, eine Maßnahme also, die alten Forderungen der Sozialdemokratie entsprach.

Sicher stand bei diesem letzten Aufruf des Württembergischen Landesvorstandes die Erinnerung an die Sozialistenverfolgung unter Bismarck Pate; wenn es unter dem Eisernen Kanzler möglich gewesen war, daß sozialdemokratische Mandatsträger trotz Unterdrückung der Partei ihre Positionen in den Parlamenten behaupteten, würde dies, so die trügerische Hoffnung, auch unter Hitler möglich sein. Sollte dies wirklich die Absicht des Aufrufs gewesen sein? Allein die Wortwahl mit ihren Anleihen beim nationalsozialistischen Vokabular sorgt dafür, wie Thomas Schnabel in seiner Untersuchung »Württemberg zwischen Weimar und Bonn« nachweist, daß die Genossen an der Basis ihn völlig anders interpretieren: »Mit dem Hinweis auf diese Erklärung löst sich der Ortsverein der Reutlinger SPD am 15. Mai 1933 auf, und gleichzeitig damit treten die acht sozialdemokratischen Gemeinderäte geschlossen zurück. Damit gibt es keine ›Linken‹ mehr auf dem Reutlinger Rathaus.«

Auf dem Umweg über Erwin Schoettle erhält Schumacher in Berlin einen Ausschlußantrag seines Stuttgarter Ortsvereins gegen Keil und Roßmann, den er dem Parteivorstand weiterreichen soll. Er tut dies nicht. Soll am Ende eines politischen Lebens voller Arbeit für die Sozialdemokratie ein »so schimpflicher Abschluß« stehen? Freilich erwartet er, daß sie, die »in einer für Deutschland glücklicherweise einzigen Art eine Kapitulation vor den Nazis vollzogen«, die »eindeutig das Interesse und die Ehre der Partei ihren persönlichen Belangen« opferten, sich nach dem Ende der Nazizeit nicht wieder politisch bemerkbar machen werden – eine irrige Annahme, wie wir noch sehen werden.

Übrigens macht Keil als Vorsitzender der SPD-Fraktion im Landtag seine Kapitulation vollkommen, als er in der Abstimmung über das württembergische Ermächtigungsgesetz am 8. Juni – zwei Wochen später wird die SPD reichsweit verboten – nicht dem mannhaften Exempel der Reichstagsfraktion folgt, sondern den sechs anwesenden sozialdemokratischen Landtagsmitgliedern rät, sich an der Abstimmung nicht zu beteiligen, weil sie angeblich über »die Ziele, die mit dem vorliegenden Ermächtigungsgesetz verfolgt werden, nicht unterrichtet ist«. In der Sache macht dies keinen Unterschied, nach der Geschäftsordnung kommt die Enthaltung einer Ablehnung gleich, und so hätte er sich ebensogut zu einem Nein durchringen können. Doch von der Furcht besessen, er und seine Freunde würden von den neuen Machthabern ausgegrenzt, vermeidet er den offenen Affront.

Wels hatte in seiner Rede in Berlin den Terror beim Namen genannt und von Verfolgung der Sozialdemokraten gesprochen, Keil bekundet vor dem Landtag nicht einmal seine Solidarität mit zwei sozialdemokratischen Fraktionsmitgliedern, die in »Schutzhaft« genommen sind, wie die Einlieferung in die Konzentrationslager von den Nationalsozialisten euphemistisch umschrieben wird. Vielmehr bietet er, im Bewußtsein »der Bedeutung und der Tragweite der im Gang befindlichen revolutionären Umwälzung«, die Bereitschaft zu sachlicher Mitarbeit an: Frei von dogmatischen Bindungen, ausschließlich »getragen von ihrer pflichtgemäßen Überzeugung«, würden die sozialdemokratischen Abgeordneten zu den ihnen obliegenden Aufgaben Stellung nehmen.

»Unentschuldbar, schmählich und sinnlos« nennt Schumacher diese Haltung. Nach seinem Willen soll in der Partei nach 1945 kein Platz für solche Kapitulanten sein. Aber völlig wird er sich mit seiner kompromißlosen Linie in Stuttgart nicht durchsetzen, denn der Landesvorstand beschließt im Januar 1946, keine Konsequenzen aus dieser Affäre zu ziehen, solange sie nicht öffentlich aufgeworfen wird. Zwar geschieht dies dann doch im württembergischen Landtag, aber in einer Weise, die selbst alle »Ja«-Sager zum Ermächtigungsgesetz von Mitschuld entlasten soll. Der Mann, welcher die Landtagssitzung vom 2. April 1947 leitet – und sie endet mit einem förmlichen Freispruch –, ist Wilhelm Keil, seines Zeichens Landtagspräsident.

Vertreter des Anpassungskurses auf Reichsebene, der durch größtmögliche Zurückhaltung dem Gegner keinen Grund zum Zuschlagen geben und der Partei den noch verfügbaren, wenn auch bescheidenen Spielraum legaler Arbeitsmöglichkeiten erhalten will, ist der frühere Reichstagspräsident Paul Löbe, und auch zu ihm wird Kurt Schumacher später auf eine gewisse Distanz gehen. Zwischen Löbe und der Auslandsleitung der Partei in Prag, welcher ja die gewählten Vorsitzenden Vogel und Wels angehören, kommt es zum offenen Konflikt, als Hitler den Reichstag zum 17. Mai 1933 einberuft, um eine Erklärung zur außenpolitischen Lage abzugeben. Die Resolution, die er dem Reichstag vorlegt, verlangt die volle Gleichberechtigung Deutschlands auch auf dem Gebiet der Abrüstung.

Von einer sozialdemokratischen Position aus ist sie schwer zu bekämpfen, hatte doch Otto Wels selbst in der Begründung seines

Nein zum Ermächtigungsgesetz erklärt, die Sozialdemokraten stimmten der außenpolitischen Forderung des Reichskanzlers nach deutscher Gleichberechtigung »um so nachdrücklicher zu, als wir sie bereits von jeher grundsätzlich verfochten haben«. Theo Pirker meint, konzilianter, sanfter und kompromißbereiter als Hitler an diesem 17. Mai hätte auch ein Stresemann sich kaum zeigen können. Aber einer außenpolitischen Resolution Hitlers zuzustimmen, weil man sie inhaltlich mitvertreten kann, ist eine Sache, Hitler durch die eigene Anwesenheit im Reichstag zu unterstützen und seine Außenpolitik demonstrativ mitzutragen, eine völlig andere, zumal bedacht werden muß, daß die Zeitungen der eigenen Partei verboten, das Parteivermögen beschlagnahmt und hunderte Funktionäre widerrechtlich verhaftet sind.

Zusammen mit Friedrich Stampfer reist der Parteivorsitzende Vogel deshalb noch einmal nach Berlin und beschwört die Fraktion – sie ist inzwischen auf 65 Abgeordnete geschrumpft –, der Sitzung fernzubleiben. Stundenlang wogt die Debatte hin und her, eine Gruppe um den Berliner Parteivorsitzenden Franz Künstler sagt, die Abgeordneten müßten aus nationalen Gründen für die Resolution stimmen, eine andere – sie ist 17 Köpfe stark und wird von Kurt Schumacher angeführt – will dem Rat Vogels und Stampfers folgen und der Sitzung fernbleiben.

Die Mehrheit entscheidet schließlich gegen Schumacher und die aus dem Ausland Angereisten, aber sie besteht darauf, daß dem sozialdemokratischen Ja eine Erklärung vorangehen muß, in der die Befreiung der in Haft befindlichen sozialdemokratischen Abgeordneten gefordert und grundsätzlich zur Außenpolitik Hitlers Stellung genommen wird. Löbe verhandelt darüber mit Hitlers Innenminister Frick, aber der lehnt ab und droht, wie Löbe berichtet, offen mit Mord: »Meine Herren, Sie können wegbleiben, Sie können dagegen stimmen, aber das sage ich Ihnen: Jetzt geht es um die Würde der Nation, und sie steht uns höher als das Leben eines einzelnen Abgeordneten.«

Felder beteuert, Schumacher hätten Tränen in den Augen gestanden, als die Mehrheit in dieser ernsten Lage entscheidet, auch ohne eigene Erklärung zuzustimmen. Schumacher weiß, welch verhängnisvollen Fehler die Fraktionskollegen begehen, aber als der Unterlegene – dies entspricht seiner Auffassung von Parteidisziplin – schließt er sich der Mehrheit an. Gerade jetzt darf man »die Genossen nicht im Stich lassen« und dem politischen Gegner Uneinigkeit in den eigenen

Reihen demonstrieren. Vergebens sucht er eine Abgeordnete aus seiner Gruppe der 17, die Franz Künstler und Paul Löbe besonders heftig widersprochen hat, zum Gang in den Plenarsaal zu überreden. Aber die bayerische Lehrerin und Abgeordnete Toni Pfülf weigert sich, bleibt der Sitzung fern und verübt später in München Selbstmord. »Den Weg, den die Partei heute geht«, heißt es in einem Abschiedsbrief, »kann ich nicht mitgehen. Ich sterbe im Glauben an die sozialistische Zukunft Deutschlands und der Welt. Freiheit! – Toni Pfülf.«

Hat sie die peinliche Szene im Reichstag kommen sehen, als Hitler nach der Abstimmung ostentativ den Sozialdemokraten Beifall klatscht und Reichstagspräsident Hermann Göring hocherfreut die Einigkeit des Hohen Hauses in Lebensfragen der Nation feststellt? Jubelnd springen Nationalsozialisten und Deutschnationale von ihren Sesseln und stimmen das Deutschlandlied an. Ob die Sozialdemokraten sich rechtzeitig davongestohlen haben? Die Berichte darüber gehen auseinander. »Viele in unseren Reihen sangen mit. Einigen liefen die Tränen über die Wangen«, schreibt Wilhelm Hoegner in seinen Memoiren. Josef Felder aber meint: »Wir waren ja ganz an der Seite, wir konnten gleich raus. Einige Frauen von uns, die so erschüttert waren, daß sie schluchzten, haben vielleicht ein bißchen mitgesungen, das ist möglich. Aber die Fraktion als solche versuchte, so rasch wie möglich rauszukommen, weil wir wußten, daß anschließend das Horst-Wessel-Lied kam.«

Das Verhalten der Reichstagsfraktion am 17. Mai wirft Schatten auf das mannhafte Eintreten für die Verfolgten, für die in der Verfassung garantierten demokratischen Freiheiten und das mutige Nein zum Ermächtigungsgesetz. Es liefert dem Außenpolitiker Hitler ein demokratisches Alibi, das für ihn im ersten Jahr seiner Regierung propagandistisch äußerst wertvoll ist.

Kein Wunder also, wenn sich die Auseinandersetzung zwischen den im Reich gebliebenen Sozialdemokraten und der Auslandsleitung nunmehr zuspitzt. Nicht nur, daß den Genossen in Prag der Löbe-Kurs, diese Politik des Rettens, was noch zu retten ist, und zwar um nahezu jeden Preis, nicht schmeckt, sie halten inzwischen die in Berlin verbliebene Führung für nicht mehr frei in ihren Entscheidungen und konstituieren sich deshalb offiziell als »der« Parteivorstand der deutschen Sozialdemokratie. Die Berliner wiederum behaupten, daß die Prager keine Ahnung hätten von der schwierigen Lage im Reich, sie sollten deshalb, so Paul Löbe, besser schweigen, solange den sozialdemokratischen Parlamentariern ihr Mandat belassen werde.

Es ist ja wahr, die Prager können freier sprechen, sie verfügen über Publikationsmöglichkeiten, in denen das Unrechtsregime angeprangert wird, aber jedes ihrer kritischen Worte von draußen, so erfahren es die Berliner, wird von den Nationalsozialisten genutzt, sie desto massiver unter Druck zu setzen – als »Landesverräter«, die angeblich unter dem Kommando einer Internationale stehen. Wer habe, fragt Göring höhnisch und mit drohendem Unterton, eigentlich das Sagen in der Sozialdemokratie – die Führungsgruppe im Reich, die sich um einen maßvollen Ton bemüht, oder die Emigranten in Prag, welche mit Invektiven gegen die neue Regierung nicht zu sparen pflegen?

In dieser Situation wäre es nur konsequent, die Selbstauflösung der SPD anzustreben und den Weg in die Illegalität zu gehen. Schumacher rät dies an, Argumente dafür gibt es in Hülle und Fülle: Wird der Partei nicht verwehrt, für ihre Sache zu werben? Sind ihre Konten nicht beschlagnahmt? Sitzen nicht Funktionäre und Abgeordnete widerrechtlich in Haft? Wird es unter solchen Bedingungen nicht völlig sinnlos, für die legale Existenz der Partei zu kämpfen? Er dringt nicht durch damit. Vergebens sucht er Verständnis für »die Genossen von draußen« zu wecken, als die Reichstagsfraktion zu einer letzten Sitzung am 10. Juni zusammentritt. Max Westphal besteht darauf, daß der Vorstand seinen Sitz in Deutschland haben müsse, Paul Löbe deutet an, daß eine »schmerzliche Trennung« von den alten Freunden unumgänglich sei, sollten die Prager diese Notwendigkeit nicht anerkennen. Unter allen Rednern ist Schumacher der einzige, der für den Emigrationsvorstand ficht; selbst Wilhelm Hoegner, später bayrischer Ministerpräsident und ein innerparteilicher Gegner des SPD-Vorsitzenden Schumacher, wünscht den klaren Trennungsstrich zu Prag.

Anderthalb Wochen später dann, auf der letzten legalen Konferenz, welche die Berliner Parteiführung zum 19. Juni 1933 einberuft und auf der Vertrauensleute aus den einzelnen Bezirken vertreten sind, soll der Bruch vollzogen werden. Max Westphal fordert die Abberufung des alten und die Wahl eines neuen Vorstands mit Sitz in Berlin. Aber im Unterschied zu den Abgeordneten um Löbe wollen die Genossen, die aus dem Land angereist kamen, so weit denn doch nicht gehen. So begnügt man sich mit der Wahl eines sechsköpfigen Direktoriums, welches die gesamte Partei reorganisieren soll. Ihm gehört, auf Vorschlag Kurt Schumachers, auch ein Repräsentant der Prager Führung an. Ob der Löbe-Kurs in letzter Konsequenz zum Ausschluß der Prager Emigranten aus der Partei des Reichs und damit zu einer Spaltung der SPD geführt hätte, wie Schumacher befürchtet, bleibt im Bereich der Spekulation. Drei Tage nach der Berliner Konferenz, am 22. Juni 1933, wird dem Streit der feindlichen Flügel mit dem Betätigungsverbot für die SPD durch die nationalsozialistische Regierung jede Grundlage entzogen.

Wer in Schumacher nur den Prinzipientreuen, den Unbedingten, den Konfliktfreudigen sieht, den mag seine Haltung in dieser Auseinandersetzung verwirren, zeigt er sich doch eher als Taktiker, ist ganz auf Ausgleich, auf Vermittlung zwischen Berlin und Prag bedacht. Im Grunde, davon ist er überzeugt, haben die Genossen in Prag recht, wenn sie zum »revolutionären Kampf« aufrufen, denn dies wäre in der Tat der einzige Weg zum Sturz des neuen Gewaltregimes, zumal es so fest im Sattel noch nicht sitzt. Aber dieser Kampf kann nur in der Illegalität geführt werden, er muß gründlich vorbereitet sein. Ist dafür die legale Existenz der Partei nicht von unerhörtem Nutzen? So zeigt er viel Verständnis für die Berliner, welche sie zu behaupten suchen, auch wenn er damit völlig andere Absichten als die Anhänger Löbes und Westphals verfolgt. Sie wollen die legale Existenz auf keinen Fall durch Vorbereitungen auf die illegale Tätigkeit gefährden, die sie ohnehin für sinnlos halten; er dagegen will die legale Existenz so lange und gezielt wie möglich für den Aufbau einer illegalen Organisation genutzt wissen.

Am 1. Juni funkt die Zentrale der Politischen Polizei im Württembergischen Innenministerium »an alle« Polizeibehörden, der sozialdemokratische Reichstagsabgeordnete Schumacher – Kennzeichen: »einarmig« – sei in »Schutzhaft« zu nehmen. Erst Anfang Juli erfährt er davon. Geradezu fieberhaft versucht er, mit anderen jungen Genossen für das ganze Reich eine Untergrundorganisation aufzubauen, und beteiligt sich an der Ausarbeitung von Agitationsbroschüren für den Prager Parteivorstand. Zwar erscheinen diese anonym, auch sind sie meist das Werk mehrerer Verfasser, aber Willy Albrecht meint, einige ließen nach Duktus und Gedankenführung klar die Autorschaft Schumachers erkennen – etwa, wenn in dem Pamphlet »Revolution gegen Hitler« der Sturz des Machthabers nicht nur als durchaus vereinbar mit den nationalen Interessen Deutschlands bezeichnet wird, sondern gar als »oberste Pflicht, um der Rettung von Volk und Land willen«; oder wenn es in derselben Broschüre heißt, die neue sozialdemokra-

Norddeutsche Ausgabe / Ausgabe A

Ausgabe A / Norddeutsche Ausgabe

Berlin, Sonnabend, 24. Juni 1933

VÖLKISCHER BEOBACHTER

Kampfblatt der national-sozialistischen Bewegung Großdeutschlands

Ausschluß der Führer der christl. Gewerkschaften aus der Arbeitsfront

Wegen Unfähigkeit und Unloyalität trotz Duldung durch die N.S.D.A.P. – Kampfansage an die Vielheit der Organisationen – Nur amtl. anerkannte Reichsstände

Das Verbot der S.P.D.

Wohlverdientes Ende der marxistischen Landesverratspartei

Keine Sozialdemokraten mehr in den Parlamenten
Dauerverbot der S.P.D.-Presse – Beamte und Staatsangestellte dürfen nicht mehr der S.P.D. angehören

Triumphierend meldet der »Völkische Beobachter« das Verbot der »marxistischen Landespartei« am 22. Juni 1933. In Prag konstituiert sich der Exilvorstand der SPD mit Erich Ollenhauer, Hans Vogel, Friedrich Stampfer, Otto Wels, Albert Grzesinski und Siegmund Cummener (unten von links).

tische Kampffront müsse sich von den Kommunisten fernhalten, die mit ihrer völlig verfehlten Taktik die Einheit der Arbeiterklasse verhindert hätten. »Das kann nicht das Ziel des großen Freiheitskampfes gegen den faschistischen Staat sein, daß an Stelle des faschistischen das bolschewistische Arbeiterzuchthaus gesetzt wird.« In der Tat: Klingt das nicht ganz wie jener sozialistische Kämpfer, der die demokratische Republik in Württemberg mit dem Mut der Verzweiflung bis zur letzten Stunde gegen Rechte wie Linke verteidigen wollte?

Seine Familie, die Freundin, wohlmeinende Genossen fürchten, die Gestapo werde furchtbare Rache an ihm, dem Hauptgegner der Nationalsozialisten in Württemberg, nehmen, und raten dringend zur Emigration. Immer wieder wird ihm angeboten, ihn auf einem der drei Schleichwege in die Tschechoslowakei, die Schweiz oder nach Holland zu schmuggeln, immer wieder lehnt er ab. Enge Kampfgefährten nutzen diese Möglichkeit, organisieren den Widerstand von draußen – Erwin Schoettle etwa, der unter dem Decknamen »George« ein sogenanntes Grenzsekretariat im schweizerischen Sankt Gallen leitet, illegale Druckschriften einschleust und eine Untergrundgruppe in Stuttgart aufbaut, die von der Gestapo 1935 zerschlagen wird.

Schumacher rspektiert und achtet dies, nie verurteilt er den Weg in die Emigration, aber selbst schlägt er ihn bewußt nicht ein. Wie die anderen »militanten Sozialisten«, wie Mierendorff und Haubach, bleibt er überzeugt, daß sein Platz in Deutschland sei; hier habe die geschlagene Opposition auszuharren, hier müsse der illegale Kampf geführt werden, der über die Zukunft der Nation entscheiden wird. »Was wir hier erdulden müssen«, sagt er einmal im Gespräch einem Mithäftling in Dachau, »wird uns die Berechtigung zur politischen Führung in den Jahren nach Hitler geben.«

Für den 8. Juli 1933 hat er seiner Kusine Dorothea Kollmorgen sein Kommen auf einer Postkarte mit den Worten angekündigt, er glaube ziemlich bestimmt, frei zu sein. Sein Optimismus trügt. Die Gestapo spürt ihn am 6. Juli um fünf Uhr morgens in seinem Berliner Schlupfwinkel auf. Einer der »schamlosesten sozialdemokratischen Hetzer ganz Deutschlands«, jubelt der Stuttgarter *NS-Kurier* am 12. Juli auf seiner ersten Seite, sei unschädlich gemacht worden. Nicht den geringsten Zweifel läßt das Blatt aufkommen, daß man an ihm ein qualvolles Exempel statuieren will: »Seine Anwürfe gegen die nationalsozialistische Freiheitsbewegung waren so gemein, daß er nicht mehr erwarten kann, als politischer Gegner, sondern nur noch kriminell gewertet zu werden... Wir sprechen nur den Wunsch der breitesten Öffentlichkeit aus, wenn wir den Fall Schumacher der politischen Polizei einer Sonderbehandlung empfehlen, denn was dieser SPD-Genosse auf dem Kerbholz hat, übersteigt die Grenzen alles Erträglichen ... «

Schumachers Leidensweg durch die Lager beginnt. Er wird zehn Jahre währen.

»Zerbrechen und vernichten«: Leidensweg im Dritten Reich 1933–1945

In den ersten Monaten der Schreckensherrschaft – das Terrornetz ist noch nicht engmaschig geknüpft und der SS-Staat erst im Werden – dürfen die Häftlinge ihren Angehörigen häufiger, auch ausführlicher als später schreiben. Vier Tage nach seiner Verhaftung schickt Kurt Schumacher der Freundin in Stuttgart ein erstes Lebenszeichen aus Zelle 17, Station III des Gefängnisses im Polizeipräsidium am Berliner Alexanderplatz, datiert vom 10. Juli 1933. Für einige Stunden war er in eine Sammelzelle gesperrt, jetzt sitzt er in Einzelhaft und ahnt, wenn auch vage, was auf ihn zukommen wird. Er vermöge nicht zu hoffen, schreibt er Miga, »daß meine ›Freunde‹ in Stuttgart ihren Drang nach Revanche unterdrücken und mir die Freiheit (!) gönnen werden«. Gut gehe es ihm, versichert er, wie es einem in solcher Situation eben gut gehen kann; er sei gesund, die Behandlung korrekt, wie jedem anderen gegenüber auch, und er bittet die Freundin, seiner Familie und seinen Bekannten von seiner »absoluten Unversehrtheit und Gesundheit« zu erzählen. Es sollen sich nur ja keine Gerüchte um sein plötzliches Verschwinden bilden; vor allem muß der Anschein vermieden werden, er habe sich ins Ausland abgesetzt.

Schumacher geht von der Annahme aus, daß die Stuttgarter NS-Presse über seine Verhaftung nicht berichten wird. Daß sie, ganz im Gegenteil, die Festnahme des verhaßten politischen Gegners mit wahrem Triumphgeheul schon vor Tagen bekanntgemacht hat, kann er, als er diesen ersten Brief in seiner Zelle aufsetzt, natürlich nicht wissen. Sechs Tage verbringt er im Polizeigefängnis in Einzelhaft, dann wird er in die Strafanstalt Plötzensee verlegt.

»Mein Schicksal ist mir völlig ungewiß«, schildert er am 14. Juli die Lage eines Eingesperrten, der sich mit rechtsstaatlichen Mitteln nicht zur Wehr setzen kann und hilflos der Willkür der neuen Regierenden ausgesetzt ist. »Ich kann nach Württemberg kommen, ich kann innerhalb Preußens das Quartier wechseln, ich kann sogar frei werden – theoretisch, meine ich.« Gleichgültig was wird, man müsse sich auf das Schlimmste einrichten – und da scheint ihm Plötzensee, das ja »in jeder Beziehung besser und erträglicher« als das Polizeigefängnis ist, nicht das Schlechteste zu sein. Bedenkt man, was ihn in wenigen Wochen erwartet, geht es hier in der Tat beinahe paradiesisch zu. Das preußische Gefängnis beachtet die Regeln eines halbwegs humanen Strafvollzugs; seine Beamten, unsicher noch, wie sie den neuen Typus des Schutzhäftlings behandeln sollen, sehen in ihnen eher Untersuchungshäftlinge denn Strafgefangene. »Wenigstens in einer Beziehung bin ich rein wie ein Engel«, meldet er Miga, denn bei der Einlieferung sind sie gebadet worden, und »am heutigen Mittwoch schon wieder«.

In Plötzensee darf man rauchen, Briefe und Pakete empfangen, gegen eigenes Geld sich aus der Kantine etwas kommen lassen und die eigenen Kleider tragen. »Ich habe hier meinen alten blauen Anzug an, und Oberhemden, Strümpfe und Kragen habe ich bei meiner Verhaftung gleich mitgenommen.« Falls er später Kleider zusätzlich benötigt, dann »kommt nur das älteste Zeug in Frage«. Noch hat er die Hoffnung nicht aufgegeben, doch freizukommen: Miga soll seine guten Sachen an sich ziehen, instand setzen und in Reserve halten. Er bestellt Päckchen mit Rauchwaren – 50 Zigaretten à 4 Pfennige, Stumpen à 10 bis 15 Pfennige das Stück –, etwas zum Knabbern, einen Kamm und einen Blaustift, später bittet er um ein Wäschepaket. Es ist fraglich, ob sein Geld ausreicht, dies alles zu besorgen, wenn die Haft in Plötzensee länger dauert. Das Geld dafür soll Miga sich unter allen Umständen von seiner Mutter oder seiner Schwester wiedergeben lassen.

Geradezu rührend besorgt ist er um die Freundin. Noch »draußen« hat er miterlebt, daß sie wegen der Kontakte mit ihm vom Stuttgarter Rundfunk fristlos gekündigt wurde. Kurt habe diese Art Sippenhaftung befürchtet, sagt Marie Fiechtl nach dem Krieg; wenn die Nationalsozialisten anders gehandelt hätten, wären sie nach seiner Meinung keine richtigen Nazis gewesen. Da sie jetzt ohne eigene Einnahmen ist, sucht er ihr aus der Haft heraus seine Invaliditätsrente zu überschreiben, fürchtet jedoch, daß dies nicht gelingt. Auf jeden Fall aber hätte seine Mutter ein Anrecht auf die Rente. »Ich habe sie die ganzen Jahre hindurch von allen Kindern finanziell am meisten unterstützt, erst 100 M, nach dem (Brüningschen) Gehaltsabbau 75 M u.

als ich nur noch die Diäten hatte, 50 M im Monat. Wenn Du«, so weist er die Freundin aus der Haftzelle an, »in allen Instanzen scheitern solltest – aber unter allen Umständen erst dann« –, könnte sie mit einem Gesuch kommen. In der Tat wird Kurts Mutter in Hannover in den Genuß der Rente gelangen und ihm davon öfter Zehnmarkscheine und Päckchen schicken.

Migas streng katholische Mutter wiederum hat das Verhältnis ihrer Tochter zu Kurt Schumacher, diese enge, aber unkonventionelle, nicht durch das Institut Ehe abgesegnete Beziehung, stets mit Argwohn, wenn nicht Mißbilligung betrachtet. Seinetwegen ist Miga »sehr stark mit ihrer Familie auseinander«, schreibt er einmal, seinetwegen hat sie ihre wirtschaftliche und künstlerische Existenz verloren. Nun kehrt Mutter Fiechtl von einem längeren Besuch aus Amerika zurück, und Kurt hofft, daß Miga den Sturm übersteht, wenn die alte Dame »das Trümmerfeld anschaut, das jetzt durch meine Festsetzung bezüglich Deiner Existenz vollendet ist«.

Er fürchtet, daß Miga sich seinetwegen zersorgt und zergrübelt, und das drückt ihn mehr als seine ungeklärte Zukunft. So rät er ihr, erst einmal für einige Monate zu Verwandten in Chicago zu fahren: »In dieser (Stuttgarter) Atmosphäre, ohne jede künstlerische Tätigkeit und ohne Ablenkung, als ganzen Lebensinhalt nur die Sorgen um mich, wirst Du völlig zusammengequetscht und vorzeitig alt. Das darf einfach nicht sein! Du mußt Dich zusammenreißen und durch eine Tätigkeit ablenken. Ist es Dir – die Du doch mit Politik wirklich nichts zu tun hast – in Deutschland nicht gegönnt, dann muß es eben woanders sein.« Jede sich bietende Gelegenheit solle sie nutzen, um sich aus dieser Situation herauszuhelfen: »Antworte mir nicht mit Versicherungen Deiner Treue und Anhänglichkeit« – das habe sie ihm gegenüber wahrlich nicht nötig. Sein eigenes Schicksal sei, selbst für den Fall seiner Freiheit, viel zu ungewiß, als daß er ihr nicht in jeder Beziehung freie Hand geben würde.

Sind die Briefe aus Berlin in vertrautem, fürsorglichen, beinahe intimen Ton gehalten, ändert sich dies abrupt, als Ende August die erste Nachricht aus dem »Schutzhaftlager« eintrifft. Die alten Gegner in Stuttgart, allen voran Gauleiter Murr, nehmen die Revanche, die er befürchtet hat, und setzen seine Überführung aus Berlin ins Polizeigefängnis Stuttgart durch. Von dort lassen sie ihn auf den Heuberg bringen, wo die württembergische Polizei schon im März auf einem alten Truppenübungsplatz ein Konzentrationslager eingerichtet hat.

Gab es auch Pläne der Stuttgarter Nationalsozialisten, ihren alten Todfeind vor seiner Verlegung auf den Heuberg im Triumphzug durch Stuttgart zu führen? Der *Neue Vorwärts,* das Blatt der Sozialdemokratischen Partei im Prager Exil, behauptet es: Weg und Termin waren bereits bekannt, »als die Reichswehr diese Diffamierung eines Kriegsopfers verhinderte, da sie üble Wirkungen auf die Stimmung der Bevölkerung befürchtete«. Einem Bericht Erwin Schoettles an den Prager Parteivorstand zufolge war es jedoch nicht die Reichswehr, sondern der Vorsitzende des Württembergischen Offiziersbunds, General a. D. Teichmann, der Einspruch dagegen erhob, daß ein Schwerkriegsbeschädigter in großem Aufzug durch die Gassen geschleppt werde. Teichmann wurde später wegen seines Protestes aus seinem Amt im Offiziersbund gedrängt.

Auf dem Heuberg führt die SA als »Hilfspolizei« das Regiment über etwa zweitausend politische Gefangene. Viele ihrer Männer kommen aus Ebingen und Balingen, wo sie sich Saalschlachten mit dem »Reichsbanner« lieferten, das der sozialdemokratische Wahlkämpfer Schumacher zum Schutz seiner Versammlungen aufgeboten hatte. Nun kühlen sie ihr Mütchen an dem Feind von einst, der ihnen wehrlos ausgeliefert ist, lassen ihm jene »Sonderbehandlung« zukommen, die der Stuttgarter *NS-Kurier* angeraten hatte. »Mensch, häng' dich doch gleich auf, heraus kommst du hier nie!« brüllt ihn ein SA-Mann bei der Einlieferung an, worauf Schumacher erwidert: »Nein, die Verantwortung dafür müssen Sie schon selbst übernehmen.« Kommandant Karl Buck, der nach dem Krieg für seine Verbrechen als Chef des Konzentrationslagers Schirmeck im Elsaß von einem französischen Gericht zum Tode verurteilt wird, ist für seine Brutalität berüchtigt. Als er einen Häftling nach dem Exerzieren bei der Einlieferung verprügelt und der Transportleiter, ein Polizeihauptmann, gegen diese Mißhandlung protestiert, schreit Buck ihn an, er werde ihn gleich dabehalten, falls er nicht sofort Ruhe gebe.

Noch gibt es keine verbindliche Lagerordnung, Willkür und Launen der jeweiligen Kommandanten bestimmen den Häftlingsalltag. Im Lager auf der Alb ersinnt die SA alle erdenklichen Quälereien und versucht, die Gefangenen gegeneinander auszuspielen. Mit Beschimpfungen, Fußtritten und Faustschlägen wird der SPD-Landesvorsitzende Erich Roßmann, zusammen mit dem sozialdemokratischen Landtagspräsidenten Albert Pflüger und dem Landtagsabgeordneten Johannes Fischer von der Demokratischen Partei, bei der Einlieferung von Stube zu Stube getrieben und den Inhaftierten mit den Worten vorgestellt: »Hier sind eure Bonzen..., denen ihr es zu verdanken habt, daß ihr auf dem Heuberg sitzt.«

Bei 30 Grad Hitze, notiert Roßmann in seinen Erinnerungen, wurde Schumacher auf dem Kasernenhof herumgejagt und mußte mit seinem linken Arm »auf dem ausgedehnten Gelände des Lagers kleine Kieselsteine in einen Eimer sammeln«. War der Eimer gefüllt, mußte er ihn ausleeren und wieder von vorn beginnen. Fritz Bauer, Amtsrichter in Stuttgart, Mitglied der Kampfleitung des »Reichsbanners« und nach dem Krieg dann hessischer Generalstaatsanwalt, ist 1933 ebenfalls auf dem Heuberg inhaftiert und wird Augenzeuge, wie die Wachen seinen Freund Schumacher mit Brennesseln blutig schlagen. Einmal hat der Stuttgarter SPD-Ortsvereinsvorsitzende mit ehemaligen Landtagsabgeordneten, Bürgermeistern und Stadträten stundenlang Aufstellung mit dem Gesicht zur Wand zu nehmen, indes die SA-Aufseher sich einen Spaß daraus machen, die Köpfe der Gefangenen von hinten gegen die Mauer zu stoßen, bis die Gesichter bluten und zerschunden sind. Stundenlang haben die Häftlinge auf dem Appellplatz strammzustehen, um Hitlerreden anzuhören, die mit Lautsprechern übertragen werden.

Das Schreiben persönlicher Briefe ist Schumacher auf dem Heuberg offenbar untersagt; seine erste Nachricht, an Miga, vom 23. August trägt deshalb den Vermerk »geschäftlich!«. Unterstrichen und in steilem Sütterlin geschrieben, bietet dies die Erklärung für den Stil des Briefes, welcher einer denkbar trockensten Korrespondenz über bereitzuhaltende Hosen und Wintermäntel und einem Bestellzettel für das Allernötigste gleicht: Er bittet um wollene Untersachen, ein Paar alte, »wenn angängig hohe Schuhe«, um Rasierseife und -klingen, schließlich um eine Stiefelbürste. Die Anrede, sonst »Liebste Miga« oder »Liebstes Migalein«, ist auf ein kurzes »L.M.« geschrumpft, die Abschlußformel aus Berlin – »sei herzlich gegrüßt und geküßt« – auf ein schlichtes »herzlichst« reduziert. Als Absender gibt er Haus 19a, Stube 9 des Schutzhaft-Lagers Heuberg, Post Stetten am Kalten Markt, an. Haus 19a gehört zum Block der politischen Funktionäre, die offiziell in die Stufe 3 eingeordnet werden – der schlimmsten Kategorie des »Schutzhaftvollzugs«.

Dem Einfluß Teichmanns schreibt es Schoettle zu, daß sich Schumachers Lage nach einigen Wochen zu bessern scheint. Anderthalb Monate nach seiner ersten Nachricht bittet er, wiederum unter dem

Vermerk »geschäftlich!«, die Freundin um die große französische Sprachlehre von Toussaint, weil ihm »von d. Kommandantur dankenswerterweise gestattet worden« ist, Sprachstudien zu treiben. Er empfiehlt »L.M.«, sie antiquarisch zu besorgen, erbittet für schriftliche Übungen zugleich einen Block Schreibpapier »einfachster Qualität«, einen kleinen Atlas von Knaur für 2 Mark 85 und fordert, die Kosten in Hannover von seiner Rente abzuzweigen. Rechnet er, wenn er jetzt sein rudimentäres Französisch aufpolieren will, doch damit, bald freizukommen und dann nach Frankreich ins Exil zu gehen? Den Geburtstagsbrief der Freundin, den sie ihm zum 13. Oktober schrieb, hat man ihm offenbar vier Wochen vorenthalten, denn er ist, als er seine Wünsche am 10. November aufgibt, »soeben« eingetroffen.

Weil die Wehrmacht den zu Weimarer Zeiten stillgelegten Truppenübungsplatz ab Januar 1934 wieder benutzen will, wird das »Schutzhaftlager Heuberg« Ende 1933 aufgelöst, die dort gefangengehaltenen Regimefeinde aus Baden kommen in ein badisches KZ, die Württemberger werden auf den Oberen Kuhberg bei Ulm verlegt. An der sadistischen Behandlung ändert sich nichts, da der Oberleutnant a.D. und SA-Obersturmführer Karl Buck auch in Ulm das Regiment führt, aber die Unterbringung bedeutet eine erhebliche klimatische und hygienische Verschlechterung für die Häftlinge. Das Militärgelände auf der Schwäbischen Alb verfügte wenigstens über trockene Kasernen und Baracken, das »Württembergische Schutzhaftlager Ulm an der Donau« dagegen, in den muffigen, modrigen Kasematten eines alten, stillgelegten und verwilderten Forts der Festung Ulm errichtet, gleicht einer Unterwelt, in der sich die Häftlinge lebendig begraben fühlen.

Zusammen mit Kommunisten, einem deutschnationalen Richter, der den Hitlergruß verweigert hatte, auch mit einem Priester, der für einen in Köln hingerichteten Kommunisten die Messe lesen ließ, liegt Kurt Schumacher in einem jener zwischen den Laufgängen gelegenen Räume, in denen sieben Betten untergebracht sind – zwei zweistöckige und ein dreistöckiges Gestell auf nicht einmal 16 Quadratmetern. Im Gewölbe nisten Fledermäuse, das Stroh der Schlafsäcke ist oft feucht; wenn es regnet, sickert das Wasser durch die Decke und verwandelt den gestampften Lehmboden in Morast. Nur durch schmale Schießscharten dringen Licht und Luft, ausgediente Straßenbahneruniformen mit Löchern und zerrissenen Nähten dienen als Häftlingskleidung. Die Arrestzelle für Dunkelhaft besteht aus einer ausgehobenen Grube, über die ein paar Holzbohlen gelegt sind; eine weitere Strafzelle, im Keller der Kommandantur gelegen, enthält keinen Stuhl und keinen Tisch, lediglich zwei Strohsäcke und einen Eimer für die Notdurft. Decken werden den zu Strafenden nachts nicht zur Verfügung gestellt.

Nur die Hälfte der Häftlinge ist mit dem Ausbau des Lagers und der Verbesserung der Wege innerhalb des Forts beschäftigt, die andere Hälfte wird – die Werkstätten der späteren, durchorganisierten Lager gibt es ja noch nicht – von der SA nach Lust und Laune mit endlosen Strafexerziermärschen bergauf und bergab gejagt. Gleich siebenmal müssen die Gefangenen an einem Sonntag zum Kleiderappell antreten. Die notdürftig installierten Kanonenöfen werden nur im Winter betrieben und liefern nicht die nötige Hitze, im Sommer bleibt es stets naßkalt. So bedankt er sich in einer der ersten Nachrichten vom Kuhberg bei Miga für die wollenen Leibbinden, die sie geschickt hat, und meint, daß er die von ihr angekündigte Sommerwäsche nie benötigen werde.

Einen Brief nur darf er alle drei Wochen schreiben – und den richtet man natürlich »an eine Adresse, die alle möglichen Gänge und Erledigungen für einen liefert«. Wunschgemäß schickt Miga einen Schuhlöffel, weil der seine zerbrochen ist, Zahnputzmittel, Rasierklingen für seinen Rotbart-Apparat, Shampoo, kurze Schnürsenkel und eine kleine, schmale Büchse Schuhputz – »die größeren werden bei der Kontrolle zerteilt und trocknen darum aus«. Um seine Angestelltenversicherung fortzuführen, soll Miga nach der Versicherungskarte fahnden und von der Invaliditätsrente Geld für Beitragsmarken abzweigen lassen. Es stellt sich auch die Frage, wer diese Kontakte zur Außenwelt, auch zu Behörden, übernimmt, wenn Miga, wie geplant, erst einmal für einige Monate besuchsweise zu ihren Verwandten nach Amerika geht. Offenbar ist es ihm auf dem Kuhberg noch erlaubt, seine Wäsche nach Stuttgart zu schicken, welche die Freundin dann gereinigt in das Lager zurücksendet. Sie hält auch den Kontakt zu seinen früheren Freunden, die Geld sammeln und ihm Wollsachen in das Lager schicken. Sie sollten ihm ruhig öfters schreiben, läßt er bestellen, doch dabei alle Politik beiseite lassen, da dies sonst alle büßen müßten.

Vor ihrer Abreise will Miga ihn noch einmal sehen und bittet um Besuchserlaubnis. Er drängt sie, falls dieses Zusammentreffen überhaupt gestattet wird, »alle Illusionen fahren zu lassen, denn eine solche Unterredung dauert nur ganz kurze Zeit und findet meines Wissens in Gegenwart von drei Personen statt, wodurch natürlich alles unpersönlich werden muß«. Ihr Besuch wird nicht genehmigt, sie reist ab, ohne ihn vorher noch einmal gesehen zu haben, aber mit seinem ausdrücklichen Segen: »Mach Dir doch bitte nicht die ewigen Sorgen darum, wie es mir geht, während Du es in Amerika schön haben sollst. Einmal änderst Du damit nichts und vergällst Dir nur Dein Dasein, u. zum anderen hast Du es ja auch eine ganze Zeit hindurch alles andere als schön. Es wird Zeit für Dich, daß Du in ein anderes Milieu kommst. Und darin wünsche ich Dir alles Gute und Angenehme, was sich überhaupt denken läßt. Wenn Du Dich mit trüben und schweren Gedanken und allen möglichen Hemmungen belasten willst, dann ist doch die ganze Reise in ihrem Wert für Dich stark herabgemindert. Das darfst Du aber aus den einfachsten Gründen menschlicher und künstlerischer Selbsterhaltung unter keinen Umständen zulassen. Ebenso mußt Du in jedem Fall Deinen Aufenthalt in Amerika so lange wie möglich ausdehnen, denn jede Zukunftsmöglichkeit wird Kräftereserven erfordern, die Du hier bis auf weiteres nun einmal nicht sammeln kannst. Also Kopf hoch und unbekümmert an diesen neuen Lebensabschnitt!«

Über das Ergebnis einer Audienz beim Württembergischen Innenminister, die sie vor ihrem Abschied aus Stuttgart erwirkt, um sich für die Freilassung des Freundes einzusetzen, informiert sie Helene Schoettle, die ihrerseits ihren Mann unterrichtet, der wiederum – verschlungen sind die Wege in der Emigration – als der Grenzsekretär Hans Georg in St. Gallen ihren Bericht an den Prager Parteivorstand weiterreicht. Danach glaubt der Justizminister nicht, daß sich Schumacher »nach seiner Entlassung nicht mehr marxistisch betätige«, weil »solche Menschen« ja nicht zu ändern seien. Trotzdem wolle er sehen, was er für ihn tun könne – aber falls er überhaupt entlassen werde, müsse er sofort aus Stuttgart verschwinden, da es möglich sei, daß er »von der ›Bevölkerung‹ belästigt werde«. So erhält man vor sich selbst und anderen die Fiktion von der »Schutzhaft« aufrecht! Vergebens knüpft Maria Fiechtl an diese Unterredung die Hoffnung, daß ihr Verlobter in vier bis fünf Wochen freikommen wird. Im Juli 1934 reist sie über Hannover nach Amerika – Kurts Mutter, »eine liebe Frau, der man gut sein mußte beim ersten Blick«, gibt ihr als Andenken eine goldene Nadel mit, in der seine ersten Kinderzähne gefaßt sind.

»Schumacher, der lange in Einzelhaft gehalten wurde, war mein Nachbar«, berichtet Alfred Lautwasser, der als Funktionär des kommunistischen Jugendverbands auf den Kuhberg kam. »Wir mußten Steine transportieren. Ich hab' manchmal zu denen, die die Steine aufluden, gesagt: legt ein paar zu mir rüber, der Mann mit dem einen Arm kann doch nicht. Die Nazis wollten den Schumacher fertig machen. Die Steine wurden von einem Eck ins andere getragen. Eine völlig sinnlose Beschäftigung.« Die nationalsozialistischen Bewacher arbeiten nach dem Prinzip Zuckerbrot und Peitsche – vorübergehend darf Schumacher lesen, dann wird ihm wieder jeglicher Lesestoff entzogen, eine Verschlechterung der Lage, über die sich Schoettle in St. Gallen seine Gedanken macht. Daß sich der »Doktor« tadellos und mutig hält, daß er keinen Millimeter von seiner politischen Überzeugung abweicht und daß dieses Verhalten ihm die Bewunderung und Achtung der Lagergenossen einträgt, darüber gibt es Zeugnisse von entlassenen Häftlingen genug – aber muß man durch die kompromißlose, schroffe Art seines Auftretens, durch betont militantes Verhalten die Schergen des NS-Systems auch noch herausfordern, besonders brutal vorzugehen? Der »Doktor«, so meldet der Grenzsekretär Hans Georg am 14. Juli 1934 nach Prag, sei auch geschlagen worden. Von einem Aufseher zur Rede gestellt, der bei einer Saalschlacht im Anschluß an eine Schumacher-Versammlung schwer verletzt worden war, habe Schumacher zwar Bedauern geäußert – aber nur darüber, daß der Kerl damals nicht krepiert sei. Die Wachen hätten ihn daraufhin mit dem Gesicht gegen die Wand gestellt und fürchterlich geprügelt.

Nun ist bei allen Berichten aus den Lagern, die um jene Zeit kursieren, Vorsicht angebracht; sie können sich nur auf die Erzählungen weniger Entlassener stützen, die unter Schweigegebot stehen; oft genug stammen sie aus zweiter oder dritter Hand, ehe sie einen Grenzsekretär erreichen. Aber falls sich diese Auseinandersetzung wirklich so zugetragen haben sollte, spiegelt sich in ihr Schumachers absolute Verachtung gegenüber den Nationalsozialisten wider, die ja, wie er durch die entwürdigende Behandlung auf dem Kuhberg tagtäglich auf das Bitterste erfährt, die allerniedrigsten Instinkte im Menschen mobilisieren. »Ich halte diese Episode«, schreibt Schoettle in seinem Bericht nach Prag, »bei der Wesensart Sch.s absolut für möglich.«

Ein Jahr später existiert das Lager Kuhberg nicht mehr, die expandierende Wehrmacht benötigt selbst noch das altmodische Festungsfort bei Ulm für die Aufstellung neuer Verbände. Bei der Auflösung kommen etliche Gefangene frei, nicht jedoch Schumacher, der in den Augen der Nationalsozialisten zum Kern jener »Unverbesserlichen« zählt, die, einmal entlassen, den politischen Kampf fortsetzen würden. Im April 1935 wird er nach Dachau verlegt, das eine kalorienreichere Verpflegung und vor allem eine hygienischere Unterbringung als die Kasematten auf dem Kuhberg bietet und als Modell für den Aufbau anderer Lager, besonders Buchenwalds, gilt. Hier erhält der SS-Staat seine vorerst gültige Form, die freilich im Krieg, mit der Errichtung der Vernichtungslager im Osten, an Grauen dann weit überboten werden soll.

Hinter elektrischem Stacheldraht und Wachtürmen mit Suchscheinwerfern und Maschinengewehren entsteht in Dachau, unter Himmlers persönlicher Anleitung, jener streng »geordnete« Minikosmos des Schreckens, welcher das Leben aller NS-Häftlinge bis Kriegsende bestimmen wird: Die »Schutzhäftlinge« tragen einheitlich gestreifte Jacken und Hosen, ihre Köpfe sind kahl geschoren, sie schlafen auf Strohsäcken, sind in langen Barackenräumen mit drei- oder vierstöckigen Holzpritschen untergebracht. Der Tag beginnt mit Sirenengeheul; zum Morgenappell wird, ob es regnet oder schneit, auf offenem Platz in dünnem Drillich angetreten, zur Arbeit, die teils Strafe ist, teils Selbstzweck und im Krieg zur Rüstung der Wehrmacht beitragen muß, in militärischem Gleichschritt ausgerückt.

Was die SS vor allem gegenüber dem Ausland als »volkserzieherischen« Prozeß bezeichnet, zielt darauf, die Inhaftierten in eine gehorsame Masse zu verwandeln, von der keine Gefahr des Widerstands mehr ausgehen kann. Aus den politischen Gegnern von gestern sollen nützliche Glieder der »nationalsozialistischen Volksgemeinschaft« werden, in die sie nach einigen Monaten oder Jahren entlassen werden, falls sie ein Bekenntnis ihrer Sinnesänderung abgeben und dem neuen Staat ihre Loyalität versichern. Wer sich gegen solche »Erziehung« sperrt und unbelehrbar zeigt, für den gilt nach Eugen Kogon, der sieben Jahre in Buchenwald verbringen mußte, nur die Devise: »Absondern, diffamieren, entwürdigen, zerbrechen und vernichten«.

Um potentiellen Gegnern zu demonstrieren, welches Geschick ihnen droht, falls sie gegen die neue Herrschaft aufbegehren sollten, wird aus der Existenz der Konzentrationslager in den ersten Jahren nach Hitlers Machtbestallung kein Geheimnis gemacht – im Gegenteil. Über die Einrichtung eines »geschlossenen Konzentrationslagers für politische Schutzhäftlinge« auf dem Heuberg gab das Polizeipräsidium Stuttgart schon am 23. März 1933 eine Pressemitteilung heraus, die unter der Überschrift »Der Marxismus wird ausgerottet« denn auch prompt im Stuttgarter *NS-Kurier* erschien. Das Lager, so der Polizeipräsident, biete »die Möglichkeit, aus dem ganzen Lande alle ruhe- und ordnungsgefährdenden Elemente laufend bis auf weiteres zu entfernen, sicherzustellen und damit die örtlichen Polizeibehörden zu entlasten«.

Damit auch ja kein Zweifel aufkommen konnte, was einem Unbotmäßigen bevorstehe, wurde die Presse zur Besichtigung eingeladen. Nach einem Besuch auf dem Heuberg schrieb der Reporter des *Schwäbischen Merkur* am 15. April, alle Lagerinsassen seien mit der Behandlung zufrieden – bis auf einige Häftlinge, die verbitterte und unnahbare Mienen zeigten: »Das war vor allem im Bau 19 festzustellen, wo die sozialdemokratischen und kommunistischen Funktionäre sitzen. Das Lager beherbergt sehr viele Intellektuelle, Abgeordnete, Stadträte, Lehrer usw.« Eine große Illustrierte bringt sogar einen Bildbericht über Dachau – es sage also keiner, es sei nicht von Anfang an bekannt gewesen, wie das Naziregime mit seinen Gegnern umzuspringen gedachte!

So wie Hitler ja ganz legal an die Macht gekommen ist, sehen die Nationalsozialisten schon deshalb keinen Grund zur Heimlichtuerei, weil der Reichspräsident ihnen nach dem Reichstagsbrand mit seiner Notverordnung »zum Schutz von Volk und Staat« eine legale Grundlage für die Verhaftung politischer Gegenspieler schuf. Einen Monat später zementierte das Ermächtigungsgesetz diese provisorische Basis für schrankenlosen politischen Terror, als Hitler mit den Stimmen der bürgerlichen Parteien – und damit der erforderlichen Zweidrittelmehrheit für Verfassungsänderungen – die Möglichkeit erhielt, in eigener Machtvollkommenheit, nach Lust und Laune, durch keinen Reichstag gebremst und völlig unabhängig von der Notverordnungsvollmacht des Reichspräsidenten, von der Verfassung nicht gedeckte Gesetze zu erlassen.

Gleich zu Beginn der Dachauer Zeit, die für ihn acht Jahre währen wird, erhält der einarmige Kriegsinvalide den Befehl, mit einem Arbeitskommando auszurücken und auf einer der nahen Anhöhen, wie er später seinem ersten Biographen Fried Wesemann erzählt, schwere Steine zu schleppen. Nach der eineinhalbjährigen Haft auf dem Kuhberg gesundheitlich außerordentlich geschwächt, wertet er dies als den Beginn einer schrittweisen Liquidierung durch Arbeit, verweigert den Gehorsam und tritt in Hungerstreik. Erst nach 28 Tagen, als sein Ende schon nahe ist, lenkt die Lagerleitung ein und stellt ihn von schwerer Arbeit frei. Gewiß spielt dabei die Tatsache, daß er seinen rechten Arm als Kriegsfreiwilliger verlor, eine Rolle. Rücksichtnahme auf den Schwerkriegsbeschädigten hat die SS auch veranlaßt, auf den üblichen »Begrüßungssalut« für Neueingänge in Dachau – 25 Stockhiebe auf das nackte Gesäß – bei seiner Einlieferung abzusehen; sie mag auch erklären, daß er 1940, durch eine Netzhautablösung von Erblindung bedroht, unter Bewachung zu einer Operation nach München überstellt wird, die ihm das Augenlicht rettet.

Wichtig für sein Überleben ist neben der Solidarität der Häftlinge im Lager auch die der Genossen im Ausland. Jede Möglichkeit nutzend, den KZ-Insassen zu helfen, lenken sie das Interesse der internationalen und nationalen Kriegsopfer-, Frontkämpfer- und Veteranenverbände auf die ehemaligen Frontsoldaten unter den Lagerinsassen. Das Emigrationsblatt *Sozialistische Aktion* berichtet im Februar 1936, daß hohe Nazifunktionäre ausländischen Frontkämpfern Schumachers wie Mierendorffs Befreiung mehrfach in Aussicht gestellt hätten – Erklärungen, die von der Zeitung zu Recht als »verlogen« eingeschätzt werden. Aber sie belegen, wie unangenehm es den Nationalsozialisten ist, von ausländischen Soldatenverbänden, vor allem der »British Legion«, die sie propagandistisch beeinflussen wollen, auf das Leiden deutscher »Frontkämpfer« in den Lagern angesprochen zu werden. Nur Mierendorff, erst in Lichtenburg bei Torgau, dann in Buchenwald gefangengehalten, wird 1938 schließlich entlassen, nachdem er versichert hat, daß er sich nicht mehr politisch gegen den Staat betätigen und über seine KZ-Erlebnisse schweigen wird – die übliche, abgepreßte Erklärung, ohne die zu unterschreiben keiner die Lager verlassen darf und an die sich deshalb kaum einer gebunden fühlt. Wieder in Freiheit, knüpft »Carlo« alte Kontakte neu und stößt im Krieg zu den Verschwörern des 20. Juli.

Schumacher dagegen bleibt in Haft, er beugt und ergibt sich nicht, selbst eine Pro-forma-Kapitulation verweigert er. Männer seiner Loyalität zu versichern, die er aus ganzem Herzen haßt, die er für die Verkörperung des Bösen und die Verderber Deutschlands hält, um anschließend den Kampf gegen sie und ihr Regime aus dem Ausland fortzuführen, geht ihm wider die eigene moralische Natur. Nach dem Urteil Lewis Edingers, der Schumachers Rollenverhalten und Persönlichkeitsstruktur analysierte, widerstrebt es ihm, seine Freiheit von

Menschen zu erkaufen, denen er sich überlegen weiß. Lädt er sich ganz bewußt das Schicksal des Märtyrers auf?

Einige Sätze in Briefen, die er vierteljährlich aus Dachau an Miga in Amerika richten darf, deuten darauf hin. Sie meldet sich monatlich zwei- bis dreimal aus Chicago, wo sie beruflich Fuß gefaßt hat und mit ihrer Kunst ein Auskommen findet. Die Hoffnung, daß er freigelassen wird, hat sie nicht aufgegeben. Sie träumt von einer gemeinsamen, glücklichen Zukunft in Kalifornien, führt Klage darüber, daß er seine besten Jahre vertrauere, und fragt, ungeduldig und drängender mit den Jahren, was er denn selbst zur Beendigung seines KZ-Daseins zu tun bereit sei. Spielt sie damit auf die Tatsache an, daß Schumacher sich beharrlich weigert, den für eine Freilassung unerläßlichen Revers zu unterzeichnen?

»In Deinen Briefen«, schreibt er 1936 zurück, »sprichst Du häufig davon, daß ich nach den U.S.A herüberkommen möge. Aber dazu gehören nicht nur die Freiheit und die Genehmigung zur Auswanderung, sondern noch etwas anderes. Ins Ausland hätte ich ja auch schon 1933 gekonnt und ich hätte mir die letzten drei Jahre damit erspart. Ich habe aber mit offenen Augen den anderen Weg beschritten. Darum wirst [es soll wohl heißen: wird, seine Handschrift wirkt angestrengt, nicht so sicher wie einst; er steht unter äußerster Anspannung und scheint erschöpft] erst der tatsächliche Ablauf der Dinge und eine ganz genaue, ungehinderte Überprüfung meiner Möglichkeiten hier in Deutschland das letzte Wort darüber sprechen.«

Diese »ungehinderte Überprüfung« seiner Möglichkeiten kann es nicht geben, solange die Nationalsozialisten regieren. So rät er ihr, sich nicht zu sehr in ihre »californischen Zukunftsträume« zu verlieben, damit eine eventuelle andere Lösung sie nicht um so bitterer enttäuschen wird. Eine detaillierte Erörterung der Frage, was er selbst zur Beendigung des jetzigen Zustands tun könne, sei auf diesem Wege wahrlich nicht angebracht, schreibt er ein andermal. Gewiß stimme ihre Bemerkung über »das Verfließen der kostbaren, unwiederbringlichen Zeit«. »Aber dabei handelt es sich doch nicht um das Vertrauern meiner, sondern Deiner besten Jahre. Das lastet auf mir viel drückender, denn schließlich ist das ›Vertrauern‹ für Dich mindestens in der Konsequenz viel peinlicher und viel schwerwiegender als für mich (ohne daß ich damit mein eigenes Geschick unnötig bagatellisieren möchte). Du bist die Frau ...«

Die Botschaft aus dem Lager ist schwerlich zu mißdeuten: Bewußt hat er den Leidensweg gewählt und wird ihn weiter gehen, notfalls bis zum bitteren Ende; auch nicht für Miga, für ein mögliches Glück zu zweit in Freiheit in Amerika, wird er das Opfer bringen, mit den Mächten des Bösen einen Kompromiß zu schließen. Aber er versichert sie, daß ihm keine innere Entfremdung diese Zeilen diktiert, daß seine Zuneigung und Bindung an sie unter der jahrelangen, erzwungenen Trennung nicht gelitten hat: »Über diesen ganzen Komplex kannst Du Dir jeden Gedanken sparen. Die zeitliche und räumliche Entfernung vom ›Einst‹ hat mich da nicht im geringsten beeinträchtigt. Das ist genug gesagt, liebste Miga!«

Zu ihrem vierzigsten Geburtstag gratuliert er und hofft, daß sich ihre Wünsche erfüllen, »insoweit, als sie sich auf Deine eigene Person beziehen«, das wäre wenigstens etwas und auch für ihn eine große Genugtuung. An der knappen Formulierung möge sie ja keinen Anstoß nehmen, vor allem nicht »irgendeine Reserviertheit« herauslesen: »Es ist mit der Gratulation schon so gemeint, wie Du es Dir wünschst. Die Sprache ist zwar zu vielem gut, aber zum bloßen pathetischen Glückwunschschmus ist sie zu schade.« Er bittet um ein Postkartenbild von ihr, »denn die Großformate und die gelegentlichen Amateuraufnahmen sind nicht das Richtige für hier und ruhen deswegen im Koffer im mir nicht zugänglichen Effektenraum«. Er möchte das Bildchen aber nur, »wenn es eine Verkleinerung der einen der drei Großaufnahmen ist. Du weißt ja selbst, welche die beste und geeignetste ist.« Bedenkt man, daß der Zensor jede Zeile mitliest und sich größere Intimität verbietet, spricht alles für enge, ja tiefe Vertrautheit, nichts für Entfremdung und wachsende Distanz.

Im Stil sanft, für seine Verhältnisse beinahe zärtlich und mit großer Fürsorglichkeit drängt er sie freilich auf einen Weg, der ihn, hat sie ihn einmal eingeschlagen, in seinem Kampf um die eigene Selbstbehauptung von jeder Rücksichtnahme befreien muß. Immer wieder mahnt er sie, den Blick für die Realitäten zu schärfen; wenn er ihr »blindes Vertrauen auf die Schönheiten eines gemeinsamen Zukunftslebens predigen wollte, so wäre das ein Verbrechen« ihr gegenüber. Von welchem Standpunkt aus man die Sache auch betrachte, das Resultat sei stets ein ziemlich trübes: »Damit meine ich nicht nur die eventuelle Dauer meiner Schutzhaft, sondern auch das, was dahinter kommen mag in wirtschaftlicher, gesellschaftlicher und persönlicher Hinsicht. Das mußt Du Dir alles genau überlegen, sonst opferst Du Dich eventuell einem Phantom und stehst am Ende vor einem großen Trümmerhaufen zerschlagener Hoffnungen.«

Selbst soll sie ihr Dasein formen, ihn nicht als Kette am Bein mit sich schleppen; das Schlimmste für ihn wäre, wenn ihre liebevolle Rücksicht auf ihn lediglich dazu führen würde, daß sie jede Chance ihres Daseins endgültig und irreparabel verdirbt, sich einem Gefühl opfert und ihr Leben dabei versäumt und zerstört. Für jetzt, schreibt er nach Chicago, gelte die Parole, nicht immer zu ihm nach Deutschland herüber zu schauen, sondern sich in Amerika umzusehen: »Denke mehr an Dich und weniger an mich! Später fällst Du dann die Entscheidung absolut ohne Zwang oder Bitte meinerseits und sie wird gut für mich sein.«

Da er nur begrenzt nach Amerika schreiben darf – einen Brief pro Viertel-, dann pro Halbjahr, schließlich wird ihm Post aus dem KZ ins Ausland ganz untersagt –, hört sie nur selten von ihm. All die praktischen Angelegenheiten, die Miga bis zu ihrem Weggang geregelt hat, erledigt jetzt Schwester Lotte, mit der er vorwiegend korrespondiert und die er regelmäßig über sein Befinden unterrichtet.

Am 10. Mai 1937 wendet sich Maria Fiechtl noch einmal direkt an Hitler und ersucht um Kurt Schumachers Freilassung. Unter dem Vermerk »Geheim« weist das Parteipolitische Amt der Kanzlei des Führers daraufhin das Auswärtige Amt am 19. August 1937 an, »der Fiechtl in geeigneter Form ... eröffnen zu lassen, daß ihr Verlobter, Dr. Schumacher, noch nicht entlassen werden kann«. Als Begründung, die ihr aber auf keinen Fall genannt werden soll, wird seine »radikale marxistische Einstellung« genannt, die eine »unmittelbare Gefahr der öffentlichen Sicherheit« bedeute. »Bei seiner Freilassung muß erwartet werden, daß er sofort emigriert und im Ausland gegen Deutschland hetzt. Dieses ist um so mehr zu erwarten, da eine Anzahl seiner Gesinnungsfreunde, die auch in der Lage sind, ihn geldlich zu unterstützen, gegen Deutschland Propaganda treiben.«

Im September vom deutschen Generalkonsulat vorgeladen, wird ihr der negative Bescheid vorgelesen. Im Dezember desselben Jahres heiratet sie den Apotheker Max Seibert – aber die goldene Nadel mit Kurts Kinderzähnen hält sie stets »in Liebe und Ehren«, schreibt sie nach dem Krieg an Fried Wesemann. Die Politik machte beiden einen Strich durch die Rechnung, sonst – davon ist sie überzeugt – »hätten wir sicher geheiratet. Das Schicksal hatte es anders bestimmt.«

Abschlägig beschieden wird auch Schumachers Mutter, welche den Aufstieg Hitlers offenbar begrüßt hat und die nun um so mehr quält, was der Sohn unter dem Regime, das sie herbeigesehnt hat, erleiden muß. Kurt Schumacher ist in seiner Familie seit Jahren politisch isoliert, seine engsten politischen Freunde wissen darum. Die Verwandten seien seit Jahren Nazis, meldet Erwin Schoettle dem Parteivorstand in Prag, der über Schumachers Lage stets auf dem laufenden gehalten werden will. »Die gute alte Frau«, so der Verhaftete schon in seinem ersten Brief aus dem Polizeigefängnis in Berlin, »muß ja sicher sehr an dem Dilemma leiden: auf der einen Seite hat sie die Freude, daß die politische Anschauung triumphiert, die sie für die richtige hält, auf der anderen Seite nimmt sie am Schicksal ihres einzigen Sohnes natürlich den stärksten Anteil.«

Jahre später dann, in Dachau, tun ihm seine »Leute zu Hause allmählich etwas leid. Speziell die alte Frau in Hannover ist, ohne es auszusprechen, bedenklich niedergedrückt« – so Kurt an Miga in Amerika. »Sie hatte soviele Illusionen. Als jetzt die Seifenblasen ihrer Hoffnungen, mich bald frei zu bekommen, eine nach der anderen zerplatzt sind, muß das ein schönes Geknatter gewesen sein, etwa wie bei einem großen Feuerwerk. Jetzt ist Ruhe auf diesem Gebiet und meine gute Mutter, der mit 76 Jahren das Schreiben sehr schwer fällt, verlegt sich hauptsächlich darauf, herzliche Grüße auf die schmalen rosa Abschnitte der Postanweisungen zu schreiben. Aber eine solche Korrespondenz hat natürlich für den Empfänger ihre Annehmlichkeiten ...«

Doch nicht eine Minute können solche politischen Meinungsverschiedenheiten die enge familiäre Bindung zwischen Mutter und Sohn, Bruder und Schwestern beeinträchtigen. Selbstlos hilft man einander – Elisabeth, Hedwig, vor allem Lotte stehen dem Bruder, soweit sie dies dürfen, während der schrecklichen Jahre bei; Kurt revanchiert sich bei den Schwestern in der Hungerzeit nach dem Krieg, als es ihm als Nazi-Opfer besser geht. In dem Jahr, in dem Miga in Chicago heiratet, stirbt auch seine Mutter, der Vater ist bereits zehn Jahre früher den Folgen eines Verkehrsunfalls erlegen. Von diesem Zeitpunkt an, meint Lewis Edinger, haben private Dinge keine Bedeutung mehr in seinem Leben, politische Erwägungen und Normen werden nun die einzigen Maßstäbe für sein Verhalten. Hinzufügen wäre: Soweit sie dies nicht auch früher gewesen sind.

Einzelgänger wie Kurt Schumacher haben es in den Lagern, die den Insassen Inferiorität, Hilflosigkeit und Verlassenheit vor Augen führen, besonders schwer. Die sozialen Kontakte, welche die meisten brauchen, um in dieser extremen Situation nicht zu verzweifeln und um zu überleben, meidet er, hält sich abseits, läßt nur wenige Menschen an sich herankommen, beschränkt Diskussionen auf einen kleinen Kreis vertrauenswürdiger Mithäftlinge und vermeidet damit die Verwicklung in Gruppenintrigen. Er behauptet seine Selbstachtung, ohne die Selbstverteidigung in dieser Welt von »Eisengittern, Blutstriemen und Todesängsten« (Kogon) unmöglich ist. Wenn viele seiner Bewacher bayerische Bauerntölpel sind, die ihre Minderwertigkeitskomplexe abreagieren und mit Vorliebe Intellektuelle peinigen und erniedrigen, die ihnen im normalen Leben überlegen sind, bestätigt dies nur sein Gefühl der Verachtung und der Überlegenheit.

Wann immer ein SS-Mann eine der Häftlingsbaracken betritt, haben die Gefangenen aufzuspringen und strammzustehen – Schumacher verweigert dies. »Wir alle nahmen sofort Haltung an, als ein SS-Unterführer eintrat – Schumacher stand, ich sehe ihn noch heute vor mir, breitbeinig da und rührte sich nicht«, erzählt Josef Felder, der einige Monate zusammen mit Schumacher in Dachau war. »Der Unterführer schrie ihn an: Willst Du nicht stramm stehen? Schumacher rührte sich nicht, starrte ihn unbewegten Gesichts an und sagte kein Wort. Daraufhin zog der SS-Mann seine Pistole und richtete sie auf Schumacher. Aber der rührte sich nicht. Und dann geschah das Unglaubliche: Der Unterführer stieß einen gräßlichen Fluch aus, steckte seine Pistole ein, haute die Türe zu und ging.«

Als er einmal Dachau besucht, läßt ihn sein geschworener Feind aus der Zeit vor der Hitlerei, Württembergs Gauleiter Murr, vorführen, um seinen Sieg über den gefürchteten Gegner von einst zu genießen und die errungene Machtfülle auszukosten. Triumphierend fragt er den Gefangenen, wer sich schließlich als stärker erwiesen habe. Doch der zeigt sich in dem Dialog, der sich daraufhin entspinnt, »uneinsichtig«, beharrt auf seinen Überzeugungen und gibt provozierende Antworten.

Bei seiner Einlieferung erhält er die Nummer 7701; vom 2. März 1940 bis zu seiner Entlassung am 16. März 1943 wird er als Nummer 224 geführt. Acht Jahre muß Kurt Schumacher in Dachau verbringen, unterbrochen nur von einer mehrmonatigen Verlegung in das KZ Flossenbürg, weil die Baracken des Lagers im Winter 1939/40 für die Aufstellung von Einheiten der Waffen-SS benötigt werden. Zu der Gruppe privilegierter Häftlinge, zu denen Geistliche beider Konfessionen und konservative Politiker, etwa »Ochsensepp« Dr. Josef Müller und vorübergehend auch Hjalmar Schacht gehören, zählt er nie, auch

Das Gefängnis im Polizeipräsidium am Berliner Alexanderplatz, das Polizeigefängnis Stuttgart, das »Schutzhaft-Lager« Heuberg auf der Schwäbischen Alb und das Lager auf dem Oberen Kuhberg bei Ulm sind nur die ersten Stationen eines Leidenswegs, der Kurt Schumacher im April 1935 für acht Jahre ins Konzentrationslager Dachau führt.

gelingt es ihm nicht, innerhalb des Lagers Kontakt mit ihnen herzustellen. Pastor Niemöller, jahrelang einer der »Privilegierten« in Dachau, wird er erst nach dem Krieg begegnen.

Obschon er, nach seinem Hungerstreik von schwerer körperlicher Arbeit befreit, in der Lagerbibliothek beschäftigt ist, bekommt er die harte Routine des Lageralltags voll zu spüren. Als er, dem Nikotin verfallen, einmal gegen das Rauchverbot während der Arbeitszeit verstößt, wird er zu acht Tagen Torstehen verurteilt: Am Ende des Arbeitstages, nach dem Einrücken der Arbeitskommandos in die Baracken, muß er am Lagereingang bei der SS-Wache strammstehen. Das währt bis zum »Abpfeifen«, dem Signal für die Bettruhe – eine vom Wachpersonal gern verhängte Strafe, welche die Häftlinge um das Abendessen mitsamt der kostbaren Freizeit bringt. Oft schikaniert die SS eine ganze Baracke nur, weil eine Falte im Bettzeug eines Häftlings entdeckt wird.

Manche alltägliche, für die Lagerroutine wichtige Arbeit kann der einarmige Kriegsinvalide nicht verrichten und bleibt deshalb auf besondere Solidarität angewiesen, die ihm die Mitgefangenen nicht versagen. Junge kommunistische Häftlinge »bauen« ihm das Bett, putzen das Aluminiumgeschirr und halten seine Kleider sauber; aber selbstverständliche kameradschaftliche Hilfe der Häftlinge untereinander ist eine Sache, mit den Kommunisten deshalb politisch zu paktieren eine völlig andere. Zwar wächst in den Lagern auch bei manchen Sozialdemokraten die Tendenz, sich mit den Gegnern von einst zu einer Einheitsfront von KPD und SPD zusammenzutun, um nach Kriegsende gemeinsam ein antifaschistisches Deutschland aufzubauen. Diese Sehnsucht nach Einheit wurzelt in der Annahme, daß eine einige Arbeiterbewegung den Machtantritt Hitlers hätte verhindern können. Doch selbst im Lager sehen die Kommunisten als Hauptursache für die nationalsozialistische Machtergreifung den »opportunistischen Kurs« der Sozialdemokratie. Kaum bereit, Selbstkritik an der eigenen Politik zu üben, erwarten sie die Fehlerdiskussion vor allem bei den Sozialdemokraten und gehen davon aus, daß diese sich weitgehend kommunistischen Vorstellungen unterwerfen.

Schumacher wiederum vergißt nicht die entscheidende Rolle, die sie bei der Zerstörung der Weimarer Republik gespielt haben. So hält er sich abseits, geht Diskussionen mit ihnen aus dem Wege. Kommunisten seien »Apparatschiks und Papageien«, erklärt er dem Mithäftling und späteren österreichischen Innenminister Franz Olah, deshalb hätten Diskussionen mit ihnen keinen Sinn. »Die lernen nichts dazu, diese Kommunisten sind nach wie vor überzeugt, wir Sozialdemokraten seien schuld, daß die Nazis an die Macht gekommen sind«, hat er nach der Erinnerung von Josef Mörtl einmal gesagt. Für Mörtl, den viel Jüngeren, der als Mitglied einer illegalen SPD-Gruppe in Nordbayern gefaßt worden war, ist Schumacher im Lager eine Art väterlicher Freund. Der Lagerschreibstube beigeordnet, arbeitet er als sogenannter Lagerläufer, hat also die Funktion eines Häftlings übernommen, welcher die Anweisungen des Lagerkommandanten den Blockältesten und Blockschreibern im Häftlingslager zu übermitteln hat.

Weil die Häftlingsbibliothek neben der Schreibstube liegt, ergibt sich für Schumacher die Möglichkeit, unauffällige Kontakte über Mörtl zu knüpfen, der nach dem Krieg zum Polizeichef des oberpfälzischen Weiden avanciert. Die Bücherei macht nicht nur Gespräche mit den verschiedensten Mithäftlingen möglich, sie bietet auch die Chance zum Lesen, das er als Waffe gegen die abstumpfende Lagerroutine nutzt. So hält er seinen Geist wach, und nie erlahmt jene Berufstugend des Journalisten in ihm, die sich Neugier nennt. Als er erfährt, daß junge kommunistische Widerstandskämpfer ins Lager eingeliefert wurden, bittet er einige von ihnen zu einem Gespräch. »Ein Kamerad kam und sagte, Kurt Schumacher will dich sprechen«, erinnert sich der »Neuzugang« Hans Gasparitsch, Schriftsetzerlehrling und mit neunzehn Jahren einer der jüngsten politischen Häftlinge in Dachau. »Da saß er in einer leeren Stube, wir zwei ihm gegenüber. Er hat uns ausführlich ausgehorcht über die politische Lage, über die Motivation unserer Gruppe, er wollte wissen, wer wir sind und woher wir kommen.«

Auch das Revier, der Krankenbau, befindet sich in der Nähe der Bücherei und ist fest in den Händen österreichischer Sozialdemokraten, die nach dem Anschluß Österreichs nach Dachau kommen. Otto Skritek, später ein einflußreicher Kommunalpolitiker der SPÖ, damals Schreiber des Reviers, hat Schumacher als das »heimliche Haupt der Sozialdemokratie im Lager« in Erinnerung, der weithin die Achtung und den Respekt der Mithäftlinge genießt, weil er sich weigert, die übliche Kriecherei vor der SS mitzumachen. Propst Heinrich Grüber meint sogar, Schumacher habe die Bücherei zu einer Art sozialdemokratischen Widerstandszentrums ausgebaut. Neuankömmlingen spricht er Mut zu, für viele Kameraden wird er zur Symbolfigur, deren Rat gesucht wird, deren politische Analysen akzeptiert werden.

Schumacher »hätte sich lieber die Finger abhacken lassen als den Nazis auch nur innerlich Konzessionen zu machen«, erinnert sich der Mithäftling Hubert Schlebusch in einem Brief an den nachmaligen Ministerpräsidenten von Niedersachsen, Alfred Kubel. »Als scharfer Dialektiker und echter Kamerad hat er dort in Dachau manchem Genossen Halt gegeben für die schweren Tage im Lager.«

Seine unbeugsame Haltung bringt ihm Autorität unter den Häftlingen ein, von der er gezielt Gebrauch zu machen weiß. Als Dr. Strauß, der ehemalige Chefredakteur des Prager *Sozialdemokrat,* der als Jude besonders gefährdet ist, 1940 eingeliefert wird und kommunistische Häftlinge ihm Prügel androhen, weil sie manche seiner antikommunistischen Artikel nicht vergessen haben, stellt Schumacher kommunistischen Funktionären Gegenmaßnahmen in Aussicht. Innere Zwistigkeiten der Häftlinge aus politischen oder nationalen Gründen will er nicht aufkommen lassen, um der SS keinen Vorwand für schikanierendes Eingreifen zu bieten. »Sein Einfluß nach dieser Richtung war sehr stark«, meint Alois Ullmann, der die Episode mit Strauß bezeugt und nach 1945 einer der Führer der sudetendeutschen Seliger-Gemeinde wird. »Noch viel härter urteilte er, wenn Sozialdemokraten sich nicht so benahmen, wie er es sich vorstellte. Er ließ die Betreffenden immer durch einen Mittelsmann wissen, daß er ihr Benehmen verurteilte, und lehnte jeden Verkehr mit ihnen ab.«

Schumachers intransingente Haltung gegen die Kommunisten ist auch von Abwehr und Selbstbehauptung bestimmt, denn sie sind an Zahl den sozialdemokratischen Häftlingen weitaus überlegen, haben innerhalb der Häftlingsselbstverwaltung die wichtigsten Funktionen inne und versuchen bei der Arbeitsverteilung rücksichtslos, die eigenen Genossen den besseren Arbeitskommandos zuzuteilen, die »Arbeiterverräter« dagegen auf die schlechteren abzuschieben. Wann immer sich für einen inhaftierten Sozialdemokraten die Chance bietet, eine Funktion zu übernehmen, rät Schumacher ihm deshalb zu – auch Josef Mörtl wendet sich hilfesuchend an den Bibliothekar Kurt, ehe er, einem Kommunisten nachfolgend, das Amt des Lagerläufers übernehmen soll. Als Karl Kapp, Metzger von Beruf, bis 1933 sozialdemokratischer Stadtrat in Nürnberg und danach illegal für die SPD tätig, zum Lagerältesten ernannt werden soll, ermuntert ihn Schumacher, das Angebot der SS anzunehmen – »im Interesse der anständigen Lagerinsassen«, wie es in einem Urteil des Schwurgerichts beim Landgericht München II vom Oktober 1960 heißt.

Daß es nach dem Krieg überhaupt zu einer Verhandlung gegen den Kapo Kapp kommt, hat mit dem Versuch der Kommunisten zu tun, die angeblich falsche Märtyrerlegende vom aufrechten KZ-Insassen Schumacher zu zerstören, um so seine Glaubwürdigkeit als Gegner der Einheitspartei bei den Arbeitern Mitteldeutschlands zu untergraben. Nach der Methode »Schlage den Sack und meine den Esel« wird Kapp in der Sowjetischen Zone nicht nur besonderer Brutalität und Grausamkeit bezichtigt, es wird ihm auch vorgeworfen, er habe Mithäftlinge mißhandelt und ihre Hinrichtung befohlen. Viktor Matejka, ein in Dachau zum Kommunismus konvertierter Anhänger der Vaterländischen Front des Austrofaschisten Engelbert Dollfuß, will sich bei seinen neuen politischen Freunden besonders profilieren und beschuldigt Schumacher, er habe dem »Verbrecher Kapp« durch seine kollegialen Beziehungen zu ihm »moralische Rückendeckung« für seine kriminelle Tätigkeit verschafft. Auf dem Umweg über Kapp habe Schumacher sich in Dachau der Kollaboration mit der SS schuldig gemacht.

Lewis Edinger, der diesen Vorwürfen nachgegangen ist, kommt zu folgendem Urteil: »Schumacher leugnete nicht, Kapp und andere Gefangene in Aufseherstellungen bei den verschiedensten Gelegenheiten vor den katastrophalen Folgen gewarnt zu haben, die ihre Zusammenarbeit mit der SS für sie und andere Häftlinge haben könnte. Er habe es für seine Pflicht gehalten, sie zu warnen. Obwohl diese Männer ihm mehrfach versichert hätten, nicht mit der SS zusammenzuarbeiten, hätten sie schließlich doch den Widerstand aufgegeben, als der auf sie ausgeübte Druck zu groß wurde. Er habe nicht die geringste Absicht, diese Männer nun zu verteidigen, er wolle aber doch darauf hinweisen, wie schwer es gewesen sei, beharrlich Widerstand zu leisten, wenn Ungehorsam gegen die SS den Verlust des Postens, aller Privilegien und möglicherweise sogar eine schwere Bestrafung zur Folge hatte.«

Tatsache ist, daß gegen Kapp in den ersten Nachkriegsjahren nie öffentlich verhandelt wird. Zwar verhaftet ihn 1946 die Jenaer Volkspolizei, verhört ihn tagelang, aber sie setzt ihn schließlich wieder auf freien Fuß. Anfang 1947 erneut festgenommen, wird Kapp umgehend der sowjetischen Besatzungmacht überstellt. Diese hält ihn erst einmal drei Jahre in Haft und bringt ihn dann vor ein Militärgericht, welches ihn ohne Anhörung in nichtöffentlicher Sitzung zu 25 Jahren Zwangsarbeit verurteilt. Aus Sibirien nach Nürnberg entlassen, stellt

Kapp zum Zweck seiner Rehabilitierung 1955 Strafanzeige gegen sich selbst und wird fünf Jahre später vom Schwurgericht München freigesprochen. Kapp habe ein zwar strenges, aber stets gerechtes Regiment geführt, urteilen die Richter; in mehreren nachweisbaren Fällen habe er Mithäftlinge vor dem sicheren Tode gerettet. »Dafür, daß er ein willfähriges Werkzeug der SS gewesen sei, haben sich nicht die geringsten Anhaltspunkte ergeben ... irgendwelche Zweifel an der menschlichen Anständigkeit des Angeklagten blieben nach alledem nicht mehr offen.« Unter den Zeugen, die für Kapp aussagen, sind mehrere damals in Dachau inhaftierte Geistliche, darunter Propst Grüber aus Berlin.

War Matejka, der Schumacher nie eines konkreten Vergehens beschuldigen konnte, bloß ein Werkzeug in der Hand seiner neuen Freunde, der Kommunisten? Der Mithäftling Franz Olah, österreichischer Sozialdemokrat und nach dem Krieg zeitweise Innenminister, kennt Matejka sowohl aus Wien wie aus Dachau, und er ist überzeugt davon.

Im Zuge seines Verleumdungsfeldzuges spielt Matejka 1946 auch die Tatsache hoch, daß Schumacher in den Räumen der Bibliothek auf einer großen Karte den Krieg im Osten genau verfolgt und die einzelnen Truppenbewegungen durch das Stecken von Fähnchen gekennzeichnet hat. Das mutet heute in der Tat merkwürdig an, doch soll dies, wie Dachauer Insassen glaubhaft versichern, damals in mehreren Blocks geschehen sein. Wenn Matejka dem Wiederbegründer der Nachkriegs-SPD jedoch offenes Frohlocken über die deutschen Siege bis zur Niederlage von Stalingrad unterstellt, kann er zum Beweis für seine Interpretation lediglich eigene Behauptungen anführen. Daß andere kommunistische Mithäftlinge solche Anwürfe ebenfalls, und zwar beinahe wörtlich von Matejka übernommen, öffentlich machen, spricht nur für den Kampagnencharakter der Aktion und belegt eher das Gegenteil ihrer Stichhaltigkeit.

Zweifellos haben in den Lagern sowohl der Hitler-Stalin-Pakt als auch der Beginn der Operation »Barbarossa« zu heftigen Diskussionen zwischen Kommunisten und Sozialdemokraten geführt. Da sich die Kommunisten stets als die härtesten und einzig verläßlichen Gegner Hitlers dargestellt hatten, sahen die Sozialdemokraten in dem deutsch-sowjetischen Einverständnis von 1939 vor allem den Verrat Moskaus am Kampf gegen den Faschismus. Die Kommunisten dagegen, von der plötzlichen Kehrtwendung völlig überrascht und verwirrt, rechneten sich Chancen für eine Amnestie und eine baldige Entlassung aus. Als die deutsche Wehrmacht dann im Juni 1941 Rußland überfiel, erschien das »Vaterland aller Werktätigen« zunächst gar nicht als der von den Volksmassen getragene, mächtige und unüberwindliche militärische Koloß, als welchen die Kommunisten es stets hingestellt hatten. Es stimme, sagte Olah in einem Gespräch mit dem Berliner Historiker Wolfgang Benz, daß Schumacher und er die ersten Niederlagen der Roten Armee mit Schadenfreude quittiert hätten, aber dies sei ausschließlich gegen die Kommunisten im Lager gerichtet gewesen. Beide seien sie davon ausgegangen, daß der Rußlandfeldzug den Anfang vom Ende der NS-Herrschaft bedeuten würde.

Die kommunistischen Häftlinge setzten große Hoffnungen in die Rote Armee, schließlich erwarteten sie von ihrem Vormarsch ihre baldige Befreiung. Andere – und Schumacher zählte offenbar zu ihnen – teilten zunächst nicht den Glauben, daß der Feldzug mit einer Niederlage der Wehrmacht enden müsse. Aber hat 1941 nicht auch der amerikanische Generalstab die Rote Armee verloren gegeben? Die einen sahen Rettung vor allem im Osten, für andere, auch für Schumacher, war Hoffnung nur im Westen. Als nach der Niederlage im Frankreich-Feldzug die Briten, obschon auf sich allein gestellt, die Fortführung des Krieges beschlossen, äußerte Schumacher seine Zufriedenheit und meinte, nichts anderes habe er von England erwartet. Dabei unterscheidet der erklärte Gegner des Regimes klar zwischen wahnhaften politischen Großmachtphantasien und unbestreitbarer militärischer Tüchtigkeit. »Bei allen Gesprächen über die Kriegslage«, so Alois Ullmann, »äußerte er sich immer voll Respekt über die Leistungen der deutschen Armee und verurteilte nur rücksichtslos die Strategie des größten Feldherrn alle Zeiten.«

Die Dachauer Lagerbibliothek, in der Schumacher eine sinnvolle Beschäftigung und Schutz vor täglichen SS-Schikanen findet, hat Erstaunliches zu bieten. Nicht nur die üblichen nationalsozialistischen Klassiker – Hitlers »Mein Kampf«, Alfred Rosenbergs »Mythus des 20. Jahrhunderts« oder Hans Grimms »Volk ohne Raum« – finden sich hier, sondern auch verbotene und verbrannte Werke von Thomas Mann, Lion Feuchtwanger, Theodor Plievier, Jakob Wassermann und Karl Kraus. Entstanden auf Initiative des inhaftierten Rosenheimer Verlegers Heinrich Bergmann und geistlicher KZ-Insassen, wird sie aus Spenden der katholischen Volksbibliothek in Dachau aufgebaut, so daß sie ursprünglich vor allem fromme Traktätchen, Missionsgeschichten und ein paar Bände über Expeditionen in ferne Länder umfaßt. Dazu kommen bald Bücher von Häftlingen, die bei der Einlieferung in der Effektenkammer abgegeben werden müssen, Bestandserweiterungen durch die Lagerleitung und der Zugang beschlagnahmter jüdischer Bibliotheken. 1938 zählt sie ein paar tausend Bände und hat beinahe für jeden Geschmack etwas zu bieten. Wenn sich auch regimefeindliche Literatur darunter befindet, ist dies zum einen den beachtlichen Schmuggelkünsten der Häftlinge, zum anderen der Unbelesenheit, wenn nicht schlicht Dummheit der SS-Wachen zu verdanken. Besonders häufig werden Unterhaltungsromane von Ludwig Ganghofer oder Karl May ausgeliehen; während des Spanischen Bürgerkrieges steigt die Nachfrage nach Reisebeschreibungen von Spanien und nach spanischen Lehrbüchern sprunghaft an.

Über das Wirken des Bibliothekars Kurt Schumacher in Dachau schreibt der Diplombibliothekar Torsten Seela in einer Dissertation, die 1989 entstand und im Februar 1990 der Humboldt-Universität eingereicht wurde: »Die Ausleihestunden nutzte er, um Kontakt mit seinen Kameraden aus SPD und SPÖ zu halten. Der Wiener Otto Skritek suchte z. B. die Bibliothek nur auf, um mit ihm politische Fragen zu besprechen, ohne jemals ein Buch zu entleihen. Zu den anderen Mitgefangenen verhielt sich Schumacher distanziert. ›Ständig nachdenklich, ständig im Gleichgewicht, sachlich, nüchtern, zugleich höflich und kühl, niemals herzlich‹ schildert ihn Charles de Werkmann, während Viktor Matejka ihn als einen Mann kennenlernte, ›der auf Details nicht neugierig war, weder auf personelle noch auf sachliche‹. Schumachers Gedankenwelt richtete sich vielmehr auf die sozialdemokratische Arbeit in der Zeit nach der Niederwerfung des Faschismus. Alle, die dabei nicht seine Auffassung teilten, konnten nicht auf eine Kooperation mit ihm zählen. Es ist deshalb nicht verwunderlich, daß sie, wie Viktor Matejka ... ihn nicht in guter Erinnerung behielten ... Schumacher leistete als Häftlingsbibliothekar zweifellos viel für die Gemeinschaft der Gefangenen. Er bemühte sich stets, die Leser der Bibliothek ›nach ihren Bedürfnissen und Eigenheiten‹ mit Literatur zu versorgen. Auch bewahrte er von den Nazis verbotene Bücher auf, die er an ihm vertraute Kameraden verlieh.« Bedenkt man, daß noch Kommunisten in der DDR und vor allem an der Humboldt-Universität das Sagen hatten, als Torsten Seela dies formulierte, dann kommt dieses Urteil aus der Spätphase der ostdeutschen Republik einem nachdrücklichen Dementi aller früheren kommunistischen Verleumdungskampagnen gleich.

Schumacher leidet an Magengeschwüren und einer Darmkrankheit, die sein ohnehin schroffes Temperament sicher nicht positiv beeinflußt haben. Er ist auf Schonkost angewiesen; der Bruder Josef Mörtls, des Lagerläufers, arbeitet in der SS-Kantine und besorgt das Nötigste für die Diät. Als er entlassen wird, übernehmen es die österreichischen Kameraden aus dem Revier, Schumacher zu versorgen. Bei einer immerhin stattlichen Größe von 1,80 Metern wiegt er zum Schluß nur noch 42 Kilo, seine Hauptnahrung besteht aus einem Grieß-Milch-Brei – ist es da ein Wunder, daß viele »Dachauer« ihn als abweisend, mürrisch oder sauertöpfisch in Erinnerung haben?

Manche Mithäftlinge, so der spätere Bundestagsabgeordnete Franz Höhne, überkommt das Erbarmen, als sie ihn sehen: »Meine erste Begegnung mit Schumacher war erschütternd, und das will etwas heißen, wenn man unter Tausenden von abgemagerten, ausgemergelten, kahlköpfigen Menschen einen sah, der noch hinfälliger wirkte als alle anderen. Ich vergesse es nie, wie er krummrückig mit einem Blecheimer in der Hand die Lagerstraße einherschlottert ... Ich will nichts dramatisieren, aber mich überkam ein unendliches Bedauern und ich war der Überzeugung, daß er es nicht mehr lange machen könne.« Schumacher befindet sich stets am Rande des Zusammenbruchs – und doch gibt es viele Berichte, nach denen er nicht nur abweisend und verschlossen war. Leo Österle beispielsweise, einen jungen Fellbacher, der später nach Kanada emigriert und dort Bildhauer wird, führt er durch die Bibliothek und hält ihm einen Einführungsvortrag über Literatur. Leo verlangt Bücher von Tolstoi, die es freilich nicht gibt. Aber Schumacher preist ihm Charles de Costers »Ulenspiegel« an. »Die Nazis verstehen das Buch nicht«, sagt er zu Leo, »sie begreifen überhaupt nicht, wie gefährlich es ihnen werden kann.« Er wird in diesen Monaten zu einem Freund, mit dem sich Leo über seine geistigen und künstlerischen Interessen aussprechen kann, vor allem über seine Neigung zur Malerei. Aus irgendwelchen Quellen, über die er sich nie näher äußert, läßt er Leo Papier und Kohle zukommen, damit dessen Herzenswunsch in Erfüllung geht und er zeichnen kann.

Im Revier, in dem Alois Ullmann beschäftigt ist, wird Schumacher von den österreichischen Kameraden gelegentlich gebadet. »Das letzte halbe Jahr vor seiner Entlassung aus Dachau ließen wir ihn nicht mehr allein im Bad, wir fürchteten, daß ihm etwas zustoßen könnte, so schwach war er«, schreibt Ullmann über das Ende von Schumachers Dachauer Zeit.

Kurt Schumacher ist ein physisches Wrack, als er am 16. März 1943 die Freiheit zurückerhält. Die Gestapo sieht in ihm einen Todgeweihten, von dem keine politische Gefahr mehr ausgehen kann. Um ganz sicherzugehen, weist sie ihm Hannover als Aufenthaltsort zu, wo ihn als SPD-Politiker der Weimarer Zeit kaum einer kennt. Er wird von seiner Schwester Lotte aufgenommen, deren Mann, Leo Trinkwalter, schon am 1. Mai 1933 der NSDAP beigetreten ist – Mitgliedsnummer 2953821 – und bei der Gestapo dafür bürgt, daß der Entlassene sich nicht gegen das Regime betätigt. Um Schwester und Schwager keine Schwierigkeiten zu bereiten, hält sich Schumacher an alle Auflagen, meldet sich regelmäßig bei der Polizei und meidet Kontakte zu früheren Sozialdemokraten. Hat hier das Verständnis, das er als Parteiführer nach 1945 für die kleinen Nazis und die Mitläufer zeigt, seine Wurzel? Die Familie, wird er einmal sagen, war die große Geisel in der Hand der Gestapo.

Man weist ihm eine Stelle als Kontorist in der Lagerverwaltung der Sichel-Werke zu. Bedingung dafür ist, daß er Mitglied der Deutschen Arbeitsfront wird, der einzigen nationalsozialistischen Organisation, der Schumacher je angehört hat. Die Geschäftsleitung hat Auflage erhalten, auch die geringsten Verstöße gegen die Verpflichtung zu politischer Neutralität, die Schumacher auferlegt wird, bei der Gestapo anzuzeigen. Um unauffällig in der Belegschaft unterzutauchen, muß er darauf verzichten, seinen Doktortitel zu führen.

Den Schrecken der Konzentrationslager entronnen, teilt er nun das Schicksal der deutschen Bevölkerung im Luftkrieg, das große Zittern und Bangen in den Kellern und Bunkern während der Bombennächte. Hannover ist ein häufiges Ziel alliierter Angriffe, fast hundert Lufteinsätze werden gegen die Stadt geflogen, rund fünfzig Prozent aller Häuser liegen 1945 in Schutt und Asche. Im Oktober 1944 werden auch die Trinkwalters ausgebombt. Das Haus Memelstraße 6 steht in Flammen, aber beherzt steigt Schumacher die noch nicht zerstörten Treppen empor und rettet einen Teil ihrer Habe. Die Familie von Schwester Lotte wird nach Alfeld evakuiert, er selbst kommt als Untermieter bei einer alten Dame in einer Dachwohnung in Badenstedt unter. Rührend um den Bruder besorgt, dessen Magengeschwüre nicht ausgeheilt sind, schicken die Schwestern vom Munde Erspartes, Lebensmittelmarken für Milch, Weizenmehl oder Butter. Auch die Direktion der Sichel-Werke scheint Rücksicht auf den schlechten Gesundheitszustand des ihnen von Arbeitsfront und Gestapo aufgezwungenen Mitarbeiters zu nehmen.

Noch einmal greifen die Fangarme des SS-Staates nach ihm, als er nach dem Attentat auf Hitler am 24. August 1944 verhaftet wird und in das Konzentrationslager Neuengamme kommt. Gleich, ob ihnen im Augenblick eine systemfeindliche Tätigkeit nachgewiesen werden kann oder nicht, läßt Himmler Mitte August im Zuge der Aktion »Gitter« sämtliche früheren Reichs- und Landtagsabgeordneten, Stadtverordneten und Parteifunktionäre von SPD und KPD, dazu auch alle ehemaligen Gewerkschaftssekretäre, festnehmen. Da Schumacher keine Beteiligung an der Vorbereitung des Attentats nachgewiesen werden kann, wird er bereits vier Wochen später entlassen.

Hier, in Neuengamme, knüpft er die ersten Kontakte zu mitgefangenenen ehemaligen Funktionären der SPD aus dem Umkreis von Hannover, und er führt sie, wenn auch unter Beachtung äußerster Vorsichtsmaßnahmen, im Winter 1944/45 fort. So schält sich in den chaotischen Monaten des Untergangs in Hannover bereits der Kern einer neuen SPD heraus. Die Genossen in Neuengamme hat er durch seine Leidenschaft, seinen Mut, seine Kraft und seine feste politische Haltung so sehr beeindruckt, daß es ihm, dem bislang in Norddeutschland unbekannten SPD-Führer aus dem Südwesten, unschwer gelingt, sich an ihre Spitze zu setzen.

Neun Jahre, neun Monate und neun Tage hat er in den Schinderstätten der Nazis verbracht. Haben sie die vorhandenen charakteristischen Persönlichkeitszüge bestätigt und verstärkt, seine Neigung zum Prinzipiellen, seine Unbedingtheit und Schroffheit? Sein Nachkriegsprogramm, meint Franz Olah, habe er schon in Dachau fertig im Kopf gehabt. Kein Zweifel: Schumacher, an dem während seiner ganzen Haftzeit nicht der geringste »Umerziehungsversuch« unternommen wurde, verläßt die Konzentrationslager der Nazis in seinen Überzeugungen eher gestärkt.

In den letzten Tagen des »Tausendjährigen Reichs« verstecken ihn seine Freunde in Hannover. Er entgeht damit einer Hinrichtungsaktion, mit der die Nationalsozialisten, Tage vor ihrem endgültigen Abtreten aus der Geschichte, sämtliche politischen Gegner beseitigen wollen, die nach dem Zusammenbruch eine neue Ordnung aufrichten könnten. In der Tat ist, als sich die hannoversche Todesliste der Nazis nach Kriegsende findet, der Name Kurt Schumacher auf ihr an prominenter Stelle verzeichnet.

Am 10. April 1945 rücken Einheiten der 84. amerikanischen Infanteriedivision in Hannover ein und finden kaum Gegenwehr. Nach dem Willen der westlichen Sieger soll die Gründung demokratischer Parteien noch lange verboten bleiben. Aber Schumacher nutzt bereits die allerersten Tage nach der Befreiung und läßt Listen kursieren, in die sich alle eintragen können, die später einmal der neuzugründenden SPD beitreten wollen. Am 29. April, Hitler ist noch am Leben, spricht er bereits vor Genossen in der unzerstörten Fröbelschule. Am 6. Mai, die deutsche Wehrmacht hat noch nicht kapituliert, ruft er den Mitgliedern und Funktionären der künftigen Partei zu: »Verzweifeln dürfen wir nicht, und verzweifeln wollen wir nicht. Wir setzen alle Kräfte ein für ein neues Leben mit neuem Inhalt.«

»Wir verzweifeln nicht«: Der Neubeginn in Hannover 1945

Als das Dritte Reich im Frühjahr 1945 zusammenbricht, zählt Kurt Schumacher 49 Jahre. Kein Alter für Politiker, wie das Beispiel Churchills, vor allem aber Konrad Adenauers lehrt, des großen Gegenspielers. Der steht mit seinen 69 Jahren 1945 fast schon im biblischen Alter und setzt doch erst zu seiner zweiten, der großen politischen Karriere an, die nach vierzehnjähriger Kanzlerschaft schließlich 1963 enden wird. Doch Schumacher mußte zehn seiner besten Jahre in Konzentrationslagern zubringen und hat schwere gesundheitliche Schäden davongetragen.

Seine politische Leidenschaft lodert nach dem Zusammenbruch des Dritten Reichs förmlich auf, aber er gleicht dabei einer Kerze, die an beiden Enden brennt. Nur sieben Jahre sind ihm vergönnt, um für ein neues, demokratisches Deutschland zu streiten. In seiner Vorstellung kann es dabei nur um einen Neubau, nicht um den bloßen Wiederaufbau der ersten Republik gehen. So sehr er auch der Gedankenwelt der Weimarer Zeit verhaftet bleibt, die ihn politisch entscheidend geprägt hat, so will er doch die Lehren aus dem Scheitern der Weimarer Demokratie gezogen wissen. Für ihn bedeutet dies vor allem, die wirtschaftlichen Machtpositionen der neuen Republik unter gesellschaftliche Kontrolle zu stellen, damit sie niemals wieder von den besitzenden Schichten, welche die Demokratie zerstörten und den Aufstieg Hitlers ermöglichten, mißbraucht werden können.

Totalitarismus, für ihn eine prinzipiell böse, die Demokratie zerstörende Kraft, gegen den es die neu zu schaffende, demokratische und parlamentarische Republik zu sichern gilt, lauert freilich auch auf der extremen Linken. So bestimmen zwei Leitgedanken seine Politik in den vor ihm liegenden sieben Jahren, die er mit tiefer moralischer Überzeugung vertreten wird: Entweder die neue deutsche Demokratie wird sozialistisch oder gar nicht sein, lautet die erste; entweder ist der Sozialismus demokratisch, oder er ist kein Sozialismus, heißt die zweite Maxime, unter die er sein Handeln stellen wird.

Die Rahmenbedingungen des Jahres 1945, in denen Schumacher seinen Kampf um die Führung der neu aufzubauenden deutschen Demokratie beginnt, sind für Spätergeborene nur schwer nachzuvollziehen. Das einst so mächtige Reich liegt in Schutt und Asche, es gibt keine deutsche Regierung mehr, alle bisherige Autorität ist mit der bedingungslosen Kapitulation erloschen, Deutschland auf einen geographischen Begriff geschrumpft und zum bloßen Objekt geworden. Die Alliierten haben, jeder in seiner Zone, die unbeschränkte Gewalt, ihre Militärs regieren per Befehl bis in den letzten Winkel und ins kleinste Dorf; die Besetzer verstehen sich nicht als Befreier, sondern als Sieger, in den Deutschen sehen sie Unterworfene, für welche die feierlich beschworenen Kriegsziele der Angelsachsen keine Geltung haben. Und je mehr die Sieger von den deutschen Verbrechen in den Konzentrationslagern erfahren, desto entschiedener betrachten sie die Besiegten als Feinde jeglicher Zivilisation, die mit einen Strafgericht zu überziehen sind. Der Nationalsozialismus sei lediglich eine »extreme Manifestation« des historischen Charakters der Deutschen, besagt eine Studie unter dem Titel »The German Character«, die bei den angelsächsischen Polit-Offizieren kursiert – entsprechend ist gegenüber den Unterworfenen Härte, nicht Nachsicht angebracht.

Die Sieger teilen das Land und amputieren, was anderen als Beute oder Reparation zugedacht wird. Wenn es in der Atlantik-Charta ausdrücklich hieß, territoriale Veränderungen seien nur auf Grund des Selbstbestimmungsrechts durchzuführen, findet dieses Prinzip keinerlei Anwendung auf die Grenzziehung entlang der Oder und Neiße. Das deutsche Volk, welches die Greuel des Krieges über ganz Europa gebracht hat und nun selbst die Schrecken der Katastrophe erfährt, kann weder auf Mitleid noch Barmherzigkeit zählen. *Non-fraternization* wird zur offiziellen Politik in einem besetzten Land, das einer riesigen Trümmerwüste gleicht: Fünf von insgesamt 16 Millionen Wohnungen sind vernichtet, 3,5 Millionen beschädigt; 7,5 Millionen aller Deutschen haben kein Obdach, zwei Fünftel befinden sich auf einer Völkerwanderung, entweder aus der Heimat vertrieben oder auf dem Weg dahin zurück. Das Verkehrssystem ist weitgehend zerstört, lediglich ein Zehntel des Schienennetzes befahrbar, nur die Hälfte der noch vorhandenen Lokomotiven sind betriebsfähig.

In den Trümmern der großen Städte drohen Seuchen; Hunger und der Mangel an Brennstoff werden zum Problem, das die nächsten Jahre überschatten wird. Deutschland hat mit den Gebieten jenseits der Oder und Neiße 25 Prozent seiner landwirtschaftlich genutzten Fläche und 15 Prozent seiner Steinkohlevorräte verloren. Die tägliche Lebensmittelration liegt im Oktober 1945 in der britischen Zone bei 1500, in der amerikanischen gar nur bei 1350 Kalorien – knapp die Hälfte dessen, was ein Erwachsener täglich braucht. Es herrscht eine Stimmung der Resignation und Verzweiflung.

Wie in Trance, benommen vom Schock des Zusammenbruchs, nimmt die Mehrheit der Deutschen ihr Schicksal hin, der Kampf ums Überleben erfordert alle Energien, sie sind vollauf mit dem Nächstliegenden beschäftigt, dem Brot auf dem Tisch und dem Dach überm Kopf. Zugleich suchen sie sich der alliierten These von der Kollektivschuld der Besiegten zu erwehren. Trotzige Vergleiche werden gezogen: Haben die Sieger mit ihren Flächenbombardements auf Hamburg und Dresden nicht ebenfalls Kriegsverbrechen begangen, sind sie mit der Massenvertreibung der Deutschen aus Ostpreußen und Schlesien, Pommern und dem Sudetenland nicht ebenso schuldig wie die Deutschen, die sich den »Warthegau« und andere Teile Polens einverleibten? Die schreckliche Wahrheit über den Holocaust, das Ausmaß der begangenen Verbrechen, den Genozid an 6 Millionen Juden und die Herrenvolk-Praxis der Knechtung angeblich minderwertiger Slawen, dringen nur langsam in das deutsche Nachkriegsbewußtsein ein.

Was die Zukunft politisch bieten wird, ist ungewiß, denn die Alliierten haben, dem Potsdamer Abkommen zum Trotz, keinen gemeinsamen Generalnenner für ihre Politik. Es gibt zwar einen Alliierten Kontrollrat, der Fragen regeln soll, die Deutschland als Ganzes betreffen, aber jede Siegermacht bleibt Souverän in ihrer Zone, in der sie dann eigene Wege geht. Angesichts offen ventilierter Zerstückelungs-Pläne fragt man sich sogar, ob Deutschland als Nationalstaat überhaupt noch eine Zukunft hat. Teilungsideen machen die Runde, der in Washington längst zu den Akten gelegte Vorschlag von Roosevelts Finanzminister Morgenthau erregt noch immer Aufsehen, nach dem Industriegebiete in Acker- und Weideflächen verwandelt und Deutschland auf die vorindustrielle Entwicklungsstufe der reinen Agrarwirtschaft zurückgezwungen werden soll.

Separatistische Tendenzen bei den Deutschen selbst brechen auf; nicht wenige, etwa an der Saar oder nahe der dänischen Grenze, versprechen sich materielle Vorteile davon, wenn sie die nationale Schicksalsgemeinschaft aufkündigen und Anschluß an die glücklicheren Nachbarn suchen. In Hannover sammelt der einstige Oberbürgermeister Menge Unterschriften für die Loslösung der früheren welfischen Gebiete vom Reich, damit sie, wie einst das braunschweigische Herzogtum, wieder unter die Herrschaft der britischen Krone kommen und Teil des Empire werden. Der Sozialdemokratische Verein Flensburg richtet einen Appell an die Regierung in Kopenhagen, ganz Südschleswig, das bis 1862 dänisch gewesen war, wieder in den dänischen Staatsverband aufzunehmen. Schumacher nennt diese Genossen verächtlich »Speckdänen«: »Speck und Volksbewußtsein sind Dinge, die niemals auf einen gemeinsamen Generalnenner gebracht werden können und die man trennen muß.«

Nicht, weil er nationalistisch denkt, will er Deutschland als ein »geschlossenes Ganzes in den Jahren der Niederlage« erhalten; er versteht die Nation als Solidaritätsgemeinschaft, aus der in schlechten Zeiten sich gefälligst nicht fortzustehlen hat, wer in besseren sich gern zu ihr bekannte. »Die meisten der Leute, die heute von Deutschland weg wollen, sind diejenigen, die es sich auf unsere [des arbeitenden Volkes] Kosten am Besten haben gehen lassen und jetzt, wo es ans große Bezahlen geht, sich drücken wollen.«

Scharf trennt er nationalistisch von national: »national sein ist Ehrensache«, erklärt er in seiner schneidenden Abrechnung mit den Flensburger Sozialdemokraten im Juli 1946 in Husum, »international sein ist Aufgabe, aber Nationalist sein heißt heute ein Todfeind des deutschen Volkes sein«. Wenn die Sozialdemokratie Deutschland »nicht als einen neuen Nationalismus, sondern als einen gleichbeachteten, gleichberechtigten Bestandteil der Vereinigten Staaten von Europa« wolle, müsse »in diesem neuen Deutschland auch Südschleswig mit dabei sein«. So schließt er den Sozialdemokratischen Verein Flensburg aus der Partei einfach aus und gründet mit nichtseparatistisch gesinnten Genossen einen neuen SPD-Ortsverband.

Daß Südschleswig in feudalistischer Zeit einmal zu Dänemark gehörte, wischt er vom Tisch, wie denn sein Nationen-Begriff sich weniger nach Abstammung denn Zugehörigkeitsbekenntnis definiert: »Die Deutschen, die mit einer unheilvollen, schweren und blutigen Geschichte zugunsten ihrer fürstlichen Potentaten und Militärs belastet sind, diese Deutschen, sie haben die Neigung, in der Vergangenheit herumzustochern, und jetzt wird einmal nicht zugunsten, sondern zuungunsten Deutschlands in der Vergangenheit herumgestochert. Wann dieses Land einmal dänisch war, ist uns gleichgültig. Es ist heute dem Empfinden seiner Bewohner nach deutsch, und die Menschen, die hier leben, wollen das schwere, gemeinsame Schicksal Deutschlands mittragen... Die Frage ist gestellt, sie wird von den Deutschen beantwortet werden, hier in Südschleswig ist sie klar und eindeutig. Südschleswig ist deutsch, nicht aus einem hysterischen Nationalismus, sondern aus demselben Nationalbewußtsein, das ein englischer Labourmann oder Franzose für sich in Anspruch nimmt.«

Es scheint auch, als sei der Krieg ein großer Gleichmacher gewesen, der alle Schranken zwischen den einzelnen Segmenten der bisherigen Klassengesellschaft eingerissen hat. Die Besiegten und Bedrückten, die Geschlagenen und noch einmal Davongekommenen unterscheiden sich nicht länger nach Aristokraten oder Bürgern, Unternehmern, Angestellten oder Arbeitern, Ausbeutern und Ausgebeuteten, sie sind, auf den ersten Blick zumindest, in Armut vereint und gleich. In einer Trümmerstadt wie Köln, meint Heinrich Böll, bildet sich »eine Gesellschaft von Besitzlosen und potentiellen Dieben. Ich sag's laut und deutlich: Was da so alles geklaut worden ist und was wir geklaut haben – Fenster, Türen, Ziegelsteine, Brennholz, Bücher, wenn wir sie in zerstörten Kellern fanden –, das war ja ganz klassenlos bis zu einem gewissen Grad ... Ich habe nie das geringste Bedenken gehabt, zu stehlen, und das hatten sehr wenige.«

In Wahrheit freilich entwickelt sich, befristet bis zur Währungsreform, nur eine neue Form der Klassengesellschaft, deren Fronten oft quer zur bisherigen verlaufen: Der Bauer auf seinem Hof, der Handwerksmeister in der Stadt, der Metzger und Bäcker, der Lebensmittelhändler und Textilkaufmann leiden zu Zeiten einer primitiven Tauschwirtschaft nicht Mangel; sie können geben, und ihnen wird dafür gegeben. Vortrefflich verstehen sie es, aus der Not der anderen, die weder über Waren noch »Vitamin B«, Beziehungen, verfügen, ihren Profit zu ziehen. Der Unterklasse in dieser neu formierten Gesellschaft gehört die übergroße Mehrheit an. Zu ihr zählen Flüchtlinge, Vertriebene und Ausgebombte, nicht zu vergessen jene Kriegsheimkehrer, die nach Hause kommen, aber, wie Wolfgang Borchert es beschrieb, »dann doch nicht nach Hause kommen, weil für sie kein Zuhause mehr da ist. Und ihr Zuhause ist dann draußen vor der Tür. Ihr Deutschland ist draußen, nachts im Regen, auf der Straße. Das ist ihr Deutschland.«

Die Masse der Deutschen wirtschaftlich und sozial entwurzelt, die

Schicht der Besitzenden erheblich verschmälert – mußte dies den Prozeß der gesellschaftlichen Polarisierung nicht zum Siedepunkt bringen? War unter solchen Bedingungen die Annahme nicht gerechtfertigt, Deutschland befinde sich in einem Zustand der latenten Revolution? Nicht wenige Historiker gehen davon aus, daß solche Überlegungen Stalin in dem Beschluß zur Vertreibung der Deutschen aus den Ostgebieten bestärkten, denn zwölf Millionen Flüchtlinge und Vertriebene, ohne jede Habe zumeist, konnten das proletarische Potential für eine revolutionäre Politik, wie er und die deutschen, aber auch die französischen und italienischen Kommunisten sie für Europa erstrebten, nur erheblich stärken.

Im Chaos dieser Stunde Null denkt kaum einer an das Wiedererstehen einer kapitalistischen bourgeoisen Gesellschaft; Sozialismus und Planwirtschaft scheinen das Gebot der Stunde, zumal selbst im siegreichen England die Labour Party nach ihrem Wahlsieg im Sommer 1945 ein Programm der Verstaatlichung in die Wege leitet. Auch Frankreich, wo Kommunisten und Sozialisten bei den Oktoberwahlen 1945 zusammen über 50 Prozent der Stimmen erhalten und mit den christlich-demokratischen Volksrepublikanern des MRP regieren, versucht die gesamtwirtschaftliche *planification* im Rahmen einer *économie concertée.* Noch unter de Gaulle beginnt es mit der Verstaatlichung der Großbanken, denen im Jahr darauf die Versicherungsgesellschaften, Kraftwerke und Brennstoffirmen folgen werden.

Die Überzeugung, das kapitalistische Wirtschaftssystem habe versagt, findet sich nicht nur auf der Linken, sondern auch bei der bürgerlichen Mitte. Daß es »den staatlichen und sozialen Lebensinteressen des deutschen Volkes nicht gerecht geworden« und deshalb eine soziale und wirtschaftliche Neuordnung notwendig sei, als deren Inhalt und Ziel »nicht mehr das kapitalistische Gewinn- und Machtstreben, sondern das Wohlergehen des Volkes« definiert wird, ist noch im Februar 1947 einer der Leitsätze des Ahlener Programms (des Zonenausschusses der britischen Zone) der CDU, in dem die Vergesellschaftung der Kohle- und eisenschaffenden Industrie gefordert wird. Deutlicher noch verlangt Jakob Kaiser, einer der Führer der Ost-CDU, einen Umbau der Gesellschaft. Er tritt für einen Neubeginn aus dem Geist der Bergpredigt, für einen »christlichen Sozialismus«, ein und findet damit Unterstützung bei den linken Katholiken in den CDU-Sozialausschüssen an Rhein und Ruhr.

Als Kurt Schumacher seine ersten Reden in Hannover vor Funktionären hält, geht er wie selbstverständlich davon aus, daß die klassische Zeit des Bürgertums endgültig abgelaufen ist. Schon im Sommer 1943 hat er Verbindung zu Hermann Hasselbring aufgenommen, welcher der Widerstandsgruppe »Sozialistische Front« angehört und mit einem Arbeitskollegen Schumachers in den Sichelwerken, Robert Abel, einem ehemaligen Sozialdemokraten, befreundet ist. Er trifft Hasselbring erstmals im Tabakgeschäft des ehemaligen Gewerkschaftsfunktionärs Fritz Kasten in der Lindener Falkenstraße.

Hasselbring kennt die Untergrundszene von Hannover und hilft, Schumacher in den letzten Kriegswochen zu verstecken, um ihn dem Zugriff der Nationalsozialisten zu entziehen. In den Monaten des Zusammenbruchs und Neubeginns wird er zum unersetzlichen Helfer in allen praktischen Fragen. Er ist gewiß keiner, der von Theorie viel hält, sondern ein Sozialdemokrat von der einfachen, aber aufrechten Art. Man muß wohl eher ein Faktotum in ihm sehen, das dem ausgezehrten, gesundheitlich schwer angeschlagenen und bewunderten Märtyrer zur Hand geht, ihm Milch und Butter, auch Leibniz-Kekse aus der hannoverschen Bahlsen-Fabrik für die nötige Diät besorgt und auf konspirativem Weg Kontakte aufrechterhält, die Schumacher in Neuengamme knüpfen konnte.

Mit Hasselbrings Hilfe gelangt Schumacher an die Spitze der neu entstehenden hannoverschen Parteiorganisation, deren nachmalige Mitglieder und Funktionäre sich am 29. April 1945 in der Fröbelschule treffen. Hier referiert Schumacher erstmals vor sozialdemokratischen Freunden, aber das Manuskript der einstündigen Rede blieb nicht erhalten. Am gleichen Tag requiriert Hasselbring, inzwischen Vorsitzender des Wiederaufbau-Ausschusses für Linden-Süd, jene vormals vom Luftschutzbund genutzten Räume im Parterre der Jakobstraße 10 im traditionellen Arbeiterviertel Hannover-Linden, die zum »Büro Dr. Schumacher« werden sollen, der Keimzelle der neuen Sozialdemokratischen Partei in Westdeutschland. Am 5. Mai – das Deutsche Reich befindet sich noch im Kriegszustand – wird Schumacher, obschon zu diesem Treffen nicht geladen und deshalb auch nicht anwesend, für einen fünfköpfigen provisorischen Parteivorstand nominiert, am Tag darauf schließlich von etwa 130 Sozialdemokraten im Sitzungssaal des hannoverschen Polizeipräsidiums zum Vorsitzenden gewählt, Hasselbring zum Geschäftsführenden Sekretär.

Eigentlich darf es diese Organisation, die sich da konstituiert, gar nicht geben, denn noch ist die Bildung politischer Parteien von der Besatzungsmacht untersagt. Die Briten lassen sich, im Gegensatz zu Sowjets und Amerikanern, viel Zeit. Am 6. August stellt Montgomery in einer Botschaft an die Bevölkerung die Neugründung von Gewerkschaften und Parteien in Aussicht, aber detaillierte Ausführungsbestimmungen werden erst Wochen später bekannt gemacht. So kann Kurt Schumacher formell erst unter dem Datum vom 29. September 1945 die Militärregierung in Hannover um die »Erlaubnis zur Gründung der Sozialdemokratischen Partei, Stadtkreis Hannover« ersuchen. Die Beschränkung auf die Stadt ist unerläßlich, andere als örtliche Organisationen sind noch nicht erlaubt. Die wichtigsten Ziele der neuen Partei skizziert er in einem Zwölf-Punkte-Programm, welches er als Anlage zu seinem Antrag einreicht und das sich heute im Stadtarchiv Hannover findet. Anschaulich belegt es den Geist des Aufbruchs und des Neubeginns jener Zeit, vor allem den tief moralischen Ansatz, von dem sich der Politiker Kurt Schumacher leiten läßt.

»Überwindung des Nazismus und Militarismus durch Änderung der gesellschaftlichen, ökonomischen und geistigen Grundlagen im Sinne des Sozialismus.

Konsequente Demokratie auf allen Gebieten des politischen, gesellschaftlichen und kulturellen Lebens.

Wiedererweckung der im deutschen Volk geschwundenen Achtung vor der großen Idee der Menschheit [wahrscheinlich muß es heißen: den großen Ideen der Menschheit] und der menschlichen Persönlichkeit.

Pflege der großen Tradition der deutschen Geisteskultur im Zusammenleben mit den Kulturen der anderen Nationen.

Erziehung der Jugend im Geiste des Friedens, der Demokratie und der internationalen Zusammenarbeit.

Toleranz gegenüber allen Religionen und Weltanschauungen.

Vergesellschaftung aller sozialisierungsreifen Zweige der Wirtschaft.

Planmäßige Lenkung der Wirtschaft beim Werke des Wiederaufbaues.

Tatkräftige Hilfe für alle Opfer der Politik der letzten 12 Jahre, für alle Schwachen und Hilfsbedürftigen.

Beschleunigte Instandsetzung der Produktionsstätten und Wohnungen.

Gerechte Verteilung des Sozialproduktes, der Lebensmittel und der lebensnotwendigen Gegenstände.

Die Sozialdemokratische Partei, als die stärkste Partei Deutschlands, bekennt sich zur Zusammenarbeit mit allen Aufbauwilligen für ein besseres Deutschland, das die Achtung und das Vertrauen der Welt genießt.«

Die formelle Genehmigung zur Gründung seines sozialdemokratischen Ortsvereins wird erst am 1. Dezember erteilt, doch stört ihn die Existenz im Zustand der Halb-, wenn nicht Illegalität bei seinen Aktivitäten nicht im geringsten. Schumacher nimmt sich einfach die Freiheit, die man ihm vorenthält, und weiß die Besatzungsmacht geschickt zu unterlaufen. Zu einer ersten regionalen Bezirkskonferenz, auf der Genossen aus Hildesheim und Lüneburg vertreten sind, läßt er aus Gründen der Tarnung von der BAST, der Bezirksabgabestelle für Agrarprodukte, einladen.

Unter den Offizieren der Besatzungmacht finden sich Sympathisanten, Labour-Anhänger zumeist, die bereitwillig beide Augen zudrücken. Anders läßt sich kaum erklären, daß sich Schumacher bereits Mitte August in Flugblättern mit seinem ersten öffentlichen Appell – »Die Sozialdemokratische Partei ruft: Für ein neues und besseres Deutschland!« – an die Bevölkerung wenden kann. Nach der Zeit der »Verdummung und Verwilderung« sei jetzt die »Stunde der großen Umkehr« gekommen, stellt er darin fest, verspricht »allen Unbelasteten und Aufbauwilligen« Zusammenarbeit, den »Schwachen und Elenden« die Hilfe der Sozialdemokratie.

Die Monate nach seiner Wahl zum Ortsvereins-Vorsitzenden nutzt er, um Verbindung mit ehemaligen führenden Sozialdemokraten der Weimarer Zeit in den westlichen Zonen aufzunehmen. Er läßt sich und seinem Büro eine gesamtdeutsche Funktion zuweisen, die ihm durch schriftliche Mandate der einzelnen Bezirke und Landesorganisationen bestätigt wird. Den Anfang dazu macht der Bezirk Hannover, der ihn als früheren Reichstagsabgeordneten am 11. Juli 1945 mit der »organisatorischen und politischen Führung im gesamten Reich« beauftragt; Württemberg und Baden sowie Hessen und Hessen-Nassau folgen noch im Laufe des Monats. Ende September, wenige Wochen vor der Auseinandersetzung mit dem Führungsanspruch des Berliner Zentralausschusses auf der historischen »Reichs-Konferenz« von Wennigsen, verfügt er bereits über 14 solcher schriftlichen Mandate von Parteibezirken. Als er unter seinem Namen am 25. August »Politische Richtlinien« für die Schulung von Funktionären an die Parteigeschäftsstellen der westlichen Zonen verschickt, kann das »Büro Dr. Schumacher« schon als der fest etablierte, im Westen nahezu unumstrittene Kern einer SPD-Führung für das »Reich« gelten, das damals als staatsrechtliche Hülle der Deutschen noch in aller Köpfe fest verankert ist.

Das düstere, vergitterte Zimmer in der Jakobstraße 10, in dem er residiert, dient zugleich als Konferenz- und Sitzungsraum und liegt am Ende eines langen Flurs zum Hinterhof hinaus. Wer ihn besuchen wollte, schrieb Michael Thomas, damals Verbindungsoffizier der britischen Militärregierung zu führenden deutschen Politikern, der mußte erst einmal über Schutt und lose Bretter ins Innere des Hauses balancieren. »Da saß er, einarmig, mit ausgezehrtem Gesicht, hoher Stirn, durchdringenden, leuchtenden, ein wenig flackernden Augen, gespannt, nervös, wie lauernd, wer da wohl kommen würde, bereit zum Angriff oder zur Verteidigung seiner Überzeugungen. Ich verstand das Feuer, das in diesem Mann loderte.«

Das einstündige Gespräch, das der Schweizer Korrespondent Fritz René Allemann auf seiner Rundfahrt durch das zerstörte Deutschland im Herbst 1945 mit Schumacher führt, zählt zu den »stärksten und nachhaltigsten« seiner Reise. Mit »tief gefurchtem, aber noch trotzdem beinahe jugendlich wirkendem Gesicht, ruhig und überlegen in seiner nachdenklichen, etwas langsamen Sprechweise, macht er den Eindruck eines Mannes, der weiß, was er will – und das ist ein Eindruck, den man nicht allzu häufig von Personen des öffentlichen Lebens im heutigen Deutschland empfängt«.

Ausnahmslos alle, die ihm in jener Zeit begegnen, beeindruckt der extreme Gegensatz von physischer Schwäche und geistiger Vitalität, sie bewundern die unbändige Willenskraft, die von dieser geschundenen und ausgemergelten Gestalt ausgeht. »Prediger und Dichter«, schrieb Willy Brandt, der Schumacher erstmals im Februar 1946 in Frankfurt traf, »beschwören so oft den Geist, der über den Körper triumphiert; im Falle Schumacher war diese meist so leicht hingesprochene Phrase gelebte Wirklichkeit.« Seine Biographie nimmt die Besucher gefangen, hat er doch für die Idee und den moralischen Anspruch, den er erhebt, die schwersten Opfer gebracht. Das verschafft ihm jene unerhörte Glaubwürdigkeit, ohne die seine Anziehungskraft auf die Jugend, aber auch auf bürgerliche Intellektuelle des Typs Carlo

Schmid nicht zu erklären wäre. »Er war tatendurstig bis dorthinaus, sprudelte über von Plänen«, schildert Egon Franke, der bald sein enger Mitarbeiter im Vorstand werden soll, die erste Begegnung, »er saß nicht da wie ein Mann, den man zwölf Jahre gedemütigt oder mißhandelt hatte.«

Am 20. August trifft er in Hannover mit Willi Eichler und Otto Brenner zusammen, um seine Vorstellungen von einer geschlossenen, kampfstarken und einigen Partei, in der Abspaltungen von der Mehrheitssozialdemokratie der Weimarer Republik wieder aufgehen sollen, in die Tat umzusetzen. Er will ja nicht die alte Partei unter einem neuen Namen, sondern unter dem alten Namen eine neue Partei, die alle sozialistischen Richtungen diesseits der Kommunisten einschließt.

Otto Bennemann und Willi Eichler, der aus dem Londoner Exil zu Besuch kommen konnte, vertreten auf dieser kleinen Vereinigungs-Konferenz den »Internationalen Sozialistischen Kampfbund« (ISK). Unter dem Einfluß des Göttinger Philosophen Leonhard Nelson lehnt der ISK den Marxismus ab, tritt für einen ethisch und rationalistisch fundierten Sozialismus ein, setzt auf Elite, nicht auf Masse und wahrt erhebliche Skepsis gegen manche Spielregeln der parlamentarischen Demokratie. Diese antimarxistische Grundposition hat den ISK jedoch nie davon abgehalten, im Kampf gegen den Nationalsozialismus auch mit Linkssozialisten und Kommunisten zusammenzuarbeiten, eine politische Praxis, die dazu führte, daß er im politischen Spektrum eher links als rechts von der SPD eingeordnet wurde. Otto Brenner, später Chef der IG-Metall, verhandelt für die »Sozialistische Arbeiter-Partei«, die 1931 aus Protest gegen die Tolerierungspolitik der Sozialdemokraten gegenüber Brüning von Linkssozialisten wie Max Seydewitz und Kurt Rosenfeld gegründet wurde und der am Ende der Weimarer Republik auch der junge Willy Brandt angehörte.

Die Verständigung zwischen den Sprechern der einzelnen Gruppierungen fällt nicht schwer. Die Lehren von Weimar legen das Ende solcher Abspaltungen zwingend nahe, zumal Erich Ollenhauer im Londoner Exil bereits 1941 eine »Union deutscher sozialistischer Organisationen in Großbritannien« geschaffen hat, der nicht nur Eichler mit dem ISK, sondern auch Paul Walter für die SAP und Schumachers Stuttgarter Kampfgefährte Erwin Schoettle für die Gruppe »Neubeginnen« angehören. Schumacher heißt die ISK- und SAP-Vertreter nachdrücklich willkommen, macht aber zur Bedingung, daß sie im Gegensatz zur »Union« Ollenhauers künftig nicht die Freiheit genießen, in der neuen Partei Fraktionen zu bilden. »Die Zukunft hat nur für eine Partei demokratischer Sozialisten im System der Parteien Platz«, hatte er schon am 6. Mai erklärt und verlangt, daß sie wie ein Magnet alle Splitter anziehen müsse. Jetzt versichert er, diese Partei sei offen für alle Menschen, die sich zu den Zielen der Sozialdemokratischen Partei bekennen.

Im Gespräch mit Eichler, Bennemann und Brenner nimmt er vorweg, was er am 5. Oktober auf der »Reichskonferenz« in Wennigsen dann geradezu programmatisch erklären wird – daß die neue SPD nicht mehr eine Freidenkerpartei alten Typs darstellen dürfe, sondern sich zum Christentum hin öffnen müsse. In Wennigsen spricht er von den »vielen Wohnungen für viele Arten von Menschen«, welche die Sozialdemokratie bereithalten müsse, um ihrer Aufgabe als »schicksalentscheidende Kraft der deutschen Politik« gerecht zu werden: »Unverzichtbar ist für sie nur der Wille ihrer Mitglieder, Sozialist, Demokrat und Träger der Friedensidee zu sein. Darüber hinaus kann für uns der Wert des Sozialdemokraten nicht durch das Motiv [bestimmt werden], aus dem heraus er zu uns gekommen ist. Mag der Geist des Kommunistischen Manifestes oder der Geist der Bergpredigt, mögen die Erkenntnisse rationalistischer oder sonst irgendwelchen philosophischen Denkens ihn bestimmt haben, oder mögen es Motive der Moral sein, für jeden, die Motive seiner Überzeugung und deren Verkündung ist Platz in unserer Partei. Deren geistige Einheit wird dadurch nicht erschüttert.«

Otto Bennemann, später Innenminister in Niedersachsen, zeigt sich tief beeindruckt von der Intensität, mit der Schumacher auf ihn eingegangen ist – »ich habe keine Stunde meines Lebens durchgemacht, in der so viele Fragen gestellt wurden«. Bohrende, nachsetzende Fragen, denn Schumacher, zwölf Jahre von der Außenwelt abgesperrt, saugt Nachrichten, Wissen, Meinungen mit der gierigen Hast dessen, der weiß, daß er nachzuholen hat, förmlich in sich hinein. »Sie können mir gar nicht soviel schreiben, wie ich aufzunehmen bereit bin«, läßt er seinen alten Freund Alexander Schifrin in New York wissen. »Daß ich zum Beispiel kein einziges Buch mehr besitze und die Zusammenhänge in der Politik in den letzten zwölf Jahren eigentlich nur durch die Mittel des Mitdenkens zu erkennen versucht habe, wird Ihnen abenteuerlich klingen.« Seine in Stuttgart untergestellte Bibliothek wurde durch Brandbomben vernichtet, was er in den Monaten seit der Entlassung aus dem KZ in Hannover anschaffen konnte, ging ebenfalls im Bombenkrieg verloren.

Hans Vogel bittet er um sämtliche in der Emigration erstellten Programmentwürfe und die wichtigsten großen sozialistischen Veröffentlichungen; sie sind, schreibt er dem Exilvorsitzenden in London, »lebensnotwendig für uns, denn sie werden hier von niemand gekannt und fehlen uns, wenn wir eine Grundlage für die Beurteilung der Dinge draußen in der Welt haben wollen«. Er bittet auch um die Zusendung von Literatur, nennt Otto Bauers »Zwischen zwei Weltkriegen«, Konrad Heidens »Geschichte des Nationalsozialismus« und deutet den riesigen Umfang des Lern- und Nachholprozesses an, der den zwölf Jahre von der Welt Abgeschnittenen in Deutschland bevorsteht: »Ich will nicht mit dem Aufzählen beginnen, weil ich sonst damit nicht fertig würde.«

Der Alltag im zerstörten und besetzten Hannover des Frühjahrs und Sommers steckt voller Widrigkeiten, Post und Bahn funktionieren nicht, die Telefonverbindungen sind zusammengebrochen, aber eine Kämpfernatur wie Schumacher läßt sich dadurch nicht abhalten, den organisatorischen Aufbau voranzutreiben. Erst schränkt die abendliche Sperrstunde seine und der Freunde Bewegungsfreiheit ein, dann ist es der Mangel an Transportmöglichkeiten. Wochenlang legt er den Weg von der Wohnung in Badenstedt zum Büro in Linden zunächst zu Fuß zurück, danach mit einem Fahrrad; erst als der Leiter eines für die Briten arbeitenden Fuhrbetriebs, ein Sozialdemokrat, ihm und der Partei seinen eigenen, museumsreifen, von Pannen geplagten Pkw zur Verfügung stellt, kann die Verbindung zu Sozialdemokraten in anderen Städten der britischen Zone, in Hamburg, Bremen und in Bielefeld, wo Carl Severing wohnt, hergestellt werden. »Für eine Kraftwagenreise, die Schumacher nach Dortmund plante, um dort zwei Tage Besprechungen zu führen und Vorträge zu halten«, schreibt Albrecht Kaden, »mußte er vier volle Tage rechnen. Das waren die Bedingungen, unter denen sich in jenen Tagen der Aufbau der Partei vollzog.«

Fritz Heine erzählt, daß Schumacher auf einer dieser Reisen zusammenbrach. »Mit vieler Mühe und etwas Milch wieder transportfähig gemacht, wird er in einem Mannheimer Krankenhaus gründlich untersucht. Befund: Magengeschwüre, unzureichende Ernährung, mangelnde Diät. Schumachers nicht sonderlich gesundheitsfördernde ›Heilmethode‹ ist ein Tag Krankenhausaufenthalt und Weiterfahrt zur

Neubeginn in Hannover 1945: Kurt Schumacher mit seinen engsten Mitarbeitern (von links) Egon Franke, Erich Ollenhauer, Alfred Nau und Fritz Heine.

nächsten Konferenz.« Wie ihm Magengeschwüre zu schaffen machen, bezeugt auch Hermann Hasselbring: »Als er sich vor Schmerzen auf dem Fußboden wand, rannte ich nach Hause und trug mit meinen Flurnachbarn meine Liege in die Jakobstraße.«

Für die Freunde, die sich um ihn sammeln, hat er nicht nur die Faszination des Gemarterten, der alle Prüfungen aufrecht und ungebrochen überstand – er verfügt auch über die Kraft des Visionärs, weiß mitzureißen, seine persönliche Ausstrahlung schlägt sie in seinen Bann. »Er beeindruckte uns nicht nur durch seinen eisernen politischen Willen und die Disziplin, mit denen er seinem Leiden und seinen Belastungen begegnete, sondern auch durch die Moral, die er verkörperte. Inmitten all der Verzweiflung und Bedrückung in der damaligen Zeit gab er uns eine Orientierung, an der wir Zuversicht, Hoffnung und auch Ziele festmachen konnten«, sagt Helmut Rohde, damals gerade als Soldat aus dem Krieg heimgekehrt, unter Kanzler Helmut Schmidt dann Minister für Arbeit und Soziales in Bonn.

Den Mutlosen und Resignierten dieser deutschen Trümmerlandschaft weist er einen Weg, der eine bessere Zukunft verspricht, aber für die Mitarbeiter der ersten Stunde, meist alte Sozialdemokraten, hat er den unerhörten Vorzug, ein Altvertrauter zu sein. So wird aus dem Fremden für die hannoverschen Genossen bald der »Große«, der wie selbstverständlich das Heft in die Hand nimmt. Zwar sind die Hannoveraner skeptisch gegenüber jedem Zugereisten, doch Alfred Schrader, ein älterer, verdienter Genosse, der als Alteingesessener selbst ein aussichtsreicher Anwärter wäre, liefert das Motto auf gut Hannöversch: »Kinnas, er ist zwar nicht mit Leinewasser getöfft, aber 'n ordentlichen Kerl issa, den laß uns mal nehmen.«

In nur fünf Monaten gelingt Schumacher der Aufstieg zum Führer der wiedererstehenden Partei in den Westzonen, und er kann sich damit einen erheblichen Vorsprung vor seinem künftigen Hauptkonkurrenten Konrad Adenauer sichern. Den haben zunächst die Amerikaner wieder an die Spitze der Stadt Köln berufen, aber die Briten, welche nach ihnen die Rolle der Besatzungsmacht übernehmen, jagen ihn schon bald als »unfähig« aus dem Amt. Köln, befindet der Brigadegeneral Barraclough, sei die unaufgeräumteste Stadt der britischen Zone. Es ist diese Maßregelung durch einen forschen britischen Fallschirmjäger und sturen Kommißkopf, welche den Alten von Rhöndorf erst freisetzt für die große Politik. Gegenüber einem amerikanischen Korrespondenten wird er später, als er längst fest als

Kanzler der Bundesrepublik im Sattel sitzt, diesem General mit dem nicht sehr intelligenten Gesicht scherzhaft seinen Dank abstatten, da er ohne ihn höchstwahrscheinlich seine Karriere in Köln als Provinzfürst beendet hätte.

In der Tat beginnt Adenauers Neustart auf der politischen Bühne 1945 zunächst mit betont vorsichtigen Tastversuchen. Zum anfänglichen Gründerkreis der Christlich Demokratischen Partei in Köln, die schließlich in der CDU aufgehen wird, zählt er jedenfalls nicht, und die neue Partei, welche nicht nur die beiden Konfessionen, sondern auch die verschiedensten bürgerlichen Formationen aus Weimar zusammenfügen will, hat zunächst auch kein eindeutiges Programm. Zwar stößt Adenauer schon bald dazu, wird Anfang 1946 Vorsitzender des Lenkungsausschusses der CDU der britischen Zone, dann Vorsitzender des rheinischen Landesverbands – aber lange Zeit muß er mit den Linken in den eigenen Reihen um die sozial- und wirtschaftspolitische Ausrichtung kämpfen. Auch mangelt es ihm, da die föderalistisch orientierten süddeutschen christlichen Parteien auf Eigenständigkeit pochen, noch lange an einer Schumacher vergleichbaren nationalen Weisungsbefugnis und an dessen zentralem Apparat.

Schumacher sucht nicht tastend nach einer Neuorientierung, er weiß, was er will: eine Sozialdemokratische Partei, die zwar aus den Fehlern von Weimar zu lernen hat, die jedoch mit Stolz auf ihre demokratische Tradition zurückblicken kann. Sie allein hat die erste Republik bis zum bitteren Ende verteidigt, deshalb stellt sie, wie es in seinem ersten Aufruf vom August an die Bevölkerung heißt, die einzige Partei in Deutschland dar, »deren Politik der Demokratie und des Friedens die Probe vor dem Richterstuhl der Geschichte bestanden hat«. Darauf gründet er seinen Führungsanspruch: »Von allen anderen Parteien«, schreibt er an Hans Vogel, den Parteivorsitzenden im Londoner Exil, »hat die sozialdemokratische Partei jetzt eine große Chance, geradezu einmalig in der Geschichte! Denn mag die Sozialdemokratie taktische Fehler gemacht haben, mag sie eine Reihe von personellen Versagern aufweisen, das haben andere ja auch und noch mehr als wir. Dafür können wir Sozialdemokraten darauf hinweisen, daß wir als einzige Partei in Deutschland konsequent die von der Geschichte als richtig erwiesene Linie durchgehalten haben. Die bürgerlichen und mehr noch die kommunistischen Nazigegner können das nicht von sich sagen, und im Volk, von dem große Teile in den letzten zwölf Jahren geistig und moralisch sich nicht gerade zum Guten entwickelt haben, lebt doch ein Verständnis dafür.«

Braucht eine solche Partei, die im Gegensatz zu allen bürgerlichen Formierungen wahrlich keinen Anlaß hat, sich zu verstecken, eine Partei, die sich zur Kontinuität der eigenen Geschichte bekennen kann, überhaupt ein neues Grundsatzprogramm, wo doch viele der sozialdemokratischen Forderungen von Heidelberg, wären sie denn erfüllt worden, nach Schumachers Überzeugung das Scheitern der Weimarer Republik hätten verhindern können? »Was wir im Grundsatz wollen, ist allen klar«, sagt Schumacher in den politischen Richtlinien. Ihm, der sich stets eine gesunde Portion Skepsis gegen programmatische Festschreibungen bewahrt hat, genügt fürs erste völlig, was damals in Heidelberg beschlossen worden ist. *Primum vivere deinde philosophari;* man muß zuerst leben und dann kann man philosophieren, wird er, ganz ein Mann der Praxis und gewiß kein großer Theoretiker, seine Haltung später auf dem Parteitag in Nürnberg rechtfertigen.

»Unverrückbar«, heißt es folglich in seinem ersten Aufruf, halte die Sozialdemokratie »an den großen Grundsätzen des Sozialismus« fest. Ein Nebeneinander von Demokratie und Kapitalismus mag in den alten Demokratien des Westens möglich sein, in Deutschland aber fehle die »fundamentale Erkenntnis, daß die Demokratie das große Spiel auf dem Boden der Gegenseitigkeit und der gleichen Chance ist«. Aus dem Scheitern der Republik, sagt er in seiner erwähnten Grundsatzrede mit dem bezeichnenden Titel »Wir verzweifeln nicht!« vor hannoverschen Genossen am 6. Mai 1945, sei die Lehre zu ziehen, daß es »unter den besonderen deutschen Verhältnissen ein Funktionieren der Demokratie und damit die Erhaltung des Friedens nur gibt, wenn gewisse sozialistische Voraussetzungen erfüllt sind«.

Sogar ein besonderes Verständnis für diese tragenden Ideen bei den westlichen Alliierten rechnet er sich aus: bei der »großen Labour Party in England«, wo, als er das sagt, noch Churchill regiert; bei der Linken in Frankreich, die im November 1944 einen großen Wahlerfolg erzielt hat; aber auch – welch' wahrlich historischer Irrtum! – bei den Amerikanern: »Wir denken da an die Persönlichkeit Roosevelts, die unauslöschbare Spuren in der Anbahnung einer neuen Regelung des Verhältnisses zwischen Kapital und Arbeit und der politischen Machtverteilung zwischen beiden Faktoren hinterlassen hat. Wir denken an seinen ›New Deal‹, der mehr als eine Tagesplanung bedeutet.« Gerade die Amerikaner und ihr Militärgouverneur General Lucius D. Clay errichten wenige Jahre später jene Barriere gegen die Sozialisierung, an der seine hochfliegenden Pläne zerschellen sollen!

Doch 1945, in der Gnade der Stunde Null, glaubt er noch fest daran, daß die westlichen Alliierten sie im ureigensten Interesse unterstützen müssen, denn, so beteuert er im Sitzungssaal des hannoverschen Polizeipräsidiums, »das Kriegsziel der Alliierten, Sicherung vor neuen deutschen Überraschungen zu schaffen, kann nicht erreicht werden, solange der Großbesitz in Deutschland ein Machtfaktor ist«. So sieht er sich und seine Partei als den verläßlichsten innenpolitischen Verbündeten der westlichen Sieger. Wer anders als die Sozialdemokratie kann dafür garantieren, daß die Waffen der Wirtschaft oder der Verfügung über sie nicht wieder in falsche Hände kommen? Daß es auch einen anderen, einen kapitalistischen Weg gibt, das deutsche Potential durch internationale Kontrolle, Zusammenarbeit und Einbindung in supranationale Organisationen seiner Gefahren für die Nachbarn in Europa zu berauben, will ihm nicht in den Sinn, weil er, aber wahrlich nicht er allein in jener ersten Nachkriegszeit, den Zweiten Weltkrieg und den Zusammenbruch Deutschlands mit dem Bankrott des kapitalistischen Systems gleichsetzt.

Mit seinem Anspruch auf Führung stößt er im Westen in ein Vakuum. Die wichtigsten Mitstreiter, die Anfang der dreißiger Jahre als die kommenden Männer galten und das Zeug zum Parteiführer hatten, sind nicht mehr am Leben. Julius Leber, Wilhelm Leuschner und Theodor Haubach wurden als Verschwörer des 20. Juli hingerichtet, Carlo Mierendorff kam bei einem Luftangriff auf Leipzig um. Es gibt keinen militanten Sozialisten mehr, der ihm das Feld hätte streitig machen können. Die Konzentrationslager, der Luftkrieg und die großen Verfolgungswellen, besonders die nach dem 20. Juli, »haben gar zu viele von uns gefressen«, schreibt Schumacher Mitte August, »die Emigration hat weitere Kräfte verschluckt«. Viel spricht dafür, daß er einem überlebenden Carlo Mierendorff den Platz an der Spitze nicht geneidet, sondern dem Freund, dessen Begabung und überlegenen Intellekt er stets respektierte, wie selbstverständlich den Vortritt gelassen hätte. Bei dem betont nüchternen Julius Leber, mit dem Schumacher heftige gegenseitige Abneigung verband, wäre das schon anders gewesen.

Daß die deutsche Sozialdemokratie mit dem weniger schroffen, ausgleichenden und pragmatischen Elsässer an der Spitze nach 1945 einen anderen Weg gegangen wäre als unter Schumacher, darf als sicher gelten, doch ist eine solche spekulative Annahme, *cum grano salis*, auch für eine von Mierendorff geführte SPD angebracht. Hätte auch nur einer der beiden die Partei alten Namens wieder begründet? Leber hielt die traditionelle Sozialdemokratie für mehr oder weniger überlebt, Mierendorff träumte von einer breiten Volksbewegung namens »Sozialistische Aktion«, die sich auf plebiszitäre Zustimmung stützen und auch liberale, christliche Gruppierungen sowie die übriggebliebenen Zellen des kommunistischen Widerstands, soweit sie nicht moskauhörig waren, einschließen sollte.

Der Sozialdemokrat Wilhelm Leuschner arbeitete mit dem Zentrumsmann Jakob Kaiser nicht nur am Konzept einer Einheitsgewerkschaft, sie erörterten die Gründung einer »Partei aller werktätigen Menschen«, einer Art deutscher Labour Party also, die über Marx hinausreichen und das Wiederaufleben von Sozialdemokratie und Zentrum verhindern sollte. Anders als Schumacher, der den Abfall der Massen, ihre jubelnde Zustimmung zu Hitlers friedlichen Anfangserfolgen bis Ende 1938 im Konzentrationslager ja nur gedämpft hatte vernehmen können, waren selbst die Linken des 20. Juli, bei aller Distanz zu vielen Plänen ihrer konservativen Mitverschwörer, doch eher skeptisch gegen allzuviel Demokratie, forderten einen starken, nahezu halbautoritären Staat und setzten Weimar gleich mit Parteienzerrissenheit, in die sich das deutsche Volk nach einem Wort Mierendorffs nie wieder verstricken sollte. Niemand kann sagen, wie die führenden Sozialdemokraten des Widerstands unter den konkreten Bedingungen des Frühsommers 1945 praktisch gehandelt hätten. Aber der große Unterschied im Ansatz zwischen ihnen und Schumacher bleibt schwerlich zu übersehen.

Von Demokratieskepsis, wie sie in den Widerstandskreisen um Goerdeler und Helmuth James Graf von Moltke verbreitet war, ist bei Schumacher nichts zu spüren, nichts von Abneigung gegen Parteienstreit und Mißtrauen gegenüber den Massen – im Gegenteil: Sein Konzept, mit dem er die Mehrheit für den demokratischen Sozialismus gewinnen will, setzt bewußt auf die »reine Demokratie, die Geltendmachung der großen Zahl«, die er in seiner Rede vom 6. Mai als »die politische Idee der Arbeiterklasse« bezeichnet, indes er die politische Idee des Bürgertums als die »Verteilung der politischen Rechte nach dem Geldsack« charakterisiert. Er will ein Deutschland ganz in der westlichen Tradition, als parlamentarische, pluralistische und natürlich sozialistische Demokratie, und sie kann, davon ist er felsenfest überzeugt, »nur in einem Parteienstaat funktionieren«. Parteien sind für ihn die großen Instrumente, um die »Grundsätze politisch moralischer Natur, nach denen Deutschland neu gestaltet werden soll ... im Volk lebendig werden zu lassen«. Er wünscht auch kein Zweiparteiensystem, weil dies zur »Erstarrung der klassenpolitischen Fronten und damit zur Überhitzung der Gegensätze« führen müßte. Anders als Linke des Widerstands wie Gustav Dahrendorf und Julius Leber, die mit dem überkommenen Wahlsystem brechen wollen, lehnt er deshalb auch ein Mehrheitswahlrecht ab und fordert ein Proportionalwahlrecht, das jedoch, um neuer Zersplitterung vorzubeugen, eine Zehn-Prozent-Sperrklausel für jeden Wahlkreis enthalten soll.

Seine Vorstellung, daß der demokratische Aufbau über die neu zu bildenden Parteien zu erfolgen hat, seine Bejahung des von ihm als fruchtbar verstandenen Parteienstreits geht sogar soweit, daß er vor überparteilichen Listen bei den ersten Gemeindewahlen warnt. Allein die Parteien dürfen die Träger der Wahl sein, schreibt er den Funktionären, »erst dann kommt die nötige Klarheit und Ehrlichkeit in die Politik und wird mit den Methoden der Hintertreppe und Querverbindungen, die allmählich unser ganzes politisches Leben überwuchern, Schluß gemacht«. Doch möchte er einen Teil des deutschen Volkes damals von jedem aktiven und passiven Wahlrecht ausgeschlossen wissen – »die beste Quarantänevorschrift wäre, wenn jedes Mitglied der Nazipartei bis auf weiteres der Urne fern bleiben müßte«.

Weil er keine Verwaltungs- und Regierungsfunktionen übernimmt und sich voll auf die Partei konzentriert, bleibt er frei in dem, was er sagt. Als Minister oder Landtagspräsident wären ihm seine deutlichen, kritischen Worte zur Besatzungspolitik nicht möglich. Die Länder sind Schöpfungen der Militärregierung, ihre Verwaltungschefs unterstehen ihrer strengen Kontrolle; vor allem die Amerikaner handeln nach dem Prinzip *hire and fire*, aber nicht nur sie, wie das Beispiel Adenauers lehrt. Den ersten, von ihr selbst schon im Mai 1945 ernannten Ministerpräsidenten Bayerns, Fritz Schäffer, früher Chef der Bayerischen Volkspartei und 1949 erster Finanzminister der Bundesrepublik, jagt die US-Militärregierung schon nach vier Monaten wieder aus dem Amt, weil er das Konzept eines unpolitischen Wiederaufbaus verficht, sich dabei auf das Berufsbeamtentum stützt und es deshalb an Eifer bei der Entnazifizierung fehlen läßt.

Auf Vorschlag seines alten Freund/Feindes Wilhelm Keil haben die Stuttgarter Genossen Schumacher bereits nach Bildung des Landes (Nord-)Württemberg eine Spitzenposition angetragen: »Wenn Schumacher geistig und körperlich dazu fähig und persönlich dazu bereit ist, steht ihm das erste Anrecht auf jede politische Stellung zu, die er wünscht, darüber gibt es unter uns keine Diskussion!« beschreibt Keil die damalige Haltung der württembergischen Sozialdemokraten. Was wäre auch natürlicher, als daß der führende Kopf der südwestdeutschen SPD am Ende der Weimarer Republik, heimkehrt ins Ländle und die Leitung eines Kabinetts des Aufbaus übernimmt? Wahrscheinlich hätte Schumacher die Annahme solcher Ehren auch damals schon abgelehnt, aber ein absolut schlüssiger Beweis dafür läßt sich nicht finden. Ohne Erlaubnis und Unterstützung der Briten ist das Überschreiten der Zonengrenze damals undenkbar, aber der Field Security Service, den er um Hilfestellung bittet, spielt nicht mit: »Dreimal habe ich versucht«, so Schumacher an seinen Genossen Otto Steinmayer, »meinen Transport nach Stuttgart durch die Engländer zu erreichen, aber immer scheiterte es an der höflichen Ausweichtaktik, der mangelnden Kompetenz und des Vertröstens auf eine bessere Gelegenheit.«

Als Kurt Schumacher Mitte Juli 1945 erstmals nach Hessen und Württemberg fahren kann, ist er längst entschlossen, sich ausschließlich um den überregionalen Aufbau der SPD zu kümmern; Hannover scheint ihm dafür am besten geeignet, weil es »die älteste und wahrscheinlich größte Parteiorganisation westlich der großen Demarkationslinie« besitzt und verkehrsmäßig günstiger als Stuttgart gelegen ist. In den Ministerpräsidenten sieht Schumacher nicht nur Exekutoren und direkte Befehlsempfänger der Besatzungsmächte, sondern auch Duodezfürsten, die dazu neigen, Partikular- oder Regionalinteressen zu vertreten – mit dem ihm eigenen Sarkasmus wird er den Länderrat der amerikanischen Zone einmal das »Nest der Zaunkönige« nennen.

Die Partei dünkt ihn deshalb das einzige Instrument, das über Ländergrenzen und Besatzungszonen hinausgreifen und zur Wahrung nationaler Interessen eingesetzt werden kann. In der Zentralisierung der SPD sieht er eine Sicherung gegen zuviel Föderalismus, vom dem es, wie er 1946 in Hannover sagt, nur ein kleiner Schritt zum Partikularismus ist – »und ich habe schon manchen Anhänger des Partikularismus im Separatismus ersaufen sehen«. Die Sozialdemokratische Partei, seit ihrer Gründung eine Reichspartei, soll es nach seinem Willen ganz entschieden bleiben; in seinem Konzept hat sie die Funktion, eine Klammer des Reiches zu sein. Deshalb auch erkennt er sozialdemokratische Landesparteien, etwa die bayerische, nicht an, akzeptiert sie bestenfalls als Koordinationsstellen für landespolitische Zwecke und besteht darauf, daß die hannoversche Zentrale direkt mit den einzelnen Bezirken verkehrt.

Schumacher sieht sich auch in der Rolle dessen, der für sozialdemokratische Führungskontinuität steht. Wie er schon im Mai 1933 in der Reichstagsfraktion um Verständnis für die Genossen im Exil geworben und den anpasserischen Kurs Paul Löbes bekämpft hatte, anerkennt er auch jetzt den Anspruch der Londoner, den letzten gewählten Parteivorstand der SPD zu repräsentieren. Er ist also Parteiloyalist und unterscheidet sich darin von Gustav Dahrendorf in Berlin, der den sozialdemokratischen Neuanfang bewußt von der »Emigrantenpolitik« absetzen will, auch von dem Thüringer Hermann Brill, der als Inspirator der Widerstandsgruppe »Deutsche Volksfront« den emigrierten Vorstands-Genossen schon 1935 jedes Vertretungsrecht bestritt und sie in einem Brief an Vertreter der KPD als »Klüngel und Cliquen« apostrophierte.

Für Schumacher bleibt das Mandat der Mitglieder des Parteivorstandes in der Emigration gültig, bis ein regulärer Parteitag auf Reichsebene, den er sich für 1946 erhofft, dann einen neuen Parteivorstand wählen kann. Das kommt den Absichten und Erklärungen der Londoner um Hans Vogel und Erich Ollenhauer entgegen, die zwar durchaus bereit sind, ihr Mandat zurückzugeben – aber nur an eine neu gewählte Vertretung der Gesamt-Partei. Dabei hat Schumacher selbst nicht den geringsten Zweifel, daß die künftige Parteiführung schließlich an einen Mann des Widerstands gehen wird, an einen, der im Reich verblieb und sich dem Kampf mit den Nationalsozialisten stellte, und er weiß genau, daß nach diesen Kriterien er selbst, wenn nicht der einzige, so doch der aussichtsreichste unter ganz, ganz wenigen Anwärtern wäre. Mit den Londonern zu synchronisieren, was er in Hannover unternimmt, fällt wahrlich nicht schwer. Vogel ist ja davon überzeugt, daß »die entscheidenden Kräfte, welche die neue sozialistische Partei nach dem Sturz der Hitler-Diktatur in Deutschland tragen« und ihre Ziele und Formen bestimmen werden, in Deutschland leben, nicht im Exil.

Mit Vogel und Ollenhauer verbinden Schumacher auch die skeptische Einschätzung der sowjetischen Besatzungspolitik und die Zweifel, ob die SPD in der russischen Zone je eine wirklich unabhängige Politik führen kann. Wie der Hannoveraner mißtrauen auch die Londoner dem plötzlichen Bekenntnis der KPD zur Demokratie, werten es als rein taktisches Manöver und sehen in den Kommunisten nach wie vor ein Instrument der sowjetischen Außenpolitik. Das schließt jedes prinzipielle Bündnis aus, nicht aber praktische Zusammenarbeit von Fall zu Fall – nach Schumacher vor allem in sozialen Fragen und bei der Überwindung des Faschismus. Bedenkt man, daß Schumacher zwölf Jahre auf die bloße Analyse von nationalsozialistischen Zeitungen und Rundfunksendungen angewiesen war, die Mitglieder des Exilvorstands aber stets über den Zugang zu freien Nachrichtenquellen verfügten, dann zeigt sich ein geradezu erstaunliches Maß an Übereinstimmung. Sehr bald bildet sich eine Achse Hannover–London heraus, die Schumacher, wie wir sehen werden, in seinem Kampf mit Otto Grotewohl um die Führung im Reich zu seinem Vorteil nutzen wird.

Auffällig ist, wie häufig er die Begriffe Klasse und Klassenkampf gebraucht, wenn er versucht, die soziale Lage in dem vom Krieg verwüsteten Land zu analysieren. Gleich in seiner ersten Rede am 6. Mai 1945 beschuldigt er die besitzenden Kreise, sie hätten »ihrem Klassenkampf des großen Geldsacks« alles geopfert, »zum Schluß auch das Vaterland«; weil Hitler »die Opfer und den Abfall der Klassenkämpfe« um sich sammeln konnte, sei Deutschland »ein Stück Beute für eine Horde von verkrachten Existenzen, von Verbrechern und Abenteurern« geworden. Im Aufruf des Büros Schumacher »Für ein neues, besseres Deutschland« vom August 1945 heißt es gar hoffnungsfroh, die »Ideale des Klassenkampfes« der Sozialdemokratischen Partei seien heute »die Ideale der Nation und der ganzen Menschheit«. Im Oktober, in Wennigsen, versichert er den Delegierten, der Klassenkampf »war und ist die große gesellschaftliche Tatsache«, sie zu übersehen, hieße, auf Erkenntnis und Klarheit zu verzichten. »Vergessen Sie niemals, hinter den Parteien stehen die Klassen«, beschwört er junge Akademiker beim Gründungskongreß des Sozialistischen Deutschen Studentenbundes 1946 in Hamburg und hofft, sie seien soziologisch genügend gebildet, »um nicht auf den Rücken zu fallen«, wenn er von Klassen spreche.

Aber Schumacher zieht doch einen deutlichen Trennungsstrich zwischen dem »Klassenkampf als Begriff der Agitation« und dem realen soziologischen Befund: Zwar könne die grobklotzige, primitive Vereinfachung ›Klasse gegen Klasse‹ die ökonomische und politische

Wirklichkeit in einem modernen Kulturland nicht vollständig erfassen, aber »geistig gesehen« stelle der Begriff Klassenkampf nicht eine Erfindung eines bestimmten Systems oder einer bestimmten Geschichtsauffassung, sondern eine Tatsache dar, mit der man eben rechnen müsse. Zugleich betont er immer wieder, der Marxismus sei für Sozialdemokraten kein Dogma, kein Katechismus, kein Gebäude von ehernen Lehrsätzen, sondern eine Methode der großangelegten ökonomischen Analyse, in Teilen populär auch bei führenden Männern der »bürgerlichen Wissenschaft« und insofern eine »unverzichtbare Waffe« im politischen Kampf. Die Kritiker des Marxismus wüßten ja gar nicht, was Marx ist, ruft er den Delegierten des ersten Parteitags in Hannover zu, »er ist kein Ballast«, die Sozialdemokraten hätten gar keine Veranlassung, »ihn in Bausch und Bogen zu verdammen«, zumal das, was die deutsche Sozialdemokratie aus Marx mache, mit den »östlichen Entwicklungs- und Entartungsformen« nicht das geringste gemein habe.

Gegen die Scholastiker im Osten, die mit den Waffen des Marxismus klirren und herumprahlen, ihn zur Staatsreligion vergotten und die »zeitliche Beschränktheit der Gültigkeit irgendwelcher Erkenntnisse« einfach nicht wahrhaben wollen, muß Karl Marx, »der große Frager und Entdecker«, natürlich in Schutz genommen werden. So zitiert er jenen berühmten Satz, mit dem sich der sozialistische Patriarch, kritisch bis zum Letzten, von manchen seiner Schüler distanzieren wollte: »Mois, je ne suis pas Marxiste«, auch führt er den Autor des »Kapital« ins Feld, um auf die Gefahren jeglicher Dogmatisierung hinzuweisen: »Die Tradition aller toten Geschlechter lastet wie ein Alp auf den Gehirnen der Lebenden.« Der Anhänger Lassalles ist gewiß kein doktrinärer Marxist, aber wenn er so häufig in die Schatztruhe marxistischer Agitation greift, setzt er sich Vorwürfen von bürgerlicher und katholischer Seite aus, er predige den Klassenkampf.

Sind es solche Angriffe von rechts, ist es der unentwegte Gebrauch des Klassenkampfbegriffs durch die SED oder gar beides, wenn er schließlich vom historischen Begriff des Klassenkampfs gänzlich abrücken möchte und empfiehlt, lieber vom »politischen Kampf aller Schaffenden« zu sprechen, »die auf den Ertrag der eigenen Arbeit angewiesen sind«? In einem eher theoretisch gehaltenen Artikel unter dem Titel »Die Wandlungen um den Klassenkampf«, Ende 1946 zum hundertjährigen Jubiläum des Kommunistischen Manifests verfaßt, greift er auf Heinrich Cunow, den bereits in seiner Dissertation häufig erwähnten »Neumarxisten«, zurück. Ohne Kleinbauern, Handwerker, ohne Intellektuelle und Teile der Beamten- und Lehrerschaft, hatte Cunow schon 1921 argumentiert, werde die SPD nie die Mehrheit erringen können.

Nicht viel anders sieht Schumacher die Lage 1946: »Wenn die Sozialdemokratische Partei in der Demokratie im politischen Sinne (gegenüber der ›Demokratie‹ im kommunistischen Sinne), d.h. über die Wahlurne sich durchsetzen will, muß sie mindestens die einfache Stimmenmehrheit haben; wenn sie die Stimmenmehrheit haben will, muß sie an die Wähler mehrerer Klassenteile erfolgreich appellieren, da nach den statistischen Unterlagen selbst die absoluten Stimmen der Arbeiterklasse nicht ausreichen würden, um ihr diese Mehrheit zu sichern – abgesehen davon, daß ein Teil der Arbeiterklasse kommunistisch wählen wird.« Statt den Klassenbegriff sinnentstellend umzuformen, um alle für den Sieg nötigen anderen »Klassenteile« einzubeziehen, sei es besser, die »traditionelle Fassade des Klassenkampfes abzubauen« und den Begriff zu »eliminieren«. Geradezu zwingend erscheint ihm der endgültige Verzicht jedoch mit Blick auf den Osten, weil sich dort zeigt, daß »Klassenkampf« zur reaktionären Formel, zum »Vorboten der Diktatur« verkommen ist. Der Weg zur Volkspartei steht für ihn unumstößlich fest und soll durch den Gebrauch des Wortes nicht länger gefährdet werden.

Schumacher bezeichnet die Gewinnung des Mittelstands, den bislang der Großbesitz für seine Interessen mobilisieren konnte, als die große, »historische Aufgabe« der neubegründeten SPD. Die »äußere Klassengrenze«, nach der sich sozialdemokratische Politik zu richten habe, will er nicht mehr ausschließlich an der Tatsache des Eigentums an den Produktionsmitteln, sondern an Umfang, Intensität und Anwendung der Eigentumsrechte erkennen – später wird die SPD dann sagen: an der »Verfügungsgewalt«. Unverkennbar sind die Beschränkungen, die er sich nun selbst auferlegt, wenn es um den Gebrauch des Wortes Klasse geht – selbst um den Preis sprachlicher Verrenkungen. Sozialisierung, sagt er 1947 in Nürnberg, sei die »einmalige Chance, die Cliquenüberreste der großkapitalistischen Kräfte in Westdeutschland zu entmachten«. Nur einmal taucht in diesem Zusammenhang der Begriff Klasse auf, gleich fünfmal greift er zu seiner neuen Ersatzvokabel – die »Cliquen haben den Ruin Deutschlands und die Zerstörung Europas herbeigeführt«, die »Cliquen« finden sich entweder »geduckt und versteckt in der Hintergründigkeit der

CDU«, die »Cliquen« stehen hinter den Konzernen und den großen Banken, und man darf die »Cliquen« nicht weiter agieren lassen, sonst sind sie in der Lage, wie in der Vergangenheit Mittelstand und Bauern »mit sich zu fusionieren«.

Wenn er eine erfolgversprechende politische Strategie entwirft, steht die Verelendung der Massen als Folge des Kriegs im Zentrum seiner Überlegungen. Hier zeigt sich Marxismus als Methode, angewandt auf die konkrete Nachkriegssituation. Das Absinken von Angestellten und Beamten, von vertriebenen Bauern und Kriegsversehrten auf die Stufe eines neuen Proletariats hat nach seiner Einschätzung eine gleichsam revolutionäre Lage geschaffen, die große Chancen für eine konsequente sozialdemokratische Politik der Sozialisierung enthält. In diesem neuen Proletariat erblickt er den potentiellen Verbündeten der Industriearbeiter, der Hausmacht seiner Partei, und zieht die Klassengrenze jetzt zwischen der übergroßen Mehrheit der Besitzlosen und der Minderheit von Besitzverteidigern. »Heute haben wir ein Volk, bei dem etwa 35 Prozent noch alles, was sie einst hatten, besitzen, ja mehr noch dadurch, daß sie einen Wertzuwachs erfahren haben. 25 Prozent haben fast nichts, aber doch die Möglichkeit, die allerschlimmsten Nöte des Lebens durch persönliche und menschliche Vermittlung auszugleichen, aber 40 Prozent haben gar nichts«, sagt er auf dem ersten Parteitag in Hannover.

Die Klassen driften auseinander, die wenigen Besitzenden werden immer reicher, das Millionenheer der Besitzlosen wird immer ärmer. Aufgabe der Sozialdemokratie ist es deshalb, »das gesellschaftliche Sein, wie es sich aus diesem Kriege entwickelt hat, auch in politisches Bewußtsein umzuwandeln«, denn nur so läßt sich das Millionenheer der Abgesunkenen für sozialdemokratische Politik gewinnen. Doch zeigt er, so in Wennigsen, gelegentlich auch Skepsis, ob dies gelingen wird: »Wir können noch nicht voll überblicken, welche Veränderungen in der Denkweise aus dem ungeheuren Umschichtungsprozeß entstehen, ob sie im Sinne der Entwicklung revolutionär oder gegenrevolutionär sein werden.«

Wie Stalin sieht Schumacher also in den Entwurzelten ein beträchtliches revolutionäres Potential, doch anders als der Kremlherr, der sie für seine totalitäre Bewegung gewinnen will, unternimmt er alles, um sie gegen die kommunistischen Lockrufe wie gegen eine neue Radikalisierung von rechts zu immunisieren. Damit aus den Vertriebenen und Ausgebombten nicht die Partei der vom Leben Ausgestoßenen wird, soll die Sozialdemokratie die Sache der Flüchtlinge zu ihrer eigenen machen. Mit ihnen im Bunde, das glaubt er zuversichtlich, wird er bei Wahlen die Mehrheit für eine sozialdemokratische Politik erringen. »Weil die Deutschen im Wohlergehen nicht Sozialisten werden wollten, werden sie jetzt aus Armut Sozialisten werden müssen« – dieser Satz enthält nicht nur den Schlüssel zum Verständnis seiner Nachkriegsstrategie und seiner unerschütterlichen Siegesgewißheit der ersten Jahre, er bietet zugleich die Erklärung für sein Scheitern 1949. Sobald nämlich die Deutschen nach der Währungsreform mit Erhards marktwirtschaftlichem Kurs die Chance für wirtschaftlichen Aufstieg und neues Wohlergehen wittern, wenden sie sich von Schumachers Konzept einer sozialgerechten Verteilung der Kriegsfolgen, die Egalität in der Armut bedeuten würde, entschieden ab.

»Sagen was ist!« – unter dieses Motto Lassalles stellt er seine Zustandsbeschreibung Deutschlands und der Deutschen: nüchterner, umfassender und präziser als er benennt kein anderer Politiker der Trümmerjahre die mentalen Verwüstungen, welche zwölf Jahre brauner Herrschaft in der kollektiven Seele der Nation angerichtet haben. Er spricht von der »moralischen Zersetzung des Volkes« und der Zerstörung des Rechtsempfindens durch die Hitlerei; »daß auf jedes Verbrechen eine Sühne folgt«, müsse den Deutschen durch einen großen Anschauungsunterricht erst wieder beigebracht werden. Dem Volk seien »die gemeinsamen Ideen der Kulturmenschheit, die Achtung vor der eigenen und der fremden Persönlichkeit, die ganze Sphäre des Rechts und der Menschlichkeit zu fremd geworden«.

Die ewige Entschuldigung der Nachläufer Hitlers – »das habe ich nicht gewußt!« – läßt er nicht gelten; für ihn ist sie ohne jeden moralischen und politischen Wert: »Es mag sein, daß sie nicht alles gewußt haben, aber sie haben genug gewußt«, sagt er am 6. Mai 1945. »Von den Konzentrationslagern jedenfalls wußten sie soviel, um eine heillose Angst zu haben, und diese Angst war eine Hauptstütze des Systems. Sie haben auch gern genommen, was ihre Söhne, Väter und Ehemänner im Krieg aus den besetzten Gebieten herangeschleppt haben. Vor allem haben sie mit eigenen Augen gesehen, wie bestialisch gemein man die Juden gepeinigt, beraubt und verjagt hat. Sie haben aber nicht nur geschwiegen, sondern ihnen wäre es sogar lieber gewesen, wenn Deutschland mit einem Sieg im Zweiten Weltkrieg ihnen ihre Ruhe und noch so einen kleinen Profit daran garantiert hätte.« Ein Jahr später nimmt er diesen Gedanken wieder auf: »Wir haben es mit einem Volk zu tun, das in seinen Träumen zu einem Teil eigentlich mehr darüber trauert, daß der Krieg verloren ging, als daß es darüber trauerte, daß dieser Krieg möglich war und geführt wurde.«

Der Geist, erklärt er im zerstörten Hannover zwei Tage vor der deutschen Kapitulation, sei zwölf Jahre niedergetrampelt worden, doch welch »gewaltigen Faktor für Deutschlands wirkliche Geltung« man damit verloren habe, ein Faktor, »dem vor dem Sieg des Nazismus niemand die Achtung versagen konnte«, hätten Hitler und die Seinen nie verstanden: »Wir haben nach 1933 in Deutschland überhaupt keine große, eigentlich geistige Leistung hervorgebracht. Wir haben keinen Philosophen, keinen Soziologen, keinen Geisteswissenschaftler neu entstehen sehen. Wir haben keinen großen Könner in der Literatur, keinen überragenden Roman, kein großes Drama, nicht einmal ein schönes deutsches Gedicht seit dem Tage des Unheils dazubekommen. Die Leistung der Wissenschaft hat sich auf das beschränkt, was man mehr die ›technische‹, handwerksmäßige, unoriginale Seite des Wissenschaftlichen nennen könnte. Was in deutscher Sprache innerhalb der Reichsgrenzen in Kunst und Wissenschaft überhaupt noch erträglich war, ist nicht von Nazis hervorgebracht worden und zeigt Spuren eines Druckes, der nichts zur vollen Entfaltung kommen ließ ... Vorwärts ging es in den letzten zwölf Jahren nur bei den Naturwissenschaften und der Technik, die für Zwecke des Krieges verwendbar waren. In den Vordergrund traten auch Leistungen, die in jedem Tyrannenstaat vor anderen sich bemerkbar machen. Der Straßenbau und gewisse Zweige der Baukunst. Es ist für diktatorische Staaten mit ihren billigen Arbeitskräften und ihrer rücksichtslosen Ausnutzung des Menschen leicht, Monumentalbauten hinzuschmettern, zu Ruhm und Ehre des großen Herrschers. Über den Geschmack freilich ist damit noch nichts gesagt.«

Er fordert kritische Selbstprüfung, Scham und Reue als Voraussetzung für die unerläßliche sittliche und moralische Erneuerung des Volkes, vor allem aber die Erkenntnis, daß die Mitschuld großer Volksteile an der Blutherrschaft mit dem Diktatur- und Gewaltglauben der Deutschen begonnen hat; er verlangt das Eingeständnis der Verantwortung, den Abschied von der Vergottung der Macht. Der bewußte Verzicht auf die Demokratie 1933, mit dem alles Unheil begann, und das Bekenntnis zur Demokratie, das am Anfang der »großen Umkehr« und des Aufbruchs in eine bessere Zukunft stehen muß, spielen in Schumachers Überlegungen eine Schlüsselrolle: »Weil die Deutschen sich die Kontrolle über ihre eigene Regierung haben entziehen lassen, deshalb werden sie heute von anderen kontrolliert. Diese politische Einsicht ist die Voraussetzung der geistigen und moralischen Umkehr.« Aber die Basis für solche Einsicht ist schmal, zumal die Demokratie, wie 1918, als Folge einer Niederlage zu den Deutschen kommt: »Für einen erheblichen Teil unseres Volkes«, bedauert er in den Richtlinien für die Funktionäre, »ist die Demokratie immer noch etwas Fremdes, nur widerwillig Akzeptiertes, eigentlich nur das Ergebnis der Suprematie der angelsächsischen Waffen«. Mit »Schmerzen« glaubt er im Mai 1946 zu erkennen, daß sich inzwischen wenig geändert hat und die Demokratie nicht viel stärker ist als die Sozialdemokratische Partei: Die anderen hätte erst der Sieg der Angelsachsen dazu gebracht, »ihr Herz für die Demokratie zu entdecken«, doch »wir haben das nicht nötig gehabt. Wir würden Demokraten sein, auch wenn die Engländer und Amerikaner Faschisten wären.«

Weil Demokratie nach »ethischen Grundsätzen« funktioniert und auf der Anerkennung der gegenseitigen Gleichberechtigung beruht, darf nicht »Vollbürger der Demokratie« werden, wer ihre sittlichen Grundlagen und Spielregeln nicht anerkennt. Es ist diese Überlegung, die ihn nach einer politischen Polizei rufen und damit zu einem der frühesten Verfechter des später entstehenden Verfassungsschutzes werden läßt. Hat Weimar nicht über »Ruten und Beile« verfügt, will er wenigstens die künftige deutsche Demokratie mit ausreichenden Waffen zu ihrer Selbstverteidigung ausgestattet sehen: »Wir brauchen eine politische Polizei«, verlangt er schon am 6. Mai 1945, »die aus dem Rahmen der allgemeinen Polizeiverwaltung herausgelöst, an ihre besonderen Aufgaben herangeht. Nicht um die unsauberen Methoden der Gesinnungsschnüffelei anzuwenden, nicht um sich auch nur andeutungsweise der Vertiertheit der Gestapo anzunähern, sondern um die Unsauberkeit der Nazis unschädlich zu machen.«

Kurt Schumacher weiß, welche zentrale Rolle die Schuldfrage für die innere Aufbauarbeit, auch für die Aussöhnung der Welt mit den Deutschen spielt, gerade deshalb weist er das Wort von der Gesamtschuld der Deutschen energisch zurück. Wenn alle gleich schuldig wären, hätten dann nicht die politischen Kräfte von gestern moralisch die gleiche Berechtigung, die neue Politik zu gestalten wie die Kämpfer gegen Hitler? Es ist gewiß kein Zufall, wenn sich die präzisesten Äußerungen Schumachers zur Kollektivschuld in einer Stellungnahme zum Führungsanspruch der Sozialdemokratie finden: »Mit dem Wort von der Gesamtschuld beginnt eine große geschichtliche Lüge, mit der man den Neubau Deutschlands nicht vornehmen kann.« Zwar hätten die Exmilitaristen und Antidemokraten alle Veranlassung, sich an die Brust zu schlagen und ihre Schuld zu beklagen, heißt es in seinem Aufruf vom Winter 1945/46, aber »sie dürfen nicht sich und ihr eigenes Verschulden hinter dem breiteren Rücken der Kämpfer für die Demokratie unehrlich verstecken. Soll nur jeder seinen Anteil der Schuld bekennen und nicht so krampfhaft Mitschuldige suchen. Das geschieht ja doch nur, um sich selbst zu entschuldigen oder die eigene Schuld verkleinern und erklären zu können.«

Ist diese Absage an die Verfechter der Kollektivschuld im eigenen Land gerichtet, beklagt er in einem Brief an Hans Vogel die Ungerechtigkeit von Vorwürfen, die im Ausland gegen die Deutschen erhoben werden: »Ihr könnt Euch nicht vorstellen, wie verheerend auf die deutschen Nazifeinde der propagandistische Versuch gewirkt hat, für das deutsche Volk eine ›Gesamtschuld‹ herauskonstruieren zu wollen. Die Männer und Frauen, die in unserem Lande schon vor 1933 so viel im Kampf gegen Nazis und Großkapitalismus auf sich genommen haben, die nach der Machtübernahme durch die Nazis schon zu Zeiten, als die heutigen Siegermächte noch Staatsverträge mit der Hitlerregierung schlossen, illegal gearbeitet haben und in die Zuchthäuser und Konzentrationslager gingen, sollen sich schuldig bekennen. Das tun sie unter keinem Gesichtspunkt und unter keinen Umständen!« Durch die Kollektivschuldthese fühlt er seine Partei zu Unrecht verleumdet, sich selbst persönlich getroffen.

Wenn er schreibt, die SPD habe unter »größten Belastungen und Demütigungen« gekämpft, um »das Naziunheil für Deutschland und die Welt zu vermeiden«, ja für dieses Ziel »Opfer bis an den Rand der Selbstaufgabe« gebracht, hat er ohne Zweifel die Ära Brüning im Sinn. Wenn er sagt, sie habe, als das Unglück dann doch angebrochen sei, »trotz aller Aussichtslosigkeit die Opfer der Illegalität« nicht gescheut, bewertet er den Widerstand, den er im Frühjahr 1933 organisieren wollte, im nachhinein als chancenlos. Aber zugleich hebt er ihn in den Rang eines bewußten Opfergangs, der ein Signal nach draußen senden sollte. Der Welt mußte auf diesem Wege gezeigt werden, »daß nicht alle Deutschen Nazis seien, und daß neben dem Nazideutschland noch ein anderes Deutschland bestände«. Weil dies gelungen sei, argumentiert er weiter, hätten jene, die das Opfer brachten, im besiegten und besetzten Deutschland eine herausragende Position: »Tatsächlich ist denn auch kein Opfer, das die Nazifeinde gebracht haben, ohne Sinn und Zweck geblieben, denn jetzt gibt es wenigstens Menschen in Deutschland, denen die Welt die moralisch-politische Berechtigung nicht abstreiten kann, die Stimme bei der Neugestaltung Deutschlands zu erheben.«

Hans-Peter Schwarz, der Biograph Konrad Adenauers, geht soweit, von einer Klassenschuld zu sprechen, die Schumacher statuiert habe, um der These von der Kollektivschuld offensiv entgegenzutreten. In der Tat heißt es schon in Schumachers erstem Manifest vom Sommer 1945: »Im tiefsten Sinne schuldig ... sind die Kräfte der Reaktion, der deutsche Großbesitz und die Militaristen, die den Nazis erst zur Macht verholfen haben.« Es entspricht nur einem agitatorischen Schwarzweißraster, wenn er die deutschen Arbeiter *in toto* von der Verantwortung am Nationalsozialismus freisprechen will.

Ein Sozialdemokrat wie Hermann Brill sieht das im November 1945 ganz anders, wenn er fragt, ob sich das Proletariat etwa nicht in einen marxistischen und einen nazistischen Flügel gespalten hätte. Er habe die Rangliste des Führerkorps der NSDAP sorgfältig durchgesehen und ermittelt, daß rund 35 Prozent der Naziführer vom Stellenleiter an aufwärts Arbeiter waren. »Diese Leute sind nicht zur NSDAP gegangen«, so der Buchenwald-Häftling Brill, »weil sie etwa nur Antisemiten gewesen sind, sondern im Gegenteil, sie sind Antisemiten gewesen, weil sie Proletarier waren und im Juden den Kapitalisten treffen wollten«. Bei Schumacher, der den kommunistisch geführten Teil dieser Arbeiterklasse stets als Zerstörer der Republik bezeichnet und die freiwillige Unterwerfung der deutschen Gewerkschaften, ihren gemeinsamen Aufmarsch mit den Nationalsozialisten, noch in Freiheit mitansehen mußte, erstaunt dagegen, wenn er formuliert: »Gegenüber manchen Vorwürfen in der internationalen Arbeiterbewegung erklärt die Sozialdemokratie, daß die deutsche Arbeiterklasse als Ganzes den Vergleich mit der Arbeiterklasse irgendeines anderen Landes nicht zu scheuen braucht. Ihre Verlustliste beweist es.« Daß sich hier vor allem der sozialdemokratische Patriot zur Wehr setzt, der in der Sozialistischen Internationale nur Gleichberechtigte kennt, geht auch aus dem verständnisheischenden Gedanken hervor, daß der »Druck des Naziterrors in Deutschland unvergleichlich viel stärker war als anderswo« und in Deutschland »das Moment des Nationalen Widerstandes fehlte« – Argumente, die schlüssig erklären sollen, warum es in Deutschland nicht zu Formen des bewaffneten

Widerstandes gekommen ist, wie sie sich schließlich in den von den Nazis okkupierten und ausgeplünderten Ländern entwickelten.

Doch auf Anhieb sind sie wenig geeignet, so manchen einflußreichen ausländischen Genossen zu überzeugen. Die These von einer linken Mitschuld an Hitler wird noch in den Debatten um die Wiederaufnahme der deutschen Sozialdemokraten in die Sozialistische Internationale im Juni 1947 in Zürich eine Rolle spielen. Nicht nur die wahre historische Lage, auch die Perzeption von Geschichte ist ein politischer Faktor, der selbst Geschichte macht. Wenn Schumacher später bitter über die mangelnde Unterstützung durch die britische Labour-Regierung klagen wird, hat dieser Mangel viel mit den negativen Vorstellungen des britischen Außenministers Bevin über die historische Rolle der deutschen Sozialdemokratie von 1914 zu tun.

Kurt Schumacher ist der deutsche Politiker der ersten Nachkriegszeit, dessen ganzes Denken beinahe unentwegt um das Versagen der Demokraten von Weimar kreist und der sich – selbstgerecht, werden seine Kritiker einwenden – mit all seinen Warnungen von damals bestätigt sieht. Muß, wer das bittere Ende der ersten Republik mitverschuldete, nicht in Sack und Asche gehen, statt eine führende Rolle beim Neuaufbau zu spielen? Zu den bürgerlichen Parteien hat er »kein rechtes Zutrauen«, heißt es schon im Aufruf vom August 1945. Allein das Zentrum kann in seinen Augen als Konkurrenz bestehen, denn es hat »anderes als ökonomische Interessenpolitik zur Grundlage« und besitzt deshalb eine »verstärkte Regierungsfähigkeit«. Koalitionen mit den ungeliebten bürgerlichen Parteien einzugehen, schließt er indes keineswegs aus, vielmehr zeigt er größtes Interesse, sie nicht aus der Verantwortung zu entlassen. »Wir sind es satt, abwechselnd in nationaler und sozialer Hinsicht als ›Verräter‹ angestänkert zu werden«, sagt er im Mai in der Fröbelschule. »Wenn es schon falsch wäre, in einer Situation wie der heutigen die Macht nicht teilen zu wollen, so wäre es eine nicht zu überbietende Torheit, ein Monopol auf die Ohnmacht zu beanspruchen. Am Einfluß und an der Einflußlosigkeit muß alles beteiligt sein.«

Sachlicher und geschliffener argumentiert er dann in den »Politischen Richtlinien«: »Die Probleme sind zu groß, zu tiefgreifend und zu sehr alle Erscheinungen des Lebens umfassend, als daß sie von noch so starken Einzelkräften gemeistert werden können. Dazu kommt, daß auch die Gesamtheit der Koalitionsfähigen nur einen Teil des gesamten Volkes darstellt, da andere Teile wegen ihrer Verquickung mit dem Nazismus von vornherein für die positive Wiederaufbauarbeit ausscheiden.« Zwar seien die »klassenpolitischen Spannungen« noch vorhanden und müßten durchgekämpft werden, aber für einen Teil der Fragen werde dies innerhalb von Koalitionen geschehen müssen – eine Überlegung, an die ihn innerparteiliche Kritiker im Herbst 1949 vergebens erinnern werden.

1945 sagt er Ja zu einer von der Not diktierten gemeinsamen Verantwortung, aber diese Einsicht findet sofort ihre Grenzen in dem Anspruch auf sozialdemokratische Führung beim Neubau des deutschen Staatswesens, der sich die anderen Parteien zu fügen haben. Es handelt sich dabei um ein Prinzip, auf dem er beharrt und an dem jede sozialdemokratische Beteiligung an der Verwaltung der Bizone und, nach den für die SPD verlorenen Bundestagswahlen, an den Regierungsgeschäften in Bonn zerschellen muß. Auf viele wirkt, was er da geradezu apodiktisch proklamiert, dogmatisch, anmaßend und arrogant, doch unbeirrbar hält er an seinem Anspruch fest. Die »Prüfung vor dem Richterstuhl der Geschichte« haben in seinen Augen ausschließlich die Sozialdemokraten bestanden, die Bürgerlichen tragen schwer an der Schuld, daß sie die »staatspolitische«, die Kommunisten, daß sie die »klassenpolitische« Notwendigkeit der Demokratie nicht erkannten. Beide haben sich damit für die Führung disqualifiziert.

Denkt ein Politiker, der so argumentiert, nicht zuallererst in moralischen Kategorien, betrachtet er die Einwilligung der Bürgerlichen in die sozialdemokratische Führung nicht als Akt der Wiedergutmachung für frühere Sünden wider die Demokratie? Zu seinem historisch-moralischen Weimar-Argument gesellt sich das Zukunftsargument von der Sorge um die Widerstandsfähigkeit des Staates, der da zu schaffen ist, beide zusammen ergeben eine beinahe unauflösliche Mixtur und schaffen eine Aura der Auserwähltheit, mit der Schumacher seine Partei und sich als politischen wie sittlichen Führer umgibt, der den Deutschen den Weg aus dem Chaos zeigt. Zwar sollen andere, unbelastete und aufbauwillige Kräfte vom Recht auf Mitgestaltung nicht ausgeschlossen werden, aber in den bürgerlichen Reihen machen sich zu viele Tendenzen für einen Wiederaufbau geltend, indes Schumacher einen kompletten Neubau will, der sich, so die Logik, nur errichten läßt, wenn er auf der dominierenden Rolle besteht. »Die Sozialdemokratische Partei glaubt«, heißt es in einer Stellungnahme zum Führungsanspruch, die im Winter 1945/46 veröffentlicht wird, »daß ein Staat des Wiederaufbaus den Stürmen der Zeit nicht widerstehen könnte, und daß durch das viele alte Material der Schwamm bereits im Hause wäre, bevor es bezogen werden könnte. Zuviel alte Ideen und Methoden, zuviel Un- und Antidemokratisches würde dabei eingebaut werden.« Von da zu einem beinahe manichäischen Weltbild ist es nicht weit.

Folgt man Lewis Edinger, dann entsprachen Schumachers Vorstellungen einer »Zweiteilung Moral–Unmoral im dialektischen Bild der politischen Wirklichkeit«. In der Tat kleidet Schumacher seine Ziele in kategorische Alternativen: Entweder wird in Deutschland eine Demokratie entstehen, oder Deutschland wird aufhören zu bestehen; entweder wird die Sozialdemokratische Partei »der entscheidende Faktor Deutschlands, oder aus Deutschland wird ein Nichts und Europa wird ein Herd der Unruhe und Fäulnis«. Er ist wahrlich kein Mann der Grautöne, sondern des Schwarz-Weiß. Wer seine Reden, Stellungnahmen und Kommentare der ersten Nachkriegsjahre liest, hat gelegentlich den Eindruck, hier weniger den nüchtern kalkulierenden Politiker denn einen leidenschaftlichen Prediger am Werk zu sehen, der von glühender Vaterlandsliebe umgetrieben wird, um das Seelenheil seines Volkes bangt und es durch seine Bekehrung zur Demokratie vor dem Prinzip der Zerstörung retten will.

Verständlich wird dies alles nur, wenn man weiß, wie tief verwurzelt damals autoritäres Denken, wie schwach entwickelt dagegen die demokratische Idee bei den Deutschen sind. In einer demoskopischen Studie über die Nachwirkungen des Nationalsozialismus, in Auftrag gegeben vom Nordwestdeutschen Rundfunk, kommt Elisabeth Noelle-Neumann im Frühjahr 1949 zu dem Schluß, daß der Mehrheit dieses Volkes die Kriminalität des NS-Systems noch nicht klargeworden sei. Auch *post festum*, nach der Katastrophe, erscheine das Dritte Reich »als der Staat, in dem ›Ordnung‹ herrschte, genauso, wie der Nationalsozialismus ab 1930 als Bewegung verstanden wurde, die ›Ordnung‹ schaffen sollte«. Die Umfrage des Instituts in Allensbach ergibt, daß vier Jahre nach der Liquidation des Nationalsozialismus die Jahre der NS-Herrschaft im Bewußtsein der Deutschen deutlich gespalten sind: Da ist einmal die schreckliche Kriegszeit, die von 1939 bis 1945 reicht, und da ist die Scheinblüte von 1933 bis zum Ausbruch des Krieges.

Aber gerade die Jahre bis 1939 leben in der Erinnerung der Deutschen als »Meisterstück politischer Führung« fort, an der Republik von Weimar hingegen bleibt kein gutes Haar: »Was in der Summe zustande kommt, ist ein fast erschütterndes Verdammnisurteil über eine Epoche, und es muß hinzugefügt werden, daß in den Aussagen ein verächtlicher Unterton mitschwingt.« Die Kritik der Befragten richtet sich gegen Wirrwarr, Parteienzank und Korruption, Kompromiß wird als politischer Kuhhandel, das Vorhandensein verschiedener Meinungen und Parteien als negative Spaltung des Volkes gewertet. Erklärt sich diese fast leidenschaftliche Ablehnung anders, »als daß hier noch die Stimme Hitlers spricht?«, fragen die Autoren der Studie. »Haben seine und seiner Funktionäre Reden über die 14 Jahre ›Mißwirtschaft‹ sich so fest in die Gehirne eingeschrieben, daß sie, wie die Windungen einer Grammophonplatte, nur noch diesen Text produzieren können? Es kann nicht anders sein. Das parteiamtliche Geschichts-Klischee über die Zeit von 1918 bis 1932 war grob gerastert. Denselben Raster benutzen diese Kommentare.«

Schumacher, der ungestüme und ungeduldige Prediger der Demokratie, weiß, wie schwach es in Deutschland um ihre Fundamente bestellt ist. Jene tiefgehende Läuterung, die er fordert und welche die Deutschen aus eigener Einsicht, nicht aufgrund eines alliierten Diktats vollbringen sollen, bedeutet für ihn in vielem den Bruch mit der bisherigen Geschichte. Weil er Demokraten auf Befehl nicht achtet, weil es für ihn echte Demokraten ohne tiefes, inneres Freiheitsbedürfnis nicht geben kann, soll dieses irregeleitete und verführte Volk Demokratie auch nicht als Geschenk aus der Hand der Alliierten nehmen, es muß sie sich selbst erkämpfen. Sein Ansatz ist so antitotalitär wie der mancher Achtundsechziger zwei Jahrzehnte später, nur daß er in den allerersten Jahren nach dem Krieg zu verhindern sucht, daß jener Prozeß der Verdrängung der jüngsten Geschichte, daß die Restauration, gegen welche die rebellischen Studenten aufstehen, je in Gang gesetzt wird. »Wir haben es mit einem Volk zu tun, bei dem ein großer Teil noch nicht in das Stadium der Selbstbesinnung und der inneren Einkehr getreten ist«, erklärt er im Mai 1946, mit einem Volk, das zwar eine »große Geschichte des Geistes und der Kultur hat, aber dessen politische Geschichte eigentlich die Geschichte der militärischen Siege des Fürstentums und der Herrschaft gewesen ist. Politisch gesehen, steckt in vielen Deutschen noch so ein Stück vom alten Preußentum... Und wir haben auch heute noch eine Art, als Untertan zu fühlen, die einfach unmöglich ist.«

Die Deutschen sollen nach dem Willen der Alliierten wieder anfangen, Verantwortung zu tragen? Ja, sagt er, aber »bitte, dann laßt uns als Freie verantwortlich sein«. Interessen müssen ehrlich vertreten werden, Demokraten sollen gerade und aufrecht sein, jede Doppelzüngigkeit ist ihm verhaßt, es steckt etwas Urprotestantisches in seiner Philosophie. Von den führenden Mitgliedern seiner Partei verlangt er absolute Aufrichtigkeit, sie haben Rückgrat zu zeigen und müssen demokratisches Vorbild sein: »Ein sozialdemokratischer Funktionär, der mit einem englischen, amerikanischen oder französischen Militärregierungsoffizier spricht, und der bei aller Anständigkeit und Noblesse der Form, bei aller notwendigen Zurückhaltung, die einem Angehörigen eines besiegten Volkes geziemt, nicht doch den Mut hat, dasselbe zu sagen, was er auch in Parteiversammlungen sagt, ein solcher Funktionär gehört nicht zu uns.« So spricht ein Herr, kein Kumpel, wie sein erster Biograph Fried Wesemann einmal bemerkt – »ein Mann wie Carlo Schmid rückte sich die Krawatte zurecht, ehe er zu ihm ging«.

Natürlich muß diese Partei, die er wieder aufbaut, sich selbst von all den Lauen und Schwachen trennen, die dem Druck der Totalitären nicht standgehalten oder dem Gegner zu weit entgegengekommen sind; ohne solche Selbstreinigung wäre der Anspruch auf die politisch-moralische Führung in Deutschland ein schierer Hohn. Nehmt nur solche Genossen zur Neugründung der Partei, so Schumacher am 2. Juli 1945 an Otto Steinmayer in Stuttgart, die sich »in den zwölf Jahren politisch und menschlich sauber gehalten und sich nicht den Charakter erkältet haben. Die Defekten und Brüchigen laßt ja weg!« Unmöglich also, daß Wilhelm Keil und Erich Roßmann, die 1933 freiwillig ihre Ämter niederlegten und den Mandatsträgern der Partei empfahlen, die »nationale Revolution« zu unterstützen, je wieder eine »politisch sichtbare oder gar führende Stelle« bekleiden können!

Natürlich verlangt er nicht, daß »jeder führende Genosse in den ganzen zwölf Jahren stets nur in voller Rüstung heroisch über die Bühne« klirrte; eine Massenpartei, schreibt er dem Stuttgarter Parteisekretär Max Denker im September 1945, sei schließlich keine Gemeinde der Heiligen. »Aber wir können nicht für die neue Partei erfolgreich arbeiten, wenn wir gleich zu Anfang bis zu dem Hals im Sumpf stecken. Es gibt eben ein Minimum an charakterlicher Grundlage in der Politik, das aufzugeben ein Stück politischer Selbstmord wäre. Den Massen, die zu uns wollen, kann man nicht mit dieser Art Führung kommen.« Keil und Roßmann hätten in einer für Deutschland glücklicherweise einzigen Art eine Kapitulation vor den Nazis vollzogen; unentschuldbar, schmählich und sinnlos sei sie gewesen. »Sie haben diese Kapitulation öffentlich angeboten und dazu den Namen der obersten Instanz der Sozialdemokratischen Partei in Württemberg mißbraucht. Dieser Fleck ist auf dem politischen Kleide der Partei damals haften geblieben, denn diese hatte keine Gelegenheit klarzustellen, daß die Ansichten Keils und Roßmanns nicht die ihren waren.«

In einem Brief an Schumacher versucht Keil, sich zu rechtfertigen. Was er damals lokalen Mandatsträgern empfahl – »ihre Tätigkeit in einem Sinne auszuüben, der keinen Zweifel läßt an ihrer nationalen Gesinnung und an dem guten Willen, die politische Neubildung Deutschlands nach den Plänen der nationalen Revolution zu unterstützen« – habe lediglich verhindern sollen, daß »Parteigenossen sich unvorsichtig den Aufpassern in die Klauen lieferten und sich sinnlos opferten«. Auch appelliert er an Schumachers Dankbarkeit, denn in einem Brief an Göring habe er die Freilassung des Dachau-Häftlings gefordert. Ob der Brief vom Jahre 1938 wirklich im Ton so »forsch« gehalten war, daß er Keil gefährdete? Klären läßt sich die Frage nicht, da er in keinem Archiv vorhanden ist; auch muß offen bleiben, ob Schumacher Keil je geantwortet hat.

Daß ihn die späten Beschönigungen und Rechtfertigungsversuche seines ehemaligen Chefredakteurs nicht überzeugen, darf als sicher gelten, doch bei ihren Stuttgarter Genossen haben Keil und Roßmann offensichtlich Erfolg. Keil wird Präsident des ersten, von den Amerikanern ernannten Württembergischen Landtags, Roßmann Sekretär des Länderrats der amerikanischen Zone. Ist verwunderlich, wenn ausgerechnet diese beiden Sozialdemokraten, die nationalsozialistischem Druck allzuleicht nachgegeben haben, dem freidemokratischen Ministerpräsidenten Reinhold Maier und seinem christdemokratischen Kultminister Simpfendörfer zu Hilfe eilen, als ein Untersuchungsausschuß des Württembergischen Landtags das Abstimmungsverhalten der Ja-Sager zum Ermächtigungsgesetz einer kritischen Prüfung unterzieht? Maier hatte als Abgeordneter der Deutschen Demokratischen Partei namens seiner auf fünf Abgeordnete zusammengeschmolzenen Fraktion die Zustimmung, wenn auch mit Bedenken, erklärt, Simpfendörfer als Abgeordneter des Christlich-Sozialen Volksdienstes ohne Einschränkung für Hitlers Vorlage votiert. Als Zeuge beteuert nun Erich Roßmann, obschon er als

Reichstagsabgeordneter 1933 zu den 94 Nein-Sagern der SPD-Fraktion zählte, »daß die Zustimmung zum Ermächtigungsgesetz Hitlers Machtposition weder weiter gefestigt noch gehemmt hat«. Anders als die amerikanische *Neue Zeitung* in München, die den Rücktritt aller Politiker fordert, die seinerzeit zu den Ja-Sagern zählten, sieht der Landtag keinen Grund für Maiers Demission. Der Ministerpräsident hat vor dem Ausschuß »jede Kausalität für den Ablauf der Dinge«, die dann nach seinem Ja kamen, mit Vehemenz bestritten.

In Württemberg hält man nicht viel von der großen Läuterung, welche der politische Moralist in Hannover verlangt. Von Schumacher gemahnt, die »berühmte schwebende Angelegenheit« endlich zu bereinigen, antwortet Denker am 26. Januar 1946: »Wir haben ... im Landesvorstand beschlossen, daß vorerst keine Konsequenzen gezogen werden sollen.« Nur wenn in der Öffentlichkeit Schwierigkeiten entstehen sollten, müßte nach Meinung der Genossen in Stuttgart gehandelt werden. »Die ausdrücklichen Wünsche unserer württembergischen Genossen haben mich davon abgehalten, gewisse Dinge zu regulieren«, läßt Schumacher resigniert seinen Freund Erwin Schoettle wissen, als er ihm zu seiner Rückkehr aus dem Londoner Exil nach Stuttgart gratuliert. »Man muß sie jetzt als applaniert ansehen, wenn nichts Neues hinzukommt.«

Daß die von ihm angestrebte Neugründung weitgehend zur Wiedergründung gerät, führt Frank Moraw auf logische Zwänge zurück: Um die lokalen Organisationen aufzubauen, ist die Reaktivierung gestandener, meist überalterter Funktionäre der Weimarer Zeit unerläßlich, und diese Repräsentanten der Parteitradition werden für Schumacher unentbehrlich, wenn es darum geht, die neue Partei scharf gegen die Kommunisten abzugrenzen und den Führungsanspruch Grotewohls und des Berliner Zentralausschusses abzuwehren. Mit welchem taktischen Geschick er sich vor der Konferenz in Wennigsen ihrer Hilfe versichert, geht aus seinem Verhalten gegenüber Carl Severing hervor, der die Nazizeit in Bielefeld ohne Verfolgung überstand. Zwar hatten die Nationalsozialisten Severing – wie auch seinem engen Freunde Wilhelm Keil – die Pension von 15 000 Reichsmark im Jahr auf 500 Mark im Monat zusammengestrichen, aber diese Summe wurde dann um monatlich 250 Mark aus einem Privatfonds Hitlers aufgestockt.

Stellte dies eine Art Belohnung dafür dar, daß der frühere preußische Innenminister in einem Interview vor der Saarabstimmung am

13. Januar 1935 die Bevölkerung der Saar aufgefordert hatte, mit Ja und für die Rückkehr zu Deutschland zu stimmen? Seine Haltung stand damals in schroffem Gegensatz zu der des Exilvorstands, der ein Nein befürwortete. Nach einem Wort des emigrierten Schumacher-Freundes Alexander Schifrin kam ein Anschluß der Saar ja der Vergrößerung jenes Territoriums gleich, auf dem die Kräfte der deutschen Gegenrevolution die Herrschaft führten. Doch Severing erklärte 1935 ungerührt: »Ich wünsche auf das dringendste, nach wie vor, daß der Tag der Abstimmung eine imposante Mehrheit für die Rückgliederung des Saargebietes an Deutschland ergeben möge. Meine Haltung in der Saarfrage war ja doch nie ein Merkmal meiner parteipolitischen Einstellung, sondern der selbstverständliche Ausdruck meines nationalen Empfindens und Willens, das durch einen Regime-Wechsel nicht berührt wird.« Die gleichgeschaltete deutsche Presse kommentierte jubelnd, daß der große Feind von gestern, der wiederholt die SA als paramilitärischen Verband verboten hatte, endlich geläutert sei.

Es gibt keinerlei Anhaltspunkt dafür, daß diese Sache strittig wird, als Schumacher zu seinem ersten Besuch nach Bielefeld aufbricht, auch scheint Severings Verzicht auf jeden gewaltsamen Widerstand gegen Papens Preußenschlag in den Gesprächen keine Rolle gespielt zu haben. In einem Brief vom 25. Juli, in dem er sein Kommen ankündigt, wirbt Schumacher vielmehr um Unterstützung und erhält sie auch von Severing, der gerade dabei ist, die SPD in Ostwestfalen, wo er großen Respekt genießt, mit den Funktionären der Partei vor 1933 wieder auf die Beine zu stellen. Severing schreibt an Hans Vogel in London, er habe zusammen mit einem Genossen aus dem Rheinland Schumacher am 5. August getroffen und »volle Einmütigkeit unserer Auffassungen« festgestellt. Der Mann aus Hannover könne deshalb auch im Sinne der großen »Mehrheit der rheinisch-westfälischen Freunde« sprechen. Schumacher erhält also das Mandat, auf das er erpicht ist.

Wenn er im Umgang mit vielen Parteigrößen von gestern korrekte Höflichkeit pflegt, ist dies nicht ausschließlich taktisch motiviert, gelegentlich finden sich auch Töne des Respekts; er denkt eben in historischen Kontinuitäten. Doch wo immer diese Gestrigen nach Spitzenpositionen greifen und Führung beanspruchen, weist er sie in ihre Schranken, konziliant im Ton, gewiß, aber bestimmt, wenn nicht schroff in der Sache. Er verteidigt Noske, Severing und Stampfer gegen kommunistische Angriffe, die aus Ost-Berlin herübertönen – »eine aparte Zusammenstellung«, wie er schreibt, denn Stampfer zählte gegen Ende der Republik gewiß nicht zu beider Gesinnungsfreunden. Das *Neue Deutschland* war nicht davor zurückgeschreckt, Severing einen »lebenden Leichnam« zu nennen. Attacken Wilhelm Piecks, der am 19. September 1945 die Politik der SPD-Führung vor 1933 verurteilt und der Befürchtung Ausdruck gibt, rechte Sozialdemokraten würden die SPD wieder zu einer einheitsfeindlichen Politik führen, lösen bei Schumacher einen beinahe Pawlowschen Reflex selbstverständlicher sozialdemokratischer Solidarität aus. Er bewertet die kommunistische Kampagne als »dummdreisten und traditionellen« Versuch, in die Personenauswahl der SPD hineinzureden, um sich »die Sozialdemokraten auszusuchen, mit denen man Politik machen kann« – eine Einmischung, die schärfste Zurückweisung auch dann verdient, wenn man selbst die beschuldigten Genossen für wenig geeignet hält. Zugleich aber informiert er, beinahe genüßlich, den lieben Genossen Severing von einem Angriff in der *Nordstädter Volkszeitung*, einem völlig unbedeutenden Provinzblatt, das ihm am 13. Oktober in die Hand geraten ist. Darin wird gefragt, wie Severing und Noske die letzten zwölf Jahre überstanden hätten: »Waren sie in einem K.Z.-Lager? Nein. Sie haben in Ruhe ihre Pensionsgelder verzehrt.« Er teile dies nicht mit, weil er »in der Sache irgend etwas Erhebliches sehe«, schreibt er dem Honoratior der Weimarer SPD in Bielefeled. Aber der Angriff habe insofern Erfolg erzielt, als ein britischer Offizier sich für ein Exemplar interessierte.

Als die »Personifizierung der Weimarischen Demokratie«, ausgezeichnet organisiert und tadellos in administrativer Hinsicht, aber eitel, dünkelhaft und selbstverliebt hat Isaac Deutscher nach einer Begegnung Severing charakterisiert – als Mann »ohne Geist und Mut«; nicht viel anders dürfte auch Schumachers Urteil gelautet haben. Legt er Severing ausgerechnet durch die Wiedergabe der Angriffe eines hektographierten Wurstblättchens nahe, sich besser zurückzuhalten, damit die SPD durch ihn keine unnötigen Angriffsflächen biete? Severing macht keinerlei Anstalten, zumal die Briten ihn als ausgewiesenen Demokraten der Weimarer Zeit schätzen und in personalpolitischen Fragen um Rat angehen. So muß Schumacher direkter werden. Am 5. Dezember 1945 bittet er ihn unmißverständlich, künftig nicht eigenmächtig vorzugehen, sondern »Fragen und Entscheidungen, die von dritten Personen oder Stellen an Sie herangetragen werden«, rechtzeitig mit der Zentrale in Hannover abzustimmen: »Entscheidungen sachlicher und personeller Natur (müssen) an die Führung der Partei verlagert werden.«

Als Severing in den Vorstand der Landesorganisation Westfalen gewählt wird, nimmt Schumacher dies zum Anlaß, den Fall auf einer Sitzung des Parteiausschusses für die britische Zone zu besprechen. »Dabei ist klar zum Ausdruck gekommen«, schreibt er dem Frankfurter Journalisten Hans Etzkorn, »daß die heute für die Arbeit verantwortlichen Parteigenossen das ›Weitermachen‹ im Anschluß an 1933 sowohl der Sache wie nach den Personen für unmöglich halten. Es ist dem Genossen Severing klar gesagt worden, daß er als der vornehmste Repräsentant einer Politik, die wir weder verteidigen, noch fortzusetzen wünschen, sich einer größeren Zurückhaltung befleißigen müßte, als das bisher der Fall war. Severing selbst hat das nicht so schnell eingesehen, er hat ausdrücklich gesagt, daß er sich nicht zu den geschlagenen Generälen zähle, aber die Meinung der Versammelten ist demgegenüber sehr nachdrücklich zum Ausdruck gekommen und damit dürfte das Problem im wesentlichen bereinigt sein.« Seither sieht sich Severing auf seine Tätigkeit als Chefredakteur der *Bielefelder Freien Presse* und auf sein Mandat als nordrhein-westfälischer Landtagsabgeordneter beschränkt.

Wie sehr ihn die alte Garde mißversteht, wenn er davon spricht, daß die großen Prinzipien der sozialdemokratischen Politik während der letzten zwölf Jahre ihre Bewährung bestanden haben – Schumacher wird es zu seinem Leidwesen immer wieder feststellen. »Gerade diejenigen, die sich sagen lassen müssen, daß sie diesen Prinzipien nur sehr unzulänglich gerecht geworden sind«, klagt er Hans Etzkorn, »möchten aus dieser Formulierung eine persönliche Rechtfertigung ableiten.«

Zu ihnen zählt er auch Severings einstigen Chef Otto Braun, der im Exil mit Wilhelm Hoegner und Heinrich Ritzel in der »Union deutscher Sozialisten in der Schweiz« Pläne für die Zeit nach dem Zusammenbruch geschmiedet hat und die Heimkehr nach Deutschland versucht. Braun sieht sich als verdienter Sozialdemokrat und hofft, daß er seine langjährige Erfahrung beim demokratischen Aufbau in Westdeutschland in irgendeiner Form einbringen kann. Doch er stößt auf geradezu eisige Ablehnung, wenn nicht Verachtung; nie findet sich Schumacher zu einem klärenden Gespräch bereit, um das Braun mehrfach nachsucht. Selbst als Schumacher zum Kongreß der Internationale 1947 in die Schweiz fährt, wo Braun noch immer wohnt, verweigert er sich. Er vergißt und vergibt dem roten Zaren von Preußen nicht, daß dieser sich am 5. März 1933, dem Tag der Reichstagswahlen, mit seiner kranken Frau bereits in sein Ferienhaus nach Ascona absetzte, als die Urnen noch längst nicht geschlossen waren – eine Tatsache, welche der bereits nationalsozialistisch gelenkte Berliner Rundfunk noch während des Wahltags als »Flucht eines Sozi-Bonzen« regelmäßig hinausposaunte, um die sozialdemokratischen Wähler davon zu überzeugen, daß ihre Führung die sozialdemokratische Sache bereits vor der Schlacht verloren gab. Der erfahrene Politiker Otto Braun, der so gern wieder in einer der vorderen SPD-Reihen stünde, erhält durch Vermittlung von Carl Severing zwar seine Pension durch das Land Nordrhein-Westfalen zuerkannt, einem der Nachfolgestaaten des aufgelösten Preußen, doch bei Parteitagen sitzt er auf der Zuschauertribüne und kann nicht einmal das Wort ergreifen.

Die Rigorosität, mit der Schumacher das Verhalten führender Genossen der Weimarer Zeit an den eigenen puritanischen Prinzipien mißt und den Stab über sie bricht, wirkt rigide, gnadenlos und unerbittlich. Von der menschlichen Größe des Vergebens findet sich nichts. Severing vergißt Schumacher nie, daß er die kommunistischen Angriffe gegen seine Person nutzte, um ihn kaltzustellen. »Über das Kapitel Hannover will ich mich nicht weiter verbreiten, sondern nur sagen, daß Deine skeptische Beurteilung von mir geteilt wird«, läßt er Wilhelm Keil, den Freund, politischen Wahlverwandten und Schumacher-Gegner im Herzen wissen, als dieser Bedenken gegen den Führungsstil des neuen Parteichefs geäußert hat. Erich Roßmann, der das Dritte Reich als erfolgreicher Immobilienhändler überstand, nennt Schumacher gar einen Diktator und kleinen Hitler.

Schumacher ist sich der Gefahr der Partei-Restauration bewußt, die darin liegt, daß den Aufbau einer neuen Organisation die alten Jahrgänge zu leisten haben und daß dieses »Übermaß von älterer Parteigeneration«, wie er Erwin Schoettle warnt, die Jungen abschrecken könnte. »Für uns ist es eine Lebensfrage«, schreibt er Vogel in London, »daß nicht die beiden Generationen zwischen 45 Jahren und den 70er Jahren noch einmal eine große Partei auf die Beine stellen, um dann langsam einzutrocknen, sondern daß wir die jungen Menschen in ausreichender Zahl gewinnen.« In seinen Richtlinien empfiehlt er allen Funktionären, den »leistungsfähigen und einsichtigen Teil der Jugend« sofort für größere Aufgaben heranzuziehen: »Wir sind die

Leidtragenden der letzten zwölf Jahre. Es sind die arbeitenden Menschen, denen die Schulung und Disziplinierung dieser Epoche fehlt. Darum müssen wir jeden jungen Menschen von Kraft und Einsicht in die erste Reihe der Kämpfenden stellen, ihm Vertrauen und Anerkennung zollen!«

Sorge um die Jugend ist für ihn eine moralische und patriotische Pflicht: »Ganz verlassen und arm ist eine Jugend, die nicht mehr gekannt hat als das, was man ihr in der Hitlerjugend beigebracht hat. Sie ist resigniert und mutlos. Für sie ist die Welt grau in grau. Dieser Jugend müssen wir uns annehmen. Wir müssen ihr sagen, daß wir ihre Mitarbeit brauchen, daß es in ihrer Hand liegt, daß ihr Leben wieder Freude und Aussicht bekommt, daß die Deutschen keine Nation ohne Zukunft zu sein brauchen.« Vor allem dürfe sie Demokratie nicht gleichsetzen mit einem Deutschland, das »zerschlagen am Boden liegt«; auch solle sie begreifen, daß »Sozialismus nicht die Wirtschaftsform der Armut und Aussichtslosigkeit« ist.

Wie in Stuttgart Anfang der zwanziger Jahre widmet er auch jetzt der Jugendarbeit alle Zeit, die er erübrigen kann. Ganze Wochenenden diskutiert er mit Jungsozialisten im Heim der Naturfreunde bei Hannover. Möchte er unbelastete, umkehrwillige NSDAP-Mitglieder erst dann in die neue SPD aufgenommen sehen, wenn die Phase der Sammlung abgeschlossen ist und die Partei »durch die freie Wahl der wirklichen Sozialdemokraten« von der kleinsten Ortsgruppe bis zur Zentrale einmal steht, will er Angehörige der »Hitlerjugend« von dieser Regel ausgenommen wissen. Jungen Leuten soll aus der Zugehörigkeit zu dieser Organisation kein Strick gedreht werden, läßt er Otto Steinmayer in Stuttgart schon im Juli 1945 wissen. Später wird er dafür eintreten, daß alle jungen Menschen unter 30 Jahren von der Entnazifizierung ausgenommen werden. »Wenn es die deutsche Jugend an Einsicht hat fehlen lassen, dann ist es nicht ihre Schuld«, sagt er in einem Rundfunkvortrag im Juni 1946. »Es ist die Schuld der mit tragischen Schmerzen beladenen Generation des Ersten Weltkrieges, aus der die wildesten Faschisten und die tapfersten Antifaschisten hervorgegangen sind, und der noch älteren. Die Alten haben die Jungen so werden lassen, daß die Jungen heute voller Verzweiflung auf eine feindselige Welt starren. Die Alten haben es daran fehlen lassen, den Jungen die Einsichten und Kenntnisse zu vermitteln.« Wenn es einen Politiker gibt in jener dunklen Zeit, der mit seinen Reden und Worten die Jugend erreicht, dann ist es Kurt Schumacher.

Eine verjüngte und gereinigte Partei, die sich von den Lauen und Bequemen, den »Karriereschnaufern und Charakterspielern«, den Anpassern und Versagern der Weimarer Zeit getrennt hat – muß sie nicht ausstrahlen auf eine geistige Elite, die nach dem Zusammenbruch aller bisherigen Autorität nach neuer Orientierung sucht? So denkt er und hofft, daß nach dem Zusammenbruch des Nationalsozialismus jetzt die Einsicht dämmert, daß die Sozialdemokratie, wie er sie versteht, zum einzigen Garanten der alten liberalen Werte geworden ist. »Die geistig und kulturell interessierten Menschen werden vergeblich einen Platz in der bürgerlichen Parteiwelt suchen. Es gibt schon längst keinen echten Liberalismus mehr«, verkündet er in den Richtlinien, »was an seinem Ideengut von bleibendem und kulturell förderndem Wert ist, das ist seit langem selbstverständlicher Bestandteil der sozialdemokratischen Auffassungen geworden.« Im Kapitalismus, argumentiert er in Wennigsen, ist diese Persönlichkeit zur bloßen Fiktion verkommen; nun endlich wollen die Sozialdemokraten sie »real werden lassen durch die ökonomische Befreiung als die Voraussetzung ihrer Entfaltung«.

Müssen große Teile der geistigen Elite nicht ins Lager der Sozialdemokratie hinüberwechseln, weil sie von ihnen »als die einzige Partei mit dem politisch-weltanschaulich festgegründeten Willen zur Neuordnung der Dinge und zur Verantwortung gegenüber der deutschen Kultur angesehen wird?« In der Tat stoßen Männer wie Heinrich Albertz, Adolf Arndt oder Karl Schiller zur SPD und verhelfen ihr zu einer gewissen Respektabilität beim deutschen Bildungsbürger, der sich von sozialdemokratischer Wortwahl, auch der Schumachers, noch immer abgestoßen fühlt.

Die Brücke zum Bürgertum schlägt vor allem Carlo Schmid, der Professor aus Tübingen, der für klassische Bildung steht. Er versteht, die humanistische Zielsetzung der Partei ohne das Parteichinesisch der Funktionäre anzupreisen, wenn er den »Blick der Deutschen von dem Wolkenkuckucksheim des Idealismus weg auf die erfahrbare Wirklichkeit« lenkt. Bei den Gebildeten avanciert »Carlo« gar zur Art Gegenfigur zu dem asketisch wirkenden Parteichef; er strahlt Vitalität aus, Zuversicht, Optimismus und bietet ein Bild der Lebensfreude. Elisabeth Noelle-Neumann bringt das auf die Formel, daß er »überall zu Hause war, sowohl zu Hause in Baudelaire, wie auch zu Hause in der Juristerei; bei der Königin von Württemberg speiste er auf schönstem Porzellan, in der Nähe von Tübingen hielt er Hof«. Ihre Umfragen aus den ersten Nachkriegsjahren belegen, welch dominierende Figur er im Bewußtsein der Deutschen damals war.

Wenn Carlo Schmid sich dennoch bereitwillig dem Parteiführer in Hannover unterordnet, hat dies mit Schumachers durchdringender Intelligenz, seiner analytischen Schärfe, seiner Nähe zu großen Moralisten wie Rochefoucauld oder Lichtenberg zu tun, auch mit der Faszination durch den Widerspruch von dem »mißhandelten Leib und dieser unbeugsamen Geisteskraft«, von der Oscar Pollack, ein österreichischer Sozialist, einmal gesprochen hat. Daß hier eine der Quellen des speziellen Charisma zu orten ist, über das Schumacher unzweifelhaft verfügt, macht Schmid deutlich, wenn er nahezu überschwenglich dessen Wirkung bei seinem ersten Auftritt nach dem Krieg in einem Stuttgarter Straßenbahnerheim beschreibt: »Wie sah dieser Mann aus: Fast nur Haut und Knochen, ein Schmerzensantlitz; aber welche Kraft ging von dieser Stirne aus und welche Gewißheit strahlte aus diesen Augen! Und diese Kraft und diese Gewißheit gingen mit seinen Worten in alle jene ein, die ihn hörten.«

Bei vielen Intellektuellen, aber auch bei der Masse der Funktionäre löst Schumachers Haltung in der Nazizeit neben Hochachtung und Bewunderung auch Schuldgefühle aus. Beugen sie sich deshalb Schumachers Führung auch dann, wenn sie an der Richtigkeit einer Entscheidung zweifeln? Hätten sie nicht ebenfalls mutiger gegen das Unheil ankämpfen müssen, statt wegzutauchen und sich mit dem System zu arrangieren? »Er war so überragend«, meint Fritz René Allemann, »daß sich die bedeutendsten Köpfe in der Fraktion einfach fügten«, gleich, ob es sich um Adolf Arndt, Fritz Erler oder Carlo Schmid handelte. Man mußte schon eine sehr starke Persönlichkeit sein wie Ernst Reuter oder Willy Brandt, oder als erfolgreicher, praktisch unersetzbarer Wahlkämpfer über regionale Hochburgen verfügen wie Max Brauer in Hamburg und Wilhelm Kaisen in Bremen, um ihm offen und argumentativ entgegenzutreten. Doch damit greifen wir vor, denn bei diesen Auseinandersetzungen wird es vor allem um den Kurs des Bonner Oppositionsführers in der Europa-Politik gehen. Zunächst aber wird sich Schumacher im Kampf um Gesicht und Gestalt des neuen Deutschland mit zwei Widersachern messen: Der eine im Osten heißt Otto Grotewohl, der andere im Westen Konrad Adenauer.

Um die Freiheit des Erkennens: Absage an Grotewohl und die Zwangsvereinigung 1945/46

Von der Vier-Millionen-Stadt Berlin aus gesehen, stellt Hannover nicht viel mehr dar als eine Schnellzugstation auf der Strecke nach Köln, meinte Gottfried Benn mit dem Hochmut des Weltstadtbürgers, als er sich in der Provinzstadt an der Leine in die innere Emigration des Militärs verkroch. Ähnlich mögen im Sommer und Herbst 1945 alle jene Männer nach dem Westen schauen, denen die Sowjets schon im Juni die Gründung von Parteien für die sowjetische Zone erlauben. Berlin, die historische Hauptstadt der Deutschen, ist nun Sitz des Alliierten Kontrollrats, in Berlin treffen die Sieger aus Ost und West aufeinander, um gemeinsam über das künftige Schicksal Deutschlands zu bestimmen, nur hier können die Deutschen gleichzeitig Kontakte zu allen vier Militärregierungen unterhalten – liegt da nicht der Gedanke nahe, daß die neuen Berliner Parteizentralen Anspruch erheben, für das ganze Reich zu sprechen?

Die Sowjetische Militäradministration (SMA) leistet solchem Denken bewußt Vorschub. Sie versucht, den Standortvorteil Berlins für die eigene Politik zu nutzen und dem deutschen Neubeginn ihren eigenen Stempel aufzudrücken. Sie schafft Tatsachen, noch ehe Briten und Amerikaner in ihre Sektoren in Berlin einrücken. Schon die geopolitische Lage Berlins wird dafür sorgen, daß die Führer der sowjetisch lizenzierten Parteien eher geneigt sind als westdeutsche Parteigründer, sowjetische Interessen in ihr deutschlandpolitisches Kalkül einzubeziehen.

Damit sind Konflikte zwischen den Berlinern und den Westdeutschen vorprogrammiert, die zu harten persönlichen Auseinandersetzungen um die außenpolitische Orientierung, im Fall Jakob Kaisers und Konrad Adenauers zusätzlich um die Programminhalte ihrer Partei eskalieren werden. Als Berliner stehen sich der Sozialdemokrat Otto Grotewohl und der Christdemokrat Jakob Kaiser in vielem näher als Kaiser dem Christdemokraten Adenauer in Köln oder Grotewohl dem Sozialdemokraten Schumacher in Hannover. Umgekehrt sind sich die beiden westdeutschen Parteiführer, mögen sie sonst auch Welten trennen, in der Ablehnung jedes Berliner Führungsanspruchs absolut einig.

Daß entgegen allen späteren Versicherungen der Selbstbescheidung Grotewohls oder Kaisers der Vorsprung in der Lizenzierung gegenüber den Westdeutschen genutzt werden soll, um von Berlin aus gesamtdeutsch zu wirken, unterstreicht die Namensgebung: Andreas Hermes ruft zusammen mit Jakob Kaiser, Heinrich Krone und Ernst Lemmer zur Gründung der »Christlich-Demokratischen Union Deutschlands« auf; Otto Grotewohl, Max Fechner und Erich Gniffke stehen längst an der Spitze eines »Zentralausschusses der Sozialdemokratischen Partei Deutschlands« und verfügen über einen stattlichen Apparat samt eigener Zeitung, da müssen Schumacher und seine Freunde in Hannover noch immer als »Büro Dr. Schumacher« firmieren und dürfen den Namen ihrer Partei nicht gebrauchen. Was die Berliner bis Jahresende unternehmen, genießt die offizielle Förderung der Sowjetischen Militäradministration, die Hannoveraner bleiben auf die wohlwollende Duldung ihrer halblegalen Aktivitäten durch einzelne freundlich gesinnte britische Offiziere angewiesen. Über die erste sozialdemokratische Zeitung kann die SPD in der britischen Zone erst im Januar 1946 verfügen. Man muß diese sehr ungleichen politischen Startbedingungen in Ost und West in Rechnung stellen, um die Heftigkeit zu verstehen, mit der Schumacher in der nun anhebenden Auseinandersetzung mit Grotewohl die Berliner auf die sowjetische Zone als ihren ausschließlichen Wirkungskreis beschränkt sehen will.

Dazu kommen prinzipielle Unterschiede im Ansatz. Wenn es im Frühjahr 1945 nämlich nach dem Willen der ostzonalen Gründer geht, dann wird die SPD gar nicht erst aus der Taufe gehoben, sondern lieber etwas Neues geschaffen. Über die Gestalt dieser neuen Partei gibt es anfänglich jedoch sehr diffuse Vorstellungen. Da nimmt eine Gruppe um den Sozialdemokraten Karl Germer mit christlichen Gewerkschaftern um Jakob Kaiser Kontakt auf und überlegt, ob die Sozialdemokratie nicht nach britischem Vorbild als Labour Party auf eine breitere Basis gestellt und nach rechts geöffnet werden sollte – Pläne, die Kaiser mit Sozialdemokraten schon im Widerstand geschmiedet hatte; ein anderer Kreis um den früheren preußischen

Landtagsabgeordneten Max Fechner sucht den Kontakt zu den Kommunisten, um sofort eine einheitliche Arbeiterpartei zu verwirklichen.

Die beiden entgegengesetzten Konzeptionen sind auch bei früheren Sozialdemokraten in Westdeutschland populär. In Ludwigsburg spielt Wilhelm Keil mit dem Gedanken, Anhänger der Sozialdemokratie, des Zentrums und der Demokratischen Partei für eine neue »Arbeiter- und Bauernpartei der sozialen Demokratie« zu gewinnen, in Hamburg ist es der ehemalige Gewerkschaftssekretär Franz Spliedt, der die Gründung einer Labour Party versucht und hofft, sie werde Anziehungskraft auf jene bürgerlichen Kreise entfalten, die weder zu Traditionskompanien des Zentrums noch der Sozialdemokratie stoßen würden.

Weder bei Jakob Kaiser, der eher eine nach rechts erweiterte Arbeiterpartei wünscht, noch bei Wilhelm Keil oder gar bei den Hamburgern haben solche Gedankenspiele viel mit der Realität der britischen Labour Party zu tun, die sich ja dem Klassenkampf durchaus verpflichtet weiß, ihn freilich auf Art der ideologiefeindlichen Angelsachsen äußerst pragmatisch führt. Und doch mag aus heutiger Sicht zu bedauern sein, wenn sich Ansätze zu einer neuen deutschen Links-Mitte-Formation im politischen Spektrum zerschlagen haben. Hätte sie nicht wirksamer als die neu- und wiedergegründete SPD jener CDU entgegentreten können, die sich als überkonfessionelle bürgerliche Sammlungsbewegung im Nachkriegswettbewerb als die attraktivere, modernere Volkspartei erweist? Hat Schumacher damals die Zeichen der Zeit verkannt?

In einem Brief an Max Denker bekundet er Anfang September sogar Stolz darüber, daß er persönlich in Hamburg »das Kind zu Bett gebracht« habe und der »Labour Party«-Gedanke damit erledigt, »der ganze Komplex in Deutschland liquidiert« worden sei. Was ihm an der britischen Labour Party mißfällt, ist die Unabhängigkeit der einzelnen sie tragenden Gewerkschaftsorganisationen, welche in der Tat mit seinem Idealbild einer straff und zentralistisch geführten Partei nur schwer zu vereinbaren ist. Auch Schumacher will nach vorn blicken, aber um wirklich Neues zu wagen, ist sein Konzept zu tief von der jüngsten Vergangenheit geprägt. Ist es etwa Zufall, daß der Landesvorsitzende Karl Meitmann ihn vor einem Referat auf dem Hamburger Landesparteitag am 27. Januar 1946 ausdrücklich darum bittet, nicht nur historisch, von Weimar her, zu argumentieren und die Politik der KPD vor 1933 anzuprangern, wenn er sich mit den Kommunisten auseinandersetzen wird?

Die Hamburger Bemühungen um den Aufbau einer Labour Party stellen nicht viel mehr als eine rechte Antwort auf sozialdemokratische Versuche dar, die mit den Kommunisten gemeinsam gegründeten »Sozialistischen Freien Gewerkschaften« zu einer Einheitspartei aller Sozialisten weiterzuentwickeln. Sehnsucht nach der Einheit ist 1945 eben keineswegs eine Angelegenheit des linken Flügels, sondern nach den Jahren des braunen Terrors eine nahezu mystische Erlösungsformel für die Mehrheit der Sozialdemokraten der ersten Stunde, auch im Westen Deutschlands. Nicht nur in Hamburg, auch in München, in Frankfurt, in nahezu allen großen Städten verhandeln »Antifa«-Ausschüsse oder paritätisch besetzte Aktionsgemeinschaften von Sozialdemokraten und Kommunisten über Zusammenarbeit und Vereinigung, damit sich die Selbstzerfleischung der Arbeiterbewegung, die ihr gerüttelt Maß Schuld am Bankrott von Weimar trägt, nur ja nicht wiederhole.

Führend beteiligt an diesen Bestrebungen sind spätere Kampfgefährten Schumachers wie Hellmut Kalbitzer in Hamburg oder Alfred Kubel in Braunschweig. Kalbitzer, 1949 Bundestagsabgeordneter der SPD, spricht in einem Brief an Willi Eichler in London gar von »brüderlicher Zusammenarbeit« mit den Kommunisten und hofft, falls die ersehnte einige Partei nicht zustande komme, werde sich wenigstens eine Einheitsfront beider Parteien schaffen lassen. Auch Kubel, erst Ministerpräsident von Braunschweig, dann Minister und schließlich Ministerpräsident des neuen Landes Niedersachsen, versucht den Aufbau einer alle Richtungen umfassenden sozialistischen Partei unter Einschluß der KPD und will ihr damals in Braunschweig sogar jenen Namen geben, den später Kommunisten und Sozialdemokraten in Ost-Berlin wählen werden: Sozialistische Einheitspartei. Erst als sie wegen des Widerstands der Kommunisten nicht gegründet wird, schwenkt er auf Schumachers Linie ein.

Kein Zweifel: Kurt Schumacher schwimmt im Frühjahr 1945 gegen den Strom der Mehrheitsmeinung. Es sind 1945 oft Sozialdemokraten als die unabhängigeren und selbstbewußteren, welche den ersten Schritt unternehmen, auf die Kommunisten zugehen und die sofortige Verschmelzung anbieten. Sie scheitern am Nein der Kommunisten, die auf dem Aufbau ihrer eigenen Partei bestehen, und dies aus Gründen, die Schumacher, der große Skeptiker des Einheitsgedankens, von Anfang an ebenso hellsichtig wie präzise analysiert. Eine Einheitspartei, sagt er schon in seiner großen Rede vor hannoverschen Funktionären im Mai 1945, »ist nicht möglich kraft der machtpolitischen Gegebenheiten und der außenpolitischen Bindungen. Die Trennungslinie ist dadurch gezogen, daß die Kommunisten fest an eine einzige der großen Siegermächte und damit an Rußland als Staat und an seine außenpolitischen Ziele gebunden sind.«

Als er dies erklärt, befindet sich die Gruppe Ulbricht seit einer Woche in sowjetischem Auftrag auf deutschem Boden, um eine deutsche Verwaltung für die russische Militärregierung aufzubauen, die in Berlin schon vor dem Einzug der Westalliierten stehen und deren entscheidende Ressorts sich fest in kommunistischen Händen befinden sollen. Walter Ulbricht leitet das wichtigste von drei Initiativkadern, die 150 Emigranten umfassen und für ihre Tätigkeit als Helfer der Roten Armee auf Lehrgängen in der Sowjetunion intensiv geschult und vorbereitet worden sind. Er steht in ständiger Verbindung zur Moskauer Zentrale und hat Zugang zum Informationsnetz des internationalen kommunistischen Machtapparats.

Schumacher dagegen ist ganz auf die »alte Mitgift von früher« und das »Mitdenken der Tagespolitik« angewiesen, wenn er politisch urteilen will, »und das ist nicht ganz einfach«, wie er in einem Brief an Hans Vogel, Mitglied des Exil-Vorstands, seine mißliche Lage beschreibt. So ahnt er zunächst mehr, als er wirklich weiß, schöpft aus dem Fundus seines Wissens und der zeitgeschichtlichen Erfahrung; man mag sich darüber mokieren, daß er seine ersten Mutmaßungen in geradezu granitenen Sätzen als absolute Wahrheiten verkündet, und doch behält er, zumindest was die Rolle der Kommunisten betrifft, recht damit.

Wie eng die Zusammenarbeit der deutschen Kommunisten mit Moskau im einzelnen ist, daß ihre Aktionen bis ins Detail abgesprochen sind, belegen Gesprächsnotizen Wilhelm Piecks, die sich nach dem Fall der Mauer in den Archiven der ehemaligen SED finden werden. Danach treffen Pieck und die in die Sowjetunion zurückbeorderten drei Chefs der Initiativkader – außer Ulbricht sind dies Anton Ackermann und Gustav Sobottka – am 4. Juni im Kreml mit Stalin, Molotow und Schdanow zusammen, um Manifest und Gründungsaufruf der deutschen Kommunistischen Partei zu besprechen und die deutschlandpolitische Linie der wiedergegründeten KPD, der KPdSU und der sowjetischen Besatzungsmacht zu synchronisieren. Zielstrebig schult Ulbricht neue kommunistische Kader, schwört sie ein auf einen Kurs, der nichts mehr gemein hat mit der alten revolu-

Otto Grotewohl, einer der führenden Berliner Sozialdemokraten und innerparteilicher Widersacher Schumachers, mit Walter Ulbricht (KPD), der 1945 in der Sowjetzone für die russische Militärregierung eine deutsche Verwaltung aufbauen soll.

tionären Hammer- und Sichelromantik von einem deutschen Rätestaat; er schafft sich ein linientreues Funktionärskorps, das in einer künftigen Einheitspartei dann die wichtigsten Positionen übernehmen wird. Weil die Mehrheit der Altgenossen noch »sektiererischen« Träumen von einst nachhängt, öffnet er die neue Partei für jeden, der sich zum »Aufbau einer freien und fortschrittlichen Nation« bekennt, darunter nicht wenige ehemalige Nationalsozialisten. So zerschellen all die hochfliegenden Pläne von einer einigen Partei der Arbeiterklasse in Berlin erst einmal an den Kommunisten, die hoffen, sie könnten sich, gestützt auf die siegreiche Sowjetarmee, in einer Welt von Schutt und Trümmern als die führende Kraft des Neuaufbaus etablieren.

Wer sind die Berliner Sozialdemokraten, welche Schumachers bittere Wahrheit von der Kommunistischen Partei als der »Spezialorganisation für besondere außenpolitische Zwecke Rußlands« nicht wahrhaben wollen und sie deshalb um so schmerzlicher am eigenen Leib erfahren müssen?

Da wäre zunächst Max Fechner zu nennen, ein gelernter Werkzeugmacher aus Rixdorf bei Berlin, der seit 1911 Mitglied der SPD ist, sich nach dem Ersten Weltkrieg vorübergehend in der USPD engagierte, für den Parteivorstand der SPD als Leiter der kommunalpolitischen Zentralstelle tätig war und das Dritte Reich trotz mancher Behelligung als Besitzer eines Lebensmittelladens in Neukölln unversehrt überstanden hat. Der Kampf um Berlin ist zwar noch nicht beendet, doch die Rote Armee hat bereits den nordöstlichen Teil der Stadt besetzt, da schreibt Fechner am 28. April an Walter Ulbricht. Er will darüber sprechen, »wie es möglich wäre, endlich die so ersehnte Einheitsorganisation der deutschen Arbeiterklasse zu schaffen. Meine politischen Freunde und ich stehen auf dem Standpunkt, daß bei der ersten Möglichkeit, sich wieder politisch betätigen zu können, über alle Vergangenheit hinweg der neu zu beschreitende Weg ein gemeinsamer sein muß zwischen KPD und SPD«. Eine Antwort auf diesen Brief erhält Fechner nie.

Da ist zweitens Gustav Dahrendorf, Journalist und sozialdemokratischer Reichstagsabgeordneter, in der NS-Zeit Geschäftsführer der Märkischen Brikett-Handelsgesellschaft, der Kontakt mit Julius Leber hielt und wegen Beteiligung an der Widerstandsbewegung des 20. Juli zu sieben Jahren Zuchthaus verurteilt wurde. Im Zuchthaus Brandenburg hat ihm sein Mitverschwörer, Wilhelm Leuschner, das Wort »Einheit« zugerufen, ehe er zur Hinrichtung geführt wurde.

Diese Einheit der Arbeiterklasse zu schaffen, betrachtet Dahrendorf als tiefes inneres Anliegen und Vermächtnis der zum Tod verurteilten sozialdemokratischen Mitverschwörer.

Da ist drittens Erich Gniffke, gelernter Kaufmann und Mitglied der SPD seit 1913, in der Weimarer Zeit Sekretär des Allgemeinen Freien Angestelltenbundes in Braunschweig und während der Hitler-Jahre Alleinvertreter der Braunschweiger Kohlenherdfabrik Heibacko. Er hält engen Kontakt zu seinem Freund Otto Grotewohl, gibt ihm Beschäftigung und hält ihn dadurch über Wasser. Seine Büroräume in der Bülowstraße 7 werden zum Treffpunkt verschiedener sozialdemokratischer Kreise in Berlin, die schließlich einen vorbereitenden Ausschuß für die Gründung der Sozialdemokratischen Partei bilden.

Und da ist nicht zuletzt Otto Grotewohl, Buchdrucker, Mitglied der SPD seit 1912, mit 27 Jahren Chef des Kultusressorts einer von der USPD geführten Braunschweigischen Landesregierung und jüngster Minister im Reich, bis 1933 Reichstagsabgeordneter und Präsident der Braunschweigischen Landesversicherungsanstalt.

Früh und unabhängig von Fechner müssen auch Grotewohl und Gniffke die Erfahrung machen, daß die Kommunisten ihre weit ausgestreckten sozialdemokratischen Bruderhände partout nicht ergreifen wollen. Am 14. Mai suchen sie Arthur Pieck, den Sohn des noch im Moskauer Exil weilenden KP-Chefs, in seinem Büro in der Parochialstraße auf. Pieck verwaltet in dem von den Sowjets eingesetzten Magistrat das Personalressort und sitzt damit, wie alle sieben Kommunisten unter den 16 Magistratsherren, an einer der wichtigsten Schaltstellen der neuen Stadtverwaltung. Den Vorschlag der Besucher, am 17. Mai in der Bülowstraße eine gemeinsame Besprechung abzuhalten, in der »die Frage der organisatorischen Einheit geklärt« werden soll, verspricht er an die kommunistische Führung weiterzuleiten. Als die Kommunisten zur vorgeschlagenen Stunde nicht erscheinen, schreiben Gniffke und Grotewohl einen Brief an Pieck und laden die Kommunisten nunmehr zum 24. Mai ein. Weil auch an diesem Tag sich kein Kommunist im sozialdemokratischen Aktionsbüro blicken läßt, versucht Gniffke den persönlichen Kontakt, wird jedoch zweimal, am 25. Mai und am 29. Mai, von Pieck wegen Arbeitsüberlastung nicht empfangen.

Das sind unmißverständliche Signale, zumal sich die Kommunistische Partei umgehend neu konstituiert, kaum daß Marschall Schukow mit seinem Befehl Nr. 2 vom 10. Juni die Bildung antifaschistischer

Parteien anordnet. Bereits am 11. Juni tritt die KPD mit einem Gründungsaufruf an die Öffentlichkeit, in dem von Sozialismus nicht die Rede ist, dafür um so mehr von der »Vollendung« der bürgerlichen Revolution von 1848, von der ungehinderten Entfaltung des freien Handels, von privater Unternehmerinitiative und dem Aufbau einer demokratischen Republik.

Auf die Berliner Sozialdemokraten wirkt diese Absage an die frühere Zielsetzung und das gleichzeitige Beharren auf der Wiedergründung der alten Partei historisch widersinnig. Wenn die Kommunisten mit dem Bekenntnis zur Demokratie allen bisherigen revolutionären Traditionen abschwören, ist dann nicht das letzte Hindernis auf dem Weg zur Einheit beseitigt? Versichern sie nicht, daß sie seit der Auflösung der Kommunistischen Internationale 1943 nicht mehr an der Moskauer Leine liegen, sondern eine unabhängige nationale Kraft darstellen? Warum dann nicht gleich eine große einige Partei wie zu Zeiten August Bebels, als über Strategie und Taktik zwar heftig, doch stets demokratisch diskutiert wurde, die streitenden Flügel aber Beschlüsse respektierten, wenn ein Parteitag sie ordnungsgemäß beschlossen hatte? So fragen die Sozialdemokraten irritiert. Indessen bleibt ihnen nach der kommunistischen Absage nur die Gründung einer eigenen Partei.

Anders als die Kommunisten, welche die alte Programmatik verleugnen, treten sie in ihrem ersten Manifest für klassische sozialdemokratische Ziele ein: »Demokratie in Staat und Gemeinde, Sozialismus in Wirtschaft und Gesellschaft«. Und doch haftet der ganzen Aktion von vornherein etwas Tastendes und Provisorisches an. Wer ihren Aufruf liest, meint zu spüren, daß die Berliner zutiefst unsicher sind und denken: Eigentlich möchten wir so, wie wir jetzt sind, lieber gar nicht sein.

Es handelt sich um eine Gründung auf Widerruf, die Hand, welche die Kommunisten ausgeschlagen haben, bleibt ausgestreckt, die eigene Existenz wird ausdrücklich zugunsten einer Einheitspartei zur Disposition gestellt: »Wir wollen«, heißt es im Gründungsaufruf, »den Kampf um die Neugestaltung auf dem Boden der organisatorischen Einheit der deutschen Arbeiterklasse führen! Wir sehen darin eine moralische Wiedergutmachung der politischen Fehler der Vergangenheit, um der jungen Generation eine einheitliche politische Kampforganisation in die Hand zu geben.« Und damit auch ja kein Kommunist diese Passage überliest, beschwört Otto Grotewohl in einer öffentlichen Begründung vor Funktionären am 17. Juni 1945 mit dem ihm eigenen Pathos das Ziel des Zentralausschusses (ZA): »In der Einheit liegt die große Kraftentfaltung der arbeitenden Bevölkerung und aller freiheitsliebenden Kreise... Das höchste und wertvollste Gut der Arbeiterklasse ist die Einheit. Unbefleckt und rein wollen wir sie einst in die Hände der nachfolgenden Generationen legen, damit sie uns nicht später den Vorwurf macht: Ihr habt euch in großer Stunde klein gezeigt.« Mit solchen Schwüren baut er selbst die Falle, in der man ihn fangen wird.

Grotewohl ist keiner, der die Konzeption bestimmt, sondern eher in der Rolle des begabten Redners zu sehen, der das kollektiv erarbeitete Programm werbewirksam in der Öffentlichkeit umzusetzen weiß. Als konsequentester Verfechter des Einheitsgedankens muß bei den Berliner Sozialdemokraten zunächst Gustav Dahrendorf gelten, und es ist nicht ohne Ironie, wenn ausgerechnet er zu den ersten zählt, die den anpasserischen Kurs Grotewohls im Frühjahr 1946 nicht mehr mittragen und den Zentralausschuß verlassen werden. Doch im Frühsommer 1945 gibt er, den die Russen aus dem Zuchthaus Brandenburg befreiten, sich in seiner Forderung nach der »Einheit aller Werktätigen in einer geschlossenen sozialistischen Bewegung« beinahe radikal. Wenn er sie als die führende Kraft in einem antifaschistischen Kartell versteht, das die Deutschen erst zur Demokratie erziehen muß, knüpft er an Gedanken linker Verschwörer wie Mierendorff, Leuschner und Leber an, wenn er die Bereitschaft seiner Landsleute zur Demokratie mit großer Skepsis beurteilt und die liberaldemokratischen Ordnungsvorstellungen der Weimarer Zeit als formaldemokratische, »intellektualistische Konstruktion« kritisiert, ergeben sich Parallelen zu Hermann Brill in Weimar. Denn auch Brill, der Autor des Buchenwalder Manifests »Für Frieden, Freiheit, Sozialismus«, denkt im Frühjahr 1945 elitär-autoritär und will, anders als Kurt Schumacher, zunächst nicht zur pluralistischen parlamentarischen Demokratie zurück.

Die ehemaligen KZ-Häftlinge, die sich in Brills Kreis demokratischer Sozialisten zusammenfinden, erstreben einen »neuen Typ der Demokratie«, einen, der sich nicht »in einem leeren, formelhaften Parlamentarismus erschöpft«; der Aufbau der sozialistischen Volksrepublik, die sie sich erträumen, soll von der Basis her beginnen, von antifaschistischen Volksausschüssen getragen werden und sich auf eine einheitliche sozialistische Bewegung stützen: »Freiheit in der Diskussion und Disziplin in der Durchführung der Beschlüsse«, so heißt es im Buchenwalder Manifest, »werden es uns ermöglichen, alle ehrlichen sozialistischen Kräfte zusammenzufassen«. So gründet Brill, sehr zu sowjetischem Verdruß, am 8. Juli in Weimar zunächst keine SPD, sondern den »Bund demokratischer Sozialisten – SPD«; er strebt die sofortige Aktionsgemeinschaft mit der KPD zur »Herbeiführung der Partei-Einheit« an und läuft sich, ganz wie die Berliner Genossen vom Zentralausschuß, am Widerstand der Kommunisten fest. Nur zwei Wochen nach der Konstituierung seiner sozialistischen Partei wird er vom Chef der thüringischen SMA, General Kolesnitschenko, gezwungen, auf die Ideen seines Manifests zu verzichten, die programmatische Plattform des Zentralausschusses zu übernehmen und praktisch als Landesverband der Berliner SPD-Führung zu firmieren.

Wie Dahrendorf wird auch Brill gegen die später von KPD und SMA forcierte Vereinigungskampagne des Winters 1945/46 Widerstand leisten und schließlich in den Westen gehen. Doch setzen seine Bedenken gegen das, was die Sowjets jetzt plötzlich als Einheit der Arbeiterklasse anpreisen, weit früher ein als bei den Genossen in Berlin. So führt Manfred Overesch in seiner Biographie eine Rede in Probstzella an, in der Brill Ende September vor dem semantischen Irrtum warnt, Worte wie Demokratie und Sozialismus unreflektiert von den Russen zu übernehmen: »die Schwierigkeiten der Sprache sind nicht nur Übersetzungsschwierigkeiten, sie sind auch Schwierigkeiten der Bedeutung und des Bedeutungswandels der Worte und Gedanken, die ausgetauscht werden.« Brill nennt das russische Denken vor der Parteischule »obrigkeitlich-polizeistaatlich«, es bewegt sich aus seiner Sicht »etwa in dem Rahmen, den wir unter dem alten Fritz in Preußen gehabt haben« – eine geradezu wohlwollende Unterschätzung, bedenkt man, daß der totalitäre Stalinismus auf Unterwerfung des Geistes und der Seelen zielt und keineswegs jedermann nach seiner Façon selig werden läßt.

Nichts verbinde die neue Sozialdemokratische Partei in Berlin »mit der letzten Phase der politischen Praxis der alten SPD«. Gustav Dahrendorf beteuert dies als Sprecher des Zentralausschusses auf einer Veranstaltung, in der Ulbricht am 12. Juni im Berliner Stadthaus erstmals das sowjetische Konzept eines antifaschistischen Blocks der in der sowjetischen Zone zugelassenen Parteien entwirft. »Mit gewissen Erscheinungen der Emigranten-Politik«, so Dahrendorf, habe die neuerstandene SPD nichts zu tun, niemand im Ausland sei deshalb berechtigt, für sie zu sprechen. Zwar werde sich der Zentralausschuß Verhandlungen über einen antifaschistischen Block nicht verschließen, aber er ziehe es doch vor, gleich über die organisatorische Einheit der Arbeiterklasse zu sprechen: »(Die) neue SPD ist da. Sie tritt lieber heute als morgen wieder ab zugunsten einer einigen und geschlossenen Bewegung aller Werktätigen.«

Deutlicher läßt sich nicht unterstreichen, daß man sich nur widerwillig zu einer eigenen, unabhängigen Existenz bequemt, weil man die konkurrierende Gründung zweier Arbeiterparteien für überflüssig hält. Solche immerwährenden Beteuerungen der Einheitsbereitschaft zeugen nicht nur von unerhörter Naivität, sondern auch von einem bemerkenswerten taktischen Unverstand. Selbst wenn man eine Verschmelzung der Arbeiterparteien für zwingend notwendig erachtet – kommt es aus sozialdemokratischer Sicht dann nicht entscheidend darauf an, durch die Verhandlungen, welche der Vereinigung vorausgehen, soviel an freiheitlicher sozialdemokratischer Tradition in der neuen Partei zu verankern, wie irgend möglich? Gehört zu solchem Verhandlungspoker nicht auch die selbstverständliche Freiheit, die Fusionsgespräche abzubrechen, wenn die andere Seite die Minimalbedingungen nicht zugesteht?

Nichts von solcher lebenswichtigen Zurückhaltung findet sich in den öffentlichen Bekundungen des Zentralausschusses. Noch wenn die Berliner Sozialdemokraten sich später dem Druck der kommunistischen Seite auf eine schnelle Vereinigung widersetzen und um ihre Unabhängigkeit kämpfen, werden sie doch stets die historische Notwendigkeit der einheitlichen Organisation als dem angestrebten Fernziel unterstreichen. Freiwillig legen sie sich damit jene Schlinge um den Hals, welche die sowjetischen Politoffiziere und die deutschen Kommunisten ab Dezember 1945 genüßlich zuziehen werden. Wart ihr Sozialdemokraten nicht von Anfang an prinzipiell für eine einige Partei? Wenn ihr eure Versicherungen ehrlich meint – warum dann nicht den entscheidenden Schritt tun, in der russischen Zone vorangehen und den westlichen Zonen ein Vorbild geben?

Als eine »Kapitulation vor der KPD« bezeichnet ein empörter Schumacher die Rede Dahrendorfs in einem Brief an Hans Vogel. Er lehnt es ab, auf »Denkfehlern und Geschichtsklitterungen« eine neue Partei aufzubauen und verweist den Zentralausschuß in seine Schranken: »Die Berliner Führung ist ... überall außerhalb der russischen Zone nicht als ›Zentralausschuß der Sozialdemokratischen Partei Deutsch-

* s. heute 12/15 Koalitionsverhandlungen CDU/SPD

lands‹ angesehen, wie sie sich betitelt.« Erklärt er schon hier, daß eine Sozialdemokratie à la Dahrendorf Gefahr laufe, Werkzeug einer fremden imperialen und nationalen Außenpolitik zu werden, geht er drei Wochen später in den Richtlinien ausführlich auf die grundsätzlichen Unterschiede ein, die ein Zusammengehen mit den Kommunisten aus seiner Sicht verbieten. Ohne die Berliner beim Namen zu nennen und ohne die Sowjetunion frontal anzugreifen, liest sich das Kapitel über »Sozialdemokraten und Kommunisten« doch wie eine einzige Auseinandersetzung mit Grotewohl, Dahrendorf und der sowjetischen Deutschlandpolitik.

Natürlich ist er viel zu intelligent, um zu leugnen, daß nach den Erfahrungen der jüngsten deutschen Geschichte »und aus dem ursprünglichen Willen der Massen heraus« eine »Einheitspartei aller Berufe und Schichten« auf der Tagesordnung steht. Wenn sich dieses Ziel nicht verwirklichen lasse, dann liege dies an »objektiven, durch keinerlei Anstrengungen aus der Welt zu schaffenden Schwierigkeiten«. Er verweist auf internationale Beispiele, etwa auf Frankreich, wo die Sozialisten die Einheit zwar als leidenschaftlich erstrebtes Ziel bezeichnet hatten, gleichzeitig jedoch feststellten, daß auf dem Wege dahin die außenpolitischen Bindungen der Kommunisten eine unübersteigbare Barriere bildeten. Die deutschen Sozialdemokraten hätten sich nicht an Rußland, sondern ausschließlich an den »politischen und sozialen Notwendigkeiten der arbeitenden Massen in Deutschland« zu orientieren.

Schumacher kennt seine Pappenheimer, den überraschenden Demokratiebeteuerungen der Kommunisten mißtraut er zutiefst. Wenn in einem Lande die Diktatur theoretisch und real herrscht, »in einem anderen aber von derselben Richtung die Demokratie mit der ganzen Begeisterung der Neubekehrten verkündet wird«, dann ist Vorsicht mehr als angebracht. Zum Beleg zitiert er aus dem Aufruf der Kommunistischen Partei, in dem es heißt: »Wir sind der Auffassung, daß der Weg, Deutschland das Sowjetsystem aufzuzwingen, falsch wäre, denn dieser Weg entspricht nicht den gegenwärtigen Entwicklungsbedingungen in Deutschland.« Wenn das Sowjetsystem für die gegenwärtigen Bedingungen nicht passen mag, so seine unerbittliche Logik, dann doch wohl für die »zukünftigen, die von der KP erhofft werden. Hier gilt nur die Tatsache, daß das Prinzip der Diktatur nicht negiert, sondern als das höhere Prinzip für eine zukünftige Eventualität zurückgestellt wird.«

Wenn die KPD die sowjetische Reparationspolitik verteidigt, beweisen Pieck und Ulbricht nur einmal mehr, daß sie russische, nicht deutsche Interessen vertreten, denn Rußland ist »der unbarmherzigste aller Reparationsgläubiger« und steht deshalb zu den »vitalsten Interessen der körperlich und geistig Arbeitenden in der Industrie im schroffsten Widerspruch«. Mit der ihm eigenen Unerschrockenheit analysiert Schumacher die sowjetische Haltung in der Reparationsfrage zu einem Zeitpunkt, da die Amerikaner in Stalin noch immer Uncle Joe, den Freund und Verbündeten, sehen und Kritik an ihm als unerwünscht betrachten, zumal wenn sie aus deutschem Munde kommt. Im Sommer 1945 werden in der sowjetischen Zone planlos Fabriken abgebaut, die ohne deutsche Fachkräfte nicht wieder aufzubauen sind und zum großen Teil auf Bahnhöfen in der Sowjetunion verrotten. Die Sowjets schrecken nicht einmal davor zurück, das zweite Gleis im ostdeutschen Streckennetz der Reichsbahn zu demontieren. »Wir wollen an Reparationen leisten, was zu leisten möglich ist«, kommentiert Schumacher die Haltung der KP, »aber wir wollen keinen Selbstmord begehen. Am allerwenigsten aber kann man den deutschen Arbeitern zumuten, den Selbstmord an sich noch mit überströmender Begeisterung vorzunehmen. Das aber muten die Kommunisten den deutschen Arbeitern zu.«

Wenn er aufzählt, was einem Zusammengehen mit den Kommunisten alles im Wege steht, fehlt der Hinweis auf ihre Bejahung des freien Unternehmertums und der freien Wirtschaft nicht; das wirtschaftspolitische Programm der Kommunisten mutet ihn an wie ein »verspäteter Aufruf der längst verstorbenen Wirtschaftspartei des deutschen Mittelstands« und »geziemt dem Bäckermeister Drewitz«, der einst ihr Reichsvorsitzender gewesen ist. Daß die These von der Kollektivschuld für ihn mit den deutschen Tatsachen und Notwendigkeiten nichts zu tun hat, daß er sie als »reaktionäre Formel« ablehnt, haben wir bereits gesehen – wenn die Kommunisten sie akzeptieren, kann er dies nur als Ausdruck des Willens werten, »die weitgehenden Reparationsansprüche Rußlands politisch und moralisch zu rechtfertigen«.

Zugleich geht Kurt Schumacher mit der beschönigenden, ja heuchlerischen Art ins Gericht, mit der die KPD ihr eigenes Versagen am Ende der Weimarer Republik in ihrem Gründungsaufruf vom 11. Juni umschreibt. Darin bekennen die deutschen Kommunisten sich schuldig, weil sie »infolge einer Reihe unserer Fehler nicht vermocht haben, die antifaschistische Einheit der Arbeiter, Bauern und Intelligenz entgegen allen Widersachern zu schmieden«. Nach seinem Urteil beklagen die Kommunisten damit lediglich, »daß die Methoden der spezifischen kommunistischen Politik vor 1933 nicht erfolgreicher gewesen sind«. Zornig schreibt er den Zerstörern der Demokratie all die Fehler ins Stammbuch, welche sie begangen haben, die sie heute jedoch unterschlagen und ausdrücklich nicht bereuen: »Das echte Schuldbekenntnis der Kommunisten könnte nur darin liegen, daß sie ihre große Schuld am Aufkommen des Faschismus, in ihrer Bekämpfung der Demokratie, in ihrem Gerede von den ›Sozialfaschisten‹, in ihrer Erklärung der Sozialdemokratie zum Hauptfeind, in ihrer Lehrmeinung, daß in Deutschland erst durch die Herrschaft des Faschismus eine ›objektiv revolutionäre Situation‹ entstehen könne, vor der Öffentlichkeit eingestehen würden. Aber davon ist mit keiner Silbe die Rede.« Analytische Schärfe hier, Illusionen dort; der Gegensatz zwischen Hannover und Berlin ist unübersehbar. Grotewohl und Dahrendorf, Gniffke und Fechner sind voll der guten Absichten, mit denen bekanntlich der Weg zur Hölle gepflastert ist.

Wenn es darum geht, Kritik an den Sowjets zu üben, stellt Hannover einen sicheren Port dar, von dem sich manche bittere Wahrheit, welche die Berliner kaum zu denken wagen, auch laut aussprechen läßt. »Die Russische Besatzungszone ist zu weit nach Westen gerückt«, sagt Schumacher in den »Richtlinien« und sieht besondere Schwierigkeiten, weil in der Sowjetzone andersartige Kulturen aufeinanderstoßen, indes die Kultur der angelsächsischen Besatzer der deutschen Lebensauffassungen gemäßer sei. Er verlangt zwar nicht, daß die Angloamerikaner gegen »gewisse Umstände«, die sich in der Sowjetzone ergeben haben, politisch eingreifen, »wohl aber die moralische Intervention der Öffentlichkeit in den Ländern der europäisch-amerikanischen Kultur« – eine geradezu vermessene Forderung, wenn man bedenkt, daß Ende August 1945 weder die Briten noch die Amerikaner die Vier-Mächte-Verwaltung Deutschlands und damit die enge Zusammenarbeit mit den Sowjets in Frage stellen wollen.

Schrill muß ihnen auch seine Kritik an der Oder-Neiße-Linie in den Ohren klingen: »Die deutsche Ostgrenze ist zum Zwecke der Bildung eines neuen Polen viel zu weit westlich gelegt«, schreibt er den Funktionären, »Rumpfdeutschland, und damit praktisch vor allem das Deutschland westlich der großen Demarkationslinie, wird in einer Weise übervölkert, daß Ernährung, Unterbringung und Arbeitsgelegenheit unmöglich werden. Diese Aufgaben zu bewältigen, dürfte sich auch bei vorbehaltlos gutem Willen als objektiv unmöglich erweisen.« Die Grenzziehung wertet er als eine Bedrohung des Friedens und der Vernunft in der Politik, folglich muß eine »endgültige Festlegung der Reichsgrenzen ... mehr Verständnis für die Realitäten des obersten Kriegszieles der Vereinten Nationen und der Friedensziele der deutschen Nazifeinde zeigen«. Den Kern seiner Argumentation gegen die Grenze im Osten stellt die These vom unzureichenden Lebens- und Ernährungsraum dar – eine Behauptung, die damals von den verschiedensten Seiten immer wieder vorgebracht und durch den späteren wirtschaftlichen Aufstieg der Bundesrepublik eindeutig widerlegt wird. Aber wer wagt nach dem totalen staatlichen und wirtschaftlichen Zusammenbruch der Deutschen, als die Alliierten noch mit Morgenthau-Ideen schwanger gehen, schon von einer modernen, leistungsfähigen westdeutschen Industrie zu träumen, welche durch Export genügend Überschüsse erwirtschaftet, um 60 Millionen Deutschen im zusammengeschrumpften Land ein Leben in Wohlstand zu garantieren?

Schumacher wirft den Berlinern vor, daß sie sich förmlich zu einem Bündnis mit den Kommunisten zusammengetan haben, als sie am 19. Juni der Bildung eines gemeinsamen Arbeitsausschusses der beiden Arbeiterparteien für die »Einheit in der Aktion« zustimmten. Unter den Aufgaben, die diese paritätisch aus jeweils fünf sozialdemokratischen und kommunistischen Vertretern zusammengesetzte Kommission zu erfüllen hat, ist ausdrücklich die Klärung ideologischer Fragen genannt, die nach Meinung Ulbrichts einer Verschmelzung vorauszugehen und die Sozialdemokraten von der konsequenten Anwendung des Marxismus zu überzeugen hat. Natürlich hat der Spitzbart dabei einen Marxismus leninistischer Prägung im Sinn. Daß es den Kommunisten in Ost-Berlin auch noch gelingt, ihre drei politischen Konkurrenten, die Sozialdemokraten und die zwei bürgerlichen Parteien CDU und LDP in einen »antifaschistischen Block« einzubeziehen, wertet Schumacher als einen Sieg kommunistischer Bündnispolitik – als Versuch einer »überparteilichen Organisation, durch die Sozialdemokraten und andere mitmachende Parteien gebunden wären, die Kommunistische Partei aber freie Hand zur Führung bekäme«.

Auf Insistieren der CDU nennt sich Ulbrichts Block schließlich »antifaschistische Einheitsfront«, und ihre Geschäftsordnung vom

27. Juli enthält eine Rechtfertigung des Schumacherschen Urteils, wie sie überzeugender nicht denkbar ist: Beschlüsse können »nur auf dem Weg der Vereinbarung«, also nicht durch Abstimmungen gefaßt werden. Damit bestimmen die Kommunisten, auf die sowjetische Besatzungsmacht gestützt, letztlich immer den politischen Kurs. Wie hatte doch Ulbricht zu den Mitarbeitern seines Initiativ-Kaders gesagt, als er deutschen Boden betrat? »Alles muß demokratisch aussehen, aber wir müssen stets alles unter Kontrolle haben.«

Weder Grotewohl noch Gniffke, weder Fechner noch Dahrendorf wollen sich bewußt ins Schlepptau der Kommunisten nehmen lassen, aber sie überschätzen doch maßlos die eigenen Kräfte, wenn sie sich zutrauen, die deutschen Kommunisten ausgerechnet im sowjetisch besetzten Gebiet für eine wirklich unabhängige deutsche sozialistische oder sozialdemokratische Partei zu gewinnen. Daß die Sowjets den Umzug der Parteizentrale aus der West-Berliner Bülowstraße in das von ihnen freigemachte ehemalige Gebäude der Dresdner Bank in der Ost-Berliner Behrensstraße vor dem Eintreffen der Westalliierten in Berlin vollzogen sehen wollen, hätte eigentlich skeptisch stimmen müssen. Beinahe prophetisch nennt Dahrendorf das ehemalige Bankgebäude einen »goldenen Käfig«; dennoch befürwortet er, daß sich der Parteiapparat nach Ost-Berlin und damit unter direkteste sowjetische Aufsicht und Vormundschaft begibt.

Vor allem macht die Gutgläubigkeit erstaunen, mit der die ZA-Funktionäre annehmen, die deutschen Kommunisten hätten für immer ihren alten Zielen abgeschworen. Noch am 14. September 1945 – aus den sozialdemokratischen Bezirken der Sowjetzone liegen inzwischen handfeste Beschwerden über das enge Zusammenspiel zwischen Sowjets und KPD, über die krasse Bevorzugung der Kommunisten in der Verwaltung, bei der Zuteilung von Zeitungspapier, Büroraum und selbst bei Sekretariatskräften vor – versichert Grotewohl auf seiner ersten großen Rede in der Hasenheide, daß die »kommunistische Partei von heute ... ebensowenig die von 1932« sei wie die Sozialdemokratische Partei. Zwar stellt er ausdrücklich fest, daß die Voraussetzungen für eine organisatorische Vereinigung noch nicht erfüllt seien und rückt damit bewußt von dem früheren Drängen auf sofortige Verschmelzung ab. Eindeutig spielt er jetzt auf Zeitgewinn, wenn er beinahe scheinheilig versichert, die Sozialdemokraten hätten Verständnis für die Schwierigkeiten der »Freunde aus dem Zentralkomitee der Kommunistischen Partei, um den letzten Mann und die letzte Frau davon zu überzeugen, daß die Erkenntnis von der Anwendung der Demokratie eine geschichtliche Notwendigkeit geworden ist«.

Als Redner kann Grotewohl elegant formulieren, nie sucht er die Konfrontation, selbst ernste Bedenken und seine hinhaltende Taktik versteht er tief in die Watte prinzipieller Freundschaftsbeteuerungen zu packen. Er weiß, daß die SPD in der Ostzone mehr Zulauf erhält als die KPD, die sich mit den Sowjets identifiziert und dadurch in den Augen der Bevölkerung selbst diskreditiert. Im Bezirk Leipzig haben die Sozialdemokraten 12000, die Kommunisten nur 4000 Mitglieder; ähnlich ist das Kräfteverhältnis in Thüringen und Mecklenburg. Aber von demokratischer Parität, welche die Führung der KPD unentwegt im Munde führt, kann keine Rede sein. Kommunistische Funktionäre, die sich als Beauftragte der Besatzungsmacht verstehen, treten arrogant, fordernd und bevormundend auf. Weil sich die Beschwerden aus der Provinz darüber häufen, sieht sich der Zentralausschuß sogar veranlaßt, eine Stelle einzurichten, die sich ausschließlich mit solchen Reibereien befaßt. Immer häufiger melden die Genossen aus den Bezirken extreme Fälle von Diskriminierung und fühlen sich von den Kommunisten überfahren.

Von Wahlen, bei denen Kommunisten und Sozialdemokraten mit getrennten Listen auftreten, verspricht sich Grotewohl deshalb den Nachweis der eigenen Stärke, mit dem er die SMA zu überzeugen hofft, die Vorzugsbehandlung der KPD im sowjetischen Interesse zu beenden. Klar steuert er im September eine lange Phase der organisatorischen Unabhängigkeit an. Er will den Aufbau einer SPD, die sich über das ganze Reich erstreckt, und er weist, ähnlich Schumacher, dieser »einheitlichen Sozialdemokratischen Partei für Gesamtdeutschland« eine Führungsrolle als Sprecher zu. Weil die Sowjets nicht die bürgerlichen Parteien und die Westalliierten nicht die Kommunisten als »berufene Vertreter des deutschen Volkes« akzeptierten, habe die Sozialdemokratie als »Sammellinse« zu wirken, in der sich »die Ausstrahlungen der übrigen Parteien und Anschauungen des politischen Lebens in Deutschland treffen«.

Doch wieder ist das Streben Grotewohls nach einer unabhängigen sozialdemokratischen Politik mit der Beteuerung garniert, am Fernziel – der organisatorischen Einheit – festzuhalten: »Sollten zwischen uns (und den Kommunisten) sachliche gegenteilige Meinungen auftreten, so bauen wir auf den zwischen uns entwickelten Geist der

Kameradschaft, um zu wissen, daß aus These und Antithese die Synthese auf höherer sachlicher Ebene gefunden wird. Wir rufen zum Zeugen für die Reinheit des Einigungswillens den Geist und das Blut auf, das in den Gefängnissen, Zuchthäusern, Konzentrationslagern und auf den Schafotten des Dritten Reiches zusammenfloß.« Grotewohl sagt dies öffentlich, vor viertausend Funktionären und in Anwesenheit Piecks; offenbar ist er überzeugt, die organisatorische Einheit sei auch von den Kommunisten *ad calendas graecas* vertagt, und sieht sich deshalb doppelt enttäuscht. Geradezu überschwenglich hat er der russischen Administration für »Weitherzigkeit und Großzügigkeit« gedankt, mit der sie der SPD ihr organisatorisches Eigenleben »unter völliger Wahrung und Duldung unserer eigenen Ansichten« führen kann – und muß nun erfahren, daß der russische Zensor den Druck mehrerer Passagen seiner Rede untersagt, darunter jene, in der er »das grausige Elend« der Vertriebenen aus dem Osten beklagt hat.

Der Chef der deutschen Kommunisten, der sehr wohl die ketzerischen Töne hört, die trotz des pathetisch beschworenen Fernziels der Einheit in diesen Ausführungen überwiegen, entschließt sich umgehend, Grotewohl enger an die Kette zu legen. Wurde in der Rede des Sozialdemokraten bereits der Einfluß der Schumacherschen Richtlinien spürbar, die er inzwischen kennt? Pieck stellt sich diese Frage, ist überzeugt, daß Grotewohl jetzt Wasser auf die Mühlen der Einheitsgegner lenkt und beginnt im Gegenzug mit einer Kampagne für die beschleunigte Fusion. Indirekt kritisiert er die gegenwärtige SPD-Führung, indem er von den Fehlern der Sozialdemokratie vor 1933 spricht und von der Gefahr, daß »solche Gestalten wie Noske, Stampfer und ähnliche« die SPD daran hindern wollten, die Einheit herzustellen. Deshalb müsse die KPD wie vor 1933 wieder zwischen den »ehrlichen« sozialdemokratischen Arbeitern und ihren revisionistischen Führern zu unterscheiden lernen. Ohne ihn beim Namen zu nennen, greift Walter Ulbricht Grotewohl direkt an, wenn er über das Wort von der Sammellinse höhnt und erklärt, die Aktionseinheit von KPD und SPD lasse keinerlei Mittlerstellung der Sozialdemokraten zu. Die Signale sind schwerlich zu übersehen: Das Netz wird dichter geknüpft, es soll bald kein Entrinnen geben.

Wenn die Berliner Sozialdemokraten dennoch Illusionen hegen, dann hat dies mit einer Fehleinschätzung der sowjetischen Strukturen zu tun, die Schumacher in Hannover nie unterlaufen wäre: Sie klammern sich an das Wort eines aufrechten Feldherren und Militärs und übersehen, daß in der Sowjetischen Militäradministration nicht der Oberkommandierende, sondern Politoffiziere, welche über die richtigen Verbindungen in Moskau verfügen, den politischen Kurs bestimmen. Diese Politoffiziere, geschulte Marxisten-Leninisten, arbeiten nicht nur in engster Abstimmung mit den deutschen Kommunisten, wie diese sind sie letztlich auch denselben Parteiinstanzen in Moskau verantwortlich.

Vor Leipziger Parteifunktionären begründet Grotewohl Ende August 1945 seine Zuversicht in die künftig führende Rolle der Sozialdemokratischen Partei mit einem Satz, den Schukow subjektiv ehrlich gemeint haben mag, auch wenn das Wort demokratisch, das er verwendete, im Denken eines Sowjetmenschen etwas völlig anderes bedeutete, als der Adressat darunter verstand: »Meine Herren«, soll der Sowjetmarschall den Mitgliedern des Zentralausschusses versichert haben, »ich bin hier mit dem Auftrag nach Berlin und in das Okkupationsgebiet geschickt (worden)... ein demokratisches Staatsleben zu entwickeln. Ich weiß genau, daß ich mich dabei in erster Linie nicht auf die kommunistische Partei stützen kann, sondern daß ich auf Sie angewiesen bin, denn ich weiß, daß Sie die Massen hinter sich haben.« Auf diesen Satz Schukows baut Grotewohl im Herbst und Winter seine Überlebensstrategie: Er versucht, die Sowjets davon zu überzeugen, daß nur eine unabhängige und starke deutsche Sozialdemokratie ein demokratisches und friedliches Deutschland aufbauen kann und damit den besten deutschen Garanten der Sicherheitsinteressen der Sowjetunion an ihrer Westgrenze darstellt. Ein Spiel mit hohem Einsatz, das neben unerhörtem taktischen Geschick eiserne Willensstärke und das unbeirrte Festhalten an einem klaren strategischen Ziel voraussetzt – Fähigkeiten, über die keiner der führenden Berliner Sozialdemokraten verfügt.

Ausgangspunkt der taktischen Überlegungen des Zentralausschusses ist jene »Ostorientierung«, die Grotewohl bereits in einer Rede am 10. Juli 1945 vor dem ZA gefordert hat: Deutschland soll sich weder zum Westen bekennen noch Brücke sein, Vermittler zwischen Ost und West; vielmehr hat es sich in seiner politischen und wirtschaftlichen Entwicklung langfristig auf die große sozialistische Macht im Osten auszurichten. Ähnlich hatte vor ihm Gustav Dahrendorf im Berliner Stadthaus formuliert: Der neue Platz, den Deutschland erst nach langer und entbehrungsreicher Arbeit in der Gemeinschaft der Völker einnehmen könne, »wird nur an der Seite der Sowjetunion sein! Das ist unsere vorbehaltlose Überzeugung.«

Eine Studie, die Grotewohl in Auftrag gibt und die Gustav Klingelhöfer, der ZA-Referent für Wirtschaftspolitik und spätere West-Berliner Stadtrat, in Konsultation mit Ernst Niekisch, dem Nationalkommunisten und Freund, sowie mit Gustav Dahrendorf ausarbeitet, geht von der klassenpolitischen Analyse aus, daß die westlichen Parteien des Alliierten Kontrollrats als Klassenfeind der deutschen Arbeiter zu betrachten sind. Damit ist für die Autoren die Option für den Osten im deutschen Interesse unausweichlich vorbestimmt. In ihrer Sichtweise kämpfen auf dem europäischen Glacis zwei Imperialismen um die Vormachtstellung: auf der einen Seite der klassische westliche und kapitalistische Imperialismus, der Krieg und Versklavung bedeutet und die deutsche Wirtschaft schon aus Konkurrenzgründen niederhalten muß; auf der anderen der sowjetische, der »einen begrüßenswerten, den Frieden nicht bedrohenden« Imperialismus darstellt. Kann es da überhaupt eine andere Entscheidung als die für den Osten geben? Die Sozialdemokratie hat in der internationalen Auseinandersetzung die Partei derjenigen Weltmacht zu ergreifen, »deren Struktur den Faschismus als kriegerische Organisationsform ausschließt«, heißt es in der Studie. »Bei einer Wahl zwischen der Sowjetunion und den USA ist das die Sowjetunion.«

Einige Monate später, im November 1945, als Grotewohl das Konzept einer SPD-Ostorientierung den Offizieren der SMA als Lockspeise für die Unterstützung seines Zentralausschusses gegen die deutschen Kommunisten andient, wird sogar erwogen, daß sich ein sozialistisches Deutschland, welches die SPD erstrebt, »als Föderierter in freier Selbstbestimmung ... mit der (Sowjet)Union vereinigt, wenn die Zeit dafür reif ist« – mit der einschränkenden Bemerkung allerdings: »wenn die Sowjetunion noch heute die sozialistische Sowjetunion ist, deren Imperialismus auch wirklich sozialistisch, das heißt völkerbefreiend ist«.

Schumacher hat solche Illusionen natürlich längst über Bord geworfen; daß Rußland den Weg »der revolutionären Befreiung des internationalen Proletariats jetzt zugunsten des Prinzips eines nationalen russischen Imperialismus ... verlassen hat«, ist für ihn ein Axiom, welches die Geschichte bewiesen hat. Welch wahrhaft krude Mischung aus vulgärmarxistischen Halbwahrheiten, Wunschdenken und Ignoranz über die westlichen Staaten und die sowjetischen Sieger findet sich doch in diesen »wissenschaftlichen Studien« des ZA! Ihr dürftiges Niveau erstaunt, selbst wenn man in Rechnung stellt, daß die Autoren, zwölf Jahre von der Weiterentwicklung der westlichen Nationalökonomie abgeschnitten, von der Bedeutung eines Mannes wie John Maynard Keynes keine Kenntnis haben können. Wie kein anderer hat Keynes Einfluß auf westliche Wirtschaftspolitiker, und gerade er versucht am Beispiel des Versailler Friedens darauf hinzuwirken, daß die Alliierten zumindest in die wirtschaftspolitischen Fehler von 1919 nicht erneut verfallen. Wie sehr Klingerhöfers, Dahrendorfs und Grotewohls Analysen in die Irre gehen, wird sehr bald der Marshall-Plan erweisen, mit dem ausgerechnet der kapitalistische Klassenfeind schlechthin, die Vereinigten Staaten von Amerika, ein Programm zum Wiederaufbau und zur Ankurbelung der Wirtschaft der westeuropäischen Konkurrenten beschließt.

Was macht einen Mann wie Otto Grotewohl so anfällig für das äußerst fragwürdige Konzept einer Ostorientierung? Frank Moraw verweist darauf, daß der Chef der Ost-SPD einst Mitglied der Unabhängigen Sozialdemokraten gewesen ist und unter dem Einfluß Rudolf Hilferdings stand, mit dem er nach dem Auseinanderbrechen der USPD wieder zur Mehrheitssozialdemokratie zurückkehrte. Viele der Unabhängigen sahen in der Sowjetunion damals eine progressive Macht, aber eine Minderheit der Mitglieder, der auch Otto Grotewohl angehörte, verweigerte auf dem Parteitag in Halle die Annahme der 21 Bedingungen der kommunistischen III. Internationale, nach denen die USPD sich den Befehlen des Exekutiv-Komitees der Komintern hätte fügen müssen. Hat Grotewohl im Herbst und Winter 1945/46 an die Haltung der rechten USPD im Jahre 1921 angeknüpft, die zwar großes Verständnis für die Kommunistische Partei zeigte, ja sie fast als familiären Freund betrachtete, aber am Gedanken der parlamentarischen Demokratie festhielt und ihre Autonomie nicht opfern wollte?

Ohne den Werdegang des Ost-Berliner SPD-Chefs läßt sich die Politik des ZA, ohne Kenntnis der völlig unterschiedlichen politischen Sozialisation der Rivalen der Konflikt Berlin–Hannover schwer verstehen. Stößt Schumacher, der Bürgersohn aus Culm, als Akademiker zur Sozialdemokratie, ist Grotewohl tief im proletarischen Milieu verwurzelt. Als Sohn eines Hilfsarbeiters absolviert er eine Buchdruckerlehre und wird dadurch zum sogenannten Arbeiteraristokraten; mit 16 Jahren tritt er in die Sozialistische Arbeiterjugend ein und zieht mit der Klampfe durch die Wälder; er heiratet in erster Ehe eine Arbeiterin, bildet sich weiter und besucht die Hochschule für Politik in Berlin, kurzum: Er geht den geradezu klassischen Weg eines sozialdemokratischen Aufsteigers.

Bekennt sich Schumacher 1918 ausdrücklich zur Mehrheitssozialdemokratie und beteiligt sich nach seiner Übersiedlung nach Stuttgart offensiv an der ideologischen Auseinandersetzung mit der USPD, beginnt Grotewohl seine politische Karriere mit den Unabhängigen in Braunschweig, das als eine ihrer Hochburgen gilt – Ende 1919 verfügen sie über annähernd 25 000 Mitglieder, die Mehrheitssozialdemokraten befinden sich mit nur 4 500 Anhängern weit abgeschlagen in der Minderheit. Schumacher rebelliert gegen das württembergische Parteiestablishment und kämpft sich schwer nach oben, Grotewohl schwimmt mit dem Strom der jeweiligen Mehrheitsmeinung, denn auch die Braunschweiger USPD entscheidet sich, anders als ihre Genossen im Reich, mehrheitlich gegen die III. Internationale und sucht wieder den Anschluß an die SPD. Nahezu mühelos steigt er die Leiter nach oben, bekleidet 1923 kurze Zeit die Position eines Kultusministers, 1926/27 die eines Ministers des Inneren und stellvertretenden Justizministers des Freistaats Braunschweig, ist Landtagsabgeordneter und wird 1925 Mitglied des Reichstags, dem er bis 1933 angehört.

»Jugo«, junger Gott, wird der gepflegt gekleidete, oft geschniegelt wirkende Aufsteiger von Freunden genannt; einem Mitarbeiter des *Braunschweigischen Volksfreunds*, Felix Riemkasten, dient er angeblich sogar als Modell für seinen Roman »Der Bonze«. Darin nutzt ein junger, opportunistischer Buchdrucker aus dem proletarischen Hinterhaus sein beachtliches Redetalent und das Parteibuch, um es als Opportunist reinsten Wassers schließlich bis zum Oberpräsidenten zu bringen.

Das spezielle sozialdemokratische Milieu, aus dem er kommt, mag Grotewohls Haltung in den Jahren 1945/46 insofern vorgeprägt haben, als Braunschweigs Sozialdemokratie 1918 bis 1933 kein Abbild der Sozialdemokratie im Reich gewesen ist, wie Bernd Rother in seiner Studie über die braunschweigische Arbeiterbewegung dargelegt hat. Dank einer günstigen parlamentarischen Konstellation kann sie den Freistaat nicht nur am Anfang der Weimarer Republik, sondern auch in den Jahren 1927 bis 1930 ohne bürgerliche Koalitionspartner regieren. Anders als im Reich hat sich in Braunschweig die

»politische Orientierung von Arbeiterschaft und Parteiaktivisten«, von sozialdemokratischen Wählern und den Spitzenfunktionären der Partei nicht auseinanderentwickelt, und die verschiedenen Strömungen optieren immer dafür, unter einem gemeinsamen Dach zu wirken – etwa, wenn USPD und MSPD 1920/21 im Lande die Alleinregierung stellen. Auch nach der Vereinigung beider ist die Sozialdemokratie in Braunschweig eine diskussionsfreudige, »multipolare, aber meist geschlossen agierende Partei«, deren radikal-reformerische Politik für Kommunisten und deren Sympathisanten, aber auch für Jugendliche eine attraktive Alternative bietet. Rother vergleicht sie mit den österreichischen Austromarxisten, die linkszentristische Kräfte, welche anderswo von kommunistischen Parteien angezogen wurden, zu binden verstanden.

Anders als Schumacher erhält Grotewohl eine einträgliche Parteipfründe, als er das Amt eines Präsidenten der Landesversicherungsanstalt übernimmt, anders als sein Stuttgarter Kollege fällt der Braunschweiger im Reichstag kaum auf – er gilt, wie sich Josef Felder erinnert, in der Fraktion als graue Maus. Schumacher bereitet nach dem 30. Januar 1933 den illegalen Widerstand vor, Grotewohl lehnt jede außerparlamentarische Aktion dezidiert ab. Als Schumacher, in der Minderheit, die Fraktionskollegen von der Teilnahme an der Reichstagssitzung zu Hitlers »Friedensresolution« im Mai 1933 abzuhalten versucht, stimmt Grotewohl mit Paul Löbe und der Mehrheit.

Im Gegensatz zu Schumacher übersteht Grotewohl die Zeit der Verfolgung relativ wohlbehalten, die Erfahrung des Konzentrationslagers bleibt ihm erspart; dreimal – 1938, 1939 und 1944 – befindet er sich für kurze Zeit in Gestapohaft, aber ein Verfahren wegen illegaler Tätigkeit wird eingestellt. Strafbare Handlungen lassen sich nicht nachweisen, auch wenn er Kontakte zu früheren Sozialdemokraten hält und sie regelmäßig besucht. Im Dritten Reich versucht er sich vergeblich als Lebensmittelhändler in Hamburg, wird von Erich Gniffke aufgefangen, den er aus Braunschweig kennt, dort Reichsbannerfüher war und der ihn als Vertreter und Werbeberater beschäftigt.

Vorübergehend schlägt sich Grotewohl auch als Hobbymaler durch und betreibt ein Geschäft für Porträtvergrößerungen. Zum Erstaunen und Entsetzen seiner früheren Freunde fertigt er nach photographischen Vorlagen Postkarten von Hitler und Hindenburg. Er ist musisch veranlagt, spielt Klavier und Gitarre, liest viel und hat eine umfangreiche Bibliothek, doch sein Maltalent bleibt stets bescheiden, auch wenn er sich später gern mit Churchill vergleicht. Als Hobbymaler ist er nicht schöpferisch, sondern kopiert gern große Meister, an einer Wand des späteren Politbüro der SED wird ein Bebel-Porträt von ihm prangen, das er nach Lovis Corinth gefertigt hat. »Von dieser Seite her hat sich auch sein Charakter gebildet«, schildert ihn Gniffke kritisch-distanziert, allerdings erst nach seiner Flucht in den Westen: »Seine Originalität liegt im schnellen Erfassen von Meinungen anderer, im Improvisieren aus dem Extrakt anderer.« Folgt man Gniffkes Charakteranalyse, dann verträgt Grotewohl keinen Gegenwind und braucht stets Rückenwind; er erfühlt, was im jeweiligen Augenblick gesagt werden soll, ein Gespür, das den guten Redner zum Volkstribun befähigt und zum Führer der sozialdemokratischen Bewegung im Osten aufsteigen läßt. Ein Demagoge, der selbst nicht glaubt, was er sagt, ist er nicht. Im Gegenteil, er glaubt, so Gniffke, »alles, was er sagt. Er steigert sich in diesen Glauben hinein, und darum reißt er mit.«

Grotewohl ist kein ausschließlich von der Politik Besessener. Während des Krieges, als die Nationalsozialisten nach dem Sieg über Frankreich auf dem Gipfel ihrer Macht stehen, trägt er sich mit dem Gedanken, später einmal mit seinem Sohn, der Architektur studiert, ein Architekturbüro zu eröffnen. Der überdurchschnittlich kluge, gutaussehende Grotewohl ist »im Grunde seines Wesens ... ein weicher Mann«, urteilt Ernst Niekisch, einer seiner Berater, und beschreibt, ohne Schumacher zu erwähnen, den entscheidenden Unterschied im Charakter der beiden sozialdemokratischen Führer: »Er (Grotewohl) wurde nicht emporgetragen, weil er auf Gedeih oder Verderb einer Sache verfallen gewesen wäre, sondern hatte sich an eine Sache geheftet, weil er von ihr erwartete, daß sie ihn emportragen werde.« Harold Hurwitz bescheinigt ihm die »Unentschlossenheit und Skepsis eines Mannes, der zwar ehrgeizig und eitel, aber nie machthungrig war«. Pieck sieht ihn als schwankendes Rohr, weil er jeweils den Argumenten des letzten Besuchers zuneige.

Bei den westlichen Alliierten in Berlin erfreut sich Grotewohl bis zum Januar 1946 großer Beliebtheit; es gelingt ihm vor allem, gute Beziehungen zu den Engländern aufzubauen. Die Offiziere der britischen Militärregierung schätzen ihn wegen seiner gepflegten Umgangsformen, und der Oberstleutnant Noel Annan, ein Fellow des King's College in Cambridge, zieht ihn anfangs dem schroffen Schumacher in Hannover sichtlich vor. Der Vorsitzende des Zentralausschusses beeindruckt den Akademiker aus der noblen Universität des englischen Establishments durch Charme, Offenheit und Verbindlichkeit – er ist »das ganze Gegenteil von Schumacher«, schreibt Annan in einer für den britischen Außenminister Bevin erstellten Analyse und äußert die Befürchtung, daß Schumacher, sollte er die Führung im Westen gewinnen, die Zusammenarbeit mit Grotewohl, dem »besseren und fähigeren Mann«, verweigern und so eine Spaltung der Partei herbeiführen werde. Für die Briten, die damals eine Vier-Mächte-Verwaltung für das gesamte Deutschland noch nicht abgeschrieben haben, ist dies eine beunruhigende Perspektive.

Günstig urteilen auch französische Beobachter in Berlin. Grotewohl sei ein Mann von Kultur und guten Formen, berichtet General Koeltz dem französischen Außenminister Bidault, er gebe sich gutbürgerlich, ja »gemütlich« (deutsch im französischen Original) und sei ebenso nachdenklich wie energisch. Innerlich eher in Orientierungsnot, versteht Grotewohl es doch, bei den westlichen Alliierten den Eindruck des entschlossenen politischen Führers hervorzurufen.

In Wennigsen bei Hannover prallen die beiden Charaktere dann am 5. und 6. Oktober 1945 aufeinander – Schumacher, der Leidenschaftliche und Unerbittliche, ganz Geist und Wille, und Grotewohl, der Konziliante, aber innerlich Unsichere und Anlehnungsbedürftige. Im Besitz von 14 Mandaten westlicher Bezirke, fühlt sich Schumacher inzwischen als demokratisch legitimierter Sprecher der Sozialdemokraten in den Westzonen und hat 21 westliche Parteibezirke aufgefordert, je drei Delegierte zu einer »Art Reichskonferenz« zu entsenden. Er will sie von vornherein auf die »nicht russisch besetzten Gebiete« beschränkt wissen, als Zweck gibt er einmal die »geistige, politische, organisatorische und personelle Ausrichtung«, ein andermal die »taktische und organisatorische Angleichung« an. Besonderen Wert legt er darauf, daß Hans Vogel und Mitglieder des Londoner Exilvorstands an den Beratungen teilnehmen, zumal sie seine grundsätzliche Skepsis gegenüber der russischen Besatzungsmacht teilen. Vogel stirbt, ehe die Konferenz beginnt, aber drei anderen Vertretern der Exil-SPD (Sopade) aus London werden die Reisevisen durch Vermittlung des Labour-Politikers Noel Baker ausgestellt.

Den Zentralausschuß bittet Schumacher in einem Brief vom 30. August, Vertreter zu der Konferenz zu entsenden, denn »es wird für beide Teile ein großer Gewinn sein, wenn wir uns aussprechen und dabei herausfinden können, was doch trotz aller Verschiedenartigkeit der Verhältnisse zusammen beraten und getan werden kann«. Er versichert den Berliner Genossen: »Genau wie es der Wunsch aller deutschen Sozialdemokraten ist, ein einiges Deutsches Reich zu erhalten, wollen wir auch die einige und einheitliche Sozialdemokratische Partei Deutschlands. Es ist unser fester Wille, die geistige und taktische Aufsplitterung der Partei zu vermeiden.« Allerdings geht er davon aus, daß die Berliner nur als Beobachter und Diskussionspartner kommen und nicht an der »Willensbildung für die drei westlichen Zonen« teilnehmen, wie er seinen Mittelsmann, den Redakteur Hans Etzkorn von der *Frankfurter Rundschau* wissen läßt. Eine besondere Konferenz für die westlichen Bezirke sei nötig, weil »die Gebiete westlich der großen Demarkationslinie« sie »zur Erledigung ihrer speziellen Sorgen« brauchen, die eben »anders sind als die Sorgen, die man anderswo hat«. Den Berlinern schreibt er in seinem Einladungsbrief: »So wie Ihr für die russisch besetzte Zone einen parteipolitischen Lebensmodus habt finden müssen, der alle Eure Gebiete umfaßt, so arbeiten wir auch an der Gemeinsamkeit für die westlichen Besatzungszonen.«

Hat Schumacher, der doch die Aufsplitterung der Partei vermeiden will, damit die Auseinanderentwicklung der deutschen Sozialdemokratie in die Wege geleitet und den Graben zwischen Ost und West im besetzten Deutschland vertieft? Hat der große Vorkämpfer für die Einheit der Deutschen womöglich den ersten, möglicherweise entscheidenden Schritt zur deutschen Spaltung selbst getan? Es gibt eine revisionistische Schule der Geschichtsschreibung, welche darauf zielt, den nach 1945 im Westen entstandenen Schumacher-Mythos zu demontieren, die Wennigsen als historische Zäsur betrachtet und von den versäumten Chancen einer geeinten Sozialdemokratie spricht. Grotewohl, so ihre These, sei mit der Hoffnung nach Wennigsen gekommen, vom Westen Unterstützung in seinem Abwehrkampf gegen eine schnelle Vereinigung zu erhalten, doch Schumacher habe ihn aus selbstsüchtigen Gründen schmählich im Stich gelassen. Ob allerdings die Argumente, die von Revisionisten wie Lucio Caracciolo und Klaus Sühl gegen Schumacher vorgebracht werden, auch stichhaltig sind, scheint nicht nur im Licht der neuesten Quellen fraglich.

Allein die Vorgeschichte der Konferenz zeigt anschaulich, wie eng die Grenzen für deutsche politische Aktivitäten damals gezogen sind und mit welchen Schwierigkeiten das »Büro Schumacher« im Gegensatz zum Zentralausschuß in Berlin zu kämpfen hat. Als Tagungsort haben die Hannoveraner Wennigsen auserkoren, weil die Verpflegung der Delegierten auf dem niedersächsischen Land gesichert werden kann, der Ort unzerstört ist und ein ausreichend großer Saal im »Calenberger Hof« zur Verfügung steht. Da das parteipolitische Leben in den westlichen Zonen noch ganz in den Anfängen steckt und auf die lokale Ebene beschränkt ist, wäre ohne das typische und distanzierte *laisser-faire* der angelsächsischen Offiziere die Konferenz wohl nie zustande gekommen, freilich auch nicht ohne Schumachers Entschlossenheit und sein taktisches Geschick, die Beschränkungen der Besatzungsmacht zielbewußt zu unterlaufen.

Was sich da in Wennigsen zusammenfindet, hat formell mit der in den Rundschreiben des »Büros Schumacher« angekündigten »Art Reichskonferenz« wenig zu tun, denn genehmigt ist zunächst nur ein nationales Treffen im »privaten« Rahmen, welches die Briten mit Rücksicht auf die Sowjets in letzter Minute in einen offiziellen und einen informellen Teil splitten. Als nämlich ein deutscher Rundfunksender drei Tage vor dem Treffen eine Konferenz mit »Delegierten« aus der amerikanischen und französischen Zone sowie die Teilnahme des Ost-Berliners Grotewohl ankündigt, verlangt der zuständige Offizier in Hannover genaue Auskunft, was denn eigentlich geplant sei. Kaum erfährt er von Schumacher, daß nicht nur die verschiedenen Vorstellungen von der Neugründung der Sozialdemokratie in Westdeutschland koordiniert, sondern auch die Möglichkeiten geprüft werden sollen, sowjetischem Einfluß beim Wiederaufbau der Sozialdemokratie in ganz Deutschland zu begegnen, klingeln bei dem Briten die Alarmglocken.

Über russische Politik und sowjetische Interessen zu befinden, ist Sache der besiegten Deutschen nicht, und schon gar nicht kann es im britischen Interesse liegen, die Sowjets, mit denen man ja im Kontrollrat zusammensitzt und – noch – versucht, das ganze Deutschland in Siegereintracht zu verwalten, durch unbotmäßige Kritik an der russischen Besatzungsmacht, geübt von Deutschen auf einer britisch lizenzierten Versammlung, vor den Kopf zu stoßen. So wird entschieden, daß die 38 Delegierten der britischen Zone offiziell zusammentreffen können, aber Resolutionen aus dieser Versammlung ohne Genehmigung der Militärregierung nicht veröffentlicht werden dürfen. Begegnungen mit den Ost-Berlinern und den etwa 40 Delegierten aus der amerikanischen und französischen Zone werden, streng abgesetzt von dem offiziellen Teil, als »private« Zusammentreffen wohlwollend geduldet. Der in Wennigsen anwesende Kontrolloffizier willigt schließlich ein, daß die Genossen aus der amerikanischen und französischen Zone sowie Vertreter des Zentralausschusses mit den Teilnehmern der offiziellen Konferenz auf einer von Herbert Kriedemann einberufenen »privaten« Versammlung diskutieren.

Und natürlich dürfen alle beim Essen zusammensitzen, ein für die damalige Zeit unerhört üppiges Buffet mit Kaffee, Bier, Schnaps und dick belegten Wurstbrötchen genießen und am geselligen Abend teilnehmen. Der Saal ist rot drapiert, auf der Bühne steht ein riesiges Porträt von Karl Marx, ein Arbeitersängerchor und eine Arbeitermusikkapelle singen und spielen den Sozialistenmarsch und vertraute Lieder aus der großen Bebel-Zeit – das alles schafft die Stimmung früherer Parteitage. Die Atmosphäre ist zwar eher einem Traditionsverein angemessen und paßt wenig zu dem Neuanfang, den Schumacher sonst immer beschwört, aber der Emigrant Erich Ollenhauer, der zusammen mit Fritz Heine und Erwin Schoettle aus London angereist ist, lebt auf. Er hat den Eindruck, als sei er nicht zwölf lange Jahre, sondern nur zwölf Tage von den Genossen in Deutschland getrennt gewesen.

Die gelockerte Stimmung einer großen Wiedersehensfeier darf nicht darüber hinwegtäuschen, mit welch harten Bandagen in Wennigsen gekämpft wird; schon die Ausgangslage beider Kontrahenten macht dies überdeutlich. Schumacher geht es in erster Linie darum, den Berliner Führungsanspruch für das gesamte Reich zurückzuweisen. »Bedrückend und gefahrvoll« nennt er die Situation, die durch die Berliner Forderung entstanden ist. In einem Schreiben an die Bezirksvorstände stellt er schon Mitte September klar: »Es ist ... eine Selbstverständlichkeit, daß der ›Zentralausschuß‹ nur für das russisch besetzte Gebiet kompetent sein kann.« Aus seiner Sicht geht es nicht darum, für die drei Westzonen einen neuen Parteivorstand zu bilden, sondern unter Zustimmung der Londoner Freunde eine »Stelle, die, von allen Bezirken dieser Zonen getragen, für die politische, geistige und organisatorische Ausrichtung verantwortlich ist«. Diese Stelle »durch ihre Tätigkeit mit der Zeit selbst unnötig zu machen und aufzugehen in einer größeren Einheit«, nennt er das Ziel »jeder verantwortungsfreudigen Politik«.

Die organisatorische Form der deutschen Sozialdemokratie, die er auf absehbare Zeit für richtig und möglich hält, besteht also in drei voneinander unabhängigen konzentrischen Kreisen, die zwar soweit wie möglich die politische Linie miteinander abstimmen, aber in sich unabhängig sein sollen: der östlichen Besatzungszone, den drei westlichen Besatzungszonen und der Londoner Emigration. Der Exilvorstand in London soll als ein Element sozialdemokratischer Legitimität fortdauern, bis eine echte zentrale Reichsinstanz »nach dem ersten richtigen Reichsparteitag aller vier Besatzungszonen« geschaffen ist, mit der sich dann auch die westlichen und östlichen Führungs-»Stellen« erledigen werden. Dies freilich kann nach Schumachers Einschätzung erst geschehen, wenn die Sieger in Vier-Mächte-Verhandlungen über die Einheit des Reichs entschieden haben; bis dahin lebt die Einheit des Reiches nur als Idee, weil Deutschland in verschiedene Besatzungszonen zerfällt.

Grotewohl, Dahrendorf und Fechner kommen dagegen mit dem festen Vorsatz nach Wennigsen, ihren Zentralausschuß mit dem Segen der Konferenz in den Rang eines provisorischen Reichsvorstands zu erheben, der durch die Kooptation von Vertretern der Londoner Emigration und der westlichen Besatzungszonen erweitert werden soll. Grotewohl reist über Braunschweig an, macht dort einige Tage Station und versucht – allerdings vergebens – die Sozialdemokraten seiner Heimatstadt, in der seine politische Karriere begann, auf den Berliner Gründungsaufruf einzuschwören. In seinem Auftrag ist der Genosse Wilhelm Buch, ein Braunschweiger Sozialdemokrat, den Grotewohl aus den zwanziger Jahren kennt, zuvor nach Süddeutschland gereist, um die sozialdemokratischen Bezirksorganisationen in Franken und der Oberpfalz für die Berliner Linie zu gewinnen. Er hat jedoch nur in Regensburg Erfolg, wo der Bezirksvorstand sich nachträglich dem Berliner Gründungsaufruf anschließt; die Nürnberger Parteiorganisation, die nach Wennigsen kommt, entscheidet sich gegen ihn und für den Schumacher-Kurs. Zweifellos handelt es sich dabei um Versuche des Zentralausschusses, für die entscheidende Auseinandersetzung mit Schumacher Verbündete im Westen zu gewinnen.

Daß die Berliner die Hoffnung hegen, »ein Zentralausschuß der Partei für das Reich zu werden«, ist auch Erwin Schoettles Eindruck nach einem langen nächtlichen Gespräch, das die Londoner mit der Berliner Delegation gleich nach deren Eintreffen führen. »Wir drei Londoner«, schreibt Schoettle, »hatten ... versucht, sie von der Unmöglichkeit ihrer Forderungen zu überzeugen.« Offenbar vergebens. Grotewohl führt Hektographien seiner Rede vom 14. September im Gepäck und läßt sie verteilen – es ist jene Rede, in der er einerseits versichert, daß keiner der Berliner Genossen den Ruf nach der einheitlichen Partei erhebt, »weil er damit irgendwelche Führungsansprüche geltend machen will«, andererseits den Zentralausschuß als »Treuhänder und Sachwalter« bezeichnet, der »solange« amtieren soll, »bis bessere Genossen berufen werden, unsere Plätze einzunehmen«; solange – ist damit nicht doch die Zeit bis zur Wahl eines Reichsvorstands durch einen Reichsparteitag aller vier Zonen gemeint?

Schumacher, der seine Absichten nie verschleiert und seine organisatorischen Pläne lange vor der Konferenz offengelegt hat, weiß um die Mission Willi Buchs und vermutet ein Berliner Doppelspiel. Die SMA hat Grotewohl für die Reise eine alte Limousine samt Chauffeur zur Verfügung gestellt, in dessen Gegenwart der ZA-Chef sich während der Fahrt von Wennigsen nach Hannover zu Günther Markscheffel, dem Vertreter der deutschen Sozialdemokraten in Frankreich, nicht offen äußern mag, weil er sich bespitzelt glaubt. Schumacher bestärkt dies in seiner Annahme, daß die Ost-Berliner Sozialdemokraten nicht wirklich frei in ihren Entschlüssen sind und unabhängig von den Vorstellungen der östlichen Besatzungsmacht nicht agieren können.

Am ersten Tag spricht Kurt Schumacher etwa zweieinhalb Stunden lang, begründet den Führungsanspruch der Sozialdemokraten beim Neubau einer demokratischen Republik und verbeißt sich, wohl mit Blick auf die anwesenden britischen Kontrolloffiziere, jede antisowjetische Spitze: »Die sozialdemokratische Partei hat das größte Interesse an der friedlichen Zusammenarbeit der großen Siegermächte. Sie kann sich darum nur bekennen zu einer Politik des Ausgleichs und des Gleichgewichts.« Sogar den Anhängern des Einheitsgedankens kommt er entgegen, denn er weiß, daß auch Karl Meitmann aus Hamburg sowie Vertreter des Internationalen Sozialistischen Kampfbunds und der früheren Sozialistischen Arbeiterpartei anwesend sind, welche die Brücken zur KPD nicht völlig abbrechen wollen: »Im Grundsatz bekennen wir uns zur Einheitspartei aller Schaffenden.« Freilich fügt er sofort hinzu, warum eine Einheitspartei derzeit mit den Kommunisten nicht möglich ist – weil nämlich »nirgends sonst in der Welt sich dieser Gedanke durchgesetzt hat, sich unter den gegebenen Voraussetzungen dieser historischen Epoche auch nicht durchsetzen kann. Das hat bei uns wie in anderen Ländern seinen Grund darin, daß die Kommunistische Partei sich nicht nach den Bedürfnissen und Erkenntnissen der Arbeitenden ihres Landes richtet.«

In einer programmatischen Formel, die nachgerade klassisch werden soll als Positionsbeschreibung der westdeutschen Sozialdemokratie unter seiner Führung, stellt er gegen die kommunistische Abhängigkeit von Moskau und ihre Bindung an die nationalen wie imperialistischen Interessen Rußlands die These von der SPD als der wahrhaft unabhängigen nationalen deutschen Kraft: »Wir deutschen Sozialdemokraten sind nicht britisch und nicht russisch, nicht amerikanisch und nicht französisch. Wir sind die Vertreter des deutschen arbeitenden Volkes und damit der deutschen Nation. Wir sind als bewußte Internationalisten bestrebt, mit allen internationalen Faktoren im Sinne des Friedens, des Ausgleichs und der Ordnung zusammenzuarbeiten. Aber wir wollen uns nicht von einem Faktor ausnutzen lassen.«

Was er sagt, kann nicht überraschen, denn die wichtigsten Argumente, mit denen er gegen eine Einheitspartei vor den Delegierten Stellung bezieht, hat er längst in seinen Richtlinien vorgezeichnet: Im Sinne der deutschen Politik ist die Kommunistische Partei überflüssig, ihr Lehrgebäude liegt in Trümmern, ihre Linie wurde durch die Geschichte widerlegt, und nur, weil sie sich nicht als führende Arbeiterpartei durchsetzen konnte, sucht sie jetzt nach einem großen Blutspender. »Das Rezept ist die Einheitspartei, die einen Versuch darstellt, der Sozialdemokratischen Partei eine kommunistische Führung aufzuzwingen. Eine Sozialdemokratische Partei unter kommunistischer Führung wäre aber eine kommunistische Partei. International wäre jeder Schritt auf diesem Wege eine außenpolitische Parteinahme und würde eine Gleichgewichtsstörung von deutscher Seite bedeuten.«

Kann man etwa den Führungsanspruch einer Partei anerkennen, die in den entscheidenden Perioden der Etablierung der ersten Republik und des Kampfes mit dem Faschismus die Situation grundlegend verkannt und sich als antidemokratische Kraft erwiesen hat? Eine Partei zudem, die Demokratie nur als Lippenbekenntnis im Munde führt? »Eine Partei«, so Schumacher in Wennigsen, »ist ... nicht so demokratisch, wie die Worte ihres Programms behaupten, sondern nur so demokratisch, wie ihre Grundideen und ihr Aufbau. Und die sind nach wie vor diktatorisch. Darüber hilft kein Lippenbekenntnis zur Demokratie hinweg, besonders dann nicht ..., wenn in dem Funktionärsmaterial ›Strategie und Taktik nach dem VII. Weltkongreß‹ davon die Rede ist, daß das Ziel die Diktatur des Proletariats bleibe.« Gegen die kommunistische Spielart der Einheit setzt er den eigenen Anspruch von der Einheit diesseits der KP: »Jetzt sehen wir nur eine Möglichkeit, jetzt gibt es als Einheitspartei des schaffenden Volkes nur die SPD. Der Weg für die Massen zu dieser Partei ist eine gute sozialdemokratische Politik.« Explizit weist er den Anspruch der Berliner mit den Worten zurück, es gehe nicht an, »die Verfügung über die Sozialdemokratische Partei und ihre Anhängerschaft von den besonderen Bedingungen und Voraussetzungen einer einzelnen Besatzungszone abhängig zu machen«.

Otto Grotewohl, sein Kontrahent, findet die Bedingungen in der britischen Zone alles andere denn vorbildlich; die Möglichkeiten in Berlin, wo die Vier Mächte vertreten sind, müssen ihm angesichts der vielen Auflagen und Beschränkungen der britischen Militärregierung geradezu ideal erscheinen. Von englischen Offizieren daran gehindert, an der offiziellen Delegiertenkonferenz für die britische Zone teilzunehmen, versteigt er sich gar zu dem Satz: »Ich glaube versprechen zu können, daß wir für Euch (in den Westzonen) die politische Freiheit erkämpfen.« Er sagt dies auf der von Kriedemann einberufenen »privaten« Versammlung für die Gastdelegierten am Nachmittag des 5. Oktober in Wennigsen und wirbt, indem er die politischen Betätigungsmöglichkeiten der Ost-Berliner Sozialdemokraten in leuchtenden Farben darstellt, für eine reichseinheitliche Parteizentrale in Berlin. Er habe gedacht, in ein freies Land mit freieren Formen zu kommen, stellt er ironisch fest, aber die britischen Auflagen und die strenge Überwachung durch die Kontrolloffiziere ließen nur den Schluß zu, daß die Beschränkungen des politischen Lebens im Westen größer seien als im russisch besetzten Gebiet.

Seine Rede ist taktisch geschickt, doch bewußt beschönigt er die Verhältnisse, unter denen die Sozialdemokraten in der Ostzone arbeiten müssen. Hat er am 26. August in Leipzig nicht selbst die Rechtsunsicherheit unter der sowjetischen Besatzung angeprangert, hatten die Leipziger Funktionäre ihre Benachteiligung durch die Sowjets und das Zusammenspiel der Besatzungsmacht mit den deutschen Kommunisten nicht an handfesten Beispielen belegen können, ja über willkürliche Verhaftungen von SPD-Funktionären durch sowjetisches Militär geklagt? Die Grenze zum Osten ist noch keineswegs hermetisch verschlossen, durch Freunde oder Verwandte wissen die Delegierten genug über die Verhältnisse in der sowjetischen Zone, um das von Grotewohl entworfene Bild ungehinderter Betätigung mit äußerster Skepsis zu quittieren.

Auf noch mehr Zweifel stößt Gustav Dahrendorf, als er, für die Berliner These von der historischen Notwendigkeit der Einheitspartei werbend, davon spricht, die demokratischen Parolen der KPD seien nicht nur Taktik, und sich auf den Austromarxisten Otto Bauer beruft. Hat Bauer nicht in einem Buch vor 1933 darauf hingewiesen, daß die Aussichten für eine demokratische Entwicklung in Sowjetrußland mit wachsendem Lebensstandard besser werden? Und hat diese Entwicklung nicht bereits eingesetzt? In solchen Äußerungen zeigt sich erneut, mit welcher Naivität man in Berlin an politischen Konzepten bastelt, denn Millionen deutscher Soldaten, die den Krieg im Osten haben führen müssen, wissen über den Lebensstandard in Rußland nur zu gut Bescheid. Günther Markscheffel, der für die Gruppe deutscher Sozialdemokraten in der französischen Emigration die Konferenz in Wennigsen beobachtet, spricht davon, daß Dahrendorf den ziemlich massiven, aber vergeblichen Versuch unternahm, die »Stimmung des Kongresses nach Osten auszurichten«.

Anderntags, in Schumachers Büro in der Jakobstraße, kommt es dann zur großen Auseinandersetzung, und sie wird heftig, auch wenn Grotewohl sich zunächst ganz um Harmonie mit den westlichen Genossen müht. Schumacher, inzwischen zum Treuhänder der SPD der britischen Zone ernannt, wiederholt vor den Delegierten aus der amerikanischen und französischen Zone, vor den Londonern und Berlinern sein auf 100 Minuten gekürztes Referat vom Vortag und erhält großen Applaus. Grotewohl, der Anpassungsfähige, trägt ganz der vorherrschenden Stimmung Rechnung. Er fordert nicht mehr die Anerkennung des Zentralausschusses als provisorische Reichsleitung und ihre Erweiterung durch die Kooptation westdeutscher und Londoner Vertreter, aber doch einen Ausschuß mit Sitz in Berlin, der alle Zonen repräsentiert und die Tätigkeit der SPD koordinieren, nicht jedoch kontrollieren soll. So versöhnlich und kompromißbereit gibt er sich, daß Fechner ihn dafür heftig kritisiert und ein ganz und gar verärgerter und verbitterter Dahrendorf sich zunächst sogar weigert, am nachfolgenden geselligen Zusammensein teilzunehmen.

Grotewohl betont vor allem die Gemeinsamkeiten: Was Schumacher gesagt habe, decke sich voll mit seinen Gedanken; der Zentralausschuß habe nicht das Recht für sich in Anspruch genommen, die

Führung der Gesamtpartei darzustellen; die Entscheidung über die endgültige Politik will er selbstverständlich einem Reichsparteitag überlassen, freilich seien die Berliner allein diesem Gremium, nicht aber den Sozialdemokraten der Westzone Rechenschaft schuldig. Dennoch sind die Unterschiede im strategischen Ansatz unübersehbar. Grotewohl bekennt sich klar zur Einheitsfront mit der KPD und erläutert die Motive und Überlegungen, welche den Zentralausschuß dabei bestimmen: Das kommunistische Bekenntnis zur Demokratie, welches Schumacher für ein taktisches Manöver hält, wird von ihm respektiert, ja als »beste geschichtliche Rechtfertigung« der Politik des Zentralausschusses bezeichnet; wenn die KPD diese Haltung bereits 1921 gezeigt hätte, stünde die deutsche Arbeiterbewegung heute sehr viel besser da, sie hätte womöglich Hitler verhindert. Die Berliner propagierten und förderten die Aktionseinheit, seien aber von der organisatorischen Einheit weit entfernt.

Kein Wort fällt von der Bedrängnis, der Grotewohl ausgesetzt ist, dagegen zeichnet er ein durchweg optimistisches Bild von der Lage der Sozialdemokratie in der sowjetischen Zone, nennt ihre Position »stark« und »günstiger denn je«; nach den Angriffen Piecks auf Severing, Noske und Stampfer habe man die KPD wissen lassen, daß sie ihre Politik um 180 Grad ändern müsse, andernfalls es keine Zusammenarbeit mehr geben könne. Sieht so etwa der Hilferuf bedrängter Sozialdemokraten im Osten aus, so ein Schrei um Unterstützung, den Schumacher bewußt überhört, wie die Revisionisten behaupten, um den Genossen in Berlin in sein Unglück rennen zu lassen?

Unstreitig sieht Schumacher in den ostdeutschen Sozialdemokraten Rivalen, die eine lebensgefährliche Linie steuern und die Gesamtpartei um ihre demokratische Unabhängigkeit bringen werden, falls es ihnen gelingt, ihr den Berliner Stempel aufzudrücken. So ist sein ganzes Denken auf dieser Konferenz instinktiv auf Abwehr gerichtet. Alte sozialdemokratische Genossen und Feinde Hitlers, sind die Berliner aus seiner Sicht eher Opfer eigener Fehleinschätzungen und Illusionen, als daß sie böse Vorsätze hätten. Aber er kann nicht ausschließen, daß sie – unwissentlich, sei's drum! – doch nur als Handlanger sowjetischer Interessen agieren. Selbstredend spielt schon die Prämisse der Berliner, nach der es eine historische Notwendigkeit für das Zusammengehen von Sozialdemokraten und Kommunisten gibt, und die er nicht teilt, in die Hände der Sowjets.

Wie ein roter Faden zieht sich durch die Korrespondenz Schumachers jener Monate die Klage, daß lediglich die Sowjetunion ein klares Konzept für die Deutschlandpolitik habe, die Westalliierten und die Vereinten Nationen dagegen nicht wüßten, was sie mit diesem besiegten und besetzten Deutschland anfangen, wie sie es behandeln sollten. Wenn sich, wie Grotewohl beteuert, nicht ein rein nationaler Führungsanspruch hinter dem reichsweite Geltung heischenden Namen »Zentralausschuß der Sozialdemokratischen Partei Deutschlands« steckt – sind dann vielleicht andere als nur deutsche Einflüsse bei seiner Wahl wirksam gewesen, sowjetische vielleicht? So fragt er in der Diskussion, und empört weist Grotewohl dies in Zwichenrufen als Unterstellung zurück: Jede andere Bezeichnung hätte den Eindruck erwecken müssen, die ostdeutschen Sozialdemokraten seien mit der Spaltung des Reichsgebiets einverstanden. Doch Schumacher insistiert. Wird Grotewohl auf den Hektographien, die er von seiner Rede am 14. September nach Wennigsen mitgebracht hat, nicht als »Vorsitzender der Sozialdemokratischen Partei Deutschlands« bezeichnet, obwohl es einen legalen Parteivorstand nur in London gibt?

Die Debatte heizt sich auf, bis einem sichtlich erzürnten Max Fechner der Kragen platzt. Plötzlich bekennt er sich wieder klar zu einer Vorrangstellung des ZA und führt sie auf die Tatsache zurück, daß er und Richard Weimann die beiden einzigen Überlebenden eines vom Parteivorstand 1933 eingesetzten 12er-Ausschusses für die illegale Arbeit in Deutschland seien. Sie beide, so Fechner weiter, gehörten heute dem Zentralausschuß an, der damit allein ein Mandat für das ganze Deutschland besäße. Zwar bestreitet Weimann später, in den Westen geflüchtet, gegenüber Albrecht Kaden diese Darstellung, und sein Dementi wird durch Aussagen Friedrich Stampfers gestützt. In der Jakobstraße in Hannover aber wirkt Fechners Intervention erst einmal wie ein Bombe, denn entgegen allen früheren Beteuerungen gibt es ihn nun plötzlich doch, diesen Berliner Führungsanspruch, der so unübersehbar schon im Namen enthalten ist. Schumacher wird heftig, erregt sich über den Einfluß der Russen auf die Berliner Politiker, als der britische Kontrolloffizier sich zum Eingreifen veranlaßt sieht und bittet, die Konferenz möglichst bald zu beenden. Das »private« Treffen sei nicht genehmigt worden, um über die Frage einer nationalen Leitung zu diskutieren, zumal dies die Frage Ost oder West aufrollen müsse. Deutsche hätten keine Besatzungsmacht zu kritisieren, auch die östliche nicht.

Grotewohl und Schumacher ziehen sich daraufhin in ein Nebenzimmer zurück. In ruhigerer Atmosphäre und unter tatkräftiger Vermittlung des hessischen Bezirksvorsitzenden Willy Knothe, der einen Bruch zwischen Ost-Berlin und Hannover vermeiden will, kommt dann jenes Abkommen zustande, das Kurt Schumacher als den politischen Beauftragten der drei westlichen Besatzungszonen, den Zentralausschuß als die Führung der Sozialdemokratischen Partei in der östlichen Besatzungszone anerkennt und beide, Grotewohl wie Schumacher, dazu verpflichtet, »durch möglichst häufige persönliche Rücksprache und sonstigen Kurierverkehr die größtmögliche Übereinstimmung und Abstimmung der gegenseitigen Politik« sicherzustellen. In Punkt eins des Abkommens ist ausdrücklich die Schumachersche Ausgangsposition festgeschrieben, auf der seine Theorie von den drei konzentrischen Kreisen aufbaut: »Solange das Deutsche Reich in einzelne getrennte Besatzungszonen zerfällt und es die Vorschriften der Militärregierungen nicht gestatten, ist eine organisatorische Einheit der Sozialdemokratischen Partei nicht gegeben.«

Außer den drei genannten ist nur noch Egon Franke als enger Mitarbeiter Schumachers anwesend. Er und Knothe sind Zeugen, wie Grotewohl Schumacher in die Hand verspricht, daß über eine Vereinigung mit der KPD allein ein Reichsparteitag beschließen kann und er die SPD in der sowjetischen Zone lieber auflösen wird, als einer Vereinigung auf Zonenbasis unter Druck der Kommunisten oder der sowjetischen Besatzungsmacht zuzustimmen. Franke beteuert, Schumacher habe dem von Anfang an mißtraut, weil er Grotewohl für einen weichen Charakter hielt, einen Bequemling, der das gute Leben liebte und Druck nicht standhalten könne. Unter vier Augen habe er ihm nach dem Abkommen versichert: »Der ist längst im Sack, der ist verkauft.«

Fritz Heine betrachtet das Abkommen von Wennigsen als eine »taktische Meisterleistung« Schumachers, und in der Tat: Wenn er wirklich in erster Linie auf Abwehr bedacht gewesen ist, dann hat er in Wennigsen und Hannover einen großen Sieg davongetragen. Grotewohl, der zweifellos gehofft hatte, ein erweiterter Zentralausschuß werde als gesamtdeutsche Führung der SPD in die Verhandlungen mit der KPD gehen können, sieht sich jetzt auf die sehr viel kleinere sowjetische Zone als seinen originären Wirkungskreis beschränkt, indes Schumacher sich mit dem Einverständnis des Rivalen als der unbestrittene Führer der weitaus größeren Westzonen-SPD etabliert und damit seinen Anspruch auf die spätere Führung einer Reichspartei untermauern kann. Und doch ist es für die Partei ein zweischneidiger Sieg. Er stellt die Freiheit über die Einheit und sichert der Sozialdemokratie im Westen damit eine demokratische Entwicklung, aber um den Preis des Auseinanderdriftens der beiden Teile der Partei, die sehr bald an dieser Entwicklung zerbrechen wird.

Zunächst jedoch sieht es so aus, als ob der Wind von Wennigsen Grotewohl nun den Rücken stärkt und seinen Widerstand gegen eine schnelle Fusion versteift. »Hier stehe ich, ich kann nicht anders«, ruft er, den Reformator der Deutschen zitierend, am 11. November 1945 aus und stellt, allerdings erst nach einem emphatischen Bekenntnis zur Notwendigkeit der organisatorischen Einheit, Bedingungen, die sie zugleich in weite Ferne rücken: Sie darf kein »Beschluß von Instanzen« und »unmöglich, auch nur im geringsten, das Ergebnis eines äußeren Drucks oder indirekten Zwanges« sein, sondern muß aus dem »Bewußtsein völlig freier Selbstbestimmung auch des letzten und einfachsten Klassengenossen« zustande kommen; sie soll als das »Werk und Ergebnis des sozialistischen demokratischen Aufbaus«, in der sich die Zusammenarbeit der Arbeiterparteien bewähren muß, am Ende einer langen Phase stehen; und sie setzt einen entsprechenden Beschluß einheitlicher Reichsparteien voraus, die schnellstens zu schaffen sind, weil eine »zonenmäßige Vereinigung ... vermutlich die Vereinigung im Reichsmaßstab nicht fördern, sondern nur erschweren und vielleicht das Reich zerbrechen« würde.

Diese Rede ist Grotewohls Sternstunde, meint Harold Hurwitz, und in der Tat gehört Mut dazu, diese Vorbehalte zu einem Zeitpunkt vorzubringen, an dem die Kommandanten in der sowjetischen Zone bereits beginnen, der Einheitsparole widerstrebende Sozialdemokraten zu langen Gesprächen vorzuladen. Dem Wunsch der SMA, Kommunisten und Sozialdemokraten sollten der Jahrestage der Novemberrevolution von 1918 wie der bolschewistischen Oktoberrevolution gleichzeitig und gemeinsam gedenken, vermag der Zentralausschuß zwar in der Vier-Mächte-Stadt Berlin zu widerstehen, in Sachsen-Anhalt jedoch befiehlt General Kotikow einfach gemeinsame Feiern zum 7. November und ordnet an, den Referenten beider Parteien dafür in einem gemeinsamen Seminar »zentrale Anleitungen« zu geben. Was der Zentralausschuß befürchtet hat und in Berlin verhindern kann, wird in Sachsen-Anhalt Wirklichkeit: Die im Seminar Kotikows indoktrinierten Referenten heben auf den gemeinsamen Feiern die Revolution der Bolschewiki in den Himmel, die deutschen Sozialdemokraten des November 1918 dagegen stellen sie betont kritisch dar – als Halbherzige und Versager. Auf gemeinsamen Schulungsveranstaltungen gelten Lenin und Stalin der KPD eindeutig als die einzig konsequenten Marxisten, die großen Vollstrecker der Lehren von Marx und Engels.

Grotewohls Bekennerrede ist auch vor diesem Hintergrund zu sehen. Schon in den ersten Sätzen sucht er die Rolle der deutschen Sozialdemokraten zu verteidigen, wenn er davon spricht, sie hätten die Revolution von 1918 »nicht ehrlos verloren«. Geradezu unüberhörbar klingt ein Nachhall von Wennigsen mit, wo Schumacher ja die Sozialdemokratie im Unterschied zur KPD als »Vertreter des arbeitenden deutschen Volkes und damit der deutschen Nation« bezeichnet hatte. Es ist dieser Nachhall, der den ostdeutschen SPD-Chef besonders massiven Pressionen aussetzen und den Zentralausschuß in die Krise führen wird. Ein erstes – und zugleich ein letztes – Mal schlüpft er in die Rolle des nationalen Führers im Osten und wagt, freilich ohne die Sowjets beim Namen zu nennen, offene Kritik an der Politik der Besatzungsmacht, der Oder-Neiße-Grenze und der Moskauer Reparations-Praxis: »man lasse uns genügend Land, um uns zu ernähren, genügend Rohstoffe zur Produktion unseres eigenen Bedarfs, und man lasse uns den Großbetrieb, der nicht der Kriegswirtschaft dient, als einzige Form zur rationellen Verwertung der Arbeitskraft, um einmal zur Sicherung unserer zu schmalen Ernährungsgrundlage wieder zu einer Aus- und Einfuhr zu kommen«.

Rede »nix gut, Bilder malen besser« soll der Kommentar Hauptmann Popows gewesen sein, den die SMA als Begleitoffizier für Reisen Grotewohls und Gniffkes durch die Zone abzustellen pflegt. Über dem Haupt Grotewohls ziehen sich Gewitterwolken zusammen. Sein auf Außenwirkung berechneter großer Auftritt hat zwar den frenetischen Applaus von fünftausend Zuhörern erhalten, doch über den Saal hinaus, in dem er gesprochen hat, verhallt er ungehört. Weder in der östlichen noch gar der westlichen Öffentlichkeit wird er zur Kenntnis genommen, weil die sowjetische Zensur den Druck der kritischen Redepassagen verhindert. Wenn Grotewohl im Zusammenspiel mit Schumacher ehrlich auf Unterstützung hofft, müßte er dann nicht selbst dafür sorgen, daß man seine Rede in der Hannoverschen Jakobstraße vernimmt?

Nicht minder problematisch ist, daß sein mutiges Bekenntnis einen Alleingang darstellt, denn die taktische Weisheit seiner Äußerungen zur Oder-Neiße-Grenze und zur Reparationspolitik bleibt selbst innerhalb der Ost-Berliner SPD-Führung umstritten. Männer wie Gniffke und Dahrendorf zeigen sich schockiert, weil er ohne Ermächtigung des Zentralausschusses auf außenpolitisches Gebiet vorgeprescht ist und die Sowjets damit provoziert hat. Wie konnte ein Ausschuß, in dem doch Marxisten sitzen, diese Rede je billigen? So fragt ein empörter Oberst Sergej Tulpanow den von ihm einbestellten Gniffke, sucht Zwietracht zu säen und ermuntert ihn, Grotewohl intern Paroli zu bieten, weil dieser inzwischen mehr nach dem Westen als nach dem Osten blicke und die Spaltung der Arbeiterklasse damit vertiefe, indes die SMA sie zu überwinden suche. Fechner erhält nicht nur die Erlaubnis, ein Buch zu veröffentlichen, sondern auch die Bewilligung des nötigen Papiers. Um ihn auf Kurs und bei Laune zu halten, schenkt ihm Tulpanow sogar einen BMW.

Was gedacht war, der Ost-SPD Manövrierfreiheit zu verschaffen, wird vollends zum Mühlstein um ihren Hals, als man im Zentralausschuß beschließt, die negativen Auswirkungen dieser Rede dadurch aufzufangen, daß man sich den Sowjets als einzig wahrer Garant ihrer Interessen in Deutschland empfiehlt. Denn darauf läuft die Option für die Ostorientierung ja hinaus, die Hermann Brill, als sie ihm in Thüringen nahegebracht werden soll, mit allen Anzeichen des Entsetzens ein pseudowissenschaftliches »Scheusal« nennt, in dem es von imperialistischer Krisentheorie, Weltrevolution, Sozialismus und Kapitalismus gerade nur so wimmele. Tatsächlich leitet der Zentralausschuß eine Kurzfassung des Klingelhöferschen Strategiepapiers Oberst Tulpanow in der Hoffnung zu, sie könne als Beruhigungsmittel wirken, wie Klingelhöfer rückblickend im Februar 1946 feststellen wird, als die Schlacht um die Unabhängigkeit der Ost-SPD längst verloren ist.

Es lohnt sich, auf den konfusen Gedankengang dieses Papieres einzugehen, zeigt es doch neben allen analytischen Schwächen der Autoren vor allem, von welch bodenloser Realitätsferne und gefährlicher Leichtgläubigkeit sich der Zentralausschuß bei seinem Kampf ums Überleben leiten läßt. Das Papier ist als Trumpf gedacht, welcher die Kommunisten, immerhin die weltweit erprobten Helfershelfer der sowjetischen Außenpolitik, bei der SMA ausstechen soll; um dies zu erreichen, muß sich die Ost-SPD folglich als diejenige deutsche Kraft darstellen, welche die wahren Ziele sowjetischer Politik besser durchsetzen kann als die deutsche Bruderpartei der KPdSU. An die Äußerung Marschall Schukows vom Juni anknüpfend, suchen die Berliner Sozialdemokraten in ihrem Papier über die Ostorientierung die Sowjets davon zu überzeugen, daß die KPD Moskau bestenfalls eine erzwungene Einheit in der Zone bieten kann, welche die deutsche Arbeiterklasse spalten, den West-Ost-Gegensatz verschärfen und für die sowjetische Außenpolitik erhöhte Risiken bringen würde. Die SPD dagegen sei zur Führung in ganz Deutschland berufen, habe im Gegensatz zur KPD die Massen hinter sich und könnte die Einheit der Arbeiterklasse reichsweit herstellen, wenn man sie nur gewähren ließe. So schlägt man der SMA folgenden Handel vor:

Die Sowjets nehmen die Ostorientierung der SPD als Wechsel auf eine Zukunft zur Kenntnis, die durch den objektiven Gang der Geschichte gesichert ist.

Sie gewähren gegen diesen Zukunftswechsel, »den die Dinge selbst einlösen werden«, der SPD in der Gegenwart die »Chance des *fair play*«, die ihr heute gegenüber der KPD fehlt – die Sozialdemokraten erhalten ebenso viele Zeitungen mit gleicher Auflagenhöhe, ebenso viele Verlage, die gleichen organisatorischen Mittel, den gleichen Einfluß im Rundfunk, die gleichen Chancen bei der Zensur. Die SMA verbietet den Kommandanturen die einseitige Förderung der KPD und die offene oder versteckte Benachteiligung der SPD.

Die Sowjetunion behindert nicht länger den deutschen wirtschaftlichen Wiederaufbau, sondern gibt ihm statt dessen »leichte Chancen«.

Sie duldet die Führung Deutschlands und der Einheit der Arbeiterbewegung durch die SPD.

Im Gegenzug erhalten die Sowjets eine reichseinheitliche SPD, deren Führung nach sowjetischem Entgegenkommen auf wirtschaftlichem Gebiet dann beim Zentralausschuß der Sowjetzone liegt. Diese Führung der Gesamtpartei wird sich auf einem Reichsparteitag – in 9, 12 oder 15 Monaten – für die Verschmelzung mit der KPD einsetzen und einen entsprechenden Beschluß herbeiführen. »Diese Methode«, meint einer der Autoren, »wird einen Erfolg der sowjetischen Außenpolitik zur Folge haben, deren Ziele auch die der deutschen Arbeiterklasse sind, wenn die Sowjetunion auch heute noch die sozialistische Sowjetunion ist ... «

Sieht so Grotewohls großes Spiel um die Einheit Deutschlands aus, wie er seine Politik in einem Anflug von Überheblichkeit einmal nennt? So der große Plan, den ihm Lucio Caracciolo unterstellt – nämlich die SPD zur dominierenden dritten Kraft zwischen KPD und den bürgerlichen Parteien, zum »Garant für ein vereintes, als ausgleichendes Gewicht zwischen Ost und West fungierendes Deutschland« zu machen? Gustav Klingelhöfer, einer der Autoren, hatte einst auf den Barrikaden in München für die Räterepublik gekämpft. Beinahe entschuldigend wird er später an Schumacher schreiben, er habe nach zwölf Jahren geistiger Quarantäne in Berlin nicht sehen können, »daß Lenin in Rußland wirklich definitiv tot« war und Moskau wieder die alte »nationalistisch-chauvinistische allslawische Expansionspolitik nach dem Westen« betrieb. Aus diesem Grund sei die Konzeption der Ostorientierung falsch gewesen. Um das Stirnrunzeln der Sowjets nach seiner Rede vom 11. November zu beschwichtigen, in einer Situation also, als die Russen die Vorstandsmitglieder des ZA mit Erfolg gegeneinander ausspielen konnten, habe Grotewohl die Ostorientierung aus der Tasche gezogen und »den Wisch den Russen auf den Tisch geworfen«. Sie sollten sich davon überzeugen, »daß er (Grotewohl) eigentlich ein ganz harmloser Mensch und ihnen durchaus williger Diener sei. Damit hatte sich Grotewohl ausgeliefert.«

Man kann sich ausmalen, wie solche Überlegungen auf den SMA-Obristen Tulpanow wirken, einen überzeugten Marxisten-Leninisten, der vor dem Krieg als Dozent für politische Ökonomie beim ZK der KPdSU tätig war und vor Stalingrad zusammen mit Walter Ulbricht deutsche Soldaten per Megaphon zur Desertion aufgefordert hat! Gleicht es schon einem Verzweiflungsakt, sich den Sowjets in die Arme zu werfen, um sich gegen den Ansturm der mit ihnen verbündeten deutschen Kommunisten zu behaupten, sind doch die Motive und Überlegungen interessant, die hinter diesem Manöver sichtbar werden: Die organisatorische Einheit wird von den Berlinern noch immer angestrebt, die von den Sowjets garantierte Unabhängigkeit, wenn sie je gewährt werden sollte, von vornherein nur auf begrenzte Zeit gewollt; das Ziel bleibt, die Verschmelzung in Freiheit herbeizuführen und sie gegen Kurt Schumacher reichsweit durchzusetzen. Damit halten die Berliner noch immer an dem in Wennigsen geleugneten Führungsanspruch für das ganze Reich fest.

Wenn Grotewohls Angebot ohne Resonanz bleibt, dann vielleicht auch, weil die Sowjets realistischer als der Zentralausschuß einzuschätzen wissen, wer bei einem reichsweiten SPD-Kräftemessen der stärkere bleiben würde – Schumacher oder Grotewohl –, zumal sich in einigen sozialdemokratischen Bezirken der sowjetischen Zone bereits Widerstand gegen die Führung in Berlin bemerkbar macht. So wird in einem Rundschreiben des Bezirks Leipzig, der dem Einheitskurs des ZA skeptisch gegenübersteht, ein Wort Clemenceaus zitiert: »Wer lebt, der widersteht; wer nicht widersteht, läßt sich bissenweise zerstückeln.«

Die Sowjetische Militäradministration reagiert auf die wachsende Tendenz zur Unabhängigkeit mit verstärktem Druck und bedient sich dabei der klassischen Mittel von Zuckerbrot und Peitsche. »Zu Weihnachten kam ein Jeep mit russischen Waren, Gütern, Würsten, Schokolade und ähnlichem mehr«, erinnert sich Ralf Dahrendorf. »Wir haben mindestens zwei Tage lang zu Hause diskutiert, ob wir das annehmen sollten, wobei meine Mutter und ich der Meinung waren: Nein, und mein Vater der Meinung war: Ja, denn er würde seine Meinung nicht ändern, nur weil er mit der Familie ein einigermaßen angenehmes Weihnachtsfest verbringt. Aber am entscheidenden Termin war klar – es gab nur noch die Peitsche.« Der KGB versucht, den Sechzehnjährigen zu erpressen und als Spitzel gegen seinen Vater Gustav zu gewinnen.

Beispiele für Zucker gibt es zuhauf. Die Sowjets stillen Fechners Vorliebe für die Flasche, schreibt Reiner Pommerin, und »am Tage, an dem er (Grotewohl) die Absicht des Zentralausschusses zur Vereinigung verkündete, wurden sechs neue Fahrzeuge von den russischen Behörden an das Parteihauptquartier geliefert und zwanzig Lebensmittelpakete von Marschall Schukow zur Verteilung unter die ›bedürftigen Mitglieder der Partei‹ empfangen.« Die für die Peitsche sind nicht minder zahlreich: General Kolesnitschenko in Thüringen setzt Hermann Brill ab, den die Amerikaner während ihrer kurzen Besatzungszeit zum Regierungspräsidenten ernannten, und sperrt viele seiner Mitarbeiter in Buchenwald ein, welches jetzt als NKWD-Lager fortgeführt wird. Er sorgt dafür, daß Heinrich Hoffmann, ein Einpeitscher der Einheitspartei, an die Spitze des SPD-Landesverbandes gelangt und zu seinem Einstand einen Leitartikel mit »eindeutigen Sätzen gegen Saboteure der Einigungsbestrebungen« schreibt. Natürlich ist das Vorgehen zwischen SMA und KPD bis ins einzelne aufeinander abgestimmt, die Sowjets flankieren mit Vorladungen von sozialdemokratischen Funktionären, mit Wünschen und Befehlen, mit nächtelangen Diskussionen und mit Verhaftungen die »spontanen Kundgebungen der arbeitenden Massen«, wie sie die KPD in Großbetrieben und auf örtlichen Veranstaltungen organisiert.

Grotewohl sucht die KPD in der Gunst der SMA noch auszustechen und die – aus seiner Sicht immer befristete – Unabhängigkeit zu verteidigen, als Moskau seine Prioritäten längst anders gesetzt und entschieden hat, die sozialistische Einheitspartei als das wichtigste Instrument zur Durchsetzung seiner deutschlandpolitischen Ziele zu schaffen. Aus den Aufzeichnungen Wilhelm Piecks geht hervor, wie häufig er und Ulbricht mit Wladimir Semjonow, dem politischen Berater Marschall Schukows und späteren Botschafter der UdSSR in der DDR und in der Bundesrepublik, mit General Bokow, einem der Stellvertreter des Oberkommandierenden, und mit Oberst Tulpanow zusammentreffen; stets spielt in diesen Gesprächen die einheitliche Partei der Arbeiterklasse eine zentrale Rolle. Schon am 25. September 1945 bezeichnet sie Bokow als die entscheidende Frage, am 23. Januar 1946 empfiehlt er, die Vereinigung zu beschleunigen, sie möglichst am 1. Mai zu vollziehen; die Hinweise der Sozialdemokraten, daß sie nur im Reichsmaßstab denkbar sei, nennt er ein Verhinderungsmanöver. Und am 1. Februar kündigt er eine Anweisung an die sowjetischen Kommandanten an, in den Städten und Kreisen der Sowjetzone auf eine »ortsgruppenmäßige Vereinigung« hinzuwirken.

Ist das Nahziel der Sowjets dabei zunächst die Verschmelzung in ihrer Besatzungszone, setzen sie langfristig doch auf eine Signalwirkung auch westlich der großen Demarkationslinie. In völliger Verkennung der Stimmungslage in Westdeutschland erwarten sie, daß eine in Einheitspartei umgetaufte KPD in den Westzonen die »ehrlichen sozialdemokratischen Arbeiter« von ihrer rechten Führung trennen und in die große Partei der Werktätigen einbringen kann, welche als der dann mächtigste innenpolitische Faktor in ganz Deutschland für eine Politik eintreten wird, die mit den Interessen der Sowjetunion synchron läuft.

Wenn die Revisionisten behaupten, Schumacher habe Grotewohl im Kampf um die Eigenständigkeit der ostdeutschen Sozialdemokratie nicht tatkräftig unterstützt, setzt dies zunächst einmal voraus, daß der Führer der Ost-SPD nicht nur eine echte Unabhängigkeit von den Sowjets anstrebte – was nach dem Geschilderten bezweifelt werden muß –, sondern daß er sich auch um Unterstützung aus Hannover bemüht hat. Die taktischen Manöver des Zentralausschusses sprechen eine andere Sprache. Die SMA gewährte dem Zentralausschuß großzügig Reisefreiheit gen Westen, und von einer Fahrt nach Stuttgart, München, Frankfurt und Regensburg in der zweiten Novemberhälfte kommen Dahrendorf und Grotewohl mit dem festen Vorsatz zurück, den Einfluß der Hannoveraner auf die westlichen Bezirke zurückzudämmen. Verstimmt über ein Rundschreiben Schumachers an die westlichen Parteibezirke, in denen er über das Abkommen von Wennigsen unterrichtete, brechen die Berliner alle Kontakte nach Hannover als »unzumutbar« ab. Schulungsmaterial und Rundschreiben aus Berlin werden nun direkt an die westlichen Parteiorganisationen geschickt.

Daß in der Mitteilung des Westzonen-Büros vor Bestrebungen für eine Einheitspartei und der »Unterstellung der gesamten deutschen Arbeiterschaft unter die Gegebenheiten der östlichen Besatzung« gewarnt wird, hätte den ZA allerdings nicht überraschen dürfen, entspricht dies doch lediglich Überlegungen, die Schumacher Anfang Oktober in Wennigsen und Hannover vorgetragen hat. Hätte ein Protest aus Berlin, verbunden mit dem Hinweis, dies sei gewiß nicht der rechte Stil, um die vereinbarte Abstimmung zwischen Hannover und Berlin voranzubringen, nicht mehr bewirkt als der Abbruch der Beziehungen? Statt die Verpflichtung von Wennigsen seinerseits einzuhalten, plant der Zentralausschuß unter Umgehung des Abkommens sogar eine regelrechte Offensive gegen Schumacher, als er am 4. Dezember auf Antrag Dahrendorfs beschließt, nun seinerseits Kontakt zu führenden Genossen in der englischen, französischen und amerikanischen Zone aufzunehmen »mit dem Ziel, möglichst regelmäßige Zusammenkünfte unter Beteiligung von je vier Genossen aus jeder Zone in Berlin zu erreichen«.

Ganz auf Hinhalten und Verzögern gerichtet, wirkt die ZA-Politik jener Wochen unentschlossen, zerfahren und taktisch unbedacht. Der Vereinigungsdruck wächst, aber noch immer versteigt sich Grotewohl zu der Hoffnung, die Sowjets von einer führenden Rolle der Sozialdemokraten im Reichsmaßstab zu überzeugen. Die geplante Offensive gegen Hannover wird nur halbherzig begonnen, statt dessen sucht Erich Gniffke bei einem Besuch in der Jakobstraße Kurt Schumacher noch einmal für die Idee zu gewinnen, als Vertreter der Westzonen-SPD einen Sitz im Zentralausschuß anzunehmen – ein Vorschlag, den Schumacher schon neun Wochen zuvor in Wennigsen abgelehnt hat. Grotewohl ist zwar mit Gniffke zusammen in den Westen gereist, zieht es aber vor, nicht nach Hannover zu kommen und hält sich in Braunschweig bedeckt. Wäre er, wenn er wirklich auf Unterstützung hofft, nicht besser selbst nach Hannover gefahren?

Was der umtriebige und geschäftige Gniffke vorzubringen hat, scheint nicht über das hinauszugehen, was Grotewohl, Fechner und Dahrendorf schon in Wennigsen vorgetragen haben. Er ist gewiß kein intellektueller Partner für Schumacher, der die Gesprächsführung streckenweise ganz Herbert Kriedemann überläßt. Es wäre eine Entlastung der Berliner, meint Gniffke, wenn Schumacher sich in seinen Äußerungen über die sowjetische Besatzungspolitik mehr Mäßigung und Zurückhaltung auferlegte. Aber stellt der Verzicht darauf, wenigstens im Westen die sowjetischen »Kellermethoden« anzuprangern, wirklich eine Unterstützung dar? fragt Kriedemann zurück. Bedeutet das Verschweigen von Unrecht nicht Einverständnis, während das deutliche Beim-Namen-Nennen vielleicht doch eine Änderung oder Abmilderung der sowjetischen Verfahrensweise bewirken kann? Appeasement ist der Hannoveraner Sache nicht, und wenn der Abgesandte des ZA Verständnis für die sowjetischen Methoden zu wecken sucht, stärkt er nur ihr Mißtrauen gegen die Motive der Berliner. »Ohne etwas an der sowjetischen Besatzungspolitik zu beschönigen«, schreibt Gniffke in seinen Memoiren, »unternahm ich den Versuch, Ursache und Wirkung gegeneinander abzuwägen. Ich sprach von den Greueln, die SS und SD in der Sowjetunion begangen haben, ich wies darauf hin, daß nicht die Sowjetunion Deutschland, sondern umgekehrt Hitler-Deutschland die Sowjetunion überfallen hat. Es sei keine leichte Aufgabe, betonte ich, aber wir kämen nun einmal nicht darum herum, die Haßpsychose, von der noch immer viele Menschen befallen seien, abzubauen.«

Durch Beschönigen neuen Terrors? In Kriedemanns Antworten findet Gniffke kein Verständnis; er empfindet sie als sarkastisch, wechselt das Thema und weckt doch nur neuen Argwohn, die Berliner wollten die Führung im Reich. Er spricht nämlich davon, daß er das Parteivermögen in ganz Deutschland wieder zusammenfassen will. Kriedemann bedeutet ihm, dies sei überflüssige Mühe – in den Westzonen werde das vom »Büro Schumacher« besorgt. Mit allen Anzeichen der Verachtung notiert der Schumacher-Getreue, Gniffke habe im Pelzmantel vorgesprochen. Daß Männer Pelz tragen, ist eine in Deutschland ungewöhnliche, eher in Rußland verbreitete Sitte, in den Notjahren der ersten Nachkriegszeit bezeugt es einen ungewöhnlichen

Grotewohl gratuliert dem KPD-Vorsitzenden Wilhelm Pieck im Berliner Admiralspalast zum 70. Geburtstag. Der Händedruck, mehrfach für die Photographen wiederholt, wird zum Symbol der Vereinigung von SPD und KPD zur SED.

Luxus. War Gniffkes Pelz in den Augen des biederen Kriedemann nur ein Beweis mehr für die Ostorientierung und die Korrumpierbarkeit der Männer vom Zentralausschuß?

Grotewohls Kapitulation auf Raten im Detail nachzuvollziehen, ist hier nicht der Ort, es mag der Hinweis genügen, daß er sich in seiner eigenen Taktik verfängt. Auf der sogenannten Sechziger-Konferenz von je dreißig Kommunisten und Sozialdemokraten zur »Verstärkung der Aktionseinheit« am 20. und 21. Dezember 1945 knüpft er die organisatorische Vereinigung erneut an die Bedingung eines Reichsparteitags. Pieck fragt ihn darauf ungehalten, was sich denn in den letzten fünf oder sechs Monaten so entscheidend geändert habe, daß die SPD nicht mehr wie Anfang Juni auf die sofortige Verschmelzung dränge? In der gemeinsamen Entschließung werden die sozialdemokratischen Vorbehalte dann überhaupt nicht mehr erwähnt, statt dessen ist nur von der schnellen Verwirklichung der organisatorischen Einheit die Rede. Als sich Hans Hermsdorf, der Bürgermeister von Chemnitz, weigert, sie zu unterzeichnen, sagt ihm Grotewohl, daß er für seine Sicherheit nicht garantieren könne, falls er zurück nach Chemnitz wolle.

Zwar wird in der Resolution kein Datum genannt, aber nicht nur die SPD-Mitglieder in der sowjetischen Besatzungszone müssen den Eindruck gewinnen, die Führungen beider Parteien seien über eine schnelle Fusion einig geworden. Die britische Militärregierung wertet den 21. Dezember als Alarmsignal, die BBC meldet die Unterwerfung der Sozialdemokraten, amerikanische Beobachter sprechen von einer Kehrtwendung der SPD um 180 Grad. Grotewohl unternimmt nichts, um den entstandenen Eindruck in Hannover zu korrigieren, im Gegenteil: Als die KPD zum 70. Geburtstag Wilhelm Piecks zwei Wochen später in den Berliner Admiralspalast einlädt, gratuliert er mit einem Händedruck und sagt, dieser solle nicht nur für diesen Tag Bedeutung haben, »sondern einmal so lange währen..., daß die Hände sich nicht mehr trennen«. Gleich mehrfach für die Photographen wiederholt, wird dieser Händedruck schließlich zum Symbol der Vereinigung, das als Parteibonbon 2,2 Millionen Jackenrevers und Hemdblusen in der DDR zieren soll.

Schumacher reagiert am 3. und 4. Januar 1946 mit einer Entschließung der SPD der britischen Zone, in der ausdrücklich festgehalten wird, daß »in Berlin oder sonstwo in der östlichen Zone getroffene Vereinbarungen... nur aus den besonderen Verhältnissen und machtpolitischen Gegebenheiten in der Ostzone« hervorgegangen sind. Die Resolution wird zwei Tage später auch von Funktionären der amerikanischen und französischen Zone verabschiedet und erinnert ausdrücklich an die Absprache von Wennigsen, nach der die Zuständigkeit der Berliner Sozialdemokraten sich ausschließlich auf den Bereich unter sowjetischer Okkupation erstreckt: »Dementsprechend sind Abmachungen oder Beschlüsse der Partei in der östlichen Besatzungszone nicht bindend oder richtungsweisend für die Sozialdemokratische Partei in den westlichen Zonen. Hier wird die Haltung der SPD durch eigene Entscheidungen bestimmt.« Weil er die »geistige und politische Unabhängigkeit von jeder ausländischen Macht« bei den Kommunisten nicht gegeben sieht, sei eine Einheitspartei mit ihnen undenkbar und eine »Einigung aller Arbeitenden« nur »im Rahmen einer großen, starken und einflußreichen Sozialdemokratischen Partei« möglich. Mit solchen Sätzen will er einer potentiellen Sogwirkung der Berliner Beschlüsse auf die vielen Genossen an der westlichen Basis entgegenwirken, welche noch immer die Einheitssehnsucht plagt.

Entschieden macht Schumacher Front gegen den Antifa-Mythos, mit dem die SED zur Propagandaoffensive gegen den Westen antreten und der später gar zur Staatsräson der DDR avancieren wird: »Die Sozialdemokratie wendet sich gegen die unwahrhafte Darstellung, als ob es das Fehlen der organisatorischen Einheit gewesen sei, das den historischen Schuldanteil der deutschen Arbeiterklasse am Aufkommen des Nazismus verursacht habe. Sie lehnt es ab, auf der Grundlage gegenseitigen gleichwertigen Verschuldens die Aussprache zu führen, denn dazu ist das geschichtliche Verschulden zu eindeutig auf einer Seite. Die geschichtliche Schuld der deutschen Arbeiterklasse beruht darin, daß der kommunistische Teil die klassenpolitische Rolle der Demokratie verkannt und zusammen mit den Nazis, den Deutschnationalen und den anderen kapitalistischen Feinden der Demokratie den Parlamentarismus sabotiert hat. Ohne diese kommunistische Haltung wären die Nazis nicht an die Macht gekommen.«

Er erhebt keine Vorwürfe, nennt keinen der Ost-Berliner Sozialdemokraten beim Namen, bezichtigt sie nicht der Kapitulation und richtet sein Feuer ausschließlich auf die Kommunisten. Strikt hält er sich an das Abkommen von Wennigsen, überläßt die politischen Entscheidungen in der Sowjetzone den Führern des Zentralausschusses, und wenn er vor dem definitiven Beschluß des ZA Mitte Februar, die

Verschmelzung herbeizuführen, nicht nach Berlin reist, hat dies sicher auch mit den Briten zu tun. Sie wünschen nicht, daß ein Sozialdemokrat in ihrem Sektor der Vier-Mächte-Stadt offene Kritik an der verbündeten Sowjetunion äußert, und noch immer schätzen sie Grotewohl, auch wenn sie sein Stehvermögen inzwischen äußerst skeptisch beurteilen.

Mit Beginn des neuen Jahres gewinnt die Vereinigungskampagne von Kommunisten und Besatzungsmacht an Tempo; sie zielt jetzt offen darauf ab, die Berliner Führung der Sozialdemokratie mit der Parole der »Einheit von unten« von der Basis her unter Druck zu setzen. Was das bedeuten kann, haben die Sowjets Mitte Dezember am Beispiel der CDU vorexerziert, als sie die beiden Vorsitzenden Hermes und Schreiber, erklärte Gegner der Bodenreform und der entschädigungslosen Enteignung, nach bestellten Unmutsäußerungen aus dem sächsischen CDU-Landesverband zum Rücktritt zwangen. Jetzt fordern die Kommunisten in der Provinz die Verschmelzung teils auf Kreis-, teils auf Landesebene; sowjetische Kommandanten laden widerstrebende Sozialdemokraten zu stundenlangen Gesprächen vor, verlangen gemeinsame Konferenzen der beiden Arbeiterparteien und drängen auf sofortigen Vollzug.

Die Mittel, mit denen die Sowjets Einheitsskeptiker in gehorsame Einheitsanhänger verwandeln, reichen von Belohnung und Bestechung über Redeverbot bis zur Verhaftung durch den NKWD. Als eine Mitgliederversammlung in Rostock eine Urabstimmung fordert, weil einer Vereinigung »der Wille der Mitglieder« zugrunde liegen müsse, verbietet der örtliche Militärbefehlshaber, daß die regionale SPD-Zeitung darüber berichtet und erzwingt die Veröffentlichung eines Artikels aus kommunistischer Feder, in dem die »Saboteure der Einheit« verunglimpft werden. Nicht viel anders in Dresden, wo die sozialdemokratische *Volksstimme* eine Entschließung des Zentralausschusses vom 15. Januar 1946 druckt, nach der es keine Vereinigung »im Bereich von Bezirken, Provinzen, Ländern oder einer Besatzungszone« geben soll. Der SMA-Befehlshaber verhindert die Auslieferung, sämtliche Exemplare werden beschlagnahmt und eingestampft.

Wie sehr die Sowjets damals bemüht sind, die Vereinigung zu beschleunigen, räumt Sergej Tulpanow in seinen Memoiren ein, die 1986 veröffentlicht wurden, als die Sowjetunion ihren Gegnern noch als unerschütterlicher Monolith und die DDR als stabile vorgeschobene Bastion des marxistisch-leninistischen Blocks erschienen. »In unserer Presse, in Referaten und im persönlichen Gespräch mit KPD- und SPD-Mitgliedern hoben wir alle, so auch ich, hervor, wie bedeutsam die Einheit war, damit die Arbeiterklasse ihre geschichtliche Aufgabe erfüllen konnte.« Zwar habe es sich bei der Bildung der SED um die Vereinigung zweier selbständiger Parteien gehandelt, nicht etwa um das Aufgehen der einen Partei in der anderen. »Zugleich aber war klarzustellen, daß diese Vereinigung nur auf revolutionärer, marxistischer Grundlage erfolgen konnte, von den Mitgliedern der Sozialdemokratischen Partei also verlangte, daß sie bisherige reformistische Standpunkte aufgaben und zu den authentischen Anschauungen von Marx und Engels zurückfanden.« Dabei versteht sich von selbst, daß Tulpanow allein den Leninismus als authentische Auslegung der sozialistischen »Kirchenväter« gelten läßt.

Die sowjetischen Offiziere wie die Kommunisten führen stets das Wort Demokratie im Mund – »aber es ist eine Demokratie«, sagt Schumacher, »die sie falsch aussprechen und mit falscher Orthographie schreiben. Man muß in der Politik den Leuten nicht nur auf das Maul, man muß ihnen auf die Hände schauen. Nicht, was in den öffentlichen Kundgebungen an Demokratie propagiert wird, ist entscheidend für den demokratischen Charakter einer Partei, sondern das, was diese Partei auch wirklich praktiziert.«

Der Zeitpunkt ist umstritten, zu dem Grotewohl den Sowjets seine volle Willfährigkeit bekundet – einige setzen ihn sehr früh an und sprechen von einer Vorladung nach Karlshorst lange vor der Sechziger-Konferenz Ende des Jahres, andere behaupten, er sei in der Nacht vom 20. zum 21. Dezember »umgedreht« worden. Das genaue Datum jener entscheidenden Begegnung mit Marschall Schukow ist nicht mehr auszumachen, doch kam Grotewohl von ihr »wie ein Verwandelter« zurück, erinnert sich Egon Bahr, damals Zeitungsredakteur in Berlin. Er stützt sich auf Schilderungen und Beobachtungen Jakob Kaisers und Ernst Lemmers, die anschließend mit dem SPD-Chef gesprochen haben. Nach dieser ersten Einbestellung habe sich Grotewohl mit taktischer Vorsicht zwar, doch stets zielstrebig und zäh für die sowjetischen Wünsche eingesetzt.

Ob der damals gehegte Verdacht stimmt, daß die Sowjets eine Affäre aus Grotewohls Braunschweiger Zeit ausgegraben hatten und ihn damit zu erpressen suchten, ist nie schlüssig bewiesen worden. Im SED-Archiv fanden sich nach dem Fall der Mauer im Bestand Grotewohl Fotokopien eines Unterschlagungs-Verfahrens, das die Nationalsozialisten gegen den Präsidenten der Braunschweigischen Landesversicherungsanstalt angestrengt hatten. Aber welchen Politiker der verhaßten »Systemzeit« hätten die neuen Machthaber damals nicht zu diskreditieren versucht? Auch Konrad Adenauer in Köln sah sich einem Verfahren wegen Amtsmißbrauch ausgesetzt, das sich über Jahre hinzog und 1937 mit einem Vergleich endete, der ihm schließlich den Bezug seiner Pension sicherte. Grotewohl scheint damals der Nachweis gelungen zu sein, daß die von den Nazis beanstandete Summe in den Bau eines Ferienheims der Versicherungsanstalt im Harz geflossen ist.

Nicht in den Bereich der Spekulation dagegen gehört Grotewohls ausgeprägte Empfänglichkeit für die Aura der Macht, die den Marschall und Held der Sowjetunion umgibt. Es schmeichelt ihm unerhört, daß der Repräsentant der »glorreichen Roten Armee«, ein Tyrann mit Charme, ihn als Gesprächspartner schätzt, vermeintlich ins Vertrauen zieht und ihm den Eindruck vermittelt, die Sowjetunion sei als einzige der vier Mächte ehrlich an der deutschen Einheit interessiert. Ende Januar oder Anfang Februar – die Zeitangaben schwanken auch hier –, zu einem Zeitpunkt jedenfalls, zu dem klar geworden ist, daß es wegen des Widerstands der Franzosen im Kontrollrat die in Potsdam vereinbarte deutsche Zentralverwaltung für alle vier Zonen auf absehbare Zeit nicht geben wird, gelingt es Schukow in einem Gespräch in Karlshorst, Grotewohls letzte Bedenken gegen eine Fusion auf Zonenbasis auszuräumen. Bis Ende Februar, so der Marschall, verlange er eine Entscheidung zugunsten einer Vereinigung nur in der Zone. Da auf Jahre hinaus mit der Aufrechterhaltung der Zonengrenzen zu rechnen sei, komme ein Festhalten an den sozialdemokratischen Vorbedingungen, an der Existenz einer Reichspartei und an der Reichseinheit, einer Ablehnung der Vereinigung gleich.

Offenbar hat Schukow in diesen Gesprächen die erstaunlichsten Zugeständnisse in Aussicht gestellt: die Zurückziehung Ulbrichts, falls dieser »nicht genehm sei«, wie Erich Gniffke in seinen Memoiren schreibt; die sowjetische Absicht, eine »wirtschaftliche Belebung und versorgungsmäßige Verbesserung der östlichen Besatzungszone herbeizuführen«, um die Lage der Bevölkerung in ihrem Okkupationsbereich deutlich von der zunehmenden Verelendung in den Westzonen abzusetzen, wie Gustav Dahrendorf berichtet. Lucio Caracciolo meint sogar, Schukow habe die Einstellung der Demontagen in der Ostzone angekündigt und von einem möglichen Abzug der sowjetischen Truppen nach dem Vollzug der Fusion gesprochen. Der SPD sollte erlaubt werden, innerhalb der neuen Einheitspartei ihre eigenen Strukturen aufrechtzuerhalten, und auf lange Sicht werde die sowjetische Regierung eine Kandidatur Grotewohls zum Reichskanzler unterstützen. Natürlich lief das Angebot, Ulbricht abzusetzen, auf die Zusicherung hinaus, Grotewohl werde der eigentliche Führer der neuen Partei.

Schmeichelhafte Offerten, gewiß, aber was sind schon kühne Träume, die ein sowjetischer Marschall in die Seele eines ehrgeizigen Besiegten pflanzt, gemessen an den Vereinbarungen, die etwa um die gleiche Zeit ausgerechnet jener Mann in Moskau trifft, dessen Kopf Schukow als Preis für die Einheit angeblich opfern will? Am 2. Februar 1946 abends um neun Uhr berät Josef Stalin mit Walter Ulbricht im Kreml, selbst Wilhelm Pieck ist diesmal nicht dabei. Auch wenn Ulbricht aus taktischen Gründen vorübergehend aus der Schußlinie genommen werden müßte, würde er doch, soviel ist nach diesem Moskau-Besuch klar, als der wichtigste deutsche Vertrauensmann der Sowjetmacht aus dem Hintergrund stets die Weichen stellen. Dieser Ulbricht also, den Schukow angeblich zurückziehen will, erhält Stalins Segen für die Vereinigung und informiert Wilhelm Pieck, wie dessen Aufzeichnungen bezeugen, über die neuen Moskauer Direktiven: Als Termin für die Verschmelzung der Landesparteien werden nun die Osterfeiertage vom 21. und 22. April, für die Vereinigung auf Zonenebene wird der 1. Mai ins Auge gefaßt. Stalin begreift das Vereinigungsprojekt »als zentrales Element seiner gesamtdeutschen Strategie«, urteilt Wilfried Loth; daß die KPD im Westen ihren Namen in Sozialistische Einheitspartei umwandeln und die Bodenreform mit Volksbegehren voranbringen, daß die fusionierte Partei in Berlin eine Wochenzeitung eigens für die Westzonen schaffen soll, wertet er als Beleg dafür, daß die Vereinigung der beiden Arbeiterparteien nur im Rahmen einer gesamtdeutschen Strategie sinnvoll war, bei der die Kommunisten damit zu rechnen hatten, sich freien Wahlen stellen zu müssen.

Zweifellos hat das schlechte Abschneiden bei solch demokratischem Kräftemessen ernüchternd auf die sowjetischen Hoffnungen gewirkt, die Kommunisten vermöchten dort, wo die Rote Armee steht, auch Mehrheiten zu gewinnen. Am 4. November erhielten sie bei den Parlamentswahlen in Ungarn lediglich 16 Prozent der Stimmen, am 25. Oktober bei den Nationalratswahlen in Österreich statt der erwarteten 40 Sitze ganze 4, indes die österreichischen Sozialdemokraten 76, die konservative Volkspartei gar 85 Mandate gewannen. Außerhalb des sowjetischen Machtbereichs schneiden sie noch schlechter ab, wie die Gemeindewahlen in der amerikanischen Zone vom 20. und 27. Januar zeigen, denn die KPD erhält in Hessen nur 3,5, in Baden 3,8 und in Bayern klägliche 2,8 Prozent, während die Zahlen für die SPD immerhin 42,3 in Hessen, 29 in Baden und 13,2 Prozent in Bayern betragen. Kein Zweifel also, daß nicht die KPD, sondern nur die Einheitspartei das Instrument sein kann, mit dem die Sowjets politisch nach Westen ausgreifen wollen, nachdem sie ihre eigene Zone fest unter Kontrolle gebracht haben.

Um diesen wichtigsten Transmissionsriemen sowjetischer Deutschlandpolitik möglichst bald zu schaffen, in der Hoffnung auch, die Ausstrahlungs-, Anziehungs-, ja Verführungskraft dieser Sozialistischen Einheitspartei für Westdeutschland so intensiv wie irgend möglich zu gestalten, machen die Kommunisten den Sozialdemokraten sogar Zugeständnisse auf ideologischem Gebiet. Anton Ackermann, der seinerzeit mit der Gruppe Ulbricht von Moskau nach Deutschland eingeflogen wurde, veröffentlicht seine berühmten Thesen vom »besonderen deutschen Weg zum Sozialismus«, auf dem das sozialistische Ziel nun, deutlich abgesetzt vom bolschewistischen Modell, demokratisch erreicht werden soll. Für eine kurze Übergangszeit, bis zu ihrer konsequenten Bolschewisierung zur »Partei neuen Typs« 1948, weist die SED auch wesentliche Unterschiede gegenüber der traditionellen kommunistischen Organisationsform auf: Sie ist nicht mehr Kader-, sondern Massenpartei, der »demokratische Zentralismus« und die leninistische Ideologie treten in den Hintergrund, der kommunistische Führungsanspruch scheint durch die paritätische Besetzung aller Funktionen blockiert. Aber natürlich sind die kommunistischen Kader weiterhin vorhanden, die vereinbarte Parität in der Leitung garantiert ja geradezu ihre Fortexistenz; in engster Anlehnung an die SMA bestimmen sie den politischen Kurs und stehen Gewehr bei Fuß, die Partei gänzlich gleichzuschalten, wenn die Situation dies erlaubt oder gebietet.

Als die Hannoveraner und die Berliner Anfang Februar erneut zusammentreffen, hat der Ost-Berliner SPD-Chef innerlich den Rubikon längst überschritten. Zwei Tage wartet Kurt Schumacher in Braunschweig, bis die Ost-Berliner Genossen endlich am 8. Februar erscheinen. Die Sowjets hatten zunächst befürchtet, die Gespräche würden der Einberufung eines Reichsparteitags dienen und die Reisepapiere verweigert, um ein neues Verzögerungsmanöver des ZA zu verhindern. Erst als Grotewohl versichert, daß auch über allgemeine Themen geredet werde, willigen sie schließlich in die Fahrt nach dem Westen ein. Schumacher übernachtet bei der Familie Fuchs auf der Couch, wo zu früheren Zeiten auch Otto Grotewohl geschlafen hat. »Das lange Warten im Winter«, meint Harold Hurwitz, »kostete Nerven und stimmte ihn ungeduldig, war aber zugleich Ausdruck einer tief empfundenen Verpflichtung, unter Umständen, die er für tragisch, aber unvermeidlich hielt, dem Gebot der Solidarität zu genügen.«

Zwar hat er es immer kommen sehen, und doch nimmt er nun bestürzt zur Kenntnis, was die Genossen aus Berlin ihm am 8. Februar in aller Frühe zu eröffnen haben – daß nämlich »die Entwicklung zur Einheitspartei nach Tendenz und Inhalt nicht mehr unter ihrem Einfluß stünde«. So jedenfalls hält Herbert Kriedemann, als vierter an dem Gespräch beteiligt, ihre Einlassungen in seinem Protokoll fest. Schumacher fragt direkt, ob eine Möglichkeit zu einer glatten Ablehnung der Vereinigung besteht, Grotewohl und Dahrendorf erwidern, »daß das nicht der Fall sei. Wenn der Zentralausschuß heute die Einigung ablehnen würde, wäre eine Isolierung die einzige Folge. Die Bezirke der Partei würden sich dann ohne den ZA mit der KP vereinigen.« Damit räumen die einst so stolzen sozialdemokratischen Führer in Berlin, die nie von Delegierten aus den Bezirken gewählt worden sind, in Braunschweig ein, daß sich ihre Partei in der sowjetischen Zone bereits im Zustand der Auflösung befindet.

Daß für Grotewohl die Würfel in Braunschweig schon gefallen sind, bestätigt Kriedemanns Protokoll. Weil die Einigung nicht mehr aufzuhalten sei, so der Berliner SPD-Chef zu Schumacher, gebe es jetzt nur noch die Möglichkeit, durch eigene Initiative »die Vereinigung der beiden Parteien zeitlich und inhaltlich zu beeinflussen, z. B. durch entsprechende Abmachungen dafür zu sorgen, daß der Kader-Charakter der KPD nicht zu einem antidemokratischen Aufbau der Einheitspartei führe«. Es gehe nur noch darum, »sozialdemokratisches Gedankengut organisatorisch zusammenzufassen und (in der neuen Einheitspartei) politisch zum Einsatz zu bringen«. Läuft das nicht auf die Entschuldigung aller Mitläufer hinaus, sie hätten durch ihr Mittun das Schlimmste verhindern wollen?

Trocken, ja sarkastisch fragt Schumacher, ob die Berliner Genossen wirklich so naiv seien und in dem Glauben lebten, daß Kommunisten zu ihrem Wort stehen, Abmachungen und Bindungen auch einhalten würden? Die Berliner weichen aus, geben einerseits zu, daß Gefahren in dieser Richtung vorhanden seien, andererseits weisen sie auf die vage Möglichkeit hin, »daß eine gewisse Lockerung des machtpolitischen Druckes aus einer Veränderung der zonalen Situation doch einmal zu erwarten sei«. Und so ist man dann schnell wieder bei jenen Unterschieden im Grundsätzlichen, die sich von Anfang an als Graben auftaten zwischen den Rivalen: Grotewohl meint, es gehe um eine deutsche Schicksalsfrage; welche Form die politische Partei habe, sei Nebensache, es komme vor allem darauf an, eine parlamentarische Position wie vor 1933 zu vermeiden und die Linke zu einigen. Schumacher entgegnet, daß es für die Sozialdemokratie unmöglich sei, durch die Vereinigung mit einem abhängigen Partner zur Staatspartei eines fremden Landes zu werden.

Der Schlagabtausch wird nun heftiger. Die Genossen aus Berlin behaupten, auch andere Parteien seien von auswärtigen Mächten abhängig – die CDU vom Papst und der katholischen Kirche, die jeweiligen Sozialdemokratischen Parteien in den Westzonen von ihren Besatzungsmächten. Dagegen verwahrt sich wiederum Schumacher und behauptet, daß von irgendeiner Einflußnahme der englischen oder amerikanischen Besatzungsmacht auf die Politik seiner Sozialdemokratischen Partei nicht die Rede sein könne. »Verglichen mit der Abhängigkeit und dem Druck in der Ostzone sei die Partei im Westen so frei, daß die Qualität in die Quantität umschlüge.« Er will wissen, worauf die Berliner eigentlich ihre Hoffnung stützten, sich innerhalb der Einheitspartei durchzusetzen, und erhält die Antwort: »Auf unser Selbstbewußtsein«. Wiederholt hätten die Russen sich sozialdemokratischen Argumenten zugänglich gezeigt und betont, daß sie nicht alle Ansichten der KP über die Sozialdemokratie teilten.

Zeigen die Berliner, die ja mit den Russen leben müssen, zuviel Verständnis für sowjetische Interessen, überwiegt bei Schumacher das Mißtrauen gegen die roten Zaren, welche die alte russische Großmachtpolitik mit den ideologischen Waffen des Marxismus-Leninismus weiterführen? Mit der Feststellung, es gebe in der russischen Politik die Tradition des Überlistens, wirft er erneut die Frage der Glaubwürdigkeit von Grotewohls sowjetischen Partnern auf: Die Russen wünschten an den Brennpunkten der europäischen Entwicklung über stehende politische Heere zu verfügen, und vom deutschen Standpunkt sei es unerträglich, »sich zum Objekt einer Politik des militärischen Vorfelds zu machen«. Für die Ostzone gebe es nur die Alternative, zuzulassen, daß die KP die Sozialdemokratische Partei durch die geplante Verschmelzung erobere, oder aber die Auflösung der SPD vorzunehmen. Die Möglichkeit der Auflösung, erklären daraufhin Grotewohl und Dahrendorf, hätten sie »lange und reiflich überlegt«, indes sei es längst zu spät dafür.

So prallen denn die Gegensätze in voller Wucht aufeinander: Eine unabhängige Sozialdemokratische Partei wenigstens in den drei Westsektoren fortzuführen, ist nach Auffassung der Berliner aussichtslos, denn die Richtlinien für die politische Betätigung der Deutschen in allen Berliner Sektoren würden von der russischen Militärregierung erlassen. Eigentlich müßten Grotewohl und Dahrendorf, vertraut mit den Gebräuchen der Vier-Sektoren-Stadt, die Situation anders einschätzen. Handelt es sich um den Versuch, das Einheitsexperiment nicht durch eine Berliner Parteispaltung zu belasten, welche das Gewicht der Sozialdemokratie innerhalb einer künftigen Einheitspartei mindern müßte? Schumacher, der Mann der Prinzipien, entgegnet Grotewohl, dem Taktiker: Der Versuch dazu wird auf alle Fälle gemacht und meint damit: wenn nicht mit euch, dann eben ohne oder gegen euch.

Weder der Ost-Berliner noch der Hannoveraner SPD-Chef haben diese Aussprache gesucht; sie kommt vielmehr auf einen Beschluß des Zentralausschusses zustande, in dem die Gegner einer Fusion auf Zonenbasis damals noch über die Mehrheit verfügen. Grotewohl, schreibt Erich Gniffke, sei »sichtlich widerstrebend« zu dieser Begegnung mit Schumacher aufgebrochen. Auch haben die Briten auf das Treffen gedrängt, weil sie hofften, eine Einigung zwischen den Rivalen könne Grotewohl in letzter Minute von der Kapitulation abhalten, die sich bereits unübersehbar abzeichnete.

Aber als Bittsteller sind die Berliner gewiß nicht gekommen, auch wenn die Zuspitzung der Lage in Berlin westlichen Beistand erfordert hätte. In Kriedemanns Protokoll ist einmal sogar davon die Rede, daß sich Schumacher in ihren Augen durch seine Kritik an der Sowjetunion, genauer durch »falsche Formulierungen in die Gefahr der politischen Isolierung und der schließlichen Ablehnung durch alle Besatzungsmächte begeben habe«. Das ist Selbsttäuschung, denn nicht Schumacher, sie selbst sind ja auf dem besten Weg, sich zu isolieren.

Doch in ihrem innersten Herzen sind die Berliner noch immer davon überzeugt, daß Schumacher mit seinem scharf antikommunistischen Kurs nicht typisch für die Stimmung an der Basis im Westen steht und die Massen eher ihnen folgen würden, ließe man sie in den westlichen Bezirken nur in aller Freiheit erklären, warum sie die Einheit als Fernziel bejahen. Wie tief diese Überzeugung in Berlin verankert ist, geht auch aus einem späteren Vorschlag Klingelhöfers hervor, die im Osten erzwungene Einheit müsse im Westen offensiv, mit einer Verschmelzung in Freiheit nämlich, beantwortet werden, einer Vereinigung, bei der die Kommunisten in der sozialdemokratischen Umarmung schließlich erdrosselt würden.

Ob Gustav Dahrendorf in Braunschweig noch voll zu Grotewohl steht, wie aus dem Protokoll Kriedemanns hervorzugehen scheint, ist eindeutig nicht zu klären. Die Tatsache, daß er, wenn auch vergeblich, am 11. Februar 1946 im Zentralausschuß die Auflösung der SPD für den Bereich der sowjetischen Besatzungszone einschließlich des sowjetrussischen Sektors der Stadt Berlin beantragt, spricht dafür, daß ihn Schumachers Argumente überzeugen konnten. Zwanzig Jahre nach Anfertigung seines Braunschweiger Protokolls will sich Kriedemann sogar erinnern, daß Dahrendorf, als Grotewohl im Laufe der Unterhaltung einmal hinausgegangen sei, mit aller Eindringlichkeit und Hast gesagt habe: »Glaubt kein Wort, es ist so, wie Ihr es seht, ich kann das hier nicht sagen, denn ich muß zurück.«

Als Schumacher schließlich nach Berlin kommt, hat sich der einstige Linksaußen vom Zentralausschuß losgesagt und ist von den Briten nach Hamburg ausgeflogen worden. Der Mann aus Hannover denkt: Geschlagene Generäle haben wir genug! Und er sorgt dafür, daß Gustav Dahrendorf im Westen nie wieder eine führende Position erlangt. Er verübelt ihm, daß er seinen Widerstand gegen die erzwungene Vereinigung nicht in den Westsektoren weitergeführt hat. Einem Genossen wie Klingelhöfer, der sich ebenfalls in buchstäblich letzter Minute vom Grotewohl-Lager trennt, aber in West-Berlin bleibt und zur Parteiopposition stößt, verzeiht er; wie denn überhaupt die Neigung bei ihm unübersehbar ist, Gegnern von einst das Recht auf politischen Irrtum zuzugestehen. Weiß er zu schätzen, daß Konvertiten zu Abhängigen werden, die aus Dankbarkeit durch dick und dünn Gefolgschaft leisten?

In einer nach dem Gespräch in Braunschweig veröffentlichten Stellungnahme bleibt er seiner – von den Berlinern natürlich heftig bestrittenen – These treu, daß 90 Prozent und mehr der Mitglieder in der sowjetischen Zone gegen die Vereinigung eingestellt seien. »Überall dort, wo ein Nachgeben spürbar wird«, heißt es da, habe die »Besatzungsmacht im Rahmen persönlicher Besprechungen« ein Nachgeben erzwungen. »In dem heutigen Stadium der Dinge ist dabei nicht die Gewaltanwendung das Entscheidende, sondern die politische Atmosphäre, bei der die ganze Macht auf der einen Seite ist und die anderen doch nur einen Verein darstellen.« Nach zwölf Jahren totalitärer Diktatur, die offene Auflehnung mit dem Tod bedroht hat, schätzt er die Widerstandskraft und die Zivilcourage innerlich überzeugter Gegner der Vereinigung gering, zeigt jedoch dafür Verständnis und zieht eine deutliche Parallele zu den Methoden der Nazizeit: »Von den Betroffenen wird stets die große Mehrzahl ihre Unterschrift zu einer von ihr nicht verfaßten oder mindestens von anderen Mächten korrigierten Resolution aus denselben Motiven heraus geben, aus denen viele Menschen Dinge im Dritten Reich geschrieben und getan haben, die ihrer Überzeugung widersprachen und wobei sie entschlossen waren, an ihrer Überzeugung festzuhalten.«

Daß sich die Mehrheit der Sozialdemokraten in der Ostzone nur unter massivem Druck der sowjetischen Kommandanten in den Städten und Kreisen für die Vereinigung entschied, ist an Hand vieler Indizien immer vermutet worden. Inzwischen liegen Quellen vor, die dies beweisen. Geradezu generalstabsmäßig, schreibt Wilfried Loth, hätten die sowjetischen Offiziere die Vereinigung durchgesetzt. Einem Bericht Tulpanows zufolge gingen allabendlich gegen 22 Uhr Angaben darüber ein, »wie es um den Vereinigungsprozeß stand, welche Schwierigkeiten die Verfechter der Einheit hatten, welcher Widerstand zu verzeichnen war«. Die Einheit werde gemacht, »und wehe dem, der sich erlaubt, eine andere Meinung zu haben, er ist ein Verräter, ein Saboteur, und was haben wir nicht alles für schöne Worte in den letzten Wochen von den Nazis übernommen«, heißt es im Brief eines sächsischen Funktionärs. Er findet sich in einer von Andreas Malycha edierten Dokumentensammlung, die nicht nur den massiven Druck, sondern auch die falschen Versprechen belegen, mit denen Politoffiziere widerstrebende Sozialdemokraten weichzuklopfen und zu gewinnen suchten. Mehrfach wurde zugesagt, die neue Partei solle volle innere Freiheit genießen, nach der Vereinigung werde es sowjetische Eingriffe in die Parteiorganisation nicht mehr geben. Sowohl die überzeugten Anhänger wie die hartnäckigen Gegner der Einheit befanden sich nach diesen Dokumenten in der Minderheit; die große Mehrheit suchte, mit ihrer Einwilligung in die von den Offizieren geforderte sofortige Verschmelzung einfach unerträglicher gegenwärtiger und künftiger Nötigung zu entrinnen.

Als Schumacher zum ersten Mal nach dem Krieg seinen Fuß auf Berliner Boden setzt, ist der entscheidende Schritt bereits vollzogen. In turbulenter Sitzung, nach Androhung der Sezession der Landesverbände, hat der Zentralausschuß der Vereinigung am 11. Februar schließlich zugestimmt. Für die Fusionsgegner, die innerhalb der Berliner Parteiorganisation in der Mehrheit sind, wird der Sozialdemokrat aus Hannover nun zum Sprecher des demokratischen Gedankens in der Partei. Nicht daß er die Revolte gegen Grotewohl organisiert – es hat sie in ersten Ansätzen ja längst vor seinem Eintreffen gegeben –, aber er gibt ihr doch moralische Ermutigung, programmatischen Inhalt und organisatorischen Rückhalt.

Schon ehe ihn die Briten am 19. Februar nach Berlin fliegen, hat er die Offiziere Ihrer Majestät auf ein vertracktes Vier-Mächte-Problem angesprochen. Wären sie bereit, eine unabhängige SPD, praktisch einen Orts- oder Bezirksverband der in der britischen Zone zugelassenen Sozialdemokratie, in ihrem Sektor zu dulden? Ohne diese Bereitschaft der Briten, aber auch der Amerikaner und Franzosen ist an eine freie SPD wenigstens in den westlichen Sektoren Berlins ja nicht zu denken. Sein Berlin-Aufenthalt, ursprünglich auf drei Tage bemessen und dann auf fast sechs Tage ausgedehnt, trägt durch Gespräche mit den westlichen Alliierten ganz wesentlich dazu bei, diese unerläßliche Voraussetzung zu schaffen. Er spricht mit General Clay und dessen politischem Berater Murphy, wird vom ranghöchsten britischen Beamten, Sir William Strang, zum Diner gebeten, trifft den Chef der politischen Abteilung bei den Briten, Sir Christopher Steel, und berät mit John Hynd, dem Deutschland-Minister der Labour-Regierung. Von Kontakten zur französischen Militärregierung ist nichts bekannt, doch sind sie wenig wahrscheinlich, da Paris nicht nur jeden Versuch einer zentralen Verwaltung für Deutschland blockiert, sondern den regionalen SPD-Organisationen in der französischen Zone damals jeden Kontakt zu ihrem Westzonenbüro untersagt, und Schumacher den russisch-französischen Sicherheitsvertrag als Gefahr für die Entwicklung in Deutschland betrachtet.

Der Besucher aus Hannover reist mit einem britischen Flugzeug, schläft in einem britischen Quartier, hat einen britischen Wagen mit britischer Eskorte zur Verfügung und wird während seines gesamten Berlin-Aufenthalts von einem britischen Offizier mit umgeschnalltem Revolver begleitet – Sicherheitsmaßnahmen, welche er, aber auch die Briten für unerläßlich halten, da ihn die kommunistische Presse seit den Westzonen-Resolutionen gegen die Beschlüsse der Sechziger-Konferenz mit einem wahren Trommelfeuer von Invektiven belegt; die Worte Spalter, Feind der Arbeiterklasse, *agent provocateur*, Revanchist oder Imperialistenknecht zählen da noch zu den vornehmeren Vokabeln. Die Militärregierung weiß, daß Schumacher bei den Sowjets zum deutschen Feind Nummer 1 avanciert ist. Als er darauf besteht, daß ihn Hermann Hasselbring begleitet, sein unersetzlicher Helfer in allen praktischen Fragen, ermöglichen die Briten dies, weil sie Hasselbring als »persönlichen Leibwächter« betrachten, was er nun ganz gewiß nicht ist. Daß er besser in neutraler Umgebung nächtigt und nicht bei sozialdemokratischen Freunden absteigt, um sie vor sowjetischen Repressalien zu bewahren, haben selbst Grotewohl und Dahrendorf in Braunschweig vorgeschlagen.

Nun weicht der britische Captain David Royce nicht von Schumachers Seite, weder bei seinem Treffen mit ZA-Funktionären im Westsektor noch bei seiner ersten Begegnung mit der Parteiopposition um Kurt Swolinsky und Franz Neumann in der Tempelhofer Kneipe »Winkel«; und schon gar nicht, als Schumacher die im Sowjetsektor gelegene Parteizentrale in der Behrensstraße aufsucht. Fotos, aufgenommen während dieses Berlin-Besuchs, zeigen einen schmalen, ausgezehrten Kurt Schumacher im dunklen Überzieher, der klein wirkt, obschon er doch mit 1,80 Metern für damalige Verhältnisse hochaufgeschossen ist; aber der britische Offizier in Uniform neben ihm überragt ihn um Haupteslänge. Es sind diese Bilder vom britischen Begleitschutz in Berlin, die sich einprägen und das Vorurteil verstärken, welches Konrad Adenauer im Wahlkampf 1949 als Waffe gegen ihn verwenden wird: daß er der Mann Labours in Deutschland sei, der Protegé der britischen Besatzungsmacht, obschon diese doch bis vor wenigen Wochen noch den bequemen Grotewohl als den »fähigeren Mann« begünstigte.

Royce wacht in einem Nebenzimmer, als Schumacher das erste Gespräch mit den drei Vorsitzenden des Zentralausschusses, Grotewohl, Fechner und Gniffke, in Grotewohls Wohnung führt, die in der Motzstraße in Schöneberg gelegen ist, also im amerikanischen Sektor. Gniffke, der von seinem Besuch in Hannover im Dezember eine frostige Atmosphäre in Erinnerung hat, beschreibt die Aussprache als offen und zwanglos, vielleicht, weil die Entscheidung längst gefallen ist. Neue Argumente werden jedenfalls nicht ausgetauscht. Schumacher ist auch nicht in der Hoffnung gekommen, die Ost-Berliner umzustimmen, aber er legt den versammelten drei Vorsitzenden noch einmal jene zwei entscheidenden Fragen vor, die einer von ihnen bereits in Braunschweig negativ beantwortet hat. »Die erste: Seid ihr gewillt, wenigstens in den drei nichtrussischen Sektoren Berlins eine selbständige SPD aufrechtzuerhalten? Die zweite: Seid ihr bereit, die Auflösung der SPD zu verkünden?« Die Antwort der drei, so Schumacher zwei Tage später auf einer Pressekonferenz, war übereinstimmend ein glattes Nein.

Jetzt erst fühlt er sich völlig frei, alles zu unternehmen, um die Berliner Parteiopposition zu unterstützen. Er wagt sich auch in die Höhle des Löwen, in die Ost-Berliner Parteizentrale in der Behrensstraße. Dieser Besuch, bei dem er zum ersten und letzten Mal sowjetisch besetzten Boden betritt, bringt auch die letzte Begegnung mit Grotewohl; danach wird es zwischen den Rivalen nur noch den Austausch von Erklärungen und Stellungnahmen, den Interviewkrieg über die Demarkationslinie hinweg geben, die sich schließlich zur Staatsgrenze verfestigt. Was zu sagen war, ist längst gesagt. Die Unterhaltung in Grotewohls Arbeitszimmer habe einer unverbindlichen Konversation geglichen, notiert Gniffke, man habe über die Ernährungslage und gemeinsame Bekannte gesprochen, Max Fechner habe sich nicht einmal die Mühe genommen, daran teilzunehmen. Aber Schumacher lernt die Arbeitsmöglichkeiten kennen, welche die Sowjets den von ihnen lizensierten Parteien bieten, und ihn, der in Hannover noch immer in einem bürokratisch beengten Provisorium leben muß, muten sie geradezu paradiesisch an. Von Royce begleitet, geht er von Zimmer zu Zimmer, stellt sich vor, fragt, bekundet Interesse und Anteilnahme. Als Gniffke erfährt, daß Hasselbring nach Schumachers Besuch die Mitarbeiter der Zentrale ermuntert, abends zu einer Zusammenkunft in kleinem Kreis zu kommen, schließt er sich dem Rundgang an, um solche gefährlichen Avancen fortan zu verhindern.

Kennenlernen bedeutet zugleich Abschied nehmen. Schumacher versteht diesen Gang von Büro zu Büro als solidarischen Akt und verspricht Hilfe für den Fall, daß einige Genossen das Vereinigungsexperiment nur mit innerem Widerstreben und unter äußerem Zwang mitmachen und dann scheitern sollten. Wenn man so will, genügt er

»Eine Diktatur genügt uns!« Die Urabstimung der Berliner SPD, im sowjetischen Sektor verboten, erbringt mit über achtzig Prozent Neinstimmen ein überwältigendes Votum gegen die Vereinigung mit der KPD.

hier erstmals einer Fürsorgepflicht für alle Genossen, die zum Nachgeben gezwungen werden. Es ist dies eine von ihm tief empfundene Verpflichtung, die später zur Gründung des Ostbüros führt, das zunächst die Aufgabe erhält, den Kontakt zu alten Sozialdemokraten in der Sowjetzone aufrechtzuerhalten. Er ist überzeugt, daß SPD-Genossen, sich dem Druck beugend, auch in der neuen Partei »Sozialdemokraten sein und bleiben wollen und bei jeder praktischen Gelegenheit es auch beweisen werden, daß sie es sind«.

Sein Wunsch, vor einer Berliner Funktionärskonferenz zu sprechen, wird von den drei Vorsitzenden abschlägig beschieden; statt dessen laden sie ihn zu einer Sitzung des kompletten Zentralausschusses mit geladenen Gästen in den Schöneberger Ratskeller, weil sie der Stimmung der so Versammelten sicher sein können. Aus Angst, der Besucher aus Hannover könne Proselyten machen, sei ihnen keine andere Wahl geblieben, meint Gniffke später zu diesem Verfahren: »In der zukünftigen Einheitspartei sollte eine Parität hergestellt werden. Woher sollten wir aber die Funktionäre nehmen, wenn qualifizierte Genossen ausfallen?« Klaus-Peter Schulz, einer der Anführer der Berliner Rebellion gegen den Vereinigungskurs des ZA, nennt diese Maßnahme einen »plumpen und brutalen Versuch, den Gast aus dem Westen hermetisch von den Berliner Funktionären abzuschließen«.

Es ist ein Vorgehen, das Folgen hat, denn das Mißtrauen bei den Berliner Kreisvorständen gegen Grotewohl wächst, und mit ihm die Bereitschaft, Kurt Schumacher zu glauben, der im Schöneberger Ratskeller prophetisch ausgerufen hatte: »Von allen, die ihr hier für die Vereinigung seid, wird kein einziger in einem halben Jahr noch etwas mitzubestimmen haben.« In Tempelhof, vor dem Freundeskreis Kurt Swolinskys, wendet sich Schumacher in einer kurzen, mitreißenden Ansprache gegen jede Diktatur, auch die des Proletariats, und erinnert an die humanistischen Wurzeln der Sozialdemokratie, die ohne das Bekenntnis zur Geistesfreiheit ihre Existenzberechtigung verloren habe. So ermutigt und bestärkt er die Berliner Rebellen auf ihrem Weg zu jener Urabstimmung, die im Osten von den Sowjets verboten, am 31. März 1946 in den westlichen Sektoren aber mit 82,2 Prozent Neinstimmen ein überwältigendes Votum gegen die Vereinigung bringen wird.

In diesen Berliner Tagen trifft Schumacher auch Arno Scholz, den späteren Chefredakteur des *Telegraf*, der bald führend in den Abwehrkampf der West-Berliner eingreifen wird und dem wir als einstigem persönlichen Sekretär von Parvus Helphand bereits begegnet sind. Einem Leitartikeldienst, den Scholz herausgab, hat Schumacher in den frühen dreißiger Jahren so manchen Kommentar beigesteuert. »Wir hatten uns schnell wiedergefunden«, schreibt Scholz im *Turmwächter*, »und als ich trotz Sperrstunde mit dem Fahrrad nach Hause fuhr, war es zwischen uns klar, in Berlin wird es eine sozialdemokratische Partei geben, gleichgültig, was die Sowjets dagegen zu unternehmen bereit waren.«

Scholz wird noch vor Franz Neumann Schumachers wichtigster Vertrauter in Berlin, er ist Freund, Ratgeber und auch Stimme des Westzonen-Chefs in einer Zeit, da die West-Berliner Sozialdemokratie, zunächst ganz auf Unabhängigkeit und Selbständigkeit bedacht, noch Distanz zu Hannover wahrt. In einem Interview im *Tagesspiegel*, das am 26. Februar 1946 erscheint, wenige Tage vor dem Beschluß der Berliner Bezirksorganisation für die Urabstimmung, bekennt sich Schumacher, wie schon in Wennigsen, noch einmal zur Einheit der Arbeiterparteien als einem »leuchtenden Ziel«, das leider in einer Epoche der historischen Abhängigkeiten nicht verwirklicht werden könne. Er nimmt damit Rücksicht auf die in Berlin vorherrschende Stimmung, die sich noch in der Fragestellung für die Urabstimmung niederschlägt, heißt es da doch: »1. Bist Du für den sofortigen Zusammenschluß beider Arbeiterparteien? 2. Bist Du für ein Bündnis beider Parteien, welche gemeinsame Arbeit sichert und den Bruderkampf ausschließt?« Während sich eine große Mehrheit gegen eine sofortige Vereinigung ausspricht, stimmen immerhin 62,1 Prozent für das Bündnis und gegen den Bruderkampf.

Eine Woche nach der Urabstimmung, am 7. April, gründet sich dann in West-Berlin ein unabhängiger Landesverband der SPD neu und wird für ganz Berlin zugelassen, als die westlichen Kommandanten die Anerkennung der am 21. und 22. April 1946 gegründeten SED in ihren Sektoren von der Respektierung der SPD im Ostsektor anhängig machen. So existieren denn bis zum Bau der Mauer 1961 beide Parteien, SPD und SED, in der gesamten Stadt nebeneinander. Welcher von beiden die Berliner in freier Entscheidung den Vorzug geben, zeigt sich ein halbes Jahr später bei den ersten Wahlen in Großberlin. Am 20. Oktober 1946 erhält die SPD 48,7 Prozent, die CDU wird mit 22,2 Prozent zweitstärkste Partei und verweist die SED mit 19,8 Prozent auf den dritten Platz, indes die Liberalen, zu deren Hochburgen Berlin nie gezählt hat, auf 9,3 Prozent der Stimmen kommen. Kein

Der »Mythos der antifaschistischen Einheitsfront«: Am 22. April 1946 beschließen die Delegierten des Vereinigungsparteitages von SPD und KPD den Zusammenschluß der Arbeiterparteien zur SED (oben interessierte Bürger vor der Staatsoper). Der Bezirksparteitag der KPD hatte die Vereinigung am 13. April im Deutschen Theater Berlin beschlossen (unten).

Zweifel, die Mehrheit denkt wie Kurt Schumacher: »Wenn das, was wir im Osten erleben, tatsächlich Sozialismus wäre, dann wäre vor der europäischen Menschheit das Todesurteil über den Sozialismus gesprochen.«

Er sagt dies am 20. April, zwei Tage vor der Gründung der SED vor zweitausend Besuchern im West-Berliner Mercedes-Palast auf einer Kundgebung, zu der ihn der Landesvorstand der neuen unabhängigen SPD der Vier-Sektoren-Stadt gebeten hat. Auf Berliner Boden vermeidet er sorgfältig jeden Ausfall gegen Rußland: »Wir können und wollen nicht antirussisch sein, aber wir wollen ebensowenig eine Privilegierung der russischen nationalen und imperialen Staatspolitik vor der irgendeines anderen Landes. Wir können ja nicht prinzipiell antirussisch sein, denn eine dauernde internationale Friedensgemeinschaft der Völker ist unter Ausschluß eines so großen Landes nicht möglich.« Den Vorwurf, er sei aus nationalen Gründen antirussisch, wird er stets weit von sich weisen, auch wenn er, Adenauer darin nicht unähnlich, Rußland nach Geschichte, Entwicklung und Mentalität nie recht zu Europa zählt und den Raum östlich des Bug überwiegend von Asien beeinflußt sieht. Seine Frontstellung gegen Rußland ist eindeutig dadurch bestimmt, daß dort die Idee des Sozialismus diskreditiert wird, daß in Rußland »alle proletarischen und revolutionären Auffassungen« zu einem »Sozialismus der autoritär dirigierten Vermassung« geführt haben und die marxistische Ideologie im Zeichen Lenins und Stalins zur ideologischen Waffe für die Expansion einer Weltmacht geworden ist.

Nirgendwo klarer als am Vorabend der Ost-Berliner Vereinigung spricht er im Mercedes-Palast aus, was die Deutschen in seiner, der Sicht des demokratischen Sozialisten von der Sowjetunion trennt: »Jetzt also steht Deutschland zwischen Rußland als dem Land ohne jede bürgerliche Revolution und den Westmächten mit den vollendeten bürgerlichen Revolutionen. Tatsächlich ist für den Teil der Deutschen, die den Aufbau der Welt nach den Grundsätzen der Vereinten Nationen betreiben wollen, die Entscheidung bereits gefallen. Sie ist nicht östlich und nicht westlich, sondern europäisch in dem Sinne, daß sie die letzte Quintessenz der bürgerlichen Revolutionen zum immanenten Bestandteil des bewußten und unbewußten Denkens der Mehrheit der Deutschen gemacht hat. Wir müssen erkennen, daß die Freiheit des Erkennens und die Freiheit der Kritik, wie auch die gesamten Geistesgüter der englischen und französischen Revolutionen und der amerikanischen Unabhängigkeitserklärung ihren einzig sicheren Hort in der Sozialdemokratie hatten. Das hat dazu geführt, daß ein europäischer und speziell deutscher Sozialismus Bestandteile in sich trägt, die, ohne den Marxismus als Methode auch nur im geringsten zu beeinträchtigen, die ganze Idee des Sozialismus erst lebendig machten. Das bedeutet, daß es keinen Sozialismus ohne Demokratie gibt. Weiter ist ein Sozialismus ohne Menschlichkeit nicht denkbar und auch ohne Geistesfreiheit in allen ihren Konsequenzen nicht. Für die deutschen Sozialdemokraten ist der Sozialismus ein Mittel zur ökonomischen Befreiung der Persönlichkeit, und zwar eine solche, die der Individualismus und der Liberalismus nicht haben schaffen können, eine Persönlichkeit auf sozial sicherer Basierung.«

Sein Antikommunismus steht ganz in der sozialdemokratischen Tradition der zwanziger und dreißiger Jahre, selbst sein Wort von den Kommunisten als den rotlackierten Nazis ist von Karl Kautsky vorgeprägt. Der Chefideologe der Partei hat 1930 den Faschismus ja als das Gegenstück des Bolschewismus bezeichnet und behauptet, »Mussolini (sei) nur der Affe Lenins«. Dieser Denkweise entspricht es, wenn die offizielle Parteikorrespondenz der SPD Stalin 1929 nicht nur der »persönlichen Diktatur« bezichtigt, sondern den grausamen Tyrannen, aus heutiger Sicht sicher verniedlichend, einen »russischen Duce« nennt.

Geprägt wird das sozialdemokratische Bild Rußlands durch die Menschewiki, die in Georgien bei den Wahlen zur konstituierenden Nationalversammlung 80 Prozent aller Stimmen erhalten und 1921 durch den Einmarsch der Roten Armee brutal überwältigt werden. Seither, so hat Jürgen Zaruski nachgewiesen, ist der auch von Schumacher immer wieder erhobene Imperialismus-Vorwurf geradezu ein »Topos der sozialdemokratischen Bolschewismuskritik«. Als Lenin für öffentliche Manifestationen des Menschewismus die Todesstrafe fordert, veranstaltet die SPD ihre erste antibolschewistische Großkundgebung in Berlin. Sie prangert den Moskauer Prozeß gegen 34 Sozialrevolutionäre an, weil dieser sich als Parodie der Justiz entpuppt. Der sowjetische Generalstaatsanwalt Krylenko hatte nämlich im Gerichtssaal ganz offiziell Demonstranten empfangen, die ein hartes Urteil forderten, Entlastungszeugen wurden nicht zugelassen, und den Angeklagten blieb der Einblick in das offizielle Protokoll verwehrt, Zustände, die der *Vorwärts* als »Verwilderung Rußlands« kommentiert.

Zwar hat der Parteivorstand in den ersten Jahren der Prager Emigration seinen antibolschewistischen Kurs etwas zurückgenommen, aber die Stalinschen Prozesse Mitte der dreißiger Jahre bestärken bald wieder das Bild von den »russischen Greueln«. Dazu kommt 1939 der Schock des Hitler-Stalin-Pakts, so daß die Londoner und Kurt Schumacher in ihrer ablehnenden Haltung gegenüber den Kommunisten nach Prinzip und Taktik wenig trennt. »Wir wünschen keinen Antibolschewismus«, läßt Schumacher Alexander Schifrin in New York wissen, der ihn vor einer Wiederholung der Spaltungstaktik und der »antibolschewistischen Psychose von 1919« gewarnt hat; aber »wir wünschen ... auch keine Unterwerfung der deutschen Arbeiterklasse unter Rußland«. Nach den Resolutionen von Hannover und Frankfurt gegen die Vereinigung sei er in den Augen der Bolschewisten jetzt der große Störenfried, doch fügt er im nachfolgenden Satz sofort eine Korrektur dieses Bildes an, die Aufschluß über sein politisches Selbstverständnis gibt: »Ich bin aber in Wirklichkeit nur der Verteidiger der Ideen, die für die europäische ... und für die Arbeiterschaft in den anderen Teilen der Welt unverzichtbar sind: die Idee des freien Erkennens, des Rechtes zum eigenen Entschlusse und des Rechtes zur Kritik.«

Seit Schumacher die moralische Führung der Parteirebellen in Berlin übernommen hat, spitzt sich die Auseinandersetzung zwischen den Rivalen dramatisch zu. Auf SPD-Versammlungen in West-Berlin von meuternden Genossen niedergeschrien, sucht Grotewohl geradezu panisch die Urabstimmung zu verhindern und droht den Rebellen mit Parteiausschluß. Weil er spürt, daß eine Mehrheit der Berliner Mitgliedschaft den Vereinigungskurs nicht mitmachen wird, distanziert er sich jetzt öffentlich von »reformistischen Ideengängen«, nach denen Toleranz und der Stimmzettel die friedlichen Voraussetzungen für das Hinüberwachsen in eine sozialistische Gesellschaft schaffen, Ideengänge, die »in Deutschland schon einmal elend Schiffbruch« erlitten hätten. Schumacher nennt dies eine Verletzung der primitivsten demokratischen Regeln, einmalig in der Geschichte der Sozialdemokratie. Obschon selbst von keinem Parteitag bestätigt, bestreitet Grotewohl dem Gegner in Hannover jede Legitimation, weil dieser sich nur auf ein Mandat weniger führender Funktionäre, nicht aber der breiten Mitgliedschaft der westlichen Bezirke stützen könne. Unverhohlen und trotziger denn je pocht er auf den alten Führungsanspruch für das ganze Reich: Die Zentrale in der Behrensstraße nennt den

Zonenparteitag, welcher die Fusion beschließen soll, einen »Reichsparteitag der SPD« in der sowjetischen Besatzungszone und lädt Genossen aus dem Westen dazu ein. Gerüchte, die später nie belegt werden, wollen von tausend Delegierten aus dem Westen wissen, denen die SMA die Reise nach Berlin erlaubt.

Schumacher reagiert darauf sofort nach seinem Berlin-Besuch in Offenbach. Er will der Gefahr vorbeugen, daß Delegierte aus seinem Rayon dem, was er nun offen als Zwangsvereinigung bezeichnet, auch noch den Glorienschein der Freiwilligkeit verleihen. Die Strafe, mit der er ein solches Verhalten ahnden will, mutet fast schon drakonisch an – Parteiausschluß. Vorübergehend scheint er mit dem Gedanken zu spielen, als alleiniger Gastdelegierter selbst am Vereinigungsparteitag teilzunehmen. Traut er der Standfestigkeit vieler seiner westlichen Genossen nicht und nur der eigenen? Britischen Offizieren hatte er schon in Berlin gesagt, er werde unter allen Umständen verhindern, daß Sozialdemokraten aus dem Westen der heimtückischen kommunistischen Propaganda samt den Versuchungen unbegrenzten Kaviar- und Wodkagenusses ausgesetzt würden.

Jener Teil Deutschlands, der unter sowjetischer Besatzung stand, gehörte nicht zu dem Gebiet, in dem Schumacher oder Ollenhauer Politik machen wollten, meint Brigitte Seebacher-Brandt in ihrer Ollenhauer-Biographie. Vorsichtig fragt sie, ob ein Kurs, der an der Einheit der eigenen Sozialdemokratischen Partei ausgerichtet gewesen wäre und den er – Schumacher – »mit der ihm eigenen Kraft und Leidenschaft über die Westzonen hinaus verfolgt hätte, zu einem anderen Ergebnis als der Spaltung zunächst der eigenen Partei und dann ›des Reichs‹ hätte führen können«. Aber sofort fügt sie hinzu: »Zwangsläufig wäre das allerdings nicht gewesen. Denn die Alternative lautete nicht nur: Sozialistisch-kommunistische Einheit mit der Konsequenz, zum Befehlsempfänger der sowjetischen Besatzungsmacht herabzusinken, oder aber Freiheit mit der Konsequenz, die deutschen Belange aus eigener Erkenntnis und freiem Willen unabhängig gestalten zu können. Die Alternative hätte vielmehr auch lauten können: Kampf um die Einheit der SPD mit der beabsichtigten Konsequenz, der Sowjetunion die Alleinherrschaft über den von ihr besetzten Teil unmöglich zu machen.« Hätten die Sowjets einem Schumacher dies auf ihrem Gebiet gestattet? Und hätten die westlichen Alliierten im Winter 1945/46 einen Schumacher unterstützt, welcher die Sowjets offen auf deren Besatzungsgebiet herausfordert? Die Briten etwa, die Schumacher wegen seiner antisowjetischen Bemerkungen rügten, oder gar jener amerikanische General, der den westdeutschen SPD-Führer mahnte: »Vergessen Sie nicht, die Sowjets sind unsere Verbündeten?«

Es scheint kein Zufall, daß der Chor der kritischen Stimmen in einer Zeit anschwillt, da die Entspannungspolitik ihren Zenit erreicht. Folgt man diesen Einwänden, dann fehlte Schumacher die Kraft, der Wille oder die Phantasie für eine Politik, welche die Einheit der Partei hätte retten und sie als Klammer für die Einheit Deutschlands erhalten können. Egon Bahr, der wichtigste deutsche Architekt der West/Ost-Detente, meint 1986, vierzig Jahre nach der Vereinigung in der *Neuen Gesellschaft*, Schumacher habe Grotewohl nicht kräftig genug unterstützt, weil ihm jeder Politiker, der unter sowjetischer Besatzung wirken mußte, suspekt gewesen sei. Den wahren Kampf gegen die Einheitspartei, so Bahr noch 1993, habe es deshalb gar nicht gegeben. Grotewohl sei kein Kommunistenfreund gewesen, habe jedoch erkannt, daß die Unabhängigkeit der Sozialdemokratie im Osten, aber auch die deutsche Einheit ohne und gegen die Siegermacht Sowjetunion nicht zu behaupten war.

Den Angriff eröffnet, wenn auch in verdeckter Form, Herbert Wehner, als er 1966 im Vorwort zu den Gniffke-Memoiren schreibt: »Schumacher wußte genau, worauf es politisch ankam, ›um nicht in die Wurst gehackt zu werden‹. Aber wußte er genug darüber, womit die unter den besonders komplizierten Verhältnissen der sowjetischen Besatzungszone lebenden Exponenten der Sozialdemokratie zwingend ins Gespräch gezogen werden konnten? ... Wahrscheinlich ging es über menschliche Kraft, in dem von vier Mächten besetzten Deutschland, in dem der ›Sozialdemokratismus‹ zum Prügelknaben unter verschiedenen Vorzeichen gemacht wurde, die in die Gewalt der sowjetischen Machtapparate geratenen Sozialdemokraten als politische Kraft zu retten«. War dies also doch möglich, hatte Schumacher nur nicht genügend Kraft dazu?

Lucio Caracciolo bescheinigt einem »gequälten Grotewohl«, dieser und nicht Schumacher sei der wahrhaft nationale Sozialdemokrat gewesen, der Hannoveraner habe die östliche Sozialdemokratie schlicht ihrem Schicksal überlassen und sie damit ausgegrenzt. Wie fast alle Schumacher-Kritiker beruft er sich dabei auf eine Bemerkung, welche der spätere Regierende Bürgermeister Otto Suhr im Juni 1946 gegenüber britischen Offizieren gemacht haben soll: »Wenn Schumacher Ostdeutschland (unter sowjetischer Besatzung) nicht abgeschrieben, sondern einen echten Versuch unternommen hätte, die SPD als nationale Partei zu erhalten und eine Verständigung mit Grotewohl zu suchen, hätten die Russen die Vereinigung von SPD und KPD nicht zustande bringen können.«

Auf dieser Linie liegt die Behauptung Klaus Sühls, Schumacher habe sich vom Kampf der Sozialdemokraten um Grotewohl gegen die Einheitspartei bewußt ferngehalten und bis Februar 1946 eine Politik der Nichteinmischung geführt. Sühl sieht Schumacher, obwohl dieser doch in wahrlich schrillen Tönen bei geradezu gebetsmühlenartiger Wiederholung öffentlich vor einer Einheitsfront warnt, sogar in der Rolle eines »stummen Beobachters« des sich unter sowjetischer Okkupation vollziehenden Dramas. »Freiwillig und ohne jeden Zwang von außen« habe Schumacher darauf verzichtet, »die SPD als Instrument für eine gesamtdeutsche Politik einzusetzen«. Die entscheidende Weichenstellung für eine solche Politik wurde nach Sühl bereits in Wennigsen verfehlt, als die aus West und Ost versammelten Sozialdemokraten es versäumten, »eine fünfköpfige provisorische Führung der SPD aus Vertretern aller Zonen einschließlich des Exilvorstands« zu benennen. Nach diesen Vorstellungen wäre der ZA in dem provisorischen SPD-Vorstand, dessen Sitz man auch in eine der Westzonen, beispielsweise nach Hannover, hätte legen können, mit nur einer Stimme vertreten gewesen. Ob die Sowjets, die ja bewußt »Reichsparteien« lizensiert hatten, einer solchen Verlegung des Reichssitzes der Partei je zugestimmt hätten?

Weitaus bedachter und umsichtiger weist Harold Hurwitz darauf hin, daß das Vier-Mächte-Experiment einer gemeinsamen Verwaltung Deutschlands im Winter 1945/46 noch nicht definitiv gescheitert war. Schumacher habe versäumt, die sich damit bietenden Chancen wahrzunehmen. Warum, fragt Hurwitz, hat er nicht die Vereinigungsfrage durch entsprechende Vorstellungen bei den Briten, aber auch durch öffentliche Forderungen auf die Agenda des Alliierten Kontrollrats gesetzt, der sich zu dieser Zeit ja auch mit der Frage von gesamtdeutschen Gewerkschaften befaßte? Wäre dann vielleicht durch die Vier Mächte ein Beschluß für die nationale Ebene erfolgt, wie ja durch Verhandlungen der Vier auch das Nebeneinander von SPD und SED in ganz Berlin ermöglicht wurde? Selbst wenn es im Kontrollrat keine Einigung gegeben hätte, wäre dann die ganze Frage der Verschmelzung nicht wenigstens verzögert worden? All dies scheint möglich, ist aber keinesfalls sicher, wie sich eben klare Antworten auf derart *iffy questions*, Beweise für den Erfolg alternativer Strategien, im nachhinein fast nie erbringen lassen. Frankreich widersetzt sich zu jener Zeit jeder gemeinsamen Politik für das ehemalige Reich als Ganzes; die Sowjets wiederum verschließen sich amerikanischen Überlegungen, eine gemeinsame Politik notfalls ohne Frankreich zu dritt zu versuchen. Und dann: Ist die Vier-Mächte-Stadt Berlin nicht eines, die sowjetische Zone ein völlig anderes? Hätten die Sowjets sich zu jener Zeit vom Kontrollrat wirklich daran hindern lassen, in ihrer Zone das sie richtig Dünkende politisch durchzusetzen, wo sie doch auch in der Reparationspolitik ihre eigenen Wege gingen? Zweifel sind angebracht.

Sicher geht Schumachers politischer Ansatz von der Überlegung aus, daß allein die Vier Mächte, die Deutschland ja in Zonen zerlegt und zudem gesellschaftspolitisch gespalten haben, für die Wiederherstellung der Reichseinheit zuständig sind. Sowenig er die alliierten Sieger aus dieser völkerrechtlichen Verantwortung entlassen will, sosehr muß jede Parteinahme für eine der vier Mächte, wie sie Grotewohl offensichtlich durch enge Anlehnung an die Sowjets für richtig hält, aus seiner Sicht das Gleichgewicht zwischen den Alliierten stören. Darin steckt ein Verzicht auf eigene gesamtdeutsche Initiativen, wie sie Klingelhöfer, aber auch Jakob Kaiser damals für denkbar hielten.

Aber wurden die beiden durch die Entwicklung nicht widerlegt? Gab es damals wirklich schon die Möglichkeit, einen deutschen Willen zu formulieren? Vielleicht hat Schumachers Abstinenz auch damit zu tun, daß er als Jurist in verfassungspolitischen Rechtsfiguren denkt. Seine wiederholte Feststellung, das Deutsche Reich gebe es nicht mehr, es sei in vier Besatzungszonen zerlegt, hat ja nicht nur abwehrenden Charakter gegenüber der Forderung nach einem Reichsparteitag, sie kommt schon einer Rechtsfigur nahe: Das deutsche Volk kann aus seiner Sicht seinen politischen Willen erst artikulieren, wenn freie gesamtdeutsche Parteien in freien Wahlen für eine demokratische Nationalvertretung kandidieren, welche nach ihrer Konstituierung dann eine deutsche Regierung wählen wird. Wenn man so will, handelt es sich hier um einen Dogmatismus der demokratischen Prozedur, aber er mag so manche Äußerung Schumachers aus jener Zeit erklären. Er ist überzeugt, daß Parteinahme für einen der alliierten Sieger den Verhandlungsprozeß zwischen ihnen, der allein zur Wiederherstellung einer zentralen deutschen Administration samt Regierung führen kann, negativ beeinflußen muß.

Die Errichtung einer sozialdemokratischen Reichszentrale in einer der vier Zonen käme einer Option für einen der vier Alliierten gleich, schreibt Erwin Schoettle nach der Konferenz von Wennigsen; die Partei habe nicht die Absicht, »durch die Verlegung ihres persönlichen und materiellen Zentrums in Berlin noch mehr Geiseln zu konzentrieren als gegenwärtig«. Politik im Reichsmaßstab, so Schumachers Vorstellung in den ersten Nachkriegsjahren, ist erst denkbar, wenn das Reich wieder hergestellt ist und die Deutschen über demokratische Zentralinstanzen verfügen. Letztlich vertraut er darauf, daß die Vier Mächte sich über Deutschland einigen werden – eine Prämisse, von der wir zwar heute wissen, wie falsch sie war; aber damals ist die irrige Annahme weit verbreitet. Irgendwie, meint der frühere Regierende Bürgermeister Berlins, Klaus Schütz, »stimmten damals alle darin überein, daß die Einheit Deutschlands so quasi um die Ecke erreichbar wäre und der Friedensvertrag nicht allzu fern sein könne, trotz vieler Unklarheiten und so mancher Belastung«.

Gewiß spielt 1945 der Standort eine zentrale Rolle für die Sichtweise deutscher Politiker, und so hätte Schumacher die Möglichkeiten politischen Wirkens wohl anders eingeschätzt, wäre er bei Kriegsende in Berlin gewesen. In Hannover habe im Winter 1945/46 eine fast ländliche Situation vorgeherrscht, betont Hurwitz, Berlin dagegen sei eine kosmopolitische, offene Stadt mit Weltpresse gewesen, so daß ein Appell an die Öffentlichkeit hier eher Erfolg versprochen hätte. Aber Berlin ist ja nicht nur Vier-Mächte-Stadt, sondern zugleich das Zentrum der sowjetischen Besatzungszone, und die Briten legen Wert darauf, daß sich das Klima zwischen den Vier Mächten nicht durch sowjetkritische Äußerungen deutscher Politiker in ihrem Sektor verschlechtert. Ob ein Schumacher, der von Anfang an in Berlin gewesen wäre, mehr hätte ausrichten können, steht dahin, auch wenn seine Vorbehalte gegen Berlin nicht unterschätzt werden dürfen. Wie Elisabeth Nebgen, die Gefährtin und spätere Frau Jakob Kaisers berichtet, hat der Chef der Ost-CDU Schumacher in einem Gespräch während seines Berlin-Besuchs aufgefordert, die Hannoversche SPD-Zentrale nach West-Berlin zu verlegen, um damit ein Zeichen zu setzen. Geradezu brüsk habe Schumacher dieses Ansinnen zurückgewiesen: So etwas käme überhaupt erst in Frage, wenn er mit dem Wagen völlig frei durch die Zone fahren könne.

Die Meinung, Schumacher hätte die Vereinigung auf die alliierte Ebene heben müssen, ehe er sich in dieser Frage eindeutig festlegte, übersieht, daß der Prediger der Demokratie die Verschmelzung mit den Kommunisten als eine eminent moralische Frage betrachtet. Über sie völlig unabhängig von Mächtekonstellationen, allein nach philosophischen und sittlichen Prinzipien zu entscheiden, sind alle Sozialisten nicht nur frei, sondern geradezu verpflichtet. Prinzipielle Entscheidungen will er niemals den Geboten der Taktik untergeordnet wissen.

Daß er nicht allein so denkt, geht aus einer Bemerkung Waldemar von Knoeringens hervor, der als Major Holt in britischer Uniform im Winter 1945/46 den Zentralausschuß besucht hat. Die Führung der Berliner SPD sei »subjektiv absolut ehrlich, aber es fehlt ein umfassender Blick«, notiert er zwei Monate nach seiner Reise in London, als der Beschluß zur Vereinigung bereits gefaßt ist. »Die Elemente des geistigen und moralischen Widerstandes sind da, aber sie formen sich nicht zu einer Kraft, weil das politische Bewußtsein im historischen Sinne fehlt. Die Führung erfaßte nicht klar, daß sie als Vertreter einer geistigen Auffassung handelt, die viel weiter reicht als die Grenzen der SPD. Sie (die Führer) denken zu eng, zu sehr im Bereich der Partei, als politische Organisation und nicht als Ausdruck einer Geistesströmung, die sich heute gegen die neue Diktatur zu behaupten hat.«

Nicht wegen mangelnder Unterstützung aus Hannover hat die SPD-Führung in Ost-Berlin sich schließlich unterworfen, auch nicht weil die *chemistry*, die »Chemie« zwischen den Rivalen in Berlin und Hannover nicht gestimmt hat, obschon es da gewiß viele Schwierigkeiten gab. Es hat Grotewohl schlicht an Klarheit der Analyse, an Einsicht und Weitblick gefehlt. Er wurde Opfer der eigenen Halbheiten, Gefangener der eigenen Rhetorik; seine Kapitulation war auch der Preis für seine große Eitelkeit und den Hang zum Bequemen, der schon an dem jungen Minister des Freistaats Braunschweig schwerlich zu übersehen ist. Wer verstehen will, warum er versagt hat, muß in ihm nicht gleich den »Überläufer von Ewigkeit zu Ewigkeit« sehen, wie Schumacher ihn gegenüber Fried Wesemann einmal charakterisiert hat. Seine Grundannahme war falsch, daß es unter stalinistischen Verhältnissen eine freie, unabhängige einheitliche Partei der Arbeiterbewegung geben könne. Kain und Abel waren auch Brüder, hält Schumacher ihm sarkastisch entgegen, als Grotewohl die Kommunisten einmal als quasifamiliäre Freunde bezeichnet. Grotewohl erliegt dem Mythos von der antifaschistischen Einheitsfront. »Waren wir im Mai und Juni 1945 nicht bereit, in eine einheitliche Arbeiterpartei zu gehen, auch wenn es sich dabei um keine andere gehandelt hätte, als die jetzt neben uns bestehende Kommunistische Partei?« So hat er nach den Memoiren Gniffkes seine Genossen in der entscheidenden Sitzung am 10. und 11. Februar gefragt und die Weichen zur Fusion gestellt. »Was soll sich eigentlich an dieser grundsätzlichen Einstellung geändert haben? Geändert hat sich nichts, nur Zeit haben wir verloren. Hätten wir vor einem Dreivierteljahr die Vereinigung durchgeführt oder hätte die Besatzungsmacht nur eine Arbeiterpartei zugelassen, so hätten wir nicht nur keine Zeit verloren, sondern uns auch viel Ärger erspart.«

Aus seinem Kardinalfehler erklärt sich auch seine taktische Not: Nicht gegen die Vereinigung, die er grundsätzlich bejaht und immer wieder pathetisch beschwört, nur gegen ihren Termin kann er opponieren, und so etwas geht nur begrenzte Zeit. Dazu kommen »Selbstüberschätzung und Selbsttäuschung, kurz: Bravado«, wie Hurwitz und Caracciolo übereinstimmend meinen. Der Irrtümer und falschen Einschätzungen sind viele: In seiner Eitelkeit geschmeichelt, sieht sich Grotewohl nach Versicherungen Marschall Schukows bereits als Kanzler oder doch Außenminister eines vereinten Deutschland. Die Ost-Berliner vertrauen der eigenen Kraft und sind überzeugt, innerhalb der Einheitspartei sozialdemokratische Zielsetzungen behaupten zu können. Auf ein Wort Schukows setzend, geht Grotewohl davon aus, daß sich eine eigene sozialdemokratische Organisationsstruktur innerhalb der neuen Partei beibehalten läßt. Und leichtfertig vertraut er auch einer Zusicherung des Marschalls, der in einem Gespräch einmal den Rückzug der sowjetischen Truppen für den Fall der Fusion in Aussicht gestellt hat. Nur so jedenfalls erscheint jener Satz seiner Rede auf dem Vereinigungsparteitag sinnvoll, für den er nicht enden wollenden Beifall erhält: »Ich glaube nicht, daß es vermessen ist, und ich glaube auch nicht, daß die sowjetischen Besatzungsbehörden es mir etwa übelnehmen werden, wenn ich an dieser Stelle erkläre, daß die heute geschaffene Einheitspartei, mindestens in der sowjetischen Besatzungszone, durch ihre riesengroße Stärke eine so große Sicherheit für unseren Bestand in der sowjetischen Besatzungszone darstellt, daß wir auf die Bajonette der Russen nicht mehr angewiesen sind.« Spätestens der 17. Juni 1953 wird zeigen, wie sehr er damit irrt.

Sein Verteidiger Caracciolo schreibt ihm gut, daß er, dem Motto Pétains folgend, in der Niederlage bei seinen Männern blieb, deren

Schicksal teilte und Schaden von ihnen abzuwenden suchte. Er meint, der national denkende Grotewohl habe die erzwungene Gründung der SED als ein »vorläufiges« Opfer betrachtet, das »um der Wiedervereinigung oder wenigstens einer Auflockerung der Zonenabgrenzung und der sowjetischen Kontrolle über Mitteldeutschland willen« unvermeidbar gewesen sei. Und doch räumt er ein, daß es sich dabei um eine geradezu verzweifelte, widersinnige Version seiner früheren »Ostorientierung« gehandelt habe. »Bis zum Februar 1946 hatte Grotewohl die Russen zu überzeugen gehofft, auf eine nationale SPD als Sicherheitsfaktor in Deutschland zu bauen. Nun hoffte er, diese würden sich mit einer zonalen SED als Garantie für die SBZ begnügen. Er erwartete, daß die Großmächte in einer nicht zu fernen Zukunft zu einer Vereinbarung über die Einheit Deutschlands kommen würden, der politische Poker in und um Deutschland dann in eine ganz neue Runde gehen würde.«

Zweckoptimismus und Spekulationen erleuchten den Weg, an dessen Ende für Grotewohl und seine Freunde Ämter, Privilegien und ein angenehmes Leben stehen, für 17 Millionen ihrer Mitbürger in der russischen Besatzungszone aber die Errichtung einer zweiten totalitären Diktatur auf deutschem Boden – nur ein Jahr nach der Niederwerfung des Naziregimes.

Es kann nicht den geringsten Zweifel daran geben, daß der Widerstand gegen den Kommunismus in westeuropäischen Ländern wie Belgien, Frankreich und Italien, die über starke kommunistische Parteien verfügten, erheblich geschwächt worden wäre, hätte sich auch in Westdeutschland die Einheitsfront mit den Kommunisten durchgesetzt. Schumacher selbst hat diesen Zusammenhang stets gesehen. In einem Brief an Toni Sender, seine frühere Reichstagskollegin, die ins New Yorker Exil gegangen war, formuliert er dies so: »Rußland versucht mit Hilfe der Kommunisten jetzt noch einmal auf dem Rückzuge das zu erreichen, was ihm beim Hineindrücken nach Europa nicht gelungen ist, nämlich, die politische Eroberung des Kontinents auf dem Wege über Italien, Frankreich und vor allem über die deutsche Sozialdemokratie.«

Folgt man Hans-Peter Schwarz, dann hat er in einer labilen historischen Phase, als sich noch gar nicht absehen ließ, ob die Kriegskoalition definitiv auseinanderbrechen würde, wichtige Schichten der westdeutschen Bevölkerung gegenüber dem Kommunismus immunisiert und ist so der internationalen Entwicklung um zwei Jahre voraus gewesen. Das Kontrollratskonzept hätte eher ein Zusammengehen der sozialistischen Parteien nahegelegt, wie denn auch die westlichen Besatzungsmächte bis ins Jahr 1947 hinein Allparteienregierungen unter Einschluß der Kommunisten förderten. Tatsache ist, daß Schumacher mit seiner klaren Absage an die Einheitspartei praktisch Adenauers Politik der Westorientierung vorwegnimmt und den Grundstein für die Partnerschaft zwischen Westdeutschen und Westalliierten legt, die schließlich zur Entstehung der Bundesrepublik Deutschland führen wird. »Gleich, wie sich die Situation in Deutschland entwickeln würde«, schreibt Schwarz, »Schumacher hatte der SPD von Anbeginn an eine Richtung gewiesen, in der sie nur im Westen auf Unterstützung hoffen konnte. Und da er 1945 und 1946 mit dem Durchbruch der Sozialdemokratie zur Macht fest rechnete, bedeutete dies nichts anderes als eine vorzeitige, zumindest unter seiner Führung unwiderrufliche Option für die Westorientierung Deutschlands.«

Dem wäre allerdings hinzuzufügen: Für Schumacher, der keine Parteinahme für Besatzungsherren wünscht und sie bei Grotewohl scharf bekämpft, ist dies keine Option für irgendeine westliche Macht, sondern für demokratische Werte. Daß im Zuge des Kalten Krieges diese Grundsatzentscheidung die Spaltung des Landes, um dessen Einheit er dann beinahe verzweifelt kämpft, verstärken muß, gehört zur besonderen Tragik in einem Leben, das mit Glückserlebnissen wahrlich nicht gesegnet ist.

Der große Gegenspieler: Konrad Adenauer – Repräsentant einer untergehenden Welt?

Das Drama vom Untergang der SPD in der sowjetischen Besatzungszone ist noch nicht beendet, da trifft Kurt Schumacher bei der ersten Sitzung des Zonenbeirats am 6. März 1946 erstmals auf Konrad Adenauer. Keiner der beiden ahnt bei dieser ersten Begegnung, daß es in drei Jahren zur Gründung eines separaten deutschen Weststaats kommen wird. Noch sind die Deutschen ja politisch völlig entmündigt, noch gibt es Hoffnung, daß die Sieger zu einer gemeinsamen Deutschlandlösung finden können. Mit dem militärischen Gepränge des Siegers, mit »Trommelwirbel und Trompetengeschmetter«, erinnert sich Adenauer, sei der Luftmarschall Sir Sholto Douglas vorgefahren, um die Tagung im früheren Hamburger Generalkommando zu eröffnen. Jahrhundertelange Erfahrung der Briten mit der *indirect rule* wird jetzt bei den Deutschen praktiziert: Ähnlich Eingeborenen in den britischen Kolonien, dürfen sie zwar ihre Meinung äußern und Empfehlungen aussprechen, aber was wirklich geschieht, bestimmen allein die Besatzungsherren. Und doch entwickelt sich, was zunächst nur als ein Hilfsorgan der Besatzungsmacht gedacht ist, in dem die Ministerpräsidenten, Parteien, Gewerkschaften und auch Verbraucherverbände vertreten sind, im Laufe der Zeit zu einem Forum politischer Auseinandersetzungen, zu einer Art Vorparlament, in dem die Parteien die Klingen kreuzen, parlamentarische Spielregeln üben und schließlich auch Fragen der Wirtschafts- und Gesellschaftsordnung diskutieren.

Gleich am Abend des ersten Sitzungstages kommt es zu einer langen Aussprache zwischen Schumacher und Adenauer; sie wird von Hinrich Wilhelm Kopf angeregt, der damals noch Oberpräsident von Hannover ist, denn Niedersachen, das neue und größere Land, wird erst Monate später gegründet. Worum die Gespräche kreisen, wissen wir nur aus Adenauers Memoiren, und die lesen sich so, als ob er ursprünglich ehrlich eine Kooperation mit den Sozialdemokraten angestrebt habe. Bedenkt man Adenauers grundsätzlichen Einwände gegen die Sozialdemokratie, wie er sie bald vor der Kölner Universität vorbringen wird, sind an dieser Absicht einige Zweifel angebracht. Nach der Version Adenauers jedoch scheint die Verständigung mit Schumacher beinahe perfekt, in praktischen Fragen gibt es kaum gegensätzliche Meinungen. Beide sind sich einig, daß gemäß den Haager Bestimmungen die Alliierten die Verantwortung für die Ernährungslage tragen, beide meinen, man müsse den Westmächten klarmachen, daß die deutsche Industrie die geforderten Reparationsleistungen nicht erbringen könne, es sei denn, das Ausmaß der Demontagen würde erheblich herabgesetzt.

So scheint es Adenauer während des Gesprächs, »als wäre tatsächlich die Möglichkeit des Zusammengehens von CDU und SPD gegeben«. Doch dann spricht Schumacher eine Forderung aus, die wir längst kennen, auf der er immer wieder hartnäckig besteht, der Adenauer jedoch in dieser schroffen Form erstmals begegnet, und die ihn schockiert: Er verlangt, daß die CDU als junge Partei den Führungsanspruch der SPD anerkennen müsse, weil die Sozialdemokratie ja nicht nur über die längere und glaubwürdigere demokratische Tradition verfüge, sondern die größte Partei Deutschlands sei und bleiben werde. Den nahezu 20 Jahre Älteren dünkt dies ebenso arrogant wie undemokratisch. Trocken erwidert er, die Entscheidung darüber, welche Partei die stärkere sei und dann die Führungsrolle übernehme, bleibe besser den Wählern überlassen.

In dem Zweikampf, der nun beginnt und bis zur Bundestagswahl im Herbst 1949 währen wird, hat Schumacher einen erheblichen Startvorteil, den Adenauer in seinen Memoiren auch maliziös vermerkt. Ohne Rücksicht auf Alphabet oder Alter wird der SPD-Vorsitzende dem britischen Luftmarschall als erstes Mitglied des Zonenbeirats vorgestellt: »Die Begrüßung zwischen Douglas und Schumacher war sehr herzlich und dauerte ziemlich lange. Meine Vorstellung verlief wesentlich kühler und war sehr viel kürzer. Sie dauerte eine Minute und fünfundvierzig Sekunden.« Was er so offensichtlich als Zurücksetzung empfindet, hat mit der damaligen politischen Statur der Kontrahenten zu tun, nicht mit der Nähe des Sozialdemokraten zur Labour-Regierung, wie Adenauer fälschlich wähnt. Zwar haben beide formell den gleichen Rang als Parteiführer, seit Adenauer im März zum Vorsitzenden der CDU der britischen

Zone gewählt worden ist – mehr als Zonenzusammenschlüsse gestatten die westlichen Alliierten noch nicht. Aber mit dem Treffen von Wennigsen im Oktober 1945 ist Schumacher zum unumstrittenen Sprecher der westdeutschen Sozialdemokratie aufgestiegen und damit ein Führer von nationaler Bedeutung, der aufgrund seiner Absage an die Kommunisten zudem international Beachtung findet. Dagegen kann Adenauer das Amt des Vorsitzenden des Rheinischen Landesverbandes und späteren Parteiführers in der britischen Zone nur erobern, weil Karl Arnold, der Repräsentant des christlichen Arbeitnehmerflügels, diese Schuhe für sich selbst noch zu groß hält, und er – und diesem Irrtum ist ja wahrlich nicht nur er verfallen – mit dem Oberbürgermeister im Pensionsalter als einer Figur des Übergangs rechnet, die in wenigen Jahren einem jüngeren Politiker den Platz räumen wird. Auf Jahre bleibt Adenauer in der Arbeitsgemeinschaft der CDU/CSU, in welcher die Landesverbände auf föderalistische Unabhängigkeit und Selbständigkeit pochen, reichsweit nur ein Grande unter vielen. Noch im Herbst 1947 bezeichnet der amerikanische Professor Hajo Holborn, der im Auftrag des amerikanischen Außenministeriums durch Westdeutschland reist, Schumacher als Chef der SPD, Adenauer lediglich als den »rheinischen Führer des rechten Flügels der CDU«. Der Durchbruch zu nationaler Bedeutung gelingt Adenauer erst im September 1948 mit der Wahl zum Vorsitzenden des Parlamentarischen Rats.

Neben Trennendem finden sich viele Parallelen bei den Kontrahenten: Ähnlich Schumacher, will auch Adenauer die deutsche Politik nicht über die Länder, wie dies Amerikaner in ihrer Zone praktizieren, sondern über zentrale Parteien aufbauen; beide werden sie darin tendenziell von den Briten begünstigt, denen jeglicher Föderalismus von Hause aus fremd ist. Beide gehen von einem Weisungsrecht der Parteiführer gegenüber den Ministerpräsidenten der eigenen Partei aus; beide sind überzeugt, daß nur die Russen, nicht aber die Westmächte über ein klares Konzept für ihre Deutschlandpolitik verfügen. Damit sind die Ähnlichkeiten noch keineswegs erschöpft. Wie Schumacher glaubt auch Adenauer, daß unter russischer Besetzung eine unabhängige Politik nicht möglich ist; wie sein Gegenspieler einst durch den Zentralausschuß, sieht sich Adenauer bis Ende 1947 von der »Reichs-CDU« in Berlin herausgefordert, die einen reichsweiten Führungsanspruch erhebt; wie Grotewohl und Dahrendorf, reisen auch Jakob Kaiser und Ernst Lemmer mit Billigung der Sowjetischen

Repräsentant einer untergehenden Welt«? Schumachers großer Gegenspieler Konrad Adenauer war von 1917–1933 und noch einmal 1945 Kölner Oberbürgermeister. Das Foto zeigt Adenauer (links) mit Oberpräsident Fuchs und dem Militärgouverneur der Nordrhein-Provinz, General Barraclough, der das Stadtoberhaupt am 6. Oktober 1945 aus seinem Amt entläßt.

Militäradministration in den Westen, um Orts- und Kreisverbände auf Berlin einzuschwören; und beider innerparteilicher Gegenspieler wird zunächst von den Briten gefördert – bis Januar 1946 gibt die britische Militärregierung Grotewohl den Vorzug vor Schumacher, 1946/47 fördert sie Jakob Kaiser gegenüber Adenauer. Das mag aus heutiger Sicht paradox erscheinen, aber damals haben die Briten eine gemeinsame Deutschland-Verwaltung mit den Sowjets noch nicht abgeschrieben. Nach der Gründung der SED erscheint ihnen eine von Kaiser geführte gesamtdeutsche CDU von Vorteil, weil sie als gesamtdeutsche Klammer dienen kann – antimarxistisch und keinesfalls prosowjetisch, aber für Moskau akzeptabel, zugleich fähig und willens zur Zusammenarbeit mit der westdeutschen SPD.

Schumacher und Adenauer halten nichts von Kaisers Theorie, daß Deutschland eine Synthese zwischen den Blöcken anstreben müsse und Brücke sein solle zwischen Ost und West – Schumacher nicht, weil er darin eine missionarische Illusion, eine typisch deutsche Wahnvorstellung von der eigenen Bedeutung sieht; Adenauer nicht, weil ihm darin zuviel Entgegenkommen an sozialistische Vorstellungen enthalten ist. Für Schumacher ist Kaiser ein Mann, der auf Wolken schwebt und die Realität nicht zur Kenntnis nehmen will, wenn er »dieses banale Geschwätze« von Mittlertheorien verbreitet; Adenauer fühlt sich durch Kaisers nationales Pathos und sein Festhalten an Berlin als der Zentrale des Reichs abgestoßen, welches der Rheinländer als den Hort des preußischen Militarismus, den Ausgangspunkt allen deutschen Unglücks, eben als »heidnische Stadt« schlechthin betrachtet. Die Motive der gemeinsamen Ablehnung gehen auseinander. Stimmen Schumacher und Kaiser wenigstens darin überein, daß die bürgerliche Epoche zu Ende ist, ruft gerade Kaisers Konzept eines christlichen Sozialismus den energischen Widerstand Adenauers hervor. Er fürchtet, daß die mächtigen Sozialausschüsse der CDU im Rheinland und in Westfalen wie Kaiser denken und damit die Position der Berliner Führung gegen ihn stärken, er ist auch der Meinung, eine weitere sozialistische Partei neben der Sozialdemokratie habe beim Wähler keine Chance. Wenn freilich innerparteiliche Gegner Adenauer vorwerfen, er wolle die CDU als Rechtspartei, dann irren sie. Überzeugt davon, daß die Zeit des Bürgertums keineswegs abgelaufen ist, hat dieser typische Bürger der Großvatergeneration programmatisch eher eine Partei der Mitte im Visier.

Mit dem Führungsanspruch der SPD, den Schumacher in Hamburg angemeldet hat, geht Adenauer schon in einer Grundsatzrede in der

Kölner Universität ins Gericht, nennt die SPD wenn nicht christentumsfeindlich, dann doch nicht christentumsfreundlich und verweist auf die Tatsache, daß der Nationalsozialismus den stärksten geistigen Widerstand in den katholischen und evangelischen Teilen Deutschlands gefunden habe, »die am wenigsten der Lehre von Karl Marx, dem Sozialismus verfallen waren«. Er sagt damit nur die halbe historische Wahrheit. Zwar hat die Stammwählerschaft des katholischen Zentrums sich gegen den Ansturm der Nationalsozialisten behauptet, aber waren es nicht die protestantischen Wähler, die Hitler den Durchbruch erst ermöglicht haben, als sie in Scharen zu den Rechtsextremen abgewandert sind? Doch das kümmert ihn wenig. Urteilt Schumacher nicht ebenso pauschal, wenn er von einer Klassenschuld des Bürgertums spricht?

Der Oberbürgermeister außer Diensten und ehemalige Zentrumsmann zeigt sich mit siebzig Jahren, an der Schwelle zum biblischen Alter, plötzlich als Meister vergröbernder Vereinfachung und Zuspitzung. Da übersieht er dann großzügig, daß auch die Stammwähler der Sozialdemokratie der demokratischen Sache 1932 und 1933 die Treue gehalten haben und der Anteil der Stimmen, den die NSDAP 1933 im katholischen Köln und im heidnischen Berlin erzielen konnte, nicht weit auseinanderlag: 33,2 Prozent in Köln gegen 34,6 Prozent im verhaßten und roten Berlin. Der alte Herr ist nicht pingelig. Zwar hat Schumacher die SPD von den Kommunisten abgegrenzt – aber gehören sie nicht doch in einen Topf, weil sie beide auf dem Boden des Materialismus stehen? Sind die Sozialdemokraten nicht Marxisten wie die Kommunisten, machen sie nicht den Staat zum Götzen, achten sie nicht die Freiheit und Würde des Individuums gering? Und atmen die Schumacherschen Kommuniqués aus Hannover etwa nicht den alten, zentralistischen preußischen Geist?

Alle wichtigen Thesen, mit denen er später erfolgreich Wahlkämpfe gegen den innenpolitischen Hauptfeind, die Sozialdemokratie, bestreiten wird, sind bereits in dieser Grundsatzrede vom 24. März enthalten. Doch kann Adenauer in diesen Monaten schon mit Gewißheit in Schumacher seinen Hauptwidersacher erblicken, indes für Schumacher der Klärungsprozeß, der über die Führungsfigur im gegnerischen Lager bestimmen wird, noch keineswegs abgeschlossen ist. Im Zonenbeirat, in dem die beiden mehr und mehr über politische Grundsätze aneinandergeraten, nennt Schumacher den Kölner nach seiner Universitätsrede einen »Reaktionär der Reaktionäre« und seine

Partei ein »Sammelbecken der Reaktion«. Ein erstes Vorgefecht zwischen den beiden hat es schon im Sommer 1945 gegeben, als Adenauer in einem United-Press-Interview für eine erste Übergangszeit einen deutschen Bundesstaat vorschlägt, der entsprechend den drei großen Besatzungszonen in drei große Freistaaten gegliedert sein soll, in Ost-, West- und Süddeutschland. Sie sollen Landesregierungen erhalten, aber einer Bundesregierung verantwortlich sein. Er trägt sich damals mit Überlegungen zu einem »Rheinstaat«, der das Ruhrgebiet einschließen soll. Durch sein industrielles Gewicht, so hofft er, könne dieser Staat in einem deutschen Bund für einen Ausgleich mit Frankreich sorgen und zum Friedensgaranten eines künftigen Deutschland werden. Die Franzosen, denen aus der britischen und amerikanischen Zone ein eigenes Besatzungsgebiet zugeschnitten wird, erwähnt Adenauer in seinen Überlegungen übrigens nicht. Aber er hält engen Kontakt zu französischen Offizieren, eine Tatsache, in welcher der Adenauer-Biograph Henning Köhler den wahren Grund für die Entlassung des Kölner Oberbürgermeisters Adenauer durch die Briten sieht. Schumacher erkennt die Gefahren, die in Adenauers Vorschlag lauern: an die Stelle des Reichs könnte ein lockerer Staatenbund treten, deshalb nennt er ihn »reichsgefährdend«. Für das deutsche Volk sei das Recht der nationalen Selbstbehauptung und ihr Ausdruck in einem Staat unverzichtbar. Bei einer Konstruktion à la Adenauer bliebe für eine starke zentrale Reichsgewalt kein Raum, »aber wir wollen doch gerade ein starkes Reich«. Ein Vorgeschmack auf die Verfassungsdebatte, die sich beide im April 1949 liefern werden.

Vom Typ her trennen sie Welten, vielen Gemeinsamkeiten im Ansatz zum Trotz. Preuße, Zentralist, Protestant und unnachgiebig der eine, Rheinländer, Katholik, Föderalist und anpassungsfähig der andere. Der eine direkt, der andere listig – nach Machiavelli zählt Schumacher eher zu den Löwen, Adenauer zu den Füchsen der politischen Welt. Meister der Artikulation, ja mitreißend wortgewaltig Schumacher, rhetorisch bescheiden und mit geringerem Sprachschatz Adenauer. Aber beide sind zielstrebig, hartnäckig und ausdauernd, und beide haben einen persönlichen Zug zum autoritären – Schumacher zum monokratischen Parteiführer, dessen Intelligenz und überragendem Durchsetzungsvermögen sich nur wenige seiner Genossen widersetzen können; Adenauer zum obrigkeitsstaatlichen Denken.

Wie sehen Zeitgenossen, die mit beiden Umgang pflegten, die Gegenspieler? Noel Annan, damals Obrist mit Labour-Sympathien, heute liberaler Lord im britischen Oberhaus, hat die beiden auf einem Flug nach Berlin begleitet, wo General Robertson ihnen die Gründung des Landes Nordrhein-Westfalen bekanntgeben will. »Keiner von beiden sprach auf dieser Reise ein Wort miteinander. Auf uns Briten wirkte dies bizarr; selbst wenn Konservative und Labour-Politiker einander zutiefst zuwider sind, werden sie sich dies nie anmerken lassen, sondern mit Scherzen und kleinen Höflichkeiten überspielen.« Adenauer nimmt die Ankündigung Robertsons zustimmend entgegen, höflich und ohne alle Emotion, obschon er innerlich frohlocken kann. Der Zuschnitt des neuen Landes entspricht in etwa dem, was er sich unter seinem »Rheinstaat« stets erträumt hat, nur daß die Briten ihn jetzt schaffen, um französischen Plänen für Rhein und Ruhr zuvorzukommen. Schumacher, der Zwerg- wie Großstaaten von Übel hält, argumentiert heftig und voll Verve gegen das neue Land. In der *Welt* hat er schon Wochen zuvor ausgeführt, daß ein Land Rheinland-Westfalen wegen seiner Größe, vor allem aber wegen seiner schwerindustriellen Potenz übermächtig würde gegenüber den anderen Ländern der britischen Zone und »noch mehr Komplikationen erzeugen (müßte) als etwa Bayern in der amerikanischen Zone«.

War er in Weimar Anhänger des Einheitsstaates, tritt er nach dem Krieg für einen Bundesstaat ein, der »so föderativ wie möglich«, aber »so zentralistisch wie nötig« sein sollte. Er strebt Länder an, die einander nach Territorium, Bevölkerung und wirtschaftlicher Potenz die Waage halten und den Führungsanspruch des Reichs auf den entscheidenden Gebieten der Gesetzgebung nicht bestreiten. Selbst Bayern in seiner historisch gewachsenen Gestalt ist zu groß für seinen Geschmack. Um ein Gegengewicht gegen den industriellen Koloß zu schaffen, den die Briten mit Nordrhein-Westfalen aus der Taufe heben, plädiert er im Zonenbeirat für die Zusammenfassung des restlichen Gebiets der britischen Zone in einem großen Nordstaat. Entgegen seinen Vorstellungen und nach dem Konzept seines Parteifreundes Hinrich Wilhelm Kopf entstehen jedoch die Länder Niedersachsen, Schleswig-Holstein und Hamburg.

Für Annan ist Schumacher das Gegenteil eines Taktikers, ein Politiker, der direkt auf sein Ziel losgeht, ein Intellektueller, der über Charisma verfügt und sein Publikum durch Leidenschaft in seinen Bann zu schlagen versteht. Adenauer dagegen, hochintelligent, aber nicht intellektuell und ohne Charisma, besticht ihn durch seine Würde, auch zeigt sich Annan von der Schläue des »Alten« beeindruckt: »Ich war versucht, Schumacher die Hand in freundschaftlicher Verbundenheit entgegenzustrecken, aber über seine ungehemmte Leidenschaft konnte ich nur den Kopf schütteln. Für Adenauer empfand ich Respekt und Bewunderung, aber ein Gefühl von Wärme wie bei Schumacher wollte nie aufkommen.«

Michael Thomas, der als britischer Offizier für die Militärregierung Kontakt zu führenden deutschen Politikern hält, trifft Adenauer in seinem gepflegten, gutbürgerlichen Haus in Rhöndorf an, Schumacher in einer zerbombten, notdürftig zum Büro hergerichteten Wohnung in Hannover. Als Schumachers hervorstechende Eigenschaften nennt er Leidenschaft und absolute Aufrichtigkeit, er sieht ihn als parsifalischen Menschen, unkorrumpierbar, als einen, der sich unglaublich fordert und auch fordernd zu anderen ist. Doch verfügt er, was Thomas das Herz besonders erwärmt, über viel Witz und Selbstironie. Adenauer wirkt auf ihn dagegen gemessen, sehr von sich überzeugt und sehr sicher, daß er sich durchsetzen wird – undiplomatisch der Löwe, mit der ganzen List und den Ressourcen, die ihm eigen sind, der Fuchs. Schumacher ist vom Ehrgeiz verzehrt, so Thomas, nach seiner langen Zeit im KZ fühlt er sich legitimiert als der eigentliche Führer Deutschlands, »er glaubte mit großer Überzeugung an seine Mission und ahnte schon, daß ihm der Rang abgelaufen wurde von jemandem, dem es eigentlich so schlecht unter den Nazis nicht gegangen war«.

Als Elisabeth Noelle-Neumann ihr Institut für Demoskopie in Allensbach gegründet und sich durch erste Umfragen für den Wirtschaftsratdirektor Ludwig Erhard einen Namen gemacht hat, fährt sie nach Hannover und will Schumacher, den damals bekanntesten Politiker, als Kunden gewinnen. Der SPD-Chef zeigt sich interessiert, lehnt später jedoch ab, weil der Partei bedauerlicherweise das Geld dafür fehle. Adenauer wird dann ihr Dauerkunde, der erste Regierungschef, der sich regelmäßig der Demoskopie als eines wichtigen Orientierungsmittels bedient, immer neue Meinungsumfragen in Auftrag gibt und gelegentlich selbst die Fragestellung der einzelnen Interviews beeinflußt. Schumacher wirkt auf sie leidenschaftlich und kraftvoll, Adenauer diszipliniert, ruhig, zuversichtlich, fest und »eigentlich unerschütterbar«. Sie widerspricht auch einem damals gängigen Klischee: Für einen typischen Preußen hält sie Schumacher nicht, denn Preußen verstehen sich darauf, ihre Leidenschaften zu zügeln. Was sie an ihm vor allem beeindruckt, ist seine unerhörte Ehrlichkeit. »Zum

Bild des Politikers heute gehört, daß er ein hinterhältiger Mensch ist und verbirgt, was er denkt. Diesen Eindruck hatte man bei Schumacher nicht, im Gegenteil.« Ihre Umfragen belegen noch 1948 eine haushohe Überlegenheit Schumachers, er führt vor Adenauer mit 15 vor 5 Punkten, erst 1949/50 erreichen die Rivalen einen Gleichstand, bis Adenauer, im Besitz des Kanzlerbonus, als der klar Überlegene weit nach oben zieht.

Schumachers Apparat ist winzig, seine Arbeitsleistung immens, bis 12 Uhr nachts brennen die Lichter in der Jakobstraße. Die mit ihm zusammenarbeiten, hat eher der Zufall zusammengewürfelt, wie eben alles in den ersten Wochen und Monaten nach dem Krieg den Stempel des Improvisierten trägt. Aber er weiß die Menschen, die mit ihm den Grundstein für den Neubau der Partei legen, zu motivieren und an sich zu binden, sie werden ihm die Treue halten bis an sein Ende, wenn es um Grundlinien der Politik geht, die er selbst festschreibt, auch über seinen Tod hinaus. Aus der anfänglichen Kumpanei der Not- und Aufbaujahre erwächst ein enges Vertrauensverhältnis. Außer Hasselbring, dem Unentbehrlichen für das so lästige Alltägliche, arbeitet ihm Egon Franke zu, ein gelernter Kunsttischler, der von den Nazis wegen Vorbereitung zum Hochverrat zu Zuchthaus verurteilt und dann zum Kriegsdienst in das Strafbataillon 999 gezwungen wurde. Im Mai aus der Kriegsgefangenschaft entlassen, hört er von Schumachers Versuch des Neuaufbaus, will mittun; gleich im ersten Gespräch zeigt er sich wie magnetisiert von der Willenskraft, welche der hagere Kriegsinvalide mit dem leeren rechten Ärmel und den blauen Augen verströmt – Augen, die ihn durchdringend mustern und ihn völlig in ihren Bann schlagen. Franke wird Schumachers rechte Hand, eine Art Aufbaukommissar der Partei für Hannovers weitere Umgebung, schließlich Leiter der Organisationsabteilung im Parteivorstand.

In Osterrode spürt er Alfred Nau, in Duderstadt Herbert Kriedemann auf und gewinnt sie für das Büro in der Jakobstraße. Nau hat im Dritten Reich in der Versicherungswirtschaft gearbeitet, übernimmt die Parteikasse und wird zum langjährigen Schatzmeister der SPD. Kriedemann, studierter Agronom, emigrierte über die Tschechoslowakei in die Niederlande, wurde dort von den Nazis verhaftet und verurteilt, brauchte aber nur einen Teil seiner Strafe zu verbüßen. In der Emigration ist er deshalb umstritten, einige verdächtigen ihn als Gestapoagenten, andere als einen Mann, der auf beiden Schultern getragen und der von sich geglaubt hat, er vermöge Dank seiner beachtlichen Intelligenz beide Seiten auszutricksen. In den Akten Fritz Heines, von der Friedrich-Ebert-Stiftung verwahrt, findet sich ein vertraulicher Vermerk, demzufolge er und Ollenhauer an ihren »erheblichen Bedenken gegenüber Kriedemann« festhalten, aber den Parteichef nicht überzeugen können. Schumachers positive Haltung zu dem schlagfertigen, nie um eine Antwort verlegenen Intellektuellen ist nicht zu erschüttern, er behält sein Vertrauen bis zuletzt. In den Monaten des Neubeginns wird ihm Kriedemann zum unersetzlichen Helfer, zum Sekretär, der die ersten wirtschaftspolitischen Erklärungen des Büros der Westzonen konzipiert, der gern Auto fährt und den »Büro«-Chef auf seinen ersten Reisen nach West- und Süddeutschland chauffiert. Als die Kommunisten Kriedemann 1949 als V-Mann der Gestapo an den Pranger stellen wollen, spricht ihm der Parteivorstand einhellig das Vertrauen aus. Seine Kontakte zur Gestapo habe er mit Wissen deutscher und ausländischer Sozialdemokraten und im Interesse der illegalen Arbeit aufgenommen und sich im Abwehrkampf gegen die Nazis nur einer Methode bedient, die von allen Organisationen, auch kommunistischen, angewendet worden sei. So macht Kriedemann seinen sozialdemokratischen Weg nach oben, wird geschäftsführender Vorsitzender der SPD-Fraktion im Frankfurter Wirtschaftsrat, Agrarreferent der Partei und Mitglied des Bundestags.

Mitte Februar dann, als Erich Ollenhauer und Fritz Heine aus London zu dieser hannoverschen Urbesatzung stoßen, bringen sie ein Stück weite Welt in die provinzielle Enge des Parteihauptquartiers. Aber ist solche Begrenztheit in einer zerbombten Provinzhauptstadt des besetzten, damals noch völlig von der Welt abgeschnittenen Deutschland nicht unvermeidlich gegeben, leiden nicht alle deutschen Anfänge der Nachkriegszeit, auch die Jakob Kaisers oder Konrad Adenauers, Josef Müllers oder Theodor Heuss' darunter?

Schumachers Mitarbeiter der ersten Stunde sind typische Funktionäre der Weimarer Zeit. Kann so der radikale Neubeginn gelingen, von dem er träumt? Kann mit ihnen die Klassenpartei zur Mitte hin geöffnet und in eine linke Volkspartei verwandelt werden? Heine, Franke und Nau, auch Kriedemann haben Stallgeruch und vor 1933 als untergeordnete Sekretäre im Dienst der Partei gestanden – Franke beim Ortsverein in Hannover, Heine, Kriedemann und Nau beim Zentralvorstand der SPD in Berlin. Auch Erich Ollenhauer ist fest im sozialdemokratischen Milieu verwurzelt, schon sein Großvater zählte zur Gründergeneration der SPD in Magdeburg. Der Sohn eines Maurers lernt zunächst Kaufmann, dann das Journalistenhandwerk und klettert frühzeitig die Karriereleiter als Funktionär empor: als Fünfzehnjähriger ist er Mitglied der Sozialistischen Arbeiterjugend (SAJ), als Zwanzigjähriger Sekretär der Sozialistischen Jugendinternationale, 1928 gelangt er an die Spitze der SAJ und wird schließlich Mitglied des sozialdemokratischen Exilvorstands. Otto Wels sieht in ihm fast einen Sohn, und in der Tat verkörpert dieser Erich Ollenhauer, sein enger Mitarbeiter und Skatpartner im tschechischen Exil, beinahe idealtypisch die Schwächen und Stärken der alten Partei, wie Brigitte Seebacher-Brandt sie in ihrer Ollenhauer-Biographie »Biedermann und Patriot« beschreibt: »Eine gewisse Enge und Anspruchslosigkeit auf der einen und auf der anderen Seite viel Treue und ein beachtliches Durchhaltevermögen.« Sie rühmt Ollenhauers Lauterkeit des Charakters, aber zitiert nicht zufällig Julius Lebers sarkastisches Urteil über die Nachwuchsauslese in der SPD, welche der Lübecker Sozialdemokrat unter die »Todesursachen der Sozialdemokratie« einreihte, als er 1933 in der Gefängniszelle über das Versagen seiner Partei nachsann: »Nur wer Gewähr bot, daß er treu und brav Disziplin hielt, wer weder nach oben noch nach unten anstieß, der wurde hereingelassen. Gute geistige Mittelmäßigkeit und einexerzierte Routine beherrschten weit und breit das Feld, und die Macht der Instanzen sorgte dafür, daß der Weg nach oben sich nur auf diesem Felde öffnete.«

Am Ende der Republik, in den Krisenjahren ab 1930, hatten Schumacher und Ollenhauer in gegensätzlichen Parteilagern gestanden: Kritiker des Immobilismus, militanter Sozialist und Reichsbannerführer der eine, Loyalist des Apparats, Anwalt eines strikten Legalitätskurses bis zum bitteren Ende, erklärter Gegner des Reichsbanners und seines eigenständigen Jugendverbands der andere. Schumachers Freund Mierendorff warf dem zum Führer der Parteijugend aufgestiegenen Ollenhauer, diesem typischen, wenn auch äußerst begabten Repräsentanten der Ochsentour, nach einem Parteitagsreferat in Leipzig vor, er erschöpfe sich in routiniertem, »marktgängigen Versammlungssozialismus« und bediene sich dabei der Requisiten jener »Versammlungsphraseologie«, zu welcher der demokratische Sozialismus marxistischer Herkunft erstarrt, ja verkommen sei. Als Schumacher 1933 die illegale Arbeit vorbereitete, schloß Ollenhauer Berliner SAJler, die dies ebenfalls versuchten, aus der Organisation aus, weil illegale Tätigkeit die Existenz der – noch – legalen Organisation hätte bedrohen können. Unter den von ihm Hinausgeworfenen befinden sich die später einmal führenden Sozialdemokaten Fritz Erler und Kurt Mattick. Und doch werden 1946 der Culmer Bürgersohn und das Magdeburger Arbeiterkind, der Akademiker und der gelernte Funktionär zum idealen Gespann, arbeiten reibungslos und vertrauensvoll zusammen, in enger und aufrichtiger Freundschaft, so Annemarie Renger, »wie sie in der Politik nur selten anzutreffen ist«. Die beiden Männer, meint Fritz Heine, »so unterschiedlich in Erscheinung wie Temperament, in Herkunft und Entwicklung, sie finden eine Gemeinsamkeit des Wollens und Schaffens, der erst der Tod ein Ende setzt«. Sechs Jahre – von 1946 bis 1952 – ergänzten die beiden einander, »ohne auch nur einen Hauch des Konkurrierens«. Spötter bezeichnen Ollenhauer bald als »Stellvertreter auf Erden«, aber auch wenn er in diesem Gespann die Rolle des Dienenden, nicht des Führenden innehat, bringt er Eigenes ein: Unaufgeregtheit, ja Gediegenheit, absolute Verläßlichkeit, Sinn für Sachlichkeit und den Kompromiß, Realitätsnähe, Kenntnis der Organisation und der Menschen. Er wird zum guten Geist der Parteizentrale und sorgt mit seinem ausgeglichenen Temperament dafür, daß der Chef mit den vielen Ecken, Kanten und hochfliegenden Plänen auf dem Teppich bleibt.

Ollenhauer, der Integrator, erleichtert in der neuen Partei das Nebeneinander so unterschiedlicher Genossen wie Waldemar von Knoeringen oder Fritz Erler, die von »Neubeginnen« kommen, des ehemaligen Kommunisten Herbert Wehner, des früheren SAPlers Willy Brandt und des Nelsonianers und ISK-Sekretärs Willi Eichler. Lewis Edinger meint, Schumacher habe Ja-Sager gehaßt, aber doch meist jene gefördert, die mit allem einverstanden waren, was er tat. Willy Brandt, der sich bei aller Anerkennung der politischen Leistung stets am autoritären Verhalten Schumachers gerieben hat, sieht dies nicht viel anders: »Er wünschte sich schöpferisch eigenverantwortliche Persönlichkeiten, wählte sich dann aber in manchen Fällen – allzumenschlich – solche aus, die von der eher beifälligen als unbequemen Sorte waren.«

Als die Zentrale im Mai 1946 aus dem beengten Provisorium in der Jakobstraße 10 in das ehemalige Gewerkschaftshaus in der Odeonstraße 15 in Hannovers Mitte übersiedelt, ist Annemarie Renger aus dem Zentrum der Parteimacht längst nicht mehr wegzudenken: Sekretärin, Reisebegleiterin und Krankenschwester, engste Vertraute

Mit »rigorosem Humor« gesegnet: Annemarie Renger, Sekretärin, Reisebegleiterin und Krankenschwester, engste Vertraute und Gefährtin Kurt Schumachers vom Juni 1945 bis zu seinem Tod im August 1952.

und Gefährtin des Wiederbegründers der SPD. Unvergeßlich die Bilder, auf denen der einarmige Schumacher sich nach der Beinamputation 1948 auf sie stützt, um sich mühsam in den Bundestag zu begeben, die beiden scheinen wie miteinander verwachsen, ihre Schulter ist zu seiner »zweiten Hälfte« geworden. Die Bekanntschaft beider, die sich schließlich zu einer unauflöslichen, symbiotischen Gemeinschaft entwickelt, beginnt im Juni 1945, als Annemarie Renger erstmals von Kurt Schumacher durch eine hannoversche Zeitung erfährt. Vor der Schlacht um Berlin in die Lüneburger Heide evakuiert, arbeitet die gelernte Verlagsbuchhändlerin, Kriegerwitwe und Mutter eines Sohnes damals als Küchenhilfe in einem Lazarett bei Visselhövede in der Heide. »Diesen Mann muß ich kennenlernen!« ist ihr erster, spontaner Gedanke, als sie seine große Rede vom 6. Mai liest, die unter dem Titel »Wir verzweifeln nicht!« die Runde macht. Beeindruckt zeigt sie sich vor allem von Schumachers Aussage, daß die Sozialdemokratie die Opfer des Krieges als ihre hilfsbedürftigen Kameraden betrachte: »Man kann den vielen, die gezwungen in den Armeen des Dritten Reiches haben kämpfen müssen, daraus keinen Vorwurf machen und ihnen die Hilfe nicht verweigern. Man kann auch einer Jugend, die nichts anderes kannte als den Hitler-Katechismus, nicht entgegenhalten, daß sie für das Naziregime gefochten und geblutet hat. Das stand außerhalb des Begreifens und der Urteilskraft dieser jungen Menschen.« Sie denkt bei der Lektüre: Nur einer, der zehn Jahre in den Konzentrationslagern gelitten hat und dennoch nicht alle Deutschen verdammt, vermag nach dem Ende der Diktatur mit erhobenem Haupt für das Überleben seines Volkes einzutreten.

Aus ihrer Baracke in Visselhövede schreibt sie an Schumacher, bietet ihre Mitarbeit an und erhält die Einladung zu einem Vorstellungsgespräch. Schumacher empfängt sie in seinem schmucklosen, spartanischen Arbeitszimmer. »Das Mobiliar war karg: ein alter Schreibtisch, ein Stuhl davor und dahinter, eine verschlissene Couch, ein Koksofen. Kein Bild von August Bebel oder Karl Marx, keine Blume, nichts.« Der Mann, der sich dabei als fordernder, anspruchsvoller Chef zu erkennen gibt und perfekte Kenntnisse in Stenografie und Schreibmaschine verlangt, »war groß und hager. Tiefe Furchen zeichneten sein Gesicht, das von blaugrauen, durchdringenden Augen beherrscht wurde.« So hatte die Fünfundzwanzigjährige ihn sich nach dem Studium seiner Rede gewiß nicht vorgestellt – er stand kurz vor seinem 50. Geburtstag, sah aber sehr viel älter aus. »Sein leerer Ärmel steckte in der Tasche seines Jacketts, was den Eindruck einer gewissen Hilfsbedürftigkeit hervorrief. Aber das Gefühl verschwand sofort, als er mit mir sprach. Seine Persönlichkeit nahm mich unmittelbar gefangen.« So beginnt die wohl ergreifendste emanzipierte »Beziehung« der deutschen Nachkriegspolitik. Keiner hält sie geheim, sie ist öffentlich und selbstverständlich, und bleibt doch stets von einem geheimnisvollen Schleier umweht. In der Arbeiterbewegung galt die eiserne, ungeschriebene Regel, Privates nicht zu erörtern, was die, zugegeben, dürren Worte Annemarie Rengers erklären mag, wenn sie ihr persönliches Verhältnis zu Schumacher beschreibt.

Medien wie *Bild* und die *Bunte,* Fotografenmeuten gar, die mit Teleobjektiven im Gestrüpp, auf Baumwipfeln oder hinter Gartenmauern lauern, gibt es damals nicht. Die Bewerberin ist hübsch, schlank, blond und eine Generation jünger als ihr Chef, aber wenn sie ihre Arbeit am 15. Oktober, wenige Tage nach der Konferenz von Wennigsen, in der Jakobstraße aufnehmen kann, hat dies auch damit zu tun, daß sie Kurt Schumacher politisch verläßlich dünkt. Die da als junge neue Kraft im Westzonen-Büro anheuert, vertraulichen Schriftverkehr erledigen, Termine und Reisen vorbereiten soll, kommt ja aus dem sozialdemokratischen Milieu – Vater Fritz Wildung, ein gelernter Tischler aus der Heide und Mitbegründer des Berliner Arbeiterbildungsvereins, war Chefredakteur der Arbeiter-Turnzeitung und zählte zu den führenden Funktionären des sozialdemokratischen Arbeitersports. So wuchs die Tochter schon im Elternhaus in die Politik hinein. Als sie bei der Aufnahme ins Lyzeum gefragt wurde, was sie einmal werden wolle, war ihre Antwort: Parteisekretärin. »Ich bin sicher«, so Annemarie Renger heute, »die Lehrer hielten dies für einen höchst lächerlichen, wenn nicht degoutanten Berufswunsch.«

Ihre Schilderung der ersten Monate läßt einiges von den materiellen Schwierigkeiten erahnen, unter denen damals der Neuanfang nicht nur bei den Sozialdemokraten leidet. Die Zustände im Büro sind primitiv, man hat froh zu sein, daß einige alte Schreibmaschinen und Vervielfältigungsapparate zur Verfügung stehen, aber die Schrift von Durchschlägen und Hektographien ist selten einwandfrei. Der alte Adler, mit dem es auf Reisen geht und den Kriedemann lenkt, hat häufig Pannen, die Reiseplanung in die amerikanische Zone steht unter dem Vorbehalt, daß Lebensmittel- und Benzinmarken organisiert werden können. Als Schumacher im März 1946 nach München fährt, sind nur Lebensmittelkarten für einen Tag bewilligt worden, funktionierende Hotels gibt es nicht. Da Sozialdemokraten auf dem stockkatholischen Land um die bayerische Hauptstadt nicht gern gesehen sind, grenzt es fast an ein Wunder, daß ein Bauer in Pfaffenhofen eine Unterkunft mit sehr bescheidenem Imbiß bietet. Als Schumacher den französischen Sozialisten Salomon Grumbach, einen Elsässer jüdischer Herkunft und Mitglied des auswärtigen Ausschusses der Nationalversammlung im Dezember 1946 in Gimmeldingen an der pfälzischen Weinstraße treffen will, müssen er und Frau Renger die Rheinbrücke zwischen Mannheim und Ludwigshafen mit gefälschten Papieren überqueren, da der französische Militärbefehlshaber gegen den Sozialdemokraten aus Hannover ein Einreiseverbot für die französische Zone verhängt hat. Dornig sind die Wege des Neuanfangs. Nach Annemarie Rengers Erinnerung ißt man auf dem Parteitag vom 9. bis 11. Mai 1946 in Hannover »die besten Erbsen- und Kartoffelsuppen, die es je gab«.

Die Voraussetzungen zur Durchführung dieses ersten großen Treffens der Sozialdemokratie im Westen sind nur da gegeben, wo sich ein großer Versammlungsraum mit der Möglichkeit zur Verpflegung findet. Durch Vermittlung des sozialdemokratischen Betriebsratsvorsitzenden haben die Hanomag-Werke den in Hannover einzig verfügbaren großen Saal, ihre Kantine, für die 300 Delegierten und Gäste zur Verfügung gestellt. Das paßt für eine Organisation, die an die eigene Tradition anknüpfen, Mitglieder und Stammwähler von einst mobilisieren will. Daß der »erste Parteitag der SPD seit dem Zusammenbruch der Weimarer Republik« in einer Fabrik abgehalten wird, bezeichnet Schumacher in seiner Eröffnungsrede geradezu als Programm. Doch als Symbol für einen theoretischen und taktischen Neuanfang, den Schumacher ja auch proklamiert, ist diese Umgebung weit weniger geeignet. Die erste sozialdemokratische Heerschau nach dem Krieg gerät bei aller politischen Arbeit zu einem Wiedersehensparteitag. »Männer und Frauen, die lange nicht gewußt hatten, ob ihre Freunde noch am Leben waren, lagen sich in den Armen. Es war ergreifend«, schreibt Frau Renger. Die sozialdemokratischen Mitglieder in Hannover und Umgebung bringen die Delegierten bei sich zu Hause unter, weil es Hotels kaum gibt. Die sich da nach zwölf Jahren Diktatur in der zerbombten Großstadt wiedertreffen, haben die Nazizeit teils im Exil, teils in Konzentrationslagern und Zuchthäusern verbracht oder sich, wortlose Zeugen des alltäglichen Faschismus, recht und schlecht durchgeschlagen. Sie fühlen sich noch jener großen und besonderen Schicksalsgemeinschaft zugehörig, als die sich die Milieupartei SPD zu Weimarer Zeiten in ihrem Ghetto abseits der bürgerlichen Gesellschaft empfand und die, von der Bewegung der Kinderfreunde über den Arbeitersportverein bis hin zum Arbeitergesangsverein, eine durchaus eigenständige, ursprünglich betont proletarische Kultur- und Lebenswelt entwickelt hatte.

Stets war man überzeugt gewesen, für die Ideale einer gerechteren Welt einzustehen, jetzt, nach dem Ende der deutschen Tragödie, kommt das Gefühl hinzu, zur Partei der aufrechten und anständigen Deutschen zu gehören. Dieser Stolz mag nicht unberechtigt sein, und Schumacher fördert ihn, wenn er seinen moralischen Führungsanspruch auf die jüngste Geschichte gründet, aber er kann auch gefährliche Konsequenzen zeitigen. Der Neuanfang ist durchaus ambivalent: Zwar verzichtet die Partei, mit Ausnahme des Arbeitersamariterbundes und der Arbeiterwohlfahrt, auf den Wiederaufbau ihrer traditionellen Sport- und Kulturorganisationen und bricht damit aus dem Ghetto aus, doch das Streben nach Öffnung und Verjüngung wird durch das beharrende, traditionelle Element weitgehend konterkariert. Mehr als zwei Drittel der 633 244 Mitglieder, welche die Partei im Herbst 1946 zählt, haben schon vor 1933 in ihren Reihen gestanden. Nahezu alle Parteisekretäre rekrutieren sich aus der alten Funktionärsgarde. Ihre Disziplin und Loyalität ist einerseits ausschlaggebend für den schnellen Aufbau einer zentral und straff geleiteten Organisation, andererseits setzen viele dieser Männer auf vertraute, überholte Methoden der Agitation. Sie haben einen beschränkten Horizont, was sich vor allem in der sozialdemokratischen Pressepolitik verhängnisvoll auswirken wird.

Schumacher, die alles überragende, beherrschende Figur auf diesem Parteitag, wird mit 244 von 245 Stimmen zum Vorsitzenden gewählt. Bedenkt man, daß Ollenhauer als erster Stellvertreter 230, der Hesse Willy Knothe als zweiter Stellvertreter nur 191 Stimmen erhält, ist dies ein wahrhaft triumphales Ergebnis. Obwohl er es nicht nötig gehabt hätte, stimmt er für sich selbst, versichert Annemarie Renger. Sie widerlegt damit das gutbürgerliche Vorurteil, wonach sich ein Kandidat bei der Wahlentscheidung über die eigene Person der Stimme zu enthalten hat – ein vermeintliches Anstandsgebot, das im politischen Kampf keinen Platz hat, aber als naserümpfender Einwand immer wieder gegen Konrad Adenauer dient, weil dieser 1949 mit nur einer Stimme Mehrheit – der eigenen – Kanzler wird. Später wird Helmut Schmidt eine Parellele zu dem anderen großen Volkstribun ziehen, der die Sozialdemokratie geführt hat – zu August Bebel: »Diese Partei, die er wieder aufgebaut hat, ist seine, Kurt Schumachers Partei, sie bleibt es bis an sein Lebensende, so wie die SPD vor dem Ersten Weltkrieg die Partei August Bebels gewesen ist. Ich glaube, daß man mit gutem Grund Schumacher in eine Reihe mit Lassalle und Bebel stellen kann.«

Es ist vor allem die offene Kritik an den Besatzungsmächten und die erneute, klare Absage an den Kommunismus, welche diesem Parteitag nur ein Jahr nach dem Krieg ein beachtliches internationales Echo sichert. Gegenüber den Westalliierten werden Töne angeschlagen, wie man sie in solcher Offenheit, Bitterkeit und Schärfe im geschlagenen, besetzten, in Zonen aufgespaltenen Deutschland sonst nicht hört. Immer wieder hätten die Sieger versichert, das deutsche Volk solle weder ausgerottet noch versklavt werden, aber praktisch, sagt Schumacher und spielt auf die Vertreibung aus dem Osten und die Ausgliederung des Saargebiets an, »ergeben sich besonders an der Peripherie des deutschen Raumes heute Zustände, die der Ausrottung und Versklavung ... so ähnlich sind wie ein Ei dem anderen«.

Muß, wer die Deutschen zu einem Volk der Zusammenarbeit und des Friedens machen will, ihnen nicht »ein gewisses Minimum seiner nationalen Selbstachtung gestatten«? Reden die Alliierten, von der Sicherheitskrankheit befallen, nicht »ein bißchen zuviel« von der Gefahr der Wiedererstarkung des deutschen Revanchismus und des deutschen Kriegspotentials? »Jedenfalls wird soviel davon gesprochen, daß ein wirklicher Aufbau Deutschlands dadurch unmöglich gemacht wird.« Den Deutschen, fordert Schumacher, muß ein industrielles Friedenspotential belassen werden, »das es uns ermöglicht, nicht nur die Arbeiter zu beschäftigen, sondern auch Exporte in dem Umfang zu machen, daß wir unsere Rohstoffe und Lebensmittel selbst bezahlen können«. Seine Kritik gipfelt in dem Vorwurf: »Eine noch so große totale Demontage aller Industriezweige erreicht das eigentliche Ziel der Sicherheitspolitik nicht. Ein Volk von hungernden und verhungerten Menschen ist kein Sicherheitsfaktor, sondern ein Herd der Fäulnis und Zersetzung.« Die Alliierten müßten begreifen, daß »ein freiheitsliebendes, demokratisches und friedfertiges Deutschland in Europa« eine »größere und wertvollere Reparation als alle Maschinen« darstelle.

Die Tatsache, daß er nicht einmal einen Monat nach der Vereinigung im Osten einen Westzonen-Parteitag veranstalten kann, ist erstaunlich. Noch Anfang des Jahres hat er einen Reichsparteitag mit dem Argument ausgeschlossen, daß die organisatorische Einheit der SPD in einem Deutschland, welches in verschiedene Kontrollzonen mit ungleichartigen Methoden der Regierung und der Wirtschaft zerfällt, nicht gegeben ist. Da formell alle zonenübergreifenden Aktivitäten von Parteien im Westen noch untersagt sind, liegt der Schluß nahe, daß die Briten und Amerikaner sein Vorhaben dulden, weil eine geschlossene Westzonen-SPD die Immunkräfte der westdeutschen Arbeiterschaft gegen östliche Einheitsverlockungen nur stärken kann.

Aus heutiger Sicht wirkt, was er im Mai in Hannover unternimmt, wie eine frühe Weichenstellung für die Bi-, die Trizone und das Vereinigte Wirtschaftsgebiet, aus dem schließlich die Bundesrepublik hervorgehen wird. Für die Gebiete, in denen die Wirtschafts- und Regierungsmethoden vergleichbar sind, in den Westzonen also, konstituiert sich die Partei quasi national, übernimmt die Fürsorgepflicht für die zum Schweigen gezwungenen Sozialdemokraten im Osten und erklärt damit einen sozialdemokratischen Alleinvertretungsanspruch für Gesamtdeutschland. »Wir grüßen diese stumme Armee, die Hunderttausende Sozialdemokraten in der Ostzone, die dasselbe wollen, wie wir auch«, sagt er im Namen des Parteitags. Er hofft auf den Tag des internationalen Ausgleichs, »wo innerhalb der deutschen Grenzen jeder nach seiner freien Erkenntnis und freien Meinung sich eine freie politische Partei wählen kann«. Grotewohl und die Mitglieder des Zentralausschusses bezeichnet er als Überläufer, die ganz genau gewußt hätten, »daß sie jetzt Hunderttausende von Sozialdemokraten an den diktatorischen Leninismus verkaufen wollen«.

Was Leninismus bedeutet, weiß er, seit er als Student Lenins Buch über Staat und Demokratie gelesen hat: »Darin«, so Schumacher vor dem Parteitag, »schildert er [Lenin] als das Ziel, das zu erkämpfen sei, die klassenlose Gesellschaft, die den Staat überflüssig mache. Und seinen starken Haß gegen die Demokratie drückt er dadurch aus, daß er formuliert: Die Demokratie ist der Staat.« Sozialdemokratie bedeute genau das Gegenteil von Lenin, nämlich die Bejahung des Staates in der Form der Demokratie: »Die Demokratie ist der Staat, und der Staat, der in Europa leben kann, das ist die Demokratie, und jede andere Form lehnen wir ab. Wir können uns nicht in die Spintisiererei einer klassenlosen Gesellschaft, eines erträumbaren Effekts hineinbegeben, von dem wir nicht wissen, wann und in welchem Umfang sich diese Dinge realisieren lassen, sondern wir müssen positiv das angreifen [gemeint ist: anpacken oder verwirklichen], was nötig ist, und das ist der demokratische Staat mit sozialistischem Inhalt.«

Es ist nicht ohne Ironie, wenn das neugegründete Ostbüro, die Kampforganisation der SPD gegen die SED, nach dem Wegzug der Parteizentrale die Räume in der Jakobstraße 10 übernimmt, denn ein oder zwei Stockwerke höher residiert dort die Hannoversche KPD mit ihrem Vorsitzenden Baumgartner. Gegründet auf Initiative Schumachers, der es einmal als »Institution der organisierten Sozialdemokratie gegen den Machtanspruch der Kommunisten in ganz Deutschland« bezeichnet, wird es Ende der fünfziger Jahre als Agenten- und Spionagezentrale heftig umstritten sein und schließlich im Zuge der Entspannungspolitik zum langsamen Sterben verurteilt. Was spätestens die 68er-Generation wie ein Relikt aus der finstersten Zeit des Kalten Krieges dünkt, und ihr als Beweis für den angeblich völlig irrationalen, wilden und fanatischen Antikommunismus Kurt Schumachers gilt, erscheint 1946 durchaus sinnvoll, ist es doch ursprünglich als Betreuungsstelle für geflüchtete Sozialdemokraten sowie als Unterstützungs- und Hilfsorgan für sozialdemokratische Gruppen in der Zone gedacht, die nach der Vereinigung teils innerhalb, teils außerhalb der Einheitspartei illegal fortexistieren. Auch Willy Brandt, in dessen Zeit als Parteivorsitzender die Auflösung des Ostbüros fällt, kennt bis zum Mauerbau keine Berührungsängste. Als Vertreter des Parteivorstandes in Berlin leiht er gelegentlich seinen Dienstwagen samt Fahrer und stellt Denkschriften des Ostbüros vor, in denen die Zustände in der sowjetischen Zone und die »Verbrechen der roten Diktatoren« angeprangert werden.

Wer heute den politischen Ansatz dieser Untergrundarbeit des Ostbüros verstehen will, muß bedenken, daß es 1946 neben erklärten Gegnern der Verschmelzung in der russischen Besatzungszone ja nicht wenige Sozialdemokraten gibt, die zwar um die Gefahr einer kommunistischen Vergewaltigung in der neuen Partei wissen, aber Grotewohl folgen, weil sie hoffen, wenigstens einige demokratische Prinzipien ihrer alten Organisation ließen sich in den Reihen der neuen Partei aufrechterhalten. Sie vertrauen der Stärke der eigenen Organisation, die zahlenmäßig den Kommunisten überlegen ist, und sie verlassen sich auf den Grundsatz der Parität, demzufolge sämtliche haupt- und ehrenamtlichen Positionen mit je einem Kommunisten und einem Sozialdemokraten besetzt worden sind. In einer Zeit, in der die

Spaltung in Ost und West noch keineswegs definitiv scheint, suchen sie zu überwintern. »Durchhalten, das bleibt nicht ewig«, ist das Motto vieler Sozialdemokraten, die darauf hoffen, daß es mit einer Einigung der Vier Mächte über Deutschland »bald wieder anders kommt«. Um die Bindungen zu ihnen aufrechtzuerhalten und zu festigen, um sie im Ausharren zu bestärken und ihnen durch Material aus Hannover Argumentationshilfe zu geben, schleust das Ostbüro Kuriere ein, die Reden Schumachers, Broschüren des Parteivorstands und sozialdemokratische Zeitungen aus dem Westen verteilen. Als ab Herbst 1947 die Kampagne zur Bolschewisierung der SED anläuft und 1948 ihre Umwandlung in eine »Partei neuen Typus«, also in eine stalinistische Kaderpartei beschlossen wird, geraten ehemalige SPD-Mitglieder, die sich dieser Entwicklung widersetzen, zunehmend in Schwierigkeiten. Ausgenommen Grotewohl, bezeichnen selbst die führenden sozialdemokratischen Mitbegründer der Einheitspartei die Vereinigung schon bald als mißlungen.

Erich Gniffke und Max Fechner kommen im Mai 1948 in Fichtenau bei Berlin mit vier anderen prominenten, ehemaligen Sozialdemokraten zusammen und sind sich einig in dem Urteil, daß eine demokratische Auseinandersetzung und eine freie Meinungsbildung in den Reihen der SED nicht mehr möglich sind. Zwar bleibt Fechner im Osten, verteidigt nach dem 17. Juni 1953 das Streikrecht der Arbeiter und wird zu Zuchthaus verurteilt, Gniffke aber flüchtet noch im Herbst 1948 in den Westen. Allein in den Jahren 1948 bis 1950 werden, so schätzt Karl Wilhelm Fricke, 200 000 Sozialdemokraten aus der SED entfernt, durch die Kontrollkommission der Partei gemaßregelt oder zur Flucht gezwungen, rund 6000 zu langjährigen Freiheitsstrafen verurteilt. In der SED-internen Auseinandersetzung avanciert »Sozialdemokratismus« zum Feindbegriff schlechthin, Gegner des neuen Kurses werden als »Schumacher-Agenten« bezeichnet, welche »Verwirrung in unsere Reihen tragen und Zersetzungsarbeit leisten«, wie der SED-Landesvorstand von Sachsen in einem Aufruf zu »höchster Wachsamkeit« im Juli 1948 erklärt.

In dieser Situation warnt das Ostbüro, sofern es über entsprechende Informationen verfügt, die von Verhaftung Bedrohten und unterstützt die Familien von Inhaftierten materiell, indem es Päckchen mit neutralem Absender an sie verschickt. Es organisiert auch Fluchthilfe, etwa für Helmut Bärwald, einen jungen Leipziger, der später zum leitenden Mitarbeiter des Ostbüros aufsteigen soll. Bärwald gehört einer Widerstandsgruppe an, die regelmäßig von Kurieren des Ostbüros mit Flugblättern und einer verkleinerten Dünndruck-Ausgabe des West-Berliner *Telegraf* beliefert wird. Unter seinen Freunden finden sich viele alte Sozialdemokraten, darunter ein Kreissekretär der SED, etliche unter ihnen haben schon im Dritten Reich illegale Arbeit geleistet und nutzen jetzt die Erfahrungen, die sie im Kampf gegen Hitler gesammelt haben. Als Bärwald im Mai 1948 fliehen muß, wird er wie bei einem Stafettenlauf von einem sozialdemokratischen Helfer zum anderen gebracht, bis ihn ein »Grenzbeauftragter« des Ostbüros, der damalige Oberbürgermeister von Hof, auf bayrischem Gebiet in Empfang nehmen, mit einer Fahrkarte und etwas Westgeld versorgen und in die Bahn nach Hannover setzen kann.

Daß die Aufnahme solcher Untergrundkontakte stets von Hannover ausgeht, ist durchaus nicht die Regel, wie der Fall Dieter Rieke beweist. Die Vereinigung ist noch nicht vollzogen und es wird noch heftig über sie diskutiert, da fährt das junge SPD-Mitglied von Gardelegen über die grüne Grenze nach Hannover, spricht bei Wilhelm Korspeter, dem Chefredakteur der sozialdemokratischen *Hannoverschen Presse,* vor, bittet um Informationsmaterial und wird von diesem an die Zentrale der SPD in der Jakobstraße verwiesen. Seither überquert Rieke im Abstand von vier bis sechs Wochen die grüne Grenze bei Helmstedt, meist mit dem Fahrrad, gelegentlich mit einem alten PKW, holt Zeitungen und Broschüren und liefert im Gegenzug Berichte über die Lage in Sachsen-Anhalt. Die Mitarbeiter des Ostbüros bedeuten ihm: »Schumacher will wissen, was in der sowjetisch besetzten Zone politisch geschieht. Gebt uns die Informationen, damit wir den politischen Kampf aufnehmen können. Das habe ich gemacht, habe nachts Berichte über Demontagen, den ungerechten Vollzug der Bodenreform, über Ernteerträge und die Versorgung der Bevölkerung und natürlich auch über Verhaftungen getippt und per Kurier an das Ostbüro geliefert. Als Erkennungszeichen diente eine Postkarte. Jeder hatte eine Hälfte – wenn sie zusammenpaßten, wußte ich: Das ist der Mann des Ostbüros.« Weil die SPD-Mitglieder en bloc in die neue Partei übernommen werden, findet sich nach der Vereinigung auch Dieter Rieke formell in den Reihen der SED, die er bekämpft. Aber Veranstaltungen bleibt er fern, ein Mitgliedsbuch erhält er nie, seine Mitgliedschaft stirbt praktisch durch Nichtteilnahme am Parteileben ab. Politisch lebt er in einer Grauzone, die anfangs seine Untergrundarbeit erleichtert.

Ermuntert das Ostbüro damit zu Spionage? In den ersten Jahren im juristischen Sinne sicher nicht, danach, auch in Kenntnis all der Risiken, objektiv doch. Solange der Status Deutschlands noch ungeklärt, seine Zukunft offen und an zwei Staaten auf deutschem Boden nicht zu denken ist, können Informationen über die Ernährungslage der deutschen Bevölkerung, über den Abbau von Industrieanlagen oder die Auseinandersetzungen innerhalb der SED kaum als nachrichtendienstliche Tätigkeit gewertet werden. Aber wenn Genossen im thüringischen Innenministerium und in der Polizeiverwaltung Halle gefälschte Ausweise zur Verfügung stellen, scheut man auch in diesen allerersten Jahren Methoden nicht, welche die Mitarbeiter mit dem Strafgesetzbuch in Konflikt bringen müssen. Ab 1948 werden mit Wissen des Parteivorstandes dann wichtige politische Erkenntnisse an die britischen und amerikanischen Geheimdienste weitergegeben, eine entsprechende Vereinbarung über den Austausch von Informationen und gelegentliche Hilfestellung vereinbart die Parteispitze nach 1949 auch mit dem Verfassungsschutz und dem Bundesnachrichtendienst.

Zwar legen die Mitarbeiter des Ostbüros Wert auf Distanz zu den Spionagediensten, verweigern direkte nachrichtendienstliche Aufträge der Alliierten und verstehen sich als politische Kämpfer im Widerstand gegen ein Unrechtsregime. Doch der Kalte Krieg, die Abschnürung der Zone und die sowjetrussische Kontrolle der Landwege zwingen zur Kooperation mit den westlichen Besatzungsmächten: Alliierte Militärzüge befördern Broschüren des Ostbüros aus Hannover durch die Zone, britische und amerikanische Maschinen fliegen die Kuriere nach und von Berlin. Für die Zusammenarbeit mit den Westalliierten, so Stephan Thomas, der Schumacher-Vertraute und langjährige Leiter des Ostbüros, gilt die ihm vom Parteivorstand erteilte Direktive: »Wenn die Amerikaner und Briten kommen, dann bist du ermächtigt, Informationen, die für sie bei der Beurteilung der strategischen Gesamtlage wichtig sind, ihnen zuzuleiten. Das habe ich getan.«

Ellen Barczatis, bis 1953 Otto Grotewohls Chefsekretärin, endet am 23. November 1955 in Dresden unter dem Fallbeil, weil sie aus dem Büro des SED-Parteichefs und DDR-Ministerpräsidenten für den Bundesnachrichtendienst berichtet hat. Helmut Bärwald sagt, sie habe auch dem Ostbüro politische Informationen zugeleitet. Wie fließend die Grenzen zwischen illegaler politischer Arbeit und nachrichtendienstlicher Tätigkeit sind, zeigt das Beispiel der Reichsbahn, über welche das Ostbüro umfangreiche Dossiers anlegt, weil es Interzonenzüge für das Einschmuggeln von Flugschriften und Broschüren und die Hilfe sozialdemokratisch gesonnener Reichsbahnbediensteter nutzt. Genaue Kenntnis des Streckennetzes, der Bahnhöfe und des Personals sind für den Erfolg der illegalen Arbeit oft ausschlaggebend. Gelegentlich tarnen sich Kuriere sogar als Schaffner und legen Reichsbahnuniformen an, die für solche Fälle besorgt worden sind. Als ein führender dänischer Geheimdienstler, ein Sozialdemokrat, um Einsicht über die beim Ostbüro verfügbaren Reichsbahnunterlagen bittet, sorgt Erich Ollenhauer persönlich dafür, daß der Genosse aus dem Norden die gewünschte Unterstützung erhält. Erkenntnisse, die für den illegalen politischen Kampf gesammelt wurden, dienen in diesem Fall unstreitig zur Vorbereitung geheimdienstlicher Tätigkeit durch einen verbündeten Nato-Staat. Doch hat sich, meint der Parteivorstand, solche Zusammenarbeit strikt auf die oberste Ebene zu beschränken, denn Bezirke und Unterbezirke werden ausdrücklich vor Parteifunktionären gewarnt, die »unzulässige Beziehungen zu alliierten Dienststellen« unterhalten.

In der ersten gründlichen Studie über das Ostbüro, die Wolfgang Buschfort 1991 veröffentlicht hat, wird der Fall des Mitarbeiters Weiss (alias »Rothe«) erwähnt, den Stephan Thomas 1956 in der Absicht öffentlich machte, vor einer individuellen Zusammenarbeit von Sozialdemokraten mit ausländischen Nachrichtendiensten zu warnen. Danach hatte Weiss »gegen Höchstpreise Informationen aus der Zone«, die ihm im Ostbüro zugänglich waren, an fremde Dienste verhökert – eine Tatsache, die er nie dementierte. Wenn das Ostbüro aus eigener Veranlassung über den Fall berichtet, dann vor allem, weil eine bezahlte Informantentätigkeit von Mitarbeitern für alliierte Dienste nach Auffassung der sozialdemokratischen Führung in Hannover einen Regelverstoß darstellt, der nicht Schule machen soll. Der illegale Kampf muß aus politischer Überzeugung geführt werden und hat uneigennützig zu sein, wer Geld dafür kassiert, diskreditiert die Arbeit des Ostbüros und rückt sie an den Rand des Kriminellen.

Schon aus Arbeitsüberlastung kann Schumacher nicht um die Details dieser verdeckten Auseinandersetzung mit den Kommunisten in der Sowjetzone wissen, aber er steht voll zur Arbeit seines Ostbüros. Es ist ihm als Referat beim Parteivorstand direkt unterstellt, sein Terminkalender verzeichnet für das Jahr 1947 29 Begegnungen mit dessen Leiter Siggi Neumann, 1949 trifft Neumann-Nachfolger Stephan

Thomas 38mal, 1951 sogar 72mal mit dem Parteivorsitzenden zusammen. »Er kam oft zu uns«, schreibt Helmut Bärwald, »wollte soviel wie möglich über die Lage in der Zone wissen und ermutigte uns.« Für den ehemaligen Reichsbannerführer, der nach Hitlers Berufung zum Reichskanzler 1933 schon früh Vorbereitungen für eine illegale Organisation getroffen hat, ist das Aufrechterhalten von Kontakten zu den Sozialdemokraten unter russischer Besatzung eine Selbstverständlichkeit. De jure, sagt der Jurist vor Journalisten in West-Berlin, bestehe die SPD in der Sowjetzone fort; es habe in keinem Ortsverein oder Bezirksverband eine Urabstimmung über die Vereinigung stattgefunden, der Partei ermangele es in der russischen Zone lediglich der Bewegungsfreiheit und der Möglichkeit zu öffentlicher Tätigkeit. Der politische Moralist in ihm betrachtet Grotewohl als einen Quisling, der die »Fahne der Sozialdemokratie verlassen« und damit die »Fahne der Demokratie und der Menschlichkeit überhaupt aufgegeben« hat.

Schon die Solidarität gebietet, sich um die von ihrer Führung im Stich gelassenen Sozialdemokraten in der Zone zu kümmern, eine Politik des »Abschreibens« gibt es für ihn nicht. Diese »Methoden der Diktatur sind immer die Methoden der Amoral, der Gefühllosigkeit gegenüber menschlichen Werten«. Daß Widerstand diejenigen, die ihn leisten, oft teuer zu stehen kommt, weiß er sehr wohl, aber das ist für ihn der unvermeidliche Preis jeder illegalen Arbeit. Voller Stolz spricht er 1948 davon, daß »die deutsche Sozialdemokratie ... die meisten Risiken und Opfer in diesem Kampf um den deutschen Osten auf sich genommen« hat. Nach zwölf Jahren Nationalsozialismus, dies die Überzeugung, die ihn bei der Errichtung des Ostbüros leitet, soll sich eine zweite Diktatur auf deutschem Boden wenigstens nicht ohne energischen Widerstand der Sozialdemokraten etablieren können: »Der Kampf um die Freiheit ist das Wesen der deutschen Politik nach der selbstverschuldeten Niederlage«, heißt es in einer Rundfunkbotschaft zum Jahresende 1949. »Mit tiefer Verehrung verneigen wir uns vor den Opfern des roten Faschismus. Die Sozialdemokratie hat ein Prinzip ihrer Politik: Die Kameraden und Kameradinnen in der sowjetischen Besatzungszone nicht im Stich zu lassen. Sie nützt damit Deutschland, sie nützt damit Europa, und sie nützt dabei dem Geist der Menschlichkeit.«

Männer wie Dieter Rieke verstehen ihre Tätigkeit für das Ostbüro auch heute noch in jenem moralisch-politischen Kontext, den Schumacher seinerzeit umreißt. Sie fühlen sich damals jung, haben keine

Vergleichsmaßstäbe, sie brauchen politische Informationen und leben von den Verbindungen mit dem Ostbüro. Sie kämpfen ums Überleben der Sozialdemokratie im Untergrund, und Vorbild für den Widerstand gegen das neue Terrorregime, das sich da herausbildet, ist für sie der illegale Kampf gegen Hitler und das Attentat vom 20. Juli: »Es gab Leute, die im KZ waren«, sagt Rieke heute, »die Widerstand geleistet haben, warum sollten wir das nicht auch tun?« Nicht Spionage wollen sie treiben, sondern als engagierte und überzeugte Gegner der SED Informationen für den politischen Kampf sammeln. Die sowjetische Besatzungsmacht sieht dies 1948 anders und verhaftet Rieke. Ohne daß er Gelegenheit zu einer Verteidigung erhält, verurteilt ihn ein sowjetisches Militärtribunal in Berlin-Lichtenberg als Schumacher-Agent und Mitarbeiter des Ostbüros wegen Verbreitung antisowjetischer Propaganda und Spionage zu 25 Jahren Arbeitslager.

Zur Verbüßung seiner Strafe wird er nach Bautzen gebracht, jener berüchtigten Justizvollzugsanstalt, die ursprünglich nur für 1200 Gefangene vorgesehen, bei seiner Einlieferung jedoch mit nahezu 6000 Häftlingen belegt ist. In Sälen von 400 Quadratmetern sind 350 bis 400 Gefangene eingepfercht. Nach einem Hungerstreik der Häftlinge und einem vergeblichen Aufstand gegen die Volkspolizei wird er zum Mitverfasser jenes berühmten »Briefes aus Bautzen«, der auf verschlungenen Wegen in den Westen geschmuggelt wird. Es ist ein Hilfeschrei der Verzweiflung, den Tausende ohnmächtiger, von Hunger, Tuberkulose und grausamen Aufsehern gequälte Gefangene an den Westen richten und den Herbert Wehner auf dem Hamburger SPD-Parteitag 1950 verliest: »Hört uns, Genossen der SPD! Tausende Eurer Genossen wurden von den Banditen der Einheitspartei ermordet, hört die Überlebenden und helft ihnen!« Viele Passagen dieses Briefes aus Bautzen lesen sich bis heute bewegend, eindringlich belegen sie die Unmenschlichkeit des Strafvollzugs in der zweiten Diktatur auf deutschem Boden, die sich sozialistisch nennt. Aber es fallen doch Termini auf, die ins Wörterbuch des Unmenschen gehören: »Unersättliche Machtgier, niedrigste animalische Instinkte und teuflische Mordlust« wird den Volkspolizisten bescheinigt, sie werden als »viehische Soldateska«, als »Banditen der Einheitspartei« und Verbrecher bezeichnet, als »zuverlässige Bestien«, die den »neuen Sozialismus« einprügeln, kurzum: »Untermenschentum« stellen sie dar, gegen das alle anständigen Menschen zum Kampf zusammenstehen müssen.

Es fällt heute schwer, die Atmosphäre jener ersten Nachkriegsjahre im sowjetisch besetzten Teil Deutschlands nachzuempfinden, wo sich demokratisches Erwachen und Widerstand gegen die neu entstehende rote Diktatur mit alten Klischees vermischen, welche die vorausgegangene braune in die Köpfe eingehämmert und die Rote Armee durch Vergewaltigung und Plünderung beim Einmarsch in Deutschland scheinbar bestätigt hat. Hajo Holborn, der aus Deutschland stammende Historiker von der Yale-University, der für das State Department durch Deutschland reist, zeigt sich betroffen von der Intensität des deutschen Hasses gegen die Russen und macht deren völlige »Andersartigkeit« dafür verantwortlich, die »jeden Deutschen in Schrecken versetzt«. Gewaltakte, welche von den Russen in der Anfangsphase der Besetzung verübt wurden, seien noch immer der schlimmste Alptraum aller Deutschen und dürften von ihnen für geraume Zeit weder vergeben noch vergessen werden. »Ich habe nicht den Eindruck gewonnen«, so Holborn in seinem Bericht, »daß die Russen in ihrer Zone über mehr als eine ganz kleine Gefolgschaft in der Bevölkerung verfügen.«

Natürlich weiß Stephan Thomas, von 1949 bis 1966 Leiter des Ostbüros, diese Schwäche des Gegners bei seiner Arbeit zu nutzen, etwa, wenn er gezielt über die unhaltbaren Zustände im Uranbergbau informiert, den die Sowjets für ihr Atombombenprogramm betreiben. Zwangs- und Sklavenarbeit nennt Schumacher vor amerikanischen Gewerkschaftern, was bei Wismut im Erzgebirge geschieht. »Für das Volk – gegen seine Unterdrücker« titelt der *Sozialdemokrat,* ein regelmäßig erscheinendes Kampfblatt der Partei für die Bevölkerung Mitteldeutschlands, das vom Ostbüro in einer Auflage von 120 000 Stück in den Osten geschmuggelt wird. Daß Thomas nie eine nachrichtendienstliche Ausbildung erfahren hat, mag jenen Dilettantismus mitverschulden, den selbst Sympathisanten an vielen Unternehmungen des Ostbüros kritisieren und dem so mancher Kurier oder Widerständler in der Zone zum Opfer fällt. Die Kampforganisation der Sozialdemokraten ist weit von einer perfekten Untergrundarbeit entfernt, ihr Chef mit dem *nom de guerre* Stephan Thomas zwar ein gestandener Sozialdemokrat des Jahrgangs 1910, aber kein vom britischen MI 5 oder MI 6 gedrillter Geheimdienst-Profi, als den die Kommunisten ihn denunzieren. Eigentlich heißt er Stefan Greskowiak, hat in Neukölln auf der Karl-Marx-Schule nach einer Schlosser-Lehre das Arbeiter-Abitur abgelegt, Staatswissenschaften und Slawistik studiert und gerät als Soldat in Nordafrika in britische Gefangenschaft. Im Kriegsgefangenenlager im vornehmen englischen Ascot lernt er Erich Ollenhauer kennen, wird durch dessen Vermittlung Mitarbeiter der BBC und hilft nach dem Krieg zunächst beim Aufbau der hannoverschen Polizei. Seine Erfahrungen in der illegalen Arbeit beschränken sich auf Untergrundkontakte zu sozialdemokratischen Freunden, die er im Dritten Reich eine Zeitlang aufrechterhalten konnte. Aber er verfügt über unerhört viel politische Phantasie, eine umfassende Kenntnis der kommunistischen Theorie und eine unbändige Lust am politischen Streit, so daß sich das Ostbüro unter seiner Leitung doch zu einer politischen Potenz entwickelt, zur Herausforderung, welche die SED mit der Einrichtung eines speziellen Abwehrreferats beim Parteivorstand beantworten muß.

Überzeugt davon, daß der Kommunismus scheitern und das Ulbricht-Regime nicht ewig dauern wird, betrachtet Thomas die kleinen Gruppen der Freunde und Mitarbeiter des Ostbüros in der Sowjetzone und späteren DDR, auch oppositionelle Gruppierungen innerhalb der SED als Keimzellen einer künftigen legalen SPD. Die SED wiederum führt einen Feldzug gegen die Überreste der Sozialdemokratie in den eigenen Reihen und beschließt den Umtausch der Mitgliedsbücher. »Sozialdemokratismus«, das Trauma der Führung, dient ihr als Stigma, mit dem sie die Gegner in den eigenen Reihen belegt. In mehr als 6000 Prüfungskommissionen werden 1951 sämtliche Mitglieder inquisitorischen Verhören nach Linientreue und ideologischer Zuverlässigkeit unterworfen, 150 000 Genossen, ehemalige Sozialdemokraten zumeist, im Zuge der Säuberung aus der Partei ausgeschlossen. Um die sozialdemokratischen Widerstandskräfte wachzuhalten und zu stärken, druckt das Ostbüro die theoretische Schrift »SED-Opposition« auf besonders schlechtem Papier, damit auch ja der Eindruck entsteht, sie sei im Untergrund der Sowjetzone hergestellt. Sie schmuggelt eine *Freie Junge Welt* ein, die dem Original der *Jungen Welt* zum Verwechseln ähnlich sieht, aber unter der irreführenden Aufmachung die offiziellen Parolen der Staatsjugend FDJ geradezu ätzender Kritik unterzieht. Seit Absperrmaßnahmen der Volkspolizei Kurierfahrten so gut wie unmöglich machen, starten wasserstoffgefüllte Ballons aus Naturlatex, mit je 2 Kilo Informationsmaterial und Flugblättern beladen, nahe Hof oder Helmstedt und treiben nach Norden oder Osten. Je nach Wetter und Windrichtungen werden sie auch in Dänemark aufgelassen, damit sie über die Ostsee

Mecklenburg erreichen. Kleine Raketen, an den Sektorengrenzen abgeschossen, zerplatzen über den Köpfen der Teilnehmer einer Massenveranstaltung in Ost-Berlin und lassen Flugblätter herabregnen. »Besondere Genugtuung« verzeichnet ein Bericht des SPD-Parteivorstands 1952 darüber, daß ein Raketeneinsatz des Ostbüros in Berlin »mit den zu Tausenden niedergehenden Flugblättern auch vom Präsidenten der UdSSR Schwernik beobachtet wurde«, der während einer SED-Demonstration auf einer Ehrentribüne im Lustgarten saß. Mögen viele dieser Einzelaktionen auch amateurhaft unternommen und in der Wirkung eher bescheiden sein, so ist die Summe der Anstrengungen des Ostbüros doch keineswegs zu unterschätzen. Der 17. Juni 1953 zeigt, daß Stephan Thomas und seine Mitarbeiter ein latentes sozialdemokratisches Potential am Leben halten, das sich plötzlich eruptiv entladen kann. Die Streikbewegung, welche dem Arbeiter- und Volksaufstand vorausgeht, wird an vielen Orten von ehemaligen Sozialdemokraten angeführt, in Görlitz rufen SED-Mitglieder öffentlich die Wiedergründung der SPD aus, noch im Frühjahr 1954 klagt die SED-Bezirksleitung Halle über einen »großen Einfluß des Sozialdemokratismus« auf Teile der Arbeiter in Leuna und Merseburg, Dessau und Bitterfeld, Halle und Weißenfels.

Hätte eine entschlossene Führung der SPD durch Kurt Schumacher dem 17. Juni eine gesamtdeutsche Wende geben, etwa durch die Ausrufung eines westdeutschen Sympathiestreiks auch die Regierung in Bonn dazu zwingen können, ihre deutschlandpolitischen Akzente anders zu setzen? Es ist müßig, darüber zu spekulieren, da Schumacher ein Jahr vor dem Losbrechen des Aufstands stirbt. Doch wie sehr er auf die im Osten schlummernde Sozialdemokratie setzt, wird im August 1951 deutlich, als er Berlin anläßlich der Weltjugendfestspiele besucht. Seit dem Vereinigungsparteitag 1946 in Ostberlin atmet die Sozialdemokratische Partei in Deutschland auf nur einem Lungenflügel, er weiß, ja er hat es bei den Bundestagswahlen bitter erfahren müssen, daß sie ohne den zweiten Flügel, ohne die sächsisch-thüringischen Kernlande der Sozialdemokratie, nie ihre volle Kraft entfalten wird. Nun spricht er in dieser offenen Stadt Berlin unter dem Funkturm zu Zehntausenden Blauhemden, die trotz Volkspolizeikontrollen über die Grenze strömen, stundenlang diskutiert er mit FDJlern in Jugendheimen, in Kantinen und der Aula der Freien Universität. Seit seiner Stuttgarter Zeit hat er ein besonderes Gespür für die Jugend, er treibt, wenn man so will, einen regelrechten Jugendkult; er ist wohl der einzige führende westdeutsche Politiker jener Jahre, der sich Zeit und Mühe für Diskussionen mit jungen Menschen nimmt. Wie soll er sie begrüßen und anreden, die Blauhemden, die da vor ihm stehen? Als Parteiführer erblickt er in ihnen das geballte, aber im Osten zum Verstummen gebrachte sozialdemokratische Potential: »Ich kann zu euch sagen: Freunde; kann zu euch sagen: Kameraden; aber ich kann auch zu euch sagen: Genossen, denn ihr, die ihr hier steht und drei Viertel der Bevölkerung der Sowjetzone, ihr seid ja alle verhinderte Sozialdemokraten!«

So erklärt er es wenige Tage später der Presse in Bonn. Die Mitglieder der FDJ sollen ihren Unmut nur ja nicht zeigen und sich in den Augen des Orwell-Staates keine Blößen geben, sondern ihre Kräfte sparen für den Tag, auf den es ankommt, und der allein dann zählen wird: »Was wollt ihr denn! Daß ihr Stalin und Ulbricht nicht mögt, weiß die ganze Welt. Wozu wollt ihr euch durch individuelles Schimpfen bloßstellen? Jedes Risiko, das man auf sich nimmt, wird doch bestimmt von der Chance des Erfolges! Wir werden vielleicht einmal, wahrscheinlich sogar, sehr viel mehr von euch verlangen. Aber nichts verlangen wir von euch in einer bis heute aussichtslosen Situation! Das, was wir von euch verlangen, ist das Zusammenbleiben, die menschliche Fühlungnahme, aus der politische Fühlungnahme resultiert, insbesondere von den Kerngruppen der Gleichgesinnten, der politisch bewußt Gleichgesinnten!« Es ist, als ob er eine Rede hielte an die unterdrückte Sozialdemokratie im Osten, von deren verborgenen Kräften er träumt, und die er eines Tages freizusetzen hofft, damit sie ihm helfen werden, die Macht zu erobern. Daß ein Schumacher anders reagiert hätte als die Bonner SPD nach dem Zusammenbruch der DDR und der Auflösung der SED, daß er versucht hätte, alle unbelasteten Mitglieder für die Sozialdemokratie zu gewinnen, scheint danach eine erlaubte Spekulation. Freilich hätten sie ihren Irrtum in aller Form eingestehen und der parlamentarischen Demokratie bedingungslos Treue schwören müssen. Die Jüngeren hätte er als Verführte betrachtet, denen eine Chance zu geben sei.

Ende 1947 reist Stephan Thomas im Auftrag des Parteivorsitzenden nach Schweden um Spuren Herbert Wehners nachzugehen, der seit 1946 Mitglied der sozialdemokratischen Partei und Redakteur des parteinahen *Hamburger Echo* ist. Als Kurt Funk, Mitglied des Zentralkomitees und Kandidat des Politbüros der KPD, hatte Wehner im Auftrag der Moskauer Zentrale von Stockholm aus die illegale Widerstandstätigkeit in Deutschland neu organisieren und auf Trab bringen sollen. Für Kurt Schumacher hat er in seinen »Notizen« den bisherigen Lebensweg bilanziert – den Aufstieg in der KPD seit 1929, die illegale Arbeit im Saargebiet und seine Tätigkeit in Moskau in der Blütezeit des Stalinschen Terrors. Was viele Jahre als die Lebensbeichte eines aufrechten Mannes gilt, der in schwedischer Haft mit dem Kommunismus gebrochen hat, erweist sich spätestens seit Öffnung der Archive von KGB und SED Anfang der neunziger Jahre als verharmlosender, ja arg beschönigender Rechtfertigungsversuch. Der Herbert Wehner des Moskauer Hotel Lux war eben nicht nur ein Irrender im Gauben und selbst vom Terror bedroht, sondern auch ein Täter, der fleißig mit dem NKWD zusammenarbeitete, auch wenn er damit vielleicht nur eigener Verfolgung vorbeugen wollte. Daß er dabei, nach dem Urteil des Kommunismus-Forschers Reinhard Müller, mit seinem denunziatorischen Eifer selbst das in Moskau erforderliche Maß an »revolutionärer Wachsamkeit« überbot, kann Thomas den Dossiers der schwedischen Polizei und den Berichten der skandinavischen Sozialdemokraten freilich kaum entnehmen. Das volle Ausmaß der Wehnerschen Verstrickung in die mörderische Säuberungsmaschinerie des Stalinismus ist außerhalb Moskaus damals keinem bekannt.

Wohl aber wissen die Schweden, daß Wehner nach seiner Verhaftung wegen unerlaubter nachrichtendienstlicher Tätigkeit bereitwillig Auskünfte über seine Kontaktpersonen gegeben hat. So kooperativ soll er sich gegenüber der Polizei verhalten haben, daß der renommierte schwedische Anwalt Branting das Mandat zu seiner Verteidigung angeekelt niederlegte. Auch will die schwedische Polizei beobachtet haben, was mehr als unwahrscheinlich klingt: daß sich der Exkommunist Wehner, der 1942 in Moskau aus der KPD ausgeschlossen wurde, noch 1944 und erneut Anfang 1946 konspirativ mit Dmitrij Manuilski, dem Sekretär der KPdSU und der inzwischen aufgelösten Komintern, in Trelleborg getroffen habe. Eine solche Begegnung erschiene nur plausibel, wenn die Verhaftung und Verurteilung Wehners 1941 in Schweden tatsächlich Teil einer großangelegten Camouflage-Aktion des NKWD gewesen wäre, um seine Einschleusung als Einflußagent in die westdeutsche Sozialdemokratie nach dem Kriege vorzubereiten. Wer dies für realistisch hält, traut dem NKWD mitten im Krieg, als deutsche Truppen tief in Rußland stehen, ein wenig zuviel prophetische Gaben zu. Doch bleiben die Tatsachen auch ohne Konspirations- und Agententheorien spannend genug.

Was Thomas in Schweden mit Hilfe sozialdemokratischer Freunde bei Polizei und Gerichten sammeln kann, füllt immerhin sieben Aktenordner, die er zehn Jahre später, nach der Wahl Wehners zum stellvertretenden Vorsitzenden auf dem Parteitag in Stuttgart 1958, vorsorglich bei einem Rechtsanwalt in Verwahrung gibt, wo sie noch heute liegen sollen. Wehner löst nämlich Fritz Heine als den im Parteivorstand für das Ostbüro zuständigen Funktionär ab, eine Tatsache, die zu wachsenden Spannungen mit Thomas führt, zumal Wehner nach Schumachers Tod erfährt, daß im Ostbüro Material über ihn gesammelt wurde.

Unstreitig ist, daß Schumacher nach Kenntnisnahme der Berichte aus Schweden zunächst jeden Kontakt mit Wehner abbricht und ihn eineinhalb Jahre nicht empfängt. Mitglieder des ersten Bundestages wollen sich erinnern, daß Schumacher den Fraktionskollegen aus Harburg monatelang keines Blickes würdigte. Spielt das zweite Wehner-Drama nach Veröffentlichung der Moskauer Akten und ist der Beschuldigte dazu nicht mehr anzuhören, wie es die Fairneß geböte, entbehrt das erste weder der persönlichen Tragik noch des Ränkespiels. Bereitwillig hat Wehner dem Ostbüro sein Detailwissen über den illegalen politischen Apparat der KPD wie ihrer führenden Funktionäre zur Verfügung gestellt. Verständlich also, wenn er Thomas zunächst als einen Freund betrachtet, dem er sich durch gemeinsame Arbeit verbunden weiß. Nicht ahnend, daß es ausgerechnet Thomas ist, der mit seinen Recherchen Schumachers Unmut verursacht hat, wendet sich Wehners Frau Lotte im Dezember 1949 mit der Bitte an ihn, den »Mittelsmann zu machen zwischen Kurt... und Herbert«. Daß ihr Mann, schreibt sie, »durch viele Umstände ziemlich am Rande seiner Kraft ist, es muß natürlich nicht heißen, daß er an seiner Grenze ist, aber für mich und wohl für die Partei steht voll abzuwägen, ob es nötig ist, es dahin kommen zu lassen.« Sie hofft sogar, Thomas und seine Frau Irene würden Wehner an Weihnachten besuchen, »denn er braucht ein bissel Kameradschaft um sich«. Es kommt schließlich zu einer Aussprache mit Schumacher, in der es Wehner offenbar gelingt, die Vorwürfe zu entkräften.

Ob Schumachers Vertrauen nach diesem Gespräch wieder gefestigt oder gar unerschütterlich ist, wie einige später behaupten, bleibt umstritten. Für das Jahr 1948 sind im Terminkalender des SPD-Chefs keine Begegnungen mit Wehner eingetragen; 1949 lediglich 12, obwohl Wehner inzwischen Vorsitzender des Innerdeutschen Ausschusses des neuen Bundestages ist. Im Jahr darauf steigt die Zahl auf 54 und erreicht 1951 mit 110 Treffen eine Häufigkeit, die nur noch von Erich Ollenhauer, Fritz Heine und Wilhelm Mellies überboten wird.

Zu den Vertrauten der ersten Stunde zählt er also keinesfalls, auch wenn der SPD-Chef in Wehner, dem Mann mit der Statur des proletarischen Führers, einen wichtigen Bundesgenossen in seinem Abwehrkampf gegen die Einheitssozialisten sieht. So ermuntert er ihn, im Wahlkreis Harburg zu kandidieren, in dem die Kommunisten traditionell eine starke Stellung halten. Wehner befürchtet, man werde ihm die Haut bei lebendigem Leibe abziehen, wenn er als ehemaliger alter KPD-Spitzenfunktionär im westdeutschen Politikalltag mitmischen wolle. »Du wirst dies schon aushalten«, soll Schumacher ihm darauf geantwortet haben. Aber ein letzter Vorbehalt bleibt. Daß Schumacher für Wehner seinen Kopf ins Feuer legen wollte, wie dies einige Sozialdemokraten im Zuge der Wehner-Diskussion 1994 behaupten, hält Annemarie Renger für unvorstellbar: »Um so etwas zu sagen, war er viel zu lebenserfahren. Ich habe demgegenüber nicht vergessen, daß Schumacher der Meinung war, Herbert Wehner dürfe nie an die Spitze der Partei, das würde weder Herbert noch der Partei guttun.« Die Spitze einer Partei – schließt sie nicht die Stellvertretenden Vorsitzenden ein?

Im Handumdrehen gewinnt Schumacher internationale Statur, als er Ende November 1946 auf Einladung der Labour Party nach England reist. Doch er muß in diesen zwölf Tagen auch erfahren, wie unermeßlich schwierig es ist, anderthalb Jahre nach Kriegsende deutsche Interessen in einem ehemaligen Feindesland zu vertreten, zumal er nicht in der Pose des Unterwürfigen kommt. Es handelt sich um den ersten Auslandsbesuch eines westdeutschen Politikers nach dem Krieg, und wenn er zwar nicht auf den Britischen Inseln, wohl aber auf dem Kontinent zum Eklat und zu heftigen gegenseitigen Vorwürfen der ehemaligen Kriegsverbündeten führt, dann hat dies viel mit offener, undiplomatischer Sprache zu tun, für die ein britischer Journalist die Formel vom »Fanatismus der Ehrlichkeit« prägt. Seine unverhohlen kritischen Stellungnahmen zu Reparationen, Demontagen und Lebensmittelrationen wirken polarisierend, vor allem die These von der Verantwortung der Sieger gegenüber den Besiegten, die sich zwingend aus totalem Sieg und totaler Niederlage ergäbe. Seine kategorische Ablehnung der Oder-Neiße-Linie als endgültiger Grenzziehung im Osten löst eine Flut von heftigen und bösartigen Angriffen auf ihn aus. Der französische Botschafter in London protestiert gegen die offiziellen Empfänge für Schumacher, in einer Stellungnahme erklärt das Quai d'Orsay es als gänzlich »unfaßbar«, daß ein »führender deutscher Sprecher an die Themse reisen und die nationale Sache vertreten dürfe, ehe die alliierten Sieger auch nur begonnen hätten, Deutschlands zukünftige Stellung und Grenzen zu besprechen«. Kühl pariert das Foreign Office, bei Schumacher handele es sich um den Chef einer demokratischen und hitlerfeindlichen Partei, der zudem persönlich dem Nationalsozialismus Widerstand geleistet habe; es sei selbstverständlich, daß ein solcher Mann Großbritannien besuche und in London offiziell empfangen werde.

Als Skandal und Provokation wertet die polnische Presse Schumachers Visite, die sowjetische *Iswestija* schreibt von »reaktionären Pfeifentänzen«, welche der »neue deutsche nationalistische Demagoge« aufführe, und das Parteiblatt *Prawda* behauptet gar, Großbritannien fördere einen neuen »Führer«, der die deutsche Arbeiterklasse spalte und die Kräfte der Demokratie damit unterminiere. Spitz weist der Sprecher des Londoner Außenministeriums diese kommunistischen Angriffe mit Hinweis auf die Zeiten des Hitler-Stalin-Pakts zurück, als Moskau Hitlers Aggression gegen Polen und die Westmächte noch unterstützte: »Großbritannien, das zusammen mit Frankreich und den Dominions die Ehre teilte, den Kampf mit dem nationalsozialistischen Deutschland zu einer Zeit aufgenommen zu haben, als der Kämpfer wenige waren, hat nicht die Absicht, eine Wiedergeburt des Nationalsozialismus oder Militarismus zu dulden.«

Bei der Einladung Schumachers hatten die Briten die negative Wirkung in Frankreich nicht vorausgesehen, so daß sich manche Zurückhaltung von offizieller Seite gegenüber dem Gast mit dem sanften Schreck erklärt, die Proteste von jenseits des Kanals hervorgerufen haben. Der SPD-Führer trifft weder den britischen Premier Attlee noch Außenminister Bevin, ernsthafte offizielle Unterhaltungen mit verantwortlichen Regierungsvertretern führt er nur mit Kriegsminister Bellenger über Gefangenenfragen und mit John Hynd, den er bereits aus Deutschland kennt und der als Kabinettsminister zugleich Leiter des Control Office for Germany and Austria ist. Ein keineswegs hochrangiger Beamter des Foreign Office, Unterstaatssekretär Mayhew, gibt ihm einen kleinen Lunch, Herbert Morrison, Hugh Dalton und Aneuran Bevan, Mitglieder des internationalen Unterausschusses der Labour Party, begegnet er bei einem längeren Mittagessen. Schumacher gelingt nur zum Teil, was er sich vorgenommen hat. Die deutsche Delegation, der auch Fritz Heine, Willy Knothe, Viktor Agartz und der Berliner SPD-Vorsitzende Franz Neumann angehören, ist in der Hoffnung nach England gefahren, die Beziehungen zu einer Partei zu verbessern, der sie sich als Internationalisten brüderlich verbunden wissen, welche die deutschen Genossen bisher jedoch mit Nichtachtung gestraft hat. Zum Parteitag in Hannover schickte die Labour Party nicht die von den Deutschen erbetene Delegation, und ihr Begrüßungstelegramm trifft verspätet ein, was Schumacher besonders wurmt, weil eine, wenn auch kleine Gruppe von 27 Labour-Abgeordneten sowie einige prominente Labour-Mitglieder die Vereinigung von KPD und SPD in Ost-Berlin vier Wochen zuvor in einer Solidaritätsbotschaft, die obendrein rechtzeitig eintraf, nun ausdrücklich begrüßt hatte.

Mit einer fairen Darstellung der Besatzungspolitik, die er vor allem in der Frage der Sozialisierung scharf von links kritisiert, schafft er auch bei den meisten Linken Vertrauen. »Es gibt wahrscheinlich Dutzende von englischen MPs«, schreibt ein deutscher Emigrant und Intimkenner der britischen Arbeiterpartei, »die erst von nun an, aber von nun an auch wirklich, gegen kommunistisches Gerede über eine Zusammenarbeit der SPD mit der Reaktion immunisiert sind«. Immer wieder weist Schumacher darauf hin, daß Reparationsforderungen eine leistungsfähige Industrie verlangen; eine tote Henne könne keine Eier legen, sagt er den Gesprächspartnern von Labour und appelliert an britischen Eigennutz. Doch die Wirkung, die er sich davon verspricht, bleibt aus. Die britischen Genossen hören mehr oder weniger verständnisvoll zu, aber die von Labour geführte britische Regierung weiß sich an alliierte Vereinbarungen über Deutschland gebunden und folgt ungerührt den nationalen britischen Interessen. Damit bleibt es bei der Politik der Demontage und Reparationen, die Schumacher Zehntausende Stimmen kosten werden und die er auf britisches Konkurrenzdenken zurückführt. Es gehe London, behauptet er, um die Ausschaltung der deutschen Industrie auf den Weltmärkten. Auch seine Forderung nach Sozialisierung der Schwerindustrie wenigstens in der britischen Zone weist London mit Rücksicht auf die amerikanischen Alliierten zurück. Beide Fragen werden das Verhältnis Schumachers zur britischen Besatzungsmacht in den kommenden Jahren erheblich belasten. »Wir leben in Deutschland in völliger Ungewißheit darüber, was unsere nächste Zukunft angeht«, hat er zu Beginn seines Besuches gesagt. Er verläßt Großbritannien, ohne daß sich an dieser Ungewißheit viel geändert hätte, versucht freilich in einem Interview mit der BBC, das Beste daraus zu machen: »Wir sind uns darüber klar, daß wir nicht mit effektiven Abmachungen nach Hause zurückkehren können, aber wir haben gemerkt, daß der Geist, aus dem heraus eine günstige Entwicklung für das ganze deutsche Volk und die Arbeiterschaft gestaltet werden kann, hier in England lebendig ist.«

Für Gäste wie Gastgeber ist dies ein Besuch der gemischten Gefühle. Er fordert die Freilassung aller Kriegsgefangenen, von denen sich noch 300 000 in Lagern auf den Britischen Inseln befinden. Im »Reeducation Camp Wilton Park« spricht er zu einigen Hundert jungen deutschen POWs, in denen er Verführte und um ihre Jugend Betrogene, eher Opfer als Täter sieht, und die er für den Aufbau eines demokratischen Deutschland zu gewinnen sucht. Daß er in Diskussionen keiner ihrer Fragen ausweicht, sich auf britischem Boden kritisch über die Besatzungspolitik der englischen Sieger äußert, beeindruckt die jungen Männer in den grauen Uniformen. Haben die Nationalsozialisten die Sozialdemokraten nicht immer als nationale Verräter abgestempelt? Nun steht mit diesem geschundenen, aufrechten Kämpfer gegen Hitler und die neue totalitäre Gefahr ein Sozialdemokrat vor ihnen, den brennende Sorge um die deutsche Zukunft verzehrt.

Er referiert vor Studenten in Cambridge, die nach diesem entsetzlichen Krieg Versöhnung wollen. Sie blicken nicht zurück im Zorn, wie viele ältere Labour-Politiker, sie blicken nach vorn, ersehnen ein gemeinsames Europa und empfangen den deutschen Sozialdemokraten mit Begeisterung, ja »mit frenetischem Enthusiasmus«, wie Schumacher selbst das Echo nach seinem Besuch voller Stolz beschreibt. Aber auch die Kluft zwischen den politischen Kulturen beider Länder tut sich auf. Auf viele Journalisten, bürgerliche Liberale wie Konservative, wirkt er mit seiner Rede vor dem Royal Institute for Foreign Affairs hoffnungslos deutsch und kontinental. Zwar respektiert man seinen »Fanatismus der Ehrlichkeit«. Aber die Briten sind einen sachlichen und lockeren Vortragsstil gewohnt, Schumachers Rede empfinden sie als steif, dogmatisch und rhetorisch überladen. Geradezu erschrocken aber sind sie, als die Wochenschau Bilder von seinem Auftritt vor deutschen Sozialisten in London zeigt: Der »deutsche Versammlungsredenstil, das laute Schreien« erinnert sie nach dem Bericht eines deutschen Emigranten, der mit Schumacher durchaus sympathisiert, an die Nationalsozialisten.

Dies ist auch der Eindruck, den der junge Alfred Grosser wenig später auf einer Schumacher-Versammlung in »Planten und Blomen« in Hamburg gewinnt: »Er sagte nach meiner Ansicht völlig übertriebene Sachen, aber das mochte noch angehen, weil Politiker gern übertreiben. Doch der Stil, der Ton, der liegt mir noch in Augen und Ohren. Er brüllte! Das ließ sich beinahe mit Goebbels vergleichen.« Noch heute wirken Szenen des Wahlkämpfers Schumacher, aufgenommen in grobkörnigem Schwarz-Weiß und mit dem blechernen Ton der späten vierziger und frühen fünfziger Jahre, wie Zeugnisse aus der politischen Steinzeit und jagen dem Betrachter einen Schauer über den Rücken. Hier zeigt sich, wie sehr er und andere Politiker der frühen Nachkriegszeit, Jakob Kaiser etwa, von Weimar geprägt sind, als die Übertragungstechnik nicht perfekt entwickelt und die Redner darauf angewiesen waren, die Zuhörer auch ohne die Hilfe des Mikrofons mitzureißen. Daß Schumacher auch anders kann, zeigt er im Rundfunksender Rias, wenn er trocken, gelegentlich sogar schleppend seine Kommentare für die ostdeutsche Bevölkerung vorträgt. Wer daran zweifeln sollte, begebe sich ins Rundfunkarchiv und verlange die Tonmitschnitte aus dem Deutschen Bundestag. Sie entbehren meist der agitatorischen Höhepunkte, wie sie von öffentlichen Schumacher-Reden her in Erinnerung sind.

Neben aller Kritik an seinem Redestil ist in London auch der Einwand zu hören, der erste deutsche Sprecher im Ausland nach dem Krieg hätte mehr Bewußtsein vom Ausmaß der Verbrechen Hitlers und mehr Verständnis für die Forderungen der von den Deutschen überfallenen Nachbarvölker zeigen sollen. »Noch sind seine Ansprüche bescheiden«, schreibt der *Observer* in einem abschließenden Kommentar, »seiner Meinung nach ist die Ostgrenze mit Polen gegenwärtig rein administrativ. Niemand bestreitet die persönliche Integrität Dr. Schumachers, niemand seinen Kampf und seine Leiden, die er um seiner Überzeugung willen durchgemacht hat, aber das bedeutet nicht, daß seine Ansichten selbst richtig sind. Seine Forderungen stehen in seltsamem Widerspruch zu seiner Weltanschauung, und seine Erklärung, die deutsche Jugend sei nicht sehr stark durch Nazi-Ideen verseucht, ist bestenfalls echt zweifelhaft.«

In Deutschland jedoch hält man sich eher an das Positive des Besuchs, erblickt in Schumacher einen mutigen Verfechter deutscher Interessen und zitiert gern eine schwedische Zeitung, die ihn als den Deutschen bezeichnet, »auf den die ganze Welt hört, wenn er spricht«. Ein deutsches Blatt datiert gar den Wiederbeginn einer deutschen Außenpolitik mit den Reden, die Schumacher in London gehalten hat. Aber nicht nur im Ostblock, auch in Frankreich ist das Echo vernichtend. Der rechtsgerichtete *Ordre* bezeichnet ihn als deutschnationalen Pangermanisten, und der französische Journalist Henri Jeanson sieht in ihm sogar einen neuen Hitler, in dessen Adern das Blut von Bismarck rolle.

Visionär voll Kraft und Leidenschaft: Die »wahrscheinlich bedeutendste Figur« im Trümmerland

Auch viele skandinavische Genossen üben Kritik an Stil und Inhalt seiner Reden, als er Ende 1947 einer Einladung der schwedischen Sozialdemokraten folgt und nach Schweden und Norwegen reist. Auf besonderes Unverständnis stößt er in Oslo, wo er am 22. November auf einer Kundgebung der norwegischen Arbeiterpartei die deutschen Kommunisten »Quislinge der Sowjetunion« nennt, was in einem vier Jahre von den Deutschen besetzten Land befremdlich klingen muß. Der Sieg der Anti-Hitler-Koalition, dem Norwegen seine Befreiung verdankt und an dem die Sowjetunion großen Anteil hat, liegt erst zwei Jahre zurück, und die Wahl des Wortes Quisling auf norwegischem Boden zeugt nicht gerade von Einfühlungsvermögen. Hat es nicht Kollaborateure in allen von den Deutschen besetzten Ländern gegeben? Mangel an Takt monieren auch einige Hörer seiner ersten Rede, die er im dänischen Rundfunk hält. Tony Breitscheid, die Frau des in Buchenwald bei einem Bombenangriff umgekommenen Rudolf Breitscheid, klagt in einem Brief: »Es ist mir unbegreiflich, daß er kein Wort des Bedauerns über das Verhalten der Deutschen in der Besatzungszeit in Dänemark sagte.«

Man reibt sich an diesem deutschen Sozialisten, der sich so selbstbewußt zeigt. Aber wenn die sogenannten Bruderparteien die deutschen Sozialdemokraten nach dem Krieg nicht mit offenen Armen in die internationale Gemeinschaft demokratischer Sozialisten aufnehmen, liegen die Gründe dafür tiefer. Der Präsident der II. Internationale, der Belgier Camille Huysmans, hatte im Dezember 1944 erklärt, die deutschen Sozialdemokraten müßten erst den Beweis ihrer antifaschistischen Gesinnung erbringen, ehe sie in Ehren wieder Mitglied werden könnten. Und im März 1945 verabschiedete eine von der Labour Party einberufene Konferenz von 13 sozialistischen Parteien eine Resolution, nach der das deutsche Volk kollektiv schuldig sei.

»Als ganzes« sollte es deshalb für unbestimmte Zeit aus dem Kreis der zivilisierten Völker ausgestoßen werden – mithin auch die deutschen Sozialdemokraten. Viele Mitglieder der Labour Party standen damals unter dem Eindruck der Propagandaschriften von Lord Vansittart, der den Nationalsozialismus als Konsequenz preußischen Geistes und Hitler als »Spiegel der deutschen Seele« bezeichnete. In geschliffenen Pamphleten vertrat der Lord, bis 1939 Unterstaatssekretär im Foreign Office, die These, daß den Deutschen Grausamkeit und Barbarei in den Genen liege: Kriegslust und Eroberungsdrang, Unterwürfigkeit und Willfährigkeit gegenüber Diktatoren und Führernaturen seien ihnen angeboren, Vansittart sieht sie als Störenfriede der Zivilisation seit Tacitus. Muß, wer solche haßerfüllten Propagandaschriften liest, nicht jeden Glauben an ein anderes, zivilisiertes, demokratisches Deutschland fahren lassen? Zwar gibt es auch während des Zweiten Weltkrieges Sozialisten, welche der Verurteilung eines ganzen Volkes in Bausch und Bogen entgegentreten, Harold Laski in England oder Louis de Brouckère aus Belgien, aber ihre Stimmen gehen im Chor derer unter, die alles Deutsche verdammen.

In Zürich, wo am 8. und 9. Juni 1947 Delegierte von 19 Ländern über die Aufnahme der deutschen Sozialdemokraten in die internationale sozialistische Gemeinschaft (Comisco) verhandeln, sieht sich das deutsche Nazi-Opfer auf der Anklagebank. Vom alten Geist der internationalen Solidarität ist wenig zu spüren, die Atmosphäre gleicht einem Tribunal. Julius Braunthal, der Sekretär der II. Internationale bezeichnet die Veranstaltung im Kongreßhaus als »Gerichtshof der Geschichte«. Eine Delegierte der Mapai, der sozialistischen Partei Palästinas namens Meyerson, die als Golda Meir später Ministerpräsidentin des 1947 noch nicht existierenden Staates Israel wird, weigert sich demonstrativ, dem SPD-Chef die Hand zu geben. In zwanzig Minuten schildert Schumacher die programmatischen Vorstellungen, die Organisation und Mitgliederstärke seiner Partei, ihre Haltung zu ehemaligen Nationalsozialisten und die Gefahren des Nationalismus und Rassismus, gegen welche die SPD das einzig zuverlässige demokratische Bollwerk in Deutschland bilde.

Nicht immer gelingt ihm, vermerkt das *St. Gallener Tagblatt*, seine Stimme in mittlerer Lautstärke zu halten – sie ist die einzige, die bis in den Gang hinausdringt. Seine Formulierungen zeigen den Stolz des Verfolgten, der sich nicht als Bittsteller, sondern wie selbstverständlich dazugehörig fühlt. Die SPD nicht aufzunehmen, betrachtet er als

Sünde wider den internationalen Geist. Aber das Kriegsende liegt erst zwei Jahre zurück, und wenn er in seiner Rede vor allem die Fehler der Sieger für die Möglichkeit einer nationalistischen Renaissance im besetzten Deutschland verantwortlich macht, erleichtert er seinen ausländischen Genossen die Entscheidung zugunsten der Deutschen nicht. In grellen Farben malt er die Gefahr eines »Hunger und Kältenationalismus« durch eine falsche Besatzungspolitik: »Hier liegt Europa zerschmettert, zerfetzt, aus tausend Wunden blutend. In der Mitte liegt ein Volk von 70 Millionen, das durch das Dritte Reich den Haß und die Abneigung der Welt mit aller Berechtigung auf sich gezogen hat. Die Welt steht vor der Frage: Sollen diese 70 Millionen sterben? Wenn die Welt diese Frage bejahen wollte, dann wäre die Zeit dafür das Jahr 1945 gewesen. Jetzt aber ist 1947. Und die Armut Deutschlands ist ein Teil der Verarmung und Beengung Europas geworden.« Am Schluß stellt er den Delegierten der Bruderparteien die Gretchenfrage: »Wollen Sie die Existenz eines freiheitlichen, antitotalitären Sozialismus lebendig machen oder wollen sie uns allein lassen. Für uns internationale Sozialisten sind die Sozialdemokraten die Vorhut der Menschlichkeit auf deutschem Boden. Können wir internationale Sozialisten darauf verzichten, in der deutschen Sozialdemokratie ein vertrauenswertes und gleichberechtigtes Mitglied unserer Arbeitsgemeinschaft zu haben? Auf diese Frage, Genossen, geben Sie bitte heute die Antwort.«

Warum die deutschen Sozialdemokraten keinen Widerstand geleistet hätten, wird er in der Diskussion gefragt. »Nun, wir waren ja zunächst einmal sechs Jahre allein, bevor uns andere in den Konzentrationslagern besuchten«, gibt er bitter, ja verletzt zur Antwort. Er zählt die vielen Städte nicht auf, in denen Monsterprozesse gegen Sozialdemokraten stattfanden, aber sucht die Versammelten durch ein kleines Beispiel zu beschämen. Bei dem ersten Treffen von etwa hundert alten Sozialdemokraten am 6. Mai in Hannover hätten alle Anwesenden in eine Liste eingetragen, wie lange sie im Dritten Reich eingesperrt waren: »Wie ich mich in dieser Versammlung umsah, da haben tausend Jahre Zuchthaus mich angeschaut!« Er appelliert an den ehernen Grundsatz der alten Internationale, demzufolge das Bekenntnis zur Nation und der Internationalismus einander nicht ausschließen, sondern sich ergänzen: »Wenn jemand der unlösbare Bestandteil eines Volkes ist, wie die deutsche Sozialdemokratie gegenüber dem deutschen Volke, dann kommen Konsequenzen. Von

Fesseln der Zugehörigkeit zu Klasse oder Nation kann sich niemand lösen. Es ist wie bei einer Erbschaft: Man übernimmt nicht nur die Aktiva, sondern auch die Schulden.«

Beinahe wütend attackieren ihn die Vertreter der sozialistischen Parteien Osteuropas, die formell noch unabhängig sind, aber der Tenor der Angriffe läßt erkennen, wie sehr sie bereits unter sowjetischem Einfluß stehen: In dem deutschen Sozialdemokraten sehen sie vor allem den Antikommunisten. »Gefährlich für den Frieden, gefährlich für den Sozialismus, gefährlich für die Demokratie in Deutschland« sei dieser Schumacher, behauptet der polnische Delegierte Hochfeld, denn er weigere sich, mit den Kommunisten zusammenzugehen. »Die SPD setzt auf die Karte des Nationalismus und Revisionismus ... Wir werfen der Partei Schumachers ihre rasende und zügellose Agitation für die Revision der Westgrenzen Polens vor.« Wenn Schumacher auf seinem Standpunkt bestehe, bedeute das Krieg. Aber der läßt sich nicht einschüchtern: »Sie täuschen sich, verehrter Genosse«, erwidert er Hochfeld. »Wir sind hier in einer sozialistischen Internationale, und da kann man über diese sachlichen Dinge mit sachlichen Argumenten reden. Das Maul lassen wir uns nicht verstopfen!«

Der Mapai-Vertreter Marc Jarblum aus Palästina spricht vielen aus dem Herzen, wenn er in den Ausführungen des SPD-Chefs Reue über die von Deutschen begangenen Verbrechen vermißt. Aber Salomon Grumbach, der Vertreter der französischen Sozialisten, wirft sich für den Deutschen in die Bresche und weist Klagen über den Ton seiner Ausführungen zurück: »Jarblum, du hast gesagt, daß du den Gewissensschrei [bei Schumacher] nicht gehört hast. Wenn du willst, gebe ich dir recht. Auch ich habe ihn nicht gehört. Es gab einige Ausführungen, die in der Rede Schumachers fehlten ... Es war das Gefühl des Stolzes eines Mannes, der elf Jahre lang im Konzentrationslager war, der Hitler Jahre bekämpft hat.« Schumacher, sagt Grumbach, »ist ein Deutscher, ihr könnt von ihm nicht verlangen, kein Deutscher zu sein. Er hat das Recht, zu verteidigen, was er im vitalen Interesse seiner Nation liegend ansieht«.

Das Treffen in Zürich endet für Schumacher mit einer Niederlage. Zwar erfährt er die Genugtuung, daß sich auch die Sozialisten der von den Deutschen im Krieg besetzten nord- und westeuropäischen Länder für die Aufnahme der SPD einsetzen – eine Geste, die nach dem Urteil des *St. Gallener Tagblatts* für »Selbstüberwindung und moralische Größe« spricht. Doch scheitert der SPD-Beitritt an den Osteuropäern und der Mapai, welche die erforderliche Zweidrittelmehrheit verhindern. Schumacher scheidet enttäuscht, aber nicht ohne Stolz: »Sagen sie Nein«, hat er den ausländischen Genossen am Ende seiner Rede zugerufen, »dann versetzen Sie uns und vielleicht auch sich einen Schlag, aber wir werden ihn durchstehen.«

Lange muß er nicht ausharren, dann ist er doch am Ziel. Der wachsende Ost-West-Gegensatz führt dazu, daß die westeuropäischen Sozialisten ihre Vorbehalte gegen die SPD abbauen. Anfang Dezember 1947 beendet das Comité Consultativ International Socialiste (Comisco) in Amsterdam die Nachkriegsquarantäne der deutschen Sozialdemokraten. Die SPD ist nun gleichberechtigter Partner. Als sich die Sozialistische Internationale dann 1951 in Frankfurt neu konstituiert und die Delegierten Schumacher sogar zum Präsidenten des Kongresses wählen, ist dies freilich kaum mehr als eine artige Aufmerksamkeit, die höflichen Gästen ziemt. Haben die Vorbehalte gegenüber der SPD ursprünglich auf der deutschfeindlichen Stimmung der Nachkriegszeit beruht, führt jetzt Schumachers Europapolitik zu erheblichen Meinungsverschiedenheiten. 1951 gibt es zwischen den deutschen und den westeuropäischen Sozialisten Streit um den Schuman-Plan als ersten Schritt zur europäischen Integration, und es kann kein Zweifel daran bestehen, wessen Partei Franzosen, Belgier und Holländer in dieser Auseinandersetzung ergreifen: Sie ziehen die Zusammenarbeit mit Adenauer der Solidarität mit Schumacher vor. »Jahre hindurch« schreibt Alfred Grosser, »konnte man das eigenartige Schauspiel verfolgen, wie Guy Mollet und Paul Henri Spaak der Bundesrepublik jene schlimmste Katastrophe ersparen wollten: Die Machtübernahme [in Bonn] durch ihre sozialdemokratischen Genossen.«

Ein Bild vom 22. September 1947 zeigt einen zerschlagenen, übernächtigten Kurt Schumacher auf der untersten Stufe der Landungstreppe vor einer Superconstellation auf New Yorks Flughafen La Guardia – mit Hut und einem leichten Sommermantel auf dem linken Arm. Sie sind für diese Reise eigens angeschafft worden, denn zuvor hat er solche Kleidungsstücke für Luxus gehalten. »Die Freunde hatten Mühe, ihm klarzumachen«, berichtet Wesemann, »daß ein Normalverbraucher des Jahres 1947 derlei Dinge durchaus haben dürfe.« Es ist die erste Reise eines deutschen Politikers nach dem Krieg in die USA, sein Gegenspieler Konrad Adenauer wird erst 1953 Gelegenheit haben, Bekanntschaft mit dem gelobten Land des Westens zu schließen. Botschafter Murphy, der engste Mitarbeiter von Lucius D. Clay, hat seine Maschine für den Flug von Berlin über den Atlantik zur Verfügung gestellt. Als »die umstrittenste, aktivste und wahrscheinlich bedeutendste politische Figur im modernen Deutschland« stellt ihn die *New York Herald Tribune* den amerikanischen Lesern vor. Er kommt auf Einladung der American Federation of Labour (AFL), des Dachverbands der amerikanischen Gewerkschaften, der sich parteipolitisch strikt neutral hält und deshalb auch den christlichen Gewerkschafter Jakob Kaiser nach Amerika gebeten hat. Doch der Chef der Sowjetzonen-CDU lehnt ab, weil er fürchtet, eine Reise über den Atlantik werde negative Auswirkungen auf seine Position bei den Sowjets haben. Schumacher fährt mit Fritz Heine, der später von einem »atemberaubenden Arbeitsprogramm« mit Konferenzen, Besprechungen und Vorträgen spricht, genug, »um drei Gesunde an den Rand des Zusammenbruchs zu bringen«. Erreicht der Besucher, was er vor dem Abflug als Ziel dieser fünfwöchigen Reise umrissen hat, die ihn kreuz und quer durch den Kontinent führt – daß er Amerika besser verstehen lernt und umgekehrt die USA endlich begreifen, was aus seiner Sicht für Deutschland nottut?

Die Amerikaner rüsten zum Kalten Krieg, sie spenden begeisterten Beifall, wenn er die Gefahr beschwört, daß der »bolschewistische Totalitarismus« den ganzen europäischen Kontinent erobern wolle, wenn er beteuert, der Kommunismus sei den Deutschen »ein fremdes System zu fremdem Nutzen«, oder wenn er vor der Aufgabe Berlins durch die Westmächte warnt, weil sie als »Erschütterung des Vertrauens zu der Zielklarheit, Festigkeit und Stetigkeit ihrer Politik« gewertet werden müßte. Die Lebensmittelrationen in der britischen Zone liegen 1947 etwa 1000 Kalorien unter dem von der Ernährungswissenschaft ermittelten Minimum für Erwachsene, Männer haben im Durchschnitt sieben Kilo Untergewicht und die Tuberkulose grassiert. Wie schon in London, spricht er auch in San Francisco vor dem AFL-Kongreß von einer drohenden Hungerkatastrophe in Deutschland und malt die möglichen politischen Konsequenzen Schwarz in Schwarz: »Der Hunger und die Schrumpfung und Zerbröckelung der Wirtschaft sind die gefährlichsten Feinde der Freiheit in Europa. Nicht das Vorbild des totalitären Staatskapitalismus des Ostens ist die größte Gefahr, die eigentliche Bedrohung kommt aus dem ökonomischen und politischen Versagen der Mächte, die in den Augen des deutschen Volkes die Repräsentanten der Demokratie sind.« Er

Erste Reise eines deutschen Politikers nach dem Krieg in die USA: Kurt Schumacher am 22. September 1947 auf dem Flughafen La Guardia in New York.

schildert die »psychologische Katastrophenwirkung« der Demontagen, die den Marshall-Plan konterkarierten: Die amerikanische Hilfe ziele ja darauf ab, die »schlummernden wirtschaftlichen Kapazitäten in Europa zu neuem Leben« zu erwecken, deshalb seien nicht der Abbau und die Lähmung des industriellen Apparats, sondern die Reindustrialisierung Deutschlands sinnvoll. Er macht diese Amerikareise zu einem regelrechten Kreuzzug gegen die Demontage.

»Schumacher donnerte. Er füllte das Mikrophon mit dramatischen Untertönen«, beschreibt George L. Frenkel diesen Aufritt vor den AFL-Gewerkschaftern in der Frankfurter *Epoche*. »Er riß sich gewaltsam von der Batterie der Mikrophone fort. Er war Ankläger und Demagoge, der Verkünder der Wahrheit und der politischen Propaganda, der Apostel des Sozialismus und der Feind des totalitären Satans«. Die Amerikaner, so spottet er oft vor Freunden daheim, würden die Zehn Gebote gern um ein elftes erweitern – daß allein *free enterprise* der gottgefällige Weg jedes Wirtschaftens sei. Nun unternimmt er den wahrlich schwierigen Versuch, Verständnis für sein Konzept der Sozialisierung zu wecken, das die amerikanischen Arbeiter nur ja nicht mit Verstaatlichung gleichsetzen sollten. Nicht um die »Ablehnung der Marktwirtschaft und der Konkurrenz« gehe es ihm, sondern um die Sicherung der Demokratie. Das deutsche Großkapital sei nun einmal ein Feind der Demokratie gewesen, habe seinem Klasseninteresse zuliebe den Nazismus in den Sattel gesetzt und so sein Volk und den Frieden geopfert: »Man kann irgendwelchen Schichten der deutschen Kapitalisten das Schicksal der Demokratie und des Friedens nicht anvertrauen.«

Damit die Bewohner der Neuen Welt Abstand nehmen von wirtschaftspolitischem Messianismus und auch ja richtig verstehen, daß der ihnen so fremde Sozialismus wenigstens in der Alten Welt in ihrem ureigensten, amerikanischen Interesse wirken müßte, entwirft er vor dem Commonwealth Club ein dunkles Bild der europäischen Zukunft: *Free enterprise* könne in Europa nur Chaos und vermehrte soziale Spannungen bringen und so dem Kommunismus den Boden bereiten. Deshalb werde jeder amerikanische Versuch, die eigene Wirtschaftsideologie nach Europa zu exportieren, in Moskau mit Jubel begrüßt: »Der russische Vorstoß hat nur eine Chance – aber eine große und wahrscheinlich entscheidende. Diese einzige Chance liegt in dem Irrtum, den sie sich von der amerikanischen politischen Strategie erhoffen. Nach dem Wunsch und den Erwartungen der Russen werden die Amerikaner den Fehler begehen, der übrigen Welt – besonders Mittel- und Westeuropa – ihre eigenen politischen und sozialen Bedingungen aufzuzwingen.«

Für biedere Gewerkschaftsfunktionäre aus dem Mittelwesten ist sicherlich zu hoch, was er da predigt, doch tröstet er sich damit, daß er »in diesen Fragen in der geistigen Oberschicht der amerikanischen Politik sehr, sehr nachdenkliche Leute« gefunden hat, wie er Waldemar von Knoeringen nach der Reise wissen läßt. Macht er sich da etwas vor? Erfolg hat er mit seinen Predigten gegen die Demontage, was die Sozialisierung betrifft, findet er bestenfalls höfliche Zuhörer, überzeugen kann er sie nicht. In einem Land, in dem die Russen schlicht »die Roten« genannt werden, sind Vergesellschaftung oder Verstaatlichung ein heikles Thema. Selbst der einfache Arbeiter, notiert Fritz Heine, sei überzeugt, was der Staat mache, sei schlechter und teuerer. Politiker und Industrielle verweisen die deutschen Besucher auf das negative englische Beispiel: In ihren verstaatlichten Gruben förderten die Briten 1 Million Tonnen Kohle pro Mann und Tag, *free enterprise* in Amerika leiste das Fünf- bis Sechsfache.

Solche Einwände hört er auch von Verteidigungsminister Forrestal, mit dem er in Washington zusammentrifft. Formell ist damals das Pentagon für die Verwaltung des besetzten Deutschland verantwortlich, der Militärgouverneur, General Clay, untersteht dem Verteidigungminister, auch wenn die außenpolitischen Weichen selbstverständlich im State Department gestellt werden. Forrestal, ein Freund des späteren US-Hochkommissars John J. McCloy, sympathisiert mit jenem Flügel innerhalb des Military Government, welcher Deutschland auf den Weg der freien Wirtschaft führen will. Als geschworener Feind jeder Sozialisierung deckt er Lucius D. Clay, der die Anwendung des Sozialisierungsartikels 41 der hessischen Verfassung im Dezember 1946 mit dem formalen Argument untersagt, die Entscheidung über die künftige Wirtschaftsform bleibe einer künftigen deutschen Regierung vorbehalten. Die deutsche Ernährungs- und Wirtschaftslage stehen im Zentrum von Besprechungen mit dem Arbeitsminister, dem Handelsminister und Beamten des Außenministeriums. Rätselhaft bleiben mehrere Begegnungen mit Edgar Hoover. Haben sie mit der Gefahr der kommunistischen Unterwanderung oder gar mit dem Ostbüro zu tun? Es ist ja die Zeit von McCarthy in Amerika, und da sticht eine Begegnung mit Hoover natürlich ins Auge, zumal der Direktor des FBI für Deutschland keinerlei Kompetenzen besitzt.

Daß er die Amerikaner nicht von seinem Sozialismus-Konzept überzeugen kann, ist unstreitig, ob er selbst in diesen Wochen die amerikanische Mentalität verstehenlernt, äußerst zweifelhaft. Er verbringt, durchaus verständlich, viel Zeit im Kreis deutscher Emigranten, die er aus der Zeit vor 1933 kennt, darunter Albert Grzesinski, Freunde aus der alten SPD-Reichstagsfraktion wie Toni Sender, Friedrich Stampfer, Alexander Schifrin und Hans Staudinger; er diskutiert mit dem Theologen Reinhold Niebuhr und mit Norman Thomas, dem Führer der amerikanischen Sozialisten. Überall auf seiner Reise trifft er Kameraden aus dem KZ Dachau, spricht vor den New Yorker Sozialdemokraten und Vertretern der amerikanischen Filiale der Arbeiterwohlfahrt, kurzum: Er bewegt sich meist in europäisch-vertrautem Milieu. Liegt da der Verdacht nicht nahe, daß er sich nicht unvoreingenommen auf Amerika einläßt, sondern das Land durch die Brille von Gesinnungsgenossen zur Kenntnis nimmt? Seine außenpolitischen Vorstellungen sind auch nach dieser Reise europäisch zentriert, und Willy Brandt wird später sagen: »Amerika, das war ein Buch mit sieben Siegeln für ihn.«

Ein Versuch, Miga in Chicago wiederzusehen, scheitert. Zwar macht er auf der Bahnfahrt von New York in der Stadt am Michigansee kurz Station, aber die Freundin aus der Stuttgarter Zeit, inzwischen Mrs. Theodore A. Seibert, befindet sich mit ihrem Mann noch auf der Rückreise von einem Urlaub in Florida. Sie verpassen sich um sieben Stunden. Hat er den Besuch, entgegen seinem ausgeprägten Hang zu Gründlichkeit, nicht gut vorbereitet, weil er innerlich unsicher ist und beide inzwischen an neue Lebenspartner gebunden sind? In seiner Korrespondenz mit ihr erwähnt er Annemarie Renger nie, grüßt aber stets Migas Mann oder »Gatten«, denn es freut ihn, »daß er so gut zu Dir ist«, wie er ihr in seinem ersten Brief nach dem Kriege schreibt. »Ich wußte das genaue Datum nicht«, schreibt Miga Fiechtl/Seibert Jahre später an Wesemann, »aber wir reisten gleich nach Chicago zurück, kamen am Abend um 11 Uhr an und Kurt war am Nachmittag gegen vier Uhr bei uns in der Wohnung. Es war wie ein Verhängnis.« Schon im Sommer 1946 hat ihn ein erstes Lebenszeichen von ihr in Hannover erreicht. In seiner Antwort bittet er sie, ihm nichts zu schicken, weil er die »trübe Bettlerrolle, in der unser ganzes Volk ist«, nicht auch noch auf sich ausdehnen will. Sie packt dennoch Pakete – Schuhe, Socken und Hemden, deren Kragen ihm viel zu groß sind. »Du mußt mich in der Erinnerung noch als reinen Mastochsen vor Dir sehen«, amüsiert er sich in einem Dankesbrief vom Mai 1947. Drei Monate später bestätigt er die Ankunft eines Anzugs, der »eine ganz außerordentliche Hilfe war. Derartige Dinge kann man hier in Deutschland nur bekommen, wenn man Kompensationsgeschäfte macht. Dazu bin ich weder sachlich in der Lage, noch wäre ich persönlich dafür zu haben. Man kann alle Tage in der Zeitung stehen und trotzdem sehr schwach in der Garderobe sein.«

Nach dem mißglückten Versuch in Chicago schreibt Miga ihm in sein Hotel am Union Square in San Francisco, doch er sieht auf der Rückreise keine Chance für eine Wiederbegegnung, obschon er auch diesmal in Chicago Station macht. Die Zeit zwischen den beiden Zügen oder Flügen sei durch eine Pressekonferenz, einen offiziellen Lunch und einen Vortrag in einer Universität völlig ausgefüllt. »Ein Rad greift in das andere bis zur Abfahrt des Zuges«, läßt er sie in seiner krakeligen Handschrift, nunmehr in lateinischen Buchstaben, nicht mehr in Sütterlin, unter dem Datum vom 10. Oktober wissen: »die Beschränkung des Wiedersehens auf einen Moment vor so vielen fremden Zungen scheint mir unserer Beziehung nicht ganz würdig zu sein und sie in ihrem menschlichen Wert herabzusetzen«. Der Abflug nach Deutschland erfolge noch im Oktober, bis dahin jage in New York und Washington ein Termin den anderen: »Wie ich diese Aufgabe trotz meiner Zähigkeit überstehen soll, ist mir ganz unklar. Trotzdem braucht man nicht zu resignieren. Es wird nicht das letzte Mal sein, daß ich in Amerika bin.« Es bleibt das letzte Mal. Beide werden sich erst bei einem Deutschlandbesuch von Mrs. Seibert im Sommer 1950 auf dem Bonner Venusberg wiedersehen.

Wichtig an diesem Amerika-Besuch sind seine Stellungnahmen zur jüdischen Frage. Schon im Februar 1947 hatte er in einem Interview eine Entschädigung aller politisch wie rassisch Verfolgten des Naziregimes gefordert; während seines Englandaufenthalts appellierte er an die ausgewanderten Juden, nach Deutschland zurückzukehren. Vor dem Parteitag in Nürnberg im Juni erklärte er: »Das Dritte Reich hat den Versuch gemacht, die Judenheit in Europa auszurotten. Das deutsche Volk ist zur Wiedergutmachung und Entschädigung verpflichtet.« Vor dem AFL-Kongreß nennt er die nationalsozialistische Judenverfolgung die »ehrlosesten und barbarischsten Exzesse des Dritten Reiches« und erklärt, die Sozialdemokratie trete dem Rassenantisemitismus mit der gleichen Härte und Unerbittlichkeit entgegen wie dem Totalitarismus. »Wir Deutschen alle – wer sich schuldig gemacht und auch wer sich nicht schuldig gemacht hat – haben eine große Schuld an das jüdische Volk abzutragen«, beteuert er wenig später in einer Rede in der Rand School in New York. (Carlo Schmid wird später diesen Gedanken auf die Formel bringen, daß es weder eine Kollektivschuld noch eine Kollektivunschuld gebe.) Es sei die Pflicht aller Deutschen, den Juden den ihnen zugefügten »Schaden zu vergüten und dadurch den Druck loszuwerden, der das Gewissen jedes Deutschen belasten muß. Diese Wiedergutmachung sollte als erster Punkt auf der Liste der deutschen Reparationen figurieren.«

Die erbarmungslose Bestrafung aller Verbrecher, die unter Hitler ihr Unwesen getrieben haben, sei notwendig, damit nicht »irgendeine Form des Antisemitismus sich wieder an die Oberfläche wagt«. Wenn er die Exzesse der Nazizeit zu erklären sucht, hat er nicht die Reinwaschung der Nazis im Sinn: »Die totalitäre Macht« verwandele den Menschen in eine »stumpfe Bestie«, die Maschine der Diktatur »zermahlt ihn, wischt ihm das menschliche Antlitz weg«. Doch zugleich nimmt er seine Landsleute gegen Pauschalvorwürfe in Schutz – keineswegs alle Deutschen hätten auch alles gewußt: »Die Massen [haben] den Brand der Synagogen und die Plünderungen beobachtet, ... dann aber geglaubt, daß die meisten Juden ausgewandert seien. Eine große Anzahl hat trotzdem um die Lager gewußt. Das war aber nach Gegenden sehr verschieden«, meint er in einem Interview des *Aufbau*, der führenden deutschsprachigen Zeitschrift der Juden Amerikas. »Was die Nazis im Ausland, besonders in Polen angerichtet haben, davon wußte man viel weniger. Hinzu kommt aber auch, daß von 1939 ab durch den Krieg die Sorge um die eigene Familie, von 1943 ab die Schrecken des Bombenkrieges das Leben beherrschten.«

Für ihn sind deutsches und jüdisches Schicksal miteinander verknüpft: »Mit demselben Ernst, mit dem wir wollen, daß die Deutschen nicht ein Volk zweiter Klasse und geringeren Rechts werden sollen, treten wir auch für die Gleichheit der Juden mit allen Völkern der Erde ein. In diesem Sinne ist die jüdische Sache in einem neuen Deutschland auch die deutsche Sache, die Sache der Gleichberechtigung aller.« Es ist diese Passage seiner Rede in San Francisco, die im New Yorker *Aufbau*, zu einer heftigen Auseinandersetzung in den Leserspalten führt. Carl Meth vermerkt in seiner Zuschrift bitter: »Gleichberechtigung für die Juden als Gesprächsthema und Gleichberechtigung für

Deutschland – als ob dieser Zweite Weltkrieg gar nicht verloren worden wäre – eine schauerliche Wirklichkeit. Nee!« Schumacher hat das Jewish Labour Committee, das während des Nationalsozialismus viele Deutsche nach Amerika rettete und dafür erhebliche Summen sammelte, um Unterstützung gebeten: »Es bedarf einer großen Portion Kühnheit von meiner Seite, um Hilfe für die Angehörigen eines Volkes zu erbitten, von dem ein großer Teil durch das Dritte Reich umgebracht worden ist«, heißt es in seinem Brief an Adolf Held. »Ich weiß aber auch, daß Ihr während des Krieges den Geist der Solidarität hochgehalten habt. Ohne Hilfe von Außen werden wir die deutsche Arbeiterklasse nicht mobilisieren und gesund machen können. Deutschland hat nicht mehr die Kraft, sich allein auf die Füße zu stellen. Und die Welt kann nicht mehr in Zerrissenheit leben.«

Vielleicht sei der gesunde Menschenverstand auf Schumachers Seite, räumt Jacob Pat, der Sekretär der Jüdischen Arbeiterkomitees, daraufhin im *Aufbau* ein. Schließlich könne man nicht 70 Millionen Menschen umbringen, die im Herzen Europas lebten, und die Schumachers, die ihr Volk umerziehen wollten, seien an den Fingern abzuzählen. »Unser Verstand sagt uns: Ihr müßt in dieser Welt weiterleben. Ihr könnt nicht auf einen anderen Planeten ziehen. Doch das Herz ruft: Nein! Wir sehen noch die Gaskammern vor uns, spüren den Rauch der Krematorien, sehen die Berge von Asche. Unsere sechs Millionen Märtyrer rufen uns zu: Vergesset nicht! Die Moral von der Geschichte fordert von uns, daß wir nicht vergessen. Kurt Schumacher, selbst ein reiner Mensch, ein in den Nazilagern gequälter, sollte das Gefühl eines Juden verstehen.« Falsch, schreibt eine Nummer später David Shub, selbst ein Mitarbeiter des Komitees: Die deutschen Sozialdemokraten verdienten die »Unterstützung eines jeden Demokraten und Sozialisten«, denn sie stellten die einzige Macht in Deutschland dar, »die unter Aufbietung aller ihrer Kräfte für Demokratie und Gerechtigkeit und Menschlichkeit kämpft.«

Auch wenn das Urteil der Leser über Schumacher gespalten ist, überwiegen doch die positiven Meinungen. »Noch nie«, so der Leserbrief von Dr. Adolf Hamburg, »hat sich ein Staatsmann oder der Führer einer großen Partei mit solcher Bestimmtheit für die Wiedergutmachung und Entschädigung der Juden vor einem amerikanischen Forum eingesetzt.« Tatsache ist, daß für Kurt Schumacher sich der deutsche Wille zur Selbstreinigung an der Wiedergutmachung des Unrechts erweisen muß, das die Deutschen an den Juden begangen haben. Als »zu matt und zu schwach« bezeichnet er in seiner Entgegnung auf die erste Regierungserklärung Konrad Adenauers 1949 die Worte, welche der Kanzler zu dem von Deutschen verschuldeten Untergang des europäischen Judentums gefunden hat. Noch zu seinen Lebzeiten bringt die SPD-Bundestagsfraktion den Antrag ein, den Staat Israel als Rechtsnachfolger des von den hingemordeten Juden hinterlassenen Vermögens anzuerkennen – eine Rechtskonstruktion, die einflußreiche Minister in Adenauers Kabinett mit allen Mitteln zu verhindern suchen. Der damalige Bundesfinanzminister Fritz Schäffer ist nicht nur um die finanzielle Leistungsfähigkeit der Deutschen besorgt, wenn er sich gegen den von Adenauer ausgehandelten Israel-Vertrag ausspricht, nach dem Urteil Michael Wolffsohns befürchtet er auch, »die CDU/CSU könne durch diese Politik ihre rechten Wähler vergraulen«.

Zur Fronde in der Koalition, welche das Luxemburger Wiedergutmachungsabkommen vor der Ratifizierung zu Fall bringen will, gehören außer Schäffer nicht nur viele Freie Demokraten, sondern auch Franz Josef Strauß. In der Zeitschrift *Chemie* spricht er sich zwar für eine individuelle Wiedergutmachung aus, um so energischer aber plädiert er gegen globale Entschädigungszahlungen an Israel, weil die Bundesrepublik ihre alten Freunde, die Araber, nicht vor den Kopf stoßen dürfe. In der entscheidenden Abstimmung am 18. März 1953 bleibt die Koalition mit nur 106 Ja-Stimmen für den Wiedergutmachungsvertrag in der Minderheit, 15 Abgeordnete der Regierungsfraktionen votieren wie die Kommunisten mit Nein, 68 enthalten sich. Das Abkommen gilt als die große Leistung Adenauers, doch es ist die Opposition, die es mit 133 Ja-Stimmen rettet. Zwar ist Schumacher um diese Zeit schon tot, aber er, der große Moralist, hat die Haltung seiner Partei in dieser Frage entscheidend vorgeprägt.

In Amerika ist Schumacher großer Entschlossenheit begegnet, sich den Sowjets in Deutschland, dem zentralen Schlachtfeld des Kalten Krieges, zu stellen – notfalls durch »Einsetzen einer deutschen Regierung« in den westlichen Besatzungszonen, welche Washington als Antwort auf die Proklamierung eines Oststaates erwägt. »Die Amerikaner erwarten, daß die Russen Zwischenfälle inszenieren werden, um die Westmächte zur Aufgabe Berlins zu bringen«, berichtet Fritz Heine am 14. November 1947 dem Parteivorstand über die Deutschlandpolitik der USA. Die Frage der Räumung Berlins sei seit einigen Monaten entschieden – »die Amerikaner werden bleiben«. Zwar sind die Weichen für eine Spaltung Deutschlands nicht endgültig gestellt, aber die Anzeichen mehren sich. Weil die Alliierten sich in der Frage der Reparationen und Demontagen heillos zerstritten haben, scheint das Entstehen zweier völlig voneinander getrennter Wirtschaftsgebiete unvermeidlich, zudem liegen den westlichen Diensten zuverlässige Berichte vor, nach denen in der Sowjetzone seit Frühjahr 1947 eine schlagkräftige zentralisierte Polizeitruppe, die »kasernierte Volkspolizei«, aufgebaut wird, welcher der Westen nichts Vergleichbares entgegenzusetzen hat.

In dieser Situation versucht der Christdemokrat Dr. Ferdinand Friedensburg, stellvertretender Bürgermeister von Berlin, Vertreter aller Parteien für den Gedanken einer »Nationalen Repräsentation« zu gewinnen, die auf der Außenministerkonferenz in London für die Deutschen sprechen soll. Die Idee ist so neu nicht und hat ihre Vorgeschichte, denn Walter Ulbricht forderte schon im Herbst 1946 einen gesamtdeutschen Parteienausschuß, der Vorschläge für eine vorläufige deutsche Reichsregierung ausarbeiten sollte. Als die SED im Februar 1947 schließlich eine Volksabstimmung gegen die westlichen Pläne für eine Bizone verlangt und die Blockparteien dafür mobilisieren will, widersetzt sich Jakob Kaiser, indem er den alten Ulbricht-Vorschlag aufgreift. Vertreter von CDU, SPD, LDP und SED sollen ein Komitee bilden, einen gemeinsamen deutschen Standpunkt erarbeiten und ihn als »Nationale Repräsentation« auf der Außenministerkonferenz vortragen, die vom 10. März bis 24. April 1947 in Moskau tagt.

In der Auseinandersetzung um Kaisers und Friedensburgs »Nationale Repräsentation« werden noch einmal die Fronten deutlich, die Berliner Politiker von westdeutschen trennen: Sozialdemokraten wie Franz Neumann, Paul Löbe und Otto Suhr neigen dem Gedanken zu, Schumacher bekämpft ihn und enthebt damit Adenauer, den Gegenspieler Kaisers und gewiß keines Freundes der »Nationalen Repräsentation«, der Notwendigkeit eines formellen Nein. Da es ohne SPD keine »Nationale Repräsentation« geben kann, ist Kaisers Gedanke nach Schumachers Veto tot. In einer Rede vor Funktionären am 18. März in Berlin schwört der SPD-Chef seine Partei auf die ablehnende Linie ein: Zwar spricht er sich nicht grundsätzlich gegen eine gemeinsame nationalpolitische Anstrengung aus, macht jedoch zur Voraussetzung, daß die teilnehmenden Parteien in allen Zonen zugelassen sein und das gleiche Recht auf freie Betätigung haben müßten

– Bedingungen, die in der sowjetischen Zone für die SPD natürlich nicht gegeben sind. Auch sei ausgeschlossen, sich auf der Basis des Unrechts der Zwangsverschmelzung mit der SED an einen Tisch zu setzen und mit ihr zu verhandeln – »klarer wäre dann schon ein direkter Omnibus von Karlshorst nach Hannover«. Wenn die CDU meine, die »Nationale Repräsentation« solle dazu dienen, den Volkswillen zu bilden, dann sage er, Schumacher, »diese Besprechungen bilden so lange nicht den Volkswillen, als die SPD in der Zone verboten ist. Das Verbot der Sozialdemokratischen Partei in der Ostzone ist die größte Verfälschung des Volkswillens, die man sich denken kann.«

Beide, Kaiser wie Schumacher, sind gleichermaßen um die Einheit Deutschlands besorgt, aber gehen, wie Werner Conze herausgearbeitet hat, von völlig verschiedenen Ansätzen aus: Für den Spitzenmann der Ost-CDU, der Politik im sowjetisch besetzten Teil Deutschlands treiben muß, ist Koexistenz mit der Okkupationsmacht, Eingehen auf ihre essentiellen Sicherheitsinteressen unabdingbar, wenn er an der deutschen Einheit festhalten und den russisch besetzten Teil Deutschlands nicht aufgeben will. Schumacher, der sich aus der Sowjetzone ausgesperrt sieht, sucht »die Überlegenheit des guten Gewissens« (Conze) und sieht Kaiser trotz subjektiv guter Vorsätze bereits an der Grenze zur Kollaboration, eben als Führer einer »bürgerlichen Satellitenpartei«, die durch das Blockprinzip zum Gefangenen der SED geworden ist: »Es gibt keine linke und keine rechte Diktatur, es gibt nur eine Diktatur. Wir sagen jeder Form von Totalität Feindschaft an. Parteiabsolutismus einer einzigen Partei führt immer zum Führerabsolutismus.« Kaiser meint, Schumacher habe mit seiner Absage an die »Nationale Repräsentation« aus parteipolitischer Strategie und Taktik heraus »die Stunde des Handelns für sein Volk« verpaßt. Er sieht sich in seinen Bestrebungen von Josef Müller in Bayern unterstützt, der allerdings innerparteilich bereits in heftige Kämpfe mit dem konservativen und erzföderalistischen Flügel der CSU verstrickt ist, auch von der protestantischen CDU Norddeutschlands erhält er Zustimmung, nicht zu vergessen den Kreis um Karl Arnold in Nordrhein-Westfalen, der ohnehin mit ihm sympathisiert. So bedauert die Arbeitsgemeinschaft der CDU/CSU in Würzburg auf einer Tagung am 2. und 3. Juni, daß die gesamtdeutschen Bemühungen an der sozialdemokratischen Weigerung gescheitert seien. Adenauer nimmt an diesem Treffen nicht teil, doch versteht er es, wie Willy Albrecht schreibt, »durch verbale Zugeständnisse, die ihn nicht banden«, den Schwarzen

Peter für dieses Scheitern Schumacher zuzuschieben, »der seine Ansichten öffentlich und ehrlich artikulierte«.

Allerdings verweigert Jakob Kaiser die völlige Kapitulation und lehnt die Volkskongreßbewegung ab, mit der die SED die sowjetische Deutschlandpolitik vor der Londoner Konferenz unterstützen will. Als die Sowjetische Militäradministration ihn und seinen Stellvertreter Ernst Lemmer daraufhin wenige Tage vor Weihnachten ihrer Parteifunktionen enthebt, wertet Schumacher dies als Bestätigung seines Urteils, daß ein »wirkliches Mehrparteiensystem und damit demokratische Zustände unter den gegenwärtigen Umständen« nicht denkbar, eine unabhängige deutsche Politik auf sowjetisch kontrolliertem deutschen Territorium unmöglich sei. Selbst in der Tatsache, daß der sonst von ihm doch respektierte Sozialdemokrat und frühere Reichstagspräsident Paul Löbe an dem zweiten Versuch für eine »Nationale Repräsentation«, diesmal für die Londoner Konferenz, mitwirkt und den Aufruf Ferdinand Friedensburgs unterschreibt, erblickt er die Förderung eines »Manövers der SEP«, wie die Sozialdemokraten damals die Einheitspartei noch abzukürzen pflegten. Friedensburg, Jurist, Bergbaufachmann und vor 1933 Regierungspräsident von Kassel, bekämpft als führender Berliner CDU-Politiker zwar den Volkskongreß wie Jakob Kaiser, sucht aber doch den Kontakt zu den Sowjets aufrechtzuerhalten. Im Grunde ist er ein preußischer Konservativer, der sich der Tradition Bismarcks verpflichtet weiß und nach 1945 im Interesse der Einheit Deutschlands um die deutsch-russische Versöhnung müht. Er vertritt Ernst Reuter, der im Juni 1947 zum Oberbürgermeister von Berlin gewählt wird, aber nach einem Veto der SMA nicht amtieren darf, steht jedoch wegen Reuters klarer Westorientierung, die er als die Haltung eines Kalten Kriegers ablehnt, in unverhülltem Gegensatz zu ihm. Auf einer Konferenz in Berlin-Wannsee bringt er am 9. November parteilich ungebundene Prominente sowie führende Politiker zusammen und gewinnt sie für einen neuen Anlauf zu einer gesamtdeutschen nationalen Interessenvertretung. Er versteht sich als politischer Brückenbauer und wird dabei von dem SPD-Sympathisanten Alfred Weber unterstützt, dem Heidelberger Nationalökonom und Soziologen, bei dem der einflußreiche SMA-Oberst Tulpanow einst als Student im Seminar in Heidelberg gesessen hat. Daß führende SED-Politiker wie der brandenburgische Ministerpräsident Karl Steinhoff oder Johannes R. Becher, der Chef des sowjetzonalen Kulturbunds, seine Initiative unterschreiben, bestärkt Schumacher in der Einschätzung, das Unternehmen des »russophilen« Friedensburg sei ein sowjetisch gesteuertes Manöver, bei dem kein aufrechter Sozialdemokrat mittun dürfe. Besonders betroffen zeigt er sich jedoch, als der Vorstand in Hannover schwedischen Pressestimmen entnimmt, Paul Löbe erwäge zusammen mit Louise Schröder die Neugründung einer SPD in der Sowjetzone.

Die Meldung trifft einen empfindlichen Nerv bei ihm, da die Sowjetische Militäradministration auf Geheiß Stalins seit Dezember 1946 die Wiederzulassung der SPD in ihrer Zone ins Auge faßt und ihr Sprachrohr, die *Tägliche Rundschau*, die Genehmigung eines entsprechenden Antrags in Aussicht stellt. Schumacher reicht jedoch einen formellen Antrag nie ein, weil er davon ausgeht, die Rückkehr der SPD in die Ostzone sei durch »einen Federstrich« möglich, wenn die Sowjets sie nur ernsthaft wollten, freilich müßten den Sozialdemokraten für diesen Fall dann dieselben Rechte wie der SED eingeräumt werden. Öffentlich fordert er die Zulassung in der Ostzone schon im Juni 1946 im Berliner Poststadion mit Blick auf die von der SMA angekündigten Landtagswahlen im Herbst. Am 18. März 1947 präzisiert er die Erwartungen, die er an die Aufhebung eines SPD-Verbotes knüpft – eine Möglichkeit, die er offenbar für völlig unwahrscheinlich hält: »... dann gelten uns bloß theoretische Unterschriften, die mit der Praxis in der Zone nicht übereinstimmen, gar nichts. Dann gilt uns nur das lebendige Leben. Eine sozialdemokratische Partei in der Ostzone ist von uns nur anerkannt, wenn sie unter den gleichen freiheitlichen Bedingungen lebt wie in allen anderen Zonen Deutschlands.« Der Verleumdungs- und Verunglimpfungsfeldzug der SED gegen ihn, gibt er einem Korrespondenten des *Manchester Guardian* zu verstehen, spreche wahrlich nicht für die Annahme, eine wiederzugelassene SPD werde in der Sowjetzone je die Freiheiten des Denkens und der Rede genießen.

Löbe vertritt damals eine entgegengesetzte Position, denn in einem Brief vom 3. November wirft Schumacher ihm vor, er ermuntere Genossen in der Sowjetzone, einen Antrag auf Zulassung zu stellen. Intensiv bemüht er sich, den früheren Reichtagspräsidenten umzustimmen. Er weiß, welche Signalwirkung es haben muß, wenn ausgerechnet dieser Mann mit dem großen Namen, der wie kein anderer sozialdemokratische Kontinuität verkörpert, ein Rechter obendrein, sich für Unternehmen hergibt, die aus seiner Sicht nur den Kommunisten in die Hände spielen können. Was denken sich die Genossen eigentlich, wenn sie von einer Wiederzulassung träumen? Angesichts der wütenden Kampagne von SED und KPdSU gegen ihn scheint unvorstellbar, daß er Reisefreiheit und Rederecht in der sowjetischen Zone genießen, auf Großkundgebungen in Leipzig, Chemnitz oder Rostock sprechen könnte, wie Pieck und Grotewohl dies in westdeutschen Großstädten selbstverständlich für sich in Anspruch nehmen. Noch ist die Londoner Konferenz nicht gescheitert, noch sind die Bemühungen der Alliierten um eine Viermächteregelung nicht am Ende, die Karten für die deutsche Zukunft nicht gemischt. »Wird Deutschland vorläufig einmal ein Opfer der Uneinigkeit der Alliierten«, belehrt er Löbe, »dann sind die beiden Möglichkeiten die, daß im bisherigen Stil fortgewurstelt wird. Man wird dann wohl einsehen müssen, daß unter den heutigen Verhältnissen der Ostzone eine Sozialdemokratie nicht möglich ist. Tritt aber der schlimmste Fall ein und Deutschland klafft provisorisch auseinander, dann ist eine Sozialdemokratie in der Ostzone nur unter den Bedingungen denkbar wie etwa in Rumänien, Bulgarien und Ungarn. Daß einer solchen Partei der Name ›Sozialdemokratische Partei‹ nicht zukommt, ihrem Inhalt nach auch nicht zukommen kann, liegt auf der Hand.«

Unter den gegenwärtigen Bedingungen kann er sich eine wiederzugelassene SPD in er Ostzone also nur als Satellitenpartei vorstellen, hörig der Besatzungsmacht, willig gegenüber der SED, als eine »linke Flügelpartei«, und das würde »die Verewigung eines Risses nicht nur in Deutschland, sondern auch in der Sozialdemokratie bedeuten«. Ein Indiz dafür, daß die Sowjetische Militäradministration, sich eine Wiederzulassung der SPD nur als Satellitenpartei vorstellen kann, geht aus Erich Gniffkes Memoiren hervor. Danach erklärt ihm Oberst Tulpanow Anfang April, also während der Moskauer Konferenz, nach einem opulenten Abendessen: »Vielleicht war die Vereinigung von KPD und SPD verfrüht ... gemachte Fehler sollte man korrigieren.« Es hieße, »daß eine SPD in der sowjetisch besetzten Zone eventuell wieder zuzulassen wäre, eine Aufgabe, die dir [Gniffke] zufallen könnte«. Eine unabhängige SPD in der Sowjetzone ist mit Gniffke kaum denkbar, eine an Tulpanows Leine schon.

Verspielt Schumacher damit, starr, dogmatisch und unflexibel, wie Kritiker seiner frühen Deutschlandpolitik behaupten, wiederum eine Chance? Es spricht einiges dafür, daß die Sowjets im Winter 1946/47, vor der Moskauer Konferenz und auch noch einige Monate danach, erwägen, gesamtdeutschen Wahlen unter Viermächte-Aufsicht zuzustimmen, die selbstredend ohne die Präsenz und die freie Betätigung der vier deutschen Parteien in allen vier Zonen nicht möglich wären. Wenn es nicht dazu kommt, läßt sich dies jedoch schwerlich auf Schumachers Weigerung zurückführen, einen Antrag auf Wiederzulassung der SPD bei der Sowjetischen Militäradministration zu stellen. Die Moskauer Konferenz endet mit einem Fehlschlag, weil die Sieger sich über die Frage der deutschen Reparationen nicht einigen können – eine »Nationale Repräsentation«, die den deutschen Willen zur Einheit bekunden soll, hätte daran nicht das geringste ändern können. Wären in Moskau dagegen geheime und freie Wahlen für das ganze besiegte und besetzte Land beschlossen worden, hätte dies die freie Betätigung »reichsweiter« Parteien in allen vier Zonen vorausgesetzt. Schumachers Traumvorstellung, daß nach einer Einigung der Alliierten die deutschen Parteien eine nationale Vertretung wählen, wäre in greifbare Nähe gerückt.

Natürlich kennt er nicht das genaue Kalkül der Sowjets, als sie im Dezember 1946 die Wiederzulassung der erst im Frühjahr mit der Vereinigung erloschenen Partei in Aussicht stellen, aber wenn er gegenüber Löbe den instinktiven Verdacht äußert, sie hätten eine Spaltung der SPD im Sinn, liegt er damit nicht so falsch. Was einerseits dazu dienen könnte, seinen Widerstand gegen eine gesamtdeutsche Repräsentation jeder Art zu unterlaufen, müßte andererseits die westlichen Besatzungsmächte dazu bringen, im Gegenzug die SED als zusätzliche Partei in ihren Zonen zuzulassen. So jedenfalls der Gedankengang, den Wilfried Loth nach Aufzeichnungen Wilhelm Piecks rekonstruiert, der mit Ulbricht, Grotewohl und Fechner noch am 31. Januar 1947 mit Stalin im Kreml konferiert. Offenbar bezweckt Stalin mit einer Wiederzulassung der SPD in der Sowjetzone, daß er »wenigstens eine Spaltung der Schumacher-Partei erreicht und das ärgste Hindernis auf dem Weg zu einer gesamtdeutschen Verständigung beseitigt«, urteilt der Essener Historiker. Stalin scheint damals von der Möglichkeit überzeugt, eine in den Westzonen frei agierende SED könne zusammen mit den Linken in der SPD sogenannte Einheitsfront-Komitees und Ausschüsse gegen die »Reaktion« im Westen schaffen. Entsprechend drängt Molotow auf der Moskauer Konferenz, der Kontrollrat solle endlich ein Parteiengesetz verabschieden, welches allen Parteien erlaube, sich im gesamtdeutschen Rahmen zu vereinigen.

Trotz aller Vorhaltungen Schumachers läßt sich Löbe weder von der Teilnahme an der Konferenz noch von der Unterzeichnung des Friedensburg-Aufrufs abhalten und erhebt nun seinerseits Vorwürfe gegen den Parteichef: Der Vorsitzende lasse nur seine eigene Ansicht gelten und erschwere eine sachliche Auseinandersetzung durch seine schroffe Art. Der Appell enthalte keinen Satz, den ein Sozialdemokrat nicht unterschreiben könne. Falls der Parteivorstand dennoch der Meinung sei, daß er sich parteischädigend verhalten habe, bitte er, ihm dies durch seine Abberufung aus dem Auswärtigen Ausschuß kundzutun – was auf der nächsten Vorstandssitzung im November in Bremen samt einer öffentlichen Mißbilligung denn auch prompt geschieht. Schumacher scheut den Eklat nicht, der mit dieser Abstrafung des prominenten Genossen verbunden ist, zumal dieser selbst förmlich dazu eingeladen hat. Aber auch im Parteiausschuß und im Vorstand gibt es Kritik an der Maßregelung, Schumacher-Freund Arno Scholz kommentiert im *Telegraf:* »Jede Partei sollte Wert darauf legen, daß auch in den für Teilaufgaben der Partei verantwortlichen Ausschüssen alle Meinungen vertreten sind. Mitglieder aus einem Ausschuß abzuberufen, nur weil sie einmal eine andere Meinung vertreten, ist eine schwerwiegende Entscheidung.« Als Scholz dies schreibt, sitzt er freilich zwischen Baum und Borke, denn Löbe zeichnet als Herausgeber seines Blatts – eine Tatsache, welche der gerüffelte Vorsitzende sehr wohl in Rechnung stellt. »Nachdem ich in dieser Frage den Standpunkt von Kurt Schumacher in aller Offenheit kritisierte, ruhte zwar für wenige Tage der sonst so rege Telefonverkehr zwischen uns«, meint Scholz im »Turmwächter«, einer 1954 erschienenen sozialdemokratischen Schumacher-Hagiographie, »unser freundschaftliches Verhältnis – und das zeigt wieder seine Größe – war dadurch aber nicht getrübt.«

Löbe und auch Louise Schröder fügen sich schließlich der Parteidisziplin und verlassen den Friedensburg-Kreis, aber die Frage bleibt: Wie hält es der Führer der SPD, der so stolz ist auf ihre lange demokratische Tradition, mit der innerparteilichen Demokratie? Dem Sozialistischen Deutschen Studentenbund (SDS) in Göttingen, der sich in einer Resolution schützend vor Löbe gestellt und die »Nationale Repräsentation« verteidigt hat, schreibt Schumacher: Es sei der unglücklichste Teil der Weimarer Periode, der im Verhalten des Genossen Löbe erkennbar sei, »Resignation und Verbrüderungswille aus Schwäche«. Ausführlicher erklärt er dem Chefredakteur der

Gegenwart, warum er gegen Löbe vorgegangen ist. Robert Haerdter hatte in einem Leitartikel das Verfahren des Vorstands gerügt, obschon er in der Sache, anders als der Göttinger SDS, das Urteil des Vorsitzenden eher teilte. Die Meinungsfreiheit in der SPD sei nicht gefährdet, rechtfertigt sich Schumacher in einem vertraulichen Brief, der »Fall Löbe« belege geradezu, wie extensiv ein Mitglied der Sozialdemokratischen Partei davon Gebrauch machen könne: Der ehemalige Reichstagspräsident habe seine Ansicht vor Partei-Instanzen vortragen und zudem mehrfach öffentlich im *Telegraf* darlegen können. »Der Parteivorstand hält weder eine politische Meinung für strafbar, noch ihre Vertretung nach innen und außen. Hier ging es aber um eine Aktion, deren Voraussetzungen überreichlich ausdiskutiert waren. In dieser Aktion kann es aber gerade in einer demokratischen Partei nicht die isolierte Handlungsfreiheit des einzelnen Individuums zu Lasten der Partei geben.«

Hat er damit das in der Öffentlichkeit weit verbreitete Bild vom monokratischen Parteiführer widerlegt, der Abweichler brutal unterbügelt? Objektiv mag er es schwerer haben als Parteivorsitzende vor ihm, denn der Spielraum für abweichende Meinungen in seiner neuen Sozialdemokratie ist größer als in Weimarer Jahren. Weil die Bezirkssekretäre, früher direkt vom Vorstand bezahlt, jetzt Angestellte der Bezirke sind, fehlt ihm ein wichtiges Mittel zentraler Direktion. »Nach seinem eigenen Willen ist darum der Parteivorstand stets gezwungen, sich in jedem einzelnen Bezirk im Falle von größeren Streitigkeiten die Mehrheit zu erkämpfen, ohne organisatorische Hilfsmittel und ein System persönlicher Vertrauensleute zu haben«, schreibt er Haerdter. Das stimmt zwar und mag für die Jahrzehnte nach ihm seine Geltung haben, für ihn selbst ist es gänzlich ohne Bedeutung. Er weiß so zwingend zu argumentieren, daß er in offener Debatte die meisten Gegner für seine Sicht der Dinge gewinnt. Eine unerhörte Gabe, in der freilich Gefahren lauern – Selbstgerechtigkeit und die Geringschätzung von Partnern, die ihm intellektuell nicht Paroli bieten können. Weil er sich stets durchsetzt mit seiner Meinung, gilt sie bei vielen seiner Genossen als verbindlich auch ohne – oder schon vor einer – Diskussion. Im Fall Löbe glaubt er sich ohne Fehl und Tadel, aber vielleicht trägt die öffentliche Kritik an seinem Stil doch dazu bei, die Auseinandersetzung nach wenigen Wochen versöhnlich beizulegen: Im Januar 1948 wird Löbe wieder Mitglied des Außenpolitischen Ausschusses der Partei, freilich hat er zuvor dem vorübergehend erkrankten Schumacher in einem Brief artig Genesung gewünscht und ihn für die Partei als »wertvoll und unersetzlich« bezeichnet.

Schumachers Skepsis gegenüber deutschen Initiativen in diesen Monaten wird auch in seiner Haltung zur Konferenz der Ministerpräsidenten vom 5. bis 7. Mai in München deutlich, auf der zunächst auch die ostzonalen Länder vertreten sind. Das ganze Vorhaben paßt ihm nicht, denn was Deutschland betrifft, haben diese Herren aus seiner Sicht nichts zu melden. Sprecher für Deutschland, heißt es in einer ersten ablehnenden Stellungnahme des Parteivorstands, könnten allein die Parteien sein, Fragen der Wiedervereinigung fielen in die Kompetenz der Besatzungsmächte. Eine Woche vor dieser »gesamtdeutschen« Konferenz, zu der Bayerns Regierungschef Ehard geladen hat, predigt er den sozialdemokratischen Länderchefs auf einer Tagung in Frankfurt noch einmal gesamtdeutsche Abstinenz: Insoweit es sich darum handele, die wirtschaftliche Not in allen Besatzungsgebieten zu mildern, könnten sie sich beteiligen, keinesfalls jedoch, wenn der »staatsrechtliche Aufbau Deutschlands »erörtert werden sollte.

Das unterscheidet sich kaum von den Auflagen, welche die amerikanischen und französischen Militärbefehlshaber ihren Ministerpräsidenten erteilen. Daß Ehards Ostkollegen, kaum in München erschienen, auf Weisung der SMA und des SED-geführten Antifaschistischen Blocks darauf bestehen, die Bildung einer deutschen Zentralverwaltung »durch Verständigung der demokratischen Parteien und Gewerkschaften zur Schaffung eines deutschen Einheitsstaates« als ersten Punkt auf die Tagesordnung zu setzen, läßt diese »gesamtdeutsche« Konferenz bereits am ersten Tag platzen. Mit gehörigem Pathos hatte sie Reinhold Maier vor ihrem Beginn dem Stuttgarter Landtag als »entschlossenen Schritt zur Rettung unseres Volkes und zur Erhaltung unseres Vaterlandes angepriesen«. Der nüchterne Schumacher trauert ihr nicht nach, hat er doch in Radio Frankfurt die richtige Prognose gestellt: »Das Bemühen, eine Gesamtvertretung des deutschen Volkes durch die Länder zu schaffen, ist von vornherein zum Scheitern verurteilt. Der deutsche Gesamtwille kann nur direkt durch das ganze deutsche Volk aus seiner eigenen politischen Willensbildung und mit der Tendenz zu der eigenen entsprechenden Staatspersönlichkeit geformt werden.« Auf dem Parteitag in Nürnberg Ende Juni lobt er die Münchner Beratungen, welche nach dem Auszug der Ostzonen-Ministerpräsidenten dann ausschließlich um wirtschaftliche Fragen kreisten, als »eine kluge Selbstbeschränkung auf das Nötige in den dringenden Tagessorgen des Volkes«.

Klarer als irgendein anderer deutscher Politiker dieser Zeit erkennt er die Skrupellosigkeit, mit der die SED nationale Parolen aufgreift und sie in den Dienst ihrer Politik stellt, welche eindeutig Moskauer Interessen dient. Hellhörig war er schon nach der Entlassung aus dem Konzentrationslager geworden, denn der Moskauer Propagandasender »Radio Freies Deutschland« nutzte ja nicht zufällig als Kenn- und Pausenzeichen die Melodie zu Arndts Lied »Der Gott, der Eisen wachsen ließ«. Ernst Moritz Arndt, ein Mitstreiter des Freiherrn vom Stein, hatte in Petersburg den Widerstand gegen Napoleon mit vorbereiten helfen, das »Nationalkomitee Freies Deutschland«, welches den konservativen Widerstand in Wehrmachtkreisen bestärken soll, firmiert in Moskau unter den Farben Schwarz-Weiß-Rot.

Wie die von Hitler in russischer Gefangenschaft abgefallenen Offiziere, knüpft jetzt die SED in ihrer Propaganda für Volkskongreß und Volksabstimmung über einen Einheitsstaat an die Tradition der preußischen Reformer an. Ist der Händedruck Pieck–Grotewohl Symbol für die Einheit der Klasse, wird der Handschlag zwischen dem russischen General Diebitsch und dem preußischen General York in Tauroggen als Symbol für das deutsch-russische Bündnis bemüht. Namen von altpreußischem nationalen Klang, etwa der des Stalingrad-Generals v. Seydlitz oder des Bismarck-Urenkels v. Einsiedel, sollen dies unterstreichen. Parallelen stören nicht, sie sind gewollt, selbst Peinlichkeiten werden bereitwillig in Kauf genommen: Arndt, der Bauernsohn aus Rügen, Dichter von »Das ganze Deutschland soll es sein«, war ein Trommler gegen alles Welsche, ein Hasser des Westens, der Franzosen Ungeziefer nannte und ihre Ausrottung verhieß. Die Nationalsozialisten hatten die Universität Greifswald nach ihm benannt, die SED beläßt es bei diesem Namen. So bezeichnet Schumacher KPD und SED einmal als die »einzige schwarz-weiß-rote Partei«. Die Kommunisten, sagt er vor dem Parteitag in Nürnberg, »sprechen jetzt dieselbe Sprache wie das Dritte Reich, wie das Kaiserreich, wie das Reich Bismarcks. Und wenn man sich ihre Agitationslyrik ansieht, dann meint man, manchmal die Kriegsverse von 1914 ... zu lesen. Das Ganze steht so auf dem Niveau einer Siegesallee in Gips.«

Worauf die kommunistische Anstrengung zielt, geht wiederum aus den Aufzeichnungen Piecks hervor: Ende Januar 1947 fragt Stalin die beiden SED-Vorsitzenden im Kreml, wie stark die nazistischen Kräfte in Westdeutschland denn noch seien, vielleicht könne man sie ja spalten und die »ehrlichen patriotischen Elemente ... zu einer Partei zusammenfassen, die zum Block gehört«. Seine Anregung wird im Mai 1948 verwirklicht, als die SMA die »Nationaldemokratische Partei Deutschlands« gründen läßt, eine Organisation sogenannter Eichenlaub-Bolschewiken, die unter Führung des Altkommunisten Werner Bolz ehemalige Offiziere und Nationalsozialisten erfaßt und der Blockpolitik dienstbar macht. Wer heute ausschließlich die SED-Agitation der Entspannungsphase im Ohr hat, jener Zeit, in der sich die DDR als Garant der Teilung darstellte, auf der allein der Frieden und auch die Sicherheit Europas beruhten, der könnte Schumachers Warnungen vor der nationalen Propaganda des Ostens für überzogen halten. Aber die SED bemüht damals nicht nur Goethe, Schiller, die deutsche Klassik und den Rapallo-Gedanken, um mit ihrer nationalen Agitation an das Nationalgefühl des westdeutschen Bürgertums zu appellieren.

Aus der Volkskongreßbewegung entwickelt sie die »Nationale Front« mit dem erklärten Ziel der »Rettung der deutschen Nation« – ein Programm, das in sich folgerichtig zu einem ostdeutschen Alleinvertretungsanspruch samt Anschlußdenken führt: Pieck spricht von der rechtmäßigen »Wiederangliederung« der westdeutschen Gebiete, Ulbricht droht, die »Spalter« Konrad Adenauer und Ernst Reuter »ordnungsgemäß vor ein Volksgericht« zu stellen. Nicht in den sozialrevolutionären, sondern den nationalrevolutionären Parolen des Ostens sieht Schumacher deshalb eine Gefahr, ihn plagt das Trauma vom »internationalen Zusammenspiel der kapitalistischen Nationalismen mit dem kommunistischen Nationalbolschewismus«, der in Deutschland zu einem »neuen Massennationalismus« führen kann, wie er im Dezember 1949 schreibt.

Zumindest zeitweise befürchtet er, das Zusammengehen der Ost-CDU mit der Partei der Sowjets, der SED, in der nationalen Frage bereite ein zonenübergreifendes Bündnis von Christdemokraten und Kommunisten gegen die SPD, eine Koalition vor, die im Zeichen des Nationalismus stehen werde. Darin findet seine harsche Reaktion auf die Initiative Friedensburgs zum guten Teil ihre Erklärung. Das Rapallo-Gespenst beeindruckt ihn. Er zeigt sich alarmiert, daß ein noch immer preußisch oder deutsch-national eingestelltes Bürgertum Verlockungen erliegen könnte, die er bereits als junger Redakteur der *Schwäbischen Tagwacht* verurteilt hat. Besonders deutlich wird dies in seiner Ablehnung des Nauheimer Kreises um Dr. Ulrich Noack, der die »Idee der Neutralität zum politischen Prinzip der Deutschen erklären« wolle, wie Schumacher einmal sagt. Daß der CSU-Ochsensepp und alte KZ-Kamerad aus Dachau ein Mann des deutschnationalen Widerstands um Admiral Canaris gewesen ist und jetzt Jakob Kaisers Brückentheorie unterstützt, kann seinen Angsttraum von einer Allianz zwischen dem Totalitarismus à la Stalin und den autoritären Neigungen des Bürgertums, die er aus der Endphase Weimars kennt, nur bestärken. Die Auseinandersetzung innerhalb der CDU, meint Hans-Peter Schwarz, welche im Duell Adenauer–Kaiser ihren Höhepunkt fand, »blieb deshalb so lange unentschieden, weil die frühzeitige Westorientierung der SPD der Ost-CDU die Chance gab, mit einer stark national akzentuierten Politik der Vermittlung zwischen Ost und West eine außenpolitische Alternative aufzustellen und zu verfechten«. Mit seiner »unerbittlichen Denunziation jedes tatsächlichen oder scheinbaren Paktierens mit der SED« habe der SPD-Chef es potentiellen rußlandfreundlichen oder zumindest neutralitätswilligen Politikern schwer, wenn nicht unmöglich gemacht, »das Spiel mit der russischen Karte zu riskieren«. Nicht der Taktiker, sondern der Moralist, der seine Weimarer Lektion gelernt hat, treibt den Ost-West-Konflikt voran. Unfreiwillig, aber doch tatkräftig, leistet Schumacher Schützenhilfe für den Aufstieg des einzig ernstzunehmenden Gegenspielers innerhalb der CDU. Jakob Kaisers Stern sinkt, der Konrad Adenauers steigt.

Gerechte Verteilung der Lasten wie des Mangels: Keine Chance gegen die Marktwirtschaft

Er sei nicht einmal besonders stolz darauf, der heute vielleicht meist beschimpfte Mann der Welt zu sein, versichert er im März 1947 in Westberlin. Ist er es nicht doch, wenn er dies betont? Die Verleumdungskampagne des Ostens läuft auf vollen Touren, seit ihn Moskau als deutschen Feind Nummer 1 seiner außenpolitischen Absichten ausgemacht hat. Das beginnt mit den aus der Luft gegriffenen Attacken auf sein Verhalten im Konzentrationslager und endet mit völlig absurden Behauptungen, die das sowjetische Parteiblatt *Prawda* veröffentlicht und das SED-Organ *Neues Deutschland* sklavisch übernimmt: Hätte Schumacher noch einen rechten Arm, er würde ihn zum Hitler-Gruß ausstrecken.

Souverän pariert er Anschuldigungen wegen seiner Dachauer Zeit. Als ob er die Akten schon kennte, die im Archiv der SED lagern und die Zusammenarbeit kommunistischer Kapos mit der SS in Buchenwald belegen, aber erst viereinhalb Jahrzehnte später das Licht der Öffentlichkeit erblicken, erklärt er vor dem ersten SPD-Parteitag: »Die Schmutzkübel, die jetzt die Kommunisten über uns ausschütten, werden uns nicht veranlassen, uns auf dieselbe Ebene zu begeben. Es wäre sehr leicht, einmal die Geschichte der Konzentrationslager zu schreiben.« Der kommunistischen Selbstgerechtigkeit, allein die KP habe Hitler Widerstand geleistet, nur der Kampf der Roten Armee zum Sieg über Hitler geführt, entgegnet er mit dem Hinweis auf den Hitler-Stalin-Pakt: »Noch leichter wäre es, festzustellen, wie es zum Zweiten Weltkrieg gekommen ist: dadurch, daß Hitler die Illusion des Einfrontenkrieges hatte.« Ohne ihn beim Namen zu nennen, greift er massiv Walter Ulbricht an, der 1939 in einem Kommentar den deutsch-sowjetischen Nichtangriffspakt verteidigt hatte: »Am allerleichtesten zu schreiben wäre vielleicht die Geschichte der [kommunistischen] dritten Internationale während des ersten Teils des Krieges von 1939–1941, als die Worte fielen von dem kapitalistisch-imperialistischen England, das zertrümmert werden müßte, und wer der Feind Hitlers sei, sei auch der Feind Rußlands.« An die übelste Zeit des Nazikampfes fühlt sich der SPD-Pressedienst erinnert, als Grotewohl vor SED-Chefredakteuren erklärt, Schumacher habe den Rotlauf, eine Krankheit, die sonst nur bei Schweinen vorkomme.

Um seine Glaubwürdigkeit bei den SED-Mitgliedern in der Ostzone zu untergraben, bedienen sich die Sowjets, welche nach dem Krieg in der regierenden Labour Party ihren ideologischen Hauptgegner sehen, zunächst der Agententheorie. Sie nennen ihn – welche *contradictio in adiecto!* – einen »deutschen Nationalisten in englischen Diensten«. Kaum haben sich erste Zeichen des Widerstands gegen die Vereinigung in der Sozialdemokratie bemerkbar gemacht, sendet die SMA in Karlshorst Kuriere nach Westdeutschland aus, um belastendes Material zu sammeln. Briefe alter KZ-Insassen mit unsinnigen Beschuldigungen – etwa, daß Schumacher in Flossenbürg einem todkranken Mithäftling das letzte Stück Brot entrissen habe – erklären sich mühelos als Fleiß- und Auftragswerke blindgläubiger Parteigänger, die alle möglichen Vorwürfe erfinden, um den Klassengegner zu bekämpfen und der vermeintlich guten Sache zu dienen. Viele der behaupteten Vorfälle haben sich in einer Zeit abgespielt, als Schumacher längst aus Dachau entlassen war.

Selbst in die Kriegsgefangenenlager haben die Sowjets ihre Späher entsandt. So veröffentlicht die *Prawda* am 21. Oktober 1947 eine lange Aussage des früheren Abwehr-Offiziers Robert Montfort aus dem Lager Krasnogorsk, der vor dem Krieg Prokurist der zu Reemtsma gehörigen Firma Halbhaus in Köln gewesen ist. Er behauptet, den »Gewerkschafter« Kurt Schumacher in der eigenen Firma wiederholt bestochen zu haben, damit er die Belegschaft ruhig stellte. »Die von mir angeführten Tatsachen über die Beziehungen Schumachers zur Firma Halbhaus zeigen das wahre politische Wesen des ›Führers‹ der Sozialdemokratie in den Westzonen Deutschlands, und es ist kein Wunder, daß Schumacher sich selbst treu geblieben ist«, heißt es am Schluß seiner Erklärung. »Heute steht er im Solde der angloamerikanischen Monopolisten und verrät nicht nur die Interessen der deutschen Arbeiter, wie es früher der Fall war, sondern die Interessen des ganzen deutschen Volkes.« Das alles sollte sich in Köln abgespielt haben, wo Schumacher nachweislich nie gelebt hatte! Daß Montfort auf bessere Behandlung oder vorzeitige Entlassung spekuliert hat, steht außer Frage, aber der ganze Vorgang zeigt, auf welch erbärmlichem Niveau die Kommunisten die Auseinandersetzung mit ihrem Gegner führen.

Wenn er den Zusammenschluß der amerikanischen und britischen Zonen zu einem einheitlichen Wirtschaftsgebiet, zur Bizone, bejaht, stimmt er damit der Urform jenes Gebildes zu, das einmal Bundesrepublik Deutschland heißen wird. Das kann die geradezu wütenden Angriffe der Kommunisten nur verschärfen, aber es liegt letztlich in der Konsequenz seiner bisherigen Politik. Zwar erwägt er, als der Hungerwinter 1946/47 naht, vorübergehend den demonstrativen Abbruch jeglicher Zusammenarbeit mit den Besatzungsmächten. So stellt die Kölner Resolution vom 25. September in geradezu provozierender Form Bedingungen für die weitere Mitarbeit von Sozialdemokraten in Landesregierungen und Kommunalverwaltungen. Er will mit diesem Paukenschlag seine These von der totalen Verantwortung der Sieger unterstreichen, die sie mit dem totalen Sieg und dem Austilgen aller deutschen Eigenverantwortlichkeit nun gegenüber den Besiegten zu tragen hätten. Beinahe beschönigend heißt es eingangs zwar, Schuld an den heutigen Verhältnissen trage das Naziregime, das durch seine Unmenschlichkeit den Deutschen den Haß der ganzen Welt eingetragen habe, aber schon im zweiten Absatz nagelt er die derzeit Zuständigen fest: »Die Macht im zertrümmerten Deutschand wird heute von den Militärregierungen ausgeübt. In keiner der Zonen gibt es eine echte Demokratie. In der östlichen Besatzungszone fehlen sogar die staatsbürgerliche Gleichberechtigung und das Recht der freien Meinungsäußerung.« Es folgt ein Katalog von markigen Forderungen, die erfüllt werden müßten, andernfalls die deutsche Sozialdemokratie nicht willens sei, »die politische Verantwortung für Zustände zu tragen, die ihr aufgezwungen werden«: Ausreichende Ernährung, bessere Hausbrandversorgung, das Ende der Demontagen, der Aufbau einer Friedensindustrie, ein gerechter Lastenausgleich sowie die Sozialisierung von Grundstoffindustrien, Banken, Versicherungen und Energieunternehmen.

Selbstverständliche Sofortmaßnahmen stehen da neben den Maximalvorstellungen seines politischen Programms, als Wunschliste an die Sieger erscheint der Katalog ebenso überspannt und hochfahrend wie utopisch, als Programm für die bevorstehenden Landtagswahlen in Nordrhein-Westfalen macht er dagegen durchaus Sinn. Ohnehin steht zu bezweifeln, ob die sozialdemokratischen Minister und Bürgermeister, pragmatisch orientierte Männer zumeist, ihre Ämter so einfach niederlegen würden. Auf enge Kooperation mit den Besatzungsmächten vor Ort angewiesen und auf Wahrung ihres autonomen Spielraums bedacht, den sie durch den föderalistischen Neuaufbau erhalten haben, ist ihre Neigung nicht sehr groß, sich einem Votum der Zentrale zu beugen, das einem Hineinregieren der Partei in ihren ureigensten Bereich gleichkommen müßte.

Der Test wird auch gar nicht gewagt. Gegenüber den Besatzungsmächten bleibt der Paukenschlag von Köln eine Geste wütender Ohnmacht, und im nordrhein-westfälischen Wahlkampf erweist er sich keineswegs als der Trumpf, den sich der gewiefte Wahltaktiker davon versprochen hat. Er war die Anfechtung eines trotzigen Ohne-mich, dann eben ohne die Sozialdemokratie, vergleichbar einem pubertären Fußaufstampfen oder einem heftigen Fieberanfall, der schnell vorübergeht. Wahrgemacht, würde Schumachers Drohung ja in die politische Selbstisolierung führen und ist schon deshalb gar nicht durchführbar. Sollte sich eine Sozialdemokratie, auf der in den großen Städten und den Ländern des Nordens die Hauptlast des Aufbaus, damit aber die große Chance des Gestaltens der neuen Ordnung liegt, so mir-nichts-dir-nichts in die Schmollecke zurückziehen? Als der Parteiausschuß im Januar in München zusammenkommt, unterstreicht er zwar pflichtgemäß die pathetisch-dräuenden Worte von Köln, beschließt aber, die angedrohten schrecklichen Konsequenzen doch lieber nicht zu ziehen, zumal die Gründung der Bizone völlig neue Perspektiven für die deutsche Entwicklung verspricht.

Aus Schumachers Sicht stellt der Zusammenschluß der britischen und amerikanischen Zone einen ersten, vielleicht entscheidenden Schritt für einen zentralen Ansatz zu einem politischen Neubau dar. Schien es bislang so, als ob die politische Neuordnung ausschließlich über die ungeliebten Länder in Richtung eines sehr lockeren Deutschen Bundes gehe, zeichnet sich erstmals eine zentrale Verwaltung ab. Sie unterliegt zwar den Bedingungen und Weisungen der Militärregierung, wird aber doch von einem Wirtschaftsparlament kontrolliert, in das die Landtage, entsprechend der Bevölkerungszahl und der Stärke der Fraktionen, Abgeordnete entsenden. Ökonomisch, so Schumachers Kernthese, müsse diese Bizone so attraktiv gestaltet werden, daß sich die Wirtschaftsgebiete unter russischer und französischer Verwaltung ihrer Anziehungskraft einfach nicht widersetzen können. »Dieses Zweizonen-Abkommen«, erklärt er in München, »ist die einzige Möglichkeit, unser Volk vor dem Verhungern zu schützen.

Daß es auch in dieser Hinsicht nur ein erster Schritt ist, wissen wir, aber es ist der erste Stein in dem deutschen Morast, auf den man einen Fuß stellen kann.« Seine inneren Entwicklungsmöglichkeiten werde es am ehesten zeigen, »wenn sein Magnetismus auch auf die beiden anderen Zonen wirkt«.

Es ist das erste Mal, daß er seine Magnet-Theorie formuliert, den Gedanken des Kerngebiets, welches gesamtdeutsche Legitimität freilich erst durch die Entwicklung von mustergültigen wirtschaftlichen und sozialen Strukturen erwerben muß. Er hofft, die Bizone könne zum Motor der deutschen Einheit werden, die er in dieser Anfangsphase zunächst noch rein ökonomisch versteht. Eine Vereinigung mit der Ostzone sei wirtschaftlich denkbar, aber nur möglich, wenn der Westen über das wirtschaftliche Potential verfüge, »das Vakuum der Ostzone bei einer Vereinigung auszufüllen«, erklärt er vor dem Nürnberger Parteitag. Auf seiner Amerikareise entwirft er das Bild von einer wirtschaftlichen Belebung in Westdeutschland, die »so nachdrücklich, so schnell und so überzeugend vor sich gehen« soll, daß ihre Anziehungskraft auf Ostdeutschland geradezu »unwiderstehlich« wird. Wenn sich mit der Gründung und dem Ausbau der Bizone die Spaltung Deutschlands vertieft, ist dies von ihm nicht gewünscht, aber er nimmt es als revidierbar hin, indem er seine Magnet-Theorie vom Vereinigten Wirtschaftsgebiet auf den westdeutschen Teilstaat überträgt, der bereits in Umrissen sichtbar wird. »Der Aufbau einer westdeutschen ökonomischen und politischen Organisation unseres Volkes«, schreibt er im SPD-Pressedient im Dezember 1948, solle »der große Magnet sein . . ., aus dem heraus nachher die Einigung der Deutschen entstehen kann.« Ein halbes Jahr später wird er noch deutlicher und nennt die neue Bundesrepublik jetzt »die Grundlage der deutschen Einheit«. Diese Einheit, sagt er in seiner Rundfunkansprache zum Abschluß des ersten Bundestagswahlkampfes, sei »nur möglich auf der Grundlage der persönlichen und staatsbürgerlichen Freiheit und Gleichheit und Gleichartigkeit der staatlichen Machtmittel in allen vier Besatzungszonen«.

Damit die Bundesrepublik zum Ausgangspunkt einer solchen Politik werden kann, »muß sie nach innen und außen politische Freiheit haben und ein Staat sozialer Gerechtigkeit werden«. Kein Zweifel: Für ihn hat der Teilstaat Bundesrepublik nur dann eine Rechtfertigung, wenn er sich als Baustein für die deutsche Einheit bewährt. Gleich in seiner ersten Rede als Oppositionsführer im Bundestag ruft er den

Regierenden zu: »Wenn Sie für die deutsche Einheit sind, dann machen Sie den deutschen Westen auch sozial und hinsichtlich der Geltung des arbeitenden Menschen zum Magneten! Die soziale Gestaltungskraft schafft die nationale Einheit und das deutsche Staatsvolk, das Vertrauen zu sich und zu seiner Zukunft in der Zusammenarbeit mit der Welt hat.« Ein mächtiger Magnet, der alle umliegenden Splitter anzieht und an sich bindet – das Bild ist wahrlich nicht weit vom Anschlußdenken entfernt. Wenn man so will, wird seine ökonomische Magnet-Theorie mit dem Ruf »Kommt die D-Mark nicht nach hier, gehen wir zu ihr!« Triumphe feiern, wenn auch Jahrzehnte später als gehofft und mittels eines sozial-ökonomischen Modells, das er zu Lebzeiten erbittert bekämpft.

Dabei ist sein Verhältnis zum werdenden westdeutschen Staat ursprünglich durchaus ambivalent. In den Bezeichnungen, die er für die im Entstehen begriffene Bundesrepublik findet, vermeidet er zunächst sorgfältig jeden Gebrauch des Wortes Staat. Einmal spricht er von einem »administrativen Instrument«, das zum Aufbau von Wirtschaft und Politik nötig sei, ein andermal von einer »Zwischenlösung«, einer »staatsrechtlichen Konstruktion« oder einem »der Realität entsprechenden Provisorium«. Was der »Technik der Regulierung von Fragen« dient, muß zwar »praktisch, gescheit und handlich« sein, aber dazu genügt eine »verpflichtende Satzung«; eines Grundgesetzes oder gar einer Verfassung, von denen dauernd die Rede ist, bedarf es dazu nicht. Es gehe keinesfalls um eine Institution, schreibt er in einer Broschüre im September 1948, die einmal »Bund« genannt werden solle, die Sozialdemokratie halte an ihrem Ziel von der »Deutschen Republik« fest. Wie diese einmal entstehen soll, hat er im Dezember 1947 auf einer Wahlversammlung in Stuttgart erklärt: Danach haben zunächst die Zonengrenzen zu fallen; wenn es dann einen freien Verkehr der Personen, Güter und Ideen gibt, müssen auf der Grundlage der wirtschaftlichen Einheit freie Wahlen abgehalten werden – »unter gleichen Rechten und gleicher Rechtssicherheit für alle Personen und Parteien« in allen Zonen; ein so gewähltes Parlament, »fern jeder Polizeidiktatur, jeder diktatorischen Beeinflussung von innen und außen, ein solches Parlament der völligen Gleichheit in allen Zonen, ein solches Parlament, und nur ein solches Parlament kann dann eine deutsche Regierung schaffen«. Nur eine dem ganzen deutschen Volk verantwortliche Vertretung sei in der Lage, Deutschland in Friedensverhandlungen »zu verpflichten und zu verbinden«.

Doch in derselben Stuttgarter Rede findet sich auch ein bedingtes Ja zu einem staatlichen Neubeginn in den Westzonen. Er denkt eben nie statisch, Politik ist für ihn ein dynamischer Prozeß; im geteilten Nachkriegsdeutschland bedeutet dies, sich von Provisorium zu Provisorium durchzukämpfen, wohl wissend, daß Provisorien nichts Definitives für das ganze Volk schaffen können. Wenn in Abwehr der östlichen Politik eine Zwischenlösung im Westen erforderlich wird – dann eben ja, aber bitte aufgepaßt, daß nicht mehr als eine Übergangskonstruktion entsteht. »Wir wollen den Weststaat nicht. Aber wenn jetzt soviel von ihm gesprochen wird, muß man doch der Wahrheit die Ehre geben und erklären, das Gerede vom Weststaat ist bloß die westliche Reaktion auf eine östliche Aktion.«

Der Parlamentarische Rat solle nur ja nicht den Ehrgeiz haben, die »großen geschichtlichen Vorbilder der alten demokratischen Verfassungen mit Worten und Beteuerungen zu übertreffen«, heißt es in dem Referat, das er – ans Krankenbett gefesselt – auf dem Parteitag in Düsseldorf im September 1948 verlesen läßt. Aber da hat er die Rechnung ohne den Eifer, die Gründlichkeit und den Perfektionsdrang deutscher Professoren gemacht, eingeschlossen den seines sozialdemokratischen Vormanns Carlo Schmid. Als Vorsitzender des Hauptausschusses hat der Staatsrechtler aus Tübingen bestimmenden Einfluß bei der Ausarbeitung des Grundgesetzes. Auch er betont zwar stets das bloß »Übergangshafte« der angestrebten Ordnung, doch will er im Gegensatz zu Schumacher, nicht nur das westliche Staatsfragment, sondern gleich das ganze Deutschland mit dem Namen Bundesrepublik Deutschland bezeichnen. Was unter seiner Mitwirkung entsteht und in vielem seine Handschrift trägt, gerät nicht nur zu einem formidablen Werk weit über eine »verpflichtende Satzung« hinaus, mit der sich Schumacher ursprünglich begnügen wollte; es ist auch ambivalent angelegt, sowohl auf Ablösung durch ein künftiges Definitivum als auch als Kernstaat gedacht, der durch Beitritt anderer Staatsfragmente vom Provisorium selbst zum Definitivum werden kann.

Einerseits soll das Grundgesetz seine Gültigkeit an dem Tag verlieren, an dem eine Verfassung in Kraft tritt, die vom Volk in freier Entscheidung beschlossen worden ist, andererseits sieht es die Möglichkeit vor, daß es »in anderen Teilen Deutschlands nach deren Beitritt in Kraft« gesetzt wird. Das mag doppelbödig erscheinen, aber es enthält neben einer statischen eine evolutionäre Linie, was Schumachers Verständnis von Politik entgegenkommt. Der sozialdemokratische

Staatsrechtslehrer Carlo Schmid habe den Artikel 146 und den Artikel 23 aus ein und derselben Grundsituation des Provisoriums abgeleitet, meint Fritz René Allemann: den ersten als Ausdruck einer »zeitlichen Begrenzung«, den zweiten als Ausdruck des »räumlichen Offenseins«. Es kann kein Zweifel daran bestehen, daß ein Kurt Schumacher unter Würdigung der 1989/90 gegebenen Bedingungen für einen Beitritt der DDR nach Artikel 23 eingetreten wäre, aber es hätte wohl in der Konsequenz seines Denkens gelegen, danach das Grundgesetz einer gründlichen Revision durch eine eigens dafür gewählte Konstituante zu unterziehen, auf eine Neugliederung der Länder hinzuwirken und ihre Kompetenzen im Bundesrat zu stutzen.

Schumacher begrüßt die Präambel des Grundgesetzes, in welcher der Anspruch festgeschrieben ist, das ganze deutsche Volk in den westlichen Ländern habe stellvertretend auch für jene gehandelt, »denen mitzuwirken versagt war«. Freilich bedarf es dieser Präambel für ihn erst gar nicht, wenn er wie selbstverständlich SED-Politikern jede demokratische Legitimation bestreitet, für »die« Deutschen oder gar für die nationale Sache zu sprechen. Nur zu gern vergleicht er in seinen Versammlungen den westdeutschen Staat mit dem »Staatssurrogat in der sowjetischen Besatzungszone« und warnt davor, die Alliierten kollektiv als Siegertypen gleich zu behandeln. Der Oststaat sei ohne Mitwirkung des Volkes entstanden, wo doch in jedem Staatsbürgerkunde-Unterricht gelehrt werde, daß ein Staat aus dem Staatsgebiet und dem Staatsvolk bestehe und zu seiner Bildung der Staatswille nötig sei. »Und nun«, fragt der Volkstribun seine Zuhörer, »nun sagen Sie mir bitte: Wo ist in der sowjetischen Besatzungszone der Staatswille?« Aus der Präambel ergibt sich der Anspruch, zu dem Schumacher sich immer wieder bekennt, daß Kraft ihrer demokratischen Legitimation die Bundesrepublik über die einzig rechtmäßig gebildete deutsche Regierung verfügt, die allein legitimiert ist, treuhänderisch für Deutschland als Ganzes zu sprechen, eine Position, welche sein enger Mitstreiter, der SPD-Kronjurist Adolf Arndt, bis weit nach Schumachers Tod konsequent verteidigen wird.

Für seine Vorstellung von der »ökonomischen Magnetisierung« des deutschen Westens schafft Amerika die entscheidende Voraussetzung, aber natürlich will er die Kredite, die im Rahmen des European Recovery Program bereitgestellt werden, für eine völlig andere Wirtschaftspolitik verwendet wissen, als der Wirtschaftsrat sie dann beschließt. Nachdrücklich begrüßt er die amerikanische Kehrtwende vom Morgenthau-Plan zum Marshall-Plan, von der Zerstörung der Industrie zu ihrer Rekonstruktion und zu wirtschaftlichem Neubeginn. Aber der Aufbau, den er im Sinne hat, muß zwei nationalpolitische Grundbedingungen, erfüllen, von denen der einen eine eher defensive, der anderen eine offensive Funktion zufällt. Einmal müssen die Abwehr- und Immunkräfte des neuen Staates gegen den Kommunismus und Rechtsradikalismus durch einen höchstmöglichen Grad an sozialer Gerechtigkeit gestärkt werden, und zweitens muß dies einmal geschaffene sozial- und wirtschaftspolitische Modell durch seine Vorbildfunktion das kommunistische Gegenmodell zum Einsturz bringen. So ist wohl zu verstehen, wenn er einmal sagt: »Die soziale Frage ist die nationale Frage. Soziale Gerechtigkeit ist die Grundlage der deutschen Einheit und der Überwindung des Rechtsradikalismus und des Nationalkommunismus.«

Daß eine andere als eine sozialistisch-demokratisch verfaßte Gesellschaft für die Ostdeutschen attraktiv werden könnte, dieser Gedanke kommt ihm überhaupt nicht in den Sinn. Der Neubau, um den es mit der Gründung der Bizone geht, kann für ihn nur dann anziehend geraten, »wenn nicht ein schuldbeladener und kurzsichtiger Kapitalismus seinen Stempel dem deutschen Westen aufdrückt«. So schreibt er im Dezember 1948 im SPD-Pressedienst und beschuldigt die »Bürgerlichen«, sie wollten den Marshall-Plan zum »ungeheuerlichsten Klassenraubzug« nutzen, der sich denken lasse. Nur eine demokratisch-sozialistische Wirtschaftspolitik, glaubt er, könne die erhoffte Magnetwirkung entwickeln und so der deutschen Einheit dienen. »In einer Zeit, in der die Ostblockpolitik Europa aufspaltet und mitten durchreißt, geben das deutsche Unternehmertum und seine politische Vertretung, die CDU und die bürgerlichen Splitter, den Kommunisten die bequeme Gelegenheit, den Westen als kapitalistisch und antisozialistisch zu denunzieren und ihren eigenen Staatskapitalismus anzupreisen. So fortschrittliche und lebensnotwendige Initiativen wie der Marshall-Plan und die neue amerikanische Politik ... kommen dadurch in Gefahr, durch diese aufdringliche Bundesgenossenschaft der Besitzbürger vor den Massen kompromittiert zu werden«, heißt es in einer Stellungnahme vom Juni 1947. Schrille Töne, fürwahr, aber die passende Begleitmusik für eine im Ansatz völlig verfehlte Wirtschaftspolitik. Es ist im Wirtschaftsrat, wo Schumacher höchstpersönlich seine künftige Niederlage im Kampf um die Führung der Bundesrepublik vorprogrammiert – einmal durch falsches Taktieren, das die Sozialdemokraten in eine Oppositionsrolle drängt, die sie später in Bonn anderthalb Jahrzehnte fortführen müssen; zum zweiten, und wichtiger, durch das starre Festhalten an einem wirtschaftspolitischen Konzept, das den Mangel vielleicht gerechter verteilen, ihn jedoch nicht beheben kann.

Taktisch verfängt sich die SPD in einer selbstgebauten Falle, als sie darauf besteht, entweder im Wirtschaftsrat das Verwaltungsamt für Wirtschaft zu übernehmen oder jede verantwortliche Mitarbeit zu verweigern und in die Opposition zu gehen, wenn auch in eine »konstruktive«, wie Schumacher betont. Dabei fehlt es nicht an Vermittlungsversuchen, die SPD vor dieser dogmatischen Sackgasse des sturen Entweder/Oder zu bewahren. Die Alliierten bekunden ein deutliches Interesse daran, daß der Neubeginn von den wichtigen demokratischen Kräften gemeinsam getragen wird, selbst in der CDU gibt es den Wunsch, in diesen Zeiten der Not die Verantwortung auf mehrere Schultern zu verteilen, wie die breiten Koalitionen der christdemokratisch geführten Länder in der US-Zone, aber auch in Nordrhein-Westfalen beweisen. Wohl wissend, daß zu Zeiten des Mangels den Wirtschaftsministerien eine Schlüsselrolle zukommt, hat Schumacher es verstanden, diese Position in allen acht Ländern der Bizone mit Sozialdemokraten zu besetzen. Für ihn, der die Zukunft der deutschen Demokratie nur gesichert sieht, wenn das Bürgertum am erneuten politischen Mißbrauch wirtschaftlicher Macht gehindert werden kann, stellen die Wirtschaftsressorts Faustpfänder dar, die darüber entscheiden, ob ein deutscher Neubau versucht wird, wie er dies will, oder ob man sich mit einem Wiederaufbau, mit der Restauration einer bürgerlich geprägten Wirtschaftswelt begnügt. Nur gebricht es ihm an der politischen Macht, seine Neubauvorstellungen auch durchzusetzen.

Bei den Landtagswahlen in der britischen Zone haben die Sozialdemokraten zwar als stärkste Partei abgeschnitten und stellen die führende Regierungspartei in Hamburg, Schleswig-Holstein und Niedersachsen, doch ausgerechnet in Nordrhein-Westfalen, dem bevölkerungsreichsten Land und Heimat der deutschen Schwerindustrie, vermochte die CDU sie mit 5,5 Prozentpunkten zu überflügeln. Da die CDU/CSU trotz sozialdemokratischer Wahlerfolge in Hessen und Bremen in der amerikanischen Zone eindeutig vorne liegt, ergibt sich praktisch ein Nord-Süd-Patt der großen Parteien im Wirtschaftsrat. SPD wie CDU/CSU sind zunächst mit je 20 Abgeordneten vertreten, doch als die zwei Abgeordneten der Niedersächsischen Landespartei (später Deutsche Partei) sich der christlichen Fraktion anschließen, verfügen Schumachers Gegner über einen leichten Vorsprung, auch können sie auf die Unterstützung von vier liberalen Abgeordneten zählen. Angesichts dieser Machtverhältnisse wäre es ein Gebot der Klugheit, auf einen Kompromißvorschlag einzugehen, den ausgerechnet sein großer Gegenspieler macht. Adenauer signalisiert der SPD, die CDU werde einen sozialdemokratischen Kandidaten für das Amt des Wirtschaftsdirektors unterstützen, wenn die SPD auf drei der acht Wirtschaftsminister in den Ländern verzichte. Ganz offensichtlich unterschätzt Adenauer zu dieser Zeit noch die politischen Möglichkeiten, welche die Position eines Wirtschaftsdirektors der Bizone enthält und zieht Christdemokraten als Leiter der Wirtschaftsministerien in Bayern und Nordrhein-Westfalen vor. Aber auch Schumacher verkennt das Gestaltungspotential des Frankfurter Amts, als er den Handel schlichtweg ablehnt.

Die SPD-Fraktion wird nominell von seinem alten Freund Erwin Schoettle aus Stuttgart geführt, aber die Weichen stellt dessen Stellvertreter Kriedemann als Geschäftsführer der Fraktion. Kriedemann ist der Vertrauensmann, über den Schumacher, zum Verdruß mancher Abgeordneter, die Fraktion vom fernen Hannover aus an enger Leine führt. Als die Wahl des SPD-Kandidaten für das Amt des Wirtschaftsdirektors, Alfred Kubel, an der bürgerlichen Mehrheit scheitert, zieht die SPD ihre Kandidaten für die anderen Verwaltungsdirektionen zurück und überläßt damit CDU und FDP kampflos sämtliche Ressorts. Erwin Schoettle erklärt, die SPD sei »durch die Mehrheit des Hauses der Möglichkeit beraubt worden, in den führenden Stellen bei der Gestaltung des deutschen Wirtschaftslebens mitzuwirken«, doch wirkt, was er da mit pathetischem Schmollton vorbringt, angesichts der SPD-Position in den Ländern heuchlerisch. Haben sich die Sozialdemokraten in Frankfurt dieser Möglichkeit nicht selbst begeben, sich kraft eigenen Willens ins Abseits katapultiert?

Daß Schumacher diese Fehlentscheidung maßgeblich verursacht hat, kann keinem Zweifel unterliegen, und wieder einmal ragt die Weimarer Erfahrung unter den Motiven, die ihn zu seiner kompromißlosen Haltung bewogen haben, bestimmend hervor. Wenn die Sozialdemokraten im Wirtschaftsrat mittun und einige der Direktoren stellen, die Bürgerlichen jedoch den Kurs der Wirtschaftspolitik bestimmen, droht dann nicht eine Wiederholung der Tolerierungspolitik? Zwar hielt die SPD damals Brüning an der Macht, um den Nationalsozialisten den Weg in die Regierung zu verlegen, aber dafür, daß sie Brünings Deflationspolitik duldete, hatte sie bei Wahlen einen unerhört hohen Preis zu zahlen. »Die CDU hat ... gewußt, was sie tat«, verteidigt Schumacher die Frankfurter SPD-Haltung gegenüber dem SPD-Abgeordneten Berger, der Zweifel an der Weisheit der getroffenen Entscheidung äußerte: »Wenn einige Illusionisten in ihren Reihen vielleicht noch glauben konnten, daß man mit der Erpressung der Sozialdemokraten dort fortfahren könne, wo man 1932 aufgehört hat, so war ihnen doch eindeutig gesagt worden, daß heute die Verhältnisse andere seien.« In der Verantwortung, aber ohne Einfluß auf den Lauf der Wirtschaftspolitik, meint Schumacher, »könnten wir dem Volk nur schaden«. Hinzu kommen prinzipielle Überlegungen über den Sinn jeder Koalitionspolitik. Für ihn heißt Koalition Zusammenarbeit, nicht Unterwerfung. »Wenn man zur Mehrheitsbildung nicht notwendig ist, sondern von den anderen Parteien in jeder Phase der Entwicklung korrigiert werden kann«, sagt er vor Jungsozialisten in Emmeshausen, »dann ist das keine echte Koalition, sondern [es ist] ein mindestens unterwerfungsähnlicher Zustand gegeben.« Keine Frage: In einer solchen Lage entscheidet ein Schumacher klar zugunsten der Opposition.

Praktisch stärkt Schumacher, indem er durch seine starre Haltung eine gemeinsame Verantwortung im Wirtschaftsrat verhindert, Adenauers Bemühen um eine bürgerliche Koalition, und dies zu einer Zeit, als die CDU/CSU in dieser Frage noch keineswegs geschlossen ist. Im Gegenteil, viele CDU-Landespolitiker in Süddeutschland neigen zu der Auffassung, die wirtschaftliche Not erfordere ein Zusammengehen mit den Sozialdemokraten. Karl Arnold steht in Düsseldorf an der Spitze einer großen Koalition, ist der innerparteiliche Antipode Adenauers in Nordrhein-Westfalen und hält nichts von dessen Bürgerblock-Ideen. Doch sein Arm reicht nicht bis in die CDU/CSU-Fraktion im Wirtschaftsrat, wo nur drei Abgeordnete zum christlichen Gewerkschaftsflügel zählen. Wenn Schumacher sich so eindeutig für die Opposition entscheidet, hat dies auch mit der Überlegung zu tun, das gegenwärtige Provisorium werde unmöglich von langer Dauer sein. Er geht davon aus, über kurz oder lang müßten politische Wahlen die Entscheidung über die endgültige Gestalt des deutschen Neubeginns bringen. Im Kampf um die künftigen Mehrheitsverhältnisse, die für ihn noch längst nicht entschieden sind, hat die Übernahme der Oppositionsrolle immerhin den Vorzug klarer Fronten: Er kann die CDU in den kommenden Wahlkämpfen als Unternehmerpartei darstellen, als »Instrument der herrschenden Schicht«, die sich unter dem Schutz der Besatzungsmächte einschleicht und deren »klassenpolitische Motive« er anprangern will.

Es bleibt bei dieser eindeutigen Rollenverteilung auch, als die Bizonen-Verwaltung im Frühjahr 1948 umgebildet wird und mit der Wahl des Adenauer-Vertrauten und früheren Staatssekretärs in der Reichskanzlei, Hermann Pünder, zum Oberdirektor einen Pseudo-Regierungschef erhält. Die Verdoppelung der Mandatszahl hat zu keiner Änderung der Mehrheitsverhältnisse geführt, und die Chefs der beiden großen Fraktionen kommen überein, daß »der deutsche Patient« nicht von »zwei in ihrer Auffassung nicht übereinstimmenden Ärzten mit sich gegenseitig aufhebenden Medikamenten« behandelt werden dürfe, wie Friedrich Holzapfel für die CDU/CSU erklärt. Die SPD-Fraktion verzichtet sogar darauf, Gegenkandidaten bei der Wahl des Direktoriums aufzustellen und gibt weiße Stimmzettel ab – »wobei Fraktionszwang zu üben ist«, wie der Abgeordnete Gerhard Kreyssig, gewiß kein Gegner dieser Politik, in seinem Tagebuch penibel vermerkt. Kampflos läßt die SPD damit auch die Wahl des neuen Wirtschaftsdirektors, des früheren bayerischen Wirtschaftsministers Ludwig Erhard passieren, eines damals freilich noch weitgehend unbeschriebenen Blatts und Parteilosen, für dessen Wahl sich vor allem die FDP stark gemacht hat. Viele CDU-Abgeordnete treten für ihn nur sehr zögernd ein. Weder ahnt Schumacher, daß ihm mit Ludwig Erhard fortan in Frankfurt der künftige Hauptgegner auf dem Feld der Wirtschaftspolitik gegenübersteht, noch gar Adenauer, daß dieser fränkische Professor mit seiner liberalen Wirtschaftspolitik der Idee vom antimarxistischen Bürgerblock erst Leben einhauchen und sie schließlich von Wahlsieg zu Wahlsieg führen wird.

Allen späteren Legendenbildungen zum Trotz, ist die Frankfurter Konfrontation, auf die sich die Fraktionen der beiden großen Parteien einigen, ganz und gar nicht im Sinne der Alliierten. Lucius D. Clay scheint weder über die politische Zuspitzung im Wirtschaftsrat noch über das Tempo erfreut, mit dem Erhard an die Liberalisierung der Wirtschaft geht. Mehrfach geben die Generäle Narney und McReady vom Bipartite Control Board dem Wunsch von Briten und Amerikanern Ausdruck, CDU und SPD sollten sich besser auf eine gemeinsame

Linie einigen; was der Wirtschaftsrat beschließe, sei meist nur der Plan einer Partei, aber nötig sei »ein deutscher Plan«, wenn die Militärregierungen in Washington und London Unterstützung für die nötigen Maßnahmen finden sollten.

»Die Stärkung der Massenkaufkraft ist die wesentlichste Voraussetzung zur Überwindung der wirtschaftlichen, sozialen und politischen Krisen.« Der Satz stammt von Schumacher, aber Ludwig Erhard hätte ihn genausogut sagen können. Auch Erhard sucht ja den Gegensatz zwischen arm und reich, die alte, konservative soziale Struktur in Deutschland zu überwinden, aber er will dies durch mehr Markt und Förderung des Wettbewerbs, der allein zur Hebung der Massenkaufkraft führen wird, wie er optimistisch glaubt. Er geht dabei Wege, die Adenauer im Prinzip zwar für richtig hält, die ihm zeitweise jedoch viel zu riskant erscheinen. Schumacher verneint sie prinzipiell, weil er unter einer freien Wirtschaft à la Erhard die »Anarchie der Beutemacher« versteht und einen zügellosen Liberalismus am Werke sieht, der mit sozialistischen Vorstellungen von Planung und Lenkung unvereinbar ist. Durch sein Leitsätzegesetz, das wichtige Preise freigibt und die Bewirtschaftung weitgehend aufhebt, verwandelt Erhard die Währungsreform, die ja ausschließlich von den Alliierten verantwortet wird, in eine radikale Wirtschaftsreform und führt sie damit erst zu ihrem durchschlagenden Erfolg. Es dient als Hebel zum Programm der Sozialen Marktwirtschaft – Alfred Weber wird der SPD übrigens ankreiden, daß sie auf diesen Slogan verzichtet hat! – mit dem Leitsätzegesetz wagt er den »Sprung ins kalte Wasser«, wie er selbst seine Politik in diesen Wochen beschreibt. Nicht vorsichtig tastend von Schritt zu Schritt, sondern so zügig, daß selbst die eifrigsten Befürworter von *free enterprise* im US-Military Government ein Schwindeln überkommt, setzt er jene marktkonformen Wirtschaftskräfte frei, die schließlich zum Wirtschaftswunder führen.

Natürlich stimmt die SPD-Fraktion im Wirtschaftsrat gegen das Gesetz, weil »keine Sicherheit für eine gerechte Verteilung der lebensnotwendigen Güter gegeben ist«, wie das Sitzungsprotokoll der Fraktion vom 16. Juni 1948 vermerkt. Daß jedoch viele SPD-Anhänger die Haltung ihrer Partei nicht recht nachvollziehen können, bezeugt ein an Fritz Heine adressierter Brief des Wirtschaftsrats-Abgeordneten Paul Bleiß: »Es herrscht vielfach die Ansicht vor, daß die Politik der CDU und FDP richtig war und daß das Ergebnis die jetzige Warenfülle ist«, schreibt Bleiß über seine Eindrücke von einem Besuch in

Düsseldorf. »Wäre die Ablehnung der ›Leitsätze‹ nach den Vorschlägen der SPD erfolgt – wird weiter argumentiert –, dann wäre die heutige zusätzliche Versorgung nicht erfolgt.« Ebenfalls in einem Brief an Heine äußert Leopold Goldschmidt, ein Mit-Herausgeber der *Frankfurter Rundschau*, Bedenken gegen die Kompetenz der SPD-Wirtschaftspolitiker: »Was auch so tief bedrückt, ist der Umstand, daß anscheinend den wirtschaftspolitischen Sprechern der SPD jedes brauchbare Progamm für die Gegenwart fehlt«. Wie der Parteivorstand in Hannover denkt, wie sehr die engsten Mitarbeiter Kurt Schumachers mit ihren wirtschaftspolitischen Analysen danebenliegen, dafür steht Fritz Heines Antwort geradezu exemplarisch: »Ich glaube, daß die Erhardsche Lockerung der Bewirtschaftung in der Tat die Katastrophe für Westdeutschland bedeutet, wenn nicht eingegriffen wird. Die Dinge sind jetzt noch nicht sichtbar; unter der Oberfläche jedoch schon so schlimm, daß ich die allergrößten Befürchtungen habe, insbesondere für die Versorgung mit wichtigen Lebensmitteln.«

Vor allem zwei Männer bestimmen die SPD-Wirtschaftspolitik zu Schumachers Lebzeiten, beide erklärte Gegner von Ludwig Erhard und allem, wofür er steht: Dr. Viktor Agartz und Professor Erik Nölting. Zumindest Agartz, ein dialektisch geschliffener Intellektueller, der sich anfänglich besonderer Förderung durch Schumacher erfreut, ist in seinen wirtschaftspolitischen Vorstellungen entscheidend vom Marxismus geprägt. Der studierte Volkswirt stammt aus einer Metallarbeiterfamilie in Remscheid, lehrt vor 1933 als Dozent in Gewerkschaftsseminaren und schlägt sich im Dritten Reich als Wirtschaftsprüfer durch. Die britische Militärregierung bestellt ihn zum Leiter des Zentralamts für die Wirtschaft in ihrer Besatzungszone, doch versagt er, obschon »kenntnisreich und tüchtig, sehr nüchtern und bienenfleißig«, als Administrator und verzettelt sich in Kleinigkeiten. Wie sein Vorsitzender ist er davon überzeugt, die historische Konsequenz der deutschen Geschichte gebiete geradezu zwingend die Entmachtung der Großindustrie und ihre demokratische Kontrolle, aber konsequenter als dieser verfolgt er die Ziele einer linkssozialdemokratischen Wirtschaftspolitik. Auf dem hannoverschen Parteitag hält er das wirtschaftspolitische Referat und erhält nach Kurt Schumacher die höchste Stimmenzahl. Die von Agartz entworfenen Leitsätze für eine sozialistische Wirtschaftsverfassung verlangen die Vergesellschaftung von Schwerindustrie, Banken und

Der »Vater« der sozialen Marktwirtschaft: Ludwig Erhard (Mitte), späterer erfolgreicher Bundeswirtschaftsminister, mit seinen sozialdemokratischen Gegnern Viktor Agartz (links) und Erik Nölting (rechts).

Energieunternehmen. Ein »bestimmender zentraler Einfluß auf Umfang und Richtung der Produktion und damit sowohl auf den Stand der Beschäftigung als auch auf Größe und Zusammensetzung des Sozialprodukts« sind nach den Vorstellungen des konsequenten Planwirtschaftlers unerläßlich.

Weit weniger überzeugt im marxistischen Glauben zeigt sich Erik Nölting, ein aus Altena in Westfalen gebürtiger Wirtschaftswissenschaftler, der schon auf dem Leipziger Parteitag 1931 den naiv-marxistischen Jungsozialistenchef Erich Ollenhauer kritisierte. Die Nöte der Zeit, so Nölting damals, ließen sich wahrlich nicht dadurch heilen, »daß man das dünne Pflästerchen eines Marx-Zitats draufklebt«. Ein Mann der spitzen Worte und des dialektischen Schlagabtauschs, hat Nölting als preußischer Landtagsabgeordneter auf sich aufmerksam gemacht, als er mit dem »Kardinalstaatssekretär der NSDAP für ökonomische Fragen«, Gottfried Feder, im Berliner Rundfunk die Klingen kreuzte und das Rededuell eindeutig gewann. Nach seiner Auffassung darf der »polypenartige Planungsapparat« der Kriegs- und ersten Nachkriegsjahre nicht dazu genutzt werden, dem »etwas kahlgeschorenen Scheitel des Liberalismus einen neuen Heiligenschein« zu geben. Damit ist er nicht weit von Schumacher, der immer wieder betont, daß die Sozialdemokratie zwar die zentrale Planung der Wirtschaft wolle, jedoch keinesfalls die »detaillierte zentrale Planwirtschaft«.

Er wünsche die Konkurrenz auch der sozialisierten Betriebe, »nach Möglichkeit im Rahmen der Marktwirtschaft«, sagt Schumacher vor dem Parteitag in Nürnberg und verwahrt sich dagegen, die Rationierungswirtschaft der Notzeit mit seinen idealen Vorstellungen einer sozialistischen Wirtschaftsordnung gleichzusetzen: »Es gibt keine größere moralische Unredlichkeit als den Versuch der Besitzbürger, die Kriegswirtschaft und die bürokratische Bewirtschaftung des Mangels mit dem Sozialismus zu identifizieren.« Genau dies freilich geschieht dann im Zuge jener Polarisierung, die er selbst mitzuverantworten hat. Gegen die Wirtschaftspolitik Erhards wendet er ein, sie entfessele einen »Egoismus, der alle Bindungen und volkswirtschaftlichen Zusammenhänge verkennt und ignoriert«. Der Unternehmerstaat sei für Deutschland weder die modernste noch die beste noch gar die »für das Leben des einzelnen tauglichste Form«. Nicht minder heftig wehrt er Versuche ab, die Realität im Osten als Meßlatte für den Sozialismus zu nehmen, denn was da als Sozialismus firmiere, stelle lediglich eine besondere Spielart des Staatskapitalismus dar – die »staatliche Lenkung der Ausbeutung«.

In der Öffentlichkeit überwiegt der Eindruck eines absoluten sozialdemokratischen Nein, gleichbedeutend mit einer wirtschaftspolitischen Fundamentalopposition, einem Nein freilich, das mit anhaltendem Wirtschaftsaufschwung einem halbherzigen »So nicht!« weichen muß. Erik Nöltings Nichte Claudia schreibt in ihrer Studie über den Onkel als Wirtschaftsminister und Theoretiker: »Nöltings Dilemma war es, daß das, was er aus ehrlicher Überzeugung den Wählern an Konstruktivem zu bieten hatte, längst nicht mehr ankam und er sich auf Positionen zurückziehen mußte, wo er eigentlich ›ganz ähnliches‹ wollte, nur ein bißchen besser.« Was macht der Wähler in einer solchen Situation? Er entscheidet sich für das Original.

Als Erhard mit seinem marktwirtschaftlichen Konzept zu Beginn des Koreakrieges vorübergehend ins Schleudern gerät, zur Steuerung der Investitionen ein Wirtschaftssicherungsgesetz vorlegt und im Bundestag von der Notwendigkeit einer »straffen Führung der Wirtschaftspolitik« spricht, glaubt Nölting ihn im März 1951 bereits am Ende und spottet über den Wirtschaftswundermann im Bundestag: »Was Sie heute auf dieses Podium brachten, war die Mumie Ihrer Marktwirtschaft.« Schwer zu vermitteln ist der sozialdemokratische Widerstand gegen Erhard den Wählern und der Öffentlichkeit schon deshalb, weil die Sozialdemokraten keine geschlossene Phalanx bilden. Zwar stimmt ihre Fraktion im Frankfurter Parlament in den Jahren 1948/49 mit geradezu wütender Entschlossenheit gegen alles, was Erhard vorzubringen hat, aber im Exekutivrat der Ländervertreter, einem Vorläufer des Bundesrats, erheben die sozialdemokratisch geführten Regierungen kaum Einwände gegen das Leitsätzegesetz oder die nachfolgenden Verordnungen des erzliberalen Wirtschaftsdirektors.

Nach Karl Schiller, damals Wirtschaftssenator in Hamburg, haben die sozialdemokratisch geführten Landesregierungen allesamt die Erhardschen Beschlüsse – Freigabe der Preise und der Löhne, aber auch die »Kastration des gesamten Lenkungssystems« – loyal exekutiert. Wenn sie dies tun können, geht das zum Teil auf Schumachers prinzipielle, ideologisch motivierte Feindschaft gegen Länderkompetenzen zurück. Früh sieht der SPD-Chef im Wirtschaftsrat ein Prinzip am Werk, welches er als Anhänger einer möglichst starken Zentralgewalt nur begrüßen kann – daß nämlich Reichsrecht Landesrecht bricht, wie es in einem SPD-Kommuniqué vom 1. Juni 1946 heißt. Das Ergebnis dieser Einsicht ist politisch paradox, ja, kontraproduktiv: Unter Schumachers Einfluß schwächt die SPD den Exekutivrat der Länder, in dem sie doch alle Wirtschaftsminister stellt, zugleich unternimmt sie alles, um die Mehrheit der parlamentarischen Versammlung zu stärken, wo sie sich klar in der Minderheit befindet.

Die Reichen werden immer reicher, die Armen immer ärmer – mit dieser These gibt Schumacher seinen Wirtschaftspolitikern Agartz und Nölting das Stichwort, den marktwirtschaftlichen Kurs Erhards erbittert anzufeinden. Karl Schiller: »Agartz und Nölting kämpften um den Erhalt der Preiskontrollen, der Zuteilungen der Mengen, sie traten für ein vielleicht verfeinertes Planungssystem ein, aber indem sie dies taten, forderten sie doch die zentrale Verwaltungswirtschaft, und diese war eine, wenn auch modifizierte, Verlängerung der Kriegswirtschaft.« Daß die SPD damit wirtschaftspolitisch in die Defensive gerät, bleibt schon 1948 nicht ohne Widerspruch in den eigenen Reihen. Gustav Dahrendorf, inzwischen ein Mann der Konsumgenossenschaften und Mitglied des Präsidiums des Wirtschaftsrats, äußert früh Zweifel am Kurs von Agartz und Nölting. Fritz Henßler, der Oberbürgermeister von Dortmund, wie Schumacher die längste Zeit des Dritten Reichs in Konzentrationslagern, prägt für den von ihm kritisch betrachteten SPD-Kurs im Wirtschaftsrat die provozierend prägnante Formel: »CDU, übernehme Du!«

Nach einer Reise durch die USA im Frühjahr 1950 berichtet Schiller Schumacher über seine Eindrücke von der politischen und ökonomischen Lage in Amerika. Als sie auf die deutsche Wirtschaftspolitik zu sprechen kommen und Schiller beklagt, wie sehr die Sozialdemokraten doch ins Abseits geraten seien, muß er zu seinem Erstaunen feststellen, daß Schumacher den Kurs von Nölting und Agartz noch immer unterstützt. Aber der Vorsitzende läßt auch durchblicken, daß er persönlich eigentlich zufrieden wäre, wenn man in der Bundesrepublik ein System à la Roosevelt durchführen könnte, eine stark interventionistische Politik, die allerdings keine Absage an die Marktwirtschaft darstellt – das, so Schiller, »war die Idealvorstellung von Kurt Schumacher, und es zeigte mir, daß er in Wirklichkeit in dieses Wirtschaftssystem von Bezugscheinen und Rationierungsmarken nicht vernarrt war«.

Doch eine Kurskorrektur der wirtschaftspolitischen Vorstellungen, der unumgängliche Anpassungsprozeß an eine längst von Erhard gestaltete und geprägte Wirklichkeit, setzt erst viele Jahre nach Schumachers Tod ein, erfolgt in Etappen und zieht sich hin bis zur entscheidenden Neuorientierung auf dem Godesberger Parteitag. Ludwig Erhard, als Direktor der Verwaltung für Wirtschaft, danach als Bundeswirtschaftsminister, ist unter den führenden Politikern seiner Zeit wohl der einzige, der über eine Vision von der kommenden deutschen Gesellschaft verfügt. Nicht nur Schiller, auch der amerikanische Historiker David Schoenbaum werten ihn als den eigentlichen Revolutionär der deutschen Nachkriegszeit. Daß die Westdeutschen sich zur offenen Gesellschaft entwickeln, welche dem einzelnen möglichst viel Freiheit gibt, »war eine Vision, die Erhard zügig und mutig durchsetzte«, meint Schiller. »Dabei handelte es sich ja nicht nur um die Freiheit des Konsums, es ging auch um die Freiheit der Berufswahl, die Freiheit der Arbeitsplatzwahl und die Freiheit der Reise« – konstitutive Elemente der deutschen Bundesrepublik, ohne die sie schon Mitte der fünfziger Jahre nicht mehr denkbar ist, die zu Massenwohlstand führen und sie zum Magneten werden lassen. Die materielle Wahlfreiheit, welche den einzelnen aus der »Knechtschaft durch die Bürokratie« entläßt, wie Erhard einmal formuliert, bedeutet letztlich Bürgerfreiheit und steht am Anfang der langen Entwicklung der Westdeutschen zur zivilen Gesellschaft. So gesehen, sind auch die studentischen Rebellen von 1968 Erhards Kinder – Sprößlinge einer Wirtschaftswundergesellschaft, ohne deren materielle Sicherheit ihr Aufstand gegen die Väter unvorstellbar ist.

Ein faires Urteil über die weitgehend von Agartz und Nölting bestimmte wirtschaftspolitische Linie der SPD-Opposition in Frankfurt muß allerdings berücksichtigen, daß die Ergebnisse der Liberalisierungspolitik die Kritiker Erhards schon nach wenigen Monaten voll zu bestätigen scheinen. Auf die erste Phase des Staunens über die ungeahnte Warenfülle in den Schaufenstern, die aus der Freigabe der Bewirtschaftung resultiert, aber natürlich auch das Ergebnis von Hortung ist, folgt eine Teuerungswelle, die nach fünfzehn Jahren des Preisstopps wiederum den kleinen Mann am härtesten trifft. Die Preise für Lebensmittel klettern bis zu 18, die für Bekleidung bis zu 35 Prozent, die für Eier verfünffachen sich, indes der Lohnstopp bis Anfang November weiter gilt. So ertönt sehr bald der Ruf nach der Wiedereinführung staatlicher Preisvorschriften, und die Gewerkschaften rufen für den 12. November 1948 zu einem 24stündigen Generalstreik auf, um der neuen Marktwirtschaft endgültig den Garaus zu machen.

Rund 80 Prozent aller Arbeitnehmer folgen dem DGB-Appell und legen die Arbeit nieder, aber die SPD hält sich relativ bedeckt. Zwar spricht sie von einer »verständlichen Reaktion der organisierten Arbeiterschaft auf die Erhard'sche Wirtschafts- und Preispolitik« und unterstützt den Ausstand mit politischen Erklärungen, aber sie nutzt ihn keineswegs, um sich an die Spitze einer außerparlamentarischen Bewegung zu stellen, welche in diesen kritischen Wochen vielleicht den wirtschaftpolitischen Kurs Erhards in Frankfurt hätte aus den Angeln heben können.

Schumacher ist um diese Zeit noch ans Krankenbett gefesselt, aber seine Partei folgt letztlich nur der Devise, die er, ein überzeugter Anhänger der parlamentarischen Demokratie, im Jahr zuvor in Nürnberg ausgegeben hat: »Wir sind gegen eine Politik politischer Streiks. Wir sind gegen jede Politik leichtfertiger Streiks. Über dem Streik muß das stehen, was früher einmal in die Kanonen eingraviert war: Ultima ratio regis«, wobei er das Wort regis natürlich durch das Wort Volk ersetzt sehen will. Freilich ist, wenn sich die Sozialdemokraten um einen disziplinierten Ablauf der Protestaktion bemühen, die Konkurrenz der KPD/SED, die nur zu gern eine gemeinsame außerparlamentarische Front gegen den »Spalterrat« von Frankfurt errichtet hätte, ein nicht geringes Motiv. Die Millionen hätten »besonnen« ihre Macht demonstriert, lobt Erich Ollenhauer im *Neuen Vorwärts*: »Sie verwandelten die Emsigkeit des Werktags in die friedliche Stille eines Feiertags, und sie kehrten dann ebenso geschlossen und diszipliniert an ihre Arbeitsplätze zurück. Es passierte nichts, aber es geschah doch etwas sehr Wesentliches: Eine ernste, eindrucksvolle Warnung an alle, die es angeht: Schluß mit der Politik des Egoismus und der Gewinnsucht auf Kosten der breiten Massen des Volkes!«

Erhard wankt, aber es fehlt am entscheidenden Stoß zu seinem Fall. Die Regierung Karl Arnold fordert über den Länderrat die Errichtung eines unabhängigen Preisamts in Frankfurt, das dem Verwaltungsdirektor für Wirtschaft nicht unterstehen soll und wird dabei von sämtlichen Länderregierungen, auch den christdemokratisch geführten, unterstützt. Zwar ist Arnolds Initiative kein Erfolg beschieden, weil der Wirtschaftsrat sich für Erhard schlägt, aber sie zeigt, daß der noch immer parteilose Wirtschaftsdirektor in dieser entscheidenden Anfangsphase der Marktwirtschaft der Unterstützung wichtiger Teile der CDU keineswegs sicher ist. Die Wellen schlagen hoch, in der Auseinandersetzung verliert der sonst stets um Harmonie bemühte Erhard vorübergehend die Contenance, spricht vom »hysterischen Gekeife der Kollektivisten aller Sorten« und bezeichnet die Gegner seiner Wirtschaftspolitik durchweg als »Bonzokraten«; aber auch die Gegner haben längst die Glacéhandschuhe ausgezogen: das Leitsätzegesetz, sagt Schumacher, sei ein neues »Ermächtigungsgesetz«, sein Autor ein »Trinkgeldnehmer der Großindustrie«. Die bürgerliche Mehrheit, die seine Politik bisher unterstützt hat, wird nervös. »Im Wirtschaftsrat stand das Barometer auf Sturm«, schildert Erhard selbst diese Monate. »Ja, in nahezu allen Schreibtischschubladen der Verwaltung für Wirtschaft, deren Chef doch jener energische Kämpfer gegen Bewirtschaftungs- und Preisvorschriften war, lagen insgeheim Neufassungen der eben erst aufgehobenen Verordnungen griffbereit. Das Amt selbst war allenthalben an den Thesen seines Chefs irre geworden.«

Aus heutiger Sicht, nachdem der Erhardsche Kurs zu ungeahnten Erfolgen geführt hat, handelt es sich um Turbulenzen und Anpassungsschwierigkeiten, wie sie nach einem radikalen Währungsschnitt und einer nicht minder radikalen Umstellung von der zentralen Verwaltungs- auf die Marktwirtschaft, unumgänglich erscheinen. In der Tat kehrt sich der Trend auch schon im Dezember 1948 um: Die Preise fallen wieder. Der Zustimmungspegel zur neuen Wirtschaftsform steigt langsam, aber stetig, auch wenn die Zahl der Ablehnenden um die Jahreswende noch erheblich ist. Im Dezember 1948 haben sich 41 Prozent der westdeutschen Bevölkerung neue Schuhe gekauft, 28 Prozent einen neuen Anzug, Mantel oder ein Kleid, 8 Prozent ein größeres Möbelstück erworben. Es war »der Anfang eines Friedens, der ausbrach, indem die Ordnung des Mangels, wie sie Krieg und Nachkrieg geformt hatten, verschwand. Die Zeit, in der ein paar Kartoffeln oder ein Bett-Tuch ›Besitz‹ gewesen waren, war aus dem Gedächtnis gewischt«, meint Elisabeth Noelle-Neumann in einer Bewertung ihrer Umfragen jenes Jahres. Doch sie setzt auch hinzu. »Armut und Wohlstand, die uralten sozialen Unterscheidungen, tauchten wieder auf.«

In der Tat: Durch die Währungsreform gewinnen die sozialen Gegensätze dramatisch an Brisanz, zumal kein Lastenausgleich den Währungsschnitt mildert, dessen Kosten vor allem Rentner, Arbeitnehmer und Sparer zu tragen haben, indes die Besitzer von Waren und Produktionsmitteln »in fast zynischer Weise«, so Schumacher, bevorzugt werden. Für ihn bleibt sie ein »halbes und gefährliches Werk«, denn die »Wenig- oder Nichtbesitzenden, die Arbeiter und Intellektuellen, die Ausgebombten, Evakuierten und Flüchtlinge haben einen schlechten Start gegenüber der Front der Sachwertbesitzer«. Stets hat er vor einer Umstellung der Währung gewarnt, die sich im Technischen erschöpft, eine Reform hält er nur für zukunftsträchtig und erfolgverheißend, »wenn sie untrennbar mit dem gerechten sozialen Lastenausgleich gekoppelt ist«, erklärt er im Juni 1947 in Nürnberg. Vor dem Gründungskongreß des SDS in Hamburg knüpft er an Disraelis' Bild von den zwei Nationen an, die in einem Volke leben, der kleinen Schicht der Reichen und der großen Masse der Armen: »In Deutschland leben die beiden Nationen so meilen- und weltenfern voneinander, daß sie sich gar nicht mehr sehen können.«

Schumachers Vorstellung von einem Lastenausgleich geht dahin, daß Sachwerte und reales Vermögen, nicht nur die Erträge von Immobilien, Hypotheken, Aktien oder Grundvermögen herangezogen werden. Sie zielt also nicht auf Milderung, sondern auf den realen, den »quotalen« Ausgleich entstandener Härten. »Quotal hieß, wer viel hatte, sollte auch viel abgegeben«, erinnert sich Pastor Heinrich Albertz, der Schumacher damals als Flüchtlingsminister in Hannover und Mitglied des Parteivorstands in Vertriebenenfragen berät. »So sollten soziale Strukturen auch für Flüchtlinge wieder hergestellt, Besitz für den, der ihn im Osten verloren hatte, im Westen wieder möglich werden.« Aber wie soll dies funktionieren? Sollen aus einer Mühle im Bayerischen Wald zwei werden, damit der vertriebene Mühlenbesitzer aus Schlesien wieder zu einer, wenn auch kleineren Mühle kommt? Aus jeder mittleren Fabrik drei? Weder Schumacher noch irgendein anderer Sozialdemokrat führen je konkret aus, wie ein solcher, von ihnen gelegentlich als »radikal«, meist jedoch als »real und sozial gerecht« bezeichneter Lastenausgleich aussehen soll. Klar ist nur, daß er ohne drakonische Umverteilung, ohne tiefgreifende Veränderungen privater Eigentumsstrukturen nicht funktionieren kann. Was immer den Sozialdemokraten vorschweben mag, es scheitert im Ansatz bereits an den Alliierten.

Eine Forderung der Länder, die künftige Währungsreform an eine Regelung der inneren und äußeren Kriegsfolgen, also an einen Lastenausgleich zu koppeln, wird von den Amerikanern und Briten verworfen. Mehr als ein Gesetz zur Milderung dringender sozialer Notlagen gestatten sie nicht, weil sie befürchten, soziale Experimente könnten den Erfolg der Geldumstellung gefährden. Erst nach vier Jahren Wirtschaftsaufschwung kommt dann, unter Verantwortung der ersten Bundesregierung, schließlich jene Art Lastenausgleich zustande, welcher die Bürgerkoalition zweifellos schon im Frankfurter Wirtschaftsrat den Vorzug gegeben hätte: Alle Vermögen, die bei der Währungsreform 5000 DM überstiegen, werden zwar mit einer Abgabe von 5 Prozent belastet; da dieser Betrag jedoch über einen Zeitraum von 30 Jahren in Raten zu entrichten und bei Immobilien nicht der Verkehrs-, sondern der Einheitswert zugrunde gelegt wird, handelt es sich praktisch um eine zeitlich befristete Besteuerung von Vermögenserträgen, nicht jedoch um den Zugriff auf das Vermögen selbst, wie Schumacher dies für unerläßlich hält. Der krasse Gegensatz der Konzeptionen wird deutlich in seiner Entgegnung auf Adenauers erste Regierungserklärung: »Wenn der Bundeskanzler erklärt, nur eine blühende Wirtschaft könne die Belastung aus dem Lastenausgleich tragen, dann werden wir daraus folgern müssen, daß man in den entsprechenden Kreisen der Regierung den radikalen und endgültigen Lastenausgleich nicht gerade mit heißem Herzen will ... Der Lastenausgleich, der notwendig ist, ist doch ein Lastenausgleich, der weitgehend zur Veränderung der Eigentumsverhältnisse und vor allem zu einer Veränderung der Einkommensverhältnisse beiträgt.«

Was die Regierung anstrebt, setzt in der Tat ein stetig wachsendes Sozialprodukt voraus. Nur so ist sie in der Lage, die Zuwächse zugunsten der Vertriebenen umzuverteilen, ohne durch Eingriffe in die Eigentumsstrukturen jenen Wirtschaftsaufschwung zu gefährden, der Ausgleichszahlungen für Vertriebene überhaupt erst möglich macht. Eine Methode, wie sie – unvorstellbar für die Mehrheit der Sozialdemokratie der damaligen Zeit – später erfolgreich auch der sozialdemokratische Wirtschaftsminister Karl Schiller im Dienst einer Wirtschaftspolitik praktiziert, die mehr soziale Gerechtigkeit intendiert. Immerhin werden durch diese Form des Lastenausgleichs rund 126 Milliarden Mark aufgebracht. Eine volle Entschädigung der durch Vertreibung erlittenen Vermögensverluste ist ohnehin illusorisch, aber die Mehrheit der Betroffenen erhält eine Zusatzrente, eine Entschädigung für den verlorengegangenen Hausrat oder Kredite zur Gründung einer neuen beruflichen Existenz. Die Vorstellungen der Sozialdemokraten lassen sich nicht von ihren übrigen wirtschaftspolitischen Vorstellungen trennen, denn durch den Zugriff auf den Gewinn der sozialisierten Betriebe wäre auch die Finanzierung eines Lastenausgleichs denkbar gewesen. Aber hätte eine sozialisierte Wirtschaft je die Mittel aufbringen können, welche eine blühende – die Marktwirtschaft – schließlich dafür flüssig macht?

Mit ihren Sozialisierungsforderungen stößt die SPD auf ein klares Nein der Besatzungsmächte, eine Tatsache, die Schumacher wiederholt zu der Feststellung verleitet, die soziale und politische Revolution 1945 in Deutschland sei durch die militärische Besetzung verhindert worden. Formell zumindest liefert ihm die amerikanische Militärregierung dafür Argumente, als sie die Anwendung des § 41 der hessischen Verfassung von 1946 untersagt, den 71 Prozent der hessischen Wähler in einer gesonderten Volksabstimmung gebilligt haben. Er fordert die Überführung des Kohle-, Kali- und Erzbergbaus, der Betriebe der Erz- und Stahlerzeugung, der Energiewirtschaft und von Teilen des öffentlichen Verkehrs in Gemeineigentum. Die Amerikaner suspendieren auch jene Paragraphen des hessischen Betriebsrätegesetzes, welche die Mitbestimmung der Arbeitnehmer bei so zentralen Unternehmensentscheidungen wie der Festlegung der Produktionspalette, der Feststellung von Bilanzen oder der Veränderung des Betriebskapitals vorsehen.

Nicht viel anders als in Hessen verlaufen die Fronten in Nordrhein-Westfalen, wo die große Koalition unter Karl Arnold die Sozialisierung des Kohlebergbaus beschließt und die Militärregierung im Sommer 1948 bittet, die von den Briten beschlagnahmten Kohlegruben einer deutschen gemeinwirtschaftlichen Verwaltung zu überstellen. Schumacher setzt zunächst auf die Labour Party und deren »Verständnis und Zusammenarbeit«, er bangt um das Gelingen des »großen Experiments auf der kleinen Insel«, wie er vor dem Parteitag in Nürnberg sagt, weil es für die Zukunft der ganzen demokratisch-sozialistischen Welt entscheidend sei. Doch die Briten enttäuschen ihn bitter. Zwar zeigt die Labour Regierung, die ja im eigenen Land die Verstaatlichungen vorantreibt, anfänglich Verständnis für das deutsche Sozialisierungskonzept. Außenminister Bevin erklärt im Unterhaus, die deutsche Schwerindustrie an der Ruhr solle in das Eigentum des deutschen Volks übergehen. Doch die zunehmende Abhängigkeit Großbritanniens von amerikanischer Wirtschaftsunterstützung und die enge Kooperation der britischen und amerikanischen Militärbehörden im Rahmen der Bizone machen London für amerikanischen Druck anfällig. So bescheidet der britische Kontrolloffizier den Antrag der Nordrhein-Westfälischen Regierung negativ und argumentiert ganz wie sein amerikanischer Kollege in Hessen: Die Entscheidung über eine so zentrale Frage wie die Wirtschaftsordnung müsse der neuen Legislative vorbehalten bleiben.

Formell hat dieses Argument viel für sich, wie überhaupt in dieser Frage ein hochinteressanter Positionenwechsel zu verzeichnen ist – Clay argumentiert plötzlich wie der Sozialdemokrat, Schumacher wie der amerikanische General: Sonst ganz auf einen föderativen Aufbau des kommenden Staates von unten her bedacht, wollen die Amerikaner wichtige Beschlüsse über die Wirtschafts- und Gesellschaftsordnung jetzt plötzlich dem Parlament des kommenden Staates vorbehalten; umgekehrt sucht Schumacher die in den Ländern eroberten sozialdemokratischen Machtpositionen konsequent für die Realisierung seiner Sozialisierungsvorstellungen zu nutzen, obschon er sonst jedem föderativen Ansatz eher mißtraut und auf dem alleinigen Gestaltungsrecht einer frei und direkt gewählten deutschen Nationalversammlung beharrt. Zwar stimmt durchaus, daß Clay dem Sozialisierungswillen der Deutschen hinhaltenden Widerstand entgegensetzt, weil er hofft, die Weichen würden durch den Marshall-Plan schließlich doch in Richtung *free enterprise* gestellt. Der General ist ja nicht nur ein prinzipieller, sondern auch ein sehr pragmatischer Gegner der Sozialisierung, weil er glaubt, sie stelle für den nötigen Wirtschaftsaufschwung ein nahezu tödliches Hindernis dar. Aber falls sich eine demokratische Mehrheit der Deutschen 1949 für eine sozialisierungsfreundliche Partei entschieden hätte, wäre die US-Militärregierung durchaus bereit gewesen, diese Entscheidung zu respektieren. »Was die SPD wollte, war ja im Prinzip nicht viel anders als das, was die Labour-Regierung auf ihrer Insel tat«, sagt Robert Bowie, ein enger Berater des Clay-Nachfolgers John J. McCloy. »Zur Labour-Regierung haben wir stets enge Beziehungen unterhalten. Das hätte auch für eine Bonner Regierung gegolten, welche die Großindustrie sozialisieren wollte.« Es ist mithin eine Legende, daß die SPD durch den Widerstand der Besatzungsmächte an der Realisierung ihrer Pläne für eine wirtschaftspolitische Neuordnung gehindert wurde; es fehlte ihr 1949 schlicht an der nötigen Mehrheit, ein Sozialisierungsprogramm zu verwirklichen, für das sie in den ersten freien Wahlen in Westdeutschland geworben hatte.

Innerhalb der CDU gewinnen übrigens die Marktwirtschaftler 1948/49 nur schrittweise an Boden. Karl Arnold nimmt mit seinem Düsseldorfer Regierungsbündnis die Möglichkeit einer späteren großen Koalition in Bonn vorweg, sehr zum Ärger Adenauers, der, obschon Vorsitzender der Gesamtpartei in der britischen Zone, doch in der innerparteilichen Auseinandersetzung um die Sozialisierung und das Zusammengehen mit der SPD in Nordrhein-Westfalen unterlegen ist. Um der Sozialisierungsneigung in der rheinisch-westfälischen CDU ein für allemal einen Riegel vorzuschieben, sucht der CDU-Chef der britischen Zone deshalb mit dem Ahlener Programm einen Ausgleich zwischen liberalen Prinzipien und gemeinwirtschaftlichen Ideen herbeizuführen. Was da in den Beratungen der wirtschafts- und sozialpolitischen Ausschüsse der CDU unter seiner Federführung entsteht, fordert die Entflechtung der großen Konzerne und kommt damit amerikanischen Vorstellungen von einer demokratischen Kontrolle durch eine Kartellgesetzgebung entgegen. Begriffe wie Sozialismus und Sozialisierung, auf die Johannes Albers, Verfechter eines christlichen Sozialismus wie Jakob Kaiser oder Karl Arnold, zu Beginn der Tagung noch schwört, gehen einvernehmlich über Bord.

Nur die Überführung der Kohlegruben und der eisenschaffenden Industrie in Gemeinwirtschaft wird noch verlangt. Kernbegriff ist jetzt ein »machtverteilendes Prinzip«, das traditionelle Eigentumsstrukturen schont und auf Dezentralisierung und Kontrolle setzt. Ergänzend wird ein Mitbestimmungsrecht der Arbeitnehmer gefordert, das sich nicht nur auf personelle, sondern auch auf Fragen der wirtschaftlichen Planung erstrecken soll. »Die CDU-Geschichte geht im Jahr 1947 eben seltsame Wege«, schreibt Hans-Peter Schwarz in seiner Adenauer-Biographie. »Das berühmteste der linken Programme ist im Kern ein Adenauer-Programm, und der Entstehungsort ist die Bank von Robert Pferdmenges.«

Adenauer durchkreuzt damit die weitergehenden Sozialisierungsvorstellungen des christlichen Gewerkschaftsflügels. Aber der wirtschaftspolitische Erfolg der Frankfurter Bürgerkoalition mit Ludwig Erhard läßt sein eigenes Kompromißprogramm bald als Makulatur erscheinen, eine Entwicklung, die er nur begrüßen kann. Mit den Düsseldorfer Leitsätzen vom Juli 1949, in denen der marktwirtschaftliche Kurs Erhards praktisch zum wirtschaftspolitischen Programm für die bevorstehenden Bundestagswahlen gekürt wird, ist das Ahlener Programm in seinen Grundzügen *ad acta* gelegt. Die CDU verabschiedet sich endgültig vom Konzept des christlichen Sozialismus, der die ersten vier Nachkriegsjahre in ihren Reihen über eine stattliche Anhängerschaft verfügt.

Schon im Winter und Frühjahr 1948/49 zeichnet sich damit der Sieg jenes Mannes ab, der partout nicht an das Ende der bürgerlichen Welt glauben will, während Schumacher, der Anwalt eines gesellschafts-

und wirtschaftpolitischen Neubeginns, zunehmend in die Defensive gerät. Durch sein unfreiwilliges Zusammenspiel mit Konrad Adenauer in Frankfurt hat er diese Entwicklung maßgeblich mitverschuldet. Hätte es je einen Wirtschaftsdirektor Ludwig Erhard gegeben, wenn Schumacher auf den Vermittlungsvorschlag Adenauers eingegangen und für den Posten des Verwaltungsdirektors für Wirtschaft zwei oder drei sozialdemokratische Länderwirtschaftsminister geopfert hätte? Welchen wirtschaftspolitischen Kurs hätte eine große Koalition in Frankfurt gesteuert, die mit der Verwirklichung des Adenauer-Kompromisses möglich geworden wäre? Überhaupt: Wäre mit einer Konsenspolitik der großen Parteien, welcher sozialdemokratische Länderchefs wie Wilhelm Kaisen in Bremen, aber auch nahezu alle christlich-demokratischen Ministerpräsidenten eindeutig den Vorzug geben, der Aufstieg Adenauers nicht verhindert worden?

Viel spricht dafür, daß Schumacher den Kampf um die Macht in Bonn bereits 1948 verliert, als es den westdeutschen Staat noch gar nicht gibt. Allerdings sind die Weichen im Winter 1948/49 noch nicht definitiv gestellt. Das kommende Frühjahr hält für ihn erst einmal seinen größten Triumph bereit.

Triumph und jäher Fall: Kampf um das Grundgesetz und die Macht am Rhein

Wenn der Patient am Leben bleiben soll, muß das linke Bein geopfert werden. Aber kann der Patient dann weiter Politiker bleiben? Wird ein Einarmiger, dem man auch noch ein Bein amputiert, nicht zum hilflosen Krüppel? Kann er weiter an der Spitze der größten deutschen demokratischen Partei stehen? Und muß er nicht alle Hoffnung fahren lassen, je eine deutsche Regierung zu führen? Beinahe verzweifelt kämpft Kurt Schumacher um sein linkes Bein, ehe er sich nach einem halben Jahr in sein Schicksal ergibt.

Dabei hat alles scheinbar harmlos mit einem Wadenkrampf begonnen, den Annemarie Renger vor seinem Aufbruch nach London mit einer Beinmassage zu beheben sucht. Er will zu einer Tagung der Sozialistischen Internationale fliegen, um auf den Widerspruch zwischen Marshall-Plan und Demontagen hinzuweisen und hofft, mit Hilfe der ausländischen Genossen einen Kurswechsel der britischen Politik zu erreichen. Durch und durch preußischer Pflichtmensch und seit Jahrzehnten gewohnt, die Gesundheit seiner Leidenschaft für die Politik unterzuordnen, tritt er die Reise an, obschon die Schmerzen nicht nachlassen. Hat er nicht im KZ gelernt, sie mit eisernem Willen zu unterdrücken? Trotz großer Beschwerden macht er Scherze, als er Abschied nimmt; doch Annemarie Renger plagt seit seinem Abflug das dunkle Gefühl, die Sache werde nicht gut ausgehen. Es kommt schlimmer, als sie ahnt.

Nach drei Tagen voller Konferenzen und Besprechungen muß er in ein Londoner Krankenhaus eingeliefert werden. Die Ärzte diagnostizieren eine Thrombose. Durch tiefe Einstiche und Novocain-Spritzen versuchen sie, den Verschluß der Beinadern zu lösen und die Durchblutung zu erleichtern. Vergeblich. Weil eine langwierige Behandlung erforderlich ist, wird Schumacher in einem Flugzeug nach Hannover überführt, das Deutschlandminister Lord Pakenham zur Verfügung stellt. Am 7. April 1948 rollt die britische Regierungsmaschine auf dem Flugfeld in Hannover aus. »Ich habe noch heute das Bild vor Augen, als Kurt Schumacher auf einer Trage aus dem Flugzeug gehoben wurde und mich mit traurigen Augen anschaute. Die Schmerzen müssen unerträglich gewesen sein«, erinnert sich die Gefährtin. »Er sah noch magerer, noch schmerzzerfurchter als sonst aus. Ich wußte sofort: Hier bahnt sich eine Katastrophe an.«

Untersuchungen im Friederikenstift ergeben, daß es sich nicht um die landläufige Form einer Venenthrombose handelt, wie die Mediziner in London offenbar angenommen haben. »Es war eine Sekunde des Erschreckens«, so Dr. Dercum, damals Chefarzt des Friederikenstifts, »als ich feststellen mußte, daß es sich um einen thrombotischen Verschluß der Arterien im mittleren und unteren Bein handelte. Damit war eigentlich die Schicksalsfrage gestellt.« Medikamente, die heute die thrombotische Belastung mindern oder einen Verschluß auflösen können, sind damals noch nicht entwickelt, ein operativer Eingriff zur Entfernung des Thrombus käme zu spät, weil die Hauptarterie von der Leiste bis zum Fuß verstopft und das geronnene, verklebte Blut bereits mit der Gefäßwand verwachsen ist. Ohnehin ein sperriger Patient, wehrt sich Schumacher gegen den Rat der Ärzte und verweigert die Amputation. So wird mit Rücksicht auf die Bedeutung und die künftige Politikfähigkeit des Patienten noch einmal alles unternommen, die Durchblutung des kranken Beins konservativ zu beheben – mit gymnastischen Übungen und Spritzen, wider alle medizinische Schulweisheit und »voller Pessimismus«, wie Dercum sagt. Novocain soll den Sympathikus lahmlegen, jenen Nerv, der die Gefäße verengt.

Am 2. Juni macht Schumacher sein Testament und setzt Annemarie Renger als Universalerbin ein – aber es gibt fast nichts zu vererben: ein paar Möbel und Kleidungsstücke, die sie an die Schwestern und einen Neffen geben soll. Notzeit 1948, wenige Wochen vor der Währungsreform. Aber Schumacher ist kein Mann des Besitzes, Welten trennen ihn von der heutigen Politbourgeoisie. Einem alten Freund in Mannheim, Gustav Zimmer, schildert er später die Qualen, die er im vergeblichen Kampf um das linke Bein durchstehen mußte: »Auf die Dauer hat das (Spritzen von Novocain) aber nicht geholfen, besonders, als die Sache beim letzten Mal schief gegangen war und nach oben in die Aorta schlug. Dann kam die böse und große Operation vom 9. Juni, bei der man mir meinen verehrten Bauch aufgeschnitten, den Inhalt der Bauchhöhle beiseite gedrückt und von vorn bis zum

Rückenmark durchgegriffen und mehrere Nervenenden mit zusammenziehenden Funktionen abgeknipst hat.« Nach diesem ersten chirurgischen Eingriff geht es kurze Zeit besser, aber bald machen sich bei jedem Versuch, das linke Bein zu belasten, große Schmerzen bemerkbar. Schumacher ist unbeweglich, muß sich entweder im Krankenzimmer des Friederikenstifts oder in der kleinen Dreizimmerwohnung in der Tiergartenstraße im hannoverschen Vorort Kirchrode aufhalten, die er mit Frau Renger im Oktober 1947 bezogen hat. Er diktiert Stellungnahmen und Artikel, gibt Interviews, die wichtigsten Parteigeschäfte werden am Krankenbett erledigt. Ollenhauer und Heine, Freunde, auf die er sich absolut verlassen kann, kommen zu täglichen Konferenzen, sie wirken als Transmissionsriemen zwischen dem Willen des Erkrankten, der ja keineswegs erlahmt ist, und der Außenwelt, vor allem der Partei und ihren Mandatsträgern.

Als sich sein Zustand weiter verschlechtert, entsenden General Clay und Botschafter Murphy den stellvertretenden Generalarzt der amerikanischen Armee in Europa und zwei seiner Chirurgen zum Konsilium. In Uniform erscheinen sie am Krankenbett in seiner Wohnung. Nach all den politischen Auseinandersetzungen mit den Amerikanern weiß Schumacher durchaus zu würdigen, »daß sie zu dieser weitgehenden Gefälligkeit bereit gewesen sind und nicht danach gefragt haben, ob ihnen meine Nase in der einen oder anderen Frage in den vergangenen Jahren gepaßt hat«. Aber bei allem Vorsprung, den die amerikanische Medizin inzwischen vor der deutschen hält, wissen auch die Experten aus dem Heidelberger Hauptquartier keinen anderen Rat als ihre deutschen Kollegen: Um sein Leben zu retten, bleibe nur noch eine kurze Frist. Als schließlich auch Ollenhauer und Heine beteuern: »Kurt, die Partei braucht deinen Kopf und nicht dein Bein«, willigt Schumacher in das Unausweichliche ein. Am 25. September nimmt ihm Professor Rieder, der frühere Ordinarius für Chirurgie an der Leipziger Universität, eine Kapazität in seinem Fach, das linke Bein eineinhalb Handbreit oberhalb des Knies ab. Er braucht eine Stunde, bis er ihn betäuben kann. Der regelmäßige Konsum von Schmerztabletten hat seinen Patienten gegen die Narkosemittel abgestumpft. Noch während der Operation erwacht Schumacher und verfolgt, wie eine Ader nach der anderen am Beinstumpf abgebunden wird. Dreißig Minuten später trinkt er mit Rieder bereits die erste Tasse Kaffee und zündet sich die unvermeidliche Zigarette an. Es gibt Bilder, auf denen er mit beinahe suchtverzerrtem Gesicht an einem

Glimmstengel zieht. Dercum meidet zwar das Wort Raucherbein, doch daß ständiger und starker Nikotinmißbrauch die schwere Krankheit mitverursacht hat, steht für ihn außer Frage.

Der Patient hat die Operation gut überstanden, aber die Rekonvaleszenz erfordert Monate. Ist es für jeden Beinamputierten schwierig, wieder gehen zu lernen, erweist es sich für den Doppelamputierten, dem außer dem rechten Arm nun das linke Bein fehlt, als besonderes Problem, eine Körperbalance zu finden. Noch nach Monaten empfindet er Schmerzen im Sitzen, nur schwer kann er sich an die Prothese gewöhnen, und sie muß nach einigen Monaten gegen eine besser passende ersetzt werden. Daß seine Sehkraft seit den Jahren in Dachau stark eingeschränkt ist, kommt erschwerend hinzu. Bei den einfachsten Verrichtungen, Waschen, Aus- und Ankleiden, bleibt er nun lebenslang auf Hilfe angewiesen. »Man kann einen Arm und ein Bein durch Hilfe eines Partners ersetzen, der in der Lage ist, dies zu überspielen«, sagt Frau Renger. Möglich zwar, daß man sich jeden Tag erst einmal überwinden müsse, weil es viele Probleme gebe, die mit einer solchen Behinderung verbunden seien, aber »mit einem rigorosen Humor kann man das schaffen«.

Sie hat es geschafft. Ohne sie, urteilt Heinrich Albertz, wäre es für Schumacher nach dieser Amputation ganz und gar unmöglich gewesen, bis zu seinem Tod als einer der zwei führenden Männer im deutschen Westen die Politik zu bestimmen. Dabei hilft ihm auch eine beinahe unglaubliche Woge der Zuneigung und Solidarität, die ihm nicht nur aus der Partei entgegenschlägt. Von den ersten Wochen nach der Operation abgesehen, hält er die Führung der Sozialdemokratie in der Hand. Zwar kommt es in der Öffentlichkeit zu Spekulationen, ob ein so schwer Behinderter die Partei weiter führen könne, Namen von Nachfolgekandidaten werden gehandelt – von Erich Ollenhauer über Ernst Reuter bis zu Carlo Schmid. Doch nicht eine einzige Sekunde erwägen die führenden Genossen in der Partei, dem erkrankten Vorsitzenden vorzeitig die Treue aufzukündigen. Mit 356 von 357 gültigen Stimmen wird er in Abwesenheit auf dem Düsseldorfer Parteitag wiedergewählt.

Im anderen Lager gewinnt in den fast zwölf Monaten der Krankheit und Rekonvaleszenz sein Gegenspieler an nationaler Statur. Konrad Adenauer ist einer jener 65 Abgeordneten, welche die Landtage für den Parlamentarischen Rat (PR) in Bonn nominieren, in dem die Mehrheitsverhältnisse denen im Wirtschaftsrat gleichen. Die beiden

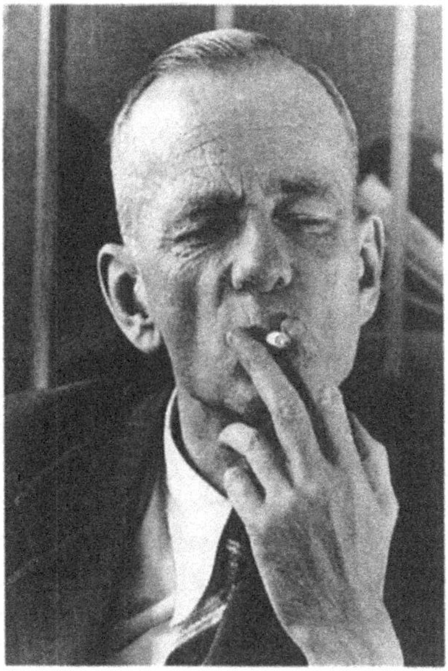

Der Tübinger Staatsrechtler Carlo Schmid (unten) ist Vorsitzender des Hauptausschusses des Parlamentarischen Rats, der seit September 1948 das Grundgesetz für den künftigen westdeutschen Staat erarbeitet. Der SPD-Vorsitzende ist daran wegen seiner Beinamputation gehindert.

großen Parteien sind mit je 27, die FDP ist mit vier, die Deutsche Partei mit zwei Mitgliedern vertreten. Konrad Adenauer, nun schon 72 und der bei weitem älteste Abgeordnete, wird am 1. September im naturkundlichen Museum Alexander König auch mit den Stimmen der SPD zum Präsidenten gewählt. Carlo Schmid, im Gegenzug von der CDU/CSU als »gemäßigter« Sozialdemokrat zum Vorsitzenden des Hauptausschusses bestellt, spricht später von einem »entscheidenden Fehler«, weil dieser Präsident sich nicht mit einer repräsentativen Rolle begnügt habe. Manche Sozialdemokraten, meint Adenauer-Biograph Paul Weymar, hätten damals einen unbequemen alten Nörgler auf einem Ehrenplatz kaltstellen wollen. Wenn dies ein Motiv gewesen sein sollte, belehrt sie Adenauer eines Besseren: mit der neuen Funktion wächst seine Autorität in der Gesamtpartei, die noch immer nicht mehr als eine Arbeitsgemeinschaft der einzelnen Landesverbände darstellt. An innerer Geschlossenheit kann sie mit der straff und zentral geführten SPD schwerlich mithalten. Konsequent nutzt er die neue Position als Sprungbrett für die eigene Kanzlerkandidatur.

Hätten die Sozialdemokraten anstelle Erich Ollenhauers ihren ersten Vorsitzenden entsandt, wäre er nicht durch Krankheit verhindert gewesen? Die Frage bleibt spekulativ, denn außer einem kurzen Zwischenspiel im Sommer und Herbst 1946 als Mitglied des noch nicht gewählten, von den Briten ernannten Hannoverschen Landtags verzichtet Schumacher bis zur Wahl des ersten Bundestags bewußt auf jedes Mandat, selbst dem Zonenbeirat gehört er seit Herbst 1946 nur noch formell an und läßt sich bei Sitzungen meist vertreten. Er versteht sich als nationaler Führer, der sich die Wahrung von zonenübergreifenden Interessen vorbehält. Nach seinen (Ideal)Vorstellungen kann über Verfassungsfragen ohnehin nur eine vom Volk direkt und frei gewählte Konstituante entscheiden, die souverän im deutschen Interesse zu handeln hat. Wäre er also wirklich gern einer der 65 Abgeordneten, die sich in skurriler Atmosphäre, wie Carlo Schmid notiert, unter den Fahnen der oft von den Besatzungsmächten geschneiderten Länder, umgeben von ausgestopften Schimpansen, Giraffen und anderem exotischen Getier, unter den Klängen Beethovens zum feierlichen Staatsakt begeben, um danach Aufgaben zu lösen, welche die Alliierten aufgegeben haben? Der Rahmen für die Tätigkeit des Gremiums ist von ihnen klar vorgegeben: Es hat die Verfassung eines westdeutschen Staates vorzulegen, welche es den Deutschen ermöglichen soll, »ihrerseits zur Beendigung der augenblicklichen Teilung Deutschlands beizutragen, nicht durch die Wiederherstellung eines zentral regierten Reiches, sondern durch eine föderalistische Regierung, die Rechte der einzelnen Staaten angemessen schützt, zur gleichen Zeit eine zentrale Körperschaft vorsieht und die Rechte und Freiheiten des einzelnen Menschen garantiert«.

So haben es die drei Westmächte auf der Londoner Konferenz beschlossen. Schumacher hat seine Vorbehalte gegen ein Unternehmen, bei dem Deutsche auf alliierten Befehl eine Konstitution mit alliierten Auflagen entwerfen, und doch kann er, so Frau Renger, es nur schwer ertragen, nicht »vor Ort« zu sein und direkt teilzunehmen. Wie dem auch sei, durch Fernsteuerung mittels Telefonaten, Briefen und in langen persönlichen Gesprächen mit Abgeordneten am Krankenbett in Hannover ist er bei den Verhandlungen doch präsent. Wenn das Produkt, das trotz aller prozeduralen Mängel schließlich das Licht der Welt erblickt, gar so praktikabel gerät, daß es vierzig Jahre später noch dem vereinigten Deuschland als Verfassung dienen kann, dann hat er ein entscheidendes Verdienst daran. Daß nämlich die Bundesrepublik Deutschland über das Verfassungsinstrument einer voll handlungsfähigen Bundesregierung verfügt, geht vor allem auf seine Intervention zurück. Ohne Kurt Schumacher hätte Konrad Adenauer nicht mit all der Machtfülle regieren können, die er, sehr zum Verdruß des Oppositionsführers, dann für Ziele zu nutzen versteht, welche dieser für absolut schädlich hält.

Nun beruht das Grundgesetz weitgehend auf dem Konsens aller an seinem Entstehen Beteiligten, daß die Geschichte Weimars sich niemals wiederholen darf – deshalb der Verzicht auf nahezu alle plebiszitären Elemente, deshalb ein Katalog von Grundrechten, die kein Gesetz in ihrem Wesensgehalt einschränken darf, deshalb ein konstruktives Mißtrauensvotum, das für stabile Regierungen sorgen soll. Ideologische Zielsetzungen klammern die beiden großen Parteien aus, weil es jeder an der nötigen Mehrheit dafür gebricht: Die Sozialdemokraten verzichten auf die Festschreibung der Sozialisierung, die Christdemokraten, wenn auch unter großen Mühen, auf das Elternrecht, welches Konfessionsschulen garantieren würde. Auch gelingt es ihnen nicht, die Gültigkeit des Reichskonkordats in die neue Verfassung zu schreiben, des ersten wichtigen internationalen Vertrags, den Hitler 1933 mit dem Vatikan geschlossen hat. Wenn die Sozialdemokraten bei diesen Verhandlungen zurückstecken müssen, sind sie doch überzeugt, bei den kommenden Bundestagswahlen eine Mehrheit und damit die Möglichkeit zu erhalten, ihre sozialistischen Ordnungsvorstellungen schrittweise durchzusetzen. Sicherheitshalber spekulieren sie auch auf den provisorischen Charakter des ganzen Unternehmens: Sollten sie die Wahlen nämlich nicht gewinnen, hoffen sie, das Manko in einer Nationalversammlung des ganzen Deutschland auszuräumen, in der sie »mit Hilfe der sächsischen Genossen« dann auch soziale Grundrechte verankern können.

Auf seiten der CDU bedarf es des massiven Einwirkens von Adenauer auf Kardinal Frings, damit das in Bonn Erarbeitete nicht an einem katholischen Veto scheitert: »Wer auffordern würde, gegen das Grundgesetz zu stimmen, weil bezüglich des Elternrechts nicht alles erreicht worden ist – das Elternrecht weder bejaht noch verneint – würde m. E. sich mit Sicherheit dem vernichtenden Vorwurf aussetzen, daß er in der schlimmsten Notzeit des deutschen Volkes gegen dessen Interesse gehandelt haben würde«, schreibt der Rats-Präside dem Kirchenfürsten und warnt: »Der Schaden für die katholische Kirche würde gar nicht abzusehen sein.« So seine prinzipielle Einschätzung, aber wie stets, hat Adenauer dabei auch Taktik im Sinn: Er blickt auf die kommende Bundestagswahl und will es mit der FDP im Interesse seiner Bürgerkoalition nicht zum völligen Bruch kommen lassen. Anders als in Frankfurt gibt es im Parlamentarischen Rat nämlich wechselnde Mehrheiten: In der Kulturpolitik ziehen Sozialdemokraten und Liberale, wie schon in der Weimarer Nationalversammlung, an einem Strang, auch in der Frage der künftigen Zentralgewalt stimmen sie überein, indes die CDU/CSU in dieser Frage keineswegs geschlossen ist.

Wieviel Macht wird der Bund, wieviel Gewicht sollen die Länder haben? So lautet die Gretchenfrage, über die es schließlich zum Bruch zwischen Schumacher und den Alliierten, aber auch zwischen den Sozialdemokraten und Konrad Adenauer kommt, der sich auf die Seite der Alliierten schlägt. Dabei gibt es selbst in der SPD einige Föderalisten, die für den Geschmack des SPD-Chefs den Siegermächten zu weit entgegenkommen wollen. Die Bedingung, Deutschland zu einem föderalistischen Staatswesen zu machen, war ja nicht ausschließlich staatsphilosophischen Charakters, meint Carlo Schmid: »Diese Forderung wurde erhoben als ein Stück Sicherheitspolitik der Siegermächte, die verhindern wollten, daß Deutschland wieder als Machtstaat errichtet werde. Ein zentral gefügter Staat mit einer sich selbst genügenden Spitze und einem von der Spitze bis zur Basis durchlaufenden Befehlsstrang erschien ihnen als Gefahr für den Frieden in Europa.« Von den Westalliierten, welche diese Auflagen machen, sind nur die Amerikaner föderalistisch verfaßt, weder Briten noch Franzosen kennen bei sich zu Hause das mühsame bundesstaatliche Wechselspiel der *checks and balances*. Was für einen Südstaatler wie den General Lucius D. Clay eine Sache der Überzeugung sein mag, ist für den französischen General Marie Pierre Koenig schlicht ein Befehl aus Paris, der die Sicherheitsinteressen Frankreichs garantieren soll – des zentralistischen Landes schlechthin, welches nicht im Traum daran denkt, die Weisheit einer föderalistisch gestreuten Staatsgewalt auf eigenem Boden zu befolgen. Doch Frankreich verfügt im katholischen Süden und Südwesten Deutschlands über Partner, die nicht im französischen Interesse, sondern aus eingefleischt föderalistischer Überzeugung für ein Staatsmodell eintreten, das eher auf einen lockeren Deutschen Bund souveräner Staaten als auf einen handlungsfähigen deutschen Bundesstaat hinausläuft.

Bayern will sich als Symbol seiner Souveränität ursprünglich einen eigenen bayerischen Staatspräsidenten zulegen, der als eine Art liberaler Ersatzmonarch anstelle eines bayerischen Königs, wie ihn die Bayernpartei wünscht, über dem Ministerpräsidenten thronen soll. Die Idee eines solchen Staatspräsidenten verficht übrigens auch Schumachers ehemaliger Reichstagskollege Wilhelm Hoegner, der sich im Schweizer Exil zum militanten Föderalisten gewandelt hat, der den Reichsunitarismus als Moloch und Schreckgespenst versteht und wünscht, die Bayern sollten im Gasthaus »Zum bayerischen Löwen« wieder die eigenen Herren sein. Stets reichstreu gesonnen, machen gegen Hoegner vor allem die Franken in der »königlich-bayerischen Sozialdemokratie« mobil. Die Idee eines eigenständigen bayerischen Staatsoberhaupts scheitert in der Verfassunggebenden Versammlung, aber die Haltung Hoegners, des »schwierigen Außenseiters«, führt zu einer tiefen und bleibenden Verstimmung zwischen ihm und Schumacher. Entschlossen arbeitet der Parteichef darauf hin, daß Waldemar von Knoeringen baldmöglichst das Regiment über die Sozialdemokraten in Bayern übernimmt. Besonders föderalistisch zeigt sich übrigens Hans-Christoph Seebohm von der welfisch gesonnenen Deutschen Partei, als er im Parlamentarischen Rat darauf dringt, daß die Bundesregierung sich nur aus Bevollmächtigten der Länder zusammensetzen dürfe.

So hat das alliierte Konzept von der möglichst schwachen Zentralgewalt von Anfang an deutsche Parteigänger, und einen Konsens zwischen ihnen und den für eine starke Exekutive plädierenden Sozialdemokraten zu erarbeiten, fällt gar nicht leicht. Der Streit geht um die Frage, welche Form eine zweite Kammer haben soll – die eines Senats, in dem Senatoren nach amerikanischem Beispiel direkt von der Bevölkerung der einzelnen Gliedstaaten gewählt werden, oder die eines Bundesrats, in dem die Regierungen der Länder vertreten sind? Strittig ist weiter, wer die Steuern beschließen, kassieren und das eingenommene Geld ausgeben soll. Die extremen Föderalisten wollen, daß diese Befugnis bei den Ländern liegt: Dann hätte es also eine bayerische Einkommensteuer gegeben, eine baden-württembergische, eine hamburgische – »na ja, man kann sich vorstellen, was daraus geworden wäre«, meint Carlo Schmid. In dem mühsam ausgehandelten Kompromiß verzichtet die SPD auf den Senat und konzediert der CDU/CSU den Bundesrat, dafür gestehen die Föderalisten den Sozialdemokraten und Freidemokraten eine bundeseinheitliche Finanzverwaltung samt einem Finanzausgleich zwischen den Landern zu. Die große Krise kommt, als die Alliierten auf französisches Drängen am 2. März 1949 den Kompromiß über die föderale Ordnung verwerfen. Sie bestehen darauf, daß den Ländern bei den Steuern eine Vorrangstellung eingeräumt wird.

Nachgeben oder Hartbleiben, das ist nun die Frage, und an ihr entzündet sich der Streit zwischen Adenauer und Schumacher. Adenauer will die Anfänge einer staatlichen Neuorganisation um keinen Preis gefährden, zumal eine einflußreiche Gruppierung der eigenen Fraktion die eigenen Vorstellungen durch den alliierten Einspruch nur bestätigt sieht. Schon im Dezember 1948 hat er versucht, den bisher in Bonn erzielten föderativen Arbeitskompromiß mit den alliierten Gouverneuren abzustimmen – ein Vorgang, der zur sogenannten Adenauer-Krise führt. Denn SPD- und FDP-Abgeordnete, die an den Gesprächen beteiligt sind, wollen aus den Fragestellungen ihres Präsidenten herausgehört haben, daß er die Alliierten zu Schiedsrichtern über die zwischen den deutschen Parteien strittigen Fragen einsetzen möchte. Sein damaliges Motiv bestimmt auch seine Haltung in der Frühjahrskrise: Unter keinen Umständen will er eine Verzögerung. Persönlich eher ein Anhänger eines Senats und nicht eines Bundesrats, hat er innerhalb seiner Fraktion eher für das bundesstaatliche Prinzip plädiert. Doch François-Poncet, der sich bereits auf seine Rolle als

Hoher Kommissar vorbereitet, gibt ihm zu verstehen, daß am Einspruch der Alliierten nichts zu ändern sei. In der *Welt* fordert Adenauer deshalb Ende März einen »schnellen Abschluß« und spricht von einem »deutschen Bund«, der bald sogar in den Atlantikpakt aufgenommen werden könne. Die europäische Politik ist in Bewegung geraten, und er sieht die Gefahr, daß sich Deutschland ins Abseits manövriert. Soll man, statt alles aufs Spiel zu setzen, nicht besser den Versuch machen, »mit einer Regelung des Finanzwesens zu arbeiten, wie die Alliierten es wünschen, einer Regelung, die, falls sie sich als undurchführbar herausstellt, sicher im nächsten Jahr geändert wird«? Als Oberbürgermeister gewohnt, stets schrittweise vorzugehen, verkennt der Meister der Salamitaktik nach dem Urteil seines Biographen Henning Köhler, wie schwierig sich jede Verfassungsänderung gestaltet, so daß »die vom Parlamentarischen Rat vorgesehenen Lösungen tatsächlich eine Weichenstellung« darstellen, mit der Westdeutschland auf lange Zeit leben muß.

Ganz anders Schumacher, der nicht taktisch, sondern strategisch denkt und die alliierten Interventionen vom Krankenlager aus mit wachsendem Zorn verfolgt. »Die Erhebung des Begriffs Föderalismus zu einem Fetisch mit prähistorischem Inhalt«, hat er schon Ende März in einem Interview erklärt, »ist ein kostspieliger Luxus und ein Umweg für ganz Europa.« Was die Alliierten wollten, laufe auf die Auflösung Deutschlands zu einem bloßen Staatenbund hinaus; wenn sie darauf bestünden, sollten sie dies gefälligst alleine tun. Sie seien frei, die »verwaltungsmäßige Reorganisation Westdeutschlands aus dem Recht und der Macht des Siegers selbst zu gestalten«, aber die Deutschen erst zur Arbeit am Grundgesetz aufzufordern, und ihnen dann vorzuschreiben, wie sie es im einzelnen zu gestalten hätten, würdige sie zu »bloßen Schachfiguren« herab. Er für seinen Teil will eine solche Schachfigur nicht sein, das widerspräche auch seinem ganzen Naturell. Die Lektüre des *Rheinischen Merkur* ermuntert ihn zu dem Vorwurf, die CDU betreibe »klerikalen Partikularismus im Interesse Frankreichs«. Am 5. März empfiehlt die Wochenschrift, damals das Kampfblatt der extremen katholischen Föderalisten, die noch offenstehenden Fragen mit den Alliierten, und zwar in deren Sinne zu bereinigen, weil »die wesentlichen Streitpunkte ... auch für die CDU/CSU-Fraktion trotz des prinzipiell abgeschlossenen Kompromisses (mit der SPD) noch nicht aus der Welt geschafft« seien.

Die Fragen der Bundesfinanzverwaltung und der völlig gleichberechtigten Mitwirkung des Bundesrats bei der gesamten Steuer- und Finanzgesetzgebung bleibe zu regeln, andernfalls Bayern und andere süddeutsche Länder dem Grundgesetz nicht zustimmen könnten. Heißt dies im Klartext nicht, das Veto der Alliierten zu nutzen, um jene föderalistischen Vorstellungen der CDU/CSU, die im Parlamentarischen Rat nicht konsensfähig waren, doch noch in die neue Verfassung einzuschmuggeln? Noch nicht völlig genesen, sucht Schumacher die sozialdemokratische Fraktion in Bonn darauf einzuschwören, das Verfassungswerk lieber scheitern zu lassen, als den Alliierten noch einen Schritt entgegenzukommen. Aber je länger der Nervenkrieg anhält, desto mehr scheint die Front in den eigenen Reihen zu bröckeln. Der Ton der Auseinandersetzung nimmt an Schärfe zu. In Umkehrung des klassischen Weimarer Vorwurfs der Rechten gegen die Linke bezichtigt Ollenhauer nun die CDU, sie wolle »eine hundertprozentige Erfüllungspolitik gegenüber den alliierten Ansprüchen«. Konrad Adenauer erkennt darin die Diktion Schumachers und nennt es eine Tragödie für Deutschland, daß ein Mann, der physisch nicht in der Lage sei, an den Verhandlungen teilzunehmen, von seinem Krankenbett aus Entscheidungen treffe, die seine Partei binde und eine Lösung der Verfassungsprobleme unmöglich mache. Paul Wilhelm Wenger schreibt im *Merkur* gar vom »kranken Führer«, der sich »von schädlichen Ressentiments des nationalen Trotzes« leiten lasse. Der *Deutschland Union Dienst* nennt ihn einen Don Quichotte, der gegen Windmühlen kämpfe, ein katholisches Blatt spricht von einem Schwerkranken, der »in seiner Bettgruft den zerfetzten Körper seinem Willen unterordnet und seine Partei, die SPD, total beherrscht«.

Unter dem Eindruck einer Kampagne, die Schumacher des Vabanquespiels mit den deutschen Interessen bezichtigt und an der französische und amerikanische Blätter führenden Anteil haben, beginnen sich SPD-Regierungschefs wie Wilhelm Kaisen in Bremen oder Christian Stock in Hessen zu fragen, ob der politische Neuansatz in Westdeutschland wirklich an der ultimativen Weigerung ihres Vorsitzenden scheitern soll. Vor allem Ernst Reuter plädiert für Flexibilität, weil er sich von der möglichst schnellen Errichtung eines westdeutschen Kernstaats Hilfe für das freie Berlin und die Wiedergewinnung der Ostzone erhofft. Nach der Veröffentlichung des Besatzungsstatuts, welches die Alliierten nach der Ratifizierung des

Grundgesetzes in Kraft setzen wollen, sieht er die »Bahn zu einem wirklichen »Aufbau Deutschlands endlich frei«.

Als der genesene Schumacher am 20. April 1949, nach einem Jahr der Abwesenheit, erstmals vor die Genossen tritt, beginnt er seine Ansprache nicht zufällig mit den Satz: »Ich bin gesund, hoffentlich nicht manchen Leuten zu gesund!« Er hat Vorstand, Parteiausschuß, die sozialdemokratischen Ministerpräsidenten und die Fraktion des Parlamentarischen Rates zu einem »kleinen Parteitag« in den Sitzungssaal des Rathauses von Hannover zusammengerufen. Da sich selbst in der Fraktion Risse zeigen, erinnert er die Abgeordneten mit Nachdruck daran, daß sie nur ein imperatives Mandat ausüben: Vom Parteiapparat ausgewählt, von den Landtagsfraktionen delegiert, gebe es keine Verantwortlichkeitsbindung zwischen Abgeordneten und Wählern, »sondern nur eine solche zwischen den Abgeordneten und der Parteiorganisation«. Außerdem sei es sozialdemokratische Tradition, »zentralpolitische Fragen durch die demokratisch gewählten Instanzen der Partei« zu entscheiden. Hat er mit dieser Klärung von Verantwortungssträngen und Zuständigkeiten erst einmal Zucht und Ordnung in der Partei wiederhergestellt, gibt er seinem kategorischen Nein zu den alliierten Auflagen historisch den Rang seiner Absage an die Einheitspartei vom Winter 1945/46: Die Entscheidung, um die es gehe, sei durchaus gleichwertig »unserem schicksalsschweren Beschluß, dem Kommunismus unter allen Umständen den Zutritt zu den sozialistischen Arbeitern zu verweigern«.

Damit wird die Auseinandersetzung um das Grundgesetz zu einer Bekenntnisfrage, die keine taktische, sondern nur eine prinzipielle Entscheidung, nur ein Ja oder Nein, erlaubt. Das Motto dafür entlehnt er wieder bei Lassalle: »Es ist eine Torheit, in großen Fragen schlau sein zu wollen! In großen Fragen kann man nur klug und mutig sein.« Wer den Mut nicht aufbringe, werde die Konsequenzen zu tragen haben. Was die Alliierten vorschlügen, doziert er in ätzender Schärfe, wecke Zweifel an ihrem Willen, ein lebens- und funktionsfähiges Staatswesen zu schaffen. »Mit einem französischen General und einem römischen Kardinal«, habe er einem alliierten Offizier erklärt, »werden Sie die notwendige Potenz Westdeutschlands in der Politik und der Sicherung der Demokratie nicht erreichen.« Die Sozialdemokratie jedenfalls sei nicht bereit, etwas zu verantworten, was gegen ihre Anschauungen gerichtet und ein Kommando sei. Die Entwicklung möge gehen wie sie wolle, die Sozialdemokraten wollten unter keinen Umständen einen Bund deutscher Länder. »Wir wollen immer nur einen Bundesstaat. Ein völkerrechtlicher Verein der Westdeutschen findet nichts als unsere Gegnerschaft, aber in keiner Weise auch nur eine Form, eine Andeutung des Zustimmens.«

Da der Kalte Krieg inzwischen tobt und das Ultimatum den Westmächten gilt, hält er es für taktisch geschickt, als Motiv zu betonen, was seiner tiefen Überzeugung entspricht – daß ein Staatenbund niemals über die innere Kraft verfügen wird, der nationalkommunistischen Einheitskampagne des Ostens zu widerstehen, ganz davon zu schweigen, daß ein Staat, wie ihn die Westmächte wünschen, im Sinne seiner Magnet-Theorie keine Anziehungskraft für die Deutschen im Osten entwickeln könnte: »Angesichts der herannahenden großen Entscheidungen«, heißt es in der Resolution, »wird der nationalistische und kommunistische Ansturm nur aus eigenem politischen Willen des Volkes und nicht durch bloße staatsrechtliche Konstruktionen gebrochen werden, die auf fremder Weisung beruhen.« Amerikaner verstünden den Föderalismus immerhin amerikanisch, für die Franzosen sei föderalistisch lediglich, »was geeignet ist, heute Deutschland niedrig zu halten, es zu lähmen und ohnmächtig zu machen«. Wer ein gutes Verhältnis zu Frankreich erstrebe, müsse diese Ambitionen abwehren. »Tolerieren wir sie, gleiten wir hinein, dann kommen wir in eine Situation, in der es dann 11 Vaterländer gäbe, aber wir haben nur ein Vaterland in einem Europa, das einmal das gemeinsame Vaterland der Völker werden wird.«

Im Gegensatz zu Adenauer sieht er keine Chance zur Revision des Grundgesetzes, falls es einmal verabschiedet ist. Dann bleut er seinen Genossen noch einmal ein, warum Standhalten, nicht Anpassen für einen Sozialdemokraten in dieser Situation unerläßlich ist – hinter dem Streit um den Finanzkomplex verberge sich nämlich die große Frage des nationalen und wirtschaftlichen Zusammenlebens: »Das Schicksal der kleinen Leute darf nicht abhängen von Staatsverträgen, die deutsche Länder untereinander abschließen« – Länder, die nach der alliierten Finanzverfassung frei wären, über die Besteuerung und damit auch über ihren Beitrag zu einem angemessenen Lastenausgleich selbst zu entscheiden. Wer heute seine Rede liest, sollte bedenken, daß die französische Zone damals keine Vertriebenen aufgenommen hat; auch wäre es für einzelne, weniger von Kriegszerstörungen betroffene Länder im Rahmen eines lockeren Staatenbundes möglich gewesen, sich aus einer nationalen, solidarischen

Gesamthaftung für die Kriegsfolgen einfach fortzustehlen. »Ein Land, das finanziell auf eigenen Füßen steht, kann dem Bund jederzeit den Gehorsam aufsagen«, schreibt Rudolf Augstein damals als Jens Daniel im *Spiegel*. Ja, schlimmer noch: Ein Land, das zufällig ein »reiches« Land mit hohem Steueraufkommen sei, brauche dem »armen« Land, beispielsweise dem Invalidendom Schleswig-Holstein, nicht nur nichts abzugeben, es könne es obendrein noch ärmer machen, indem es begehrte Betriebe durch Steuervergünstigungen zu sich herüberziehe.

»Jetzt heißt es festbleiben, ohne Wanken!« ruft Schumacher den Genossen zu und fordert den Mut, zu den Konsequenzen zu stehen. Notfalls müsse eben ein auf das allernotwendigste zusammengestrichenes Organisationsstatut für die westdeutsche Selbstverwaltung unter Aufsicht der Besatzungsmächte genügen. Dann legt er eine von ihm tags zuvor mit dem Vorstand ausgearbeitete Resolution vor, welche die Zustimmung der Sozialdemokraten in Bonn an die Erfüllung von fünf Forderungen knüpft. »Die Arbeit im Parlamentarischen Rat«, heißt es darin, sei nur »zu einem erträglichen Abschluß zu bringen, wenn

die notwendige deutsche Entschlußfreiheit durch die Besatzungsmächte nicht weiter beeinträchtigt wird,

der Grundgesetzentwurf auf das Notwendigste beschränkt wird,

die Volkssouveränität einengenden Vollmachten des Bundesrates entscheidend gemindert werden,

die Erhaltung der deutschen Rechts- und Wirtschaftseinheit auf allen Gebieten, vor allem dem der Gesetzgebung, sichergestellt wird,

eine Regelung im Finanzwesen getroffen wird, die dem Bund die Mittel und Möglichkeiten gibt, deren er zur Erfüllung seiner Aufgaben bedarf,

endlich die Gleichartigkeit der Lebensverhältnisse in allen Teilen des Bundesstaates,

insbesondere eine einheitliche Sozialordnung und ein angemessener Lastenausgleich gewährleistet wird.

Die Sozialdemokratische Partei Deutschlands wird ein Grundgesetz ablehnen, das einer dieser Forderungen nicht genügt.«

Treibt er damit die Kompromißlosigkeit auf die Spitze? Die amerikanische Nachrichtenagentur Associated Press meldet, er wolle »seine Partei zum Stoßtrupp des antialliierten und antikapitalistischen Sentiments in Westdeutschland ... machen«. Schumacher spricht eindringlicher, als es in diesen Kreisen seine Gewohnheit ist. »Er war sich bewußt, daß eine Mauer des Zweifels gegen ihn stand«, schreibt Wesemann, Augenzeuge der Sitzung im Hannoverschen Rathaus, »was er forderte, war eine Politik des Muts bei größtem Risiko«. Doch so manchem einflußreichen Genossen ist dieses Risiko zu groß. Die Länderchefs plädieren geschlossen gegen ein Nein. Wilhelm Kaisen schlägt vor, der Fraktion freie Hand zu geben, um in Verhandlungen etwas Besseres herauszuholen. Ernst Reuter, der das Zustandekommen der Bonner Verfassung als Lebensfrage für Berlin betrachtet, befürchtet, der Weststaat werde an Schumachers Verweigerungshaltung scheitern: »Wir können jetzt nur erklären, wozu wir ja sagen, dürfen nicht rundweg verneinen.«

Max Brauer aus Hamburg spricht von den großen wirtschaftlichen Fortschritten der letzten zwölf Monate und warnt davor, »den Weg der weiteren Konsolidierung« zu verlassen. Hermann Lüdemann, Ministerpräsident von Schleswig-Holstein, möchte kein klares Nein, auch nicht Viktor Renner, der Innenminister von Württemberg-Hohenzollern; man dürfe Paris nicht einen Vorwand liefern, den Anschluß der französischen Zone an die Bizone, also die Bildung der Trizone zu blockieren. Mit einer Ablehnung werde man schließlich an der Seite der Kommunisten stehen, argumentiert Fritz Löwenthal, Abgeordneter des Parlamentarischen Rats aus Nordrhein-Westfalen, und macht Front gegen das imperative Mandat: Auch der Abgeordnete im Bonner Museum König sei ausschließlich seinem Gewissen verantwortlich. Im Berliner *Tagesspiegel* wird Löwenthal 14 Tage nach der Schlacht von Hannover Schumachers Politik als »Willkür eines größenwahnsinnigen Tyrannen« bezeichnen und das Datum der Resolution bösartig mit »Führers Geburtstag« vergleichen. Durch Austritt aus der SPD, die er unter ihrem Führer »im Sumpf des Totalitarismus« enden sieht, kommt er dem sicheren Ausschluß zuvor. Doch Schumachers Überzeugungskraft gelingt es, die Resolution ohne Änderung von Punkt und Komma durchzupauken: Mit 63 gegen nur 4 Stimmen von Kaisen, Löwenthal, Renner und Georg Diederichs, dem späteren Ministerpräsidenten von Niedersachsen, wird sie angenommen, Ernst Reuter enthält sich mit sieben anderen Teilnehmern des kleinen Parteitags der Stimme.

Man müsse nur 14 Tage die Nerven behalten, dann werde sich herausstellen, daß bei den Alliierten das Interesse am schnellen Aufbau eines westdeutschen Staates überwiegen werde, hat Schumacher den skeptischen Genossen prophezeit. Er soll Recht behalten: Nur zwei Tage nach seinem donnernden Nein von Hannover, am 22. April, sind die Militärgouverneure zum Einlenken bereit. In Nachverhandlungen am 25. April in Frankfurt gelingt es dann, die Rechts- und Wirtschaftseinheit des Bundes zu wahren und einen Kompromiß über den Finanzausgleich zwischen Bund und Ländern zu erzielen, welcher die Finanzkompetenz des Bundes, die Bedingung *sine qua non* der Sozialdemokraten, unangetastet läßt. Adenauer fühlt sich überspielt, und sofort machen Gerüchte von einem Komplott mit den Briten die Runde, mit denen Schumacher angeblich im Bunde gewesen ist. Hat der SPD-Chef in Hannover schon vor seinem Nein von der zweiten alliierten Note gewußt, wollte er sich durch sein Manöver als Hüter der nationalen Sache für den Wahlkampf besser in Stellung bringen? Es gibt dafür nicht den geringsten Beweis. Aber eine sorgfältige Analyse der Lage, meint Henning Köhler, hätte Adenauer rechtzeitig darüber aufklären können, daß die Briten Reserven haben, den Deutschen eine Verfassung aufzuzwingen, auch wenn sie nach außen an der einheitlichen alliierten Linie gegenüber den Abgeordneten des Parlamentarischen Rats festhalten.

Das entgegenkommende Memorandum, welches die drei Gouverneure am 22. April übergeben, wird bereits in der ersten Aprilhälfte in Washington aufgesetzt, wo die Außenminister der Westmächte zusammenkommen, um den Nordatlantikpakt aus der Taufe zu heben. Für den Fall, daß es wegen des Grundgesetzes zu Schwierigkeiten mit den Deutschen kommen sollte, einigt man sich auf eine Rückfallposition, welche die Briten empfehlen. Das Foreign Office in London, wo man mit föderalistischen Verfassungsprinzipien ohnehin nichts im Sinn hat, ist überzeugt, der neue deutsche Staat lasse sich nur auf dem Konsens der beiden großen deutschen Parteien errichten, und dieser setze einen Verfassungskompromiß voraus.

Solche Überlegungen sind Adenauer keinesfalls unbekannt. Als nämlich der Nordwestdeutsche Rundfunk am 1. April meldet, nach Meinung von Labour-Abgeordneten zeige Großbritannien Verständnis für die sozialdemokratische Position in Bonn, bittet er die Militärgouverneure schriftlich um Aufklärung. Doch das Gespräch unter vier Augen mit General Robertson, das er sonst bevorzugt, sucht er nicht. Vor der Unionspresse berichtet er am 9. April, er sei persönlich den Behauptungen der Sozialdemokraten nachgegangen, das Grundgesetz werde trotz aller Differenzen genehmigt. Der ihm als Informant benannte britische Verbindungsoffizier Chaput de Saintonge, selbst kein Parteigänger von Labour, sondern ein Konservativer, habe erklärt, die Sozialdemokaten müßten ihn mißverstanden haben. »Daß Chaput de Saintonge Adenauer bewußt täuschen wollte«, so Köhler, »erscheint aber ausgeschlossen.« Der Präsident des Parlamentarischen Rats rechnet offenbar fest damit, daß die Franzosen und die Amerikaner mit ihrer Haltung obsiegen werden. Vor allem vertraut er der Durchsetzungskraft von Lucius D. Clay, der die Auseinandersetzung mit der SPD inzwischen als persönliche Kraftprobe zwischen sich und Kurt Schumacher betrachtet. In einer Telefonkonferenz mit Washington schildert der General die Lage am 12. April 1949 wie folgt: »Gestern war die SPD-Gruppe im [Parlamentarischen] Rat bereit, ein Kompromißvotum abzugeben, aber Schumachers Vertreter wehrte die Abstimmung ab, um auf einer repräsentativen Versammlung in der nächsten Woche die SPD-Position festzulegen ... Ich glaube, daß die SPD schließlich einem Kompromiß zustimmen wird, aber Schumacher setzt auf vollen Sieg über die Alliierten und die politischen Gegner, um die SPD in die Regierung zu bringen.«

Clays Haltung entspricht dem ursprünglichen amerikanischen Konzept, den Ländern eine starke Machtposition einzuräumen, um ein für allemal dem Übel des deutsch-preußischen Zentralismus zu steuern. Doch bekundet er zugleich ein besonderes Verständnis für die französische Position, seit er in einem geheimgehaltenen Treffen mit dem französischen Außenminister Schuman im März in Paris amerikanisch-französische Differenzen in der Besatzungspolitik ausgeräumt und Bedingungen für den Anschluß der französischen Zone an die Bizone ausgehandelt hat. Nach seinem Verständnis sind ausschließlich die deutschen Ministerpräsidenten seine Partner, nicht aber Parteiführer, welche die Länderchefs illegitimer Weise an die Kette legen wollen. In Schumacher sieht er lediglich den Parteiboß der Sozialdemokraten in der britischen Zone, und das strenge Regiment, das der SPD-Chef über die Abgeordneten des Parlamentarischen Rats ausübt, mißfällt dem amerikanischen Besatzungsherrn. Der General nennt die SPD deshalb einmal sogar eine »totalitäre Partei« und rät Washington, ihr keinerlei Konzessionen zu machen. Als er angewiesen wird, die zweite Note zu übergeben, bekommt er beinahe einen Tobsuchtsanfall. In der »vergeblichen Hoffnung, Schumacher einen öffentlichen Sieg über die Alliierten vorzuenthalten«, meint Thomas

Alan Schwartz, habe Clay versucht, ihre Übergabe »bis zum letzten Moment hinauszuzögern«. Um ein Haar hätte er diese Pokerpartie auch gewonnen. Denn die Briten waren ja nicht so sehr um eine stärkere deutsche Zentralmacht besorgt als um einen möglichst breiten Konsens als einer tragfähigen Basis für den neuen Staat. Es kann deshalb kaum Zweifel daran geben, daß die zweite alliierte Note nie übergeben worden wäre, hätte sich die SPD bereit gefunden, einem neuerlichen Kompromiß im Parlamentarischen Rat entsprechend den alliierten Auflagen zuzustimmen, wie Reuter, Kaisen und andere führende Genossen dies in Hannover empfahlen.

Wie Clay richtig vorausgesehen hat, spielt die Auseinandersetzung um das Grundgesetz bald eine zentrale Rolle in einem Wahlkampf, in dem ohnehin die Fetzen fliegen. Die SPD unternimmt nahezu alles, die CDU in den Ruch der nationalen Unzuverlässigkeit zu bringen, bezichtigt sie des klerikal-katholischen Partikularismus und legt sich selbst den Part der Partei der nationalen Rettung zurecht. Ihren Parteiführer preist sie als Verteidiger der Lebensrechte seines Volkes an: »Dr. Schumacher«, heißt es in einem Flugblatt der Partei über das Nein vom 20. April, »bewahrte uns vor den 11 Vaterländern der CDU und gab uns den westdeutschen Bundesstaat! Der 20. April ist und bleibt der schwarze Tag in der Geschichte der CDU und aller, die ihr folgten.« Schmerzliche Behauptungen in einem Wahlkampf, bei dem man sich an allen Fronten nur zu gern ins nationale Tuch einhüllt. In Hessen wirbt die FDP für die »Wiederherstellung der staatlichen Gleichberechtigung« um ehemalige NSDAP-Mitglieder, stellt SPD-Politiker wie Willy Knothe oder Hermann Brill als »unversöhnliche Entnazifizierer« an den Pranger und verlangt: »Fort mit den politischen Fragebögen und Spruchkammern!«

Den CDU-Wahlkampf in Flensburg eröffnet Görings Generaloberst a. D. Stumpff; zur zentralen Eröffnungskundgebung am 21. Juli zieht die CDU/CSU mit Fanfarenstößen und Tannhäusers Pilgermarsch aufs Heidelberger Schloß, spielt den Fehrbelliner Marsch und zelebriert, wie beim großen Zapfenstreich, am Ende gar das Niederländische Dankgebet. Hier in Heidelberg, fast drei Monate nach dem dramatischen Ringen um das Grundgesetz, kontert Adenauer die nationale Propaganda Schumachers in einer Art, die ihn als Meister von kühl und präzis kalkulierten Schlägen unterhalb der Gürtellinie zeigt. Er behauptet, Carlo Schmid und Walter Menzel sei am 14. April vorab »der Inhalt einer in Washington von den drei Botschaftern, dem Amerikaner, dem Engländer und dem Franzosen verfaßten Botschaft über gewisse Möglichkeiten der Änderung im Grundgesetz« von einem »der höchsten englischen Vertreter in Deutschland mitgeteilt worden«. Das ist sprachlich geschludert, und ganz genau nimmt er es natürlich nicht, denn die Außenminister, nicht Botschafter sind Autoren des Memorandums. Doch um seiner Behauptung die Aura der absoluten Wahrheit zu verleihen, bittet er die 5000 Zuhörer: »Lassen Sie mich lieber noch einmal im Kalender nachsehen, damit ich kein falsches Datum sage«, schaut, pro forma, versteht sich, nach und beteuert dann: »ja, am 14. April, am Gründonnerstag.« Kann, wer so penibel mit Daten umgeht, überhaupt irren, wenn er Schumacher »ein absolut abgekartetes Spiel zwischen der britischen Regierung und den deutschen Sozialdemokraten« unterstellt, einen riesigen Theaterdonner und ein mieses Wahlkampfmanöver, trefflichst ausgedacht, um den Sozialdemokraten den Nimbus zu geben, »daß sie die nationale Partei *per excellence* seien«? »Sehen Sie«, meint er dann gespielt naiv und appelliert an weit verbreitete antibritische Ressentiments, »sehen Sie, wenn man so ausgezeichnete Verbindungen zur Labour-Regierung hat, dann müßte es doch eine Kleinigkeit sein, auch die Labour-Regierung davon zu überzeugen, daß die Demontagen nun endlich aufhören.«

Schumacher ein britischer Agent, eine von ihm geführte sozialistische Regierung in Abhängigkeit von der Labour-Regierung, die in Deutschland demontiert und daheim, in einem Siegerland, so katastrophal wirtschaftet, daß sie nicht einmal die Rationierung wichtiger Lebensmittel beenden kann? Beinahe rasend vor Wut schlägt der SPD-Chef in Köln am 24. Juli auf einer Wahlkundgebung zurück und empfiehlt, den Namen Adenauer in »Lügenauer« umzuändern. Das ist maßlos überzogen, wie denn die SPD bei der Abwehr der Adenauerschen Verdächtigungen überhaupt taktisches Geschick vermissen läßt. In einem Telegramm des Parteivorstands an »Herrn Dr. Konrad Adenauer, Rhöndorf«, unterzeichnet von Schumacher und Ollenhauer, heißt es, »die Behauptung, Professor Schmid und Dr. Menzel seien am 14. April von einem der höchsten englischen Vertreter in Deutschland informiert worden, ist durch die Erklärung der beiden ... als Unwahrheit festgestellt.« Das Dementi zielt auf Adenauers Vorwurf, die SPD habe den Inhalt der Note vor Schumachers Nein gekannt, wird aber so schlampig abgefaßt, daß es Adenauer ein großes Schlupfloch läßt. In dieser Form ist es nämlich bestenfalls so halbwahr wie die Adenauersche Behauptung, die es widerlegen soll.

Wie das Foreign Office wenig später bestätigt, hat es am 14. April im IG-Farben-Hochhaus in Frankfurt doch eine Unterredung Carlo Schmids und Walter Menzels mit britischen Vertretern gegeben. General Robertson und sein politischer Berater Sir Christopher Steel erwähnen dabei weder die Existenz der zweiten Note noch gar ihren Inhalt, aber deuten doch an, welche Verfassung die Westmächte nach englischer Meinung schließlich akzeptieren würden. Ihre Interpretation ist auf das gestützt, was sie von den Washingtoner Beschlüssen wissen. Schlitzohrig beteuert Adenauer nun, er hätte nie den Eindruck erwecken wollen, daß der General das Memorandum von Washington gegenüber den Sozialdemokraten erwähnte oder sie darüber informierte. Aber die SPD steht vor der Öffentlichkeit ebenfalls blamiert da: Entgegen ihren Beteuerungen hat es vor dem Nein von Hannover doch informelle Kontakte zu den Briten gegeben. Zwar haben Schmid und Menzel aus den Worten des britischen Generals bestenfalls folgern können, daß die Alliierten unter gewissen Umständen zum Nachgeben bereit wären. Aber das sozialdemokratische Nein erscheint der Öffentlichkeit nun sehr viel weniger heroisch, als die Parteipropaganda vorgegeben hat. Adenauer, der Fuchs, der sich ursprünglich in der schlechteren Position befand, hat in den Augen der nichtparteigebundenen Wähler in dieser Frage zumindest mit Schumacher gleichgezogen – dank der Ungeschicklichkeit des SPD-Hauptquartiers. Und das, obschon doch historisch richtig ist, was die *Schleswig-Holsteinische Volks-Zeitung* dazu am 4. August vermerkt: »Die Alliierten waren bereit, den Deutschen entgegenzukommen, wenn diese nicht unter dem allgemeinen internationalen Trommelfeuer zusammenbrächen. Wenn die SPD die einzige Partei gewesen wäre, die davon erfahren hätte, es spräche nicht gegen sie. Die anderen Parteien wären darum nicht weniger die Tölpel, die da bereit waren, sich billiger zu verkaufen, als es notwendig war.«

Vornehm geht es auch sonst nicht zu in den letzten Wochen vor der Wahl. Schumacher, der Freund deftiger, zugespitzter Formulierungen, unterstreicht immer wieder die Bedeutung des Abwehrkampfes der Sozialdemokraten und behauptet, die Demokratie in Mitteleuropa wäre längst liquidiert, hätten nicht sie sich den Russen und Kommunisten mit ganzer Kraft entgegengestemmt. »Nur die SPD bewahrte Deutschland vor dem Terror aus dem Osten. Nur sie verteidigte unbeirrt in Bonn das Lebensrecht des deutschen Volkes«, heißt es in einem SPD-Flugblatt. »Unser Vorsitzender Dr. Kurt Schumacher ist für Millionen längst zum Inbegriff des Kampfes um die nationale Geltung geworden.« Massiv greift der SPD-Chef die Rolle Jakob Kaisers an: »Die CDU stand beim Kampf der SPD in der Ostzone Schmiere. Der Hehler ist so schlecht wie der Stehler.« Damit zwingt er Kaiser eine Auseinandersetzung auf, welche dieser als heimlicher Anhänger einer großen Koalition in solcher Schärfe mit den Sozialdemokraten gar nicht führen will. Aber was bleibt ihm anderes übrig als grob zurückzuschlagen, wenn Schumacher ihn im Wahlkampfeifer einen »Handlanger Berijas« nennt, der die Ostzone erst verlassen habe, »als ihn die Sowjets nicht mehr brauchten«? Kaiser revanchiert sich: »Die Grundtendenz, die von Hannover vorgeschrieben wird, ist totalitär, intolerant und marxistisch«, sagt er, der Wahlkampf müsse deshalb nicht nur gegen den Kommunismus, sondern auch gegen »die totalitären Tendenzen in der SPD« geführt werden. Mit Blick auf Schumachers Hauptquartier spricht übrigens auch der damalige CDU-Wahlkämpfer Gustav Heinemann, der 1969 erster sozialdemokratischer Bundespräsident werden soll, von Preußentum und Sozialismus à la Spengler, ja von einer »Führerdiktatur«.

Wird Schumacher nicht müde, die Absage an die Einheitspartei und den Abwehrkampf der Sozialdemokratie als historisches Verdienst darzustellen, kontert Adenauer trocken mit dem Vorwurf, die Sozialdemokratie fälsche systematisch die allerjüngste Geschichte: »Hier wird behauptet, daß allein die Sozialdemokratie Widerstand in der Ostzone und in Berlin geleistet und getragen hat. Als die SED gegründet wurde, sind von dem ersten sozialdemokratischen Parteigremium in Berlin, das aus 14 Leuten bestand, 12 zur SED gegangen«, sagt er in Heidelberg. »Meine Damen und Herren! Es ist eine historische Schuld der Sozialdemokratie in der Ostzone und Berlin, daß sie den einheitlichen Widerstand in der russischen Besatzungszone gegen den Kommunismus zerbrochen hat. Sehen Sie, so sieht die historische Wahrheit aus – während unsere Leute, an der Spitze Jakob Kaiser, durchgehalten haben.« Als er das erklärt, sitzen bereits Hunderte Sozialdemokraten in sowjetischen Konzentrationslagern ein, indes die Ost-CDU sich unter Führung Otto Nuschkes längst zur braven, SED-hörigen Blockflöte entwickelt hat, aber dies ist eben der Wahlkämpfer Adenauer, wie er leibt und lebt: »Meine Freunde, ein Nuschke, ein Verräter der CDU, wäre niemals möglich gewesen, wenn die Sozialdemokratie nicht lange vorher die deutsche Einheitsfront verlassen und zerbrochen hätte.«

Doch nicht der Streit, wer der Nationalste sei im Land, entscheidet über den Ausgang der Wahl, den Ausschlag geben Wirtschaftsfragen, die Auseinandersetzung mit der katholischen Kirche über das Elternrecht und die leichtfertige, ja gefährliche Unterschätzung der neu entstandenen überkonfessionellen CDU durch Kurt Schumacher. Obschon Schulfragen ausdrücklich in die Kulturhoheit der Länder gehören und damit die Frage des Elternrechts zur freien Wahl der Schulform ein ganzes Spektrum unterschiedlicher Regelungen je nach den regionalen Mehrheitsverhältnissen erlaubt, enthält sein Wahlaufruf eine antikatholische Spitze, denn er fordert die staatliche Simultan- oder Gemeinschaftsschule, an der Religionsunterricht erteilt werden soll.

Der Konfessionsschule wird, ohne sie namentlich zu nennen, ausdrücklich Rückständigkeit bescheinigt: So unbestreitbar das Recht der Eltern sei, über den religiösen Unterricht in der Simultanschule zu bestimmen, heißt es da, »so unbestreitbar ist das Recht des Kindes auf eine Schulbildung, die es lebenstüchtig macht und das Recht des Staates auf gut ausgebildete Staatsbürger. Die konfessionelle Zerreißung des deutschen Volkes macht unsere Zustände denen nach dem Dreißigjährigen Kriege immer ähnlicher und steht im Widerspruch zur Tatsache der zerstörten Schulen.«

Für Schumacher ist der Gedanke an eine konfessionelle Gesamterziehung, an katholischen oder evangelischen oder atheistischen Schreib-, Rechen-, Lese- oder Sportunterricht ein Graus, was da im SPD-Wahlprogramm festgehalten ist, beinhaltet für ihn das Minimum an selbstverständlicher kultureller Toleranz. Er steht in der Weimarer Tradition seiner Partei, die 1925 im Heidelberger Programm nicht nur die Trennung von Staat und Kirche, sondern gezielt auch die »von Schule und Kirche« gefordert hat – einem Programm, das 1949, wenn auch nur formell, weiterhin gilt, wie Konrad Adenauer immer wieder maliziös anmerkt. Der Konflikt ist damit unweigerlich vorprogrammiert, obschon Schumacher spätestens seit dem 23. Mai hätte gewarnt sein müssen: Denn da erklären die Bischöfe, sie könnten das Grundgesetz »nur als ein vorläufiges betrachten, das baldigst einer Ergänzung bedarf«, weil die »ausdrückliche Anerkennung eines unveräußerlichen Grundrechts wie des Elternrechts« fehle. Schumacher und seine Berater übersehen, daß die Kirche ihrem Verlangen nach der Konfessionsschule gerade nach den bitteren Erfahrungen im Dritten Reich besondere Bedeutung zumißt.

Der sittlich-moralische Werteverfall, diese Überzeugung ist im kirchlichen Kampf gegen die Nazi-Dikatur gewachsen, läßt sich nur über die pädagogische Vermittlung verbindlicher, nicht relativierbarer, eben christlich-katholischer Werte in katholischen Schulen aufhalten – im Rahmen einer weltanschaulich eindeutig orientierten Gesamterziehung also, bei der nicht verschwommene, allgemeine humanistische Ideale gepredigt werden, sondern konkrete ethische Normen. Aus der Sicht der Bischöfe ist es deshalb nur logisch und konsequent, wenn sie jene Kräfte unterstützen, die im Parlamentarischen Rat für »das natürliche Recht der Eltern auf die weltanschauliche Gestaltung der Schule« eingetreten sind, wie ein CDU-Flugblatt erklärt. Hat nicht, wie darauf in fetten Lettern zu lesen steht, »eine liberal-sozialistische Mehrheit die volle Gewährleistung der elterlichen Rechte« verhindert? Schumacher freilich sieht in dem Schulterschluß von Kirche und CDU vor allem die Bestätigung seiner These, dic CDU sei ebenso klerikal wie konservativ und kapitalistisch.

In Erinnerung an seine Jugendzeit in Culm, wo er den Mißbrauch der Kanzel für die polnische Sache hautnah miterlebt hat, schlägt er nun Töne an, die eindeutig an Bismarcks Kulturkampf erinnern. Darüber gerät dann beinahe in Vergessenheit, daß er, der ja nie aus der protestantischen Kirche ausgetreten ist, die »Unverzichtbarkeit der Religion für eine große Gemeinschaft« überhaupt nicht leugnen will. Hat nicht gerade er in Hannover ausdrücklich die Tür für jene geöffnet, die aus dem Geist der Bergpredigt zur Partei des demokratischen Sozialismus stoßen wollen? Günther Scholz weist zu Recht darauf hin, daß Schumacher mehrfach zu Gast bei den Dominikanern in Walberberg gewesen ist. In der Klosterbibliothek habe er Pater Welty sein Bild vom positiven Christentum umrissen, das ein Leben nach den Zehn Geboten und den Worten Christi bedeute, – »man habe spüren können, daß es ihm ernst damit war«, schreibt die *Neue Zürcher Zeitung*.

Doch gibt es gerade deshalb nach Schumachers Politikverständnis »keine christlichen Parteien, es gibt nur politische Parteien«. Nach dem Programm, das sie vertreten und der unsozialen Haltung, die aus seiner Sicht darin zum Ausdruck kommt, »sind die CDU und die Deutsche Partei in Niedersachsen wohl die im schlechtesten Sinne des Wortes heidnischsten Parteien des konzentrierten Egoismus und des Mangels an Nächstenliebe«, wie in seiner Wahlkampf-Stellungnahme zum Thema »Die Sozialdemokratie und die Kirchen« nachzulesen ist.

»Gewiß denken auch weite Kreise dieser Parteien anders, besser und menschlicher, aber die machtpolitischen Linien dieser Parteien sind im moralischen Sinn eindeutig unchristlich. Wenn die Kirchen solchen sehr diesseitigen und mit allen Mängeln des Diesseits behafteten Institutionen [wie CDU und DP] ihr öffentliches Vertrauen schenken und für sie Partei nehmen, dann können sie nicht erwarten, daß Andersdenkende – und unter ihnen viele Millionen gläubiger Christen – dies widerspruchslos hinnehmen.«

Sicher leistet die katholische Kirche sich Ungereimtheiten, wenn sie einerseits die Fortgeltung des Konkordats verlangt und andererseits selbst dagegen verstößt. Kardinal Frings ist im November 1948 in die CDU eingetreten, obwohl Paragraph 38 des Abkommens zwischen Reich und Vatikan die politische Betätigung von Priestern untersagt. Einer der höchsten Würdenträger der katholischen Kirche mißachtet damit einen Vertrag, dessen Erfüllung durch den Staat er anmahnt, aber er steht nicht an, den peinlichen Fehler, der ihm unterlaufen ist, im Mai 1949 durch Austritt aus der Partei selbst zu korrigieren. Ausgerechnet in Köln, seinem Bischofssitz, attackiert ihn Schumacher, der in ihm schon früh einen seiner Hauptwidersacher ausmacht, mit der Behauptung, »die Politik seiner Eminenz [kann] den Schlotbaronen und Immobilienbesitzern nützlich sein, aber einen großen Teil des deutschen Volkes zum Verhungern bringen«. Die Worte finden sich in einer Sammlung böser Schumacher-Ausrutscher, die Herbert Blankenhorn, früher Diplomat, jetzt Adenauers intimster Berater und Generalsekretär der CDU, vorsorglich für den Wahlkampf angelegt hat. Wen wundert es? Geradezu genüßlich greift Adenauer, der Vorkämpfer einer künftigen Bürgerkoalition, immer wieder in die Blankenhornsche Schatztruhe, schießt die Zitate seines sozialistischen Hauptgegners wie Giftpfeile auf diesen zurück, um die Kluft zwischen Kirche und SPD zu vertiefen.

Teilweise nimmt der Wahlkampf nun Züge eines Religions- und Weltanschauungskrieges an, in der stockkatholischen Eifel ist es für Sozialdemokraten so gut wie unmöglich, ein Wahlkampflokal zu bekommen. Aber den Hauptbeitrag zur Eskalation leistet Schumacher selbst, als er sich auf einer Wahlversammlung mit Konkordat und Elternrecht beschäftigt und erklärt: »Wir wollen den Frieden und die Zusammenarbeit mit allen kirchlichen Institutionen. Aber wir denken gar nicht daran, das deutsche Volk einer fünften Besatzungsmacht zu unterwerfen.« Kaum hat er dies am 20. Juni in Gelsenkirchen gesagt, sinkt Fritz Henßler, der Oberbürgermeister von Dortmund, wie vom Schlag gerührt zusammen. Annemarie Renger, neben ihm unter den Zuhörern sitzend, hat keine Sekunde lang Zweifel, welcher Flurschaden damit angerichtet ist. Der geübte Redakteur Schumacher habe der Versuchung einfach nie widerstehen können, »Schlagzeilen als Ergebnis seiner Denkprozesse zu produzieren«, meint sie Jahrzehnte später erklärend.

Bischöfe, die sich dieses Wort von der fünften Besatzungsmacht für einen Hirtenbrief zur Bundestagswahl entgehen ließen, wären nicht von dieser Welt. Parlamentarier, schreiben sie fröhlich, müßten Gewähr dafür bieten, daß sie »christlichen Grundsätzen im gesamten Leben unseres Volkes Geltung verschaffen wollen ... Wir müssen leider feststellen, daß Abgeordnete der sozialistischen und liberalistischen Weltanschauungen für wesentliche christliche Forderungen [wie das Elternrecht] kein Verständnis gehabt haben.« Gegen Schluß wird Schumachers Wort von der Kirche als fünfter Besatzungsmacht als »sozialistischer Angriff« auf das »pflichtmäßige« Verhalten der Bischöfe zitiert. »Wir glauben, mit unseren Darlegungen klar gesprochen zu haben«, werden die Gläubigen belehrt. »Ihr wißt, worum es sich bei dieser Wahl handelt! Ihr kennt die Grundsätze, die uns leiten müssen. Jetzt muß jeder christliche Wähler in seinem eigenen Gewissen die Entscheidung treffen. Betet um einen guten Ausgang der Wahl!«

Natürlich steht da nicht: Wählt Konrad Adenauer! Aber kann ein kirchentreuer Katholik nach der Lektüre überhaupt etwas anderes tun, als seine Stimme der CDU zu geben? Die Eskalation hat eine neue Stufe erreicht, die SPD spricht nun von militantem Klerikalismus, Mißbrauch priesterlicher Gewalt und politischer Agitation von der Kanzel herab. Henßler, ein alter Reichstagskollege, der Jahre im KZ verbracht hat, und den Schumacher als aufrechten Genossen außerordentlich schätzt, schreibt nach der Wahlschlacht an seinen Freund und Vorsitzenden: »Die Erfahrungen, die wir beim letzten Wahlkampf gemacht haben, veranlassen mich nochmals zur Mahnung, daß wir uns nicht vom Gegner Art und Ton der Auseinandersetzung vorschreiben lassen, ihm weder in die Gosse folgen, wenn er sich dort wälzen will, noch versuchen, es ihm an Demagogie gleichzutun.«

Walter Henkels, der über Jahrzehnte die Bonner Szene in politischen Feuilletons nachgezeichnet hat, berichtet von einer sozialdemokratischen Manöverkritik, in der ein – von ihm allerdings nicht namentlich genannter – Abgeordneter sich an den Vorsitzenden mit folgenden Worten gewendet haben soll: »Lieber Kurt ... außer mir sind wohl noch einige der Meinung, daß uns Deine Reden im Wahlkampf gut und gerne fünfzehn Mandate gekostet haben.« Das mag übertrieben sein, denn wenn die Rechnung dieses SPD-Anonymus stimmt, wären die Sozialdemokraten mit 147 statt der errungenen 131 Sitze im Bundestag vor der CDU/CSU mit 139 Mandaten stärkste Fraktion geworden. Kurt Schumacher hätte mit seiner maßlosen Polemik mithin den Verlust der Wahlen selbst verschuldet. Aber daß eine SPD, die von ihren traditionellen Hochburgen in Sachsen und Thüringen abgeschnitten ist, die Auseinandersetzung mit der Kirche von selbst auf die Spitze treibt, anstatt alles zu tun, sie herunterzuspielen, kann nicht nur als taktische, es muß sogar als strategische Fehlleistung ersten Ranges gelten. Ein kurzer Blick auf die Statistik hätte lehren können, daß die Katholiken sich nicht mehr in ihrem konfessionellen Turm der 33 Prozent befinden, wie 1933 am Ende der Weimarer Republik, sondern in Westdeutschland stattliche 44 Prozent der Bevölkerung ausmachen, indes der Anteil der Protestanten von 62 auf 51 Prozent gesunken ist.

Wenn Schumacher nach der Wahl klagt, große Massen des Volkes hätten »millionenfach gegen ihre ureigensten wirtschaftlichen und sozialen Interessen gewählt«, hat er selbst wesentlich dazu beigetragen. Katholische Arbeiter im Ruhrgebiet, die in ihrer Wahlentscheidung möglicherweise schwankend waren, treibt er mit seinen Kulturkampftönen direkt in die Arme der CDU. Er macht es Adenauer allzuleicht, seinem wichtigsten Wahlkampfziel, der Etablierung einer antisozialistischen Regierung und der Verhinderung einer sozialistischen Wirtschaftsordnung, auch noch die Weihen einer Entscheidungsschlacht zwischen Christentum und heidnischem Marxismus zu verleihen.

Zwar ist sich der SPD-Chef der verheerenden Folgen, die der vehemente Streit mit der Kirche gezeitigt hat, durchaus bewußt, aber verfügt er über genug Einsicht und Selbstkritik, um zu erkennen, wie wesentlich sein eigener Anteil an diesem Debakel ist? Wer seinen Brief an den früheren Reichsbannerführer Adolf Hamburger in New York liest, muß dies füglich bezweifeln, denn da wird viel über das Verschulden der Kirche, aber nichts von eigenen Versäumnissen gesagt: »Es ist nicht die Frankfurter Wirtschaftspolitik, die uns im Wahlergebnis so sehr geschadet hat, als vielmehr die kämpfende Kirche, die nicht sehen will, daß hier ein deutsches Staatswesen neu entstehen soll, sondern nur die Neuregelung und Ausweitung der kirchlichen Rechte im Auge hat. Es geht in Westdeutschland tatsächlich um die schrankenlose Auswirkung der mittelalterlichen ›potestas directa‹, nur daß diesmal der Souverän, der geknetet wird, das Volk selbst ist.«

Übersieht er, wie sehr die Protestantischen den Katholischen in der Schulfrage Schützenhilfe leisten, und daß der Anspruch der Kirchen auf Öffentlichkeit, ihr moralisches Wächteramt, nach dem totalen Zusammenbruch von den meisten Deutschen gebilligt wird, wie der spätere bayerische Kultusminister Hans Maier rückblickend schreibt? In den katholischen *Rheinischen Volksblättern* setzt sich der evangelische Bischof Dibelius aus Berlin am 1. August dafür ein, die Macht des Staates zurückzuschneiden und die Schule in »die alleinige Verantwortung der Eltern« zurückzugeben. Sein Bild prangt neben dem von Pius XII., der davor warnt, die »Staatsgewalt frei und unabhängig von einem höchsten Wesen« zu sehen. Wenn der Staat die Privatinitiative an sich ziehe und von sich aus ordnen wolle, werde »sie nur Schaden leiden, und zwar zum Nachteil des öffentlichen Wohls«. Beinahe synchron warnt sein Gegenüber, D. Dr. Dibelius, vor dem Moloch Staat samt seinen anonymen Dienern: »Der Staat ist Macht und in der Macht sitzt die Dämonie ... Der vom Staate in allen Dingen gelenkte Mensch verliert seine ewige Bestimmung und wird zu einer bloßen Sache in der Hand der Bürokratie.«

Zudem hält Schumachers zentrale These, Deutschlands konfessionelle Zerreißung gleiche mehr und mehr der nach dem Dreißigjährigen Krieg, näherer Prüfung nicht stand. Der Zustrom der Vertriebenen hat die althergebrachte konfessionelle Gliederung, die Segmentierung des Religiösen, die vom Augsburger Frieden herrührt, nicht verfestigt, sondern eher gelockert. So wird das westliche Nachkriegsdeutschland auch konfessionell eine mobilisierte Gesellschaft, der die Gründung einer interkonfessionellen Massenpartei namens CDU wie auf den Leib geschneidert scheint. Was da im christlich-bürgerlichen Lager entsteht, ist regional unterschiedlich und meist von Honoratioren geprägt, die sich erst zu einer gemeinsamen Linie zusammenraufen müssen. Die Protestanten steuern eher liberal-konservative, die Katholiken Vorstellungen des Weimarer Zentrums und Ordo-Ideen der Sozialausschüsse bei. Ehemalige Deutschnationale finden sich neben rheinisch-katholischen Demokraten, Vertreter des

Besitzbürgertums neben katholischen Gewerkschaftern, Anhänger der kapitalistischen Ordnung neben Vertretern eines christlichen Sozialismus.

Schumacher, der sich eine andere denn sozialistisch-demokratische Zukunft nicht vorstellen kann, unterschätzt von Anfang an, welch formidabler Gegner ihm da mit der Zeit erwächst. Fälschlich setzt er darauf, das Zentrum werde als Organ des politischen Katholizismus erhalten bleiben und, wie in Weimar, ein möglicher Bündnispartner der Sozialdemokraten sein. »Kraft der konfessionellen Spaltung und der politischen Tradition auf diesem Gebiet«, prophezeit er in seinen Richtlinien im Sommer 1945, sei eine bürgerliche Sammlung in einer einzigen Partei in Deutschland so gut wie ausgeschlossen. Als sie, wenn auch unter erheblichen Geburtswehen, dann doch zustande kommt, spricht er zunächst verächtlich von einem »Konglomerat«, einer »provisorischen Massenorganisation«, die zwar einen riesigen Körper habe – »aber nicht jeder, der aufgeschwemmt ist, ist muskulös und stark«. Das Interesse der Besitzbürger und der untergeschlupften Reaktionäre werde die politische Praxis der neuen Partei bestimmen. Geschäftsinteressen, so sein Kommentar zu ihrer Politik im Wirtschaftsrat, hätten über politische Erwägungen gesiegt, das Motto der CDU laute: »Alle Macht den Sachwertbesitzern«, auch wenn sie dies geschickt zu verschleiern verstehe: »Die Linke ... liefert das Vokabularium, und die Rechte macht die Politik.« Das Bekenntnis der CDU zum extremen Wirtschaftsliberalismus, argumentiert er im Wahlkampf, lasse sich weder mit dem Christentum noch mit der katholischen Soziallehre vereinen.

Doch gerade die Tatsache, daß Adenauer die Frankfurter Wirtschaftspolitik in den Mittelpunkt des Wahlkampfs rückt und plakativ soziale Marktwirtschaft gegen »marxistische Zwangs- oder Planwirtschaft« stellt, bringt die Sozialdemokraten in Erklärungsnot. Ludwig Erhard, der komplizierte Wirtschaftsprobleme in einfache, griffige Formeln zu fassen versteht, wird zur Wahlkampflokomotive der Union. Als Experte, der sich erst im Frühjahr 1949 der CDU anschließt, genießt er die Aura des Unabhängigen, als Protestant und Wirtschaftsliberaler scheint er *in persona* die gegnerische Mär von einer klerikal beherrschten CDU zu widerlegen, als Mann, der unermüdlich für seine Überzeugung kämpft, personifiziert er den wirtschaftspolitischen Kurs der Partei und wird schließlich selbst zum Programm. Obendrein strahlt er Vertrauen und Optimismus aus – ein wahrer Glücksfall für die CDU. Zwar gibt es auch Christdemokraten, die ihn 1949 als Wahlkämpfer ungern bei sich sehen – Günther Gereke zum Beispiel, der Parteichef in Niedersachsen, der das Anwachsen der Arbeitslosigkeit in seiner Region auf das Konto der Frankfurter Wirtschaftspolitik bucht. Doch bleibt dies ein Sonderfall. Welch gefährlicher Gegner Erhard ist, anerkennt selbst der offizielle Wahlaufruf der SPD, wenn er eine »gewisse Stärkung der Wirtschaft« einräumen muß. Allerdings, so steht da zu lesen, sei diese keinesfalls von der Frankfurter Wirtschaftsverwaltung zu verantworten, wie Erhard und Adenauer behaupten, ganz im Gegenteil: Als Ursachen werden ausschließlich die von den Alliierten verordnete Währungsreform, die »wohltätigen Folgen des milden Winters«, die »ungeheure Kraftzufuhr der Marshall-Plan-Lieferungen« und die »außerordentliche Steigerung der Arbeitsleistung aller körperlich und geistig Schaffenden« benannt.

In einer Wahlversammlung fügt Erik Nölting dieser Aufzählung wohltätiger Faktoren auch die gute Kartoffelernte an, zu der die politischen Gegner doch gewiß nichts beigetragen hätten. Erhard treibe Klassenkampf von oben, sein Name stehe für die »unsozialste Epoche der deutschen Wirtschaftspolitik«, welche die Rechtsparteien »hinter dem Wall der [gegen den Osten] kämpfenden Sozialdemokratie« entwickelten. Die Frankfurter Politik sei gut nur für die Millionäre, das Wort soziale Marktwirtschaft wird im SPD-Aufruf ausdrücklich als »sinnlos« bezeichnet. Mit ihrer Forderung nach Planung und Lenkung, Lastenausgleich und Sozialisierung machen die Sozialdemokraten Front gegen die Wiedererrichtung eines Wirtschaftssystems, das nach einem Wort Erik Nöltings »trotz aller Stützungsversuche bereits alle Keime des Zerfalls in sich trägt«. Auch an alte Heilserwartungen appelliert Schumachers Partei: Der Wähler müsse wissen, daß er mit seinem Stimmzettel »ein neues Zeitalter Wirklichkeit werden lassen kann«. Das ist Wahlwerbung, geboren aus dem wirtschaftspolitischen Konsens von Vorstand, Mitgliedern und Gewerkschaften, doch der Grundstimmung der Bevölkerung entspricht sie nicht. Die Umstellung auf freies Wirtschaften mag nicht ohne Krisen gelingen, aber daß Erhard, in einer Bibel namens Freie Wirtschaft lesend, dem sicheren Abgrund entgegenspaziert, wie die SPD es an Häusern und Litfaßsäulen plakatiert, widerspricht aller Erfahrung seit der Währungsreform.

Geschichte ist die Lüge über die Vergangenheit, auf die sich die Historiker einigen, soll der Spötter Voltaire einmal bemerkt haben. Das Wirtschaftswunder ist noch weit, sein Vater Ludwig Erhard im Jahr 1949 noch der am meisten umstrittene, von vielen regelrecht gehaßte Politiker, meint Elisabeth Noelle-Neumann. Folgt man ihrer Interpretation, dann hat sich gerade die betont nationale Haltung gegenüber den Siegern, die Schumacher in den Mittelpunkt des Wahlkampfs rückt, nicht ausgezahlt. »Die Bevölkerung fragte sich: Wie überleben wir?«, deutet die Pythia vom Bodensee rückblickend ihre Unterlagen aus dem ersten Bundestagswahlkampf. »Ein Konfrontationskurs war das letzte, was der Mentalität der Bevölkerung 1949 entsprach.« Dazu beschwört die SPD, bei allem Bemühen Schumachers, die Fehler der SPD in der ersten Republik zu vermeiden, nach Stil und Gestus, Symbolik und Sprache als einzige große Partei eben doch Weimar herauf, jene Jahre vor 1933, die im kollektiven Unterbewußten, durch zwölf Jahre Nazipropaganda nach Kräften zusätzlich negativ verzeichnet, als das große Verhängnis politischen Streits bei ärgstem wirtschaftlichen Niedergang gespeichert ist. Daß der Nationalsozialismus die Klassengegensätze in Deutschland objektiv abbaute, daß Krieg und Zusammenbruch als große Gleichmacher wirkten, mag gegen sozialdemokratische Wahlredner immunisiert haben, die das Wort vom Klassenkampf nicht selten im Munde führten. Spätere Umfragen, dann schon vom Regierungschef Adenauer in Auftrag gegeben, belegen jedenfalls, daß die harmoniesüchtigen Deutschen bei zugespitzten Redeschlachten eher Unbehagen empfinden. Schumacher wirkt »zu heftig, zu cholerisch, zu unbalanciert und zu unbeherrscht«.

Kirchenmännern in Hannover hatte General Robertson Schumacher einmal als künftigen Regierungschef des neuen Staates vorgestellt, und wie der britische Militärgouverneur dachten damals viele. Als in der Nacht zum 15. August der Rundfunk die ersten Wahlergebnisse bekanntgibt, wird eine im In- und Ausland weit verbreitete Prognose widerlegt. Vor allem Schumacher selbst und seine engsten Mitarbeiter hatten auf sicheren Sieg gesetzt. Nach den Landtagswahlen in der britischen Zone rechnete der Parteivorstand mit einem fiktiven Ergebnis für ganz Deutschland von mindestens 45 Prozent, wahrscheinlich sogar über 50 Prozent aller Stimmen, für das Bundesgebiet hegte er die sehr viel bescheidenere, aber sichere Erwartung, zumindest deutlich vor der CDU zu liegen. Enttäuscht und verbittert

Kampf um die Macht am Rhein: Kurt Schumacher im Bundestagswahlkampf 1949 in Köln.

müssen die Sozialdemokraten zur Kenntnis nehmen, daß sie Adenauer, dem Repräsentanten einer vermeintlich dem Untergang geweihten Welt, unterlegen sind. Formell beträgt dessen Vorsprung zwar nur 1,8 Prozent oder ganze 8 Sitze im Parlament, aber als stärkste Fraktion hat die CDU/CSU nun Anspruch auf die Regierungsbildung.

Was auf den ersten Blick als äußerst knappe Niederlage für die SPD erscheint, entpuppt sich bei näherem Hinsehen als überwältigendes Plebiszit gegen Sozialisierung und Planwirtschaft. Schlägt man die Stimmen von FDP, DP und Bayernpartei zu denen der CDU, hat eine große Mehrheit der Wähler gegen Schumachers Vorstellungen für einen deutschen Neubau entschieden. Illusionslos bringt der SPD-Chef selbst dies auf die Formel, das antisozialistische Lager habe im Verhältnis 65 zu 35 klar obsiegt. »Das politische Ergebnis dürfte auf die Bildung eines Bürgerblocks ... hingehen«, heißt es in einer ersten offiziellen Stellungnahme am Tage nach der Wahl, die klar seine Handschrift trägt. Vier Tage später sagt er, indirekt zwar, aber doch unmißverständlich, dem amerikanischen Nachrichtenmagazin *Time*, daß er eine große Koalition nicht wünscht: »Die Haltung der Sozialdemokraten wäre in diesem Fall von der Annahme ihrer programmatischen Forderung abhängig. Ohne die Erfüllung einer Reihe sozialökonomischer und sozialpolitischer Wünsche der Sozialdemokratie ist an eine Regierungsbeteiligung der SPD nicht zu denken.« Im Klartext: Die Sieger müssen das Programm der Besiegten für Sozialisierung und Lastenausgleich akzeptieren, andernfalls ein Bündnis nicht in Frage kommt.

Wie im Wahlkampf, erweist sich der SPD-Chef damit auch bei der Regierungsbildung als der beste Verbündete Adenauers: Beide wollen jetzt glasklare Fronten, beide kämpfen gegen Widerstände in den eigenen Reihen, beider Gegenspieler tragen zumeist in den Ländern Verantwortung. Auch die veröffentlichte Meinung wünscht die Zusammenarbeit zwischen den großen Parteien, doch Adenauer, sich auf Schumachers Stellungnahmen berufend, gelingt es, am 21. August in Rhöndorf die Weichen für eine Koalition nach dem Frankfurter Modell zu stellen. In dem Kreis von Honoratioren und CDU-Funktionären, den er zu sich nach Hause gebeten hat, plädieren Peter Altmeier und Gebhard Müller, die Regierungschefs von Rheinland-Pfalz und Württemberg-Hohenzollern, unterstützt von Günther Gereke und Werner Hilpert, den stellvertretenden Ministerpräsidenten von

Niedersachen und Hessen, für eine große Koalition. Sie können auf Karl Arnold und Leo Wohlleb verweisen, die christdemokratischen Regierungschefs in Nordrhein-Westfalen und Baden, die zwar nicht anwesend sind, doch ebenfalls glauben, im Hinblick auf die Größe der gemeinsamen Aufgaben sei es ein staatspolitischer Fehler, die zweitgrößte demokratische Partei in die Opposition zu treiben. Gereke und Hilpert ziehen zudem die Verläßlichkeit von FDP und DP als demokratische Partner für eine stabile Regierung in Zweifel: In Hessen bestehe die FDP zu 25 Prozent aus Rechtsradikalen, »gefährliche, heterogene Elemente« fänden sich auch in Niedersachen bei den Liberalen und in der Deutschen Partei. Vor allem DP-Vertreter hätten sich durch alte, schwarz-weiß-rote deutschnationale Töne im Wahlkampf so bloßgestellt, sagt Müller, daß sich jede Partei schämen müsse, »ihre Unterstützung zu beanspruchen«. In der DP fänden sich gute Elemente, »die zu uns gehören«, hält Adenauer dagegen, er fände zumindest Hellwege und Seebohm »ehrlich und anständig«, und die FDP sei durch die hessische Entwicklung keineswegs »völlig verdorben«.

Erstaunlicherweise sind es die eher linksorientierten Anhänger der Sozialausschüsse, ausgerechnet jene also, mit denen Schumachers Widersacher, die Fürsprecher einer großen Koalition in der SPD, zusammenzugehen hoffen, die Adenauer in Rhöndorf assistieren und klar für die kleine Koalition Partei ergreifen. Jakob Kaiser, durch den SPD-Vorsitzenden wiederholt gekränkt, bezeichnet Schumacher als »Unglück für das deutsche Volk«; die SPD müsse »vom Hochmutsteufel herunter« und »zu Anstand erzogen« werden. Theo Blank tritt für die Fortführung der Frankfurter Koalition ein, weil er überzeugt ist, nur eine »gescheite Wirtschaftspolitik« ermögliche eine vernünftige Sozialpolitik. Ludwig Erhard pflichtet ihm bei: »Wir müssen die angebliche Identität zwischen der Arbeiterschaft und der SPD aufreißen.

Der Begriff sozial ist nicht an die SPD verpachtet. Wir müssen eine wirklich soziale Politik treiben. Das ist dann der Tod der SPD.« Als er obendrein versichert, es sei für ihn völlig unmöglich, mit den Sozialdemokraten zusammenzuarbeiten, denn sie hätten sich in Frankfurt jeder vernünftigen Maßnahme widersetzt, hat Adenauer gewonnen: »Es ist kein Mischmasch möglich!« Wie auch, fragt er die Anwesenden, sollte die Zusammenarbeit mit der SPD denn aussehen? Müßten wir nicht zugeben, »daß wir in den letzten Jahren falsch gehandelt haben, daß unser soziales Ideal falsch ist?« Er weiß, daß dieses Ergebnis der Wahlen knapp ist, er selbst hätte sich ein besseres gewünscht. Aber der Wähler habe sich »klar und eindeutig gegen ein Zusammengehen mit der SPD ausgesprochen«.

Es sind unstreitig die unüberbrückbaren Meinungsunterschiede in der Wirtschaftspolitik, welche in Rhöndorf den Ausschlag geben, doch gehen paradoxerweise selbst Fürsprecher eines Regierungsbündnisses mit der SPD wie Gebhard Müller davon aus, »daß die Wirtschaftspolitik des Prof. Erhard eine unabdingbare Voraussetzung einer Koalition mit der SPD ist«. So jedenfalls schreibt Müller nach der Rhöndorfer Sitzung seinem württembergischen CDU-Freund Friedrich Schenk Freiherr von Stauffenberg. Er zeigt damit nur, welche Illusionen er sich macht, wenn er auf »Spannungen innerhalb der Sozialdemokratie« setzt und meint, sogenannte »gemäßigte Kräfte« seien von ihrer Führung abzuspalten.

Natürlich sind sofort nach den Wahlen auch im sozialdemokratischen Lager Stimmen für eine große Koalition laut geworden: die Hinrich Wilhelm Kopfs, des Ministerpräsidenten von Niedersachsen, oder Christian Stocks, seines Kollegen in Hessen. Mit der Bemerkung, es habe sich lediglich um »private Meinungsäußerungen« gehandelt, werden die beiden führenden Genossen umgehend vom Parteivorstand zurückgepfiffen. Fritz Heine bezeichnet die Fortsetzung der Erhardschen Wirtschaftspolitik als den sicheren »Ruin Deutschlands« und gibt damit die Marschroute seines Vorsitzenden vor. Als der Parteivorstand dann am 29. und 30. August in Bad Dürkheim zusammenkommt, legt ihm Schumacher das Programm einer »unsentimentalen Opposition« vor, von dem er später sagt, daß er es mit seinen 16 Punkten noch in der Wahlnacht entworfen hat. Einleitend macht er die Hauptschuldigen für die Wahlniederlage dingfest: »lokale Mängel und Mißstände«, aber auch »außenpolitische Momente«, zu denen er vor allem die Demontagepolitik Großbritanniens zählt, von eigenen Fehlern spricht er nach dem, zugegeben dürftigen, Protokoll der Sitzung nicht. Das »Gewackel der britischen Deutschlandpolitik«, so seine feste Überzeugung, ist für den Wahlverlust verantwortlich, vor allem die Demontage im Ruhrgebiet: »Ohne diese Wahlhilfe des Genossen Bevin für die CDU«, erklärt er seinem Freund Hamburger, »wären wir wenigstens formal die stärkste Partei geworden.«

In der Tat treten zur Zeit des deutschen Wahlkampfs die britischen Konservativen im Unterhaus für den Stopp der Demontage ein, indes Bevin, der in diesen Monaten eine Einigung mit den Sowjets noch nicht definitiv abgeschrieben hat, sich unerbittlich zeigt. Als Schumacher der Labour Party am 12. Juli vorschlägt, eine SPD-Delegation in Großbritannien zu empfangen, welche Material über die Auswirkungen der Demontage vorlegen sollte, wartet das Labour-Hauptquartier im Transport House in London mit einer negativen Antwort bis kurz vor den Bundestagswahlen. Als Schumacher darauf öffentlich fragt, ob etwa Handelsneid die britische Demontagepolitik mitbestimme, erklärt ein Sprecher des Foreign Office: »Aufrührerische Reden gegen Großbritannien« könnten die »Freundschaft dieses Landes« kosten. Kein Zweifel: Die von Adenauer behauptete Nähe zwischen der Labour Party und Schumacher ist niemals mehr als eine treffliche Wahlkampfwaffe für die CDU gewesen. Aber geht es an, die Briten jetzt zum Sündenbock für den Verlust der Wahlen zu machen?

Schumachers Argumentation in Bad Dürkheim und seine Haltung bei der Bundespräsidentenwahl scheinen vordergründig jenen böswilligen Kritikern recht zu geben, die ihm einen unstillbaren Drang zur Opposition unterstellen. Für einen Politiker, der nach Regierungsverantwortung streben muß, weil er ohne Macht sein Programm nie umsetzen kann, wäre dies einem angeborenen Suizidtrieb gleichzusetzen. Doch das ist im Rückblick, nach 14 Jahren Kanzlerschaft Adenauers aus dem sicheren historischen Port geurteilt. Nicht nur für Schumacher und die große Mehrheit der Genossen, die seiner Meinung sind oder doch dem Urteil des Parteichefs trauen, steht eine erste Bundesregierung Adenauer auf äußerst wackligen Füßen. Angesichts der von den Sozialdemokraten pessimistisch eingeschätzten Wirtschaftsentwicklung scheint die Chance, den 73jährigen Kanzler bald zu stürzen, durchaus gegeben, ein Programm der unnachsichtigen Opposition somit nicht unrealistisch und mittelfristig sogar opportun.

Sicher gibt es wenn nicht erklärte Gegner, dann doch Skeptiker am Vorstandstisch. Ein Anspruch auf Regierungsbeteiligung sei nach diesen Wahlen für die SPD gegeben, erklärt Wilhelm Kaisen, eine Rechtskoalition gegen die SPD dürfe nicht durch voreilige Erklärungen des Parteivorstands herbeigeführt oder legitimiert werden. Fritz Henßler bedauert die persönliche Schärfe, die in den Wahlkampf hereingetragen wurde und zielt damit auf den Vorsitzenden höchstpersönlich. Wenn Henßler rügt, daß einige Genossen »von Hannover öffentlich abgekanzelt wurden«, hat er die Attacken gegen Kopf und Stock im Sinn. Nachdenklich fragt er, ob wir uns nach diesen Wahlen »nicht noch näher am Ausgangspunkt 1945 befinden als zuvor« – und dieser Ausgangspunkt setzt doch Zusammenarbeit aller voraus, oder? Natürlich solle man der CDU/CSU nicht nachlaufen, schließt er seinen Diskussionsbeitrag, aber wenigstens versuchen, jene anzusprechen, die sich »innerhalb der CDU in Opposition zur Parteileitung befinden«. Willi Eichler stimmt zu; der linke Flügel der CDU müsse gewonnen werden, aber er hat Zweifel, ob dies auf dem Weg über eine große Koalition gelingen kann. Wie gewohnt, setzt Schumacher sich ohne große Schwierigkeiten durch und kann am Ende feststellen, die Mehrheit des Parteivorstands sei mit der vorliegenden Dürkheimer Erklärung nach Berücksichtigung einiger Änderungswünsche »als Oppositionsdokument der Partei einverstanden«. Mehrfach betont er, daß er dieses Programm nicht als »sachliches Angebot« für Koalitionsverhandlungen versteht – wie könnte es auch anders sein, wenn darin ausdrücklich die Sozialisierung der Grundstoff- und Schlüsselindustrien verlangt wird, dazu die »Planung und Lenkung der Kredite und der Rohstoffe für die Befriedigung des volkswirtschaftlichen Bedarfs«? Daß die SPD das Wirtschaftsministerium als Schlüsselposition beanspruchen würde, kann danach keinem Zweifel unterliegen, und diese Forderung schließt eine große Koalition automatisch aus.

Wenn Schumacher das Argument von der »nationalen Notgemeinschaft« ablehnt, das Anhänger der großen Koalition ins Feld führen, ist er nicht weit von dem hessischen CDU-Fraktionschef Erich Köhler entfernt. Von einem nationalen Notstand, der ein Zusammengehen rechtfertigen würde, sei nicht mehr zu sprechen, argumentierte Köhler im Adenauer-Kreis, denn »wir sind aus dem Hunger und den Versorgungsschwierigkeiten heraus«, außerdem sei »der Weimarer Stil der Demokratie« keineswegs zukunftsträchtig. Wie Adenauer in Rhöndorf, stellt Schumacher in Dürkheim die Weichen. Wenn später bei den Sozialdemokraten davon die Rede ist, die Initiative für eine Zusammenarbeit hätte von Adenauer ausgehen müssen, vielleicht wäre die SPD für eine Koalition dann offen gewesen, sind dies bestenfalls Abwiegelungsversuche gegenüber Anhängern der großen Koalition in der Öffentlichkeit und der eigenen Mitgliedschaft.

In der Frage der Bundespräsidentschaft denkt Schumacher zunächst an einen Mann an der Spitze des Staates, der als *pouvoir neutre* über den Parteien stehen kann. In dem einzigen Gespräch darüber, das die beiden Parteiführer, von Adenauer verschuldet, viel zu spät darüber führen, räumt er allerdings ein, daß er sich seit Monaten vergeblich bemüht hat, eine entsprechende Person zu finden. »Aber Sie«, sagt er

Adenauer, »sind durch die Konstellation der Gruppierung mit den Rechten des Vorschlags in der Vorhand und so haben wir Anspruch, von Ihnen Vorschläge zu erwarten.« Doch für Adenauer, der diesen Gedanken offenbar ergebnislos schon mit Ernst Reuter durchgespielt hat, dient das Zusammentreffen vor allem dem Zweck, Schumachers Reaktion auf Theodor Heuss zu erkunden. Heuss hat sich nach Schumachers Meinung im Wahlkampf gar zu eindeutig gegen eine Zusammenarbeit mit der SPD geäußert, um über jene Distanz und Überparteilichkeit zu verfügen, welche das Amt erfordert, auch steht bei diesen Gesprächen längst außer Frage, daß Adenauer die Heuss-Kandidatur der FDP als lockenden Preis für die erwünschte Koalition angeboten hat. Der SPD-Chef stellt deshalb einen sozialdemokratischen Gegenkandidaten in Aussicht, versichert aber zugleich: »Einen Präsidenten, gegen den wir gestimmt haben, werden wir ebenso ästimieren, als wenn wir für ihn gestimmt hätten.« Wie Annemarie Renger berichtet, hat Theodor Heuss, ehe er seine Kandidatur akzeptierte, ein Gespräch mit Schumacher geführt, »um zu erfahren, ob die SPD im Falle seiner Wahl sein Verhalten im Zusammenhang mit dem Ermächtigungsgesetz gegen ihn ins Spiel bringen werde«. Schumacher soll geantwortet haben, der gewählte Bundespräsident erfahre den selbstverständlichen Respekt der SPD. Die Tatsache, daß Heuss als Reichstagsabgeordneter am 23. März 1933 für die Vorlage der nationalsozialistischen Regierung gestimmt hatte, ist dann auch nie groß diskutiert worden.

Als diese Gespräche stattfinden, hat Adenauer freilich noch Mühe, die eigene Fraktion geschlossen auf Heuss einzuschwören. Die christdemokratischen Einwände gegen die Person des liberalen Kandidaten, der später einmal als seltener Glücksfall eines Präsidenten gelten wird, reichen von der Kirchenfeindlichkeit bis zur angeblichen Freimaurerei, wichtiger aber ist der Widerstand einer einflußreichen Minderheit, welche die andere große demokratische Partei von den wichtigsten Ämtern der neuen Republik nicht gänzlich ausschließen will. In ihren Überlegungen spielt das Vorbild Österreich eine Rolle, wo die Sozialdemokraten, obschon nur zweitstärkste Kraft, mit Karl Renner den Bundespräsidenten, die ÖVP aber, das österreichische Gegenstück zur CDU, als stärkste Partei mit Leopold Figl den Kanzler stellt. Zwar ist das Modell nur bedingt tauglich, denn an der Donau arbeiten beide Parteien einträchtig in einer großen Koalition zusammen, indes am Rhein an einem Bürgerblock gezimmert wird. Und doch wäre, so die Meinung von Christdemokraten wie Gereke, Müller, Hilpert, Arnold, selbst des späteren Bundespräsidenten Heinrich Lübke und des Bundeskanzlers Kurt Georg Kiesinger, ein gemäßigter Sozialdemokrat im Präsidentenamt eine unverzichtbare Geste dafür, daß der neue Staat mit seinem parlamentarischen System von den großen Parteien gemeinsam getragen werde. Auch die Alliierten, welche die Staatsgründung Bundesrepublik gern auf festen Fundamenten wüßten, befürworten ein solches Symbol sozialdemokratischer Mitverantwortung. Als die Christdemokraten die Namen Wilhelm Kaisen und Max Brauer, Paul Löbe und Louise Schröder ins Spiel bringen, findet die Idee Anhänger im sozialdemokratischen Lager, zumal in der Bundesversammlung viele Abgeordnete aus den Ländern mit großen Koalitionen vertreten sind.

Beide Parteiführer haben es deshalb nicht leicht, sich mit ihrer Strategie der glasklaren Scheidung durchzusetzen. Wenn Schumacher ursprünglich, wie wir wissen, an eine *pouvoir neutre* gedacht hat, dann an eine fiktive, von allen Lagern anerkannte parteilose Persönlichkeit; den Gedanken jedoch, daß ein »gemäßigter« Sozialdemokrat die Gesetze einer von der SPD im Parlament erbittert bekämpften Wirtschaftspolitik unterzeichnen könnte, findet er geradezu pervers. Ein Sozialdemokrat an der Spitze des Staates als Feigenblatt für den Kanzler einer besitzbürgerlichen Koalition, muß dies in einem demokratieentwöhnten Volk ohne Verständnis für die Rolle und Bedeutung von demokratischen Institutionen nicht zu Verwirrung führen?

Um jede parteiübergreifende Kandidatur eines Sozialdemokraten unmöglich zu machen, in bewußt provokatorischer Absicht also, wirft Schumacher den Hut selbst in den Ring. Wer, wenn nicht er, ist als Sozialdemokrat für die Abgeordneten der anderen Parteien ganz und gar unwählbar? Dies die Überlegung, die sein Handeln bestimmt. Doch widerspruchslos folgt die SPD-Delegation für die Bundesversammlung dem Konfrontationskurs ihres Vorsitzenden keineswegs. Wilhelm Keil, der alte Widersacher aus Stuttgart, spricht von »Klein-Moritz-Politik«. Mit dieser Kandidatur stoße man den Karl-Arnold-Flügel vor den Kopf und gebe nur zu erkennen, daß man seriös an der Position des höchsten Amts im Staate nicht interessiert sei. Zwar boxt Schumacher seine Kandidatur schließlich durch, aber das Votum der Fraktion ist äußerst knapp. Es muß sogar zweimal abgestimmt werden, weil beim erstenmal das Ergebnis angefochten wird.

Wieder einmal erweist sich, so Hans-Peter Schwarz, Kurt Schumacher »als der beste Nothelfer Adenauers«. Zwar gewinnt Heuss nicht im ersten Wahlgang, weil die Freunde Gerekes in Opposition gegen den Adenauer-Kurs sogar für den »Provokationskandidaten« Schumacher stimmen. Annemarie Renger bittet Gereke deshalb dringend, im zweiten Wahlgang Schumacher nicht zu wählen und deutet ihm die Hintergründe an, die den SPD-Chef überhaupt zu einer Kandidatur bewogen haben. So wird Theodor Heuss mit dem ausdrücklichen Segen von Kurt Schumacher Präsident, und in Ermangelung einer Nationalhymne singt die Bundesversammmlung »Großer Gott, wir loben Dich!«

Aber hat je die Gefahr bestanden, von der Arno Scholz in seiner Heiligenlegende über Schumacher im »Turmwächter« spricht, daß nämlich die CDU durch »Abkommandierung von nur 35 Abgeordneten« den SPD-Chef aus der aktiven politischen Rolle in eine repräsentative hätte abdrängen können? Wohl kaum. Für diesen gänzlich unwahrscheinlichen Fall wäre ein Kurt Schumacher sicherlich Manns genug gewesen, die Wahl nicht anzunehmen, das Koalitionsspiel Adenauers bloßzustellen, der ja Heuss zur Galionsfigur für sein Regierungsschiff erkoren hatte, und sich selbst der Gefahr zu entziehen, die er mit seiner Kandidatur unter allen Umständen vermeiden wollte: daß ein Sozialdemokrat an der Spitze des Staates ein Bild falscher demokratischer Harmonie heraufbeschwören könnte. Er will nicht durch »Verstrickung in eine Regierung, deren Politik wir ablehnen, hinein- und später herabgezogen ... werden, um schließlich an den Schwierigkeiten des Partners die eigene Zukunft zu riskieren«, er will die »Klärung der Fronten zu einer Kräftigung und Erneuerung« seiner Partei nutzen. Er zielt, wie einer seiner Kritiker von links einmal bemerkt, mit seiner intransingenten Opposition auf einen »provisorischen Bürgerstaat«, den er am Ende durch ein »sozialistisches deutsches Reich« überwinden will.

Blickt man heute auf die Zeit dieser frühen Entscheidungen zurück, bleibt natürlich die Frage, ob sich der unbedingte Konfrontations- und Oppositionskurs ihres Vorsitzenden für die SPD ausgezahlt hat. Heinrich Ritzel behauptet, ein auf Zusammenarbeit eingestelltes Verhältnis der SPD und der CDU 1949 hätte den großen Wahlsieg Adenauers im Jahre 1953 mit Sicherheit verhindern können. Schumacher habe, bei all seiner großen Klugheit und seiner hohen politischen Begabung, das Wesen und die Bedeutung des Kompromisses in der parlamentarischen Demokratie nicht erkannt und außerdem falsch bewertet. Seine Abneigung, sachdienliche Kompromisse zu schließen, habe Adenauer die Hasen geradezu vor die Flinte getrieben. Nicht zufällig beruft er sich auf Otto Braun, dem er aus der Zeit des Schweizer Exils verbunden ist und der, völlig der eigenen Weimarer Erfahrung verhaftet, natürlich 1949 einer großen Koalition das Wort redet.

Aber das Gespenst von Weimar ist es ja gerade, was die Parteigänger Adenauers wie Schumachers so sehr schreckt. Der Adenauer-Flügel in der CDU hat sich im Parlamentarischen Rat vergebens für ein Mehrheitswahlrecht nach englischem Muster eingesetzt und ist deshalb bereit, auch bei knappsten Mehrheitsverhältnissen Regierungsverantwortung zu übernehmen. Und Kurt Schumacher verabscheut die Aussicht, wie zur Zeit Brünings Mitverantwortung für eine verfehlte Wirtschafts- und Sozialpolitik zu tragen. Zudem versteht sich die SPD damals bewußt als antikapitalistische Partei, ein Konsens, der jeder Koalition im Wege steht und bis tief in die Mitte der fünfziger Jahre, als Heinrich Deist und Karl Schiller beginnen, die Erhardsche Wirtschaftspolitik von einer marktwirtschaftlichen Position her als inkonsequent zu kritisieren, auf Parteitagen und für die Bundestagsfraktion unverbrüchliche Geltung besitzt. Daß die Sozialdemokratie in den Ländern brav, gelegentlich sogar sehr gern exekutiert, was die Bürgerkoalition in Bonn beschließt, steht nur für die wirtschaftpolitische Ratlosigkeit, die in der Gesamtpartei um sich greift, seit die Erfolge Erhards unwiderleglich sind. Dem föderalen System der Bundesrepublik ist der Zwang zum Kompromiß, zu Bund-Länder-Koalitionen und Absprachen über den Bundesrat ohnehin in die Wiege gelegt. In den Ländern gibt es, dem vergifteten Klima zwischen Adenauer und Schumacher zum Trotz, viel gedeihliche Zusammenarbeit. Braucht man dann auch noch eine Koalition auf Bundesebene?

Was wäre wenn? Wie hätte sich Nachkriegsdeutschland ohne die klare Scheidung in Regierung und Opposition, die ja beide Parteiführer wollten, nach dem österreichischen Modell einer großen Koalition entwickelt? Hätte die deutsche Teilung sich so verfestigen können, daß sie 40 Jahre überdauert und schließlich von Historikern, dem Zeitgeist verfallen, gar zur Norm erklärt wird und die Einheit zur Ausnahme, die nachweislich nur Verderben bringen konnte? Hypothetische Geschichtsschreibung kann bestenfalls hypothetische Antworten geben. Halten wir uns lieber an die Tatsachen, die da besagen: Fortführung des schroffen Gegeneinander, das jedoch der Demokratie entscheidend hilft, im deutschen Volk endlich feste Wurzeln zu schlagen.

Ringen um Europa und Wehrbeitrag: Das Duell der Erzfeinde

Was ist Opposition? Nicht zweitrangige Hilfestellung für die Regierung. Nach zwölf Jahren Diktatur, Jahrzehnte davor in obrigkeitsstaatlichem Denken befangen, lernen die Deutschen durch Schumacher, daß eine intakte Demokratie ohne streitbare Opposition undenkbar ist. Gestützt auf den Berliner Abgeordneten Franz (Keulenriegen-)Neumann, in dem der Intellektuelle den kraftvollen Sohn der Klasse liebt, humpelt er am 21. September 1949 auf ein Podium zu, das eigens für ihn an einer Balustrade unterhalb der Rednertribüne vorbereitet ist. Er zieht die Prothese nach, man spürt, daß es ihm Schmerzen bereitet, die drei Stufen zu dem Stuhl zu erklimmen, auf dem er schließlich Platz nimmt, mit der Linken unbeholfen sein Manuskript aus der Tasche nestelt und seine gründlich vorbereitete Antwort auf Adenauers erste Regierungserklärung verliest. Immer ist er hervorragend im Prinzipiellen, eine treffendere Definition des parlamentarischen Gegenspielers zur Regierung gibt es im Deutschen bis heute nicht. Opposition, sagt er, sei ein Bestandteil des Staatslebens, »die Begrenzung der Regierungsmacht und die Verhütung ihrer Totalherrschaft. Ihre Eindeutigkeit zwingt alle Parteien, die der Opposition wie der Regierung, ihr innerstes Wesen an Taten zu offenbaren ... aber ebenso wichtig ist, daß die Opposition sich nicht in der bloßen Verneinung der Regierungsvorschläge erschöpfen kann. Das Wesen der Opposition ist der permanente Versuch, an konkreten Tatbeständen mit konkreten Vorschlägen der Regierung und ihren Parteien den positiven Gestaltungswillen der Opposition aufzuzwingen.«

Auch wenn er das neue politische Gebilde insgeheim dafür halten sollte, hütet er sich, das Wort vom Klassenstaat in den Mund zu nehmen, spricht lieber von der Entwicklung zum »autoritären Besitzverteidigungsstaat«, den er kommen sieht. Unlöslich auf Weimar fixiert, ist nach seinem Vergleich die erste Periode der ersten deutschen Republik glatt übersprungen worden, man befinde sich »bereits in der zweiten Periode der absoluten Restauration mit stark vorweimarischen Zügen«. Das bedeute die Gefahr der »Entfremdung der arbeitenden Menschen vom Staat«. Um dem vorzubeugen, werde die Opposition ebenso unsentimental Interessenvertreter der arbeitenden Bevölkerung sein, wie die Regierung »sehr unsentimental« den Besitz verteidige.

Zu Recht beanstandet er an Adenauers erster Regierungserklärung, daß darin jeder aufrüttelnde Appell zur moralischen demokratischen Erneuerung fehlt. Vom Leid der Vertriebenen und der Kriegsgefangenen war darin ausführlich die Rede, der Opfer Hitlers wurde nur kurz und bestenfalls indirekt gedacht, als Adenauer antisemitische Bestrebungen von heute verurteilte. Auch vermißt er eine Aufforderung an die Emigranten, zurückzukehren, weil sie als dringend benötigte Helfer für den demokratischen Aufbau willkommen seien. Schumacher kritisiert solche Unterlassungen: »Man kann nicht gegen den Nazismus sein ohne der Opfer der Nazis zu gedenken. Man kann sich nicht für die Hilfeleistung für einzelne Kategorien (wie die Vertriebenen) erwärmen – sie mögen noch so nötig sein –, wenn man die Opfer des Nazismus in einer selbstgewählten Rangordnung hinter die Rechte anderer zurückstellt.«

Immerhin gehörten die deutschen Kräfte des Widerstandes und die deutschen Opfer des Faschismus »zu den wenigen außenpolitischen Aktiven des deutschen Volkes und der deutschen Außenpolitik«. Zu matt und zu schwach sei vor allem gewesen, was die Regierungserklärung über die furchtbare Tragödie der Juden im Dritten Reich gesagt habe. »Die Hitlerbarbarei hat das deutsche Volk durch Ausrottung von sechs Millionen jüdischer Menschen entehrt. An den Folgen dieser Entehrung werden wir unabsehbare Zeit zu tragen haben.« Antisemitismus sei das große Nichtwissen von den großen Beiträgen der Juden zur deutschen Wirtschaft, zum deutschen Geistesleben und zur deutschen Kultur, auch bei der Erkämpfung der deutschen Freiheit und der deutschen Demokratie: »Das deutsche Volk stände heute besser da, wenn es diese Kräfte des jüdischen Geistes und der jüdischen Wirtschaftspotenz bei dem Aufbau eines neuen Deutschland in seinen Reihen haben würde.«

Doch es ist nicht die Innenpolitik, sondern die Außenpolitik, welche die großen Wortschlachten der kommenden zwei Jahre bestimmen: Der Streit um den richtigen Weg zur Rückgewinnung der deutschen Souveränität, der Kampf um den Beitritt zu Europarat und Montanunion, um Wiederaufrüstung und Europäische Verteidigungsgemeinschaft (EVG), die leidenschaftliche Auseinandersetzung um den Widerspruch von Westintegration und deutscher Einheit. Die alte Sozialdemokratie, meint Theo Pirker, habe nie einen brillanten Außenpolitiker oder eine durchgehende und selbständige Linie gehabt, aber für Schumacher werde Außenpolitik nun zum Primat, wogegen Wirtschaftspolitik und Sozialpolitik beinahe zu »Anhängseln« verkämen. Der Tribun nutzt die Bühne des Parlaments weniger zur sachlichen parlamentarischen Debatte denn als Plattform, an die Vernunft der Sieger zu appellieren und dem Kanzler ins nationale Gewissen zu reden. Er will dem Volk Nachhilfeunterricht in demokratischem Selbstbewußtsein geben und der Welt klarmachen, was er im nationalen Interesse eines demokratischen Deutschland für unverzichtbar hält.

Der Kanzler handelt, der Oppositionsführer reagiert, das Duell beider bestimmt die Gefühlslage der Nation (West). Ist er durch den Verlust des Beins, durch die unerwartete Wahlniederlage noch bitterer, gnadenloser, sarkastischer geworden? Ein böses Wort, Schumacher zugeschrieben, macht die Runde im neuen Parlament: »Goethe hatte einen Wortschatz von 29 000 Wörtern, Adenauer verfügt über 500.« Walter Henkels, über Jahrzehnte ein genauer Hofchronist der neuen parlamentarischen Herrschaft am Rhein, vergleicht die Kontrahenten und beider Prosa. Da ist Adenauer, kerzengerade, mit ledernem, undurchdringlichem Gesicht, etwas Herrschaftliches liegt in ihm, wie man es von Kardinalporträts her kennt. Seine Erklärungen sind kein schönrednerischer Genuß, der Redestil ist mittelmäßig und konventionell, sparsam die Rhetorik. »Man meint, nur das lebendige Fleisch der Worte ohne jede Beschönigung zu sehen. Seine Bilder, deren er nur ganz wenige gebraucht, sind dürftig ... Der Effekt seiner Sätze ist die verblüffende Vereinfachung, das Knappe, Präzise, fast Naive.« Doch der rheinische Tonfall, das Leichtsingende, Gemütvolle der Aussprache vermittelten einen warmen Unterton.

Aufrüttelnd dagegen Schumacher, ein Herrscher in Ton und Haltung auch er, »der Typ des deutschen Bildungsmenschen, aber eine dramatische, explosive Natur, obschon jeder Zoll ein Preuße ist, beim Haarschnitt begonnen«. Jedes seiner Worte treffe ins Schwarze, »jedes Wort ein Blitz«. Der erste Satz sei noch verhalten. »Aber schon beim zweiten bemerkt man die brennende Lunte am Pulverfaß. Der zweite

Satz ist geschliffen und spielend, aber beim dritten ist das Akzentuierte da, der Schuß. Und jeden Schuß unterstreicht er mit der skandierenden linken Hand, die hervorschnellt aus der geschlossenen Faust zu den ausgespreizten fünf Fingern. Die Augen rollen dabei. Seine Sätze sind von plastischer Schöpferkraft und von großer Durchsichtigkeit. Die Formulierungen fliegen ihm förmlich zu. Er ist nicht – genau wie Adenauer – Dolmetscher seiner Partei. Er ist die Partei. Er ist der eigenwillig Denkende. In allen Sätteln ist er zu Hause, in der Geistesgeschichte und den Literaturen, genauso wie in den Philosophien, in den Dingen der Wirtschaft und der Politik. Er kann Leitartikel sprechen ohne zu verhalten. Ein ungewöhnlich reger Geist, der in kühnen grammatischen Bildern spricht. Er ist voll sprühenden Witzes, aber ohne jeden Humor. Er liebt es, den Gegner mit dem polemischen Florett zu durchlöchern, in der Luft zu zerfetzen, er ist, wie Adenauer, der Halbgott seiner politischen Freunde, der Hohepriester seiner Partei.«

Vernichtend auch der Spott, mit dem er Zwischenrufer abzukanzeln weiß. Einem bayerischen Föderalisten ruft er zu: »Was wissen Sie denn vom Sozialismus? Buchstabieren Sie doch einmal das Wort.« Den Kommunisten Max Reimann bescheidet er auf einen Zuruf: »Die politische Erfahrung lehrt, es gibt nicht nur Wölfe im Schafspelz, sondern auch Schafe im Wolfspelz.« Als Präsident Köhler anmerkt, der Redner habe mit seinem bissigen Satz hoffentlich kein Mitglied des Hohen Hauses gemeint, antwortet Schumacher, er überlasse die Entscheidung darüber gern Herrn Reimann. Daß er in seiner Fraktion über wortgewaltige und hochgebildete Mitstreiter verfügt, Carlo Schmid, Adolf Arndt oder Fritz Erler, gibt der Opposition ein beinahe bildungsbürgerliches Flair, Beobachter der frühen Bonner Jahre sprechen von ihrem eindeutigen intellektuellen Übergewicht. Doch gegen die schieren Fakten, welche Regierungsmacht schafft, richten weder das intellektuelle Florett noch der schwere rhetorische Säbel etwas aus, mögen sie auch noch so meisterhaft geführt sein. Klingt in seiner Rede, in der er kompromißlos jede Beteiligung an der Ruhrbehörde verwirft, nicht schon Resignation an? »Ich glaube, heute sind die Herren der Bundesregierung den Sozialdemokraten in stillen Stunden dankbar«, sagt er da. »Wenn wir nicht das Minimum an staatspolitischer Potenz in das Grundgesetz hineingedrängt hätten, dann würden die Herren auf der Regierungsbank nicht so funktionieren können, wie sie bald zu funktionieren hoffen.« Das Bundestagsprotokoll verzeichnet Lachen auf der Rechten. Bei der CDU herrscht frohgemute Heiterkeit.

Mitte Oktober bezieht er mit Annemarie Renger und einer Haushälterin eine großbürgerliche Villa mit hellen Räumen, großen Fenstern auf niedrigem Sockel, modernen Wandschränken und sonniger Terrasse auf dem Venusberg, die vor allem einen Vorzug hat: Sie verfügt über einen Fahrstuhl vom Wohnraum im Erdgeschoß zum Schlafzimmer im ersten Stock. Der frühere Besitzer, Fabrikant und selbst behindert, hat ihn sich einbauen lassen. Unter Kiefern am Waldrand gelegen, ist sie für die repräsentativen Pflichten eines Oppositionsführers bestens geeignet. Die Achtzimmer-Villa am Kiefernweg 17 wird später zur Residenz der Außenminister, Willy Brandt wohnt hier von 1966 bis 1974, heute dient sie der Bundesregierung als Gästehaus. Seit dem Wegzug aus dem Elternhaus über Jahrzehnte als »möblierter Herr« nur beengte Verhältnisse gewöhnt, genießt er jetzt Ruhe und Bequemlichkeit, ist aber auch in der Lage, einen größeren Kreis von Freunden zu empfangen. Hierher bittet er auch zum »Journalistenkaffee«, der Adenauers »Pressetee« im Palais Schaumburg Konkurrenz machen soll und bei dem kontrovers diskutiert werden darf. Es geht weniger förmlich zu als bei Adenauer, notiert Max Schulze Vorberg, denn der Hausherr liebt die offene Diskussion. »Ein kleiner Cognac zum Kaffee heizte womöglich weiter an. – Angenehm gestaltete Annemarie Renger diese Stunden.«

Die Bohemienzeit aus Stuttgart liegt weit zurück, er trinkt wenig Alkohol, aber ein Freund von Traurigkeit ist er nicht. Es geht gastlich und gesellig zu auf dem Venusberg. Adolf Arndts Sohn Claus berichtet von einem fröhlichen Abend, auf dem der rundliche Ollenhauer und der nicht minder wohlbeleibte Arno Scholz, Herausgeber des *Telegraf*, sich im Hahnenkampf übend, auf einem Bein hüpfen und einander aus dem Gleichgewicht zu werfen suchen. Schumacher mißt materiellen Werten keine Bedeutung zu, aber ist kein Asket, wie die frühen Nachkriegsbilder nahelegen, auch kein Freund falscher Bescheidenheit. Ajax heißt der Boxer, den er sich zulegt, der seine Blumen ausgräbt, mit einem roten Ball über die Wiese tobt, und den er mit Kuchen verwöhnt wie je ein Hundenarr seinen Vierbeiner. »Jedes Dings hat ja neuerdings in Deutschland eine Verfassung«, sagt er einem Besucher, »dieses Haus hat auch eine Verfassung, und darin steht: Alle Hausverwaltung geht vom Hunde aus.« Die erzwungene Bettruhe nach der Beinamputation hat es ermöglicht, die Magenge-

Mitte Oktober 1949 bezieht Schumacher mit Annemarie Renger eine Villa (mit Aufzug) am Bonner Venusberg. Sie ist angemietet und damit ebenso ein Symbol für das Bonner Provisorium wie die transportablen Baracken, die beim Umzug des Parteivorstands von Hannover nach Bonn aufgestellt werden (und dort sofort ab- und in Berlin wieder aufgebaut werden können).

schwüre auszuheilen, die ihn seit der Zeit im Lager plagen. Sein Gesicht zeigt jetzt keine tiefen Falten mehr, die Haut ist geglättet und von gesunder Farbe, wenn er nicht gehen muß, scheint er gelöst, erholt und ausgeruht. »Diese im Verhältnis zu früher strotzende Gesundheit war deshalb beinahe unheimlich«, notiert der Vertraute Wesemann, »weil sie nicht zu dem Bilde passen konnte, das sich die Welt von ihm gemacht hatte. Ein pausbäckiger Schumacher mit roten Wangen?« Sie ist auch Vorbote kommenden Unheils. Frisch Amputierte sind besonders kreislaufgefährdet. Schumacher bleiben nur noch zwei Jahre der vollen politischen Aktivität, dann trifft ihn der erste Schlaganfall.

Ministerialdirigent Hermann Wandersleb, der im Auftrag des Landes Nordrhein-Westfalen die Unterbringung der neuen Bundesprominenz besorgt, hat die Villa aufgekauft und an Schumacher weiter vermietet. »Ein Kauf«, meint Frau Renger, »hätte den Eindruck erwecken können, man richte sich auf Dauer in Bonn ein.« Als später auch der Parteivorstand von Hannover nach Bonn übersiedelt, werden demonstrativ transportable Baracken aufgestellt, die sofort, so Schumacher auf einem Rundgang zu Journalisten, in Bonn ab- und in Berlin wieder aufgebaut werden können. »Niemand hätte damals gewagt, ein Grundstück zu erwerben. Das wäre geradezu Verrat an der Forderung nach der deutschen Einheit gewesen. Damals wollten übrigens fast alle ›zu Fuß‹ nach Berlin gehen, wenn es denn nur möglich gewesen wäre.«

Die SPD hat noch im Parlamentarischen Rat gegen das linksrheinische Bonn, für die weltoffene Großstadt Frankfurt im sozialistisch regierten Hessen gekämpft und eine Niederlage erlitten; als der neugewählte Bundestag dann definitiv beschließen muß, fällt die Entscheidung nicht anders aus. Adenauers Argument, das »amerikanisierte Frankfurt« sei nicht besatzungsfrei und halte keine bezugsfertigen Gebäude bereit, indes geräumte Kasernen in Bonn die ersten Bundesministerien aufnehmen könnten, setzt sich durch. Ob Bestechung bei der Entscheidung mitgespielt hat, wie der *Spiegel* behauptet, sucht der erste Untersuchungsausschuß des neuen Bundestages vergeblich zu klären. Die Untersuchungen enden mit bloßen Empfehlungen an Abgeordnete der Bayernpartei, ihr Mandat niederzulegen, Korruption ist im Einzelfall definitiv nicht nachzuweisen. Das lange Tauziehen um Bonn oder Berlin nach der deutschen Vereinigung 1990 legt jedoch die Frage nahe, ob diese Niederlage des Vorkämpfers der deutschen Einheit nicht doch ein Segen war. Wenn schon nichts definitiver als ein Provisorium ist, wie Spötter behaupten – um wieviel mehr als Bonn hätte sich das Provisorium Frankfurt zum unüberwindbaren Definitivum entwickelt – als Krönungsstätte deutscher Könige und Kaiser, als Stadt der Paulskirche, des ersten deutschen Parlaments 1848, als klassischer Mittler zwischen Nord und Süd, nicht zu vergessen die geradezu zentrale geographische Lage innerhalb der größeren Bundesrepublik?

Wenn Schumacher betont, die Opposition sei nicht die zweitrangige Hilfestellung der Regierung, hat er auch insofern recht, als Adenauer seinen Erzfeind bald als erstrangigen Helfer, ja als geradezu unverzichtbaren Verbündeten in die Treffen mit den Hohen Kommissaren auf dem Petersberg führen kann – freilich in Form des schwarzen Mannes. Motto: Wenn ihr mir nicht entgegenkommt, könnt ihr es mit dem anderen versuchen, der sich so unendlich viel unversöhnlicher zeigt. Nach dem orthodoxen angelsächsischen Verständnis müßten Regierungschef und Oppositionsführer zueinander gehören wie die himmlischen Zwillinge, hat Henkels geschrieben, doch in Bonn seien sie Feuer und Wasser, »die schlechtesten Nachbarn, die man sich denken kann und die einander mit grimmer Erbitterung bekämpfen«. Wenn es eines Beweises dafür bedurft hätte, dann liefert ihn die dramatische Nachtsitzung vom 24. zum 25. November 1949, als der Bundestag über das Petersberger Abkommen diskutiert und Schumacher wegen eines bös-giftigen Zwischenrufs auf 20 Tage vom Plenum ausgeschlossen werden soll.

Worum geht es in dieser Nacht der heißen Redeschlachten? Die Debatte tobt um den Fortgang, die Reduzierung oder den völligen Stopp der Demontage, aber auch, damit eng verknüpft, um den Beitritt der Bundesrepublik zur Ruhrbehörde, welche die westlichen Besatzungsmächte vor Verkündung des Grundgesetzes zusammen mit den Beneluxstaaten geschaffen haben. Kein Geringerer als Adenauer selbst hatte sie, als er von ihrer Konstruktion erfuhr, eine Kolonialbehörde genannt, neben der sich der Versailler Vertrag wie ein Rosenstrauß ausnehme. In der Tat haben die Sieger mit diesem internationalen Gremium durch Oktroi dem entstehenden West-Staat jeden Einfluß auf die deutsche Schwerindustrie entzogen: Die Behörde wacht nicht nur darüber, daß die Deutschen die ihnen eingeräumte Stahlquote von 11,1 Millionen Tonnen – etwa der Hälfte der noch nicht demontierten Kapazität – nicht überschreiten, sie verteilt auch den einzig den Deutschen verbliebenen Reichtum, die Steinkohle an der Ruhr, an deutsche, freigiebig aber auch an internationale Abnehmer, vornehmlich die luxemburgische, lothringische und niederländische Stahlindustrie.

Im Herbst 1949 nähern sich auch die Demontagen ihrem traurigen Höhepunkt, die britische Politik führt dazu, daß im Ruhrgebiet Emotionen entflammen. Industrieanlagen können bald nur noch unter dem Schutz britischer Truppen abgebaut werden. Als der Gewerkschaftsführer August Schmidt am 21. Oktober auf einer Kundgebung erklärt, daß kein »anständiger Deutscher« sich an der Demontage beteiligen dürfe, haben die Briten fortan mit passivem Widerstand zu rechnen, wie ihn die Franzosen aus der Zeit der Ruhrbesetzung in den frühen zwanziger Jahren nur zu gut kennen. Im Kampf gegen die Demontage von Grund auf einig, haben die beiden Parteiführer, Schumacher und Adenauer, den neuen amerikanischen Hochkommissar John J. McCloy in getrennten Visiten am 13. September, dem Tag der Amtseinführung von Theodor Heuss, beschworen, den Abbau der deutschen Industrieanlagen endlich einzustellen. Der Anstoß zum Petersberg-Abkommen, das den Beitritt zur Ruhrbehörde mit einer erheblichen Reduzierung der Demontage verknüpft, und über das Oppositionsführer und Regierungschef in dieser Nacht so erbittert streiten, geht denn auch im wesentlichen auf Anregungen von McCloy zurück. In mehreren Interviews hat er, sehr zum Ärger Bevins in London und Robert Schumans in Paris, auf den destruktiven Charakter der Demontagepolitik hingewiesen. Er reagierte damit auch auf das Erstarken einer von konservativen Republikanern geführten Lobby im US-Senat, welche den Widersinn von Auslandshilfe und Demontagen nicht länger unterstützen will.

Im Vorfeld der Pariser Außenministerkonferenz hat der Hohe Kommissar seinem Chef im State Department, Dean Acheson, dann einen Kompromiß empfohlen: Wenn die Deutschen bereit sind, die alliierten Sicherheitsinteressen, besonders die französischen, zu respektieren und sich an der Kontrolle ihrer Schwerindustrie durch die Ruhrbehörde vorbehaltlos beteiligen, sollen sich im Gegenzug die Alliierten bei den Demontagen großzügig zeigen. Nicht der völlige Stopp, aber doch eine wesentliche Reduzierung der Demontagen ist dann auch der Preis, den Adenauer in zähem Feilschen mit den Hohen Kommissaren für den Beitritt der Bundesrepublik zur Ruhrbehörde erreicht. Vor allem die prestigeträchtige, hochmoderne August-Thyssen-Hütte in Hamborn, die Farbwerke Bayer, Hydrieranlagen und Werke zur Herstellung von synthetischem Gummi werden durch den Pakt gerettet, eine Tatsache, die dem Regierungschef im kritischsten Augenblick der Auseinandersetzung mit Schumacher die Unterstützung der Gewerkschaften einträgt. Die Bundesrepublik erhält auch das Recht, konsularische Vertretungen im Ausland zu errichten, was der Kanzler als vielversprechenden Durchbruch nach vorn wertet, zumal das Abkommen verspricht, die »Beziehungen auf der Grundlage des Vertrauens fortschreitend zu entwickeln«. Allerdings bleibt die Frage: Hat Adenauer hart genug verhandelt, wäre nicht viel mehr herauszuholen gewesen?

Darum vor allem geht es, und Schumacher hat keinen Zweifel, daß mehr möglich gewesen wäre. Der Beitritt zur Ruhrbehörde ändert ja nichts an der besatzungsrechtlichen Konstruktion. Nur drei von fünfzehn Vertretern stellt die Bundesrepublik, und sie haben keinerlei Vetorecht, so daß die Behörde bei ihrer Praxis bleiben kann, deutsche Kohle unter Preis sogar in die neutrale Schweiz zu verkaufen. Mit diesem Abkommen, erklärt der Führer der Opposition, akzeptiert die Bundesrepublik, daß ausländische Staaten auf unabsehbare Zeit die Ruhrindustrie kontrollieren können, er sieht eine »fremde Verwaltung in einem überheizten Kessel des Industriegebiets mit fast 6 Millionen Einwohnern« als Quelle dauernder sozialer und internationaler Spannungen. Daran können die westlichen Alliierten kein Interesse haben, denn sie wollen den jungen Staat auf festen Füßen wissen. Hier den Hebel anzusetzen, hat der Kanzler nach Schumachers Meinung versäumt. Besonders empört aber ist die Opposition, daß Adenauer ganz bewußt unter Umgehung des Parlaments operiert, denn der Handel vom Petersberg erhält die Form eines deutsch-alliierten Protokolls, das nicht, wie ein internationaler Vertrag, der Ratifizierung durch den Bundestag bedarf. Adolf Arndt spricht deshalb in der Debatte von einer gezielten »Ausschaltung des Parlaments«, einem »autoritären Handstreich« und wähnt die Bundesrepublik gar auf dem »Wege zu einer Monarchie ohne Konstitution«. Aber praktiziert Adenauer nicht nur, was die entscheidend von der SPD mitgeprägte Verfassung erlaubt: Kanzlerdemokratie, wie sie von jetzt an selbstverständlich wird?

Weil der Kanzler Einwände von betont national denkenden Abgeordneten aus den Reihen der Koalition fürchtet, also eher aus einem Gefühl der Schwäche denn der Stärke, hat er diese Form gewählt und verschiebt die Regierungserklärung obendrein auf den Abend eines langen Sitzungstages. Um den Aufruhr und den Tumult zu verstehen, der dann gegen drei Uhr nachts eintritt, muß man wissen: Die neuen Parlamentarier sind müde, gereizt und abgekämpft, viele haben im Bundestagsrestaurant kräftig dem Alkohol zugesprochen, vergebens hat der bayerische Abgeordnete Loritz von der Wirtschaftlichen Aufbau-Vereinigung nach zwölf Stunden Plenarsitzung den Antrag auf Abbruch der Debatte gestellt, weil die Aufnahmefähigkeit erschöpft sei. Etwa gegen Mitternacht zieht der Kanzler ein Telegramm aus der Tasche und verliest, die Gewerkschaften fänden das Abkommen zwar nicht in allen Teilen befriedigend, aber eine Mitarbeit in der Ruhrbehörde werde von ihnen dennoch befürwortet. Schumacher wirft ein: »Das ist doch nicht richtig«, aber Adenauer erklärt: »Dieses Telegramm ist eine Meldung der ›United Press‹ aus Düsseldorf« und bittet »den Kollegen Schumacher ..., sich nicht an mich zu wenden, sondern an Herrn Dr. Böckler«.

Wenn der Oppositionsführer weiter gegen den Beitritt zur Ruhrbehörde anrennt, kann er nicht länger als der Sprecher einer in dieser Frage einigen Arbeiterbewegung gelten – nichts anderes will Adenauer mit seiner Intervention klarmachen. Er wird nicht müde, Salz in die Wunden des Gegners zu streuen. Gegen drei Uhr morgens schaltet er sich erneut in die Debatte ein und verkündet triumphierend, Rückfragen hätten die Übereinstimmung der UPI-Meldung mit einer Erklärung der Gewerkschaften ergeben. Das hat in Schumachers Auftrag inzwischen auch Annemarie Renger am Telefon herausgefunden. Zwar liegt Böckler krank zu Bett und weiß von nichts, aber es besteht kein Zweifel daran, daß DGB-Pressechef Viehöfer die Erklärung zusammen mit anderen Vorstandsmitgliedern verfaßte. Adenauers Hieb sitzt, geradezu genüßlich fragt er die Sozialdemokraten: »Ist die Opposition bereit, einen Vertreter in die Ruhrbehörde zu schicken oder nicht? Und wenn sie erklärt, nein – dann weiß sie auf Grund der Erklärungen, die mir General Robertson gegeben hat, daß die Demontage bis zum Ende durchgeführt wird.« Erregt schreit nun Herbert Wehner: »Sind Sie noch ein deutscher Kanzler?« Wie eine Antwort auf Wehners Zwischenruf ergänzt Schumacher, mit für ihn verhältnismäßig leiser Stimme: »Der Bundeskanzler der Alliierten.«

Der Eklat ist da, der Schaden unabsehbar, die Schlachtordnung von Weimar scheint mit diesem verhängnisvollen Satz plötzlich völlig verkehrt. Jetzt ist es die Linke, welche die Rechte der Erfüllungspolitik à la Rathenau und Erzberger bezichtigt, und die Rechte kann die Linke für ihre Politik instrumentalisieren, indem sie ihr das Etikett nationalistisch verpaßt. Schumachers Zwischenruf besteht nur aus vier Wörtern, aber als totale politische Fehlleistung wirken sie über Jahre in verhängnisvoller Weise fort. Sie tragen auch entscheidend dazu bei, das deutsche Bürgertum in den Augen des Westens zu rehabilitieren. Sind es nicht die Bürgerlichen, jene politischen Kräfte also, die 1933 für Hitler waren, die sich heute einsichtig und kooperationsbereit zeigen? Muß man ihnen deshalb nicht nachsehen, wenn sich in ihren Reihen ehemalige Nationalsozialisten und Sympathisanten des NS-Systems befinden?

Bundestagspräsident Köhler, sonst eher redegewandt und chevaleresk, zeigt sich in den frühen Morgenstunden des 15. November 1949 den Herausforderungen des Amts nicht gewachsen. Er erteilt Schumacher zunächst einen Ordnungsruf, und Konrad Adenauer, hart im Geben wie im Nehmen, will ungerührt weitersprechen. Doch damit zeigen sich die Abgeordneten der Mitte und der Rechten, außer Rand und Band geraten, nicht zufrieden; sie setzen den Abbruch der Sitzung, die Einberufung des Ältestenrats und eine exemplarische Bestrafung durch. Morgens um sechs Uhr wird das Urteil in Abwesenheit der SPD-Fraktion vor dem Plenum verkündet: Sofortige Entschuldigung Schumachers, oder aber Ausschluß für 20 Sitzungstage. Natürlich verweigert er den bedingungslosen Kniefall, der ihm da aufgezwungen werden soll. Entspricht es etwa rechtsstaatlichen Usancen, einen Täter für ein und dasselbe Vergehen zweimal zu strafen? Erich Köhler »war kein selbstsicherer Mann«, schreibt Eugen Gerstenmaier in seinen Erinnerungen. »Ich war an Geschäftsordnungsfragen nicht interessiert und dachte nicht im Traum daran, einmal Bundestagspräsident zu werden. Später aber fragte ich mich, ob Köhler nicht mindestens gegen den Rechtsgrundsatz verstoßen habe: *Ne bis in idem?* Ich kam zu dem Ergebnis, daß sich der Bundestagspräsident damals dem Verlangen der Mehrheit fügte, was er nicht tun darf, wenn es rechtswidrig ist oder wenn er dabei seine Kompetenzen überschreitet.« Auch Karl Carstens, der spätere Bundespräsident, hat seine Zweifel an der Verfahrensweise Köhlers: Der Zwischenruf sei keine Beleidigung gewesen, sagt er einmal zu Frau Renger, sondern eine erlaubte politische Bemerkung. Wie auch immer, der Vorfall wird unter Mitwirkung von McCloy schnell beigelegt. Der Hohe Kommissar trifft privat mit Vertretern beider Parteien zusammen, schlägt vor, daß Schumacher sich entschuldigt und Adenauer der SPD-Fraktion integre Absichten bescheinigt. So etwa sieht dann auch die Einigung aus, die von Vertretern beider Fraktionen ausgearbeitet und am 1. Dezember verkündet wird. Den Amerikaner plagt die Sorge um die Stabilität der jungen Republik, einer seiner Beamten schreibt nach Washington: »Die Wahrheit ist, daß Adenauer mit seinem Alter und seinen diktatorischen Neigungen und Schumacher mit seiner Empfindlichkeit und Reizbarkeit Problemfälle für ihre jeweiligen Parteien darstellen.«

Schumachers unumstrittene Autorität habe an diesem Abend einen Knacks erhalten, urteilt die Gefährtin. Man war einiges gewöhnt von ihm, aber diesmal ist er nach Meinung der eigenen Genossen zu weit gegangen, sie sind zutiefst erschrocken. »Als er nach der Aufhebung der Sitzung den Saal verließ, wie immer auf die Schulter eines Kollegen gestützt, sah der Vierundfünfzigjährige aus wie ein Greis«, so Peter Kindler, der Bonner Korrespondent des *Münchner Merkur*. Er schildert die Szene im Fraktionssaal: »Nun saß er da, mitten unter seinen Parteifreunden und doch von ihnen getrennt durch die dünne Eisschicht der allgemeinen Mißbilligung.« Doch er hieße nicht Schumacher, hätte er die Fraktion nicht bald wieder im Griff. Nach dem Spruch des Ältestenrats empfängt er die übernächtigten, mit dem Schlaf kämpfenden Bundeshausjournalisten und ist plötzlich ganz der Alte: »Scharf, manchmal schroff in den Formulierungen, immer kaustisch und öfters gallig, ein gewandter Fechter im Hin und Her der Fragen, auftrumpfend, selbstbewußt und seiner Sache anscheinend völlig sicher. Die Krise – die innere Krise – war vorbei. Und seine Partei, die einen Augenblick lang den Bannkreis der Isolierung um ihn gelegt hatte, stand wieder geschlossen hinter ihm, eine streitbare Phalanx, bereit, den Führer durch dick und dünn zu decken.«

Das stimmt und stimmt doch wieder nicht. Zwar ist die Krise formell beigelegt, aber in den Reihen der Partei mehren sich die Zweifel an dem Stil der intransingenten Opposition wie am Kurs in der Europafrage, den Schumacher steuert. Der Auseinandersetzung um die Ruhrbehörde folgt ja der Streit um den Beitritt zum Europarat, der wiederum einmündet in die Auseinandersetzung um den Schuman-Plan. Handelt es sich bei der Ruhrbehörde um die Frage der nationalen Gleichberechtigung, stellt sich mit der Zugehörigkeit zum Europarat das Problem, ob Bonn damit die wirtschaftliche und politische Abtrennung des Saargebiets durch Frankreich anerkennt. Durch die Vorlage des Schuman-Plans werden beide Komplexe unauflöslich mit der Sache der europäischen Integration verbunden, berechtigte Opposition gegen die einzelnen Elemente des Pakets rücken damit in die gefährliche Nähe einer Generalabsage an Europa.

Genau in diese Ecke versuchen ihn jetzt die Anhänger der Adenauerschen Europapolitik zu treiben, was Schumacher um so mehr treffen muß, als er doch als erster deutscher Nachkriegspolitiker schon im Mai 1946 die Vereinigten Staaten von Europa gefordert hat, in denen aufzugehen Deutschland, so Schumacher vor dem Parteitag in Hannover, »als seine höchste Aufgabe erachten sollte«. Das entsprach der Tradition des Heidelberger Programms, in dem dieses Ziel schon 1925 enthalten ist. Auch die Richtlinien für den Aufbau einer deutschen Republik, ein Jahr später vom Nürnberger Parteitag verabschiedet, sehen ausdrücklich die Möglichkeit der Zugehörigkeit Deutschlands zu einem europäischen Staatenbund vor. Es ist deshalb nur konsequent, wenn im Parlamentarischen Rat vor allem sozialdemokratische Abgeordnete wie Fritz Eberhard oder Rudolf Katz, der spätere stellvertretende Vorsitzende des Bundesverfassungsgerichts, gegen den Widerstand von Hans-Christoph Seebohm von der Deutschen Partei durchsetzen, daß Souveränitätsverzichte zugunsten eines kollektiven Sicherheitssystems oder einer »friedlichen und dauerhaften Ordnung in Europa« gemäß Artikel 24 nur einer einfachen Mehrheit im Bundestag bedürfen.

Allerdings geht Schumacher immer davon aus, daß Deutschland »gleichgeachtet und gleichberechtigt« in die europäische Staatengemeinschaft eingegliedert wird. Ein europäischer Staatenbund, erklärt er im Januar 1948 vor der Presse in München, »kann nur erfolgreich geschaffen werden bei gleicher Aufgabe von Souveränitätsrechten bei allen Beteiligten«. Sie sollten wohl von den Sozialdemokraten annehmen, daß sie Europa ernsthaft wollten, ruft er den Christdemokraten im Bundestag zu, »die Sozialdemokratie ist wegen ihrer Internationalität seit mehr als 80 Jahren angegriffen worden«. Geradezu verächtlich spricht er von den »Neoeuropäern«, welche die Sozialdemokraten noch vor wenigen Jahren als vaterlandslose Gesellen angegriffen hätten, und die ihm genauso verdächtig seien wie die Neodemokraten.

Zunächst konzentriert sich das außenpolitische Duell Schumacher–Adenauer um die gleichzeitige Präsenz des Bundes mit dem autonomen Saargebiet im Straßburger Europarat. Durch die Saarverträge zwischen Paris und der Regierung Hoffmann in Saarbrücken wird das Revier im deutschen Südwesten praktisch zum französischen

Protektorat. Mit 15 Millionen Tonnen Kohle und 2 Millionen Tonnen Stahl erzeugt es gut ein Drittel der französischen Montanindustrie. Frankreich benötigt diese Kapazität für den Ausbau und die Modernisierung der eigenen Stahlindustrie in Lothringen, als Ergänzung und Stärkung des eigenen Potentials, das dem deutschen ebenbürtig werden soll, auch betrachtet es die Saar als reparationspolitisches Faustpfand. So übernimmt es nicht nur die Vertretung der Saar auf dem Gebiet der Außen- und Verteidigungspolitik, ein über 50 Jahre laufender Vertrag sieht die Integration der Saar-Eisenbahn in die französische *chemin de fer* und die Verpachtung der Saargruben an Frankreich auf 50 Jahre vor. Zwar kann sich die Pariser Regierung dabei auf eine gewählte Landesregierung stützen, die in der Kooperation mit dem Siegerland im Westen die Möglichkeit nutzt, der deutschen Nachkriegsmisere zu entfliehen. Aber die Separation wird mit brutalen Mitteln nach innen exekutiert: Es herrscht Zensur, Versammlungen von Autonomiegegnern werden nicht geduldet, Schumacher spricht von »Zersetzung der politischen Freiheit«, vom »Operieren mit Ausweisung und Organisationsauflösung« an der Saar. Schon weil ein solcher »Polizeistaat« die Erfordernisse des Artikels 3 des Europarats nicht erfüllt, dürfe er dem »Gremium demokratischer Staaten« in Straßburg gar nicht angehören.

Im Januar 1950 trifft er sich mit André Philip, dem Generalsekretär der Europäischen Bewegung und führenden Funktionär der französischen Sozialisten; ihm, dem er sich in tiefer gegenseitiger Abneigung verbunden weiß, setzt er des langen und breiten auseinander, warum der Zustand an der Saar allen Regeln der Demokratie zuwiderlaufe: Die Beteiligung der Saar am europäischen Rat gebe den unverzichtbaren internationalistischen Grundsatz preis, daß Europa nur auf der Grundlage der Solidarität und der Kameradschaft gleicher und freier Völker aufgebaut werden könne. Den französischen Genossen, dessen Partei in Paris mitregiert und für die Saarverträge mitverantwortlich ist, rührt dies wenig, zumal er öffentlich immer wieder die ausgesprochen nationale Haltung der Nachkriegs-SPD kritisiert. Schumacher spricht deshalb in einem Brief an Hermann Brill einmal von infamer Hetze, die Philip gegen ihn in Frankreich betreibe. Sein Haupteinwand indes zielt auf das gesamtdeutsche Präzedenz: Kann eine Bundesregierung, die im Einklang mit der Opposition die Rückgabe der Gebiete jenseits der Oder und Neiße fordert, glaubwürdig bleiben, wenn sie die Lostrennung der Saar durch Frankreich dadurch akzeptiert, daß sie vor den Augen der Weltöffentlichkeit im Europarat friedlich mit der Delegation der autonomen Saar zusammensitzt? Die Anerkennung eines Zustands, der durch einseitigen Machtakt, ohne Vertrag mit Deutschland und auch ohne entsprechende Regelung der Alliierten untereinander geschaffen ist, kann nach seiner Meinung »tödlich wirken gegen die Rückkehr und den Heimatanspruch der Ostvertriebenen«.

Nun sieht Konrad Adenauer die Saarfrage zunächst nicht viel anders. Er fühlt sich in seiner Westpolitik von den Franzosen verraten und von den Amerikanern, die den französischen Standpunkt durchaus billigen, im Stich gelassen; resigniert bezeichnet er sich einmal als »den am meisten enttäuschten Menschen in Europa«. In diesen Monaten sucht er den Kontakt zu Schumacher, weil er, auf die Opposition verweisend, die Hohen Kommissare mit dem Argument einer nationalen Einheitsfront in der Saarfrage beeindrucken will. Adenauer ahnt die psychologisch verheerende Wirkung der Saarkonvention in Deutschland und sucht Robert Schuman in Paris noch vor der Unterzeichnung im März umzustimmen. Doch der verweist kühl auf die Tatsache, daß Frankreichs Alliierte die Wirtschafts- und Währungsunion der Saar mit Frankreich 1947 gebilligt hätten. Außerdem kooperiere Paris mit einer legalen Regierung, die Bevölkerung habe die Möglichkeit, sich bei den nächsten Wahlen frei zu artikulieren. Elegant übersieht er dabei die Unterdrückung jeder Opposition an der Saar. Und kann eine Bevölkerung, selbst wenn sie in völliger Freiheit entschiede, an Verträgen etwas ändern, deren Spanne die Laufzeit eines halben Jahrhunderts umfaßt?

Weil die Hohen Kommissare nicht zum Nachgeben bereit sind, schwenkt Adenauer schließlich um und tritt für den Beitritt ein – gegen die nationale Opposition in den eigenen Reihen, von der später zu reden ist. Er hat verstanden, daß die Alliierten den Gang nach Straßburg als Good-will-Test für die Bereitschaft der Bundesrepublik werten, an ihrem Konzept des europäischen Aufbaus mitzuwirken. Und als die Entscheidung Anfang Mai im Bundeskabinett ansteht, kommt ihm Robert Schuman mit dem Plan für die Montanunion zu Hilfe: Die gesamte deutsch-französische Stahlproduktion, so der Vorschlag aus Paris, sei einer Hohen Behörde im Rahmen einer Organisation zu unterstellen, der andere europäische Länder beitreten könnten. Da nach den Pariser Vorstellungen auch das Saargebiet Mitglied sein soll, läßt sich die häßliche, fette Kröte Saar jetzt als Eintrittspreis für eine europäische Zukunft schlucken, die Adenauer in rosaroten Farben malt.

Am eisernen Nein des Oppositionsführers zum Europarat ändert dies nichts, aber was die europäische Vision betrifft, hält sich Schumacher zunächst einmal bedeckt. Auf dem Hamburger Parteitag der SPD, knapp zwei Wochen nach Verkündigung der Initiative aus Paris, begrüßt er den Schuman-Plan als den Versuch, aus der Periode pathetischer, uneffektiver Deklamationen zur »Realisierung des sachlich und ökonomisch Notwendigen« zu kommen und kündigt eine »ehrliche, wohlwollende, gutmeinende Prüfung« an. Doch warnt er vor dem Hurra-Enthusiasmus, den der Kanzler und seine Paladine verbreiten. Robert Schuman habe einen Rahmenplan vorgeschlagen, vom genauen Inhalt wisse man zu wenig: »Bilder kauft man des Bildes, nicht des Rahmens wegen.« Die französische Industrie gehe unbehindert in die vorgeschlagene Montanehe, die deutsche Industrie, »geführt und gestaltet durch eine Reihe internationaler Besatzungsbehörden«, sei weiter durch das Ruhrstatut gefesselt, die Realisierung des Schuman-Plans und das *gleichzeitige* Fortbestehen des Ruhrstatuts wie der Ruhrbehörde schließt er deshalb kategorisch aus.

Schumacher will die volle Gleichberechtigung, die volle deutsche Souveränität über die eigene Industrie, schon damit er sie als Chef einer sozialdemokratisch geführten Bundesregierung eines Tages sozialisieren kann. Wirksamer als durch einen »Überstaat der Manager« oder eine »Europa-A.G.« lasse sich das deutsche Potential durch Vergesellschaftung kontrollieren. Die deutsche Industrie »in der Hand von Vertretern der deutschen arbeitenden Bevölkerung«, beteuert er den Delegierten, sei die »beste Garantie des europäischen Friedens, die es überhaupt gibt«. Freilich wird damit die außenpolitische Grundsatzentscheidung von ihm in ein gesellschaftspolitisches Kleid gesteckt, das jede Zusammenarbeit mit konservativen Gegnern der Adenauerschen Westpolitik nur erschweren kann. Hier, in Hamburg, prägt er auch die Formel von den 4 K, die seinen Kampf gegen die Montanunion bestimmen wird: Mit der Nichtbeteiligung des sozialistischen Großbritannien, die sich bereits abzeichnet, sei dieses Europa konservativ, klerikal, kapitalistisch-kartellistisch und mithin abzulehnen. Später wird er zusätzlich das Fehlen der sozialdemokratisch regierten skandinavischen Staaten bedauern. Aber hellsichtig weist er schon 1950 auf das Demokratiedefizit hin, das europäische Föderalisten noch viereinhalb Jahrzehnte später als Geburtsmakel der Europäischen Union in Brüssel beklagen werden: Die Vollversammlung in Straßburg habe nahezu keine Kompetenzen gegenüber einem »allmächtigen Außenministerrat«.

Es ist ein großartiges Referat, räumen selbst jene ein, die wider den Stachel löcken und sich zur innerparteilichen Europa-Fronde zusammentun. Paul Löbe, der mit Max Brauer gegen den Kurs des Vorstands argumentiert, sagt, zu Schumacher gewandt: »Ich möchte, Kurt, daß du deine faszinierende Rede nicht nur in Hamburg und Bonn, sondern daß du sie in Straßburg hältst. Das ist das Forum, vor das sie gehört.« Hamburgs Erster Bürgermeister, der 1933 nach Amerika emigriert ist, führt den Hauptstoß gegen den Parteichef: »Im Gegensatz zum Genossen Schumacher bin ich der Meinung, daß die Ablehnung nach Straßburg zu gehen, geradezu ein Unglück und eine falsche Politik ist.« Der sogenannte Bürgermeisterflügel um Kaisen, Brauer und Reuter fürchtet, daß Schumacher die SPD mit seinem harten Nein zum Europarat in die Isolierung führt. Kaisen hatte schon Monate vor dem Parteitag in einer holländischen Zeitung Widerspruch angemeldet und gefragt: »Wohin sollen wir sonst gehen, wenn nicht nach Straßburg?« Die *Welt* druckte seinen Artikel nach, und Schumacher hielt Kaisen auf einer Vorstandssitzung vor, man solle gefälligst den Mund halten und sich nicht in den Vordergrund spielen, wenn man anderer Meinung sei als die gewählten Instanzen der Partei. Die Rüffel aus Hannover haben Kaisen bewogen, auf dem Parteitag gar nicht erst zu erscheinen und sich statt dessen in Amerika um die Aufhebung von Beschränkungen für die deutsche Werftindustrie einzusetzen.

Ernst Reuter schickt seinen »jungen Mann«, Willy Brandt, in die Schlacht, der in seinem Referat Bedenken anmeldet, vorsichtig für den Beitritt plädiert, aber im wesentlichen zu vermitteln sucht. Einerseits haben die Berliner mit Blick auf die Ostgebiete ja besonderes Verständnis für Schumachers Saar-Argumentation, andererseits leben sie unter dem unmittelbaren Eindruck der kommunistischen Herausforderung und wissen, wie wichtig es ist, daß die Westalliierten, vor allem die USA, an ihrer Seite stehen. Mit Sorge verfolgen sie, wie die Besatzungsmächte sich wegen der unversöhnlich scheinenden Gegensätze der Lager in Bonn einseitig an der Regierung orientieren. Auf Initiative des Parteichefs wird Kaisen in Hamburg nicht wieder in den Vorstand gewählt, aber trotzig hält der Bremer an seiner Linie fest: Im Frühjahr 1951 trifft er sich mit Robert Schuman, befürwortet die

Pläne für die Montanunion und wird erneut vom Parteivorstand gerügt. Schumacher selbst erhält in Hamburg, deutliches Zeichen für Kritik am Stil seiner Opposition, zwölf Stimmen weniger als möglich: 345 Delegierte wählen den ersten Vorsitzenden, sein Stellvertreter Ollenhauer zieht mit 348 an ihm vorbei!

Aber natürlich hat der Parteichef keine Mühe, sich mit einer Resolution durchzusetzen, die seinen Kurs in der Europafrage hundertprozentig deckt. Nur elf Delegierte votieren dagegen, vier enthalten sich der Stimme, darunter Willy Brandt. »Das war nicht sehr mannhaft«, erinnert Brandt sich wenige Monate vor seinem Tod, »aber es machte deutlich, daß ich meinte, man solle diese Sache anders angehen.« Psychologisch fatal wirkt sich für die Partei aus, daß Schumacher die Wirkung des Europa-Gedankens ausgerechnet auf die Jugend unterschätzt, die am deutsch-französischen Grenzübergang bei Kehl symbolisch Grenzpfähle niederreißt und Zollschranken in Flammen aufgehen läßt. Damit die Bundesrepublik nicht ausschließlich von den Regierungsparteien vertreten wird, geht die SPD, kaum daß die Bundestagsmehrheit den Beitritt beschlossen hat, dann doch nach Straßburg. Der Öffentlichkeit ist diese Haltung schwieriger zu vermitteln als die Adenauers, der auch die geringste Möglichkeit nutzt, auf internationalem Parkett einen Schritt voranzukommen.

Für seine Verhältnisse geradezu überschwenglich bedankt sich Schumacher zum Schluß des Hamburger Parteitags bei den Wortführern der Kritik, Paul Löbe und Max Brauer, »Persönlichkeiten von repräsentativer Kraft und Allgemeingeltung«. Adenauer hat vor dem Parteitag seine Hoffnung ausgedrückt, die »besonnenen Kräfte in der SPD« würden sich gegen ihre Führung durchsetzen, auch gilt es, Zeitungsberichten entgegenzutreten, in denen Schumachers autoritärer Führungsstil kritisiert wird. So verweist er, Löbe und Brauer lobend, auf alte sozialdemokratische Tradition: »Das ist das Große an dieser Partei, daß sie einen Freiheitsbegriff hat, der das Recht für sich in Anspruch nimmt, seine Meinung zu haben und dann die Verantwortung mitträgt für den Willen der ganzen Partei, wie er auf dem Parteitag gebildet wird.«

Kein Zweifel, er liebt die Auseinandersetzung, aber er denkt auch: wer sich gängeln läßt, ist selber schuld. Es fehlt eben an einem Widerpart in den eigenen Reihen, der eine Konzeption von gleicher Durchschlagskraft entwickeln kann; er diskutiert leidenschaftlich und nächtelang, doch der große Gegenspieler hat Schumacher immer gefehlt.

Er beherrscht, schreibt Wesemann, die Kunst, den Widerstreit der Meinungen auf den Punkt zu führen, der fast alle eint: »Seine ausgeprägte Fähigkeit, zum Wesen der Dinge vorzustoßen, gab ihm eine unheimliche Macht über Opponenten, für die das sachliche Argument und die Logik des Denkens noch Mittel der Urteilsbildung waren.«

Nicht anders schildert das Annemarie Renger. Immer wieder hätten Freunde gesagt: »Aber, Kurt! Nur: Was kam dann? Was war der nächste Schritt? Dann waren sie meist am Ende ihrer Philosophie. Er war sehr stark, was dies angeht. Schumacher hat eben immer bis zu Ende gedacht.« Nur ganz wenige wagen die geistige Auseinandersetzung, unter ihnen Hermann Brill, KZ-Häftling wie Schumacher und Europa-Frondeur in der Bundestagsfraktion. Als Schumacher vor der Abstimmung über den Straßburg-Beitritt das Verhältnis von Ordnung und Freiheit erörtert, an die Parteidisziplin appelliert und Fraktionszwang fordert, fragt ihn Brill: »Haben Sie nach alle dem, was aus Disziplin seit 1933 geschehen ist, bei so formalen Kategorien wie Ordnung und Freiheit nicht das Gefühl einer unheimlichen Leere? Muß man nicht fragen, von welcher Freiheit, welcher Ordnung material die Rede ist?«

Vertraute wie Ollenhauer, Intellektuelle wie Carlo Schmid, der ihm geistig sehr wohl Paroli bieten könnte, ducken sich einfach weg. »Ich bin darüber nicht glücklich«, war die schärfste Form des Widerspruchs, zu der Ollenhauer sich je aufraffen konnte, sagt Hans Hermsdorf, jahrelang persönlicher Referent des Stellvertreters und später Chef der Landeszentralbank in Hamburg. Aber Schumacher habe »diese sehr vorsichtige, vornehme Art, zu widersprechen, sofort verstanden«. Auch Schmid äußert gegenüber Dritten gelegentlich Zweifel oder sagt, er könne halt nicht immer so, wie er wolle. Die Front bei den Sozialdemokraten, bezeugt Eugen Gerstenmaier, sei nicht ganz so eisern gewesen, wie es nach außen hin den Anschein hatte, Schmid habe genau gewußt, daß in den Verhandlungen mit den Alliierten der Krieg nicht hinterher zu gewinnen war. Oft habe er in Verhandlungen zu erkennen gegeben, daß er die Position seiner Partei unmöglich fand, und sie dennoch loyal im Auswärtigen Ausschuß vertreten. Im Zweifel beugt Carlo sich dem Parteichef, dessen exemplarisch durchlebte moralische Überlegenheit er bewundert, er wird zum beredten völkerrechtlichen Interpreten von dessen außenpolitischer Konzeption.

Schumacher wiederum ist vernarrt in große, kräftige und starke Personen, an Schmid schätzt er die geistige Ausstrahlung des typischen

Süddeutschen und hat Spaß daran, wenn dieser zu vorgerückter Stunde Landsknechtslieder singt. Dabei weiß er sehr genau um dessen Schwächen, die vor allem in einer hoch entwickelten Phantasie begründet sind. Als Carlo einmal von einer Fahrt nach Südfrankreich erzählt, gerät er bei seiner märchenhaften Schilderung so ins Schwärmen, daß er im Rhonetal plötzlich Tausende Mandelbäumchen blühen läßt – zu einer Zeit, da an Blüte noch gar nicht zu denken ist. »Unser kleiner Lügner« soll Schumacher ihn, mit unverkennbar liebevollem Unterton, genannt haben. Die Presse berichtet über SPD-Interna, der Parteivorstand sucht nach der Quelle, da gesteht Carlo, daß er es gewesen sei, der alles dem *Spiegel* erzählt hat. Schumacher nimmt's zur Kenntnis und geht zur Tagesordnung über. Er ist entweder in Menschen völlig verschossen oder lehnt sie ab, Treue unter Freunden schätzt er über alles, wen er für einen Verräter oder Feind hält, hat Verletzungen zu fürchten. »Mach's kurz, aber schmerzhaft«, heißt seine Anweisung an einen Mitarbeiter des Parteivorstands, als es darum geht, in einer innerparteilichen Diskussion mit einem Gegner abzurechnen. Doch die Genossen des engeren Apparats verehren ihn, auch wenn er in den letzten Jahren oft »unausstehlich nervös« wirkt, so ein Funktionär, sich gegen Kritik verschließt und außer Fritz Henßler und Erich Ollenhauer kaum noch einer zu widersprechen wagt.

Bei Willy Brandt hat er innerlich Vorbehalte, auch wenn er seiner Karriere nichts in den Weg legt, die ja damit beginnt, daß er ihn 1948 als Beauftragten des Parteivorstands nach Berlin entsendet. »Und so etwas nennst du deinen Freund?«, sagt er ironisch zu Hermsdorf, als einmal von Brandt die Rede ist. Mit Brandts Engagement für die linke SAP 1932 kann dies kaum zusammenhängen, da er schon 1945 SAP-Mitglieder wie Otto Brenner willkommen geheißen hat. Eher spielen Berichte über Brandts linkssozialistische Verbindungen im Norwegischen Exil eine Rolle, auch seine Nähe zu Jacob Walcher, einem früheren schwäbischen Metallarbeiter, der von Ulbricht 1932 mit Schlaffer und anderen Abweichlern aus der württembergischen KPD ausgeschlossen wurde und danach zur SAP gestoßen ist. Noch im Ausland entscheidet Walcher sich für die SED; als Brandt für die norwegische Militärmission in Berlin arbeitet, kommt es zu gelegentlichen Treffen zwischen beiden. Ehe er nach Berlin geht, muß Brandt sich gegen Versuche wehren, ihn wegen der Kontakte zu Walcher anzuschwärzen. Deshalb schreibt er Schumacher in sehr offenem Ton, er stehe zu den

»Grundsätzen des demokratischen Sozialismus im allgemeinen und zu der Politik der deutschen Sozialdemokratie im besonderen«, aber behalte sich vor, sich über neu auftauchenden Fragen selbst den Kopf zu zerbrechen: »Ich werde nie im voraus ja sagen zu jeder Einzelformulierung, auch wenn sie vom ersten Mann der Partei geprägt wird.« Das klärt die Luft, und Brandt geht nach Berlin.

Daß Schumacher eigenwillige Persönlichkeiten nicht gelten läßt, wenn sie sich zur Wehr setzen, kann man danach schwerlich behaupten. Aber die Führung einer großen Partei erfordert nach seiner Überzeugung eine harte Hand, und er hat Ollenhauer im Verdacht, viel zu sensibel zu sein, um »mit der Meute« fertig zu werden. Selbstverständlich spielt im Verhältnis zu Brandt der Unterschied der Temperamente eine entscheidende Rolle: Im schwedischen Exil hat Brandt eine undogmatisch und pragmatisch denkende, freiheitliche, volkstümliche und machtbewußte Sozialdemokratie schätzen gelernt, zwölf Jahre Ausland haben seinen Blick geweitet. Schumacher scheint ihm Politik aus einer verengten nationalen, vor allem einer Weimarer Perspektive zu gestalten. Den Parteichef beschreibt er einmal als schwierigen Menschen von »autoritärer Haltung« und einer »an Fanatismus grenzenden Unbedingtheit«, dem er sich trotz tiefem Respekt nie wesensverwandt fühlen konnte.

Auch Schumachers Verhältnis zu Ernst Reuter ist nicht das beste, seit der »Präfekt von Berlin« nach einem Amerikabesuch nicht bei ihm am Krankenlager in Hannover berichtet, sondern nur vor die Presse geht. Daß Prominente der eigenen Partei in alle Welt reisen, aber an ihm vorbei, vergißt und vergibt er nicht – Geschehnisse, so Fritz Heine, die manches spätere harte Wort zur Folge haben. Vorsichtig zwar, aber unmißverständlich kritisiert Reuter Schumachers Führungsstil, als er auf dem Berliner Landesparteitag im Mai 1951 die Bedeutung der freien Diskussion für die Stärke der Partei und ihrer Geltung im Ausland betont: »Für das Ansehen der deutschen sozialdemokratischen Partei in der ganzen Welt ist es im höchsten Grade abträglich, wenn die Praxis aufrechterhalten bleibt, abweichende Meinungen einzelner nicht zu dulden.« Dabei sind sich Reuter und Schumacher im Grundsätzlichen einig: »Es war nicht, daß Schumacher ein ›Nationalist‹ war und Reuter ein ›Internationalist‹. Beide waren beides«, urteilt Willy Brandt. Und doch habe man sich kaum zwei größere Gegensätze vorstellen können: »Auf der einen Seite der sich bis zum Fanatismus steigernde Willensmensch, der ganz in seiner Idee und einer Sache aufgeht – auf der anderen Seite der Typ eines Humanisten, der bei aller Unbedingtheit, mit der er seinen Idealen nachstrebt, immer wieder an die Vergänglichkeit und die Beschränkung jeder menschlichen Bemühung erinnert wird ... Wo Schumacher wetterte und protestierte, trachtete Reuter das Vertrauen seiner alliierten Gesprächspartner zu gewinnen und ihnen so ein besseres Verständnis der Berliner und der deutschen Situation zu vermitteln. Beide waren entschieden in der Verteidigung ihrer politischen Unabhängigkeit, aber bei Reuter spürte man die Auslandserfahrung, während Schumacher von der Sorge geplagt war, die deutsche Linke könnte noch einmal der nationalen Schlappheit und Unzuverlässigkeit beschuldigt werden.«

Beide sind sie redegewaltig, aber Reuter hat nicht die Schumachersche Militanz. In beiden nistet der Verdacht, Adenauer wolle die Bausteine für ein konservativ-katholisches Kleineuropa legen, die Wiederherstellung der deutschen Einheit sei ihm, allen offiziellen Beteuerungen zum Trotz, kein vorrangiges Ziel. Daß der Bundeskanzler abwinkt, als die Amerikaner sich nach der Gründung der DDR im Herbst 1949 bereit zeigen, Westberlin den vollen Rang eines zwölften Bundeslandes zu geben, dient ihnen als Beweis. Die SPD hat dies gefordert, aber Adenauer verschanzt sich hinter französischen Vorbehalten. Mit Hilfe McCloys wären sie sicher auszuräumen, wenn Adenauer nur wollte; daß er sich nicht bemüht, bestätigt Schumacher wie Reuter in der Annahme, des Kanzlers Konzeption von Europa sei letztlich eine karolingische. Dieses Wort macht die Runde, seit Adenauer, um die Saar-Problematik zu unterlaufen, im März 1950 in einem Interview den Plan für eine deutsch-französische Union ventiliert. Bei Schuman in Paris gilt er damit als unseriös, als der Zeit sehr vorauseilend, ja »befremdlich verfrüht« werden seine Pläne von den Regierenden in Paris zurückgewiesen.

Aber de Gaulle, inzwischen Führer des oppositionellen Rassemblement du Peuple Français, begrüßt den Denkansatz und lobt Adenauer ausdrücklich als »guten Deutschen«: Gallier und Germanen hätten zusammen mit den Römern schon Attila auf den Katalaunischen Feldern zurückgeschlagen, auch werde eine deutsch-französische Union das Werk Karls des Großen fortsetzen, in dessen Reich Deutschand und Frankreich eins gewesen seien. Natürlich läßt Schumacher sich diese Chance nicht entgehen: »Das Reich Karls des Großen hat Ostgrenzen gehabt; und diese Ostgrenze war dem heutigen Eisernen Vorhang sehr nahe.« Fortan steht in seinen verbalen Offensiven gegen die Adenauersche Europapolitik das Wort vom »karolingischen Europa« neben dem vom »neuen Rheinbund« ganz vornean. Eine Legende ist geboren, die Opposition um einige zugkräftige Parolen reicher geworden, räumt Eugen Gerstenmaier ein: »So sei es also! Das meinten wir in Wirklichkeit: die Wiederherstellung des Reichs Karls des Großen! Das christliche Abendland! Mit dem deutschen Osten, mit Berlin, mit den Nordeuropäern und den Briten hätten wir demnach nichts im Sinn.«

Adenauer wahrt das nationale Interesse nicht, er holt bei den Westmächten für die deutsche Kooperationsbereitschaft zu wenig heraus – diesen Vorwurf erhebt Schumacher immer schärfer, seit mit dem Koreakrieg die Debatte über die deutsche Remilitarisierung beginnt. Dabei ist er mit dem Regierungschef zunächst darin einig, daß der Aufbau bewaffneter Polizeieinheiten im Osten eines westdeutschen Äquivalents bedarf. Die Auseinandersetzung mit Ostdeutschland droht ja Bürgerkriegscharakter anzunehmen: Ulbricht erklärt, die Ostberliner Regierung sehe vom Bau eines eigenen Hafens ab, weil Lübeck und Hamburg bald zur DDR gehören würden. Übertriebene Berichte über die Bewaffnung der Kasernierten Volkspolizei sorgen für Panik. Wird sie über die Elbe setzen und Deutschland in ein zweites Korea verwandeln? Adenauers Berater Blankenhorn bittet einen amerikanischen Diplomaten um die Lieferung von 200 Revolvern zur Verteidigung der Regierungszentrale gegen einen kommunistischen Umsturzversuch, François-Poncet erörtert mit dem Kanzler gar die Modalitäten einer Evakuierung des Bundeskabinetts.

Muß der Bund nicht wenigstens für den Fall innerer Unruhen gewappnet sein? Ja, sagt Schumacher, einerseits brauchen wir Polizeibereitschaften, andererseits sind die vorhandenen Polizeikräfte besser zu organisieren. Insbesondere die Briten fordert er auf, ihre restriktiven Auflagen für die Polizei aufzuheben und davon abzugehen, ihr Ideal vom Bobby, ihre »idealistische Vorstellung einer englischen Parklandschaft auf die Ruhrstädte« zu übertragen. Bei der Aufstellung neuer Polizeieinheiten solle »das innerdeutsche, rein polizeiliche Moment von Ruhe und Ordnung« der Maßstab sein, jede Tendenz zum Militärischen müsse ausgeschaltet bleiben. Säuberlich trennt er zwischen Polizei und Militär, indes für Adenauer, der an eine paramilitärische Truppe bis zu 25 000 Mann mit leichten Waffen denkt, die Grenzen selbst nach Meinung seines Gesprächspartners John J. McCloy bedenklich fließend sind. Eine künftige Bereitschaftspolizei des Bundes, gleich welcher Stärke und Ausrüstung, so Schumacher, dürfe nicht dem Kanzler, sondern nur dem Innenminister unterstellt werden. Dem Gegenspieler will er nicht zusätzliche Machtmittel in die Hand geben – aber ist seine Forderung nicht mehr an Weimarer Zuständen denn an der Realität der entstehenden Kanzlerdemokratie orientiert, muß sie deshalb nicht platonisch bleiben?

Die Idee einer schlagkräftigen, gut bewaffneten, nahezu paramilitärischen deutschen Polizeistreitmacht, wie sie Adenauer zunächst vertritt, wird vom Hohen Kommissar Ihrer britischen Majestät nach Kräften gefördert. London glaubt, damit sowohl die Furcht der Franzosen vor einer deutschen Wiederaufrüstung als auch das Verlangen amerikanischer Militärs nach mindestens zehn deutschen Divisionen zu unterlaufen. Aber Adenauer greift weiter, und auch die amerikanische Diplomatie will schließlich mehr. Schon im Dezember 1949 hat er in einem Interview im *Cleveland Plain Dealer*, einem Provinzblatt, von dem er genau weiß, daß es von Präsident Truman sorgfältig gelesen wird, einen deutschen Wehrbeitrag ins Spiel gebracht; seit dem Beginn des Koreakriegs drängt er bei den Hohen Kommissaren auf dem Petersberg unermüdlich auf den Abschluß eines Sicherheitspakts. Im September 1950 wird er endlich von den Außenministern der Westmächte erhört. Zwar lehnen sie seine Forderung nach einer Bundespolizeitruppe mit Rücksicht auf das Grundgesetz ab und stimmen nur einer Bereitschaftspolizei auf Länderbasis zu, was Schumachers Opposition gegen neue Machtmittel für den Kanzler besänftigen muß. Doch zeigen sie Bereitschaft, die Voraussetzungen für eine Mitwirkung deutscher Kontingente an den westlichen Verteidigungsanstrengungen zu überprüfen. Ab jetzt kreist die Debatte nicht mehr um eine Polizeistreitmacht für Bonn, sondern um einen deutschen Wehrbeitrag im Rahmen der europäischen Verteidigung, und die Haltung der deutschen Sozialdemokratie zu diesem Projekt scheint auf den ersten Blick äußerst widersprüchlich.

Alles andere denn pazifistisch vertritt der Parteichef eine beinahe provozierende Politik der Stärke, aber er knüpft sein Ja an Bedingungen, die zu erfüllen utopisch erscheint und die praktisch auf ein gewundenes Nein hinauslaufen. Gleichzeitig bringt ihn sein stets wiederholtes prinzipielles Ja in Widerspruch zur Parteibasis, in der sich eine radikale »Ohne-mich-Stimmung« ausbreitet, die nach dem demonstrativen Ausscheiden Gustav Heinemanns aus dem Adenauer-Kabinett vom progressiv, pazifistisch, teils auch neutralistisch gestimmten Flügel der evangelischen Kirche kräftig gefördert wird. Nach Schumachers Tod zieht sich die Masse der Funktionäre dann völlig auf das Wenn und Aber seiner Argumentation zurück, so daß in der Öffentlichkeit der Eindruck entstehen muß, die SPD sei die Verkörperung des »Ohne-mich« schlechthin.

Dabei wendet sich Schumacher von Anfang an ausdrücklich dagegen, einfach »die Formel des absoluten Pazifismus nach dem Ersten Weltkrieg« nachzubeten und als Lösung des Problems zu betrachten. Mit ihr lasse sich bestenfalls eine Vereinsdiskussion bestreiten, nicht aber das »Schicksal der arbeitenden Menschen und unseres Volkes« bewältigen, sagt er vor den Parteigremien im September 1950 in Stuttgart: »Die Friedensformel als Zauberformel, die alle Schwierigkeiten aus der Welt schafft, hat ihre geistige Herkunft weder im Wissenschaftlichen noch im Humanitären des Sozialismus.« Auch dürfe nicht übersehen werden, daß die Diskussion für den Frieden heute oft nur »ein Stück Kriegsvorbereitung der Sowjetmacht« sei. Als er in Darmstadt mit Martin Niemöller und Helmut Gollwitzer, prominenten Mitgliedern der »Bekennenden Kirche« und des protestantischen »Ohne-mich« zusammentrifft, läßt er nicht den geringsten Zweifel daran, daß die SPD grundsätzlich keineswegs gegen einen deutschen Wehrbeitrag eingestellt ist. »Gott hat uns die Waffen zweimal aus der Hand genommen, wir dürfen sie nicht ein drittes Mal in die Hand nehmen, sondern müssen geduldig warten« – dieses Motto Heinemanns und seiner Anhänger, unter denen sich bald prominente spätere SPD-Politiker wie Johannes Rau und Erhard Eppler finden, ist für seinen Geschmack zu gottergeben, politikfern und unrealistisch. Heinemann, der frühere Innenminister und Freund Niemöllers, hat eine »Notgemeinschaft« gegründet und ruft zu einem Volksbegehren gegen die Wiederbewaffnung auf. Er geht die Sozialdemokraten um Unterstützung an, wird jedoch abschlägig beschieden: Schumacher meint, seine Initiative werde nur der »totalitären Seite nützen«, weil sie praktisch gegenüber der KPD nicht abzugrenzen sei.

Der verteidigungspolitische Ansatz des Oppositionsführers ist ein klassisch realpolitischer, um ihn zu verstehen, scheint ein Blick auf die Stärkeverhältnisse und die Lagebeurteilung westlicher Stäbe in den Jahren 1949/50 geboten. Im Westen Deutschlands stehen je zwei kriegsstarke amerikanische, zwei annähernd kriegsstarke britische

Divisionen, dazu »einige mysteriöse Gebilde des französischen Heeres«, wie Schumacher mit der für ihn charakteristischen Unterschätzung Frankreichs und vor allem der militärischen Leistungsfähigkeit der Franzosen einmal vorrechnet. In Osteuropa haben die Sowjets dagegen 35 angriffsstarke Elitedivisionen stationiert. Im Kriegsfall könnte Moskau relativ schnell 175 Divisionen mobilisieren, der Westen auf Anhieb bestenfalls zehn bis zwölf in Westeuropa aufbieten. Diese mißliche Lage, behauptet Schumacher einmal, haben die Alliierten verschuldet, wie sie auch an der militärischen Schieflage nach 1933 verantwortlich waren: »Unter den sehenden Augen der Welt haben die Westmächte *ad infinitum* demobilisiert. Wenn es eine alliierte Mitschuld am Zweiten Weltkrieg gibt – und es gibt sie – dann gibt es auch eine alliierte Mitschuld an der heutigen Bedrohung der Weltdemokratie durch die Position Sowjetrußlands.«

Nach Meinung der Joint Chiefs of Staff in Washington läßt sich bei einem sowjetischen Angriff Westeuropa erst an den Pyrenäen, unter unwahrscheinlich günstigen Verhältnissen frühestens entlang des Rheins verteidigen. Ihr Kriegsplan Offtackle geht deshalb vom klassischen Szenario des Zweiten Weltkriegs aus, rechnet mit einem erfolgreichen Vorstoß massiver russischer Verbände bis zum Atlantik und einer Wiederholung der Invasion: Von Randeuropa her, von Nordafrika und der Iberischen Halbinsel, von Großbritannien und Skandinavien aus soll der Feind zurückgeschlagen und der Kontinent befreit werden. Das aber hieße, ganz Deutschland würde Schlachtfeld in einem Krieg, in dem die Anwendung von Atomwaffen denkbar und das Ausmaß der Zerstörung nicht abzusehen sind. Für die Angelsachsen, das hat die Geschichte gelehrt, ist die letzte Schlacht ausschlaggebend für den Ausgang des ganzen Krieges, aber »unser Volk ist das grauenhafte Versuchstier und der Rohstoff der ersten Schlacht«, sagt Schumacher in Stuttgart. Diese erste Schlacht wird über Weiterleben oder Nichtweiterleben der Deutschen entscheiden: »In einem dritten Weltkrieg befreit zu werden, ist ein Vergnügen von sehr zweifelhaften Vorzügen.«

Eine deutsche Politik, welche sich der Erhaltung des Volks »menschlich, sozial und ökonomisch« verpflichtet weiß, muß also verhindern, daß Deutschland »das am meisten erleidende Vorfeld für andere Länder«, daß es Kriegsschauplatz wird und bei der Verteidigung die »Reste der nationalen Substanz verbuttert werden«. Dies zumal, da Deutschland im Zweiten Weltkrieg 3 Millionen Tote im waffenfähigen Alter und »3 Millionen schwer zerschossene Kriegskrüppel« zu beklagen hat. Mit deutschen Kräften allein, so Schumachers Stellungnahme vom 23. August 1950 vor der Presse in Bonn, sei überhaupt nichts möglich, doch könnte schon ihr Aufbau ein russisches Losschlagen provozieren und damit den »Dezimierungs- und Vernichtungsfaktor in unserem Land ohne den geringsten Sinn« erhöhen. Um diese Gefahr auszuschalten, hat sich die Aufstellung und Ausbildung deutscher Verbände, wenn überhaupt, hinter einem mächtigen Wall alliierter Divisionen entlang der Elbe zu vollziehen. Die »Kräfte der Weltdemokratie, vor allem der USA«, müssen auf deutschem Boden konzentriert werden, eine »deutsche militärische Leistung hat dann einen Sinn, wenn die Weltdemokratie Deutschland vor schweren Zerstörungen bewahren und als Antwort auf einen russischen Angriff östlich von Deutschland die Kriegsentscheidung suchen will. Das ist die erste und materiell die einzige Voraussetzung für das Ja (oder) Nein zur deutschen Aufrüstung.«

»Weltdemokratie«« ist sein spezielles Synonym für »Westen« oder »freie Welt«, ungewohnt und umständlich vielleicht, aber doch treffend im Sinn. Auf Nachfragen von Journalisten präzisiert er seine Position: »Der militärische Gegenstoß der Demokratien muß die Kriegsentscheidung an Njemen oder Weichsel suchen und leisten können. Alles andere dient nicht der erfolgreichen Verteidigung, sondern der sicheren Zerstörung Deutschlands.« Im Protokoll einer Vorstandssitzung vom September 1951 heißt es: »Eisenbahnlinien und Flugplätze in Polen müssen in wenigen Stunden zerstört sein ... und eine amerikanische Armee in wenigen Tagen aus den USA herübergeschafft werden können. Die positive Beantwortung dieser Frage ist Voraussetzung für unsere positive Stellungnahme.«

Will Herr Schumacher aus Westpreußen damit den Offensivkrieg, wie sein einstiger Freund Salomon Grumbach nun in Frankreich grollt? Solche Einwände stören den Oppositionsführer nicht, auch nicht CDU-Leitartikler, die behaupten, er beschwöre mit seiner Art des Argumentierens die Gefahr geradezu herauf, als ein Fürsprecher eines neuen Angriffsfeldzugs gen Osten mißverstanden zu werden. Über solche »väterlich erhobenen, tintenbekleckstenZeigefinger« macht er sich lustig und verweist, ausnahmsweise, voller Stolz auf den Gegner im Osten: Indem die Kommunisten schrieben, seine Konzeption ziele darauf ab, »die Leute vom Druck der Furcht zu befreien«, hätten sie die Bedeutung seiner militärstrategischen Formel tausendmal besser als alle CDU-Kritiker im Westen begriffen. Er zitiert den französischen Verteidigungsminister Jules Moch, »einen französischen Sozialisten von intellektuellen Qualitäten«, der das Gebiet zwischen Elbe und Rhein einmal als »Manövrierfeld« und »vorgeschobenes Glacis« bezeichnet hat, das der Sieg 1945 Frankreich sicherte. Ein Franzose, der heute sagt, Frankreich verteidige sich in Deutschland, erklärt er nicht den Bankrott der europäischen Idee, in deren Namen die Verteidigung doch organisiert werden soll? »Wir dürfen nicht zulassen«, sagt Schumacher, »daß unser Volk zur Erhaltung fremder Nationalismen als nationale Substanz geopfert wird.« Im Grunde verlangt er schon 1950, wofür Generäle der Bundeswehr sich später bei den Nato-Partnern im Brüsseler Hauptquartier immer wieder einsetzen müssen: Eine Vorne- und Vorwärtsverteidigung, damit nicht auch die eigenen Waffen noch zerstören, was zu verteidigen ist.

Seine erste Stellungnahme Ende August ist Original-Schumacher, aber doch auf Gespräche mit deutschen Militärs gestützt, die inzwischen längst Expertisen für den Bundeskanzler anfertigen. Auch mit Adenauer selbst finden frühzeitig Unterredungen statt. Den Sicherheitsbeauftragten der Bundesregierung, den früheren Panzergeneral Gerhard Graf von Schwerin, der beim Kanzler ausdrücklich auf der Unterrichtung der Opposition bestanden hat, trifft Schumacher erstmals Ende Juni 1950, also noch vor Ausbruch des Koreakrieges. Zu ihrer Verblüffung stellen die früheren deutschen Offiziere sehr bald fest, daß er, der es nicht einmal zum Gefreiten gebracht hat, über weitaus mehr Sachkenntnis verfügt als der – allerdings völlig »ungediente« – Regierungschef. »Es wurden Karten ausgebreitet, ich kam mir fast vor wie im Generalstab der Heeresgruppe Süd, ganz zum Schluß machten die Generale die fröhliche Bemerkung: ach Gott, wenn der Adenauer doch soviel von den Dingen verstünde wie dieser« – so Heinrich Albertz über die erste Besprechung Schumachers mit den Generälen Gehlen, früher Chef der »Fremden Heere Ost« und nun in amerikanischen Diensten, und Heusinger, der in Pullach inzwischen für die »Organisation Gehlen« tätig ist.

Das Gespräch findet am 21. September 1950 in der Wohnung von Albertz in Hannover statt und ist durch Vermittlung von General Grolmann zustande gekommen. Er hat Albertz während des Krieges in seinem Stab vor den Nazis geschützt, als Flüchtlingsminister bietet der Pastor aus Breslau jetzt dem ehemaligen General und Protektor Unterschlupf in seiner Administration. Bis tief in die Nacht, gut sechseinhalb Stunden wird diskutiert. Zu ihrem großen Erstaunen finden die Militärs weitgehendes Verständnis für ihre Forderungen, wobei der SPD-Chef teils härtere Bedingungen für die deutsche Wiederbewaffnung formuliert als sie. Während Heusinger es für ausreichend hält, daß die deutsche Aufrüstung sich hinter einem Wall von sechs alliierten Divisionen vollzieht, besteht Schumacher auf zehn bis zwölf. Einvernehmen herrscht darüber, daß die Diffamierung der deutschen Soldaten ein Ende haben und die deutsche Politik völlige Gleichberechtigung genießen müssen.

Mit Wissen und Billigung Adenauers berichtet Anfang Oktober Hans Speidel, der alte Zechbruder aus der »Elsässer Taverne« in Stuttgart, über eine Denkschrift, die er im Auftrag der Bundesregierung zusammen mit Helmut Foertsch in Kloster Himmelrod an der Mosel über einen möglichen deutschen Beitrag zu einer europäischen Verteidigung erstellt hat. Speidel, Sohn einer württembergischen Honoratiorenfamilie, ist der Typ des intellektuellen Soldaten und wurde in Tübingen *magna cum laude* promoviert. Als Stabschef Rommels nach dem 20. Juli 1944 seines Amtes enthoben und von den Nazis verhaftet, konnte er den Todeskommandos der SS in den letzten Kriegstagen nur mit Hilfe eines fingierten Himmler-Telegramms entgehen. Schumacher besteht auf der »unlösbaren Verkoppelung des angelsächsischen militärischen Schicksals mit dem unseren«, notiert der General über das Gespräch, bei dem auch Foertsch, Carlo Schmid und Annemarie Renger anwesend sind. Nach seinem Eindruck befürchtet der Oppositionsführer, daß parallel zur Satrapie der Sowjetunion in der Ostzone nun im Westen ein Vasallenstaat der Vereinigten Staaten entstehen könnte. Und doch wolle er, wenn seine öffentlich wiederholt genannten Voraussetzungen – Gleichberechtigung, alliierter Schutzschirm und »offensive Defensive« – erfüllt seien, an einem Programm der Wiederaufrüstung positiv mitarbeiten.

Werde die Armee von Leuten geführt, die nicht restaurativ dächten, rechne Schumacher auch mit der Gefolgschaft seiner Partei. Die Kumpels müßten auch in sozialer Hinsicht wissen, wofür es zu kämpfen gelte, dann würden sie volles Verständnis für die Notwendigkeit einer Verteidigung haben. Viele Schumachersche Forderungen, das ergibt der Gedankenaustausch, sind mit denen, welche die Generäle in ihrer Denkschrift gefordert haben, deckungsgleich: Auch sie bestehen auf einer massiven Verstärkung der alliierten Truppen in Deutschland, auch sie wünschen, daß die deutschen Verbände über eine moderne, gleichwertige Ausrüstung verfügen. Militärische Integration ist erst auf Divisions- , besser noch Korpsebene denkbar, Kanonenfutter sollen die Deutschen nicht stellen, und daß die Bundesrepublik nie zum Vorfeld einer am Rhein beabsichtigten Hauptverteidigung werden darf, versteht sich von selbst. Speidel: »Schumacher machte den Eindruck einer starken, universell gebildeten, dabei doch emotional geprägten Persönlichkeit, die souverän die militärische Materie beherrschte.«

Dieser mit den Generälen abgeklärten Linie entspricht seine Rede im Bundestag, in der er sich gegen das »Bardengedröhn von der Verteidigung von Weib und Kind, Haus und Hof« wendet, mit dem die Öffentlichkeit auf eine Remilitarisierung unter unzulänglichen Voraussetzungen propagandistisch eingestimmt werden soll. In einer Regierungserklärung, in der er erstmals seine »Politik der Stärke« verkündet, hat Adenauer sich am 8. November 1950 zwar für Verhandlungen über »eine allgemeine Befriedung« mit der Sowjetunion eingesetzt; sie könnte jedoch nur Erfolg haben, »wenn gegenüber der sowjetrussischen Bedrohung eine Abwehrfront der westlichen Mächte aufgebaut wird, die mindestens so stark ist wie jene« Bedrohung aus dem Osten. Wenn die Bundesregierung aufgefordert werde, »einen angemessenen Beitrag zum Aufbau dieser Abwehrfront zu leisten«, müsse sie deshalb dazu bereit sein.

Schumacher besteht demgegenüber darauf, die Voraussetzungen für einen solchen Beitrag erst einmal durch eine »genaue, exakte, gewissenhaft verantwortliche politische und militärische Untersuchung« zu klären. »Der Aufbau jeder militärischen Formation dauert Jahre«, sagt er zum Kanzler gewandt. »Für diese Frist kann keine deutsche Bereitwilligkeit Ersatz schaffen. Eine ungenügende militärische Kräfteversammlung der deutschen und anderer Nationen hat die abschreckende Wirkung auf einen möglichen Angreifer... nicht zur Folge.« Er wiederholt seine Bedingungen für ein sozialdemokratisches Ja: Erst, wenn die Angelsachsen und die anderen demokratischen Kräfte ihr eigenes nationales Schicksal durch »militärische und politische Tatsachen«, mit dem deutschen Schicksal verbinden, wenn ihr Rückzug ausgeschlossen und die Möglichkeit gegeben ist, »im sofortigen Gegenstoß die Kriegsentscheidung außerhalb der deutschen Grenzen zu tragen, nur dann kann das deutsche Volk einen militärischen Beitrag leisten«. Von nicht minderem Rang ist für ihn die Forderung nach gleichen Rechten, ohne die eine Gefahr der Restauration des preußisch-deutschen Militärapparats gegeben ist. Wie der Aufbau eines neuen, demokratischen Europa sich nicht auf das Diktat der Sieger über die Besiegten gründen läßt, kann eine Armee minderen Rechts bestenfalls zum Sammelbecken für jene werden, »deren Vorstellungswelt von gesellschaftlichen, von standespolitischen oder interessenmäßigen Motiven bestimmt ist« und unter denen viele sind, »die wir lieber nicht sehen wollen«.

Erst nationale Gleichberechtigung schafft die entscheidende Kampfkraft für eine Armee. Das unerläßliche Ethos eines Heeres in einem modernen Massenstaat ist für ihn an das »Gefühl der staatsbürgerlichen und nationalen Freiheit« und an den Willen geknüpft, »einer großen menschlichen Idee zu dienen«. Militärische Organisationen ohne solche ethische Bindung betrachtet er als Quelle innen- und außenpolitischer Gefahren. Wer also Wiederaufrüstung ohne die Voraussetzung der Gleichberechtigung betreibt – und er sieht Adenauer deutlich auf dem Weg dahin –, der wird sich einen militärischen Apparat schaffen, dem sich alle Soldaten verschließen müssen, »die nach einem neuen Bild ringen, die eine Verpflichtung in sich tragen, über Standesinteressen hinaus der Nation und dem Frieden und einer Menschheitsidee zu dienen«. Er sagt es nicht, aber er meint es: Nach zwei Weltkriegen werden nachdenklich gewordene Offiziere und Berufssoldaten, Menschen, die eine Verpflichtung in sich tragen, niemals Söldner oder Legionäre sein. Im übrigen bestreitet er dem jetzigen Bundestag jede Legitimation, über eine deutsche Wiederbewaffnung zu beschließen. Das Grundgesetz kenne keine Wehrverfassung: Als der Bundestag am 14. August des Vorjahres gewählt worden sei, habe sich das Problem der Remilitarisierung nicht einmal am Horizont abgezeichnet, weshalb Neuwahlen unerläßlich seien. Wenn die Regierung Respekt vor dem Volke habe, ruft er Adenauer zu, müsse sie dann nicht dem Volk die Chance geben, über seinen letzten Lebensinhalt selbst zu entscheiden?

Im Februar 1951, der Kanzler verhandelt schon seit Wochen auf dem Petersberg über deutsche Truppen im Rahmen einer europäischen Armee, faßt er in einer Stellungnahme für die Bundesregierung die Gründe für das sozialdemokratische Nein zu den gegenwärtigen Bedingungen noch einmal zusammen. Nach dem von Frankreichs Ministerpräsident Pleven vorgelegten Plan, der als Verhandlungsgrundlage dient, werde es keine militärische Gleichheit geben. Die Franzosen hätten praktisch die Kontrolle über die »Verfügung und

Gestaltung der Einheiten eines deutschen militärischen Beitrags«. Man verweigere den Deutschen auch die Mitwirkung in den zentralen Stäben, die über den Einsatz der gemeinsamen Streitmacht zu entscheiden hätten. »Man will den Deutschen kämpfen lassen und rüstet ihn nicht ausreichend gegenüber einem solchen Gegner wie der ›Roten Armee‹ aus. Man drängt ihn in die Partisanenrolle und weist ihm die Funktionen des hinhaltenden Widerstandes zu.«

Um seine Forderung nach einer »stählernen Mauer« der Alliierten entlang der Zonengrenze zu unterstützen, weist er auf die Gefahr des amerikanischen Isolationismus hin, die er offenbar höher veranschlagt als Adenauer. Robert Taft, der republikanische Wortführer im Senat, wolle die Kräfte Amerikas auf die Luftwaffe und die Marine konzentrieren, sei vor allem auf die Unterstützung von Küstenländern, Inseln und Verkehrswegen aus. Tafts Auffassungen würden weitgehend von den Joint Chiefs of Staff geteilt, die in gewaltigen Brückenköpfen, Küstenländern und Gebirgszügen in der Nähe der Meere dächten. Schumacher spielt offenbar auf den Plan Offtackle an, der ihm zu Ohren gekommen ist, wenn er Adenauer klagt, eine »entscheidende Hilfeleistung für Deutschland im ersten Stadium der Auseinandersetzung« erscheine so gut wie ausgeschlossen, Taft und die Generäle gingen von der »späteren Wiedereroberung und Befreiung der Länder in den mitteleuropäischen Ebenen« aus. Die Rolle, die dabei deutschen Kontingenten und dem ganzen Volk zugewiesen werde, sei mit der Erhaltung Deutschlands nicht vereinbar. In der eher pazifistisch gestimmten Partei wird sein Kurs nicht immer verstanden. In einer Vorstandssitzung berichtet Erwin Schoettle, er habe mit Schumachers Linie in Stuttgart einen schweren Stand gehabt, »die offensive Defensivthese bringt uns doch schließlich auch Bomben auf unserer Seite«.

Setzt er mit seinen Forderungen die Hürden so unerreichbar hoch, daß er gewiß sein kann, die Sozialdemokratie könnte nie darüber setzen? Die Amerikaner hegen diesen Verdacht. Robert Bowie, ein Berater John J. McCloys, erinnert sich, daß der Hohe Kommissar die Forderungen Schumachers in einem Gespräch mit einer entwaffnenden Gegenfrage beantwortet hat: »Wenn wir alle die Truppen hätten, die wir nach Ihrer Vorstellung erst einmal hier versammeln müssen, ehe Sie, Herr Schumacher, mit der deutschen Bewaffnung überhaupt beginnen wollen, warum brauchten wir dann noch einen deutschen Wehrbeitrag, der uns politisch ohnehin nur Ärger macht?« Vieles erklärt sich aus der unterschiedlichen Einschätzung der Lage. Zwar haben die Sowjets das Atombombenmonopol schon im Herbst 1949 gebrochen, doch können sie in den frühen fünfziger Jahren nur Europa, nicht jedoch die USA mit ihren Trägerwaffen erreichen. Umgekehrt verfügen die USA noch über das vielfach überlegene atomare Potential samt den nötigen Bomberflotten, in der UdSSR jederzeit ein atomares Inferno zu entfachen. Genügt da zur Abschreckung nicht der sprichwörtliche amerikanische *tripwire*, ein Stolperdraht entlang der Zonengrenze? Noch im Frühjahr 1950 versucht McCloy einem skeptischen Adenauer zu erklären, daß die Anwesenheit eines amerikanischen Bataillons genüge, die Sicherheit der Bundesrepublik zu garantieren.

Thomas Alan Schwartz weist darauf hin, daß selbst George F. Kennan um diese Zeit noch davon überzeugt ist, die von ihm entworfene Strategie der Eindämmung lasse sich notfalls mit zwei Elitedivisionen der US-Marines praktizieren. Aber der Koreakrieg und die Rüstung der Sowjets, die nach amerikanischen Schätzungen um 1955 über 200 Atombomben samt der für ihren Abwurf nötigen Luftstreitkräfte verfügen werden, rücken ein atomares Patt in greifbare Nähe. Ab Mitte der fünfziger Jahre, so die Annahme amerikanischer Militärs, ist eine Befreiung Europas nach dem Muster der Invasion nicht mehr denkbar, eine Politik, die auf Stärkung des konventionellen Gleichgewichts unter Einbeziehung deutscher Truppen zielt, scheint deshalb dringend angebracht. Doch kann sich dieser konventionelle Aufbau, und hier liegt der entscheidende Unterschied im Ansatz, über die nächsten Jahre noch unter dem Schirm massiver atomarer Überlegenheit vollziehen. Er setzt damit nicht jene stählerne Mauer voraus, die Schumacher für unerläßlich hält, damit sein Schreckensszenario der verbrannten Erde in Deutschland nicht Wirklichkeit wird. Zwar verstärken die Angelsachsen ihre Truppen in Deutschland, aber nie in dem Ausmaß, das Schumacher verlangt. Auch Adenauer hat, im Umfang allerdings bescheidener, zusätzliche Einheiten für Deutschland angemahnt. Sie sollen nicht nur die konventionelle Abwehrkraft stärken, sie müssen auch den Glauben an einen entschlossenen Verteidigungswillen der Westmächte wiederherstellen, der unter dem amerikanischen Rückzug in der ersten Phase des Koreakriegs bei den Deutschen stark gelitten hat.

Ist List der Geschichte im Spiel, wenn Schumacher in einem entscheidenden Punkt dennoch triumphiert? Im Gegensatz zu Adenauer, der sich dem politischen Projekt der Europäischen Verteidigungsgemeinschaft (EVG) verschreibt, hat der Oppositionschef, wenn er auf der vollen deutschen Gleichberechtigung besteht, unwissentlich die stärksten Verbündeten ausgerechnet in den konservativen amerikanischen Militärs. Sie lehnen das Konzept einer integrierten europäischen Armee ab, weil sie – wie Schumacher – den Kampfeswillen französischer Wehrpflichtiger bezweifeln. Stimmt in Frankreich nicht weit über ein Viertel der Wähler für die kommunistische Partei? Die amerikanischen Generäle unterstreichen, wie auch er, die Bedeutung der nationalen Motivation für den Soldaten: Ohne sie werde er nicht wissen, was er zu verteidigen und für wen er zu kämpfen habe. So raten sie von Anfang an, den deutschen Status anzuheben, der Bundesrepublik Souveränität zu geben, sie zum Mitglied der Nato zu machen und nationale deutsche Einheiten, Divisionen oder gar Korps, direkt dem Nato-Kommando zu unterstellen. Nach vielen diplomatischen Umwegen, Kurt Schumacher deckt inzwischen der Rasen, wird sich diese Haltung der Joint Chiefs of Staff politisch schließlich als die einzig praktikable Möglichkeit der deutschen Wiederbewaffnung durchsetzen.

Auf den Bänken der Opposition: Verantwortung und kein Erfolg

Hat die Opposition Chancen auf Erfolg, läßt sich die Regierung Adenauer in den nächsten Monaten ablösen? Ein Blick auf die objektiven Daten erweist Schumachers Sache zwischen Herbst 1950 und Frühsommer 1952 nicht völlig aussichtslos. Weder die Bonner Westpolitik und schon gar nicht Adenauers Wiederbewaffnungs-Thesen finden Zustimmung beim Wähler, ganz im Gegenteil: angesichts der wachsenden »Ohne-mich-Stimmung« im Land ist die SPD-Forderung nach Auflösung des Bundestags und Neuwahlen durchaus populär. Der Koreakrieg führt erst einmal zu enormen Preissteigerungen, läßt die Arbeitslosenziffern steigen und stürzt die Bundesrepublik, wenn auch nur vorübergehend, in eine Zahlungsbilanzkrise, die sogar die Einfuhr dringend benötigten Brotgetreides gefährdet. Erhard, der große Deregulierer und Liberalisierer, scheint außer Tritt geraten und fährt einen wirtschaftspolitischen Schlingerkurs. Das ändert sich erst, als der Korea-Boom einsetzt und der Wirtschaftsminister im Frühjahr 1951 auf den von ihm selbst verkündeten Pfad der marktwirtschaftlichen Tugend zurückkehren kann.

Bei den Herbstwahlen 1950 verliert die CDU in Hessen und Württemberg-Baden 12 Prozentpunkte, in Bayern büßt die CSU ihre absolute Mehrheit ein und landet im Sturzflug bei 27,4 Prozent, wenn auch als stärkste Partei. Die SPD sammelt Punkte, aber vom Abbröckeln der CDU-Kanzlerbasis profitiert vor allem die FDP in Nordrhein-Westfalen, Hessen und selbst in Bayern. Der nationalorientierte Reinhold Maier, welcher die Bonner Szene gern als »Bundeszentraltheater« verspottet und sich nicht zu Adenauers Freunden zählt, bildet in Stuttgart ein Kabinett mit der SPD, indes die CDU auf die Bänke der Opposition zu wechseln hat. Selbst in Bayern werden die Sozialdemokraten als Partner von CSU-Ministerpräsident Hans Ehard Regierungspartei. Adenauer verliert die Mehrheit im Bundesrat, seine Autorität scheint angeschlagen. Sogar im Bundeskabinett mucken die Liberalen auf. Vizekanzler Franz Blücher klagt über »Fremdheit zwischen der Bundesregierung und dem Volke« und macht dafür des Kanzlers Regierungsstil verantwortlich – sein allzu geheimes persönliches Regiment an der Öffentlichkeit und selbst den Kabinettsmitgliedern vorbei.

Beim nationalen Flügel der Kanzlerpartei, bei Jakob Kaiser und den nordddeutschen CDU-Protestanten, wachsen die Zweifel an Adenauers Politik. Robert Lehr, der Nachfolger Heinemanns auf dem Stuhl des Innenministers, ein früherer Deutschnationaler, kritisiert den Schuman-Plan als Versuch Frankreichs, mit deutscher Hilfe die französische Hegemonie über die westeuropäische Montanindustrie zu sichern. Schumachers Argumente zeigen Wirkung, selbst Eugen Gerstenmaier, obschon überzeugter Verfechter der Adenauerschen Europapolitik, ist von einer seiner Reden so beeindruckt, daß er von seinem Platz in der ersten Reihe des Bundestages aufsteht, auf ihn zutritt und ihm die Hand reicht. »Stumm sah meine Fraktion zu. Die Deutsche Partei beschwerte sich darüber im Routinegespräch der Koalitionspartner.« Heinrich Brüning wird von unzufriedenen CDU-Politikern, so Hans-Peter Schwarz, als »glaubwürdige personelle Alternative zu Adenauer« gehandelt, weil er mit des Kanzlers Außenpolitik alles andere als einverstanden ist. Wie sehr Adenauers Popularität im Sinken ist, weist Elisabeth Noelle-Neumann mit Zahlen nach: Daß ein anderer Mann an die Spitze der Regierung kommen solle, wünschen im Januar 1951 26, im Juni desselben Jahres immerhin schon 35 Prozent, nur 33 Prozent der Befragten wollen Adenauer weiter als Kanzler sehen.

Viele der Brüningschen Einwände sind nahezu identisch mit Schumachers Vorwürfen an die Regierung, im Gegensatz zu Adenauer bleiben die beiden eben sehr viel mehr den Weimarer Perspektiven verhaftet. Brüning sieht weniger das visionär-partnerschaftliche Element des Schuman-Plans, das Adenauer als Chance begreift, für ihn steht das handfeste national-egoistische französische Interesse im Vordergrund, das zweifellos auch in ihm steckt. Daß der Plan von Jean Monnet entworfen wurde, dem ersten, von de Gaulle 1944 berufenen Planungschef des befreiten Landes, bestärkt ihn in dem Verdacht, die Franzosen bezweckten mit der Hohen Behörde vor allem, die deutsche Rohstahlproduktion zu drosseln. Monnet, der die französische Industrie einer radikalen Modernisierungskur unterzieht, möchte das lothringische Industrierevier ausbauen, das nach seiner Meinung gegenüber der Ruhr über erhebliche Standortvorteile verfügt, doch auf die Zufuhr billiger Kohle von dort angewiesen bleibt. Gelingt es ihm, Lothringen die Schlüsselrolle bei der europäischen Stahlerzeugung zu sichern, kann er Frankreich als die schwerindustrielle Führungsmacht Westeuropas etablieren.

Frankreichs Deutschlandpolitik kreist nach dem Krieg ja um die westdeutsche Montanindustrie und die Zähmung dieses Potentials: nur wenn es gelingt, des Problems Ruhr, des Symbols deutscher Macht und der Quelle französischer Demütigung, wie John Gillingham schreibt, ein für allemal Herr zu werden, wird sich ein dritter deutscher Ansturm, bei dem dann der Untergang droht, vermeiden lassen. Ursprünglich internationaler Cognac-Vertreter, organisierte Monnet schon im Ersten Weltkrieg von London aus den Nachschub für die Alliierten in Frankreich, während des Zweiten Weltkriegs hat er von Amerika her für die Ausrüstung der Streitkräfte »France libre« von de Gaulle gesorgt. Seine patriotisch-französische Motivation steht also außer Zweifel, aber ähnlich dem britischen Nationalökonomen John Maynard Keynes in Cambridge warnt er die Sieger davor, wieder in die verhängnisvollen Fehler von 1919 zu verfallen, die nur einen neuen Nationalismus stärken, wirtschaftliches Wachstum ersticken und zu einem neuen Krieg führen könnten.

So rät Monnet schon 1943 ein »europäisches Gebilde« an, um die Gefahr eines Wettrüstens zu verringern und neue Märkte zu öffnen, das deutsche Potential soll im Zuge einer Vorwärtsstrategie durch übernationale Instanzen unter Kontrolle genommen werden. Erst in zähen Verhandlungen läßt sich das national-egoistische Element dieser Pläne reduzieren und jene französisch-deutsche Vernunftehe schaffen, die sich bald als Hauptpfeiler der europäischen Vereinigung bewähren wird. Der Erfolg hat bekanntlich viele Väter, aber der Mythos des idealen Europäers, die Gloriole des uneigennützigen Visionärs, die Monnet später umgeben, werden seinem politischen Ansatz kaum gerecht. Er ist der bedeutendste Vordenker der Kontrolle durch Bindung, der Domestizierung der aggressiven Deutschen durch Integration, welches den Aufstieg der Bundesrepublik im westlichen Lager ermöglicht, aber auch die französische Politik bis hin zu Maastricht bestimmt.

Bei Schumacher wie Brüning überwiegt das Mißtrauen gegenüber den französischen Absichten; nach ihrer Deutung bleibt Frankreichs

Politik der Tradition Richelieus und dem Rheinbund-Denken Mazarins verhaftet. Wenn Paris die Verabschiedung des Schuman-Plans zur Voraussetzung für eine deutsche Wiederaufrüstung macht, die sich nur im Rahmen eines europäischen, von Frankreich geschnürten Korsetts vollziehen darf, bestärkt dies nur beider Verdacht. Was Ministerpräsident René Pleven im Oktober der Assemblée Nationale vorschlägt, um Widerstände im eigenen Land gegen die deutsche Wiederbewaffnung auszuräumen, läuft selbst nach Meinung Churchills auf eine riesige Fremdenlegion unter französischer Führung hinaus. Um das Entstehen deutscher nationaler Streitkräfte zu vermeiden, sieht der wiederum von Monnet entworfene Pleven-Plan die Integration nationaler Einheiten in eine multinationale europäische Armee auf der niedrigst denkbaren Ebene vor.

Zum besonderen Ärger Schumachers ist es ausgerechnet ein Sozialist, nämlich Verteidigungsminister Jules Moch, der als größte nationale Formation das 1200-Mann-Bataillon benennt, was nach Meinung angelsächsischer Experten militärisch so inpraktikabel ist, daß es bereits ans Lächerliche grenzt. Da die anderen westeuropäischen Teilnehmer ihre Kolonialarmeen behalten (auch Belgien ist um diese Zeit noch eine koloniale Macht!) und Frankreich einen großen Teil seiner Streitkräfte in Algerien und Indochina stationiert hat, kann von deutscher Gleichberechtigung auch nicht entfernt die Rede sein. Als Adenauer den Pleven-Plan schließlich als Verhandlungsgrundlage für einen deutschen Wehrbeitrag akzeptiert, hat die amerikanische Diplomatie zwar schon *combat-teams* von 6000 Mann, also Regimentsstärke durchgesetzt, aber an dem diskriminatorischen Gesamtcharakter des Plans ändert das wenig.

Wenn Frankreich von Union redet, bedeute dies in der Tradition des Quai d'Orsay stets Beherrschung, schreibt Brüning in einem seiner vielen warnenden Briefe aus Amerika, wenn Adenauer Hoffnungen auf einen Wandel der französischen Politik unter Schuman setze, sei er »in der Außenpolitik etwas naiv«. Wie Schumacher, glaubt er Adenauers Schwächen bestens zu kennen, er sieht in ihm nicht viel mehr als einen brillanten Tagestaktiker und Meister der Rathauspolitik: »Er ist und bleibt der Kölner Oberbürgermeister, der alle politischen Parteien in den Sack steckt.« Ähnlich wie der SPD-Chef hält er es für einen kardinalen Fehler, daß der Kanzler selbst die Wiederbewaffnung anbietet, wo Bonn den Preis durch Warten doch nur von Monat zu Monat steigern könnte! Die Alliierten hätten an die deutschen Politiker mit ihren Wünschen herantreten müssen, nicht der Kanzler mit Aufrüstungsforderungen an die Alliierten, kritisiert Schumacher einmal diese taktische Sünde, durch welche »die Bundesregierung in eine schlechtere Position [geraten ist], als sie hätte zu haben brauchen«. Nicht anders Brüning in Amerika: »Man dürfte sich nicht begeistert auf die Aufrüstung stürzen, sondern so wie die Franzosen und Engländer müßte man sich lange bitten lassen, gegen finanzielle Gegenleistungen, wie diese beiden Länder es getan haben«, läßt er Gerd Bucerius im Oktober 1950 wissen. Im Frühsommer des Jahres ist er durch Deutschland gereist und hat mit vielen CDU-Politikern gesprochen, auch mit militärischen Experten. »Wie kommt es«, fragt er den Hamburger Verleger und CDU-Bundestagsabgeordneten im November, »daß Schumacher alle Argumente, die ich in Königswinter Graf Schwerin gegenüber aussprach, gegen eine sofortige Bewaffnung jetzt im Lande wiederholt?«

Die japanische Politik, betont er gegenüber Theodor Heuss, sei mustergültig gewesen. Daß Japan sich vier Jahre tot stellte, um dann plötzlich von den Amerikanern einen Vertrag als Bundesgenossen, ein Schutz- und Trutzbündnis angeboten zu bekommen, imponiert dem alten Reichskanzler außerordentlich. Im amerikanischen Exil glaubt er sich über internationale Entwicklungen besser informiert als die neue Regierung am Rhein: »Mir steht der Verstand still«, schreibt er Hermann Pünder, wenn er sehe, wie die Bonner gegen den Eintausch von Teilstücken einer lediglich nominellen Souveränität mehr akzeptiert hätten, als selbst das Potsdamer Abkommen festgeschrieben habe. Seine steigende Verachtung für die Bonner Außenpolitik drückt sich darin aus, daß er den Kanzler bald nur noch als »ein gewisser Herr« oder der »entscheidende Herr« tituliert – gleich wie, dieser »Bonner Herr« will jedenfalls nicht wahrhaben, was er von jenseits des Atlantik mit großer Klarheit zu sehen glaubt: daß Westeuropa unter französischer Führung auf die dauernde Trennung von Ost- und Westdeutschland zusteuert. Seine Ansprechpartner in Adenauers Kabinett sind Jakob Kaiser und Robert Lehr, auf der Ebene der Staatssekretäre korrespondiert er mit Franz Thedieck in Kaisers gesamtdeutschem Ministerium, der als preußischer Beamter im Auftrag Severings einst die Separatisten im Rheinland überwachte. Daß er damals auch ein prüfendes Auge auf den Kölner Oberbürgermeister Adenauer warf, hat dazu geführt, seine Ernennung monatelang hinauszuzögern.

Gegenüber Dritten kritisiert Brüning, daß sich die Minister im Kabinett nicht offen der Auseinandersetzung stellten: Sie hingen an ihren Posten und begäben sich deshalb in eine »fast knechtische Hörigkeit«. Einmal empfiehlt er Kaiser, die Regierung solle zurücktreten und die SPD statt der CDU die Führung übernehmen, falls sich die Dinge auf einer anstehenden Viererkonferenz ungünstig entwickelten. »Die SPD hat sachlich in der Außenpolitik recht«, schreibt er am 11. Juli 1952, wenige Wochen vor Schumachers Tod, stellt zugleich aber die Frage, was dies in der praktischen Politik bedeute, »wenn man nicht durch geschickte Manöver und Abänderungsanträge die Reg(ierungs)parteien zwingen kann, die Linie etwas zu revidieren«.

Das ist in der Tat die zentrale Frage: Hätte die SPD durch Verzicht auf die Oppositionsrolle oder aber durch ein gemäßigteres Auftreten nicht Korrekturen erzwingen können? Noch sitzt Adenauer so fest im Sattel nicht, einmal fordert selbst François-Poncet seinen Rücktritt, auch McCloy ist zunächst keineswegs glücklich über des alten Herrn autokratischen Regierungsstil. Die amerikanische Hochkommission kritisiert die Steuersenkungspolitik der Koalition, drängt während der Koreakrise auf erneute Bewirtschaftung und begegnet dem allzustürmisch vorpreschenden Erhard gelegentlich mit großer Skepsis. Um gesellschaftliche Reformen und den Abbau der tiefverwurzelten Strukturen des Obrigkeitsstaats bemüht, kämpfen die Amerikaner noch immer gegen die Übernahme des alten deutschen Beamtenrechts, welches auch die SPD nicht mag. Sie fordern die Brechung des Juristenmonopols, Zugang eines jeden Staatsbürgers zum öffentlichen Dienst und die Einführung des Leistungsprinzips. Kein Zufall also, wenn in den sozialdemokratisch regierten Ländern der amerikanischen Zone, in Bremen und Hessen, ein einheitliches Dienstrecht für Beamte, Angestellte und Arbeiter eingeführt werden soll. McCloy und seine Mitarbeiter mißtrauen der Autoritätshörigkeit und dem Kastengeist des alten deutschen Berufsbeamtentums und fürchten die Kontinuität der preußisch-deutschen Bürokratie.

Für die Demokratisierung der Gesellschaft wären Sozialdemokraten zweifellos die besseren Partner, jedenfalls in einer großen Koalition, von der McCloy und sein britischer Kollege Sir Ivone Kirkpatrick, der Nachfolger General Robertsons, anfänglich träumen. Übrigens fände dieser, in der Panik des Korea-Sommers 1950 immer wieder öffentlich ventilierte Gedanke bei der verwirrten Bevölkerung viel Anklang. Als das Allensbacher Institut im Dezember 1950 wissen will, wer der bestgeeignete deutsche Außenminister sei, nennen sechs Prozent der Bevölkerung Kurt Schumacher, nur zwei Prozent votieren für den Kanzler. Denkbar wäre ein solches Bündnis nur, wenn beide Parteiführer darauf verzichteten, in der Regierung vertreten zu sein. Doch Schumacher hält, nicht anders als Adenauer, eine große Koalition für Teufelswerk. Man müsse widerstehen, sagt er im September 1950 in Stuttgart vor Genossen, auch wenn der Druck der Alliierten jetzt auf eine Politik mißverstandener nationaler Konzentration gehen werde. »Es gibt selbst in Fragen und Tagen nationaler Bedrohung nur die Linie der Konkurrenz von Macht und Verantwortung im Staate.« Wenn die SPD die Oppositionsstellung räume, würden antidemokratische, nationalistische Elemente ihre Position übernehmen, und diese seien in der Mehrzahl der Fälle prosowjetisch eingestellt: »Funktioniert die sozialdemokratische Opposition nicht mehr, dann funktioniert die russisch tendierende Opposition.«

Die prinzipielle Überlegung hat viel für sich. Schumachers Haltung trägt entscheidend dazu bei, das demokratische System, das nach amerikanischen Umfragen noch immer von einem großen Teil der Deutschen abgelehnt wird, fester zu verankern. Als Parteipolitiker denkt er dabei natürlich auch taktisch: Er hofft, daß Adenauer sich in eine außenpolitische Sackgasse verrennt, daß die Marktwirtschaft Erhards zu unerträglichen sozialen Spannungen führt und es ihm gelingen kann, den Bundeskanzler spätestens bei den nächsten Wahlen aus dem Amt zu jagen. Dazu kommt, daß die SPD sich als antikapitalistische Partei versteht, ihr Sozialisierungskurs ist bei der großen Mehrheit der Mitglieder unumstritten. Wenn sie von Planwirtschaft und der Vergesellschaftung der Grundstoffindustrien wie der Großbanken nicht abrücken will, stellt dies eine unüberschreitbare Barriere für jedes Bündnis mit dem bürgerlichen Lager dar.

Doch haben Schumachers Beharren auf der Oppositionsrolle und das Selbstverständnis der SPD als Sozialisierungspartei einen hohen Preis: als Koalitionspartner könnte die SPD restaurative Tendenzen bremsen, als Opposition bleibt ihr nur, sie anzuprangern oder zu beklagen. Zu Schumachers Lebzeiten kommt es nur einmal zu einer schiefen Schlachtordnung im Bundestag, als die CDU ihre eigenen Koalitionspartner FDP und DP mit Hilfe der SPD niederstimmt und die Mitbestimmung in der Montanindustrie durchsetzt. Für Adenauer, der darin kein Präjudiz sieht und die Arbeitnehmerrechte strikt auf den Kohle- und Stahlsektor beschränkt wissen will, ist dies der Preis, den er den Gewerkschaften für ihre Zustimmung zum Schuman-Plan schuldet. Taktisch geschickt treibt er damit den Keil tiefer, der SPD und DGB in dieser Frage trennt, und Schumacher muß ihm dabei auch noch helfen, sind er und seine Partei doch programmatisch auf die Mitbestimmung festgelegt. Aber diese Spielart der großen Koalition bleibt die Ausnahme. Daß die Alteigentümer der Montanbetriebe, wenn auch unter alliierter Verantwortung, ihre alten Aktien in neue umgetauscht erhalten, stellt die ursprüngliche Besitzstruktur wieder her und bestärkt damit aus SPD-Sicht nur die restaurative Tendenz des Schuman-Plans.

Vor einer »reaktionären Personalpolitik« und der »Einsetzung gewisser umstrittener Persönlichkeiten in leitende Beamtenfunktionen« hat Schumacher den Bundeskanzler schon in seiner ersten Parlamentsrede 1949 gewarnt – wie er feststellen muß, ohne Erfolg. Ein dreiviertel Jahr danach sieht er schon Anlaß, sich auf dem Hamburger Parteitag über die »antidemokratische Beamtenpolitik in der Spitzengarnitur« zu beschweren, welche die Bundesregierung betreibe. Wieder ein Jahr später benennt er den Mann, der bald als Sündenbock für die ganze Richtung herhalten wird: Ministerialrat Hans Globke, dessen Beschäftigung im Kanzleramt, so Schumacher im Mai 1952 zur Nachrichtenagentur UPI, der Bundesregierung jede Glaubwürdigkeit in der Wiedergutmachungsfrage nehme. Obschon selbst kein Mitglied der NSDAP, hat Globke im Reichsinnenministerium 1936 zusammen mit Staatssekretär Stuckart den Kommentar zu den infamen Nürnberger Rassegesetzen verfaßt. Beinahe idealtypisch scheint er den traditionellen kulturellen, bürgerlichen Antisemitismus zu verkörpern, wie er selbst bei Teilen der nationalkonservativen Opposition gegen Hitler anzutreffen ist: Zwar empfindet man tiefen Abscheu gegen offene Verfolgung, Pogrome oder Massenmorde, ist aber zugleich der Ansicht, Juden sollten in Deutschland nichts zu sagen und besser nichts zu suchen haben.

Hat nicht selbst Carl Goerdeler, Motor der rechten Opposition gegen Hitler, in einer seiner zahllosen Denkschriften einen Sonderstatus für die Juden und die gezielte Förderung ihrer Auswanderung angeraten? Nach den wüsten Ausschreitungen der SA 1933, führen Verteidiger Globkes entschuldigend ins Feld, hätten die Nürnberger Rassegesetze wenigstens Ordnung, den sogenannten Mischlingen sogar ein Stückchen Rechtssicherheit gebracht. Wie brüchig solch vermeintlicher Schutz ist, weil totalitäre Diktaturen eben kein Rechtsstaat sind, erweist sich schon mit der Kristallnacht am 9. November 1938. Der Rassenkommentator, der zum engsten, ja unentbehrlichen Berater Adenauers aufsteigt, ist Katholik und gehörte vor 1933 dem Zentrum an. Während der Nazizeit hat er Kontakt zum bischöflichen Ordinariat und zu dem katholischen Widerständler Jakob Kaiser gehalten und sie über Vorgänge im Reichsinnenministerium informiert. Er selbst sagt über seine Tätigkeit im Dritten Reich, durch einschränkende Kommentierung habe er Exzesse der Nationalsozialisten verhindern und in vielen Einzelfällen helfen können. Sein früherer Kollege im preußischen Innenministerium, Robert W. Kempner, der die amerikanische Anklage gegen die Wilhelmstraße in Nürnberg vertritt und ihn als Zeugen nutzt, stellt ihm Persilscheine aus, auch kommt Kritik in diesen ersten Jahren nicht von jüdischen Organisationen.

Dennoch scheut Globke das Rampenlicht. Weil er weiß, daß er für Adenauer zur Belastung werden kann, arbeitet er, auch wenn er längst die Weichen stellt, zunächst nur als Ministerialrat, schließlich als Ministerialdirektor. Adolf Arndt, inzwischen einer der engsten Mitarbeiter Schumachers in der Fraktion und nach den Nürnberger Rassegesetzen selbst »Mischling ersten Grades«, greift Globke bereits im Juli 1950 scharf im Bundestag an. Zwar könne dieser möglicherweise subjektiv ehrenhafte Motive für sein Ausharren im Reichsinnenministerium geltend machen, objektiv habe er jedoch als »nihilistisches Instrument« seinen Namen mit der Unmenschlichkeit verknüpft. Arndt vergleicht die Nürnberger Gesetze einem mit »Paragraphen verübten Mord«, ein offizieller Kommentator solchen »gesetzlichen Unrechts« sei absolut ungeeignet, eine führende Stellung in der neuen Bundesverwaltung einzunehmen. Davon ungerührt, als ob derart moralisches Argumentieren völlig abwegig sei, befördert Adenauer den Mann mit der peinlichen Vergangenheit nach seinem Wahlsieg 1953 gar zum Staatssekretär an die Spitze des Kanzleramts. Damit aber wird der Name des wichtigsten Beamten im neuen demokratischen Staat zur negativen Chiffre, »Globke« steht fortan für eine bedenkliche personalpolitische Kontinuität, wird zum Symbol der bürokratischen Restauration, welche die SPD damals erbittert bekämpft, aber in der Opposition natürlich nicht verhindern kann. Nicht nur an der Auseinandersetzung um Globke läßt sich ablesen, wie tief das Dritte Reich noch in die frühen fünfziger Jahre hineinragt. Wie weit ist doch jene zivile, demokratische Gesellschaft noch entfernt, zu der sich die alte Bundesrepublik nach vielen Krisen mit dem Aufbruch in den sechziger Jahren schließlich entwickeln wird!

Als Paradebeispiel dafür muß auch der Fall Wolfgang Hedler gelten, eines Bundestagsabgeordneten der Deutschen Partei. Im Dezember 1949 greift er im schleswig-holsteinischen Einfeld Schumacher an, weil dieser »soviel Aufhebens mit der Hitlerbarbarei gegen das jüdische Volk« mache. Er gibt den Widerstandskämpfern des 20. Juli die Schuld an der deutschen Niederlage und sagt nach einem in der *Frankfurter Rundschau* veröffentlichten Stenogramm: »Ob das Mittel die Juden zu vergasen, das Gegebene gewesen ist, darüber kann man geteilter Meinung sein. Vielleicht hätte es auch andere Mittel gegeben, sich ihrer zu entledigen.«

Wer ist dieser Hedler? Sein Lebenslauf weist ihn als typischen Konservativen aus. Der Sohn eines Reichsbankrats, Jahrgang 1899 und im Kadettenkorps erzogen, dient im Ersten Weltkrieg als Offizier beim ersten Garde-Reserveregiment zu Fuß und wird im Zweiten Weltkrieg an der Ostfront schwer verwundet. Zwischen den Kriegen ist er als leitender Bankangestellter tätig. Nach Aufhebung seiner Immunität wegen übler Nachrede, Verleumdung und Beschuldigung des Andenkens Verstorbener angeklagt, läßt Hedler eine Riege von Sympathisanten und Gesinnungsfreunden vor den Schranken des Gerichts aufmarschieren, die belastende Aussagen mit Erfolg relativieren können. Wegen Mangels an Beweisen spricht ihn das Landgericht Neumünster am 15. Februar 1950 frei – ein Urteil, das Erich Ollenhauer im Bundestag als »schwere Schädigung und Entehrung des deutschen Volkes« wertet. »Parteinahme für den Neandertaler und gegen den Menschen«, kommentiert Schumacher bitter und gereizt. Er nimmt den Fall sehr ernst, weil er darin die »Nutznießung der Demokratie durch die Feinde der Demokratie mit Hilfe der Justiz« erblickt und offenbar befürchtet, das dunkle Kapitel der Rechtsprechung in der Weimarer Republik könne sich wiederholen. Umgehend bringt seine Fraktion deshalb den Entwurf eines Gesetzes gegen die Feinde der Demokratie im Plenum ein.

Die Deutsche Partei hat die Belastung erkannt und ihren Bundestagsabgeordneten inzwischen ausgeschlossen. Doch die Koalition ist nur zur Distanzierung von der Person Hedler bereit, das Gericht nimmt sie ausdrücklich in Schutz und weist alle Urteilsschelte zurück. Als der Rechtsaußen, nun Hospitant bei der Deutschen Reichspartei, wieder im Bundestag erscheint, wird er vom Bundestagspräsidenten wegen Immunitätsentzug des Saals verwiesen, und bei den Sozialdemokraten gehen die Emotionen hoch: Nach dem Motto »Wir lassen uns nicht noch einmal im KZ die Knochen polieren« setzt ihn ein Rollkommando von acht MdBs, angeführt von Herbert Wehner, vor die Tür des Hintereingangs und traktiert ihn mit Fußtritten. »Die Demokratie schützt sich diesmal selbst mit Sturmstaffeln«, schreibt der *Spiegel* spitz. »Sie fängt im Parlament damit an ... Die Gegenseite wird im Prügeln geübter sein, wenn sie stärker wird. Daß sie stärker wird, kann zumindest nicht durch Prügeln verhindert werden.« Bliebe nachzutragen, daß sich die Justiz selbst korrigierte und Hedler im Juli 1951 rechtskräftig zu neun Monaten Gefängnis verurteilt hat. Wegen Fragebogenfälschung wurde gegen den Delinquenten auch ein Spruchkammerverfahren durchgeführt, das jedoch mit der Einstufung als Mitläufer endete.

Kein Geringerer als Robert W. Kempner, der Globke entlastet hat, zeigt sich besorgt, weil Kanzlerberater Herbert Blankenhorn, selbst ehemaliger Karrierediplomat und NSDAP-Mitglied, beim Aufbau des neuen Auswärtigen Dienstes die alte Seilschaft aus der Wilhelmstraße begünstigt. Unter dem Titel »Ihr naht Euch wieder, schwankende Gestalten!« berichtet Michael Mansfeld in der *Frankfurter Rundschau*, offensichtlich von Kempner inspiriert und auf amerikanische Quellen gestützt, über die Durchdringung des neuen durch den alten Dienst. Immerhin erreicht das Blatt, daß ein Bundestagsausschuß die diplomatische Personalpolitik untersuchen muß. Blankenhorns Praxis läuft allen offiziellen Versicherungen der Bundesregierung zuwider, nach denen ehemalige NSDAP-Mitglieder nicht in den Auswärtigen Dienst aufgenommen werden dürfen. Adenauer ist über diese Entwicklung zwar nicht glücklich, meint jedoch, nicht viel dagegen unternehmen zu können. »Man schüttet kein dreckiges Wasser weg, wenn man kein reines hat« – auf dieses rheinische Sprichwort verweist er Journalisten in seinem Teegespräch am 2. April 1952. Zwar wolle er beileibe nicht behaupten, daß der neue Dienst dreckiges Wasser sei, »aber ich möchte damit sagen, daß ich natürlich ein Instrument brauche, um die Arbeit zu tun und daß ich, solange ich kein besseres Instrument habe, mich eben eines Instruments bedienen muß, so wie es da ist«.

Wo immer er kann, warnt Schumacher auch inoffiziell vor der schleichenden Durchdringung der neuen Staatsverwaltung mit den Kräften von gestern. Als es im Frühjahr 1951 zu einer Aussprache mit dem Kanzler über die künftige Verwendung der Organisation Gehlen als Nachrichtendienst des Bundes (BND) kommt, moniert er, sie sei vom SD Heydrichs und Kaltenbrunners unterwandert, wenn auch aus Tarnungsgründen zunächst nur in niederen Stellen. Auch hält er es für gefährlich, daß zu viele jüngere Offiziere beschäftigt werden, die nur den Nationalsozialismus kennen. Weil der Kanzler in der Frage der »Dienste« für die junge Republik Gemeinsamkeit sucht, spricht der Oppositionsführer auf seine Initiative darüber selbst mit Gehlen, dessen persönliche Integrität Schumacher übrigens nie in Zweifel zieht. Um politischem Mißbrauch vorzubeugen, drängt Schumacher auf eine klare Trennung von BND und Verfassungsschutz; weil er eine Machtkonzentration in der Hand des Kanzlers fürchtet, lehnt er eine direkte Unterstellung unter das Kanzleramt ab.

Üben Generäle, zumal solche im Halbdunkel der Spionage, als reale Symbole der Macht eine unwiderstehliche Anziehungskraft auf ihn aus, wie Hans Hermsdorf meint? Vielleicht, doch Schumacher, der Gebrannte der Weimarer Republik, hält sich an die Maxime: »Wer nicht mit der bewaffneten Macht fertig wird, mit dem wird sie fertig.« Die Formulierung stammt von Willy Brandt, der zusammen mit Fritz Erler im ersten Bundestag bei seinen eigenen Genossen als »militärfreundlicher« Sozialdemokrat abgestempelt ist. Berührungsschwierigkeiten gibt es also nicht. Der Oppositionsführer versichert, er werde das Problem eines deutschen Nachrichtendienstes – konkret: die Überführung der Organisation Gehlen aus amerikanischen in bundesdeutsche Dienste – unterstützen und eine »diskrete Lösung« erleichtern, sobald Klarheit in der Frage eines deutschen Verteidigungsbeitrags bestehe. Ollenhauer besucht Gehlens Pullacher Hauptquartier und erhält den großen Bahnhof – »mit allen Paradestücken, die man wohl aufführt, wenn man Besucher empfangen will«, notiert Fritz Heine, der den Stellvertreter begleitet. Gehlen erwidert den Besuch der Sozialdemokraten und kommt im August 1951 zum Lagevortrag in Schumachers Haus auf dem Venusberg.

Wie verträgt sich, daß er auf der einen Seite geradezu beschwörend vor der »Gefahr einer neuen Bestialisierung« warnt, vor einer neuen braunen Flut, die sich als »Sozialismus des Teufels« antisemitisch gibt, und auf der anderen Seite nichts dabei findet, mit Vertretern der Waffen-SS zusammenzutreffen oder für die Begnadigung und Freilassung von Landsberger Kriegsverbrechern einzutreten? Schumacher und die Generäle – dieses Kapitel ist der heutigen Generation, vor allem Jungsozialisten, schwer zu vermitteln und nur vor dem Hintergrund der Wahlerfolge rechter Randparteien zu verstehen. Denn auf Anhieb setzt sich der Bund der Heimatvertriebenen und Entrechteten (BHE) mit 23,4 Prozent Stimmenanteil bei den Landtagswahlen 1950 in Schleswig-Holstein durch, wird stärkste Partei und erhält in acht Ländern von 1950 bis 1953 insgesamt 8 Prozent aller Stimmen. Seine Hoffnung, die Vertriebenen würden die Forderung der SPD nach einem radikalen Lastenausgleich honorieren und in richtiger Einschätzung ihrer materiellen Interessen SPD wählen, hat getrogen, sein politisches Kalkül ist widerlegt.

BHE-Gründer Waldemar Kraft, NSDAP-Mitglied und Ehren-Hauptsturmführer der SS, verficht ein betont antimarxistisches Sozialprogramm, stellt sich damit *expressis verbis* gegen die Sozialdemokraten und geht 1953 in Bonn eine Koalition mit Adenauer ein. Daß die neue Flüchtlingspartei in Hannover mit Hinrich Wilhelm Kopf, einem Pragmatiker des eher konservativen SPD-Flügels, in der Regierung sitzt, hat vor allem mit der Schwäche der niedersächsischen CDU zu tun. Doch entspricht es Schumachers Intentionen, den BHE trotz Waldemar Kraft nicht von vornherein als Koalitionspartner abzuschreiben.

Parallel zum Aufstieg des BHE kommt es zu einem echten Zwischenspiel in Braun: Im protestantischen Norden, in Bremen und Hessen hat die Sozialistische Reichspartei Erfolge, in Niedersachsen zieht sie mit 11 Prozent der Stimmen sogar an den Freien Demokraten vorbei. Ernst Otto Remer, Ritterkreuzträger und Kommandant jenes Wachbataillons, das Joseph Goebbels am 20. Juli telephonisch zur Festsetzung der Verschwörer im Bendlerblock in Marsch setzen konnte, ist Aushängeschild und Zugpferd einer Partei, deren Führung fest in nationalsozialistischen Händen liegt. Parteigründer Fritz Dorls kommt vom Strasser-Flügel der NSDAP und steht zu dessen revolutionär-nationalsozialistischen Parolen. Wes Geistes Kind er ist, geht aus einem Vergleich hervor, den er immer wieder gebraucht: Neben dem zwar ausgebrannten, aber unverwüstlichen Bau des 1200jährigen Reichs nehme sich die Bundesrepublik wie »eine frisch gestrichene Coca-Cola-Bude« aus.

Remer, der die Verschwörer des 20. Juli als Landesverräter beschimpft, hat seinen großen Erfolg auf dem Höhepunkt der Landsberg-Agitation, die auf die Freilassung oder Begnadigung der durch alliierte Tribunale abgeurteilten Kriegsverbrecher zielt. Moralisch-rechtliche und praktisch-politische Motive sind in dieser Kampagne unauflöslich miteinander verknüpft: Sich Deutschland als Alliierten gegen den Osten vorzustellen, erklären Speidel und Heusinger, sei völlig illusorisch, falls die zum Tode Verurteilten gehängt und die Freiheitsstrafen nicht ausgesetzt oder gemildert werden. Deshalb vor allem drängt Adenauer die Hohen Kommissare auf dem Petersberg, bei verurteilten deutschen Generälen im Zweifel Gnade vor Recht ergehen zu lassen. Aber viele Prozesse sind nach deutschem Rechtsverständnis nicht korrekt geführt worden, erklären evangelische Bischöfe wie Hans Meiser und Theophil Wurm, Kardinal Frings und namhafte Rechtsgelehrte und bezeichnen sie als juristisch wie moralisch anfechtbar. Marion Gräfin Dönhoff scheut nicht das Wort Siegerjustiz, in der Liberalen *Zeit* schreibt sie 1949, die deutsche öffentliche Meinung habe kein Verständnis für Verfahren gegen Industrielle, Minister und Wehrmachtgeneräle, die oft nicht die schlimmsten Aspekte des Nazisystems repräsentiert hätten.

Für Schumacher und die SPD stellt sich die Frage, ob die Alliierten Todesurteile auf deutschem Boden vollstrecken können, auf dem das Grundgesetz gilt. Mit ihm, das die Militärgouverneure ausdrücklich bestätigt haben, wurde ja auch die Todesstrafe abgeschafft. Ist es nicht eine Mißachtung der Rechte des neuen Staates, entgegen dem Verbot durch die Verfassung Deutsche auf deutschem Boden nach alliiertem Recht zu hängen? In der Fraktion kommt es zu einer langen, erregten Debatte über die Todeskandidaten von Landsberg. Heinrich Ritzel meint, die Vorschriften des Grundgesetzes könnten nur auf deutsche Verfahren angewendet werden, Hermann Brill, Dissident schon in der Europa-Frage, spricht sich gegen eine Beteiligung der SPD an der Landsbergkampagne aus. Schließlich obsiegt Schumacher mit dem Argument, es gehe »um ein Stück menschlichen Rechtsbewußtseins im ganzen Volk«. Mit den Regierungsparteien setzt sich jetzt auch die SPD für die Begnadigung der zum Tode Verurteilten ein.

In Landsberg sitzt auch Generalfeldmarschall Albert Kesselring, der noch im März 1945 von Hitler mit dem Oberkommando im Westen beauftragt wurde. Ein britisches Militärgericht in Venedig hat ihn zunächst zum Tod durch Erschießen verurteilt, aber die Strafe wird dann in lebenslängliche Haft umgewandelt und schließlich auf 21 Jahre herabgesetzt. Weil für ihn die »Frage nach der Humanität im Recht« stets entscheidend sei, bittet Schumacher den britischen Unterhausabgeordneten Richard Stokes im November, für Kesselrings Begnadigung einzutreten. Im einzelnen legt er dar, warum Kesselring als Oberbefehlshaber in Italien am Geiselmord in den adriatinischen Höhlen, für den er verurteilt wurde, keine Schuld treffe – der Befehlsstrang sei von Hitler über Generaloberst Jodl im Führerhauptquartier direkt zu SD-Führer Kappler verlaufen, der die Erschießungen durchgeführt habe. »Nichts in der Kriegführung Kesselrings in Italien kann zu dem Verdacht Anlaß geben, daß er den Krieg nicht fair als Soldat, sondern barbarisch als Terrorist führen wollte.« Daß ein Marschall den gleichen Anspruch auf Gerechtigkeit hat wie ein Soldat, ist eine Selbstverständlichkeit. Aber stellt Schumachers Intervention vielleicht einen Akt der Wiedergutmachung für früher erhobene falsche Anschuldigungen dar? Willy Albrecht weist darauf hin, daß der SPD-Chef zwei Jahre zuvor im Bundestag von der »Internationale der Generäle« gesprochen hatte, die als einzige weltweit funktioniere. Danach befanden sich unter den als Kriegsverbrecher verurteilten deutschen Kriegsgefangenen nur niedere Ränge, eine Behauptung, die Speidel maßlos erzürnt haben muß.

Gegen Soldatenverbände hat er nichts, solange sie sich auf die Vertretung materieller Interessen beschränken, erst politische Veteranenbünde wie der »Stahlhelm« könnten eine Gefahr darstellen. Eine Zeitlang denkt er offenbar an die Gründung eines SPD-nahen eigenen Verbands, stellt die Idee aber wieder zurück. Es geht ihm darum, keine Tür zuzuschlagen. Das Tragen von Kriegsorden zu verbieten, sei nicht Aufgabe der SPD, schließlich sei ja niemand gezwungen, Orden- und Ehrenzeichen anzulegen. Wenn er sich, von Wehner und Frau Renger begleitet, am 4. Oktober 1951 von dem SS-General Otto Kumm über die HIAG, die »Hilfsgemeinschaft auf Gegenseitigkeit« ehemaliger Waffen-SS-Angehöriger informieren läßt, hat er das aufgestaute Potential von nahezu einer Million bitter enttäuschter, unzufriedener Männer im Sinn, die rechtsradikalen Rattenfängern wie Remer nachlaufen oder auf die nationalkommunistischen Parolen aus Ostberlin hereinfallen könnten. Ein SPD-Vorstandsprotokoll vom September 1951 nennt die politischen Motive beim Namen: Es geht darum, das Eindringen der SRP und der nationalen FDP um Euler, die er einmal mit der früheren Deutschen Volkspartei vergleicht, in die Soldatenbünde, darunter die HIAG, zu verhindern. Als seine Kontakte im Ausland Aufsehen erregen, rechtfertigt er sie mit dem Hinweis auf die Paria-Rolle, in welche die Angehörigen der Waffen-SS nach dem pauschalen Nürnberger Richterspruch gekommen sind, der die gesamte SS, ausgeschlossen die Reiter-SS, zur verbrecherischen Organisation erklärte. Schumacher meint, damit würden die Soldaten der Waffen-SS kollektiv haftbar gemacht »für die Verbrechen des SD und der Menschenvernichtungsaktionen«, obschon sie »kaum nähere Berührung damit hatten als manche andere Wehrmachtsteile«.

Inzwischen haben Historiker nachgewiesen, daß auch Einheiten der Wehrmacht im Ostkrieg in die Verbrechen des Dritten Reiches verstrickt waren, eine Tatsache, welche die Problematik der pauschalen Ausgrenzung der Waffen-SS nach dem Krieg nur unterstreicht. Wie sich Schumacher 1945 gegen die These von der Kollektivschuld wendete, will er auch jetzt dazu beitragen, den Ring eines automatischen Kollektivverdachts gegen die früheren Mitglieder der Waffen-SS zu sprengen, denn er habe zur Isolierung von »900 000 Menschen ohne soziale und menschliche Aussicht« geführt. Wenn sich diese Sonderstellung beenden läßt, wird dann nicht auch der möglicherweise gefährlichen Sonderbündelei dieser HIAG die Existenzbasis entzogen? Es scheine ihm nötig, schreibt er dem jüdischen Sozialdemokraten Liebmann Hersch nach Genf, »der großen Masse der früheren Angehörigen der Waffen-SS den Weg zu Lebensaussicht und Staatsbürgertum freizumachen«. Selbstverständlich müßten kriminelle Delikte schärfstens verfolgt und geahndet werden, doch sei die Waffen-SS *in toto* weder der allgemeinen SS noch den speziellen Organisationen der Menschenvernichtung in den Konzentrationslagern oder Einsatzgruppen gleichzusetzen. Für Kriegszwecke geschaffen, habe sie sich zu einer Art viertem Wehrmachtsteil entwickelt: »Sicher sind viele junge Menschen Träger einer speziellen hitlerischen Ideologie gewesen, ohne aber die Verbrechen der 12jährigen Diktatur als solche zum Bestandteil ihrer politischen Zielsetzungen zu machen, sehr oft ohne sie zu kennen oder ausreichend zu kennen. Hunderttausende aber sind ohne ihr Zutun für die SS als Wehrmachtsteil eingezogen oder von anderen Formationen, z. B. der Luftwaffe, gegen ihr Wollen zur Waffen-SS abkommandiert worden.«

Das stimmt im Prinzip, auch wenn er in seinem Gerechtigkeitseifer ein wenig übertreibt. Denn anfangs rekrutierte sich die Waffen-SS ausschließlich aus Freiwilligen; als Wehrpflichtige wurden erst Volksdeutsche aus dem Osten eingezogen, und zu einer Abkommandierung ganzer Luftwaffeneinheiten kam es nur gegen Kriegsende. Bisher habe die Führung der HIAG, so Schumacher an Hersch, das Eindringen der SRP oder der Nationalkommunisten zu verhindern gewußt. »Die Aussichten auf den Erfolg der Abwehr werden freilich geringer, wenn kein Mensch mit ihnen spricht und niemand sich um ihr Verstehen bemüht. Ihnen hilft auch nicht, wenn die Nutznießer und Mitschuldigen der Hitlerdiktatur Pardon anbieten. Es müssen Verfolgte der zwölf Jahre sein, die der politischen und moralischen Seite dieser Angelegenheit allein gerecht werden können.«

Für Schumacher, der 1918 im Soldatenrat den Reichsbund der Kriegsbeschädigten vertrat und im Zonenbeirat in Hamburg gefordert hat, alle jungen Jahrgänge ab 1915 von der Entnazifizierung auszunehmen, ist diese Haltung nur konsequent. Schon in Hannover hat er nächtelang mit ehemaligen Hitlerjugend-Führern im »Schaumburger Hof« diskutiert. Carlo Schmid war oft mit von der Partie, in Süddeutschland nahm sich Fritz Erler der jungen Opfer totalitärer Indoktrination und Erziehung an. Ausgezahlt haben sich diese Läuterungs- und Bekehrungsversuche kaum. Was die Sozialdemokraten vorbrachten, erschien den ehemaligen HJ-Führern zu dogmatisch, oft störte sie das Vokabular. Zwar beeindruckte sie die nationale Haltung des linken Hitleropfers Schumacher, aber seine Hinweise auf den Klassenkampf wirkten veraltet auf eine Generation, die den Nationalsozialismus als egalitäre, soziale Schranken niederreißende Kraft erlebt hatte und sich auf dem Weg in die von Erhard geprägte nivellierte Mittelstandsgesellschaft befand.

Gerechtigkeitssinn und der Versuch, nicht ein Potential an Außenseitern für rechte und linke Randparteien entstehen zu lassen, sind auch die entscheidenden Motive für seine Zustimmung zum 131er-Gesetz, das schließlich jene bürokratische Restauration beschleunigen hilft, die er so energisch zu verhindern sucht. In der Fraktion überwiegen erst einmal die ablehnenden Stimmen. Sollen jetzt jene wieder eingestellt werden, die 1945/46 zu Recht aus dem öffentlichen Dienst geflogen sind? Schumacher sagt: Betroffen sind auch der Postbote aus Königsberg, die Krankenschwester aus Liegnitz und der Amtsrat aus Breslau. Fritz Erler verteidigt das Gesetz als Beitrag zur Beseitigung der sozialen Not. Aber nagende Zweifel bleiben. Zwingend schreibt Grundgesetzartikel 131 ja nicht nur die Klärung der Rechtsverhältnisse vertriebener Beamter und Staatsangestellter vor, die jetzt ohne

Beschäftigung, Gehalt und Pension in den Flüchtlingslagern sitzen; es verlangt solches ausdrücklich auch für jene, die nach 1945 aus anderen als beamtenrechtlichen Gründen ausgeschieden sind. Gemeint sind damit die Opfer der Entnazifizierung, von denen es nicht wenige gibt, aber auch Offiziere und Berufssoldaten. In Schwäbisch-Gmünd, schreibt Reinhold Maier in seinen Erinnerungen, mußten nach den von den Amerikanern verordneten »Flugtagen« das Finanzamt und die Kreissparkasse ihren Betrieb einstellen, das Land Hessen hat 75,3 Prozent seiner Beamten und 34,3 Prozent der Angestellten entlassen.

Was anfänglich auf Anweisung der Alliierten übertrieben wurde, suchten die deutschen Spruchkammern, nicht minder übertreibend, zu korrigieren: Nur zwei von Hundert aller Verfahren endeten mit der Einstufung belastet, 98 Prozent kamen als Mitläufer oder Nichtbelastete davon. Ausgenommen von der Wiedereingliederung soll nur der sein, den die Spruchkammer ausdrücklich als untragbar für den öffentlichen Dienst erklärt hat. Daß diese gesetzliche Regelung auch manchen Schuldigen rehabilitieren wird, weiß Schumacher sehr genau, aber für ihn hat der Gedanke Vorrang, der Mehrzahl der Nichtbelasteten zu helfen, die Vertriebenen und ehemaligen Berufssoldaten an den neuen Staat heranzuführen und einen Beitrag zur inneren Aussöhnung zu leisten. Ehrenwerte Motive, gewiß, auch ist die Stimmung jener Jahre zu berücksichtigen. Mit dem Argument, Zehntausenden kleiner Leute, die an den Verbrechen Hitlers nicht beteiligt waren, werde ihr Rechtsanspruch wiedergegeben, stimmt selbst die KPD für das Gesetz. Der konstruktiven Opposition der Sozialdemokraten ist zu verdanken, daß vor der 131er-Regelung wenigstens ein Gesetz zur Wiedergutmachung nationalsozialistischen Unrechts für Angehörige des öffentliches Dienstes verabschiedet wird. Aber das ändert nichts an der Tatsache, daß die Sozialdemokratie, auch wenn sie später immer wieder mißbräuchliche Anwendungen des Gesetzes anprangern wird, ihren Beitrag leistet zur »Seßhaftigkeit der Verwaltungselite in den Stürmen des politischen Wandels«, wie Ralf Dahrendorf die bürokratische Restauration in der Bundesrepublik vornehm nennt. Karl Hermann Flach, der sozialliberale Reformer der FDP, bezeichnet das 131er-Gesetz Anfang der sechziger Jahre sehr viel deutlicher: Als »gröbste Fehlleistung im demokratischen Sinn«, an der die Bundesrepublik noch lange leiden werde.

Kampf um die Einheit: Der schwierige Deutsche

»Wer diesem Generalvertrag zustimmt, hört auf, ein Deutscher zu sein.« Mit diesem schneidenden Verdikt, das den Bundeskanzler in die Verdachtzone nationalen Verrats rückt, macht Schumacher gegen die Westpolitik der Regierung und die Europapläne der drei Westalliierten Front. Der Satz findet sich in einem UPI-Bericht vom 15. Mai 1952 und zeitigt schlimmere Wirkung als das Wort vom »Bundeskanzler der Alliierten«. In fataler Weise erinnert er an den Vorwurf der Unterwerfungspolitik, mit dem die nationale Rechte nach 1919 die schwarzrotgoldene Mitte gejagt und schließlich zur Strecke gebracht hat. Einmal mehr zeigt sich, wie sehr Schumacher, ganz durch die Weimarer Erfahrung bestimmt, die Linke um jeden Preis vor dem neuerlichen Stigma der nationalen Unzuverlässigkeit bewahren will. Sein Haupteinwand ist das Fehlen der vollen Gleichberechtigung: Der Kanzler hat die deutsche Forderung nach Mitgliedschaft in der Nato nicht erreicht, die Partnerschaft unter Gleichen ist auf die EVG beschränkt, in die allein die Deutschen, nicht jedoch die anderen Partner ihre gesamte Streitmacht einbringen müssen.

Doch die strategischen Entscheidungen fallen nun einmal in der Atlantischen Allianz, aus der Frankreich die Bundesrepublik erfolgreich fernzuhalten weiß. Zudem genießt Bonn nach dem Generalvertrag nur begrenzte Souveränität. Mit der Notstandsklausel haben sich die Westmächte zum einen vorbehalten, im Falle einer Gefährdung der demokratischen Ordnung die volle Gewalt in der Bundesrepublik zu übernehmen; zum anderen sichern sie die Früchte ihres Sieges, indem sie sich die Rechte für Deutschland als Ganzes vorbehalten. Wie sich erweisen wird, entspricht dieser Vorbehalt auch elementaren deutschen Interessen, insofern er Schutz für Westberlin bedeutet. Aber Wiedervereinigungspolitik ist und bleibt nach diesem Abkommen eindeutig Sache der Alliierten, obendrein wird zwischen ihnen und den deutschen Vertragspartnern letztlich strittig bleiben, was im Fall der Fälle da eigentlich wiederzuvereinigen wäre: Deutschland in den Grenzen von 1937 oder nur das Gebiet zwischen Rhein und Oder.

»Die Bundesregierung«, begründet Schumacher im Bayerischen Rundfunk sein Nein, »redet von Sicherheit für Deutschland. In Wirklichkeit handelt es sich bei dem ganzen Vertrag vorwiegend um eine Sicherheit der anderen vor Deutschland«. Ganz so unrecht hat er nicht, denn der britische Nato-Generalsekretär Lord Ismay wird wenig später sagen, die Allianz sei für Westeuropa gemacht, um die Russen draußen, die Amerikaner drinnen und die Deutschen unten zu halten. Es ist genau diese gegenseitige Verflechtung deutscher und Alliierter Interessen, die es Adenauer ermöglicht, die westdeutsche Souveränität zielstrebig Schritt für Schritt zurückzugewinnen. Aber wo der Kanzler vorrangig an Westdeutschland denkt, behält Schumacher Gesamtdeutschland im Blick: Artikel 7 des Generalvertrags meint der SPD-Chef, beinhalte die »Versteinerung der deutschen Spaltung«, denn er bestimme, daß ein wiedervereinigtes Deutschland nicht nur »eine freiheitlich-demokratische Verfassung ähnlich wie die Bundesrepublik« besitzen, sondern auch wie sie »in die europäische Gemeinschaft integriert« sein müsse. Macht nicht, wer solche Bedingungen stellt, jede Wiedervereinigung auf Jahre, wenn nicht Jahrzehnte unmöglich? Die Erkenntnis, daß die Westintegration die deutsche Spaltung vertiefen wird, bestimmt die Politik seiner letzten Monate, die deutsche Einheit wird zum zentralen Thema seiner Fundamentalopposition. Als er die Unterzeichnung von EVG- und Generalvertrag eine »plumpe Siegesfeier der alliierten-klerikalen Koalition über das deutsche Volk« nennt, entgegnet Adenauer: Offenbar habe sich der Oppositionsführer in der Wahl seiner Argumente und in der Tonart den Herren Grotewohl und Ulbricht angepaßt. Immer wütender und bitterer werden Schumachers Attacken. Ahnt er, daß seine Zeit zur Neige geht?

In der Sozialdemokratie führt der fatale Satz über den Generalvertrag zu heftigen Debatten, zumal sich Genossen wie Max Brauer eindeutig auf die Seite der Regierung schlagen. Was der Erste Bürgermeister der Hansestadt Hamburg vom Schumacher-Kurs hält, läßt sich einem vertraulichen Bericht des britischen Kontrolloffiziers entnehmen: »Er denkt, daß er eine Tragödie für Deutschland ist.« Das SPD-Vorstandsprotokoll erwähnt beschönigend »Besprechungen in kleinerem Kreise«, die es anschließend gegeben habe, und der brave

Ollenhauer wiegelt ab: Die UPI-Journalisten hätten Mißbrauch mit einer »im Laufe einer zwanglosen Unterhaltung gemachten Bemerkung« getrieben und das Interview vor der Veröffentlichung nicht zur Genehmigung vorgelegt. Eine Überprüfung der Tonbänder ergibt freilich, daß die Nachrichtenagentur alle wörtlichen Zitate korrekt wiedergegeben hat. Weil er sich von Ollenhauer mäßigenden Einfluß verspricht, bittet Fritz Henßler den Stellvertreter, künftig bei Interviews von Schumacher anwesend sein. Solch ein tollkühner Vorschlag wäre dem Dortmunder Oberbürgermeister wohl kaum in den Sinn gekommen, hielte er den Parteichef nicht durch schwere Krankheit behindert.

In der Tat muß Schumacher mit seinen Kräften haushalten und den entscheidenden Debatten im Bundestag fernbleiben, seit er am 21. Dezember 1951 am Mittagstisch in seinem Haus zusammengebrochen ist. Durch einen Schlaganfall teilweise gelähmt, sucht er im Februar Heilung zunächst in Bühlerhöhe, danach in Badenweiler. Der erste Eindruck, den sein Freund Arno Scholz von einem Besuch im Schwarzwald gewinnt, ist deprimierend: »Mühsam versuchte er sich zu beherrschen und seinem Körper soviel Festigkeit zu geben, damit ich nicht zu sehr erschreckt sei. Immer wieder suchten seine Augen abzulesen, welchen Eindruck sein körperlicher Zustand bei mir hinterließ. Es war schon starke Beherrschung notwendig, um ihn nicht merken zu lassen, wie groß die Erschütterung war.« Einen Monat später, in Badenweiler, fährt er mit ihm durch den Kurpark und beobachtet nicht ohne Rührung, wie viele Kurgäste dem kranken Politiker Achtung und Sympathie bezeigen. Aber schon gibt Schumacher keine Ruhe. »Unentwegt blätterte seine Hand in Zeitungen, drehte am Schalter des Radios, wenn die Nachrichten näherrückten, mehr Besucher, als für seinen Zustand gut waren, lud er zu sich.«

Andere Vertraute vermerken als Zeichen der Krankheit die Kraftlosigkeit der Hand und den etwas lallenden Tonfall der Stimme. Lange hält es ihn nicht in dem Kurort im Badischen. Ende März kehrt er auf den Venusberg zurück, am 2. April nimmt er seine Arbeit wieder auf, wenn auch mit halber Kraft. Das ist eine völlig neue Erfahrung für ihn. Rücksicht auf seine Gesundheit hat er bisher nie genommen und, einige wenige Wochen am österreichischen Mondsee im Sommer 1951 ausgenommen, auch nie Urlaub gemacht. Sein Sitz im Bundestag bleibt leer, aber die Fäden der Partei wie der Parlamentsopposition laufen in der Villa am Kiefernweg 17 zusammen. Annemarie Renger wacht über Ruhe und Nikotinkonsum des Rekonvaleszenten: Zehn bis zwölf Stunden Schlaf, nicht mehr als zwölf Filterzigaretten und eine Zigarre pro Tag.

Grimmig, prüfenden Blicks und verbissen prangt »Germany's Schumacher« vor einer Trümmerlandschaft mit schwarzrotgoldener Flaggenzier am 9. Juni 1952 auf dem Titel von *TIME*. Die Bildunterschrift: »Feindschaft nach Osten, Opposition nach Westen« umschreibt treffend die Isolierung, in welche die Sozialdemokratie unter seiner Führung geraten ist. Als menschliches Wrack von eisernem Willen, das mit eiserner Hand seine Partei regiert, so schildert ihn das amerikanische Nachrichtenmagazin, und deutlich schwingt Enttäuschung über den schwierigen Deutschen mit, der schon General Clays Pläne mit dem Grundgesetz durchkreuzt hat. Bleibt nicht völlig unbegreiflich, daß ausgerechnet *the incorruptible,* ein Unbestechlicher also, der so aufrecht und mutig Nazis und Kommunisten getrotzt hat und dessen Ostbüro britische und amerikanische Besatzungsoffiziere als erstklassige, ja unersetzliche Quelle für Nachrichten aus der Ostzone schätzen, daß ausgerechnet dieser aufrechte Demokrat dem Westen politisch den Weg blockiert?

Außenminister Acheson trifft ihn während seiner ersten Bonnvisite im November 1949, findet aber für seinen Vorschlag einer gemeinsamen, überparteilichen Bonner Außenpolitik nicht das geringste Verständnis. Daß Schumacher über Adenauer klagt, weil dieser zu gut mit den Besatzungsmächten kooperiere, findet der Amerikaner abwegig, um es gelinde auszudrücken. Wenn Schumacher schon so denkt, muß er diese Beschwerde dann ausgerechnet bei ihm, dem Repräsentanten der wichtigsten Siegernation vorbringen? Überhaupt, haben die Deutschen von dieser Zusammenarbeit bisher nicht prächtig profitiert? Als der SPD-Chef behauptet, die Regierung Adenauer sei nicht länger repräsentativ für die deutsche Mehrheit, kontert Acheson beinahe prophetisch mit dem Hinweis auf seinen Präsidenten: Truman, den viele Anfang 1948 schon abgeschrieben hatten, sei am Ende desselben Jahres geradezu triumphal wiedergewählt worden! Auf den geschliffenen, weltgewandten Ostküstenanwalt wirkt der deutsche Oppositionsführer, der ihn mit aggressiven Fragen überschüttet und leidenschaftlich argumentiert, schroff, heftig und fanatisch – ein Verhalten, das Amerikaner mit ihrer Liberalität und ihren höflichen, toleranten Umgangsformen abschrecken muß. So beendet er die Unterhaltung, kaum daß die Höflichkeit dies gestattet. Er scheidet mit der Gewißheit, eine Zusammenarbeit zwischen der amerikanischen Besatzungsmacht und den Sozialdemokraten bleibe hoffnungslos, solange Schumacher an der Spitze seiner Partei stehe.

Zwar bemüht sich Hochkommissar John J. McCloy um Verständnis für den Sozialdemokraten, schließlich gibt es unter seinen Mitarbeitern genügend amerikanische Liberale und Deutschlandkenner, die der Stabilität der jungen Republik und der demokratischen Zuverlässigkeit einiger Adenauerscher Koalitionspartner mißtrauen. Sie wissen genau, welch innenpolitisch verläßlichen Partner die SPD mit ihrer langen demokratischen Tradition darstellt. Aber die Europapolitik des State Department zielt ja darauf ab, die Franzosen in das amerikanische Konzept einzubinden. Um eine russische Hegemonie über den ganzen Kontinent zu verhindern, wünschen die Amerikaner ein starkes Westeuropa, das ohne deutsch-französische Kooperation undenkbar ist. Allein Frankreich ist in der Lage, Westdeutschland nach Westeuropa zu integrieren.

Im Gegensatz zu den Generälen im Pentagon, die eine nationale Koalitionsarmee wünschen, favorisiert Acheson deshalb eindeutig das EVG-Konzept. Als es seinen Beamten gelingt, wenigstens die militärisch unsinnigsten Klauseln des ursprünglichen Pleven-Plans auszuräumen, gibt selbst der anfänglich zögernde Nato-Oberbefehlshaber Eisenhower seinen Segen dazu. Für McCloy, der die amerikanische Politik in Deutschland vertritt, führt der Weg nach Europa eindeutig über Paris, das aus Schumachers Sicht jedoch französische Hegemonieansprüche und seine Siegerrechte in europäischen Institutionen fortschreiben will. Vieles, was sich europäisch nennt, ist einfach nur alliiert, heißt seine Devise, und damit ist der Konflikt programmiert: Der sozialdemokratische Parteiführer wird zum Mann, der die Einheit Europas bedroht, jedenfalls, so, wie Amerika sie will; eine denkbare Regierungsübernahme durch den stärksten Gegner der amerikanischen Außenpolitik in Westdeutschland müßte amerikanischen Interessen klar zuwiderlaufen. Haben die Amerikaner anfangs gegen den autoritären Adenauer, auch wegen seines Alters, Vorbehalte gehabt und eine große Koalition gewünscht, wird er nun zum Partner ihrer Wahl.

Als er nach Deutschland geht, ist sich McCloy gar nicht bewußt, daß es sehr weitläufige, wenn auch indirekte verwandtschaftliche Bande mit dem deutschen Bundeskanzler gibt: Über Adenauers erste Frau Gussi Zinsser. Auch McCloy hat eine Zinsser geheiratet, Tochter von wohlhabenden Deutschamerikanern, deren Vorfahren 1848 nach Amerika emigrierten. Aber viel wichtiger ist, daß Schumachers Denken den Amerikanern fremd, die des Kanzlers ihnen dagegen vertraut erscheint: »Adenauer war ein hoffähiger Mann, er sprach dieselbe Sprache des Gutbürgerlichen, des Industriegebundenen wie die amerikanische Besatzungsmacht«, meint Alfred Grosser. »Schumacher dagegen blieb ihnen unverständlich, und seine Vergangenheit gab ihm obendrein das Recht, auf eigenen Wegen zu beharren. Einem Industriellen konnte man verzeihen, man brauchte ihn, meist war er gefügig wegen seiner Zeit im Dritten Reich. Einem Schumacher konnte man nicht vorschreiben, was er zu tun hatte.« Den sperrigen Sozialdemokraten vergleicht er mit Charles de Gaulle, der in aussichtsloser Lage erbittert die Rechte seiner Nation gegenüber Roosevelt und Churchill verteidigt hatte: »Es gibt eine große Ähnlichkeit zwischen beiden – je schwächer man ist, desto mehr muß man Nein sagen. Nur der Starke kann Ja sagen und Kompromisse schließen.« Bestätigt Schumacher Grossers These wenige Tage vor seinem Tod? Am 6. August meint er zu dem Bonner Korrespondenten des NWDR, Walter Steigner: »Wer nicht die Kraft hat, in gewissen Situationen Nein zu sagen, dessen Ja ist völlig wertlos.«

Klarer als bei McCloy, der sich stets um Höflichkeit und betont korrektes Verhalten gegenüber der Opposition müht, sind die Fronten bei André François-Poncet gezogen. Einem Protokoll der Parteivorstandssitzung vom 25. Mai 1951 ist zu entnehmen, daß die SPD-Fraktion eine Cocktail-Einladung des französischen Hochkommissars nicht anzunehmen gedenkt, weil dieser sich angeblich in interne Parteiangelegenheiten eingemischt hat. Das wirkt ziemlich kleinkariert. Moniert wird auch, daß Ernst Reuter, der sich im *Telegraf* gegen abfällige Äußerungen des Franzosen zur Stellung Berlins verwahrt hat, zum französischen Stadtkommandanten bestellt wird, der eine Entschuldigung fordert. Als Reuter erklärt, er habe François-Poncet nicht beleidigen wollen, werde in der Sache jedoch nichts zurücknehmen, besteht der Hochkommissar auf seiner absoluten Besatzungsgewalt in Berlin und will sich nicht zufriedengeben.

Die Fehde mit den Vertretern Frankreichs ist alt und reicht in die Zeit von General Koenig zurück, der gegen Schumacher das Einreise- und Auftrittsverbot für die französische Zone verfügt hat. Sie eskaliert, als François-Poncet den SPD-Chef einen »schizophrenen Faust« nennt, und dieser sich mit der Bemerkung revanchiert, ein Mann, der als Botschafter in Berlin die Appeasementpolitik gegenüber Hitler vertreten habe, sei im heutigen Deutschland fehl am Platz; ein alter KZler wie er müsse sich von einem solchen Mann nicht belehren lassen. Beide sprechen verschiedene Sprachen. Der Franzose, Studienrat, Germanist und brillanter Absolvent der Ecole Normale Supérieure, beherrscht Deutsch ohne Akzent und ist, in diesem speziellen Fall ein Gegenstück zu Carlo Schmid, in der fremden Sprache so zu Hause wie in der eigenen. Er kommt daher als ein Mann der Grande Bourgeoisie, makellos gekleidet wie ein rundlicher Dandy aus der Zeit Eduards VII., zeitweise war er Generaldirektor des französischen Arbeitgeberverbands, Lobbyist der französischen Montanindustrie und Fürsprecher eines französisch-deutschen Stahlkartells. Brüning behauptet in seinen Memoiren, daß François-Poncet als Botschafter in den letzten Jahren der Weimarer Republik die nationale Rechte unterstützt habe, um die Autorität des Reichskanzlers zu untergraben, als dieser in Verhandlungen mit Paris auf eine Revision der Reparationen und des Vertrags von Versailles drängte.

Voll ohnmächtiger Wut muß Schumacher im KZ mit ansehen, wie Frankreich und Großbritannien einem kriegsbereiten Hitler ohne Zögern zugestehen, was sie der friedfertigen ersten Republik ein Jahrzehnt verweigert haben. François-Poncet, der einzige von Hitler wohl gelittene Diplomat des Westens, rät in Paris immer wieder Nachgeben an. Seine Söhne werden Mitglied der Hitlerjugend in Berlin, Thomas Alan Schwartz zitiert damalige US-Diplomaten in der Reichshauptstadt, in deren Augen François-Poncet »fast schon ein Faschist« gewesen sei. Als Diplomat, so verteidigt der französische Botschafter später sein Verhalten, habe er diese Rolle spielen müssen, um soviel Informationen wie irgend möglich zu sammeln.

Ganz unabhängig von der Person François-Poncets vergißt Schumacher Frankreich nicht, daß es im Artikel 19 des Waffenstillstandsvertrags von 1940 die Auslieferung deutscher Flüchtlinge an Hitler zugestanden hat – eine Tatsache, die 1941 im südfranzösischen Arles zur Festnahme seiner Genossen Rudolf Breitscheid und Rudolf Hilferding durch französische Gendarmen und ihrer Auslieferung an die Gestapo führt. Hilferding stirbt im Pariser Gefängnis Santé, wahrscheinlich durch Selbstmord; Breitscheid wird nach Buchenwald gebracht und kommt bei einem amerikanischen Bombenangriff ums Leben. Daß de Gaulle nach der Befreiung Frankreichs noch 1944 nach Moskau eilt, um einen Pakt mit den Sowjets zu schließen, macht ihn mißtrauisch. Sucht Paris eine Großmachtrolle unabhängig von den Angelsachen? »Das Großmachtgehabe eines geschlagenen Landes«, meint Joseph Rovan, »gefiel ihm nicht.« Schumacher hat auch sehr genau verfolgt, daß François-Poncet nach dem Krieg im *Figaro* die Zerreißung Deutschlands in möglichst viele Kleinstaaten anempfohlen hat. Paßt das nicht glänzend zu der französischen Politik im Kontrollrat, die das Zustandekommen einer deutschen Zentralverwaltung um jeden Preis zu verhindern sucht?

Daß seine sozialistischen Freunde von 1945 bis Mai 1947 zusammen mit Kommunisten in der Regierung sitzen, bestärkt ihn in der Einschätzung, bei der Abwehr des Kommunismus sei Frankreich ein unsicherer Kantonist. Nein, Liebe zwischen Kurt Schumacher und jenen Franzosen, welche die Pariser Deutschlandpolitik konzipieren und exekutieren, kommt wahrlich nicht auf, obschon es an Einsichten und guten Vorsätzen von seiner Seite nicht fehlt. »Am wichtigsten«, sagt er 1947 vor amerikanischen Gewerkschaftern in San Francisco, »ist die Annäherung der Franzosen und der Deutschen. Das Verhältnis Frankreich–Deutschland ist der Gradmesser für die wirtschaftliche Vernunft und die lebendige Menschlichkeit in Europa.« Um dies zu unterstreichen, wollten er und Leon Blum ursprünglich zusammen vor die amerikanischen Gewerkschafter treten, eine Absicht, die wegen einer Erkrankung des französischen Sozialisten unverwirklicht bleibt. Immer wieder betont er die Notwendigkeit der Versöhnung beider Völker, aber aus seiner Sicht kann sie eben nur gelingen und von Dauer sein, wenn Frankreich seinen hegemonialen Interessen, seinem Denken in Faustpfändern wie dem Saargebiet entsagt.

Schumachers Ansatz ist der eines moralischen Rationalisten, für ihn setzen Versöhnung und ein europäischer Aufbruch die Verständigung unter Freien und Gleichen voraus, die französische Haltung jedoch ist, und dies parteiübergreifend, ausschließlich realpolitisch motiviert. Das gegenseitige Mißverstehen kann kaum größer sein, wie Alfred Grosser unterstreicht: Vor amerikanischen Besuchern bezeichnet Vincent Auriol, der sozialistische Präsident der Republik, den deutschen Oppositionsführer 1951 als »national-sozialistisch, denn zwischen Hitler und ihm gibt es keinen Unterschied, außer, daß er nicht blutgierig ist«. Der französischen *classe politique* der frühen fünfziger Jahre erscheint er, durch seinen Habitus noch verstärkt, als die Quintessenz des aggressiven, bösen Preußen. Der Begriff Preußen spielt in der französischen Perzeption des Negativen, das der Nachbar im

Osten verkörpert, ja die weitaus größere Rolle als der Nationalsozialismus. Im Bewußtsein eines Landes, das in siebzig Jahren drei deutsche Invasionen erlebt hat, ist die letzte eine Folge der vorausgegangenen, zumal man unter dem »großen Krieg« bis heute nicht den Zweiten, sondern den Ersten Weltkrieg versteht, der mit dem Vormarsch preußischer Pickelhauben bis an die Marne begann.

In einem Kabel der französischen Botschaft in Bonn an den Quai d'Orsay heißt es über Schumacher, den Feind Nummer eins, nach zwölf Jahren Hitler habe man selbstverständlich damit rechnen müssen, daß es in Deutschland eine nationalistische Strömung von rechts geben werde, aber man habe darauf vertraut, daß die SPD in einem solchen Fall mäßigend wirke. Leider sei mit Kurt Schumacher an der Spitze der SPD das genaue Gegenteil eingetreten – die neuen Nationalisten säßen jetzt auf der Linken im Parlament. Schumacher rühren solche Vorwürfe wenig. Wer betreibt eigentlich nationalistische Politik?, fragt er immer wieder. Diejenigen, die Deutschland um jeden Preis niederhalten wollen, oder jene, die diese Politik beim Namen nennen? Die Methode, jeden Versuch deutscher Selbstbehauptung als Nationalismus zu verdächtigen, nennt er unerträglich: »Man kann nicht dem deutschen Volk in der Welt das Recht verwehren, seine Interessen zu wahren. Ganz besonders dann, wenn viele Zumutungen aus hemmungslosem Nationalegoismus anderer entstehen.«

Selbst die Engländer empfinden ihn schließlich als Störenfried. Bevins Abneigung gegen den deutschen Spitzengenossen ist seit dessen Ausfällen gegen die britische Demontagepolitik nicht geringer geworden. Im Unterhaus hat er Hitler als die natürliche Konsequenz des deutschen Charakters seit Bismarck bezeichnet und sich damit als unverbesserlicher Deutschenfeind zu erkennen gegeben. Nun hält der britische Außenminister selbst Adenauer für einen Nationalisten, aber er zieht doch eindeutig vor, mit diesem statt mit dem unbequemen Sozialdemokraten zu verhandeln. London nimmt zwar nicht teil an der EVG, weil es noch an seine Rolle als unabhängige Großmacht glaubt und sich auf die *special relationship* zu Amerika konzentriert, aber gerade sie erfordert die vorbehaltlose Unterstützung der amerikanischen Europa-Konzeption. Daran ändert sich zunächst auch nichts, als Labour nach seiner Wahlniederlage im Oktober 1951 durch die Konservativen abgelöst und Anthony Eden Bevins Nachfolger im Foreign Office wird. General Robertson meinte, Schumacher habe einfach nicht zugelassen, daß man ihn näher kennenlernte und ihm durch sein Verharren in »unnachgiebiger, feindlicher Haltung« beigebracht, Adenauer erst richtig zu schätzen.

Wie der langjährige britische Bonn-Korrespondent Terrence Prittie berichtet, denkt Sir Ivone Kirkpatrick kaum anders: Er zieht die Nähe Adenauers vor, weil er Schumacher für pathologisch empfindlich und streitsüchtig hält. Aus objektiv-politischen und subjektiv-persönlichen Gründen steht es um das Verhältnis zu den drei Hochkommissaren also nicht zum Besten, aber wie der Zufall so spielt, glaubt Schumacher sich in seinem antiklerikalen Ressentiment gegen das Kleineuropa, an dem die Herren zimmern, auch noch bestätigt: Die wichtigsten Akteure sind allesamt katholischer Konfession – der Bundeskanzler, André François-Poncet und der französische Außenminister Robert Schuman natürlich, aber auch die beiden angelsächsischen Hochkommissare John J. McCloy und Sir Ivone Kirkpatrick.

Ab Herbst 1951 bröckelt auch die Gemeinsamkeit in der Deutschlandpolitik, die allen anderen Meinungsverschiedenheiten zum Trotz im Bundestag eine solide Brücke zwischen Regierung und Opposition bildet, bis sie schließlich in der Auseinandersetzung über die Stalin-Noten im Frühjahr 1952 völlig zerbricht. Dabei übertrifft Schumacher in der Abwehr östlicher Einheitsavancen den Kanzler zunächst an Schärfe und Entschiedenheit, in vielen Fällen ist es nicht die Regierung, sondern die Opposition, die im Bonner Parlament auf eine Verurteilung der politischen Zustände in der Ostzone dringt. Als die DDR-Volkskammer am 15. Oktober 1950 nach volksdemokratischem Muster gewählt werden soll, das der Bevölkerung nur ein Ja oder Nein zu einer Einheitsliste erlaubt, verlangt Schumacher in einem offenen Brief vom 20. Juli von Adenauer, die »Illegitimität dieser angeblichen Wahlen« in einer Regierungserklärung vor dem Bundestag und damit vor dem deutschen Volk und aller Welt festzustellen. »Es wäre dabei zu unterstreichen, daß es sich nicht um einen Akt freier Wahlen, sondern um einen einseitigen Gewaltakt handelt, der mit den Mitteln des Terrors, der Lüge und der Fälschung durchgeführt wird.«

Daß die Bundesrepublik der einzig legitime Treuhänder des ganzen deutschen Volkes ist, gehört zum antitotalitären Gründungskonsens der Bundesrepublik, der die ersten Jahrzehnte der zweiten deutschen Demokratie prägt und zu dem sich Kurt Schumacher immer neu bekennt. Übereinstimmung herrscht auch, daß am Anfang einer möglichen Wiedervereinigung freie Wahlen in ganz Deutschland stehen müssen – als »Voraussetzung und Beginn jeder Unterhaltung«, wie Schumacher einmal sagt. Den Vorschlag aus Ostberlin, einen »gesamtdeutschen konstituierenden Rat« zu bilden, der die Wiedervereinigung vorbereiten und paritätisch besetzt sein soll, lehnen Opposition und Regierung deshalb gemeinsam ab. Zunächst hat Grotewohl diesen Plan Adenauer unterbreitet, danach legt ihn die Volkskammer dem Bundestag nahe, Schumacher nennt beide Manöver schlicht »kommunistischen Betrug«. Weder könne es zwischen dem »ostdeutschen Staatssurrogat« und der demokratischen Bundesrepublik noch gar zwischen einer aus »Terrorwahlen« hervorgegangenen Volkskammer und dem Deutschen Bundestag Gleichheit geben. Die Ostzonenverwaltung – er weigert sich partout, von einer Regierung zu sprechen – sei lediglich »Bestandteil eines Satellitensystems, in dem es nur einen Willen gibt, nämlich den Willen des Auftraggebers und Herrschers der Sowjetunion«. Im »konstituierenden Rat« sieht er nichts anderes als »die nationale Methode zur Erkämpfung der kommunistischen Diktatur in Deutschland«.

Bis in den Herbst 1951 ziehen Adenauer und Schumacher deutschlandpolitisch an einem Strang: Auf Vorschlag des Oppositionsführers fordert die Regierung im März 1951 vor der Pariser Konferenz die Vier Mächte auf, baldigst Wahlen zu einem Parlament für ganz Deutschland zu ermöglichen. Im Oktober bittet Adenauer die Hohen Kommissare, die Westmächte sollten bei den Vereinten Nationen die Einsetzung einer Kommission beantragen, welche die Voraussetzungen für freie Wahlen »in der Sowjetzone und auf dem Gebiet der Bundesrepublik« untersuchen soll. Auch hierbei fehlt es nicht an der tatkräftigen Unterstützung durch die Opposition.

Erste Risse zeigen sich, kaum daß in Washington Ende September beschlossen worden ist, mit der Bundesrepublik über einen Generalvertrag und ihre Aufnahme in eine europäische Gemeinschaft zu verhandeln. Am 6. Oktober erklärt Adenauer in Berlin, die Verhandlungen über den Pleven-Plan müßten unbeeinflußt und ungestört von östlichen Angeboten ihren Verlauf nehmen. Erstmals deutet er an, daß die europäische Integration Vorrang haben soll, weil sich, sei der Westen einmal erstarkt, das Problem der deutschen Einheit erfolgreicher angehen lasse. »Eine völlig substanzlose und undurchdachte Propagandaformel«, erwidert Schumacher drei Tage später in Hamburg und spricht von der »Erweckung einer neuen und allergefährlichsten

Illusion«. Er warnt vor einem starren System der Reihenfolgen, wie der Kanzler sie angedeutet hat, denn sie könnten nur zur Folge haben, daß die westeuropäische Integration mit dem Verzicht auf die Einheit erkauft werde: »Integration und Einheit dürfen nicht miteinander konkurrieren, am wenigsten aber solche Integrationsverträge, die sogar für den deutschen Westen die Selbstaufgabe sind.«

Der Konflikt eskaliert, als es um die Ausarbeitung einer Wahlordnung für eine deutsche Nationalversammlung geht. Zwar ist der Entwurf von beiden gewollt, aber Adenauer belastet ihn mit Details, die Schumacher als unzulässige Einschränkung der Souveränität einer gesamtdeutschen Konstituante betrachtet. Im Grunde bricht hier der alte Gegensatz zwischen dem eher föderalistisch denkenden Rheinländer und dem mehr zentralistisch orientierten Preußen auf. Adenauer besteht darauf, daß eine Länderkammer einer von der Nationalversammlung ausgearbeiteten Verfassung zustimmen muß, ehe sie in Kraft treten kann. Zudem sieht er für diese Verfassung Auflagen vor, etwa die föderative Gliederung der neuen Republik, mit denen er versucht, soviel wie möglich vom Grundgesetz in einen möglichen Gesamtstaat hinüberzuretten. Er ist, das zeigt die Kontroverse deutlich, von gesamtdeutschem Mißtrauen bestimmt, indes den Oppositionsführer gesamtdeutsche Hoffnung beseelt.

Das Grundgesetz hat Schumacher seinerzeit mit der Note »erträglich« versehen, man kann mit ihm leben, als Provisorium für einen Übergang mag es tauglich sein, ideal ist es keinesfalls. Eine Nationalversammlung, in der die CDU höchstwahrscheinlich keine Mehrheit zusammenbrächte, könnte Mängel ausräumen, die er zu beanstanden hat. Deshalb muß sie völlig frei in ihren Handlungen sein. Versuche von westlicher Seite, sie an Auflagen zu binden, könnten nicht nur entsprechende Forderungen des Ostens provozieren, sie würden »die Souveränität des Volkes grundsätzlich beeinträchtigen. Die Staatsgewalt geht unteilbar vom Volke aus«, schreibt er Adenauer voller Zorn. »Die unbestrittene Vorläufigkeit der staatlichen Ordnung eines Teiles Deutschlands kann nicht die Voraussetzungen und den endgültigen Inhalt des ganzen Deutschland bestimmen.« Genau dies aber ist die Linie, die Konrad Adenauer in Zukunft verfolgen wird: Nach Verfassung, Gliederung und Aufbau betrachtet er die Bundesrepublik als Modell, dessen wesentliche Elemente zuzüglich der Westbindungen ein vereinigtes Deutschland übernehmen soll – um den Preis freilich, daß es auf Jahrzehnte nicht zustande kommt.

»Das Problem der deutschen Einheit bleibt auf der Tagesordnung, keine Macht der Welt ist mehr imstande, es abzusetzen«, schließt Schumacher einen Beitrag für den RIAS, den er vor seinem Zusammenbruch verfaßt hat, und den nun Herbert Wehner am 23. Dezember für ihn verlesen muß. Eine ordentliche Portion Wunschdenken steckt in der Botschaft, die da über den Äther an die Landsleute im Osten geht. Auch wenn bereits die unterschiedliche Setzung der Prioritäten deutlich wird, scheint der Graben zur Bonner Regierung noch überbrückbar: Jeder Integrationsvertrag mit dem Westen, fordert der SPD-Chef, müsse die Möglichkeit der deutschen Einheit stärken, »ausdrücklich unter diesem Gesichtspunkt« seien Form und Inhalt bindender Abmachungen mit dem Westen zu finden. Aber sein Hauptstoß ist wiederum gegen die Kommunisten gerichtet: Er protestiert gegen die neuen Betriebskollektivverträge, die zu Lohnkürzungen und verschärfter Ausbeutung im Interesse der »stalinistischen Aufrüstung« geführt hätten.

Die von Grotewohl geforderten Gespräche bezeichnet er als »Überlistung und Übertölpelung der Demokraten durch die Totalitären«; mit der Bonner Regierung verbindet ihn die Forderung nach internationaler Kontrolle freier Wahlen, möglichst durch eine UN-Kommission: »Zwischen der westlichen Demokratie und dem östlichen Totalitarismus ging der Kampf um die internationale Kontrolle oder um interalliierte Kontrolle. Die interalliierte Kontrolle wäre die Rückkehr zu der Situation des Jahres 1947, zum russischen Kontrollrat und zur russischen Sonderpolitik auf Kosten der deutschen Einheit geworden.« Plagt den Kanzler der Alptraum namens Potsdam, die Gefahr, daß sich die Sieger auf der Basis von 1945 wieder zusammenfinden und das inzwischen Erreichte in Frage gestellt wird, will auch Schumacher keine »gefährliche Rückkehr in die Anfangszeiten der einfachen Besatzungspolitik«. Wenn der Osten den Kontrollrat propagiere, heiße dies für die Sowjetzone »Veto und allmächtige Besatzungsmacht«.

Nicht zurück will er, sondern nach vorn – aber mit Hilfe der Vier Mächte, die sich über freie Wahlen zu einer deutschen Nationalversammlung einigen müssen. Sie sind zuständig, auf sie muß eingewirkt werden, sie allein stellen den Faktor dar, »der die praktischen Voraussetzungen der deutschen Einheit schaffen und klären kann«. Sein Antikommunismus verbietet jeden eigenen Versuch, durch direkte Kontakte mit Moskau oder der Regierung Pieck–Grotewohl Einheitsmöglichkeiten auszuloten. Seine Treue gegenüber den Spielregeln der parlamentarischen Demokratie beschränkt ihn darauf, Appelle an die Bundesregierung zu richten, damit sie, gestützt auf eine große Mehrheit des Bundestags, ihrerseits auf die westlichen Alliierten einwirken kann. Diese prinzipielle Haltung macht einen Teil seiner Ohnmacht, ja das strategische Dilemma seiner Deutschlandpolitik aus. Was nämlich, wenn die Regierung nur halbherzig bei der Sache ist und die Hohen Kommissare überhaupt nicht wollen?

Er weilt noch zur Kur im Schwarzwald, da schlägt er Adenauer am 4. März in einem offenen Brief eine neue Deutschland-Initiative vor. Moskau betrachtet eine UN-Kommission als unzulässige Einmischung in ihren Machtbereich und hat ihr die Einreise in die DDR verweigert. So beschwört Schumacher den Kanzler, jetzt nach anderen Formen einer wirksamen internationalen Kontrolle zu suchen. Das deutsche Bemühen dürfe sich »nicht auf eine einzige Möglichkeit beschränken, wie sie sich in der von den Vereinten Nationen eingesetzten Kommission unter Umständen bieten kann«. Wenig später liegen die Stalin-Noten vom 10. März und 9. April auf dem Tisch, in denen eine Kommission der vier Besatzungsmächte zur Kontrolle freier Wahlen angeboten wird.

Zurück auf dem Venusberg, wenn auch keineswegs gesundheitlich voll wiederhergestellt, stößt er am 22. April sofort nach – wiederum in Form eines offenen Briefs: Die Sowjetunion habe Zugeständnisse gemacht, und diese Chance dürfe keinesfalls ungenutzt verstreichen. Zur Überwachung der Wahlen sei auch eine Kommission neutraler Staaten denkbar; er sei aber auch nicht dagegen, daß die vier Mächte selbst die Kontrolle ausüben wollten, es müsse nur gewährleistet sein, »daß keine der Vier Mächte eine deutsche Partei bevorzugen oder benachteiligen kann«. Natürlich hat er die SED und ihre besondere Förderung durch die sowjetische Besatzungsmacht dabei im Sinn. Entscheidend sei, freie Wahlen unter gleichen Bedingungen in allen Teilen Deutschlands sicherzustellen. Will er seine Vorschläge dem Kanzler schmackhaft machen oder bringt er gar eigene Wunschträume zu Papier, als er anmerkt: »Es wäre doch zum Beispiel denkbar, eine Besichtigung der sowjetischen Strafanstalten zu verlangen, wenn diese Kommission einmal eingesetzt ist«?

Die Fronten im Streit um die Stalin-Noten sind hinlänglich bekannt, dennoch bleibt die Moskauer Offerte bis heute von Legenden und Mythen umwoben. Das Wort Neutralisierung sorgfältig vermeidend, haben die Sowjets ein wiedervereinigtes Deutschland vorgeschlagen, das keine Koalitionen oder Militärbündnisse gegen einen Gegner des letzten Krieges eingehen darf und eigene nationale Streitkräfte zur Verteidigung erhalten soll. Entsprechend dem sowjetischen Angebot müßten nach Abschluß des Friedensvertrages alle Besatzungstruppen Deutschland verlassen, aber das deutsche Territorium entspricht dem Potsdamer Abkommen, wie Moskau es versteht: An der Oder-Neiße-Grenze darf nicht gerüttelt werden. Am 9. April schiebt Stalin dann das Angebot freier Wahlen nach. Ist die Sowjetunion wirklich bereit, die DDR als Preis für einen Verzicht auf die Westbindung der Bundesrepublik zur Disposition zu stellen? Macht Moskau ein ernstgemeintes Angebot, weil es sich sorgt, modern gerüstete deutsche Truppen, deren Effizienz man nur zu bitter hat erfahren müssen, würden als Teil einer Koalitionsarmee bald unter dem Kommando der führenden Nuklearmacht Amerika stehen? Oder handelt es sich um ein Propagandamanöver, das die Unterzeichnung des Generalvertrags hinausschieben und Uneinigkeit im westlichen Lager stiften soll?

Für die erste Annahme gibt es so gute Gründe wie für die zweite, doch die Probe aufs Exempel wird nie unternommen, weil die westlichen Alliierten Verhandlungen mit den Sowjets über Deutschland zu diesem Zeitpunkt nicht wünschen. Acheson drängt auf schnelle und konkrete Ergebnisse beim Aufbau Westeuropas, da er sonst die amerikanische Auslandshilfe im Kongreß gefährdet glaubt. McCloy ist überzeugt, Deutschland sei zu groß, um auf die Dauer neutral bleiben zu können, er sieht es bei der Verwirklichung der sowjetischen Vorschläge langfristig nach Osten driften. Anthony Eden schreckt mit Blick auf Österreich der Gedanke an die Rückkehr zur Vier-Mächte-Kontrolle, die in Wien nichts als Stillstand bringt. Der Brite will auch kein Gesamtdeutschland, schreibt Thomas Alan Schwartz, weil dieses die Wahl eines Politikers wie Schumacher als Regierungschef wahrscheinlich mache, der Adenauers Politik der Integration revidieren und zwischen Ost und West manövrieren würde. Und den Franzosen Schuman schreckt die Aussicht auf eine deutsche Wiedervereinigung so sehr, daß er für diesen Fall die Rückkehr zu strengen Viererkontrollen zur Auflage macht. So spielen die Alliierten auf Zeit und wollen die Verhandlungen über den Generalvertrag erst einmal unter Dach und Fach bringen. Um Hindernisse aufzubauen, verlangen sie erneut die Kontrolle freier Wahlen durch die Vereinten Nationen und werfen die Grenzfrage auf, die nach dem Potsdamer Abkommen erst in einem Friedensvertrag geregelt werden könne. Außerdem müsse eine deutsche Regierung, die aus freien Wahlen hervorgehe, noch vor einem Friedensvertrag Verträge und Abkommen schließen können, »die mit den Grundsätzen und Zielen der Vereinten Nationen im Einklang stehen«.

Da ein Bündnis mit den Westalliierten durch die UN-Charta jederzeit gedeckt wäre, läuft diese Forderung klar darauf hinaus, Gesamtdeutschland solle in der Lage sein, Westbindungen wie die Bundesrepublik einzugehen – eine Vorstellung, die Moskau so alarmierend findet, daß es sie, das ist ja der Sinn des ganzen sowjetischen Vorstoßes, schon für die kleinere Bundesrepublik verhindern will. Aber wären die westlichen Drei in ihrer Haltung so entschieden, wenn die Bundesregierung und die öffentliche Meinung Westdeutschlands auf Verhandlungen mit Moskau drängte? Formell richtet sich das Stalin-Angebot zwar an Washington, London und Paris, aber gezielt ist es zweifellos auf die »Ohne-mich-Stimmung« der westdeutschen Öffentlichkeit.

Zwar nicht ans Bett, aber doch ans Haus gefesselt, kann Schumacher sich nur gelegentlich in Interviews, Stellungnahmen oder Rundfunkbeiträgen zu Wort melden, auch wenn er in Generalstabssitzungen bei sich zu Hause die Fraktionsspitze für die großen Redeschlachten im Bundestag mit Argumenten munitioniert. Er ist skeptisch, aber verlangt eine gründliche Prüfung. Weil nicht abzusehen sei, ob sich in nächster Zeit noch eine weitere Chance ergebe, müsse geklärt werden, ob die sowjetische Note die Möglichkeit einer »Wiedervereinigung Deutschlands in Freiheit« biete. Die Bundesregierung solle deshalb auf umgehende Vier-Mächte-Verhandlungen drängen. »Wenn sich dabei herausstellen sollte, daß auch nach den letzten Noten der Sowjetregierung nicht die Möglichkeit gegeben ist, durch eine Vier-Mächte-Übereinkunft die Voraussetzung für freie Wahlen in allen vier Zonen und Berlin zu gewährleisten, dann wäre doch auf jeden Fall klargestellt, daß die Bundesrepublik keine Anstrengung gescheut hat, um eine sich bietende Chance zur Wiedervereinigung Deutschlands und Befriedung Europas auszunützen.«

Er will den Test wagen, doch er weiß genau, daß Verhandlungen über ein Arrangement mit dem Westen unausweichlich werden, sollte er negativ ausfallen – diese typische Ja-aber-Haltung findet sich auch als Stellungnahme Erich Ollenhauers in einem Fraktionsprotokoll vom Mai 1952. Bis das sowjetische Angebot ausgelotet ist, müssen nach Meinung der SPD die Verhandlungen mit den Westmächten jedoch ausgesetzt werden. Mit dieser Stellungnahme kann sich die SPD auch auf Jakob Kaiser berufen, der in einer ersten Äußerung sorgsam geprüft wissen wollte, »ob sich wirklich im Verhältnis zwischen Ost und West ein Wendepunkt andeutet«.

Um die drei Westalliierten in die von Schumacher, Ollenhauer und Kaiser gewünschte Richtung in Bewegung zu setzen, hätte von deutscher Seite schon eine Verzögerung des Generalvertrags angedroht werden müssen. Ein Kanzler Schumacher hätte dies getan, der Kanzler einer großen Koalition, der nach Disposition und Temperament weder Schumacher noch Adenauer hätte heißen können, sicherlich auch. Doch der Regierungschef Adenauer tut das Gegenteil. Er bestärkt die Hohen Kommissare in ihrer Ablehnung. Als McCloy erwägt, in die zweite, negative Note des Westens wenigstens *pro forma* das Angebot von Vier-Mächte-Gesprächen auf unterer Ebene in Berlin einzufügen, um einer Propaganda-Offensive des Ostens vorzubeugen, beschwört ihn Adenauer, selbst dies zu lassen. Seine Motive sind vielschichtig. Weil ihn die Furcht plagt, Deutschland sinke wieder zum bloßen Objekt der Sieger herab, will er die bisher erreichte Partnerschaft sichern. Falls die Vier später doch über Deutschland reden, soll die Bundesrepublik wenigstens mitsprechen können. Er will den Isolationisten um Senator Taft nicht in die Hände spielen, der als aussichtsreicher republikanischer Präsidentschaftskandidat gilt und mit einem Rückzug der USA aus Europa liebäugelt, und er will die Gegenkandidatur Eisenhowers fördern, der internationalistisch denkt.

Adenauer will auch nicht das Wiedererstehen einer unabhängigen nationalen Armee, die deutsche Wiederaufrüstung soll sich im europäischen Kontext vollziehen. Nicht zuletzt aber geht es ihm darum, das Erstarken der nationalen Opposition in der eigenen Fraktion zu verhindern, welche die erste Stalin-Note geradezu jubelnd begrüßt hat. Viele CDU-Abgeordnete werten sie als Beweis, daß sich die bisherige Festigkeit ausgezahlt hat. Ist es jetzt nicht an der Zeit, den Einheitspreis dafür zu erlösen? Der Kanzler sei amerikanischer als die Amerikaner, kritisiert Jakob Kaiser und erhält Unterstützung von Hermann Pünder, Kurt Georg Kiesinger, zeitweise selbst von Heinrich von Brentano, nachdem der CDU-Vorsitzende die Moskauer Botschaft auf einer Tagung des evangelischen Arbeitskreises der Union in Siegen einen Fetzen Papier genannt hat. Adenauer weiß, daß mit dem Herausbrechen der Bundesrepublik aus der westlichen Einheitsfront der Aufbau eines integrierten Westeuropa samt seiner Verteidigung praktisch unmöglich werden. Sein wichtigster Einwand aber gilt der von Moskau vorgeschlagenen Neutralisierung, über die er mit Schumacher in diesen Wochen korrespondiert.

Es handelt sich dabei um den Versuch, die Opposition in seine Strategie einzubinden, denn bislang hat sich der SPD-Chef wahrlich nicht als begeisterter Anhänger des von Moskau vorgeschlagenen Deutschland-Status zu erkennen gegeben. Die Diskussion über eine deutsche Neutralisierung sei ein »nicht unwichtiger Bestandteil der politischen und psychologischen Taktik der Sowjetrussen mit dem Ziel der Schwächung und Lähmung der demokratischen Kräfte in Westdeutschland«, heißt es in einer Presseerklärung Schumachers, die allerdings aus dem Februar 1951 stammt. Eine Neutralisierung der Bundesrepublik lehne die SPD eindeutig ab, die eines geeinten Deutschland »wäre dem Mißbrauch durch den Kommunismus ausgesetzt«. Sie zu schaffen, stünde ohnehin nicht in deutscher Kraft; wenn sie aber eines Tages komme, weil Angelsachen und Sowjetrussen sie in ihrem eigenen Interesse wollten, würde dies für das deutsche Volk »den stärksten Zwang zur höchsten Wachsamkeit und Anspannung seiner demokratischen Kräfte bedeuten«. Skeptische Sätze, beinahe von Adenauers Denkungsart. Bietet sich hier nicht ein Anknüpfungspunkt?

Seit dieser Schumacher-Erklärung sind 14 Monate ins Land gegangen, die seine Haltung verändert haben – eine Entwicklung, an der vielleicht die rapide an der Parteibasis um sich greifende »Ohne-mich-Stimmung«, ganz sicher aber Konrad Adenauer nicht unschuldig sind. Natürlich hat der Kanzler keinen Krieg im Sinn, aber um die Kritiker im eigenen Lager ruhigzustellen, spricht er immer häufiger von der Politik der Stärke, die Moskau eines Tages zur Preisgabe der Sowjetzone zwingen werde. Einmal äußert er sogar den Gedanken einer »friedlichen Neuordnung Osteuropas«, die durch den Zusammenschluß mit dem Westen, durch militärische Stärke, durch zunehmenden Druck auf die Sowjetunion zusammen mit der Wiedervereinigung herbeizuführen sei.

Von da bis zum späteren *roll back* des Kommunismus zur Zeit von John Foster Dulles ist es wahrlich nicht weit. Schumacher moniert dieses Denken in Divisionen. Wozu es führen kann, zeigt er am Beispiel des *Rheinischen Merkur*, eines katholischen Wochenblatts, das engagiert die Politik Adenauers verficht und in dem Robert Ingrim geschrieben hat, die sowjetische Besatzungszone stelle die »unerlösten Provinzen« dar, »die man mit militärischen Machtmitteln befreien müsse«. Für Schumacher ist dies ein geradezu abenteuerlicher Gedanke. Wer mit militärischen Drohungen die Einheit betreibe, zeige nur, daß er sie im Grunde gar nicht wolle, denn ein Krieg würde das, was vereinigt werden soll, auslöschen. »Die deutsche Einheit ist keine Angelegenheit der Machtpolitik und verträgt nicht die militärisch betonte Sprache, die die Teile Deutschlands gegeneinander führen. Drohungen machen den Beteiligten das notwendige Entgegenkommen nur schwerer«, sagt er am 15. Juli im RIAS. »Die SPD sieht in der deutschen Einheit den zentralen Punkt ihrer ganzen Politik, soweit sie Europa und Deutschland berührt.«

Es ist seine letzte Botschaft an die Landsleute im Osten, und sie muß als sein politisches Vermächtnis gelten. Wenn er jetzt bereit scheint, seine Vorbehalte gegen den Gedanken einer Neutralisierung aufzugeben, hat er ausschließlich eine militärische Bündnisfreiheit im Sinn, wie sie, als der wohl unerläßliche sowjetische Preis für ein wiedervereinigtes Deutschland, in einem Friedensvertrag festgeschrieben werden müßte. Damit ist jedoch keine politische Neutralität gemeint, denn für ihn, den flammenden Prediger der Demokratie, hat auch ein vereintes Deutschland politisch zu den Traditionen des Westens zu stehen. Den Gedanken, die Wiedervereinigung, die nationale Freiheit und eine deutsche Demokratie in Gemeinschaft mit Anhängern der Diktatur zu erkämpfen, hält er für absurd. Einer »Aktionseinheit der Massen« für die deutsche Einheit und gegen Adenauer, auf die Ostberlin hofft, erteilt er in dieser letzten Ansprache nochmals eine entschiedene Absage: die Kommunisten seien, »all ihren nationalistischen Phrasen zum Trotz keine deutschen, sondern nachgemachte sowjetische Patrioten«.

Daß er, bei allen Bedenken, sich der Vorstellung einer militärischen Neutralisierung mit entsprechenden Garantien der Großmächte nähert, geht aus seinem Hinweis auf Österreich hervor. Die amtliche deutsche Außenpolitik, so Schumacher zu den Bewohnern der Ostzone, könne vieles aus der Haltung des christdemokratischen Bundeskanzlers Figl in Wien lernen. Der habe gesagt: »Ein Friedensvertrag mit dem Westen allein sei die endgültige Teilung Österreichs, und deswegen lehne er ihn ab.« Er nennt es auch eine Geschichtsfälschung, wenn sich die Bundesregierung mit ihrem Integrationskurs auf die »Erfüllungspolitiker« der Weimarer Republik, vor allem auf Gustav

Stresemann berufe. Mit dem Locarno-Vertrag hatte dieser die endgültige Befriedung nach Westen gesucht, sich jedoch Revisionsmöglichkeiten nach Osten offengehalten. Wollte Stresemann damals, auf den Westen gestützt, Druck nach Osten ausüben? Wäre der Reichsaußenminister, der die Versöhnung nach dem Westen betrieb, also ein demokratischer Kronzeuge für die Linie Konrad Adenauers? Nicht für dessen Politik der Stärke, sagt Schumacher. Es sei nie die Absicht Stresemanns gewesen, sich im Westen zu einer Kampfgemeinschaft gegen den Osten zu verbünden, »aber immer war es die Absicht der Weimarer Republik, ein freies deutsches Volk auf der Grundlage tatsächlicher Gleichberechtigung in der Zusammenarbeit mit den anderen Völkern zu erstreben«. Wäre dies nicht auch heute die einzig richtige Politik? Noch am Ende seines Lebens fühlt er sich den positiven Traditionen Weimars verpflichtet, die er stets als die große demokratische Chance der Deutschen verstanden hat, an die anzuknüpfen sich lohnt. In seinem letzten Interview, das er einer amerikanischen Wochenschau gibt, hält er daran fest: »Die Teilung Deutschlands ist die größte Stärke der sowjetischen Außenpolitik«, sagt er vor der Kamera. »Nach Auffassung der Sozialdemokratie ist die Wiedervereinigung Deutschlands wichtiger für den Frieden und die Konstituierung Europas als jede Form der Integration eines Teiles von Deutschland mit anderen europäischen Ländern.«

Tödliche Krankheit ist ihm bei diesen Filmaufnahmen ins Gesicht geschrieben: Die blauen Augen, die sonst eisernen Willen ausstrahlten und seine Gefolgsleute in ihren Bann schlugen, blicken unstet, er spricht nicht mit der gewohnten Schnelligkeit und Schärfe, seine Stimme ist schwächer, er wirkt unsicher, von der früher selbstverständlichen Entschiedenheit scheint er weit entfernt. In Bad Pyrmont hat er gelernt, mit Hilfe eines Gehlehrers die Beinprothese so zu nutzen, daß er sich mit Hilfe eines Stocks allein fortbewegen kann. Seine Zähne, durch zehn Jahre Konzentrationslager und endlosen Nikotinmißbrauch zu gelben Stummeln verkommen, sind auf Drängen der Ärzte endlich repariert. Zurück auf dem Venusberg, konferiert er am 20. August 1952 lange mit dem geschäftsführenden Parteivorstand, diktiert einige Briefe und begibt sich gegen acht Uhr abends zur Ruhe – früh, wie es seit seiner Erkrankung im Dezember die Regel ist. Annemarie Renger nutzt die Gelegenheit zu einem langen Spaziergang. Als sie zurückkommt, sagt ihr die Haushälterin, daß Schumacher nach ihr gerufen habe. Sie geht in sein Zimmer und weiß sofort, daß er tot ist. »Auf dem kleinen Tisch neben seinem Bett brannte noch die Tischlampe, und aufgeschlagen lag dort Raymond Chandlers Buch ›Der tiefe Schlaf‹, das er mehrere Male gelesen hatte.« Er war ein Vulkan von Kraft und Leidenschaft. Nun liegt er da mit völlig entspanntem Gesicht, die Augen geschlossen, um den Mund der leise Anflug eines Lächelns, weder sarkastisch noch sardonisch, wie man es von dem Lebenden kennt.

Vielleicht war dieses jähe Sterben Gnade, gibt Theodor Heuss bei der Trauerfeier im Bundestag zu bedenken. Nimmt er vorweg, was demoskopische Erhebungen wenig später bestätigen? Schumacher stirbt, als sein Gegenspieler sich anschickt, bei den Westdeutschen den psychologischen Durchbruch zu erzielen. Die Kurve derer, die mit Adenauers Politik einverstanden sind, steigt 1952 beständig an, kreuzt die abfallende Linie der Nichteinverstandenen im ersten und klettert danach auf 37 Prozent im dritten Quartal, indes die seiner Gegner einen Tiefstand von 28 Prozent erreicht. Im November 1950 haben die Gegner einer deutschen Beteiligung an einer westeuropäischen Armee noch weit überwogen, im Juli 1952 sind die Befürworter eindeutig in der Mehrheit.

Die meisten Westdeutschen zeigen sich um ihr materielles Fortkommen besorgt, die Verbesserung der wirtschaftlichen Lage hat Vorrang vor der Wiedervereinigung, obschon sie diese nicht völlig abschreiben – sie richten sich, wie Elisabeth Noelle-Neumann sagt, »im Wartesaal der Geschichte« ein. Erhards Erfolge der Sozialen Marktwirtschaft, die Steigerung des Lebensstandards und das Erwirtschaften der ersten Exportüberschüsse, dies alles beflügelt durch den Korea-Boom, spielen dabei eine kaum zu überschätzende Rolle. Zugunsten des Regierungschefs wirkt sich die Angst vor den Russen aus, die im Zweifel über das Verlangen vor der Einheit Deutschlands obsiegt. Den Meinungsumschwung befördert auch, daß nach einem halben Jahrhundert nationalistischer Exzesse der »nationale Lebenswille« überhaupt getroffen ist, wie Fritz René Allemann anmerkt. Aber gerade an diesen nationalen Überlebenswillen hat Schumacher, der erklärte Gegner Hitlers, des Völkischen und aller Deutschtümelei, unermüdlich appelliert, wenn er zu Recht, freilich damals unzeitgemäß verlangte: »Das deutsche Volk braucht ein nationales Selbstbewußtsein, gleich fern von dem frevelhaften Übermut der Vergangenheit und der heute so weit verbreiteten Neigung, jedem fremden Einfluß sofort nachzugeben.«

Nie hat Schumacher ein staatliches Amt bekleidet, doch wie ein Herrscher wird er zu Grabe getragen. Die überwältigende Anteilnahme der Bevölkerung ist der letzte Triumph des großen Volkstribuns. Sie gilt einem, der dafür eintrat, daß es in der Welt gerechter zugeht und für dieses Ziel gekämpft hat – mit unerhörter Kraft, mit Leidenschaft, unter Einsatz seines Lebens und stets mit offenem Visier. Als der Sarg im Trauerkonvoi über die Autobahn nach Hannover geleitet wird, stehen Hunderttausende an Auffahrten und Brücken Spalier, im Ruhrgebiet läuten die Glocken, die Fahnen auf Hütten und Schornsteinen sind auf Halbmast gesetzt, die abgesperrte Fahrbahn ist auf Tausende von Metern mit Blumen übersät. Als der Zug in Hannover ankommt, säumen Fackelträger, Jungsozialisten in weißen Hemden, den Weg. Ein Moment des Innehaltens, des Schreckens und der Besinnung bewegt die Nation weit über die stattliche Schar seiner Anhänger hinaus. Man spürt, daß einer der wenigen Aufrechten und Unbedingten geschieden ist; kein Schlauer, kein Anpasser, sondern einer, welcher die Dinge beim Namen nennen konnte, weil er nicht schuldig geworden und nicht zu Kreuze gekrochen ist. Wo gab es das sonst in diesen Jahren, wo gibt es solche Moralisten heute? Den »brillantesten, einfallsreichsten und gründlichsten Verstand Nachkriegsdeutschlands« nennt ihn der *Spiegel* nach seinem Tod.

Der Abschied von dem sozialen und nationalen Volkstribun bedeutet zugleich den von einer Epoche. Der Versuch, die Geschichte der demokratischen Arbeiterbewegung fortzuschreiben, verliert sich in der nivellierten Mittelstandsgesellschaft, die Ansätze zu einer sozialistischen Wirtschaftspolitik werden erst durch die Soziale Marktwirtschaft und heute durch die Globalisierung der Märkte in Frage gestellt. Die Erinnerung bleibt: an den großen Unbestechlichen, der die braune Diktatur nicht bekämpft hat, um sie gegen eine rote einzutauschen, an den Prediger der Demokratie, an das Opfer Hitlers, das die Sieger an ihre demokratischen Kriegsziele mahnte und für die Menschenrechte der Besiegten eingetreten ist.

Wie ernst es Moskau mit seiner Offerte gewesen ist, mag immer noch umstritten sein. Aber in Ost-Berlin jedenfalls ging im Frühjahr 1952 das große Zittern um, die Sowjetunion wolle den Sowjetzonenstaat und die Macht seiner leninistischen Führungskader einer Verständigung mit dem Westen zum Opfer bringen. Wie sehr die Moskauer Politik damals mit dem Gedanken spielte, eine Einigung für ganz Deutschland zu suchen,

Abschied von dem sozialen und nationalen Volkstribun, Erinnerung an den Kämpfer gegen die Diktatur und den Prediger der Demokratie (Trauerfeier in der Waldbühne Berlin am 24. August 1952).

zeigt die Bereitschaft Berijas vor dem 17. Juni 1953, die Bastion DDR gegen Aufbau- und Wirtschaftshilfe für die Sowjetunion zu räumen.

Schon Stalin hatte die Absicht, sich von seinem »ungeliebten Kind« DDR zu trennen, urteilt Wilfried Loth nach dem Studium der DDR-Archive. Zum Beweis zitiert er aus dem Protokoll einer Diskussion des Politbüros vom 25. März 1952, demzufolge die SED-Führer dem schmerzlichen sowjetischen Liebesentzug eine tröstliche Perspektive abzugewinnen wußten: Wenn der Machtverlust schon unausweichlich sei, dann drohe er nicht der SED allein, sondern auch dem Hauptfeind im Westen: »Gesamtdeutsche demokratische Wahlen führen unausbleiblich zum Sturz Adenauers, denn auch in Westdeutschland werden die patriotischen Kräfte immer stärker.« Als die patriotische Massenbewegung für die Einheit ausbleibt und die Westmächte ihre erste negative Antwort schicken, bereitet Stalin in einer Besprechung mit Pieck noch vor Absendung seiner zweiten Note vom 9. April den Ausbau der Grenzsperren, die Aufstellung ostdeutscher Truppen und die weitere Sowjetisierung der Zone vor.

Also doch keine Legende, sondern eine historisch verpaßte Gelegenheit? Von Adenauer zu erwarten, er hätte das Angebot »ausloten« sollen, ist historisch falsch, denn es lag »außerhalb seines von ihm akzeptierten Handlungsspielraums«, sagt Henning Köhler. Genausowenig sei Friedrich Ebert dafür zu kritisieren, »daß er 1918/19 in den Arbeiter- und Soldatenräten nicht soviel Konstruktives und für die Demokratie Förderliches gesehen hat, wie dies seit den sechziger Jahren viele westdeutsche Historiker getan und den ersten Reichspräsidenten deshalb scharf kritisiert haben«. Adenauer haßt den Gedanken an ein neutrales Gesamtdeutschland, das eine Schaukelpolitik zwischen Ost und West treiben würde, er zieht die feste Verankerung der Bundesrepublik im Westen vor. Das macht ihn nicht zum grundsätzlichen Gegner einer Wiedervereinigung, wie viele Kritiker später behaupten werden, nur konzentriert er sich auf das Überschaubare, Machbare, er handelt nach der Devise, kommt Zeit, kommt Rat. Daß sein Westkurs zunächst zur Vertiefung des Grabens zwischen Ost und West führen muß, kalkuliert er ein. Doch je mehr die Zweifel an seiner Deutschlandpolitik wachsen, desto häufiger führt er das Ziel der Wiedervereinigung im Mund: Er behauptet, er komme ihm mit seiner Politik der Stärke näher, obschon er es selbst doch erst in weite Ferne rückt. Waldemar Besson spricht vom »Verlust der gesamtdeutschen Unschuld«. Eine Kluft zwischen Handeln und Reden tut sich auf, welche die Wiedervereinigung, immer wieder in Sonntagspredigten beschworen, zur »Lebenslüge der Bundesrepublik« werden läßt, als die sie Willy Brandt in den siebziger Jahren einmal kritisiert.

Hat Adenauer mit der Wiedervereinigung, wie sie 1990 schließlich gekommen ist, einen späten Sieg über seine Kritiker errungen? Bleibt ihnen nichts anderes, als mit dem großen Gegenspieler der frühen Bonner Jahre späten Frieden zu schließen? »Die Grundannahmen, die Analyse der Interessen der Sowjetunion und Europas, die Zielbestimmungen der deutschen Einheit und die Überlegungen zu den Wegen und Umwegen dorthin haben sich als zutreffend herausgestellt«, schreibt Rudolf Augstein. Als Jens Daniel hatte er im *Spiegel* zu den schärfsten, pointiertesten Gegnern der Adenauerschen Westpolitik gezählt. Nach der Zustimmung Gorbatschows zur Wiedervereinigung meinte er, Adenauers Maximen hätten eine so evidente Bestätigung erfahren, daß es den Gegnern dieser Politik inopportun erscheine, über sie zu streiten. In der Tat: Heute ist ganz Deutschland, so wie es Adenauer gewünscht und in die Westverträge hineingeschrieben hat, militärisch und politisch fest in den Westen eingebunden und dennoch souverän. Zwar ließe sich fragen, ob das Konzept des Zuwartens und Hoffens, das mit Hilfe des langen Atems der Geschichte schließlich zum Erfolg geführt hat, nicht eher das eines Durchwurstelns und Aussitzens war. Auch lag manches Mal Krieg in der Luft: beim Panzeraufmarsch am Checkpoint Charlie 1962, während der Kuba-Krise, bei der Stationierung von Atomraketen auf beiden Seiten des Eisernen Vorhangs 1982. Sieht man davon ab, bleibt, daß der Erfolg, wie üblich, viele Väter hat. Wenn schon von Siegern der Geschichte die Rede ist, gehört auf eine Weise auch Kurt Schumacher dazu. Hat er nicht schon 1947 gefordert, Westdeutschland zum sozialen und wirtschaftlichen Magneten auszubauen, dessen Anziehungskraft der Osten auf Dauer nicht widerstehen könne?

Wenn das Ziel erreicht ist, stellt sich allerdings die Frage nach dem Preis. Wären mit 40 Jahren Teilung nicht auch 40 Jahre Diktatur für ein Viertel der Deutschen vermeidbar gewesen, falls Adenauers Gegner 1952 den Sieg davongetragen hätten? Für Kurt Schumacher war die deutsche Einheit der zentrale Punkt seiner Politik, daß die Bundesregierung der Westintegration Vorrang einräumte, empfand er als skandalösen Verstoß gegen die nationale Solidarität, auf die die Deutschen in der Ostzone selbstverständlich einen Anspruch hatten. Es kann kein Zweifel daran bestehen, daß der Weg, den er im Auge hatte, für die Mehrheit der Deutschen – die im Westen – sehr viel beschwerlicher gewesen wäre. Ein neutralisiertes Gesamtdeutschland hätte auf lange Jahre Reparationen zahlen müssen, es wäre erneut Kontrollen unterworfen worden, daß der Lebensstandard seiner Bewohner bald jenem vergleichbar gewesen wäre, über den die Bundesdeutschen schon nach einem Jahrzehnt westlichen Sonderwegs verfügten, scheint so gut wie ausgeschlossen.

Wäre der beschwerlichere Weg nach zwölf Jahren Hitler nicht der ehrlichere gewesen? Er hätte das zweite totalitäre System in Deutschland verhindert und damit auch, daß 17 Millionen Deutsche die Zeche für den verlorenen Krieg nahezu allein bezahlen mußten. Umgekehrt wäre freilich zu fragen, ob im ganzen Deutschland nach Wilhelminismus, alldeutschem bürgerlichen Größenwahn und Nationalsozialismus die westlichen Ideen von parlamentarischer Demokratie und Pluralismus so schnell und so tief Wurzeln geschlagen hätten, wie es, nach vielen Krisen, in der Bundesrepublik schließlich gelang. In Jahrzehnten anhaltender wirtschaftlicher Prosperität gedieh die alte Bundesrepublik ja zum Glücksfall der ersten, von ihren Bürgern angenommenen, stabilen deutschen Demokratie. Um so mehr stehen die Westdeutschen heute historisch in der Bringepflicht gegenüber den Landsleuten aus dem Osten, sie nicht nur wirtschaftlich, sondern auch politisch zu integrieren – in eine westliche pluralistische Demokratie, die stets Schumachers Leitbild war, dem er treu blieb und für das er mit allen Kräften gekämpft hat, die er besaß.

Dank

Der Autor dankt für Informationen und Erinnerungen von Zeitzeugen, mit denen er in den Jahren 1992/93/94 Gespräche, zum Teil vor der Kamera, führen konnte: Heinrich Albertz †; Lord Noël Gilroy Annan (London); Fritz René Allemann; Helmut Bärwaldt; Egon Bahr; Rainer Barzel; Hanns-Heinz Bauer (Mitglied des Parlamentarischen Rats); Otto Bennemann; Lew Besimensky (Moskau); Robert Bowie (Washington); Willy Brandt †; Sir Ralf Dahrendorf (Oxford); Dr. Adolf Dercum; Hans Hermsdorf; Herbert Hupka; Marion Gräfin Dönhoff; Egon Franke; Alfred Grosser (Paris); Fritz Heine; Hans Mayer; Helmut Mielke; Elisabeth Noelle-Neumann; Karl Schiller†; Helmut Schmidt; Otto Skritek (Wien) Hans Striefler; Annemarie Renger; Dieter Rieke, Joseph Rovan (Paris) und Fried Wesemann.
Besonderer Dank gilt Jürgen Brühns für die Beschaffung wissenschaftlicher Unterlagen und Jerzy Kaldowski (Chelmno/Culm) für die Sichtung von Archivmaterial in Chelmno und Thorun (Thorn). Außerordentlich hilfreich war die Unterstützung durch die Friedrich-Ebert-Stiftung und ihre Mitarbeiter, das Bundesarchiv, das Hauptstaatsarchiv in Stuttgart, die Bibliothek für Zeitgeschichte (Stuttgart), das Dokumentationszentrum Oberer Kuhberg (Ulm) und Barbara Distel (Dachauer Hefte). Wolfgang Benz gewährte Einblick in unveröffentlichte Tonbandprotokolle von Interviews, die er mit Mithäftlingen Kurt Schumachers geführt hat. Der Chefredakteur des »Aufbau« in New York, Henry Marx, half durch wichtige Hinweise auf die amerikanisch-jüdische Debatte nach dem Schumacher-Besuch in Amerika.

Bibliographie

Abendroth, Wolfgang: Aufstieg und Krise der deutschen Sozialdemokratie. Das Problem der Zweckentfremdung einer politischen Partei durch die Anpassungstendenz von Institutionen an vorgegebene Machtverhältnisse. Frankfurt a. M. 1964.

Adenauer, Konrad: Teegespräche (Bearbeitung: Hans Jürgen Küsters). Berlin 1984.

Adenauer, Konrad: Briefe 1949–1951. Herausgegeben von Rudolf Morsey und Hans-Peter Schwarz. Berlin 1985.

Adenauer, Konrad: Erinnerungen, Bd. 1. Stuttgart 1965.

Albrecht, Richard: Der militante Sozialdemokrat. Carlo Mierendorff 1897 bis 1943. Eine Biographie. Berlin/Bonn 1987.

Albrecht, Willy: Kurt Schumacher, Reden – Schriften – Korrespondenzen 1945–1952. Berlin/Bonn 1985.

Allemann, Fritz René: Bonn ist nicht Weimar. Köln/Berlin 1956.

Anpassung oder Widerstand? Aus den Akten des Parteivorstandes der Deutschen Sozialdemokraten 1932/33. Herausgegeben von Hagen Schulze. AfS, Beiheft 4. Bonn-Bad Godesberg 1975.

Ares, Leo: Die Bedeutung der Stichwahlen zum Reichstag 1912. In: Sozialistische Monatshefte, 16. Jahrgang (1912), S. 3–5.

Arndt, Claus: Aufzeichnungen und Erinnerungen. In: Abgeordnete des Deutschen Bundestages, Band 5. Boppard am Rhein 1988.

Bassler, Siegfried (Hrsg.): Mit uns für die Freiheit. 100 Jahre SPD in Stuttgart. Stuttgart/Wien 1987.

Bärwald, Helmut: Das Ostbüro der SPD. 1946–1971 Kampf und Niedergang. Krefeld 1991.

Beck, Dorothea: Julius Leber. Sozialdemokrat zwischen Reform und Widerstand. Berlin 1983.

Beck, Dorothea: Theodor Haubach, Julius Leber, Carlo Mierendorff und Kurt Schumacher. Zum Selbstverständnis der »militanten Sozialisten« in der Weimarer Republik. In: Archiv für Sozialgeschichte, 26. Bd. (1986), S. 88–123.

Bernstein, Eduard: Landtagswahlpolitik in Preußen. In: Sozialistische Monatshefte 16. Jg. (1912), S. 650–656.

Besson, Waldemar: Württemberg und die deutsche Staatskrise 1928–1933. Eine Studie zur Auflösung der Weimarer Republik. Stuttgart 1959.

Besson, Waldemar: Die Außenpolitik der Bundesrepublik. Erfahrungen und Maßstäbe. München 1970.

Borsdorf, Ulrich, und Niethammer, Lutz (Hrsg.): Zwischen Befreiung und Besatzung. Analysen des US-Geheimdienstes über Positionen und Strukturen deutscher Politik. Peter Hasmmer Verlag, 1977. Darin insbesondere: 18. Die nationale Konferenz sozialdemokratischer Führer (3. 11. 1945).
Bouvier, Beatrix W., und Schulz, Horst Peter: »... die SPD aber hat aufgehört zu existieren«. Sozialdemokraten unter sowjetischer Besatzung. Bonn 1991.
Bracher, Karl Dietrich: Die Auflösung der Weimarer Republik. Eine Studie zum Problem des Machtverfalls der Demokratie, 6. Aufl. Düsseldorf 1978.
Brandt, Willy: Links und frei. Mein Weg 1930–1950. Hamburg 1982.
Brandt, Willy: Mein Weg nach Berlin. Aufgezeichnet von Leo Lania. München 1960.
Brandt, Willy: Erinnerungen, 4. Aufl. Berlin 1990.
Braun, Otto: Von Weimar zu Hitler. Hamburg 1949.
Brill, Hermann: Gegen den Strom. Offenbach 1946.
Brüning, Heinrich: Briefe 1946–1960. Herausgegeben von Claire Nix. Stuttgart 1974.
Brüning, Heinrich: Memoiren 1918–1934. Stuttgart 1970.
Buchheim, Christoph: Die Währungsreform 1948 in Westdeutschland. In: VfZ, 36. Jg. 2/1988.
Buschfort, Wolfgang: Das Ostbüro der SPD. Von der Gründung bis zur Berlin-Krise. München 1991.
Buczylowski, Ulrich: Kurt Schumacher und die deutsche Frage. Sicherheitspolitik und strategische Offensivkonzeption vom August 1950 bis September 1951. Stuttgart 1973.
Caracciolo, Lucio: Der Untergang der Sozialdemokratie in der sowjetischen Besatzungszone. Otto Grotewohl und die »Einheit der Arbeiterklasse« 1945/46. In: VfZ, 36. Jg. 2/1988.
Caspar, Gustav Adolf: Die sozialdemokratische Partei und das Wehrproblem in den Jahren der Weimarer Republik, Beiheft 11 der wehrwissenschaftlichen Rundschau. Frankfurt a. M. 1959.
Conze, Werner: Jakob Kaiser, Politiker zwischen Ost und West 1945–1949. Stuttgart/Berlin/Köln/Mainz 1969.
Dahrendorf, Gustav: Der Mensch das Maß aller Dinge. Reden und Schriften zur deutschen Politik 1945–1954. Hamburg 1955.
Davies, Norman: God's Playground. A History of Poland. Oxford/London/New York 1981.
Deutsch, Julius: Abrüstung, Heeresreform und Demokratie. In: Die Gesellschaft, 1926, S. 489–505.
Ebbighausen, Rolf, und Tiemann, Friedrich: Das Ende der Arbeiterbewegung in Deutschland? Ein Diskussionsband zum sechzigsten Geburtstag von Theo Pirker. Opladen 1984.
Edinger, Lewis: Kurt Schumacher. Persönlichkeit und politisches Verhalten. Köln/Opladen 1967.
Einheit oder Freiheit? Zum 40. Jahrestag der Gründung der SED. Materialien zur politischen Bildungsarbeit. Herausgegeben von der Friedrich-Ebert-Stiftung. Bonn 1986.
Fricke, Karl Wilhelm: Opposition und Widerstand in der DDR. Köln 1984.

Gillingham, John: Die französische Ruhrpolitik und die Ursprünge des Schuman-Plans. Eine Neubewertung. In: VfZ, 35. Jg. 1/1987.
Gerstenmaier, Eugen: Streit und Friede hat seine Zeit. Berlin 1981.
Gniffke, Erich W.: Jahre mit Ulbricht. Köln 1966.
Gosewinkel, Dieter: Adolf Arndt. Die Wiederbegründung des Rechtsstaats aus dem Geist der Sozialdemokratie (1945–1961). Berlin 1991.
Gotschlich, Helga: Zwischen Kampf und Kapitulation. Zur Geschichte des Reichsbanners Schwarz-Rot-Gold. Berlin 1987.
Grosser, Alfred: Affaires Exterieurs. La politique de la France depuis 1944. Paris 1968.
Grosser, Alfred: La quatrieme Republique et sa politique exterieure. Paris 1961.
Grotewohl, Otto: Wo stehen wir, wohin gehen wir. Rede am 14. September 1945 vor SPD-Funktionären in Berlin. SPD Berlin 1945. Und: Hier stehe ich, ich kann nicht anders. Rede am 11. November 1945 in Berlin.
Hahn, Erich J. C.: Hajo Holborn: Bericht zur deutschen Frage. Beobachtungen und Empfehlungen vom Herbst 1947. In: VfZ, 35. Jg. 1/1987.
Harnack, Otto: Die Bedeutung der Reichstagswahlen. In: Der März, 6. Jahrgang (1912), S. 161–163.
Haubach, Theodor: Der Sozialismus und die Wehrfrage. In: Die Gesellschaft, 1926, S. 120–130.
Haubach, Theodor: Die Richtlinien zur Wehrfrage. In: Die Gesellschaft, 1926, S. 97–112.
Haußmann, Conrad: Der Reichstagsbeginn. In: Der März, 8. Jg. (1912), S. 241–243.
Heine, Friedrich: Dr. Kurt Schumacher. Ein demokratischer Sozialist europäischer Prägung. Göttingen/Zürich/Frankfurt a. M. 1969.
Henkels, Walter: Bonner Köpfe in Wort und Bild. Berlin 1981.
Hoegner, Wilhelm: Der schwierige Außenseiter. Erinnerungen eines Abgeordneten, Emigranten und Ministerpräsidenten. München 1959.
Hurwitz, Harold: Demokratie und Antikommunismus in Berlin nach 1945; Band 4: Die Anfänge des Widerstandes; Teil 1: Führungsanspruch und Isolation der Sozialdemokraten; Teil 2: Zwischen Selbsttäuschung und Zivilcourage: Der Fusionskampf. Köln 1990.
Huster, Ernst-Ulrich: Die Politik der SPD 1945–1950. Frankfurt/New York 1978.
Jablonowski, Horst: Die preußische Polenpolitik von 1815 bis 1914 in: Rußland, Polen und Deutschland. Gesammelte Aufsätze. Köln/Wien 1972.
Kaden, Albrecht: Einheit oder Freiheit. Die Wiedergründung der SPD 1945/46, Hannover 1964.
Kaisen, Wilhelm: Meine Arbeit, mein Leben, München 1967.
Keil, Wilhelm: Erlebnisse eines Sozialdemokraten, 2 Bände. Stuttgart 1947/48.
Klotzbach, Kurt: Der Weg zur Staatspartei. Programmatik, praktische Politik und Organisation der deutschen Sozialdemokratie 1945 bis 1965. Berlin/Bonn 1982.
Köhler, Henning: Adenauer. Eine politische Biographie. Berlin 1994.
Kosthorst, Erich: Jakob Kaiser, Bundesminister für gesamtdeutsche Beziehungen. Stuttgart/Berlin/Köln/Mainz 1972.
Kritzer, Peter: Wilhelm Hoegner. Politische Biographie eines bayerischen Sozialdemokraten, München 1979.

Kurt Schumacher als deutscher und europäischer Sozialist. Materialien zur politischen Bildungsarbeit. Herausgegeben von der Friedrich-Ebert-Stiftung, Bonn 1988 (darin besonders Beiträge von Wolfgang Benz, Rolf Steininger, William E. Paterson, Jean Paul Cahn, Shlome Shafir).

Kurz, Thomas: Die feindlichen Brüder in Deutschlands Südwesten – Sozialdemokraten und Kommunisten in Baden und Württemberg 1928–1933. Dissertation. Freiburg i. B. 1994. Erscheint demnächst in: Berliner historische Studien. Berlin 1996.

Leber, Julius: Schriften, Reden, Briefe. Herausgegeben von Dorothea Beck und Wilfried F. Schoeller. München 1976.

Leonhard, Wolfgang: Spurensuche. Köln 1992.

Löwke, Udo F.: Die SPD und die Wehrfrage 1949–1955. Bonn-Bad Godesberg 1976.

Loth, Wilfried: Stalins ungeliebtes Kind. Warum Moskau die DDR nicht wollte. Berlin 1994.

Malycha, Andreas: Auf dem Weg zur SED. Berlin/Bonn 1995.

Malycha, Andreas: Der Zentralausschuß der SPD und der gesellschaftspolitische Neubeginn in Nachkriegsdeutschland. In: ZfG, 34. Jg. (1992), S. 167–184.

Matthias, Erich, und Morsey, Rudolf: Das Ende der Parteien. Düsseldorf 1960.

M. d. R. Die Reichstagsabgeordneten der Weimarer Republik in der Zeit des Nationalsozialismus. Politische Verfolgung, Emigration und Ausbürgerung. Düsseldorf 1991.

Miller, Susanne: Kurt Schumacher, Vorsitzender der Sozialdemokratischen Partei Deutschlands, im Urteil von Zeitgenossen. In: Von der Arbeiterbewegung zum modernen Sozialstaat, Festschrift für Karl Ritter zum 65. Geburtstag. München/New Providence/London/Paris 1994.

Miller, Susanne, und Potthoff, Heinrich: Kleine Geschichte der SPD, Darstellung und Dokumentation 1848–1983. Bonn 1983.

Mit uns für die Freiheit. 100 Jahre SPD in Stuttgart. Herausgegeben von Siegfried Bassler im Auftrag des Kreisverbands der SPD. Stuttgart/Wien 1987.

Moraw, Frank: Die Parole der Einheit und die Sozialdemokratie. Zur parteiorganisatorischen und gesellschaftspolitischen Orientierung der SPD in der Illegalität und in der ersten Phase der Nachkriegszeit 1933–1948. Bonn-Bad Godesberg 1973.

Morsey, Rudolf: Die Rhöndorfer Weichenstellung vom 21. August 1949. Neue Quellen zur Vorgeschichte der Koalitions- und Regierungsbildung nach der Wahl zum ersten Deutschen Bundestag. In: VfZ, 28. Jg. 4/1980.

Mühlhausen, Walter, und Regin, Cornelia: Treuhänder des deutschen Volkes. Die Ministerpräsidenten der westlichen Besatzungszonen nach den ersten freien Landtagswahlen. Politische Porträts. Verlag Kasseler Forschung zur Zeitgeschichte.

Nahm, Peter Paul: Lastenausgleich und Integration der Vertriebenen und Geflüchteten. In: Die zweite Republik. 25 Jahre Bundesrepublik Deutschland – eine Bilanz. Herausgegeben von Richard Löwenthal und Hans-Peter Schwarz. Stuttgart 1974.

Nölting, Claudia: Erik Nölting. Wirtschaftsminister und Theoretiker der SPD (1892–1953). Essen 1989.

Overesch, Manfred: Hermann Brill. Ein Kämpfer gegen Hitler und Ulbricht. Bonn 1992.
Pirker, Theodor: Die SPD nach Hitler. Die Geschichte der Sozialdemokratischen Partei Deutschlands von 1945 bis 1964. München 1965.
Pommerin, Reiner: Die Mitglieder des Parlamentarischen Rates. Porträtskizzen des britischen Verbindungsoffiziers Chaput de Saintonge. In: VfZ ,36. Jg. 3/1988.
Prittie, Terence: Konrad Adenauer. Eine Biographie. Stuttgart o. J.
Pünder, Hermann: Von Preußen nach Europa. Stuttgart 1968.
Quessel, Ludwig: Sozialdemokratie und Monarchie. In: Sozialistische Monatshefte, 16. Jg. (1912), S. 271–275.
Ratz, Ursula: Georg Ledebour 1850–1947. Weg und Wirken eines sozialistischen Politikers. Berlin 1969.
Renger, Annemarie: Ein politisches Leben. Erinnerungen. Stuttgart 1993.
Ritter, Waldemar: Kurt Schumacher. Eine Untersuchung seiner politischen Konzeption. Hannover 1964.
Ritzel, Heinrich G.: Kurt Schumacher in Selbstzeugnissen und Bilddokumenten. Reinbek b. Hamburg 1972.
Rohe, Karl: Das Reichsbanner Schwarz-Rot-Gold. Ein Beitrag zur Geschichte und Struktur der politischen Kampfverbände zur Zeit der Weimarer Republik. Düsseldorf 1966.
Roos, Hans: Geschichte der polnischen Nation 1918–1985. Stuttgart 1961.
Roßmann, Erich: Ein Leben für Sozialismus und Demokratie. Tübingen 1947.
Rother, Bernd: Die Sozialdemokratie im Lande Braunschweig 1918–1933. Berlin/Bonn 1990.
Rothfels, Hans: Bismarck, der Osten und das Reich. Darmstadt 1960.
Rürup, Reinhard: Kurt Schumacher – Persönlichkeit und politische Konzeption. In: NPL, 11 (1966), S. 424–434.
Schätzle, Julius: Stationen zur Hölle. Konzentrationslager in Baden und Württemberg 1933–1945. Frankfurt a. M. o. J.
Scharlau, Winfried B. und Zbynêk, Zeman A.: Freibeuter der Revolution. Parvus Helphand. Eine politische Biographie. Köln 1964.
Scheidemann, Philipp: Der Zusammenbruch. Berlin 1921.
Schildt, Axel: Ein konservativer Prophet moderner nationaler Integration. Biographische Skizze des streitbaren Soziologen Johann Plenge (1874–1963). In: VfZ, 35. Jg. 4/1987.
Schmid, Carlo: Politik als geistige Aufgabe. Bern/München/Wien 1973.
Schmid, Carlo: Erinnerungen. Bern/München/Wien 1980.
Schnabel, Thomas: Württemberg zwischen Weimar und Bonn. 1928 bis 1945/46. Stuttgart/Berlin/Köln/Mainz 1986.
Scholz, Günther: Kurt Schumacher. Düsseldorf/Wien/New York 1988.
Schulz, Klaus-Peter: Adenauers Gegenspieler. Begegnungen mit Kurt Schumacher und Sozialdemokraten der ersten Stunde. Freiburg i. B. 1987.
Schulze, Hagen: Otto Braun oder Preußens demokratische Sendung. Eine Biographie. Frankfurt a. M./Berlin/Wien 1977.
Schumacher, Kurt: Der Kampf um den Staatsgedanken in der Sozialdemokratie. Berlin/Köln/Mainz 1973.

Schwarz, Hans-Peter: Vom Reich zur Bundesrepublik. Deutschland im Streit der außenpolitischen Konzeptionen in den Jahren der Besatzungsherrschaft 1945–1949. Stuttgart 1980.

Schwarz, Hans-Peter: Adenauer. Der Aufstieg: 1876–1952. Stuttgart 1986.

Schwarz, Hans-Peter: Adenauer. Der Staatsmann: 1952–1967. Stuttgart 1991.

Schwartz, Thomas Alan: America's Germany. John J. McCloy and the Federal Republic of Germany. Cambridge, Mass./London 1991.

Seebacher-Brandt, Brigitte: Bebel. Künder und Kärrner im Kaiserreich. Bonn 1988.

Seebacher-Brandt, Brigitte: Ollenhauer. Biedermann und Patriot. Berlin 1984.

Seela, Torsten: Das gedruckte Wort im antifaschistischen Widerstand der Häftlinge; Dissertation A, Humboldt-Universität Berlin, 1990.

Severing, Carl: Mein Lebensweg. Köln 1950.

Shafir, Shlomo: Kurt Schumacher und die Juden. Als erster deutscher Politiker bekannte er sich zur Wiedergutmachung. In: Tribüne, 28. Jg. (1989), S. 128–138.

Shafir, Shlomo: Das Verhältnis Kurt Schumachers zu den Juden und zur Frage der Wiedergutmachung. In: Kurt Schumacher als deutscher und europäischer Sozialist. Herausgegeben von der Friedrich-Ebert-Stiftung. Bonn 1988.

Speidel, Hans: Aus unserer Zeit. Erinnerungen. Berlin/Frankfurt a.M./Wien 1977.

Stamm, Christoph: Die SPD-Fraktion im Frankfurter Wirtschaftsrat 1947–1949. Protokolle, Aufzeichnungen, Rundschreiben. Bonn 1993.

Stampfer, Friedrich: Die vierzehn Jahre der ersten deutschen Republik. Hamburg 1947.

Stampfer, Friedrich: Erfahrungen und Erkenntnisse. Aufzeichnungen aus meinem Leben. Köln 1957.

Staritz, Dietrich, und Weber, Hermann (Hrsg.): Einheitsfront, Einheitspartei. Köln 1989 (darin besonders die Beiträge von Klaus Sühl und Lucio Caracciolo).

Thomas, Michael: Deutschland–England über Alles. Rückkehr als englischer Besatzungsoffizier. Berlin 1984.

Tulpanow, Sergej: Erinnerungen. Deutschland nach dem Kriege (1945–1949). Berlin 1986.

Turmwächter der Demokratie. Ein Lebensbild von Kurt Schumacher. Herausgegeben von Arno Scholz und Walter G. Oschilewski, 3 Bände. Berlin 1952–1954 (darin besonders Beiträge von Paul Löbe, Arno Scholz, Erwin Schoettle, Wilhelm Keil, Alois Ullmann).

Wehler, Hans-Ulrich: Sozialdemokratie und Nationalstaat. Die deutsche Sozialdemokratie und die Nationalitätenfrage in Deutschland von Karl Marx bis zum Ausbruch des Ersten Weltkrieges. Würzburg 1962.

Wengst, Udo: Die CDU/CSU im Bundestagswahlkampf 1949. In: VfZ, 34. Jg. 1/1986.

Wesemann, Fried: Kurt Schumacher. Ein Leben für Deutschland. Frankfurt a. M. 1952.

Winkler, Heinrich August: Von der Revolution zur Stabilisierung. Arbeiter und Arbeiterbewegung in der Weimarer Republik 1918 bis 1924. Berlin/Bonn 1984.

Winkler, Heinrich August: Der Schein der Normalität. Arbeiter und Arbeiterbewegung in der Weimarer Republik 1924 bis 1930. Berlin/Bonn 1985.

Winkler, Heinrich August: Der Weg in die Katastrophe. Arbeiter und Arbeiterbewegung in der Weimarer Republik 1930 bis 1933. Berlin/Bonn 1987.

Winkler, Heinrich August: Weimar 1918–1933. Die Geschichte der ersten deutschen Demokratie. München 1993.

Zarusky, Jürgen: Die deutschen Sozialdemokraten und das sowjetische Modell. Ideologische Auseinandersetzungen und außenpolitische Konzeptionen. 1917 bis 1933. München 1992.

Zitelman, Rainer: Adenauers Gegner. Streiter für die Einheit. Erlangen/Bonn/Wien 1991.

Bildnachweis

Archiv der sozialen Demokratie der Friedrich-Ebert-Stiftung Bonn:
30 oben, 6/FOTA008941/CDFA005
30 unten, 6/FOTA020370/CDFA009
58 oben, 6/FOTA008943/CDFA005
127 oben, 6/FOTA007637/CDFA004
127 unten, 6/FOTA020450/CDFA009
147 oben, 6/FOTA112867/CDFA050 Porträtfoto (Postkarte unbekannt)
195, 6/FOTA008945CDFA005
314, 6/FOTB004112/CDFB002
427 oben, 6/FOTA020308/CDFA009
454, 6/FOTA020117/CDFA008
469 unten, 6/FOTB002075/CDFB001/Darchinger-Archiv

Associated Press: 375

Bundesarchiv Koblenz:
58 unten, BArch B 145 Bild-P015812, o. Ang. [ehemals: Bild 122-P15812]
147 unten, BArch Bild 183-R27822, o. Ang.
298 BA_SAPMO Y10-20500, Foto P.Cürlis
317 oben, BArch Bild 183-M0427-328, Foto Donath
317 unten, BArch Bild 183-H27952, o. Ang.

Bildarchiv Preußischer Kulturbesitz: 257

Bundesbildstelle Bonn: 333

Landesbildstelle Württemberg: 85 oben, 85 unten, 104 oben, 104 unten

Süddeutscher Verlag Bilderdienst: 410

25 oben ID 300158, Urheber SZ Photo/Scherl

427 unten ID 103455, Urheber SZ Photo/AP

539 aus: Günther Scholz, Kurt Schumacher, Düsseldorf, 1988

469 oben aus: Annemarie Renger, Ein politisches Leben, Stuttgart 1993

25 unten, 111, 163 oben, 175 unten, 220, 257, 343 unten:
Trotz intensiver Recherche konnte der Rechteinhaber nicht ausfindig gemacht werden. Personen oder Institutionen, die die Rechte an den Fotos besitzen, mögen sich beim Verlag melden.

Namenregister

Kursiv gesetzte Zahlen verweisen auf Abbildungen.